Le Livre d'Hiram

Collection « Controverses »
dirigée par Christian Albuisson

DANS LA MÊME COLLECTION

Christopher KNIGHT et Robert LOMAS, *La Clé d'Hiram*, 1997.
– *Le Second Messie*, 2000.
Laurence GARDNER, *Le Collège invisible*, 1975.
– *Le Graal et la lignée royale du Christ*, 1999.
– *Le Royaume des seigneurs de l'anneau*, 2003.
Robert LOMAS, *L'Invisible Collège*, 2005.

22, rue Huyghens, 75014 Paris
ISBN : 2-84454-308-1
e-mail : contact@dervy.fr

Christopher Knight et Robert Lomas

LE LIVRE D'HIRAM

La franc-maçonnerie, Vénus et la Clé secrète de la vie de Jésus

Traduit de l'anglais
par Virginie et Armand d'Apremont

Nouri
Paris 2006

Éditions Dervy
204, boulevard Raspail
75014 Paris

À mon épouse et mes enfants,
pour les remercier de leur soutien permanent. – R.L.

Remerciements

Ce livre n'aurait jamais pu exister sans l'aide et l'assistance de nombreux maçons et de parents de maçons défunts, qui ont rendu accessibles des copies de livres de rituels oubliés. Ils sont trop nombreux pour être remerciés individuellement, mais nous leur sommes extrêmement reconnaissants pour toute la matière fournie qui nous a permis de créer *Le Testament maçonnique*.

Nous voudrions aussi remercier :

Les frères et le bureau de la Grande Loge des *Antient Free and Accepted Masons of Scotland* pour leurs conseils et leur aide.

Jenny Finder et son équipe de bibliothécaires à la Bradford University School of Management pour leur aimable soutien continu et leur aptitude à nous procurer des ouvrages perdus depuis longtemps.

Tim Bentley et Stan Houghton du Bradford University Computer Centre pour leur aide dans l'élaboration du site web d'Hiram.

Geraint Lomas et Josh Gourlay pour leurs infatigables efforts à scanner et à corriger quantité de pages de rituels pour le site web d'Hiram.

Niven et Ian Sinclair de la Niven Sinclair Library and Study Centre de Noss Head, Wick, pour avoir partagé leur connaissance et nous avoir présenté à Ashley Cowie.

Ashley Cowie pour avoir partagé sa découverte du « totem aux losanges » de Rosslyn.

Le professeur Philip Davies de la Sheffield University pour son expertise et ses lumières permanentes sur la Bible.

Le professeur Jim Charlesworth de l'université de Princeton, pour avoir soutenu le projet de fouilles à Rosslyn.

Le Dr Jack Millar de la Cambridge University pour ses commentaires judicieux sur la structure de Rosslyn.

Robin Heath pour ses discussions utiles concernant le déchiffrement des voyages d'Énoch.

Colin Wilson pour son encouragement à étudier l'astrologie avec un esprit ouvert.

Alan Butler pour son aide dans les domaines astronomiques et mégalithiques.

Tony Batters pour son expertise et son enthousiasme.

Notre agent Bill Hamilton de l'A.M. Heath Ltd, dont l'enthousiasme et l'attention nous ont permis de ne pas perdre le fil pendant la conception et la lente maturation de ce livre.

Notre éditeur Mark Booth, dont les conseils pour présenter une histoire très complexe ont été inestimables.

Tout le monde à Random House, pour leur travail fastidieux mais tellement nécessaire pour transformer un manuscrit en un livre fini. Nous voudrions distinguer avec des remerciements tout particuliers Hannah Black qui coordonna l'équipe, Steve Cox qui prépara les copies et Carolyn McAndrew qui les corrigea toutes.

Abréviations

Les nomenclatures scientifiques officielles sont utilisées tout au long de ce livre pour désigner l'ère dans laquelle nous vivons et la précédente. Autrement dit :

« De l'Ère Commune » (abrégé en EC), au lieu de « Après Jésus-Christ ».

« Avant l'Ère Commune » (abrégé en AEC), au lieu de « Avant Jésus-Christ ».

Sommaire

DEUXIÈME PARTIE

LE TESTAMENT MAÇONNIQUE

Introduction

Cela fait maintenant treize ans que nous avons uni nos forces pour rechercher les origines et la signification des étranges rituels utilisés par les francs-maçons. Au cours des cinq premières années, nous n'avions aucunement l'intention de partager nos découvertes avec quiconque – tant à l'intérieur qu'à l'extérieur de la franc-maçonnerie. Mais quand nous réalisâmes que ce que nous avions trouvé pouvait avoir une extrême importance, nous décidâmes d'écrire un livre sur notre « voyage » et nos découvertes. Et à notre grande surprise, *La Clé d'Hiram* devint immédiatement un best-seller qui fut traduit en plus d'une trentaine de langues.

Les rituels de la franc-maçonnerie constituent la plus ancienne tradition orale du monde occidental. Notre quête était loin d'être parvenue à son terme avec la publication du premier livre. Et nous avons continué avec deux autres ouvrages qui nous ont ramenés loin en arrière dans le temps, jusqu'à la culture astronomico-fondée de la Grande-Bretagne préhistorique. Nous découvrîmes que les rituels maçonniques formaient un chemin presque oublié à travers le passé, reliant des peuples et des événements que l'on supposait jusque-là sans rapport. Nombre de nos découvertes ont remis en question de vieilles idées. Mais nous avons eu le plaisir de recevoir le soutien de nombreux érudits et spécialistes de premier plan pour différents aspects de notre travail.

Nous avons également eu la chance d'obtenir beaucoup d'aide au cours de toutes ces années. Et notre quête a ainsi pu faire des progrès étonnants. Cependant, nous nous sommes heurtés à une opposition inattendue de deux côtés. La première émane de l'Église catholique romaine. Et l'autre a visé nos tentatives d'organisation de fouilles archéologiques dans un petit édifice médiéval en Écosse qui s'est retrouvé au centre de notre recherche.

Nous avons très tôt pris conscience de l'hostilité émanant de la hiérarchie catholique. Peu après l'arrivée de *La Clé d'Hiram* dans les librairies, un petit papier parut dans le *Catholic Herald*. Il témoignait d'un esprit autant mesuré qu'ouvert. Nous fûmes impressionnés par la capacité de ce texte à faire preuve d'objectivité à propos d'un livre qui, somme toute, proposait une approche novatrice quant à l'interprétation de la vie de Jésus-Christ. Mais dans le numéro suivant parut une seconde recension de notre ouvrage qui, cette fois, occupait deux pages, illustrées de photographies tirées de notre livre et portait le titre : « Le Bidonnage de Chris et Bob » (*Chris & Bob's Bogus Adventure*). Cette fois, l'article n'avait rien de mesuré. Il débordait de venin, tant vis-à-vis de nous, les auteurs, que de tous les francs-maçons « ivrognes ». Il ne s'agissait pas d'ouvrir un débat, ni même simplement de mentionner nos découvertes, mais simplement de nous ridiculiser, nous et nos théories de A à Z.

Notre livre suivant reçut le même traitement dans une double page pleine d'agressivité qui évitait soigneusement d'aborder les questions clés que nous avions soulevées. De nouveau, il était clair que l'auteur du papier n'avait pas vraiment lu attentivement notre ouvrage, parce que les rares références faites – même sur des points insignifiants – étaient totalement fausses.

Quand notre troisième livre sortit, nous attendîmes avec intérêt de lire la nouvelle attaque émanant de ce carré de la hiérarchie catholique romaine. Les éditeurs du *Catholic Herald* publièrent une recension substantielle de notre *Uriel's Machine* avec un méchant titre : « Archéologie bidon » (*Bogus Archaeology*). Cet article expliquait d'un bout à l'autre que notre travail n'était qu'une absurdité, sans une seule fois mentionner la moindre de nos affirmations, ni même essayer de réfuter le moindre élément de preuve.

Mais il nous semblait étrange qu'un journal catholique britannique ait choisi de consacrer de longues recensions à trois livres successifs, seulement pour les qualifier de parfaites divagations. Si un livre vous paraît totalement absurde, en général vous l'ignorez, mais vous ne perdez pas de temps à raconter à vos lecteurs à quel point il est terrifiant.

De nombreux organes de presse ont accordé des recensions favorables à *Uriel's Machine*. Mais il en est un qui a publié un article aussi agressif et de mauvaise foi que celui du *Catholic Herald*. Peu après la sortie du livre, nous fûmes interviewés par un individu qui développait exactement les mêmes thèmes que ceux du *Catholic Herald* pour un article qui parut finalement dans le *Daily Telegraph*. D'abord, nous nous dîmes que l'approche étonnamment similaire n'était peut-être qu'une coïncidence. Mais nous apprîmes plus tard que Damian Thompson, un ancien correspondant religieux, n'était pas étranger au *Catholic Herald*.

Après avoir passé le premier quart d'heure à démontrer sa complète incapacité à faire fonctionner un enregistreur à mini-disque, Thompson consacra le reste des deux heures d'interview à crier sans arrêt : « Mais vous ne pouvez pas faire de la science comme ça. » Il admit sa totale ignorance en matière d'astronomie et de mathématiques. Mais cette inaptitude à comprendre notre méthode de calcul ne l'empêcha pas de rejeter nos découvertes et de les qualifier d'erreurs. Quand son article parut, il ne faisait aucune référence à la thèse centrale de notre livre, mais se contentait de juxtaposer des affirmations abracadabrantes émanant d'autres auteurs avec nos propres références. Et ainsi, il donnait sciemment l'impression que nous avions nous-mêmes écrit ces choses ou que nous les avions soutenues d'une manière ou d'une autre. La longue manchette disait :

> *Les Minoens ont construit Stonehenge, l'Atlantide se trouve en Antarctique, Jésus fut enterré en France. Bienvenue dans le monde lucratif de l'archéologie bidon* [Bogus Archaeology].

Étranges affirmations, en vérité ! Aucune d'entre elles ne rencontrerait notre assentiment. Thompson ajouta également en essayant de discréditer notre travail que *La Clé d'Hiram* avait été « disqualifié par les historiens et les critiques ». Pour prouver ce rejet universel de notre premier livre, il se contentait de ne citer qu'un titre tiré d'une seule publication. Et le titre en était : « Le Bidonnage de Chris et Bob ». Naturellement, la citation – reprenant l'antienne désormais familière du « bidonnage » [*Bogus*] – venait directement du *Catholic Herald* et de nulle part ailleurs.

Avions-nous mis le doigt sur quelque chose de si important que certaines personnes croyaient indispensable de nous discréditer ?

En avril 1998, Chris devait parler devant un symposium maçonnique à Pérouse, en Italie. Un soir, avant le colloque, l'organisateur, le professeur Giancarlo Seri, reçut un appel téléphonique de Rome. Il avait en ligne un personnage majeur de l'Église catholique romaine. Celui-ci lui demanda s'il était vrai que l'un des auteurs de *La Clé d'Hiram* devait s'adresser à des francs-maçons italiens. Le professeur Seri lui répondit que c'était bien le cas, il demanda à son interlocuteur s'il avait lu le livre et ce qu'il en pensait. La réponse de l'ecclésiastique fut franche : « Oui, je l'ai lu. C'est un excellent livre, mais il y a certaines choses qui ne devraient pas être dites. » Il ne dit pas que notre travail souffrait d'imprécision (encore moins de bidonnage). Apparemment, son seul problème était que nous le rendions public.

Nous avons beaucoup de respect pour l'Église catholique romaine, mais nous croyons aussi que personne n'a le droit d'interdire la recherche d'explications alternatives du passé. Au cours de sa période sombre, l'Église ne toléra aucune déviance par rapport à sa conception du monde. Elle assassina des populations entières si elle les soupçonnait de croire en des idées différentes de celles qu'elle prêchait. Depuis Galilée, elle a mené un combat perdu, mais aujourd'hui, elle accepte à contrecœur des concepts comme ceux de l'évolution darwinienne.

Ainsi qu'est-ce qui pouvait bien, dans notre humble recherche sur les origines du rituel maçonnique, avoir touché un point apparemment très sensible ? Nous décidâmes de le découvrir et le présent livre décrit cette nouvelle quête.

La seconde résistance à laquelle nous fûmes confrontés fut l'opposition à un examen archéologique correct de la chapelle de Rosslyn, ce petit édifice du XVe siècle qui se niche dans les collines du Lothian à quelques kilomètres au sud d'Édimbourg. Dans *La Clé d'Hiram*, notre quête s'achevait dans cette construction de la fin du Moyen Âge en Écosse. Nous estimions que cette chapelle pouvait renfermer des documents qui, originellement, auraient été enterrés sous le Temple de Jérusalem à l'époque de la rédaction des Évangiles du Nouveau Testament. Nous affirmions avec des arguments que Rosslyn Chapel – comme l'endroit est aujourd'hui dénommé – pouvait être l'écrin du plus important des manuscrits de la mer Morte, texte dont on peut supposer qu'il contient des références directes à l'individu messianique dont nous nous souvenons aujourd'hui sous sa désignation grecque : « Jésus-Christ ».

Nous sommes conscients qu'à première vue, cette affirmation peut paraître étrange, mais elle est supportée par des éléments solides. Les points clés sont les suivants :

1. Le *Rouleau de Cuivre* trouvé parmi les manuscrits de la mer Morte à Qumran établit l'inventaire des rouleaux manuscrits et des trésors du temple qui furent enterrés sous le Temple de Jérusalem en 68 EC ou juste avant.
2. Il est notoire que les neuf croisés, fondateurs de l'Ordre des Chevaliers Templiers, fouillèrent sans interruption sous les ruines de ce temple entre 1118 et 1128.
3. Au XIXe siècle, une expédition de l'armée britannique qui fouilla à son tour sous le temple ne trouva rien d'autre que les traces des fouilles templières et quelques objets abandonnés par eux.
4. Les plus anciens rituels de la franc-maçonnerie disent que ces chevaliers découvrirent des documents sous les ruines du Temple de Jérusalem et qu'ils les rapportèrent, en 1140, à Kilwinning, un domaine des Saint-Clair en Écosse.
5. Rosslyn fut construite par un membre de la famille Saint-Clair, entre 1441 et 1490.
6. La même famille donna plus tard les plus importants francs-maçons du monde en leur qualité de Grands Maîtres maçons héréditaires.
7. Le plan de Rosslyn reproduit fidèlement le dessin du temple d'Hérode à Jérusalem.

8. Le Dr Jack Miller, directeur des études géologiques de l'université de Cambridge, a confirmé que Rosslyn est construite avec exactement la même pierre que le Temple de Jérusalem.
9. Le mur occidental de la « chapelle » est une copie du mur occidental du Temple de Jérusalem, plutôt qu'une tentative avortée de construction d'une grande église collégiale (comme il est généralement prétendu). Le Dr Miller a aussi démontré que ce mur occidental surdimensionné était une imitation de ruine et qu'il ne pouvait en aucun cas avoir été une partie d'un réel bâtiment prévu.
10. Le révérend James Charlesworth, professeur à l'université de Princeton, spécialiste des manuscrits de la mer Morte et professeur d'archéologie à l'institut Albright de Jérusalem, attira par la suite l'attention sur des caractéristiques du mur occidental prouvant qu'il reproduisait délibérément l'architecture du Temple de Jérusalem.
11. D'autres experts, comme le professeur Philip Davies, un spécialiste de la Bible, ont montré que l'édifice n'est pas ostensiblement chrétien et que la plupart des centaines de personnages sculptés à l'intérieur tiennent soit des livres soit des rouleaux.
12. La seule inscription originelle dans tout le bâtiment est un passage tiré du Livre d'Esdras qui fait allusion à la reconstruction du Temple de Jérusalem par Zorobabel.
13. Il est attesté par les chroniques de l'époque que la pose des fondations dura quatre années et on sait aussi que le commanditaire des travaux conserva quatre grands coffres de documents dans le château voisin. Ces documents étaient plus importants pour lui que les femmes de sa propre famille parce que, lors d'un incendie, il insista pour que l'on sauve ces coffres avant ses parentes.
14. Une gravure sur le mur sud trahit une connexion avec la franc-maçonnerie. Le dessin des piliers à l'intérieur correspond aux rituels de la franc-maçonnerie et il est associé en particulier avec un rituel qui dit que c'est « la clé pour trouver la chose précieuse ».

Quand *La Clé d'Hiram* fut publiée, l'un des administrateurs de Rosslyn déclara publiquement que le Trust (l'association gérant le site) soutiendrait une fouille archéologique du site, si une équipe de spécialistes de classe mondiale – comprenant des universitaires écossais majeurs – pouvait être réunie. Après que nous eûmes amené le professeur Charlesworth à Rosslyn, c'est exactement ce qu'il fit. Et au début de 1999, il fit une proposition de fouilles détaillée aux administrateurs. À notre connaissance, il n'a jamais reçu de réponse.

Nous en sommes arrivés à la conclusion qu'une fouille archéologique sérieuse de Rosslyn avait peu de chance d'aboutir dans un futur proche. De ce fait, nous ne sommes pas près de récupérer les documents cachés, donc les enseignements secrets qui, selon nous, s'y trouvent enfermés. Le défi auquel nous sommes confrontés est ainsi de contourner ce problème.

Pour point de départ, nous disposions de l'importante quantité de vieux rituels maçonniques que des maçons soutenant notre recherche nous avaient communiqués au cours des années. Nous nous attaquâmes à une immense tâche : trier et organiser autant de documents maçonniques que nous le pouvions. Puis Robert créa un site web pour permettre de visualiser cette documentation de différentes manières. Le site s'est révélé un instrument de recherche d'une valeur inestimable pour étudier les mythes complexes, alambiqués et souvent oubliés de la franc-maçonnerie.

Une fois que toute cette vieille matière maçonnique eut été rassemblée et scannée afin de pouvoir être recherchée simplement, l'histoire sous-jacente ré-émergea avec une clarté nouvelle. Un étrange conte historique avait été conservé sous une forme presque aléatoire dans de nombreux degrés maçonniques, et souvent avec une répétition considérable. Le contenu historique évoqué permettait de reclasser la documentation dans un certain ordre chronologique afin de recréer un livre, semblable aux Testaments de la Bible et reflétant la même quantité d'informations des deux Testaments existants, mais ajoutant également d'autres données qui se trouvaient dans des documents juifs contemporains des précédents, par exemple les ouvrages de l'historien du Ier siècle, Flavius Josèphe. Mais on relevait aussi un troisième niveau d'information qui n'apparaissait nulle part ailleurs. Ce dernier pouvait soit être une pure invention, soit des rameaux d'une connaissance perdue qui pouvait éclairer tant l'Ancien que le Nouveau Testament. Nous avons acquis la conviction que cette seconde hypothèse était la bonne.

En commençant à travailler sur *Le Livre d'Hiram*, nous décidâmes de restructurer toute cette documentation sous la forme d'un document unique que nous avons appelé *Le Testament maçonnique.* Celui-ci forme la seconde partie de ce livre et il est constitué de passages de rituels maçonniques ré-assemblés dans l'ordre chronologique. Les termes rituels originels exacts sont utilisés autant que possible avec seulement l'ajout de quelques mots de liaison pour permettre à l'histoire sous-jacente d'apparaître. Nous voyons ce travail comme une sorte de livre manquant de la Bible.

Nous avons utilisé *Le Testament maçonnique* comme un document source dans la première partie de ce livre et nous l'avons annoté avec l'abréviation TM suivie du numéro de chapitre et du verset concerné (par exemple, TM, 16, 38, pour chapitre XVI, verset 38).

Les lecteurs peuvent vérifier la validité du *Testament maçonnique* en allant chercher les mots exacts de chaque paragraphe sur un site web accessible à tous que Robert a créé à l'université de Bradford. On le trouve à l'adresse suivante : *http ://www.bradford.ac.uk/webofhiram.*

Cette ressource intellectuelle que nous avons appelée *La Toile d'Hiram (web of Hiram)* a désormais été prise en charge par l'université de Bradford comme outil de recherche disponible pour tous.

Le site web fournit les éléments de preuve soutenant nos affirmations. Et pour la première fois, il permet à tout lecteur ayant accès à Internet de voir les détails se trouvant derrière l'histoire que nous racontons. Maintenant, les lecteurs peuvent juger nos thèses par eux-mêmes et n'ont plus besoin de se reposer sur l'opinion de tiers.

Les découvertes que nous avons faites jusqu'à présent nous ont amenés à penser que la connaissance d'une ancienne science se trouve au cœur de presque tous les rituels perdus de la franc-maçonnerie. Dans ce livre, représentant la phase finale de notre quête, nous sommes partis à la recherche de cette science, de ce chaînon manquant, qui semble tant effrayer l'Église catholique romaine.

Première partie

CHAPITRE I

LA MORT DES BÂTISSEURS

LES PLUS VIEUX MYSTÈRES DE LA NATURE ET DE LA SCIENCE

La franc-maçonnerie est mourante.

Pour la plupart de nos contemporains, la vie est beaucoup plus compliquée qu'elle ne l'était une génération en arrière à peine. Nous travaillons plus durement, mais nous avons plus de revenus disponibles. On évite à tout prix les engagements à long-terme. Travailler n'est plus qu'une succession de contrats renouvelables et le mariage n'est plus en vogue. Il n'est donc pas étonnant que l'on ne se presse plus pour s'engager à vie à exécuter d'étranges rituels dans une pièce sans fenêtres. On demande à un candidat, à l'entrée dans l'Ordre maçonnique, qu'il s'unisse pour la vie à une Loge avant même de lui expliquer ce qu'est la franc-maçonnerie. On ne lui dit ni ce qu'il sera censé faire à l'intérieur, ni quel sorte de bénéfice il pourra en tirer. On ne s'étonnera donc pas que les Grandes Loges qui dirigent la franc-maçonnerie dans le monde éprouvent des difficultés à « vendre » une proposition qui ne correspond pas aux critères normaux d'un produit commercial.

Une question évidente se pose : « Est-ce que la disparition de cet Ordre théoriquement secret a vraiment de l'importance ? » Peut-être que le temps est venu pour lui de s'éteindre tranquillement. Seulement, comme nous allons le montrer dans ce livre, la franc-maçonnerie est une source d'information majeure mais inexploitée sur notre passé qui court un grave danger de disparaître à jamais. En perdant les informations dissimulées dans les rituels avant qu'elles aient été correctement comprises, nous nous priverions de l'un des vrais trésors du monde occidental.

Nous sommes tous les deux entrés en maçonnerie pour la même raison : la curiosité. Nous voulions savoir ce qui se passait à l'intérieur de ce club secret de gentlemen et le seul moyen de le découvrir était de les rejoindre. Indépendamment, nous nous dîmes qu'appartenir à une structure aussi méconnue ne présentait pas un grand risque, car nous pouvions la quitter si elle ne nous plaisait pas. Les rituels étaient aussi étranges que nous l'imaginions. Mais lentement, il nous parut évident que personne – à quelque degré que ce soit au sein de l'Ordre – n'était en mesure de nous donner des explications quant à ce qu'était vraiment la maçonnerie. Les œuvres charitables de l'Ordre étaient impressionnantes et les rituels enseignaient la morale la plus vertueuse. Mais cela n'expliquait pas pourquoi les francs-maçons pratiquaient des rituels aussi étranges, qui prétendaient à une extrême ancienneté et contenaient des enseignements curieux, que l'on appelait des mystères.

Selon le premier mystère qui nous a été enseigné en maçonnerie, construire en pierre était un acte sacré métaphorique devant aider à la compréhension spirituelle. En fait, dans la partie la plus importante de notre premier degré, on nous disait explicitement que l'on pouvait assimiler la franc-maçonnerie à la pose de la première pierre d'un édifice spirituel. Le rituel dispose ainsi :

> *Il est coutumier, lors de l'érection de tout édifice splendide et majestueux, de poser la première pierre – ou pierre de fondation – dans l'angle nord-est du bâtiment. En votre qualité de nouvel initié en maçonnerie, vous êtes placé dans la partie nord-est de la Loge, pour représenter symboliquement cette pierre. Et à partir de cette pierre de fondation posée ce soir, puisse un édifice s'élever, en tout point parfait et honorable pour son bâtisseur.*

En 1989, quand nous avons uni nos forces pour étudier les origines du rituel maçonnique, nous pensions qu'un courant de penseurs romantiques avait probablement développé l'ensemble à partir d'éléments de tradition ésotérique entre les XVIe et XIXe siècles. Il ne se passa pas beaucoup de mois avant que nous ne nous mîmes à soupçonner que nous faisions fausse route.

UNE QUESTION DE VIE OU DE MORT

Si beaucoup pensent que la franc-maçonnerie est une fraternité internationale exerçant un pouvoir et une influence occultes au profit de ses membres, la réalité est toute autre. La maçonnerie ne constitue pas davantage une organisation unique ou monolithique que l'Église chrétienne ou le mouvement communiste. Elle est un concept, fondé sur des centaines de rituels ésotériques qui revendiquent une certaine ancienneté. En vertu d'un consensus général, la Grande Loge Unie d'Angleterre (GLUA [1]) est l'autorité

1. En anglais UGLE, *United Grand Lodge of England (N.D.T.).*

maçonnique supérieure pour le monde entier. Mais elle ne reconnaît que quatre degrés – parmi les nombreux existants – comme relevant de la « vraie franc-maçonnerie ».

Le terme « organisation » paraît inapproprié pour une entité mondiale si disparate et sous-structurée. Même la GLUA ne possède aucune liste de membres des milliers de Loges qu'elle contrôle directement en Angleterre et au pays de Galles, et encore moins des différentes Grandes Loges de par le monde qui lui sont affiliées. Cette absence d'information quant aux membres de l'Ordre (terminologie adoptée au sein de la fraternité) ressemble à la structure cellulaire classique adoptée par de nombreuses organisations secrètes. Les groupes terroristes par exemple fonctionnent sur une base pyramidale où chaque niveau, chaque individu ne possèdent que les informations qui le concernent directement et chaque membre n'a que l'identité des personnes avec lesquelles il est en contact direct. Ce cloisonnement est censé empêcher l'organisation de subir trop de dommages au cas où un intrus infiltrerait ses rangs.

La franc-maçonnerie est souvent décrite comme une « société secrète ». Mais elle préfère se décrire comme une « société avec des secrets ». La GLUA les présente comme une série de sociabilités cérémonielles sans importance, comme des mots de passe et des attouchements (différents des simples poignées de main), qui existent théoriquement pour empêcher des profanes (des non-francs-maçons) d'être admis en Loge sans y avoir droit.

À chacun des principaux degrés de la franc-maçonnerie, le candidat jure de ne jamais dévoiler les secrets à quiconque n'ayant pas atteint le degré concerné. Et des sanctions sont prévues pour tout manquement à ce serment. Si ces châtiments ont été supprimés il y a quelques années des rituels approuvés par la GLUA, ils existent toujours dans de nombreuses Grandes Loges, y compris celle d'Écosse. Et ils n'ont rien d'insignifiant puisque l'on vous menace d'avoir la langue ou le cœur arrachés, la gorge tranchée ou le corps démembré de quantité de manières suggestives.

L'histoire officielle de la franc-maçonnerie commence avec l'installation d'Anthony Sayer comme Grand Maître, le jour du solstice d'été 1717, lorsqu'un groupe de francs-maçons londoniens formèrent une Grande Loge. Avant cette date, on ne sait « officiellement » rien avec certitude. Pourtant la réunion d'une poignée d'individus issus de quatre pubs décidant de se réunir en un seul groupe formel n'a rien d'un « grand » événement, *a fortiori* à un moment où la franc-maçonnerie existait dans de nombreuses villes, particulièrement en Écosse.

On peut aisément comprendre les raisons de cette amnésie quant à la franc-maçonnerie primitive qui frappa ce petit groupe londonien. Trois ans plus tôt à peine, le germanophone George de Hanovre était devenu roi de Grande-Bretagne, écartant ainsi la maison catholique des Stuarts. Les partisans de ces derniers (que l'on appelait les jacobites) fomentèrent un certain nombre de complots pour renverser la nouvelle dynastie protestante. En 1715, un groupe de nobles jacobites organisa un soulèvement en Écosse et marcha sur l'Angleterre pour soutenir le fils de Jacques II, Jacques François Edouard Stuart (qui sera plus tard connu sous le surnom de « Vieux Prétendant »[1], « *Old Pretender* », ou « Chevalier de Saint-Georges »). Au terme d'une bataille indécise contre les forces gouvernementales, les jacobites se rendirent à Preston (Lancashire).

La franc-maçonnerie était notoirement associée étroitement aux Stuarts en particulier et avec l'Écosse en général. Donc admettre que l'on appartenait à l'Ordre revenait à dire que l'on soutenait une organisation terroriste qui se vouait au renversement du roi en place. L'année de formation de la Grande Loge, la Triple Alliance fut négociée entre la Grande-Bretagne, la France et les Pays-Bas pour assurer la succession des monarques régnant dans leurs pays respectifs. Alors que le combat jacobite paraissait perdu, ce n'était pas l'heure de se faire désigner comme ennemi de l'État. Alors peut-on imaginer meilleur moment pour se débarrasser de tout fichier centralisé, à supposer qu'il y en eût un ? Le célèbre architecte et membre fondateur de la Société royale (*Royal Society*), Sir Christopher Wren, fut Grand Maître de la franc-maçonnerie avant 1717, mais lui, et beaucoup d'autres, préféra s'éloigner de l'Ordre plutôt que de risquer une exclusion sociale, voire d'être arrêté[2]. Pour une raison quelconque, les archives de la GLUA furent rectifiées, au début de la Première Guerre mondiale, pour supprimer toute référence à la Grande Maîtrise de Wren. Aujourd'hui, elle est officiellement niée.

Dès que la franc-maçonnerie eut renié son héritage jacobite, le besoin de secret disparut. L'absence d'un ficher central de membres aujourd'hui reflète plus sûrement son inutilité plutôt qu'une politique délibérée. Quand la GLUA veut communiquer avec ses membres, elle s'adresse aux différentes Grandes Loges Provinciales qui, à leur tour, transmettront les correspondances et messages aux humbles maçons réunis dans leurs Loges.

Étant nous-mêmes francs-maçons, nous sommes liés par nos obligations de garder les secrets de la franc-maçonnerie. Certains de nos frères en maçonnerie nous critiquent parce que nous aurions livré des détails de rituels dans *La Clé d'Hiram*. En fait, nous avons décrit des parties de plusieurs rituels, en particulier les éléments clés du très important troisième degré de l'Ordre, celui de Maître. Cependant, nous avons été très attentifs à respecter

---

1. Tandis que son fils, Charles-Edouard, le dernier des Stuarts, sera surnommé « Le Jeune Prétendant » *(N.D.T.)*.

2. J. Anderson, *The Book of Constitutions of the Grand Lodge of London*, 1738.

le règlement précis de notre Grande Loge, ici en Angleterre et au pays de Galles, et nous n'avons pas révélé d'attouchements ou de mots de passe qui constituent les seuls « secrets » de l'Ordre aujourd'hui.

Si la plupart des francs-maçons sont heureux d'admettre leur appartenance, certains préfèrent la taire, voire la nier, pour éviter des préjudices professionnels par exemple. Selon nous, si une impression de secret continue d'entourer les francs-maçons, c'est qu'ils sont bien en peine pour parler de la nature de rituels qui, à la lumière du jour, paraissent étranges à l'extrême. Si on leur demande d'expliquer de quoi parlent ces rituels, ils doivent confesser qu'ils n'en savent rien.

En d'autres termes, nous pensons que la raison déterminante expliquant le silence des maçons n'est pas tant l'obligation de respecter leurs vœux sacrés et encore moins la peur d'un châtiment macabre exercé par leurs frères. C'est avant tout qu'ils ne comprennent pas un traître mot des cérémonies auxquelles ils participent et, s'ils ont peur, c'est que des profanes rient d'eux et des rituels bizarres qu'ils continuent d'exécuter.

Il semble certain que la franc-maçonnerie a jadis épousé des causes éminentes, mais aujourd'hui, nous avons déjà eu l'occasion de le souligner, elle ne cesse de rétrograder rapidement pour ne plus être qu'un club de vieux gentlemen. Au Royaume-Uni, les réunions de Loges permettent de s'adonner à quelques mises en scène d'amateurs, avant un bon repas largement arrosé de bière, alors qu'aux États-Unis d'Amérique, l'alcool est interdit dans les assemblées maçonniques. Le complexe et obscur rituel est mémorisé à force d'être fidèlement répété mot à mot année après année. Mais seules d'infimes parties des cérémonies peuvent être comprises comme de simples messages allégoriques parlant de droiture morale. Le reste est une étrange mixture de mots dénués de sens et d'évocations extrêmement détaillées d'événements survenus dans un lointain passé.

Les trois principaux degrés sont : Apprenti (l'initiation), Compagnon (le degré de transition ou de passage) et Maître maçon, ou simplement Maître (le degré de renaissance ou de « résurrection »). Au cours de ces trois degrés, on apprend que les vrais secrets de l'Ordre ont été perdus et qu'on les a remplacés par des secrets « substitués » en attendant que les premiers soient redécouverts.

Les ténèbres du troisième degré

Au premier degré de la franc-maçonnerie, le candidat est introduit dans l'Ordre dans un état dit d'« indigence nue », comme un nouveau-né. Les détails du rituel peuvent varier, mais son message reste constant. Nous parlons ici de la tradition que nous connaissons tous les deux. Le candidat est revêtu d'une grossière tunique blanche. On lui bande les yeux et on lui passe une corde de pendu autour du cou, avant d'être conduit dans le temple pour être fait Apprenti maçon. On le fait s'agenouiller devant le frère qui dirige la Loge cette année-là (le « Vénérable Maître », ou plus simplement le « Vénérable »), avec les deux colonnes jumelles du Temple de Salomon l'encadrant. À un moment clé de la cérémonie, après qu'on lui a conféré son nouveau grade, il est placé au nord-est du Temple pour recevoir ses instructions. Cette position marque le chemin de la lumière du soleil levant le jour du solstice d'été, qui est, pour les francs-maçons, le jour de la Saint-Jean, soit l'une des deux plus importantes dates du calendrier maçonnique. Le saint Jean concerné ici est saint Jean-Baptiste, qui aurait été conçu à l'équinoxe d'automne et qui serait donc né au solstice d'été.

Quelques mois plus tard, le candidat est initié au second degré. Au moment approprié, il est placé au sud-est du Temple pour recevoir les instructions de son nouveau grade, ce qui stigmatise, dit-on, le progrès qu'il a accompli sur la voie de la science. Dans cette position, le candidat se trouve dans l'alignement de la première lueur du soleil au solstice d'hiver. Ce jour de la fin décembre est l'autre grande date de la franc-maçonnerie. Et c'est aussi une fête de saint Jean, mais cette fois, il s'agit de saint Jean le Divin (dit aussi l'Évangéliste), l'auteur de l'Apocalypse.

Dès que le candidat a symboliquement reçu son instruction à l'aube des deux solstices, l'été et l'hiver, il est prêt à devenir Maître maçon en recevant le troisième degré. Dès le début, il s'agit là d'une expérience différente.

De nouveau, le candidat est revêtu d'une grossière tunique blanche, avec une jambe de pantalon retroussée et sa poitrine dénudée. Cette fois, il n'a pas les yeux bandés, mais quand les portes du Temple s'ouvrent pour l'admettre à l'intérieur, il peut voir que la pièce est plongée dans une totale obscurité, à l'exception d'une petite bougie brûlant à l'est devant le Vénérable. D'abord, le passage de la lumière aux ténèbres aveugle le candidat et il doit se reposer sur les deux diacres pour trouver son chemin sur le sol du Temple.

Lors de la transmission de ce degré, la partie la plus importante du rituel se déroule à l'est, entre les deux colonnes Jakin et Boaz qui, jadis, marquaient les points extrêmes nord et sud du parcours du soleil aux solstices devant le Temple de Yahvé à Jérusalem. Ici, on raconte l'histoire du meurtre d'Hiram Abif, qui, comme il est révélé, fut l'architecte du Temple du roi Salomon, il y a trois mille ans. Curieusement, le Vénérable évoque ce personnage quasi inconnu autrement, comme si l'individu moyen savait parfaitement de qui il s'agissait :

... les annales de la franc-maçonnerie offrent un glorieux exemple à travers la fidélité inébranlable et la mort prématurée de notre Grand Maître Hiram Abif, qui perdit la vie juste avant l'achèvement du Temple du roi Salomon, dont il fut, comme vous le savez indéniablement, le principal architecte.

Quand nous l'avons entendue pour la première fois, cette histoire nous a paru étrange. Dans *La Clé d'Hiram*, nous avons pu affirmer que le personnage d'Hiram Abif n'existait apparemment pas, hors des rituels de la franc-maçonnerie. Cette observation suscita une avalanche de courriers qui nous disaient que nous nous trompions. Alors réexaminons ici plus attentivement les éléments que l'Ancien Testament nous livre sur l'architecte du Temple. D'abord, on nous dit que le roi de Tyr, Hiram, fournit le plan, les ouvriers et de nombreux matériaux pour les constructions de Salomon. Le nom de ce souverain phénicien est variablement écrit Hiram, Hirom ou Huram et il s'écrivait probablement à l'origine Ahi-ram. Selon l'historien juif Flavius Josèphe, les lettres que s'échangèrent Salomon et Hiram étaient conservées dans les archives tyriennes[1]. Il cite aussi les historiens Dios et Ménandre d'Éphèse[2] qui disent que Hiram était le fils du roi Abi-baal, ou Abibal.

Un autre Hiram fut impliqué dans la création du Temple. Cet Hiram-là travaillait les métaux. Il avait installé une fonderie dans la vallée du Jourdain, entre Succhot et Zeredatha. C'est là qu'il fondit les deux grandes colonnes Boaz et Jakin et d'autres grands ornements du Temple, dont un immense récipient appelé la « mer de bronze ». Plusieurs passages de l'Ancien Testament font allusion à ce personnage : dans le Second Livre des Chroniques, 2, 11-14, Hiram, le roi de Tyr, écrit à Salomon pour lui dire que cet Hiram est le fils d'une fille de la tribu de Dan, mais dans le Premier Livre des Rois, 7, 14, on nous dit qu'il était le fils d'une veuve de la tribu de Nephtali.

Ce fondeur pourrait-il être également l'architecte du Temple ? Un architecte conçoit le plan de l'intégralité du bâtiment. Il n'est pas l'artisan créant ses ornements. Mais dans certaines traductions de la Bible (*Revised Standard Version* en Grande-Bretagne, Bible de Jérusalem en France...), ce constructeur est appelé Huram-Abi, ce qui est très proche d'Hiram Abif.

En mars 1999, un nouvel élément apparut lors de notre visite à la bibliothèque de la Scottish Grand Lodge, en compagnie du célèbre spécialiste de la Bible, le professeur Philip Davies. À cette occasion, nous consultâmes un volume non catalogué vieux de près de deux cents ans. Son auteur, le

1. Flavius Josèphe, *Antiquités juives*, chap. VIII. [Il reprend les mêmes informations dans son *Contre Appion*, livre I, chap. XVIII, 107 *(N.D.T.)*.]

2. Également appelé Ménandre le Pergaménien par Clément d'Alexandrie et Tatien. Le témoignage de Ménandre apparaît au chapitre VIII, 144, des *Antiquités* et livre I, chap. XVIII, de *Contre Appion* ; celui de Dios apparaît au chapitre VIII, 147, des *Antiquités*, et livre I, chap. XVII, de *Contre Appion.(N.D.T.)*

Dr James Anderson était le rédacteur du premier livre des Constitutions de la GLUA et un membre de la Loge d'Aberdeen. Dans ce document, l'historien maçonnique expliquait comme suit le nom d'Hiram Abif, donné dans une version hébraïque du Second Livre des Chroniques, 4, 16 :

Shelomoh lammelech Abhif Churam ghafah

Philip se concentra un moment sur les mots en plissant les lèvres. Puis il déclara que ce passage laissait entendre que l'Hiram en question était le père du roi Salomon. Or, comme chacun sait, le père de Salomon est David. Donc, Philip suggéra une hypothèse : ces mots auraient signifié que Hiram était peut-être le beau-père de Salomon.

Au regard des probabilités, nous admettons maintenant que le personnage que le rituel maçonnique appelle Hiram Abif pourrait être le métallurgiste envoyé par le roi Hiram de Tyr pour travailler dans le Temple de Salomon. Cependant, cette identification potentielle n'explique pas sa relation avec le roi Salomon, ni pourquoi sa légende est si importante dans la tradition maçonnique.

Lors de l'initiation au troisième degré, le candidat apprend qu'un groupe de quinze tailleurs de pierre voulut arracher à leur maître Hiram Abif les secrets authentiques d'un Maître maçon. Alors ils décidèrent de lui tendre une embuscade quand ils feraient une pause pour aller prier un dieu qui est appelé le « Très-Haut ». Le rituel dit :

> *La veille de mettre leur forfait à exécution, douze des quinze se rétractèrent. Mais trois, d'un caractère plus déterminé et plus ignoble que les autres, persistèrent dans leur projet indigne. Dans ce dessein, ils se placèrent respectivement aux portes du midi, de l'occident et de l'orient du Temple, où notre Maître Hiram Abif s'était retiré pour honorer le Très-Haut, comme il en avait l'habitude, à l'heure du grand midi.*

On considère généralement que le « Très-Haut » désigne ici Yahvé, mais il est beaucoup plus probable que cet artisan cananéen vénérait le dieu Soleil à son zénith dans le ciel (d'où cette description, « Très Haut »). Si le Temple devait abriter le « nouveau » dieu des juifs, qui vivait temporairement dans une tente, il n'était pas considéré comme particulièrement important, même aux yeux de Salomon, qui ultérieurement s'arrêta totalement de le vénérer.

Quoi qu'il en soit, ce n'est assurément pas la question de l'identité de la divinité d'Hiram qui trouble le candidat à ce moment du rituel. En revanche, il réalise soudain qu'il est sur le point d'être la victime d'un meurtre. Alors que le Vénérable raconte comment Hiram fut frappé au front à la porte du midi, un coup est donné doucement sur le côté de la tête du candidat. Puis, tout le processus se répète à la porte de l'occident. Puis à la porte de l'orient, le coup de grâce est donné et le candidat reçoit celui-ci au centre de la tête. Le coup peut être porté aussi doucement que vigoureusement. Les francs-maçons écossais sont particulièrement réputés pour faire revivre totalement l'esprit de l'événement et bien des pauvres candidats se sont retrouvés jetés à terre en craignant réellement pour leur vie.

Le candidat est tenu bien droit de manière à le faire basculer en arrière sur un linceul funéraire, préalablement déposé sur le sol. Dès qu'il est allongé, on l'enveloppe dans le drap. Seuls ses yeux restent découverts. Alors, les maçons de la Loge se mettent à tourner autour de la « tombe ». Trois tentatives sont entreprises pour arracher le frère aux bras de la mort. Les deux premières échouent, parce qu'ils utilisent les méthodes des deux précédents degrés. Mais la troisième, spécifique de ce troisième degré, réussit.

Avec l'aide des diacres, le Vénérable applique un attouchement particulier pour « ressusciter » le « cadavre » de sa tombe. Toujours dans une obscurité presque totale, le corps est redressé, mais retenu dans une posture cérémonielle complexe, une forme d'accolade où le Maître et le candidat se touchent l'un l'autre en cinq points distincts. On appelle rituellement cette accolade les « cinq points de la Maîtrise [1] ». Tandis qu'il se tient dans cette position, une incantation est soufflée dans l'oreille du candidat, à qui l'on montre alors la tombe noire juste derrière lui à l'ouest, sur laquelle sont posés un véritable crâne humain et des os entrecroisés, symbolisant les restes mortels du candidat. Ensuite, le Vénérable dirige le regard de celui-ci vers l'est, où il peut apercevoir une étoile à cinq branches brillant dans les ténèbres entre les deux piliers Jakin et Boaz. Cette étoile, lui dit-on, est la « brillante étoile du matin » – c'est-à-dire la planète Vénus se levant quelques minutes à l'aube avant le Soleil.

À partir de cet instant, l'homme « relevé » des ténèbres de sa tombe symbolique sera un Maître maçon pour le restant de ses jours. Il faut toutefois noter que, si le candidat personnifiait Hiram Abif jusqu'au moment de son assassinat, la suite du rituel ne suggère en aucun cas qu'Hiram ressuscita un jour. L'information la plus importante donnée au nouveau maçon « relevé » est que les authentiques secrets d'un Maître maçon ont été perdus « avec la mort de notre Grand Maître Hiram Abif ». Mais en réalité, les rituels actuels des trois degrés de l'Ordre n'éclairent en rien ce sujet. Pendant un moment, nous avons supposé que les rituels originels qui évoquaient ces matières avaient été totalement détruits pendant la période de censure ayant suivi la

1. Également appelé les « cinq points du Compagnonnage » (dans le rite Émulation) ou « attouchement parfait de la Maîtrise en Loge » (dans le Rite Écossais Rectifié). Voir Daniel Ligou, *Dictionnaire de la franc-maçonnerie*, Paris, PUF, 1987 (entrée « Attouchements ») *(N.D.T.)*.

création de la Grande Loge Unie d'Angleterre, en 1813. (Ces événements sont décrits dans *Le Second Messie*[1] et *L'Invisible Collège*[2].)

TISSER LA TOILE D'HIRAM

Quand nous avons écrit *La Clé d'Hiram*, nous n'avions qu'une très vague idée du contenu d'une bonne partie de ce que l'on appelle les « Hauts Grades » de la franc-maçonnerie. Mais après la publication de ce livre, nous avons été contactés par des centaines de personnes qui nous ont apporté de nouvelles informations. Certaines sont arrivées par la poste. Et parfois, quand nous parlions dans des tenues (réunions) de Loges, on nous communiquait de vieux documents rituéliques qui avaient été oubliés dans des tiroirs poussiéreux pendant des générations. Alors que nous effectuions nos recherches pour *Le Second Messie*, nous sommes tombés sur une documentation particulièrement intéressante qui nous fit faire un bond en avant. Il s'agissait du texte d'une conférence intitulée « franc-maçonnerie et Catholicisme », dont l'auteur, un érudit de Bosnie-Herzégovine, répondait au nom de Dimitrije Mitrinovic.

Mitrinovic vint vivre à Londres à l'époque de la Première Guerre mondiale. Il devint une figure majeure du « Groupe de Bloomsbury » (*Bloomsbury Group*), un collectif d'intellectuels[3] qui empruntait son nom au quartier du centre de Londres, jouxtant le British Museum, dans lequel vivaient la plupart de ses membres. Un passage du texte attira spécifiquement notre attention :

> *Le Christ divulgua le mot secret de la maçonnerie... au peuple, et il le proclama dans Jérusalem, mais, en révélant le mot des Élus au peuple, il était en avance sur son temps... Que les maçons ré-admettent le Christ en maçonnerie... Cela fait deux mille ans que la maçonnerie est l'expression du christianisme*[4].

Mitrinovic n'était pas franc-maçon. Or, à nous qui l'étions, il avait fallu sept années de recherches à grande échelle, faisant appel à toute notre connaissance de spécialistes de la maçonnerie, pour aboutir à cette conclusion. Alors comment Mitrinovic avait-il fait ? Nous finîmes par découvrir qu'il avait rassemblé une bibliothèque personnelle considérable et que c'était

---

1. C. Knight et R. Lomas, Dervy, 2000 (*The Second Messiah*, Arrow, 1998).
2. Robert Lomas, *The Invisible College*, Headline, 2002.
3. Parmi lesquels l'économiste Keynes, la romancière Virginia Woolf et son mari Léonard... *(N.D.T.)*
4. D. Mitrinovic, *Freemasonry and Catholicism in the New Order. Lectures 1926-1950*, University of Bradford, J.B. Priestley Library, 1995.

l'étude attentive de celle-ci qui lui avait permis de se forger son opinion. Nous décidâmes de retrouver cette bibliothèque, si elle n'avait pas été dispersée. Nous avons fini par en retrouver la trace pour apprendre que les livres avaient été rangés dans des caisses après la mort de Mitrinovic et que celles-ci avaient dormi au fond du garage de sa nièce pendant plus de quarante ans. Quand vint le temps pour elle de se débarrasser de ces vieilleries, elle eut le bon réflexe de vouloir mettre à l'abri la bibliothèque de son oncle. Et elle décida de la donner à une université. Par un heureux hasard, l'université en question fut celle de Bradford..., celle-là même où enseigne Robert.

En 1997, quand nous avons commencé à nous intéresser aux livres de Mitrinovic, ils n'étaient pas accessibles au public parce que la nouvelle extension de la bibliothèque J. B. Priestley n'était pas achevée. Comme d'autres ouvrages plus obscurs, ils dormaient momentanément dans les sous-sols de la bibliothèque, dans un endroit surnommé le « dépôt ». Il consistait en une grande pièce sans fenêtres avec une série de rayonnages montés sur rails. Pour accéder aux rayonnages intérieurs, il fallait déjà tirer avec une grande poignée les étagères extérieures qui faisaient plus de trois mètres de haut sur plus d'une dizaine de long. Quand Robert reçut l'autorisation d'accéder à la collection, près d'une demi-heure lui fut nécessaire simplement pour déplacer sur leurs roulettes les huit rayonnages qui permettraient d'atteindre la collection de Mitrinovic.

Dans *Le Second Messie*, nous avons déjà traité des implications de certaines des études maçonniques que Mitrinovic avait rassemblées. Mais ce ne fut qu'ultérieurement que nous découvrîmes de nouveaux trésors maçonniques (c'est-à-dire après que la collection du Bosniaque eut été correctement rangée sur des étagères et cataloguée, afin d'être rendue accessible sans avoir besoin de se frayer un passage dans un étroit tunnel d'acier). Au milieu de volumes d'ordre plus général, nous tombâmes sur des copies de rituels maçonniques primitifs qui n'étaient plus utilisés. Un livre rituel du début du XIXᵉ siècle contenait quantité de détails sur tous les degrés du Rite Écossais Ancien et Accepté, illustrés de magnifiques gravures sur bois. Son auteur, E. A. McClenachan, était le père du célèbre spécialiste de la maçonnerie de la fin du XIXᵉ siècle, Charles T. McClenachan. Ce livre à lui tout seul était une formidable trouvaille, parce qu'il renfermait de nombreuses descriptions de rituels qui n'avaient pas subi les modifications terriblement dommageables exécutées sur ordre du duc de Sussex, le premier Grand Maître de la Grande Loge Unie d'Angleterre, en 1813.

En parcourant les rituels de cet ouvrage fascinant, nous remarquâmes une partie sur l'Arche Royale d'Énoch (*Royal Arch of Énoch*). Nous savions que le livre du prophète Énoch avait été perdu dès les premiers temps du christianisme et qu'il n'avait pas été redécouvert avant 1774. Or dans sa préface, McClenachan prétendait que les rituels qu'il citait dans son livre remontaient au moins à 1740 et nous pouvions constater qu'ils fournissaient beaucoup de détails sur l'importance d'Énoch et sur son rôle dans l'annonce du Déluge arrivant. Avant la re-découverte de nombreux exemplaires du Livre d'Énoch au XXe siècle, ces thèmes n'étaient pas répandus et encore moins acceptés. Mais nous reviendrons ultérieurement sur ce point. Pour l'instant, une question nous venait à l'esprit : si ces vieux mythes avaient pu occuper une place si éminente dans ces vieux rituels oubliés, n'était-ce pas parce qu'ils étaient une survivance d'une ancienne tradition orale ?

À l'époque où nous travaillions sur notre livre *Uriel's Machine*, nous avions pris conscience qu'un rituel maçonnique relatif à Énoch existait, mais qu'il n'avait plus été utilisé depuis plus de deux cents ans, c'est-à-dire depuis l'époque du duc de Sussex. Maintenant, en consultant les documents originaux, nous trouvions la description d'un étrange piédestal, qui épousait la forme d'un triangle équilatéral, connu sous le nom de « Delta d'Énoch ». Il était expliqué que c'était par ce symbole que le Puissant Architecte de l'Univers avait décidé de se manifester à Énoch. On ajoutait que le piédestal était un élément important du mobilier du temple originel qu'Énoch avait construit sur le site que l'on appelle aujourd'hui le mont du Temple, à Jérusalem. Le rituel racontait comment les ouvriers de Salomon avaient découvert cet autel ternaire dans un caveau enterré sous les ruines abandonnées d'un ancien temple – sanctuaire que Salomon aurait dans un premier temps attribué par erreur aux « païens » qui occupaient le site avant que son père David ne s'en empare.

À ce moment de notre recherche, tout cela ne signifiait pas grand-chose pour nous. En revanche, nous devions plus tard réaliser que le symbole du triangle équilatéral avait une signification considérable dans l'ancienne religion cananéenne des Jébuséens (le peuple qui bâtit Jérusalem). Mais d'emblée, une chose nous avait particulièrement frappés en lisant ce livre de rituel imprimé deux cents ans plus tôt : les traditions et légendes juives primitives lui semblaient extrêmement familières, alors qu'elles n'ont été retrouvées et confirmées que par les fouilles archéologiques entreprises au cours des cinquante dernières années. Cette version imprimée d'un rituel oral plus ancien préservait apparemment une tradition dont ni la Bible ni aucune des sources que nous connaissions ne faisait état, en l'occurrence l'histoire de la construction d'un temple cananéen.

Quand nous avons lu ce texte pour la première fois, nous n'avions alors connaissance d'aucun temple à Jérusalem antérieur à celui de Salomon. Mais nous devions rapidement apprendre qu'il existait d'excellentes preuves archéologiques supportant l'hypothèse d'une telle tradition cananéenne. Alors nous nous sommes tout de suite demandé combien de traditions perdues pouvaient se nicher dans ces vieux rituels ? Et corrélativement, nous avons immédiatement réfléchi à un moyen de systématiser nos recherches des différents thèmes de ces rituels primitifs.

Au cours des dernières années, nous avions rassemblé une somme considérable de vieux rituels ou conférences, tous sous forme papier. Mais aujourd'hui, si les livres restent de beaux objets, ils ne se prêtent pas aisément à une recherche et à un classement rapides des informations qu'ils contiennent. C'est pourquoi nous décidâmes de créer une version électronique de notre documentation. Robert se chargea de scanner les plus anciennes versions de chaque degré pour les incorporer dans le site Internet que nous appelons la *Toile d'Hiram* (*The Web of Hiram*). Tandis qu'il digitalisait les rituels, il apparaissait clairement que toutes les séquences des degrés racontaient une histoire complexe et que celle-ci n'était pas racontée dans un ordre chronologique. C'est cette constatation qui nous incita à tenter de reconstituer l'histoire que narrait jadis le rituel maçonnique. Cette tâche nous réclama beaucoup de temps mais, comme nous allons le montrer, nous sommes parvenus à reconstruire une version de l'histoire que nous racontent les vieux rituels abandonnés et censurés de la franc-maçonnerie (vous retrouverez ce récit dans *Le Testament maçonnique*, qui compose la seconde partie du présent livre). Le site Internet créé par Robert a depuis été adopté par l'université de Bradford. Il est librement accessible à tous ceux qui sont intéressés par les rituels de la franc-maçonnerie que l'on peut présenter comme les plus authentiques.

Rapidement, nous découvrîmes aussi que le rituel du Rite Ancien et Accepté mentionnait une question qui nous avait tous les deux préoccupés : Qu'arrivait-il après la mort d'Hiram Abif et la perte des vrais secrets de la maçonnerie ?

Notre reconstitution de l'histoire contenue dans le rituel de la franc-maçonnerie – que nous appelions dès lors *Le Testament maçonnique* – fait ce commentaire à propos des deux hommes qui conservaient toujours les vrais secrets du rituel [*Testament maçonnique*, 7, 6] :

> *Chaque maçon appliquera nos symboles et cérémonies selon sa foi. Autrement, la maçonnerie ne pourrait être universelle, caractère qui lui est spécifique depuis l'origine et qui a permis à deux rois, adorateurs de divinités différentes, de siéger ensemble comme Grands Maîtres tandis que s'élevaient les murs du premier Temple, et aux hommes de Gébal, qui s'inclinaient devant les dieux phéniciens, de travailler aux côtés des Hébreux, qui considéraient ces dieux comme une abomination.*

Ce commentaire laissait entendre qu'il avait existé une tradition – reflétée par le rituel – qui faisait état de tensions entre la religion de Salomon et celle du roi de Tyr. D'après la tradition maçonnique, les deux souverains considérèrent que le rituel du troisième degré était une substitution idoine aux secrets perdus, « jusqu'à ce que le temps soit venu de révéler de nouveau les vrais ». Ce qui, selon nous, signifiait que les deux Grands Maîtres survivants approuvaient les termes et les actions du rituel.

Nous commencions à soupçonner qu'un point clé de ce degré était la position de l'homme au moment de sa « mort » et de sa « résurrection » : les pieds à l'est et la tête à l'ouest. Quand le candidat est « relevé » de sa tombe, sa tête trace une courbe symbolique pour remonter vers l'est à la rencontre de Vénus, qui elle aussi se lève au-dessus de l'horizon. La ligne est-ouest marque l'équinoxe, le point d'équilibre entre les deux solstices, lorsque les heures de jour sont égales aux heures de ténèbres.

Les trois degrés de la maçonnerie de métier pourraient donc être entièrement vus sous un angle astronomique. D'abord, le novice reçoit des informations sur l'alignement du Soleil à l'aube du solstice d'été. Puis, au second degré, on lui parle de l'alignement du Soleil au solstice d'hiver. Finalement, il devient Maître maçon en s'alignant parfaitement sur la ligne est-ouest qui se trouve exactement à égale distance des deux autres : la ligne équinoxiale qui se manifeste deux fois dans l'année, au printemps et en automne. Comme nous devions le découvrir, cette conception est parfaitement compatible avec la fonction du Temple de Salomon et celle des structures phéniciennes qui lui sont largement antérieures.

Le Maître de la Loge est assis à l'est, entre les deux colonnes, appelées Boaz et Jakin dans la Bible. Il marque la position du soleil levant et la planète Vénus se lève juste derrière lui, peu avant l'aube quand un candidat est « relevé de la tombe ». Le Premier Surveillant est assis à l'ouest pour marquer la position du soleil couchant et le Second Surveillant se trouve au sud pour représenter le soleil à midi. Dans les Loges anglaises, il y a normalement un soleil rayonnant au centre du plafond avec autour de celui-ci une étoile à cinq branches surchargée d'une lettre « G », signifiant Dieu (*God* en anglais). Tout le rituel maçonnique met en évidence cette association entre le Soleil et Dieu, ce dernier étant parfois appelé le « Très-Haut », c'est-à-dire littéralement le « Très haut dans les cieux ».

Deux officiers de la Loge, les diacres (*deacons* [1]), se déplacent autour du temple maçonnique avec le candidat. Mais officiellement, ils sont positionnés au nord-est et au sud-ouest, le long de la ligne du lever de soleil au solstice d'été. Tous deux tiennent un long bâton, que l'on appelle généralement

1. La fonction des *deacons* est généralement occupée par les Experts, en France, mais leur mode opératoire n'est pas tout à fait le même *(N.D.T.)*.

« baguette » (*wand*[1]) et qui, selon nous, servait jadis à repérer l'angle du lever et du coucher de soleil grâce à l'ombre qu'elle projetait. Il est attesté que les diacres des premières Loges écossaises étaient envoyés pour aligner les églises. Dans notre livre *Uriel's machine*, nous avons dit que nous pensions que les églises étaient jadis alignées sur l'est, c'est-à-dire sur le point où le soleil se levait le jour de l'observation, point qui était alors réputé être l'« est ». Le diacre plantait sa baguette et l'ombre projetée par celle-ci allait représenter l'alignement du mur nord. Nous en avons déduit qu'il était possible de retrouver le nom d'une vieille église en considérant la topographie locale. Puis, il suffisait de calculer et d'identifier les deux jours de l'année qui correspondaient à l'angle du mur nord. Ainsi l'église avait dû recevoir le nom d'un saint dont la fête tombait l'un de ces deux jours-là. Par exemple, une église alignée sur l'un des deux solstices avait de fortes chances d'avoir reçu le nom de saint Jean[2].

La première conclusion à laquelle nous aboutissions était que les rituels de la maçonnerie de Métier étaient fondés sur l'astronomie et que leur héritage remontait à bien plus de cinq mille ans. Nous avions découvert une chaîne de croyances, transmises de culture en culture jusqu'aux temples maçonniques modernes, qui les restituaient et les récitaient fidèlement, mais sans rien y comprendre.

Conclusions

Cela fait plus de six ans que nous avons publié *La Clé d'Hiram*, et tout en accomplissant nos recherches pour deux autres ouvrages, nous avons rassemblé une somme incroyable de documentation qui jette une lumière éclatante sur des questions que nous avions originellement dû laisser sans réponse.

Pour essayer de comprendre ce qui se cachait réellement sous Rosslyn, nous avons collecté autant de rituels maçonniques que possible. Et Robert a créé un site Internet pour nous permettre de visualiser toute notre documentation sous différents angles. Nous voulions utiliser cet inestimable outil de recherche pour creuser les mythes complexes et souvent oubliés de la franc-maçonnerie à un niveau de détail jamais atteint jusque-là.

---

1. « Canne », en France *(N.D.T.)*.

2. L'université de Hong-Kong, département des Sciences de la Terre *(Department of Earth Sciences)*, a cité nos recherches dans ce domaine. Voir J. R. Ali et P. Cunih, « The Orientation of Churches : Some New Evidence », *The Antiquaries Journal*, 81 (2001), p. 155-193.

Quand nous passons au crible la franc-maçonnerie pour en extraire les éléments clés, nous nous retrouvons avec les idées suivantes :

– La technologie de la construction en pierre est considérée comme un acte spirituel.
– Les dessins du temple et des rituels maçonniques sont fondés sur l'astronomie.
– Dieu est associé au Soleil.
– Le lever hélicoïdal de la planète Vénus à l'équinoxe marque la restauration de la vie.
– Les solstices d'été et d'hiver sont importants.
– L'étude de la nature et de la science est importante.

Ces idées ne sont pas communes aujourd'hui, mais une culture préhistorique s'est développée très précisément sur ces notions. On appelle cette culture le peuple des poteries cannelées orcadiennes [1].

---

1. En anglais, *Grooved Ware People. Grooved Ware* signifie littéralement « poterie cannelée ». Mais l'expression anglaise *Grooved Ware People* (généralement rendue en français dans les textes archéologiques par le terme parfaitement pléonastique « Poterie cannelée de style *Grooved Ware* », voire par le peu seyant « céramique "pot de fleur" ») désigne un peuple spécifique des îles Britanniques dont il va être question dans les pages suivantes, alors que l'on a trouvé des poteries « cannelées » dans différents endroits du monde, notamment en Europe continentale, bien sûr, mais aussi en Afrique du Nord, en Asie, sans que ces dernières poteries soient liées à ce peuple néolithique ayant occupé une partie de l'Angleterre et l'Écosse entre 2600 et 1800 AEC essentiellement. Aucune restitution française de *Grooved Ware People* ne serait parfaitement idoine, soit qu'elle soit trop extensive, soit qu'elle soit trop restrictive. Nous avons choisi de préciser la nomenclature « poterie cannelée » avec la localisation « orcadienne », d'abord pour bien indiquer qu'il ne s'agit pas des poteries cannelées extra-îles Britanniques. Ensuite, même s'il a été trouvé des poteries cannelées de ce type spécifique (ressemblant à des pots de fleur) en Écosse et dans l'est et le sud de l'Angleterre (notamment en Est-Anglie), ce sont les spécimens des Orcades (sites de Maes Howe, Skara Brae...) qui sont les plus nombreux et les plus représentatifs, et en outre, cet archipel du nord de l'Écosse est au centre de la problématique de Christopher Knight et Robert Lomas. Dans la suite de l'ouvrage, afin de ne pas alourdir la terminologie, nous ne parlerons parfois que de « poteries cannelées » sans préciser « orcadiennes », mais il s'agira toujours exclusivement de ce dernier type de céramique *(N.D.T.)*.

DERVY

ÉDITIONS DERVY
204, boulevard Raspail
75014 Paris

Si vous désirez être informé de nos publications, merci de retourner cette carte dûment complétée.

Nom : MAGNAN .... Prénom : NADINE ....

Adresse : 4, place SEBASTOPOL ....

....

Code postal : 13004 .... Ville : MARSEILLE ....

Pays : ☒ France ❏ Autre : ....

Courriel : ....

Titre de l'ouvrage dans lequel était insérée cette carte :

Le Livre d'Hiram ....

À quel(s) domaine(s) vous intéressez-vous ?

❏ Astrologie/Arts divinatoires

❏ Alchimie/Philosophie

☒ Symbolisme/Mythes

☒ Franc-maçonnerie

❏ Spiritualité/Religions

❏ Développement personnel/Santé

❏ Autres : ....

Vos suggestions : ....

....

Catalogue général sur demande

CHAPITRE II

LE PEUPLE DES POTERIES CANNELÉES ORCADIENNES

LES PREMIERS TAILLEURS DE PIERRE

Le peuple néolithique arriva dans les îles Britanniques, autour des côtes septentrionales de l'Écosse, il y a environ 9 000 ans. À cette époque, à l'emplacement de la mer du Nord, il y avait une plaine qui n'avait pas encore été inondée et il était donc encore possible de venir à pied depuis la Norvège. Ces populations néolithiques arrivèrent très peu de temps après le retrait des glaces de la dernière glaciation. Quand le niveau de la mer se mit à monter, l'Écosse se retrouva totalement séparée de la Norvège. Quoi qu'il en soit, les Scandinaves néolithiques et les premières populations écossaises possèdent donc des ancêtres communs [1].

La période néolithique marqua la fin de l'âge de pierre. Dans les régions extrême-occidentales de l'Europe, on se souvient de ces peuples comme des constructeurs des mégalithes (un mot qui signifie « grandes pierres »). Ces tailleurs de pierre primitifs habitaient ce qui est maintenant le pays de Galles, l'Écosse, l'Irlande, l'Angleterre, la France, des parties du Sud de la Scandinavie et du Nord de l'Espagne, mais aussi de Malte. Aujourd'hui, les ressortissants de ces pays se rendent quotidiennement au travail sans la moindre pensée pour le peuple inconnu qui occupait jadis leur terre. À elle seule, l'Angleterre possède encore plus de 40 000 sites mégalithiques qui ont survécu depuis plus de cinq mille ans. Si nous voulons évaluer l'importance et la démesure de ce simple fait, demandons-nous combien de vestiges de notre civilisation subsisteront dans cinq mille ans, alors que bon nombre des

1. C. R. Wickham-Jones, *Scotland's First Settlers*, Historic Scotland, 1994.

fragiles immeubles modernes sont démolis avant même l'écoulement d'une génération.

À l'époque, le climat des îles Britanniques était beaucoup plus chaud qu'aujourd'hui. Le pays était recouvert de forêts denses, ce qui rendait les déplacements à travers le pays très difficiles. Cependant, les peuples mégalithiques étaient aussi des constructeurs de bateaux et des navigateurs, qui utilisaient largement la mer comme voie de communication. Ils colonisèrent les nombreuses îles au large de l'Écosse et il existe quantité de preuves de leurs échanges commerciaux. Par exemple, on sait que des pierres que l'on ne trouvait que sur l'île de Rhum furent utilisées pour des constructions en Écosse même et sur d'autres îles des Hébrides intérieures. Ces échanges commerciaux par voie maritime se sont manifestement étendus jusqu'en Scandinavie dès l'époque des premiers peuplements [1].

Nous connaissons étonnamment peu de choses sur le peuple mégalithique des îles Britanniques, parce qu'il ne possédait aucun système d'écriture que nous puissions lire. De ce fait, nous ne possédons aucune information formelle sur leur culture, comme nous pouvons en avoir sur des groupes de population un peu plus tardifs comme les Sumériens ou les anciens Égyptiens. Les archéologues se contentent d'appeler ces populations proto-britanniques le « peuple des poteries cannelées » (*Grooved Ware People*) d'après les motifs à cannelure qui ornaient le bord de leurs pots d'argile. Cependant, ils ont laissé derrière eux un système de symboles qui confine à une forme de proto-écriture, dont une partie peut être comprise en raison de ses références astronomiques.

La plupart de nos contemporains savent qu'ils ont érigé de splendides cercles de pierre. Mais ils ont aussi bâti les plus anciens édifices en pierre qui subsistent dans le monde et qui sont antérieurs d'un millier d'années aux cités de Sumer. La qualité de l'ouvrage variait considérablement : de la simple érection de blocs bruts jusqu'aux chambres funéraires admirablement ouvragées, comme celles de Maes Howe, aux Orcades, dont les normes de construction ont été décrites comme « l'une des suprêmes réalisations de l'Europe néolithique [2] ». Jusqu'à une date relativement récente, on pensait que ces édifices étaient plus récents que ceux du Moyen-Orient. Mais la datation au carbone a permis d'établir une nouvelle chronologie [3]. Et de ce fait, on s'est interrogé sur les individus qui avaient construit ces structures. Ainsi, le Dr Euan Mackie, un archéologue, a écrit :

---

1. C. R. Wickham-Jones, *Scotland's First Settlers*, Historic Scotland, 1994.

2. A. S. Henshall, « The Chambered Cairns », in *The Prehistory of Orkney*, Edinburgh University Press, 1993.

3. C. Renfrew, *Before Civilisation*, Jonathan Cape, 1973.

> *Si les mégalithes européens, et même les temples maltais, sont plus anciens que les plus vieilles villes, alors il est difficile de voir comment les sociétés urbaines ont pu jouer un rôle significatif dans les grands processus sociaux à l'œuvre dans l'Europe atlantique entre 4 500 et 2 500 AEC... Des sociétés stratifiées spécialisées, proto-urbaines ou urbaines, ont dû exister avant l'apparition des premiers mégalithes*[1].

Parmi les structures que ces peuples ont construit, on peut donc citer les pierres levées de différentes configurations, les galeries couvertes, les tumuli, les *henges* (vastes plates-formes entourées de fossés circulaires). On en trouve tout le long des côtes de l'Europe, du Sud de l'Espagne à la Scandinavie, jusqu'aux rives septentrionales de la Méditerranée, dans le Sud de l'Italie et à Malte. Il existe même des traces de ces structures de pierre en Afrique du Nord, y compris en Égypte et en Israël. Toutes les îles Britanniques en sont couvertes.

Les tombes couvertes font partie des plus anciens types de construction dont le contenu s'est offert à la datation au carbone. Ainsi nous savons que les tumuli mégalithiques de Grande-Bretagne sont antérieurs à 4 000 AEC[2]. On a toujours entendu des histoires sur les effets de la lumière dans ces allées couvertes artificielles, mais ce n'est que récemment qu'une branche spécifique de l'archéologie est apparue, l'archéoastronomie, pour étudier leurs alignements astronomiques.

En 1901, Sir Norman Lockyer – qui, à l'époque, était le rédacteur en chef de la prestigieuse publication scientifique *Nature* – étudia les temples de l'ancienne Égypte et constata qu'ils avaient été construits de manière à permettre au soleil d'éclairer des parties importantes de l'intérieur des sanctuaires à des dates particulières de l'année. Il étudia un certain nombre de sites de Grande-Bretagne, dont Stonehenge, et il conclut que certains des alignements qu'il avait observés formaient des parties d'un calendrier fondé sur les solstices et les équinoxes[3]. Après avoir consacré un temps considérable à l'étude des monuments britanniques, Lockyer publia ses conclusions : les tombes mégalithiques avaient été d'abord construites pour servir d'observatoires, voire de maisons pour les prêtres astronomes, et ce n'est qu'ultérieurement que l'aspect funéraire apparut, avec l'arrivée de nouveaux immigrants. Ces derniers imitèrent leurs prédécesseurs en construisant des tumuli ronds pour leurs morts, mais sans laisser d'espaces de vie pour les prêtres[4]. Comme

1. E. Mackie, *The Megalithic Builders*, Phaidon Press, 1977.
2. C. Renfrew, *op. cit.*
3. N. Lockyer, *Stonehenge and other British Stone monuments Astronomically Considered*, McMillan, 1909.
4. N. Lockyer, « Some Questions for Archeologists », *Nature*, vol. LXXIII, 1906, p. 280.

d'habitude lorsque de nouvelles idées remettent en cause des conventions existantes, Lockyer fut moqué par ses collègues scientifiques de l'époque qui qualifiaient ses affirmations de « délire ».

Un demi-siècle avant que Lockyer ne formulât sa théorie, un important site mégalithique fut découvert, quand un très violent orage fit disparaître une partie d'une dune de sable sur la principale île des Orcades, Mainland, pour révéler la présence d'anciennes habitations de pierre. Ce site, appelé Skara Brae, ne fut pas correctement fouillé avant que l'archéologue Gordon Childe commençât sa campagne en 1920. Et là, il découvrit ce qui est généralement considéré comme le village préhistorique le mieux préservé dans tout le Nord de l'Europe. Skara Brae a été continuellement occupé pendant environ 600 ans, c'est-à-dire approximativement de 3 100 à 2 500 AEC. Et il s'agissait apparemment d'une sorte de résidence pour apprentis prêtres-astronomes... comme l'avait prédit Lockyer [1].

L'essentiel du mobilier domestique comme les bâtiments eux-mêmes étaient en pierre plutôt qu'en bois. Cela signifie qu'une grande partie a survécu. Les foyers, dessertes-buffets, tables et lits de pierre ont été préservés. Le site consiste en sept appartements presque identiques, auxquels s'ajoute ce qui pourrait être un atelier ou une brasserie [2]. Mais les archéologues pensent que le nombre d'appartements fut plus important, mais que l'érosion en a fait disparaître une partie dans la mer.

On sait qu'il n'y avait pas de réserves de bois à brûler dans les Orcades, donc celui-ci devait être amené d'Écosse proprement dite par bateau. Les os découverts montrent que la viande consommée était aussi acheminée par mer après que la bête eut été préalablement abattue (ce qui indique que les résidents du site étaient considérés comme des personnes importantes méritant la plus grande attention) [3].

Euan Mackie pense que cette société orcadienne constituée par le peuple des poteries cannelées a dû donner naissance à une classe de mages :

> *On peut émettre l'hypothèse selon laquelle il existât une société néolithique stratifiée d'un genre assez différent... dans laquelle une petite élite de prêtres professionnels, sages et chefs de la communauté, était soutenue par une population principalement rurale qui les respectait et leur versait des taxes. Un telle société pourrait avoir réalisé tout ce que Thom a suggéré qu'elle fit. En effet, n'ayant pas besoin de chercher leur nourriture ni de construire leurs demeures, les membres de cette élite pouvaient consacrer tout leur temps à des fins religieuses, scientifiques ou*

1. E. Mackie, *The Megalithic Builders*.
2. M. Dinely, « The First Orkney Brewery », Orkney Science Festival, 2001. (Certains ont également évoqué l'hypothèse d'une cuisine commune. Voir par exemple Anna Ritchie, *Scotland BC*, 1988, Historic Scotland. [N.D.T.])
3. E. Mackie, *The Megalithic Builders*.

d'autres activités intellectuelles... Le processus de transformation des communautés paysannes néolithiques primitives en des sociétés stratifiées plus évoluées avec des chefs qualifiés, des sages et d'autres spécialistes, a pu commencer beaucoup plus tôt. Ainsi, si notre hypothèse d'une Révolution religieuse est approximativement correcte, elle débuta avec l'instauration progressive d'un clergé professionnel dans les premiers temps du néolithique, vers 4 500 AEC[1].

Cette hypothèse implique l'existence d'un type quelconque de formation structurée de ces spécialistes. C'est improuvable, mais, au regard de la concentration de structures mégalithiques dans toutes les Orcades, on peut raisonnablement supposer que Skara Brae a pu être une sorte d'université néolithique.

L'ÉNIGME DU « YARD » MÉGALITHIQUE

Aucun archéologue ne nierait aujourd'hui que de nombreux sites mégalithiques furent alignés sciemment sur les solstices et les équinoxes et sur des positions clés de lever et de coucher de la lune et d'autres corps célestes. L'homme qui, pratiquement tout seul, fit de l'archéoastronomie une véritable science s'appelait Alexander Thom. Distingué professeur d'ingénierie de l'université d'Oxford, Thom passa cinquante ans de sa vie à observer et à étudier les sites mégalithiques. Il fit l'une des découvertes les plus stupéfiantes dans le domaine de l'archéologie.

C'est tout jeune homme, dans son Écosse natale, qu'il commença à s'intéresser aux structures mégalithiques. Il entreprit son étude parce qu'il soupçonnait déjà que les sites correspondaient à des alignements astronomiques. Systématiquement, consciencieusement, il alla d'un site à l'autre, collectant des données et des mesures fastidieuses sans ménager sa peine. Et lentement, ce travail de titan commença à livrer ses informations et notamment que les constructeurs préhistoriques, des îles écossaises septentrionales jusqu'à la Bretagne, utilisaient une même unité de mesure. L'idée que ces populations primitives aient pu être assez organisées pour accepter une unité standard internationale était sidérante en soi, mais celle-ci fut pourtant bien appliquée avec une précision vraiment fantastique. Thom appela cette unité de mesure le « yard mégalithique ». Pendant toutes les années qu'il consacra à son observation, il ne cessa de l'expliciter et de le cerner davantage. Finalement, il fut en mesure d'affirmer qu'il mesurait 0,82966 mètre[2].

1. E. Mackie, *The Megalithic Builders*.
2. A. Thom, *Megalithic Sites in Britain*, Oxford University Press, 1967.

À cette époque, pour les archéologues, les habitants des îles Britanniques de la période néolithique avaient été des peuples arriérés et l'idée qu'ils aient pu utiliser une méthode mathématique ou posséder une unité de mesure standard passait pour ridicule. Donc, logiquement, le travail de Thom fut d'abord ignoré par l'establishment archéologique. Mais une étude objective fut entreprise par des statisticiens et grâce à celle-ci, de nombreux scientifiques durent convenir qu'un système de mesure unique avait bien été utilisé dans une très grande partie de l'Europe préhistorique. Cependant, quelques archéologues de second rang ou moins bien informés ignorent encore cette donnée et ces études et ils continuent de répandre des allégations ridicules (par exemple, que ce professeur en ingénierie éminemment respecté n'aurait identifié rien de plus que la longueur du pas moyen d'un constructeur de mégalithe. Si ces critiques avaient pris le temps de vérifier et d'expérimenter leur contre-explication, ils auraient constaté par eux-mêmes l'inanité de cette dernière).

L'existence d'une ancienne unité de longueur standardisée démontre qu'une forme de mathématiques était partagée sur une échelle géographique remarquablement importante. Le professeur Thom était convaincu qu'avec le « yard mégalithique », il avait découvert un authentique outil mathématique. Hélas, il mourut avant d'avoir pu comprendre comment ces peuples avaient pu reproduire cette mesure avec une telle précision. Nous avons pu résoudre cette énigme, parce que nous l'avons abordée à partir d'une direction inattendue. Nous nous intéressions à un texte juif, vieux de 2 200 ans, découvert parmi les manuscrits de la mer Morte, dans l'ancien village de Qumran. Jamais nous n'aurions pu imaginer que celui-ci nous conduirait à l'origine du « yard mégalithique ».

Le Livre d'Énoch était populaire au cours des deux premiers siècles de notre ère. Mais bientôt, il disparut totalement pour ne réapparaître qu'au XVIIIe siècle, quand James Bruce, un franc-maçon écossais, se mit en quête de celui-ci. Il trouva en Éthiopie ce qu'il cherchait. Mais quand il le traduisit, beaucoup pensèrent qu'il s'agissait d'une version largement corrompue, parce qu'il renfermait nombre d'éléments très étranges et notamment toute une partie astronomique incompréhensible.

La découverte de plusieurs autres copies de cet ancien texte parmi les manuscrits de la mer Morte montra que la version que Bruce avait dénichée était parfaitement authentique. Dans la partie intitulée « Le Livre des luminaires célestes » (chapitre LXXI), le lecteur apprend comment le héros biblique primitif Énoch entreprit un voyage vers l'extrême Nord pour qu'on lui montre les secrets de l'astronomie. D'après les dates de l'année qui nous sont fournies et la longueur du jour, il est possible de retrouver la latitude de l'endroit où se tenait l'observateur. Dans *Uriel's Machine*, nous avons expliqué que ces éléments nous amenaient à la conclusion suivante : les descriptions attribuées à Énoch évoquent un périple qui l'a amené jusqu'aux structures mégalithiques de Stonehenge en Grande-Bretagne et Newgrange en Irlande.

Nous savions également que, selon la tradition juive, Énoch aurait vécu il y a plus de cinq mille ans, c'est-à-dire une époque où les sites mégalithiques étaient en activité. Cette analyse paraissait étrange à certaines personnes, parce qu'elles voient l'histoire comme des séries d'unités cloisonnées, séparées par le temps et la géographie. Le *Catholic Herald* expliqua à ses lecteurs dans un langage très coloré que toute cette recherche était « bidon ». Son correspondant Damian Thompson nous dit que nous nous trompions. Quand nous lui avons demandé pourquoi, il dut admettre qu'il ne comprenait pas les calculs. Mais nous nous trompions forcément parce que nos conclusions étaient trop insolites.

Pourtant nous n'étions pas seuls. Plus tard, nous avons découvert que quelqu'un d'autre, travaillant totalement indépendamment de nous, avait abouti à une conclusion très semblable à propos des voyages d'Énoch. Le scientifique Robin Heath, universitaire et écrivain, s'intéressa au développement de la civilisation de l'Europe occidentale jusqu'aux premières civilisations du Moyen-Orient. Il mena cette recherche pendant de nombreuses années et au bout du compte, il put conclure que la culture mégalithique de l'Europe occidentale avait eu une influence importante sur le développement de la civilisation au Moyen-Orient. Selon ses propres termes :

> *Bien que beaucoup de chercheurs admettent que les constructeurs de mégalithes pratiquaient une astronomie et une géométrie de haut niveau plus de 3 000 ans avant notre ère, il demeure vrai que cette culture est totalement sous-évaluée en tant que composante vitale de notre Histoire* [1].

Robin Heath est le fils du regretté professeur A. E. Heath, de l'université d'Oxford. Ce dernier fit partie des fondateurs de l'Association de la Presse Rationaliste (*Rationalist Press Association*), qui encourageait les recherches sur les origines de la pensée scientifique. Dans son enfance, Robin Heath rencontra le professeur Alexander Thom, qui travaillait également à l'université d'Oxford et qui était un ami de son père. Robin fut fasciné par le travail de Thom sur les systèmes de mesure mégalithiques. Et quand il partit prendre la tête d'un département d'un institut technique du Sud du pays de Galles, il décida d'étudier plus attentivement la culture mégalithique dont il avait discuté avec Alexander Thom des années auparavant.

1. R. Heath, *Sun, Moon et Stonehenge. Proof of High Culture in Ancient Britain*, Bluestone Press, 1998.

En particulier, Heath voulut chercher d'éventuels liens communs entre les systèmes de mesure des anciennes cultures. Comme il le dit lui-même :

Jusqu'à une date récente, la culture mégalithique ne fut jamais considérée autrement que comme un phénomène isolé, une curiosité culturelle, et tout lien potentiel avec d'autres cultures était violemment nié[1].

Il s'intéressa particulièrement aux unités de longueur utilisées par les systèmes égyptiens et sumériens et il utilisa des tests statistiques pour voir si elles avaient un lien avec le « yard mégalithique ». En se servant de l'étude très précise de Thom sur Stonehenge, il nota des points communs entre les unités de mesure égyptiennes – la coudée royale et le pouce pharaonique –, le pied sumérien et le yard mégalithique, unité utilisée dans toute l'Europe occidentale. Heath fait le commentaire suivant :

Ce à quoi nous ne pouvions en aucun cas nous attendre, c'était que le pouce [pharaonique] et le yard mégalithique étaient connectés, par l'intermédiaire du pied [sumérien] pourrait-on dire, ce qui lie apparemment la culture égyptienne et la culture du « Wessex » de Stonehenge.

Dans la continuité de cette observation, il constata que la géométrie de la plate-forme du *henge* de Stonehenge (une structure notoirement construite par le peuple des poteries cannelées) utilisait un système de mesure de l'espace, fondé sur une ancienne unité égyptienne appelée l'*aroure* et l'acre moderne, qui ont également été utilisés dans la construction des Grandes Pyramides de Gizeh. Heath dit :

Ici nous avons une preuve physique représentant des techniques de mesure historiquement attestées, qui sont considérées comme d'origine égyptienne.

Et il ajoutait que cette interprétation devait être remise en question, car le *henge* de Stonehenge et son fossé étaient antérieurs aux grandes pyramides de plusieurs centaines d'années[2].

Comme Heath cherchait une hypothèse valide expliquant les points communs entre les systèmes de mesure, il ne manqua pas de noter le commentaire sur la longueur des jours dans le Livre d'Énoch et de remarquer que le héros biblique affirmait avoir voyagé loin au nord (« vers le Septentrion aux confins de la terre », Livre d'Énoch, chap. XXXIII).

1. R. Heath, *Sun, Moon et Stonehenge. Proof of High Culture in Ancient Britain*, Bluestone Press, 1998.

2. *Ibid.*

Qui prétend qu'il n'y a aucune allusion à la culture mégalithique de l'Europe et à son astronomie dans les textes culturels du Moyen-Orient[1] ?

Analysant la donnée sur la longueur du jour, Heath concluait :

Il apparaît que les observations d'Énoch furent effectuées à la latitude de Stonehenge ou tout près de celle-ci. La courbe de rapports jour/nuit est la même que pour Stonehenge et si, pour la définir, on considère que la « nuit » a une demi-heure de différence avec le lever ou le coucher de soleil, alors la courbe des observations d'Énoch et celle de Stonehenge coïncide exactement. On a longtemps estimé que les écrits d'Énoch ne contenaient que des éléments de sagesse juive et/ou moyen-orientale. Mais ils laissent entendre qu'ils ont subi l'influence d'un « grand et glorieux prodige[2] *» qui se trouvait à la latitude de Stonehenge ou à proximité*[3].

Robert envoya un e-mail à Robin Heath pour lui demander ce qu'il pensait de l'hypothèse d'une visite d'Énoch à Newgrange en plus de son passage à Stonehenge. Il répondit :

Je me suis intéressé à Énoch à cause de sa dimension astronomique et du rapport de celle-ci avec le calendrier. Pendant d'interminables cours de maths d'un ennui indescriptible, pendant que mes élèves répondaient à un examen, j'ai élaboré un programme en langage BASIC pour « établir » les latitudes en fonction des données fournies par Énoch. Celui-ci nous offre quatre répétitions de chaque quart – ou trimestre – de l'onde sinusoïdale[4] *qu'il suivait du mieux qu'il pouvait. Et de ce fait, j'ai estimé que nous avions là une preuve raisonnablement acceptable que les données rapportées par Énoch correspondaient assez précisément à ce qu'il avait observé.*

Moyennant quoi, les « données » en question posaient quelques problèmes. Par exemple, comment définir sa « nuit » ? Quand commence-t-elle et s'achève-t-elle ? Il m'a semblé qu'il s'agissait d'une idée un peu postmoderne de considérer qu'elle commençait 20 minutes après l'heure où le code de la route nous impose d'allumer les phares. Ayant quelque inclination pour l'astronomie, je décidai de retenir comme définition de la « nuit » le temps d'obscurité commençant une demi-heure après le coucher de soleil et s'achevant une demi-heure avant son lever. Le soir même – nous étions en 1988 –, j'ai expérimenté le programme à la maison. J'ai achevé de le configurer pendant près d'une heure et il a fini par me livrer sa conclusion : Énoch ne

1. R. Heath, *Sun, Moon et Stonehenge. Proof of High Culture in Ancient Britain*, Bluestone Press, 1998.

2. Livre d'Énoch, chap. XXXIII, 2 *(N.D.T.)*.

3. R. Heath, *op. cit.*

4. La longueur du jour en quelque latitude que ce soit varie selon un schéma prévisible parce qu'il dépend de l'inclinaison de l'axe terrestre par rapport aux rayons du soleil. Une formule mathématique appelée onde sinusoïdale permet de montrer de quelle manière ou dans quelle proportion les jours rallongent ou raccourcissent. Cette connaissance et la formule qui peut être déduite des mesures de la durée du jour sous-tendent les calculs de Heath.

se trouvait pas au Moyen-Orient. Ensuite, j'ai soumis le problème à mes étudiants de Navigation III et ils ont conclu qu'Énoch effectuait ses observations entre 50 et 55 degrés de latitude, et plus probablement de latitude nord parce que les jours rallongent au printemps, d'après ce qu'il décrit, et parce que le Soleil, naturellement, est « au sommet » au solstice d'été[1].

Dans *Uriel's machine*, nous avons écrit que la localisation décrite par le Livre d'Énoch s'accordait parfaitement avec les latitudes qu'occupait le peuple des poteries cannelées orcadiennes ; autrement dit, ce peuple qui a construit des structures mégalithiques alignées sur les astres, comme les cercles de Brodgar et Stenness, Maes Howe et Callanish dans le Nord de l'Écosse, Newgrange, Knowth et Dowth dans la vallée de la Boyne en Irlande, Barcliod yr Grawes et Bryn Celli Ddu dans le Nord-Ouest du pays de Galles, et Stonehenge, Avebury, Silbury Hill et Durrington Walls dans le Sud de l'Angleterre. Nous avons conclu que le fait que le Livre des luminaires célestes soit un exposé sur l'ancienne astronomie et que les latitudes qu'Énoch décrit subrepticement dans ce texte coïncident avec le plus ancien observatoire astronomique connu ne pouvait être dû au hasard.

Mais comment nos recherches sur le Livre d'Énoch, ce vieux texte juif, nous amenèrent-elles à résoudre l'énigme du yard mégalithique ? En réalité, nous avons fini par comprendre que cette unité de mesure dépendait de l'observation de trois facteurs : la rotation de la terre sur son axe, l'orbite de la terre autour du soleil et la masse de la planète. En apparence, il peut s'agir de matières complexes. Et elles le sont. Mais nous avons découvert que n'importe qui pouvait reproduire un yard mégalithique en une journée en utilisant l'observation des astres, une longueur de corde, deux baguettes, un bout de ficelle et une pierre avec un trou en son centre[2]. (On peut trouver un exposé complet de la technique permettant de créer son propre yard mégalithique en annexe I.)

Quand nous révélâmes que nous avions redécouvert la méthode de fixation du yard mégalithique, certains pensèrent que nous étions fous. Un éminent professeur d'astronomie qui se trouvait là lorsque nous avons présenté nos découvertes à *l'Orkney Science Festival* [Festival des Sciences, aux Orcades] admit nous avoir pris pour des fous... jusqu'à ce qu'il vérifie nos découvertes. Alors, le professeur Archie Roy parla de nos résultats sur les origines du yard mégalithique comme d'une « vraie démarche scientifique »,

---

1. Robin Heath, communication privée, 2001.

2. Ce type de découverte peut incontestablement expliquer des configurations mégalithiques comme celle du singulier Men-An-Tôl, en Cornouailles anglaises (où abondent les mégalithes), avec son énorme mégalithe rond percé d'un trou en son centre et les deux petits dolmens-piliers l'encadrant *(N.D.T.)*.

ajoutant que la découverte « ouvrait un nouveau chapitre de notre compréhension de l'homme des mégalithes ».

Le palais de cristal

Il existe de nombreuses structures mégalithiques impressionnantes dans la vallée de la Boyne, en Irlande, mais l'une d'entre elles se distingue particulièrement par ses dimensions. C'est Newgrange, un complexe de 280 000 tonnes dont la construction commença autour de 3 500 AEC – soit plus de mille ans avant que les Égyptiens ne commencent à ériger la grande pyramide de Chéops sur les sables du plateau de Gizeh et plus de deux mille cinq cents ans avant que les ouvriers d'Hiram ne posent la première pierre du temple du roi Salomon. Le tumulus est constitué de pierres granitiques de rivière et son mur oriental est constellé de quartz blanc scintillant. Le dessin de cet édifice est unique. Mais surtout, pour le sujet qui nous occupe, il correspond parfaitement à celui qui est décrit dans le Livre d'Énoch et sa localisation coïncide également avec les longueurs de jour et de nuit répertoriées dans l'ouvrage.

Quand nous sommes venus à Newgrange pour la première fois ensemble, nous avons raté un embranchement et nous nous sommes arrêtés au bord de la route surplombant une courbe de la Boyne. De l'autre côté de la rivière étincelante, nous avons été ébloui par le scintillement d'une façade blanche baignée de soleil. L'effet était stupéfiant. Si nous n'avions pas su ce que nous étions en train de regarder, nous aurions pu croire qu'il s'agissait de quelque immeuble ultra-moderne, ayant la taille et la présence spectaculaire d'une création de Le Corbusier. Le Livre d'Énoch décrit une visite nocturne dans une structure aux dimensions impressionnantes à cette latitude et qui était éclairée par une rangée de torches :

> *Et je me suis approché d'un mur bâti avec des cristaux et entourés de langues de feu : et j'ai commencé à avoir peur. Mais j'ai traversé les langues de feu et je me suis approché d'une grande maison construite elle aussi de pierre de cristal. Les murs de la maison étaient comme des mosaïques de cristaux...*

Si on regarde le plan de Newgrange, on remarque que la structure est constituée d'une série de portions de paraboles qui la rendent quasi circulaire, avec un diamètre d'une centaine de mètres. On trouve un certain nombre de pierres soigneusement ouvragées qui forment un tunnel de dix-neuf mètres. Ce long couloir part du milieu du mur blanc extérieur pour rejoindre une chambre intérieure dans les profondeurs du tumulus. Devant l'entrée du couloir, on rencontre une énorme pierre couchée magnifiquement gravée de spirales entrelacées, de séries de lignes dentelées en forme de V et de quadrillages en forme de losanges. Ce sont des symboles typiques de la culture des poteries cannelées. Mais ce qu'il est intéressant de remarquer, c'est qu'on les trouve aussi sur les objets de l'Égypte prédynastique.

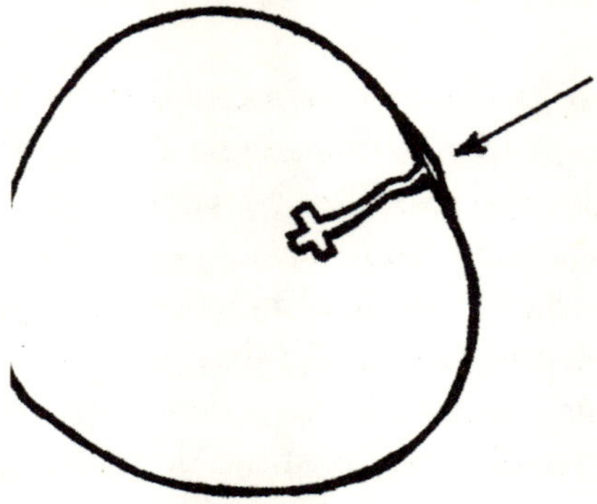

Plan de Newgrange montrant comment le tumulus fut conçu pour permettre à la lumière de Vénus de pénétrer dans la chambre intérieure au solstice d'hiver.

Comme nous l'avons dit dans *Uriel's Machine*, nous sommes parvenus à la conclusion que le symbole de la spirale représente un quart d'une année, car il incarne le déplacement du soleil au-dessus d'une position d'un solstice à l'équinoxe. La double spirale est la forme que vous obtenez si vous disposez un repère vertical et que chaque midi, entre juin et septembre, vous faites un point à l'extrémité de l'ombre. Si vous joignez finalement tous les points, vous voyez apparaître la double spirale, le symbole gravé au milieu de la pierre d'entrée de Newgrange et que l'on retrouve dans de nombreux sites de la culture des poteries cannelées en Europe occidentale.

Nous savions que le symbole avait été très largement utilisé sur des pierres-jalons et sur des poteries. Mais une chose nous fascinait : si l'on trouve, comme nous l'avons dit, des exemples de poteries égyptiennes prédynastiques portant des symboles des poteries cannelées, on n'a jamais découvert un objet égyptien en Grande-Bretagne. On peut en déduire que les idées développées par le peuple des poteries cannelées en Grande-Bretagne et dans ses alentours immédiats ont pu être introduites en Égypte avant l'instauration de la première dynastie et le commencement de l'histoire documentée.

Par ailleurs, nous avons réalisé que l'emploi du symbole de la spirale à Newgrange avait un sens, parce que l'on accède à la chambre intérieure du tumulus *via* un tunnel dont l'entrée est alignée sur un lever de soleil particulier. Le matin du solstice d'hiver, quand le soleil se lève à son point le plus méridional de l'année, sa lumière pénètre dans l'étroit tunnel. Mais comme le couloir n'est pas tout à fait droit mais qu'il présente deux légères incurvations, le rayon s'amincit pour venir *in fine* frapper le fond de la chambre en dispensant une intense clarté. Cette caractéristique du tumulus – l'infime chicane rétrécissant le rayon et lui donnant donc davantage d'intensité – n'a pu qu'être le résultat d'une intention délibérée, parce qu'une ouverture particulière dut être aménagée au-dessus de l'entrée pour laisser la lumière rentrer.

L'étroite galerie est bordée d'énormes plaques de roche. On en compte vingt-deux du côté gauche quand on s'avance à l'intérieur et vingt et une de l'autre côté en repartant vers la sortie. La chambre elle-même a la forme d'une croix et dans chacun de ses bras, on voit un bassin de pierre admirablement travaillé. L'alcôve de droite présente toutefois une singularité, en ce sens qu'un bassin plus petit se trouve à l'intérieur du plus grand. Et on voit encore deux creux ou cupules dans ce petit bassin.

Les hommes qui bâtirent Newgrange devaient être par ailleurs d'assez bons fermiers pour pouvoir nourrir l'équipe de constructeurs spécialisés qui conçurent cette structure massive. En fait, quand le tumulus fut dégagé et nettoyé, des échantillons de terre furent testés et on découvrit qu'elle venait de champs où de l'épeautre (un ancien type de céréale) avait été cultivé, mais qui avaient été ensuite laissés en jachère, ce qui suggère une forme primitive d'assolement, c'est-à-dire de rotation des cultures [1].

Les bâtisseurs de Newgrange ont dû réunir une main-d'œuvre conséquente pour dresser cette structure, qui consiste en un monticule de 250 pieds de diamètre, soit environ 80 mètres. Les ouvriers ont témoigné d'un art suffisant pour construire une chambre couverte en encorbellement et un passage de 80 pieds de long parfaitement aligné sur le lever du soleil au solstice d'hiver. Cette construction seule représente déjà une splendide réalisation, mais il existe deux autres tumuli de la même période, de taille et de magnificence similaires, dans cette partie de la vallée de la Boyne. Et tous ces tumuli sont visibles les uns des autres. Le tumulus de Knowth a maintenant été fouillé par le professeur George Eogan et il est partiellement ouvert au public. Mais l'autre tumulus, celui de Dowth, doit encore être fouillé.

Nous avons calculé que, pour construire ces différents édifices sur les rives de la Boyne, un chiffre stupéfiant de deux millions d'heures de travail fut nécessaire. Cela démontre une nouvelle fois que plus de cinq mille cinq cents ans en arrière et près de mille ans avant le début de la construction des cités de Sumer et d'Égypte, une société complexe existait déjà dans ces régions de l'Europe occidentale [2]. Cependant, les spécialistes impliqués dans les fouilles

1. Michael J. O'Kelly, *Newgrange, Archaeology, Art & Legend*, Thames & Hudson, 1982.
2. C. Knight et R. Lomas, *Uriel's Machine*.

de Newgrange sont passés à côté d'un aspect important de ce tumulus. C'est qu'il fut conçu et dessiné pour capter la lumière de Vénus une fois tous les huit ans.

Au cours d'une visite à Newgrange, le guide alluma un projecteur placé dans le tunnel pour imiter les rayons du soleil pénétrant dans la galerie à l'aube du solstice d'hiver. Nous remarquâmes immédiatement que le rayon était décalé de près d'un mètre sur la droite par rapport au centre. Alors nous avons demandé au guide pourquoi ces bâtisseurs de mégalithes experts avaient fait cela. La réponse ne fut pas satisfaisante. Il nous expliqua que l'imprécision était la conséquence de la « précession des équinoxes » et qu'il y a cinq mille cinq cents ans, le rayon passait exactement au centre quand l'inclinaison de la terre était décalée de 70° par rapport à aujourd'hui. Naturellement, nous avons objecté que la précession des équinoxes était un déplacement de la planète sur son axe qui donnait une impression de rotation des étoiles dans le ciel selon un cycle de plus de vingt-cinq mille ans [1]. Et donc, ce mouvement ne pouvait avoir aucun effet sur l'angle des rayons du soleil pénétrant dans cette chambre à l'aube. Le déplacement de la déclinaison du soleil ne peut être affecté que par la précession beaucoup plus lente de l'écliptique, le plan de l'orbite de la Terre autour du Soleil. La durée de ce mouvement est trois fois plus longue que la précession des équinoxes et il n'a pas bougé de manière significative depuis la construction de Newgrange. Nous avons donc conclu que l'alignement tel qu'il existe était délibéré et non le résultat d'un changement dans la relation de la Terre avec le Soleil. Ainsi, soit le « mauvais » alignement était une erreur de conception, soit l'angle du rayon solaire solsticial n'était pas la préoccupation première des concepteurs de Newgrange.

Nous n'aurions peut-être jamais pensé à Vénus si Robert n'avait pas passé plusieurs années à étudier un autre site mégalithique appelé Bryn Celli Ddu. Celui-ci se situe sur l'île d'Anglesey [2], de l'autre côté de la mer d'Irlande, soit à près de quatre-vingts kilomètres de l'embouchure de la Boyne. Sa longue étude a révélé que cette petite structure, datant de la même période que Newgrange, offrait un grand nombre d'alignements astronomiques qui étaient clairement intentionnels. On peut citer :

– Les lignes de vision qui ont été choisies pour maximiser les observations de la Lune et qui dispensent des informations suffisantes pour prédire les éclipses.

1. 25 765 ans précisément *(N.D.T.)*.

2. Comme le note le *Grand Dictionnaire universel du XIXe siècle*, de Pierre Larousse : « Les druides y avaient une école célèbre et y ont laissé de nombreux vestiges de leur culte. » *(N.D.T.)*

– L'alignement du passage et de sa cuvette matérialisant des séquences qui soulignent les équinoxes et le solstice d'été.

– Une jauge graduée pour mesurer l'ombre et qui indique n'importe quand le moment de l'année solaire où vous vous trouvez.

– Un pilier intérieur et un « créneau » (un mince espace dans le mur de la chambre qui laisse entrer la lumière) qui sont positionnés pour mesurer avec précision le cycle de Vénus et marquer le solstice d'hiver.

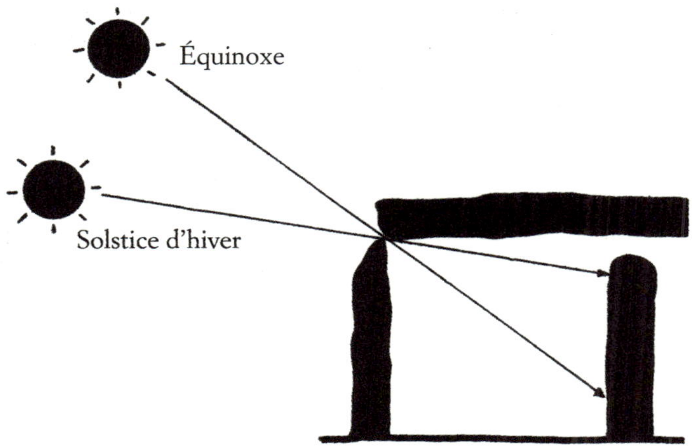

Le « créneau » – ou fente de lumière – de l'observatoire mégalithique de Bryn Celli Ddu, sur l'île d'Anglesey. On voit comment l'ensemble fut configuré pour permettre une lecture calendaire. Le créneau est positionné pour laisser un mince rayon de soleil horizontal pénétrer dans la chambre et aller frapper le pilier. Ce pilier fut gradué pour indiquer la position du zénith entre le solstice d'hiver et l'équinoxe afin de permettre à un prêtre de lire instantanément la date de l'année en fonction de la position du trait de lumière.

Le pilier et le « créneau » ont été alignés avant la construction de la chambre. La base du « créneau », la partie qui projette la langue de lumière sur le pilier, est formée par la tranche supérieure de la grosse plaque de pierre qui constitue le mur sud de la chambre. D'abord, le pilier fut dressé. Puis la pierre fut positionnée au sud de celui-ci. Enfin, une encoche, le « jour », fut taillée dans l'angle supérieur droit de la plaque de roche et la position de la pierre fut ajustée pour que l'ombre de l'entaille atteigne le sommet du pilier quand le soleil est à son plus bas niveau dans le ciel. Ce phénomène intervient au solstice d'hiver. Les concepteurs originels du tertre auraient pu choisir de configurer leur dispositif en se calant sur midi. Mais ils avaient autre chose en tête. En réalité, le pilier et la plaque furent disposés de manière à ce que la lumière du soleil tombe sur le premier trois heures après le zénith.

Une fois que les positions du pilier et de la plaque sud eurent été fixées, la chambre couverte fut construite autour du pilier. La position existante fut déterminée pour que la lumière de la planète Vénus (qui, deux heures après le crépuscule, occupe la partie de ciel que le soleil hivernal vient de quitter) projette à son tour une ombre sur le pilier. Il s'agissait d'une mesure importante pour les anciens astronomes, parce que Vénus, quand elle est observée de la Terre, est le meilleur indicateur du moment de l'année disponible dans le système solaire. Tous les huit ans, elle désigne un point précis lorsque les calendriers solaire, lunaire et sidéral coïncident pendant quelques minutes. Au terme d'exactement quarante années, quand Vénus achève cinq cycles de huit années, la synchronicité de ce phénomène est précis à une poignée de fractions de secondes près, ce qui fournit un calendrier et une horloge qui furent utilisés pour mesurer le temps jusque dans les années cinquante, quand des horloges à piles plus précises furent inventées.

Dit plus simplement, Vénus est le métronome de notre monde. Si vous comprenez son mouvement, vous êtes en mesure de comprendre des phénomènes vitaux comme les saisons et les marées. Vous pouvez ainsi maîtriser votre environnement tant en termes d'agriculture que de navigation et, par là, vous pouvez manger et commercer correctement. Sous bien des aspects, il s'agit là de la pièce maîtresse de la civilisation.

En terme zodiacal, Vénus complète une forme d'étoile à cinq branches tous les huit ans et elle revient à son point de départ précis au bout de quarante ans. Alors qu'il étudiait l'observatoire d'Anglesey, Robert élabora une procédure analytique pour prédire les moments où Vénus devait apparaître sur le pilier de Bryn Celli Ddu. Ses prédictions se révélèrent précises quand il les valida par l'observation, donc il décida d'appliquer la même méthodologie à Newgrange. Ses calculs correspondaient étroitement avec les mesures physiques relevées par le Dr Tom Ray qui, le premier, étudia l'alignement de la « lucarne » au lever de soleil solsticial. Et quand la température et les ajustements de pression de Ray étaient pris en compte, ils coïncidaient exactement [1].

Dans le temps du solstice d'hiver, Vénus apparaît dans sa dimension d'étoile du matin quatre années sur huit (les quatre autres années, elle se montre le soir, peu de temps après le coucher du soleil). Certaines années, elle brille plus. Et sa distance par rapport au Soleil varie tout au long du cycle. Voici le mode d'apparition de Vénus au moment du solstice d'hiver :

1. T.H. Ray, « An Investigation of the Solar Alignment of Newgrange », *Nature*, vol. 337, n° 26, p. 345-346, janvier 1989.

Année	Position	Luminosité	Décalage de lever par rapport au soleil	Déclinaison
1	Matin	99,5 %	24 minutes	- 23 :16
2	Matin	36 %	254 minutes	- 13 : 02
3	Soir	86 %		
4	Matin	91 %	126 minutes	- 20,07
5	Soir	17,5 %		
6	Soir	97,5 %		
7	Matin	72,3 %	224 minutes	- 15,11
8	Soir	63,2 %		

Ce tableau montre le cycle fondamental de huit années de la planète Vénus. La première colonne donne l'année dans le cycle. La colonne suivante indique si, cette année-là, Vénus apparaît comme une étoile du matin ou une étoile du soir (les années 1, 2, 4 et 7, Vénus se lève le matin avant le soleil ; les quatre autres années du cycle, elle se lève le soir, après le coucher du soleil). La colonne 3 traduit la brillance de la planète (sa brillance dans le ciel dépend de sa position par rapport au Soleil, l'angle de reflet contrôlant la quantité de lumière qu'elle peut renvoyer vers la Terre). Cette luminosité est exprimée en pourcentage, sur la base de la brillance maximale qu'elle peut atteindre. La colonne 4 dit combien de temps avant le Soleil Vénus se lève à l'est. Enfin la colonne 5 donne la déclinaison de Vénus au solstice d'hiver, quand elle apparaît sous sa forme d'étoile du matin. Ce cycle se répète étroitement tous les huit ans et très précisément tous les quarante ans. Un nouveau cycle a commencé en l'an 1 de l'Ère Commune et un autre commencera en l'an 2009.

Nous savions qu'au cours du cycle de huit années, Vénus se levait quatre fois avant le Soleil dans la période du solstice d'hiver à Newgrange. Cependant, elle ne se trouvait pas à la même distance du Soleil au cours de ses différentes apparitions matinales comme le montrent les indices de brillance et de déclinaison du tableau. Or, en réalité, la lumière de Vénus ne passe qu'une fois au travers de la « lucarne » de Newgrange et c'est en cette occasion qu'elle est la plus brillante. Ce matin-là, exactement 24 minutes avant que la lumière du Soleil ne pénètre directement dans le tumulus, celle-ci rebondit sur la surface de Vénus et un rayon traverse la lucarne, le couloir et entre dans la chambre. Pendant une quinzaine de minutes, celle-ci demeure vivement éclairée par la lumière de Vénus, le troisième luminaire céleste le plus brillant, qui reste au centre de la pièce. Au moment où Vénus apparaît, sa lueur est plutôt rougeâtre, parce que sa luminosité est réfractée, tant qu'elle reste bas sur l'horizon. À mesure que la planète s'élève, sa lumière prend une teinte bleu acier.

En toutes les autres occasions, Vénus se lève trop au nord pour que sa lumière puisse pénétrer par l'orifice soigneusement aménagé au-dessus de l'entrée de Newgrange. Cependant, quand elle passe par cette sorte de «lucarne» et s'enfonce droit dans le long tunnel, elle ressemble au rayon d'un projecteur. Même à la campagne, la lumière de Vénus est si vive qu'elle projette une ombre discernable par les nuits sans lune. Et elle peut souvent être vue en plein jour, même quand la planète est proche du soleil, qui pourtant occulte la lumière des étoiles et des autres planètes.

Pour les hommes de la Préhistoire, cet effet lumineux aux solstices d'hiver devait être spectaculaire. La chambre intérieure de Newgrange est plongée dans une obscurité totale. Puis, lorsque la brillance de Vénus fait son apparition à l'intérieur du tumulus comme tous les huit ans, une clarté surnaturelle envahit l'espace. La lueur se transforme en un rouge ardent qui devient presque aussi lumineux que la lumière du jour, mais sans couleur. Ensuite, quand le soleil se lève à son tour, à peine un quart d'heure plus tard, la clarté monochrome se dissout en une lueur solaire dorée avant que la chambre ne retombe dans une obscurité presque totale. Quiconque se trouvait dans la chambre juste avant l'aube du solstice d'hiver une fois tous les huit ans avait toutes les raisons de croire qu'il communiait avec les dieux.

Dès que nous avons compris que le lever de la planète Vénus était fondamental à Newgrange aussi, nous avons remarqué que le linteau au-dessus de la petite «lucarne» portait huit symboles gravés. Chacun de ceux-ci était un rectangle avec une croix gravée à l'intérieur. Généralement, on a estimé qu'ils symbolisaient «une année» en représentant les points de lever et de coucher du soleil au solstice. Mais en réalité, ces symboles n'ont pu être gravés ici que pour signaler aux anciens mages capables de déchiffrer cette proto-écriture qu'un événement spécial survenait à l'intérieur du tumulus tous les huit ans. Nous avons acquis la conviction que si nous parvenions à mieux déchiffrer les inscriptions du peuple des poteries cannelées, elles nous diraient qu'une divinité pénétrait par cet orifice de lumière.

VÉNUS ET LA RÉSURRECTION

Deux autres aspects de ces structures mégalithiques de la vallée de la Boyne se révélèrent importants pour notre recherche : d'abord, la dimension sexuelle des objets découverts là, et ensuite, le rapport avec la réincarnation.

Les objets trouvés à Newgrange (dont des phallus de pierre admirablement sculptés) ont ostensiblement une connotation sexuelle. Or on sait, grâce à des auteurs comme Tacite et ses collègues romains, que les peuples celtiques qui vinrent plus tard (et qui empruntaient leurs traditions à la culture des poteries cannelées) organisaient de grandes célébrations à caractère sexuel.

Mais nous avons donc découvert une dimension plus spéculative de

Newgrange : apparemment, les chambres intérieures auraient pu être utilisées pour un rituel de réincarnation.

Chris avait été frappé par un fait : le tunnel de la chambre tripartite de ce tumulus rappelaient étonnamment les organes génitaux d'une femme. Pour beaucoup d'anciens peuples, les dieux dans le ciel fertilisaient la terre pour donner naissance aux animaux et aux végétaux et c'était ainsi qu'ils expliquaient le cycle des saisons. Est-ce que le dard de lumière se glissant dans le tertre par la « lucarne » n'aurait pas pu être vu comme le phallus d'un dieu pénétrant ce spectaculaire sexe de la Terre et répandant la semence du ciel dans cette chambre matrice et sur tout ce qu'elle contenait ? Pour différentes raisons, nous considérâmes immédiatement que cette hypothèse avait de fortes chances d'être juste, et particulièrement parce que Tacite a rapporté que les Celtes célébraient une fête sexuelle printanière et que leurs femmes donnaient naissance à leur progéniture au solstice d'hiver, soit neuf mois plus tard.

Nous nous sommes alors souvenus que plusieurs cultures – dont les juifs – croyaient que la durée de vie de certains personnages de leur propre Préhistoire avaient largement excédé celle d'une existence normale. Il est quasi certain que l'individu connu sous le nom d'Énoch fusionne des éléments de l'inconscient culturel des populations qui ont précédé l'émergence du peuple hébreu. En tant que telle, sa vie ne peut être datée en termes historiques, toutefois les dates symboliques attribuées à de semblables personnages mythiques nous paraissent importantes. Par exemple, la tradition juive fournit une datation du passage d'Énoch sur terre. Un spécialiste majeur de la Bible du début du XXe siècle le définit ainsi : « fils de Jared [ou Jéred] et père de Mathusalem [ou encore Mathusala ou Metuschélah], il naquit, selon le comput hébreu ordinaire, vers 3382 AEC [1]. » On sait aujourd'hui que l'Ancien Testament est issu de trois traditions différentes qui ont été réunies dans ce livre. L'histoire d'Énoch vient de la « tradition sacerdotale » que l'on désigne d'habitude simplement par la lettre « P ». Énoch aurait vécu sur terre 365 ans avant d'être « translaté » vers le ciel en 3017 AEC sans être mort [2]. Une telle datation paraît étonnamment précoce puisqu'elle ferait intervenir Énoch un millénaire et demi avant Abraham et deux mille ans avant Moïse. Cependant, elle est très intéressante pour nous parce qu'elle situe le personnage à l'époque précise de la construction de Newgrange.

À première vue, il y a une incompatibilité entre cette datation et le fait que l'Ancien Testament situe Énoch avant le Déluge, puisqu'il fait de lui l'arrière-grand-père de Noé. En effet, nos propres recherches ont établi qu'il y avait

1. R.H. Hunter, *Cassell's Concise Bible Dictionnary*, Cassell & Co. Ltd, 1996.
2. « Enlevé par Dieu pour qu'il ne vit pas la mort », dit la Bible. Par exemple, Hébreux, 11, 5 *(N.D.T.)*.

eu une gigantesque inondation de la Terre au huitième millénaire avant l'Ère Commune[1]. Mais pour les auteurs de l'Ancien Testament, le Déluge de Noé est intervenu en 2400 AEC et, de ce fait, la chronologie d'Énoch est conforme au mythe hébreu.

La signification du nom Énoch est également très intéressante. On dit traditionnellement que ce nom se traduirait par « initié », ce qui laisse entendre qu'il aurait subi une initiation rituelle quelconque qui lui aurait conféré une connaissance secrète[2]. C'est exactement ce qui est décrit dans le Livre d'Énoch, quand Uriel explique les mécanismes de l'astronomie au pauvre homme désorienté arrivant du Moyen-Orient.

À partir de tous les éléments à notre disposition, nous avons supposé qu'une pratique rituelle avait pu associer la mort d'un roi ou d'un dignitaire majeur à Newgrange. Ainsi, après le décès de celui-ci, sa dépouille pouvait être conservée en tout ou partie et déposée dans la chambre intérieure la veille du solstice d'hiver. Simultanément, une femme fécondée lors de la fête de l'équinoxe du printemps précédent et désormais sur le point d'accoucher aurait été amenée dans la chambre près des restes du défunt pour attendre la venue de la lumière de Vénus. Dans cette optique, la lumière spectrale de la planète devait permettre de réincarner les esprits du mort dans l'enfant à naître. Et quelques minutes plus tard, la chaude luminosité du Soleil dispensateur de vie devait célébrer la résurrection du mort dans son nouveau corps, celui du bébé.

Peut-être que les bols découverts dans la chambre étaient destinés à contenir les cendres, les os ou toute autre forme de vestiges du défunt pendant qu'ils attendaient la lumière de la résurrection.

Les utilisateurs de Newgrange devaient croire qu'un tel processus rituel procurait à leur communauté un flux d'âmes réincarnées, leur permettant d'accepter que leurs chefs transcendent les pouvoirs de la mort par-delà leur vie brutalement interrompue. On devait à l'époque penser que certains individus clés étaient immortels de par cette capacité à revenir avec toute leur connaissance afin de mener de nouveau leur peuple face à l'adversité. Les nouveau-nés réincarnés pouvaient peut-être même hériter du nom du défunt et de ses biens terrestres. Et leur vie devait être structurée comme une continuation de l'existence du défunt.

À mesure que nous avançons dans l'âge, nous avons tous pu expérimenter qu'il devient de plus en plus difficile de dissocier les événements dont nous avons entendu parler dans notre petite enfance de ceux que nous avons réellement vécus. Souvent, nous sommes convaincus qu'un souvenir vient d'une

1. C. Knight et R. Lomas, *Uriel's Machine : The Ancient Origins of Science.*
2. R. H. Hunter, *op. cit.*

expérience réelle et non d'un simple récit entendu. En ce sens, on imagine aisément qu'à force d'écouter des histoires racontées de façon répétitive par les prêtres et sa propre mère, un individu « récincarné » en venait à penser qu'il se souvenait de sa précédente existence. Rappelez-vous également qu'il s'agit précisément de ce que le professeur Robert Thouless décrivait comme une technique de base de l'endoctrinement religieux : ainsi on amène une jeune personne « à croire en une religion prescrite et dans les mythes absurdes qui vont avec[1] ».

En outre, en étudiant les gravures se trouvant à l'intérieur du tumulus, nous avons découvert un argument supplémentaire en faveur de notre théorie de la réincarnation. On voit une grande triple spirale taillée dans l'énorme pierre à l'entrée de Newgrange et une autre dans un coin caché de la chambre intérieure qui ne peut être frappé que par le reflet de la lumière de Vénus. Il n'y a aucun autre symbole près de ce motif. Tous les trois mois, nous savons que le mouvement du Soleil épouse la forme d'une spirale simple. Aussi en avons-nous déduit qu'une triple spirale équivalait à neuf mois..., la période de gestation d'une femme. Ainsi, placer dans le tertre le symbole de la triple spirale en un tel endroit clé pouvait signifier explicitement qu'il s'agissait d'une chambre d'accouchement et son alignement avec la planète Vénus laissait entendre que notre théorie de la résurrection avait de grandes chances d'être exacte.

Il est assurément vrai que pratiquement toutes les civilisations postérieures au peuple des poteries cannelées ont associé Vénus avec l'amour, le sexe et la reproduction. Mais Vénus est beaucoup plus qu'un symbole de naissance et de renaissance.

CONCLUSIONS

Travaillant indépendamment de nous, Robin Heath aboutit à une conclusion semblable : la culture mégalithique de l'Europe occidentale exerça une influence importante sur le développement de la civilisation du Moyen-Orient.

Les données centrales du peuple des poteries cannelées orcadiennes sont les suivantes :

– Ils furent le premier peuple à développer une technologie de la construction en pierre.

1. Robert H. Thouless, *An Introduction to the Psychology of Religion*, Cambridge, Cambridge University Press, 1971.

– Ils mesuraient et enregistraient les mouvements du Soleil.
– Ils connaissaient l'importance du lever et du coucher de la planète Vénus.
– Ils célébraient les équinoxes et les solstices d'été et d'hiver.
– Ils sont le premier peuple connu à avoir étudié l'astronomie.
– Ils croyaient probablement en la résurrection des morts, en liaison avec Vénus.

Le lever de la planète Vénus était fondamental pour le peuple des poteries cannelées qui vivait autour de la mer d'Irlande, il y a 5 500 ans. Et ces hommes développèrent une forme de proto-écriture pour mémoriser l'événement particulier qu'était le lever auroral de Vénus dans le tumulus de Newgrange une fois tous les huit ans. Nous pensons que le peuple des poteries cannelées associait Vénus avec l'amour, le sexe et la reproduction. Ils élaborèrent aussi une unité de mesure standard, ce qui démontre qu'une même science mathématique fut en usage sur une grande zone géographique s'étendant des îles au Nord de l'Écosse jusqu'à la côte bretonne de l'Ouest de la France.

Chapitre III

LA LUMIÈRE DE LA CONNAISSANCE SECRÈTE

Les chevaliers du temple de Salomon

Ce que nous avions découvert sur le peuple des poteries cannelées orcadiennes paraissait tellement proche des principes centraux de la franc- maçonnerie qu'il ne semblait pas déraisonnable d'anticiper quelques sortes de liens entre les deux. Or, si nous avions initialement étudié ce peuple néolithique parce que nos recherches nous avaient fait remonter jusqu'à eux, il s'agissait maintenant d'inverser la démarche pour voir si cette hypothèse d'un lien supportait un examen plus attentif.

Nos premières recherches sur les origines de la franc-maçonnerie avaient permis, en rencontrant au passage l'ordre médiéval des Chevaliers du Temple, de remonter le temps jusqu'à la Jérusalem de l'époque du Christ et plus loin encore jusqu'à celle de la formation du judaïsme. Mais, à première vue, il paraissait improbable que les premiers juifs aient été influencés par les peuples néolithiques de l'Europe occidentale – qui leur étaient antérieurs de près de deux mille ans. Pourtant nous allions découvrir de troublantes connexions possibles. Par exemple, nous avons identifié un lien entre l'ancien texte juif que l'on appelle le Livre d'Énoch et des sites néolithiques de Grande-Bretagne alignés sur les astres. Et c'est un scientifique, le Dr Robin Heath, qui est parvenu à cette conclusion indépendamment de nos propres travaux.

Puis, sur un site web (http : //www.geocities.com/hiberi/yair.html), nous sommes tombés sur l'affirmation d'un chercheur historien israélien, Yair Davidy, que nous trouvâmes totalement fascinante :

On trouvait jadis des monuments mégalithiques et des dolmens sur toute la terre d'Israël, mais beaucoup ont été détruits et la plupart de ceux qui restent sont dans le Golan ou à l'est du Jourdain, où les Arabes les appellent « Kubur Beni Israil », c'est-à-dire « Tombes des Enfants d'Israël ». Certains aspects de ces monuments, comme l'existence de cupules, se retrouvent sur des structures semblables en Grande-Bretagne. Les vestiges ainsi décrits sont pratiquement identiques dans leurs caractéristiques à ceux que l'on rencontre en Angleterre et en Écosse.

Il y avait donc d'excellentes raisons pour soupçonner que l'origine des étranges rituels de la franc-maçonnerie remontait jusqu'à la Préhistoire et aux sites mégalithiques des îles Britanniques et que le processus de transmission passait par le peuple d'Israël.

Traditionnellement, on dit que la nation juive naquit quand Moïse sortit « son peuple » d'Égypte pour gagner la Terre promise. Cette « Terre promise », c'était Canaan et, selon la tradition juive, l'Exode daterait de 1447 AEC, ce qui est bien postérieur à l'époque de la disparition du peuple des poteries cannelées dans les îles Britanniques. Donc, s'il y eut connexion entre ces deux peuples, les croyances et rituels transmis ont nécessairement dû transiter par un groupe intermédiaire. Ce rôle de maillon, deux candidats essentiellement peuvent l'avoir assumé : les anciens Égyptiens et les Cananéens eux-mêmes – ce qui inclut les Jébuséens qui fondèrent Jérusalem et les Phéniciens qui occupèrent la région côtière.

Nous pouvions voir une chaîne se former. Le peuple des poteries cannelées orcadiennes aurait donné naissance à ces idées centrées sur Vénus, puis elles se seraient déplacées vers l'est de la Méditerranée pour être récupérées par les juifs avant d'être retrouvées et « ressuscitées » par les Templiers. Ces derniers furent détruits en tant qu'Ordre au début du XIVe siècle et la franc-maçonnerie émergea formellement à la fin du XVIe siècle – bien qu'il y ait d'excellentes raisons de croire qu'elle fonctionnait secrètement bien avant cette date.

Dans *La Clé d'Hiram*, nous avons établi que les moines-soldats médiévaux connus sous le nom de « Pauvres Soldats du Christ et du Temple de Salomon » étaient presque certainement la source des rituels qui formèrent la base de la franc-maçonnerie. Ces Templiers – pour utiliser leur diminutif – ont été le groupe le plus riche et le plus puissant du monde connu entre leur instauration formelle en 1128 et leur destruction en 1307, conséquence des efforts conjugués du roi de France Philippe IV et du pape Clément V. Ils disparurent quand l'Ordre fut arrêté sous le coup d'une accusation d'hérésie, ce qui incluait l'exécution d'étranges rituels non-chrétiens.

L'Ordre avait été établi par neuf chevaliers français qui avaient participé à la prise de Jérusalem au cours de la première croisade. Sous la conduite de Hugues de Payns, leur chef, le petit groupe entreprit de creuser secrètement

un réseau de souterrains sous les ruines du Temple de Jérusalem, qui avait été détruit plus de mille ans auparavant. Les musulmans avaient construit sur le site de l'ancien temple des juifs le splendide « Dôme du Rocher ». Les Templiers œuvrèrent sur le côté dans une partie appelée les « écuries de Salomon ».

Dans *La Clé d'Hiram*, nous avons émis l'hypothèse de liens entre les Templiers et la franc-maçonnerie. Mais à l'époque, nous ne disposions pas des rituels primitifs qui décrivent cette connexion. En 1999, nous avons donné une conférence sur les origines de la franc-maçonnerie à l'*Assembly Rooms* [1], d'Édimbourg. Après notre intervention, un vieux gentleman s'approcha de nous. Il se présenta comme maçon et apportait une vieille serviette en cuir parfaitement entretenue qu'il manipulait avec le plus grand soin.

« Que savez-vous des rituels templiers maçonniques primitifs ? » nous demanda-t-il. Nous dûmes confesser que nous n'en connaissions pas grand-chose, en dehors des éléments contenus dans les commentaires maçonniques de la Collection Mitrinovic.

Le vieux gentleman ouvrit soigneusement son porte-document et sortit deux vénérables ouvrages de rituels à la reliure rouge bien meurtrie. Il nous dit qu'il en avait hérité de son grand-père, qui, lui-même, était franc-maçon.

« Ce sont les rituels utilisés autrefois par le Camp de la Grande Mère (*Grand Mother Encampment*) des Grands Chevaliers Templiers d'Écosse (*High Knights Templars of Scotland*), nous dit-il. Ils furent jadis acceptés par le Grand Conseil des Rites et par le Souverain Sanctuaire d'Écosse, mais ils n'ont plus été en usage depuis le début du XIXe siècle. Moi-même, je ne les ai jamais utilisés, ajouta-t-il avec un accent de regret dans la voix. »

Pouvoir étudier le contenu de ces rituels nous intéressait grandement. Alors nous avons expliqué à ce Frère de quelle façon nous essayions de reconstruire toute l'histoire racontée par le rituel de la maçonnerie sous la forme du *Testament maçonnique.* Dès qu'il sut cela, il nous autorisa à photocopier ses précieux livres de rituels et Robert s'empressa de les ajouter sur son site Internet de la *Toile d'Hiram* (*Web of Hiram*). Un détail attira immédiatement notre attention : les ouvrages avaient été publiés à titre privé par Hugh Murray, un imprimeur dont l'enseigne était située dans la *High Street* de Kilwinning, une petite ville de l'Ayrshire. Cette localité est connue pour avoir abrité l'une des plus vieilles Loges d'Écosse, la Loge Mère Kilwinning (*Lodge Mother Kilwinning*).

À mesure que notre base de données de rituels grossissait, notre histoire s'enrichissait de nouveaux détails.

1. Grandes salles de conférences ou de spectacles d'Édimbourg construites en 1787 et situées sur George Street, non loin de Freemasons' Hall, le siège de la maçonnerie écossaise *(N.D.T.)*.

Ainsi, bien qu'il puisse s'agir d'une coïncidence, nous découvrîmes, dans les derniers éléments rituels venant compléter notre *Testament maçonnique*, des allusions qui pouvaient être rattachées aux neuf chevaliers qui fondèrent les Templiers. Le rituel nous dit que :

> *Le roi Salomon établit le grade de Maître Élu des Neuf et le conféra aux neuf compagnons.* [Testament maçonnique, 8, 38]

Est-ce que ces neuf croisés se considérèrent comme les nouveaux « Maîtres Élus des Neuf » ?

Pendant neuf années, ils vécurent dans la pauvreté, avec pour seule source de revenus le soutien qu'ils recevaient du nouveau roi de Jérusalem, Baudouin II. Mais dès que leurs fouilles s'achevèrent, ils devinrent brusquement considérablement riches. Très rapidement, des rumeurs sur leurs étranges rituels commencèrent à circuler. Nous devions absolument savoir ce qu'ils avaient pu découvrir.

La réponse vint d'un des documents trouvés à Qumran sur les rives de la mer Morte en 1947. Le Rouleau de Cuivre est un long morceau de métal avec des caractères gravés en creux quelque trente ans après la mort de Jésus-Christ. Il liste soixante-et-une caches [1] où des objets précieux avaient été enterrés au début de la guerre des juifs contre Rome. Le spécialiste des manuscrits de la mer Morte dit de celui-ci :

> *Le Rouleau de Cuivre et sa (ou ses) copie(s) étai(en)t destiné(s) à dire aux juifs qui survivraient à la guerre qui faisait rage où étaient cachés ces documents sacrés, afin qu'ils ne soient pas souillés par un usage profane, au cas où l'un d'eux serait découvert. Il devait également servir de guide pour retrouver le trésor, si la guerre devait se poursuivre* [2].

Ce rouleau est quasiment une carte au trésor et il indique qu'une seconde copie, avec davantage de détails encore, fut enterrée sous le Temple de Jérusalem. Le passage concerné expose :

> *Dans la cavité (Shîth) contre le côté nord, dans un trou ouvert au nord et enterré près de son ouverture : une copie de ce document avec une explication et les mesures et l'inventaire précis de tout, et d'autres choses encore.*

Il poursuit en listant d'énormes quantités d'or, d'argent, d'objets précieux

1. Si Knight et Lomas parlent de soixante-et-une caches, le nombre est généralement de soixante-quatre caches. Voir notamment P. Kyle McCarter Jr, « Le mystère du *Rouleau de Cuivre* », in Hershel Shanks (éd.), *L'Aventure des manuscrits de la mer Morte*, Le Seuil, Paris, 1996 (N.D.T.).

2. J. M. Allegro, *The Treasure of the Copper Scroll*, Routledge & Kegan Paul Ltd, 1960.

et au moins vingt-quatre autres rouleaux dissimulés sous le Temple. Pour chaque cache, des indications semblables à celles-ci sont fournies :

Dans la chambre intérieure des piliers jumeaux soutenant l'arche de la double porte, face à l'est, dans l'entrée, enterré à trois coudées, une cruche est cachée, et dedans, il y a un rouleau, et sous le rouleau, quarante-deux talents.

Dans la citerne qui se trouve à dix-neuf coudées devant la porte orientale, il y a de la vaisselle, et dans la cavité à l'intérieur de la citerne : dix talents.

Dans la bouche de la source du Temple : des récipients d'or et d'argent renfermant la dîme et d'autres sommes, le tout s'élevant à un total de six cents talents.

Dans les années 1860, une équipe de l'armée britannique fouilla sous le Temple, en creusant des puits descendant à plus de vingt-cinq mètres. Mais ils ne trouvèrent rien d'autre que des objets abandonnés par les Templiers. Il y a de fortes probabilités pour que la richesse de l'Ordre templier puisse s'expliquer par la récupération de ces trésors considérables. Et il est également fort possible qu'ils trouvèrent dans les documents exhumés les rituels qu'ils se mirent à pratiquer.

De notre côté, nous avons aussi découvert des éléments montrant que les membres fondateurs des Chevaliers Templiers étaient issus de familles descendant des prêtres juifs qui avaient fui vers l'Europe après la destruction de Jérusalem en 70 EC. Quand nous avons commencé à réunir la documentation qui constitue *Le Testament maçonnique*, nous nous sommes rendu compte que les plus hauts rituels de la franc-maçonnerie confirmaient que ces chevaliers pensaient pouvoir faire remonter leur lignage jusqu'à l'époque de la construction du temple de Salomon et même au-delà jusqu'à l'époque de Moïse :

Moïse *créa les Princes du Tabernacle. Les devoirs particuliers d'un Prince du Tabernacle étaient d'œuvrer constamment à la gloire de Dieu, à l'honneur de son pays et au bonheur de ses frères et d'offrir des remerciements et des prières à la Divinité au lieu de sacrifices de chair et de sang.* [Testament maçonnique, 6, 10]

Il continue en disant que les Grands Prêtres étaient Eléazar et Itamar, les fils d'Aaron, et par la suite, tous les Princes du Tabernacle furent lévites, la classe supérieure du clergé juif. *Le Testament maçonnique* nous explique aussi quand intervenaient les initiations :

Quand le pentagramme, ou l'étoile flamboyante, était visible à l'orient, Moïse convoquait la cour pour initier de nouveaux Princes. [Testament maçonnique, 6, 12]

Une étoile flamboyante que l'on désigne comme un pentagramme ne peut être qu'une référence à Vénus, qui a longtemps été associée à ce symbole à cause du mouvement apparent de la planète autour du Soleil observé depuis la Terre.

Nous lûmes aussi avec intérêt dans la documentation maçonnique qu'Aaron, le frère de Moïse, mourut à l'équinoxe de printemps de la quarantième année d'errance des enfants d'Israël. Il est peu probable qu'un franc-maçon moderne ait conscience que Moïse aurait, dit-on, consacré ses initiés quand Vénus se trouvait à l'orient, ce qui est exactement le moment où un Maître maçon est « relevé » aujourd'hui.

Au début du XXe siècle, un chercheur sur la maçonnerie, J. S. M. Ward, remarqua que le rituel racontait que ces « Princes de Jérusalem » avaient été impliqués dans la construction des deux premiers Temples de Jérusalem et que, lorsque les Romains détruisirent Jérusalem et son Temple en 70 EC, un certain nombre d'entre eux parvinrent à s'échapper pour gagner différents lieux dans toute l'Europe. C'est de ces familles que vinrent ensuite les hommes qui fondèrent l'Ordre du Temple [1]. Il nous fallait en apprendre davantage sur cette période. Or par chance, beaucoup d'éléments nous furent apportés.

Vers la fin de 1999, nous avons donné une autre conférence au Liverpool Masonic Hall, suivie d'un banquet. Au moment de partir, un frère s'approcha de nous. Il attrapa le bras de Robert et l'attira sur le côté.

« Prenez-ça, lui dit-il en lui tendant une enveloppe brune. Je pense que cela vous sera utile.

Robert pouvait voir que l'enveloppe contenait une liasse de photocopies.

– Qu'est-ce que c'est ? demanda Robert.

– Les rituels utilisés jadis par une organisation maçonnique qui s'appelle les Maîtres Royaux et Élus du Rite de Perfection (*Royal and Select Masters of the Rite of Perfection*). Nous formons un groupe qui s'efforce d'entretenir ses traditions. Nous avons pensé que cela vous intéresserait de voir les originaux de rituels dont vous avez pu entendre parler sous le nom de Rite Cryptique (*Cryptic Rite*). »

Robert le remercia.

Dès que nous fûmes dans la voiture, nous jetâmes un coup d'œil sur les papiers. Il était expliqué que les rituels avaient été exécutés à la Grande Loge de Charleston, Virginie, au XVIIIe siècle. Et de fait, les rituels de ce type nous intéressaient pour deux raisons. D'abord, à notre connaissance, ils n'étaient plus pratiqués et donc ils risquaient d'être perdus. Ensuite, provenant d'une source américaine du XVIIIe siècle – par ailleurs, célèbre pour ses liens avec George Washington –, les rituels ne pouvaient pas avoir été censurés par les maçons contemporains de Londres, qui fondèrent la Grande Loge Unie

1. J. S. M. Ward, *Freemasonry and the Ancient Gods*, Cassell & Co, 1928.

d'Angleterre. Les rituels furent rapidement scannés et les histoires qu'ils racontaient allèrent enrichir notre *Toile d'Hiram* grossissant à vue d'œil et *Le Testament maçonnique.*

Ce dernier confirme maintenant qu'un Ordre fut constitué par un groupe maçonnique appelé les « Princes de Jérusalem » dans cette ville en 1118. Puis il nous dit qu'ultérieurement, ils prirent le nom de « Princes de Jérusalem et Chevaliers d'Orient et d'Occident », parce que leurs doctrines venaient des deux directions.

Le chapitre XV du *Testament maçonnique* parle de prêtres-maçons héréditaires qui étaient chevaliers et allaient au combat aux côtés des « princes chrétiens » de la première croisade :

> *Finalement, quand les Princes chrétiens formèrent une ligue pour libérer la Terre sainte de l'oppression des infidèles, les bons et vertueux maçons, impatients de participer à une si pieuse entreprise, offrirent leurs services aux confédérés, à la seule condition qu'ils aient un chef de leur choix, et dont le nom ne serait connu qu'à l'heure du combat. Ce fut accordé, et alors ils acceptèrent leur bannière et partirent.* Testament maçonnique, 15, 4]

Le fait qu'ils aient eu apparemment leur propre chef, dont l'identité devait rester secrète jusqu'à l'heure du combat, laisse entendre qu'ils formaient depuis le départ un groupe autonome, un Ordre :

> *La valeur et le courage de ces Chevaliers Élus étaient tels qu'ils étaient admirés par tous les Princes de Jérusalem dont ils prirent la tête. Croyant que ces Chevaliers devaient aux mystères qui les inspiraient leur bravoure et leur fidélité à la cause de la vertu et de la religion, ces Princes furent désireux d'être initiés. Ayant été trouvés dignes de cet honneur, leurs désirs furent exaucés. Ainsi, l'Art Royal, recevant l'approbation de grands et louables hommes, devint populaire et honorable. Il fut transmis à ceux qui en étaient dignes et ainsi, de lieu en lieu, d'âge en âge, il continua à se répandre, de plus en plus, jusqu'à aujourd'hui.* [Testament maçonnique, 15, 6]

Le rituel indique ici que ce groupe de chevaliers précédemment inconnu prit la tête d'une partie au moins des croisés et que, par leur aptitude au combat et leur religion, il incita certains hommes à les rejoindre. Cette description s'accorde assurément avec celle des Templiers qui, après les modestes débuts du groupe de neuf chevaliers, devint une légende vivante, un ordre de moines guerriers, qui fut la plus puissante, la plus influente et la plus riche structure de son temps.

J. S. M. Ward expliquait aussi que de vieux rituels maçonniques qu'il avait étudiés racontaient que certains documents avaient été emportés en Écosse par ce groupe en 1140. Mais comme il n'avait pas la chance de connaître les manuscrits de la mer Morte, il écrivit :

> *Un groupe arriva en Écosse et établit une Loge à Kilwinning. Ils déposèrent les documents de l'Ordre dans une abbaye qu'ils bâtirent là. C'est là que la première difficulté historique apparaît, car l'abbaye ne fut pas construite avant 1140 et la légende ne dit pas où ils se trouvaient entre 70 EC et 1140.*

Ward savait toutefois que cet ordre juif avait la garde des documents concernés avant la destruction du Temple de Jérusalem. Mais il était incapable de dire ce qui leur était arrivé entre cette date funeste et leur arrivée en Écosse. Grâce à la découverte des manuscrits de la mer Morte, nous savons maintenant qu'ils ont été déposés sous le Temple en 68 EC environ et qu'ils demeurèrent là jusqu'à leur redécouverte par l'Ordre (qui se donnait désormais le nom de Chevaliers Templiers) entre 1118 et 1128. Ce dernier détail ne laisse qu'une période de douze années entre leur récupération et leur départ par bateau pour l'Ouest de l'Écosse où ils devaient être placés dans l'abbaye construite à cette fin. Or le domaine où fut bâti ce sanctuaire appartenait à la famille Saint Clair – celle-là même qui allait construire Rosslyn pratiquement trois cents ans plus tard exactement et qui, plus tard encore, allait donner les Grands Maîtres héréditaires de la maçonnerie écossaise.

Nous devions maintenant nous concentrer plus attentivement sur la structure qui, selon nous, représentait le lien entre les Templiers et la franc-maçonnerie primitive. Et ce lien, c'est l'édifice que l'on appelle aujourd'hui la chapelle de Rosslyn (*Rosslyn Chapel*).

Les secrets de Rosslyn

Rosslyn est une minuscule « chapelle » de pierre, lourdement surchargée de gravures, qui se niche dans les Lothian Hills, à quelques kilomètres au sud d'Édimbourg. Elle se trouve juste au-dessus du château de Roslin (*Roslin Castle*) et surplombe une vallée où s'étire une rivière. Au XIIIe siècle, les troupes de William « Braveheart » Wallace combattant les Anglais se dissimulèrent dans une grotte de ce val. Si le château et le village s'orthographie « Roslin », le nom de la petite chapelle a été changé relativement récemment en Rosslyn, parce que quelqu'un s'est imaginé par erreur que cela faisait plus gaélique.

Notre première recherche à Rosslyn ne fut guère encourageante. L'imagerie des gravures qui ornaient le moindre pouce de pierre était intéressante, mais elle n'avait rien de particulièrement maçonnique. En revanche, il était évident au premier coup d'œil que l'endroit n'avait rien d'une église chrétienne normale. Cependant, dès que nous considérâmes la décoration dans sa globalité et non des détails particuliers, nous réalisâmes qu'il s'agissait d'une structure suprêmement importante. La seule phrase inscrite sur la pierre dans toute la chapelle était l'énigme que le roi perse avait posée au chef juif Zorobabel avant de l'autoriser à reconstruire le Temple au sixième siècle AEC. Nous en déduisîmes que l'objet de Rosslyn était de reconstruire le Temple de Jérusalem en Écosse. Et effectivement, le plan de l'édifice reproduisait celui du temple d'Hérode, détruit en 70 EC à Jérusalem. Dans le même esprit, le mur occidental était particulièrement intéressant.

La façade ouest de Rosslyn est constituée par un grand mur construit sur une échelle différente du reste du bâtiment. Les deux extrémités du mur ressemblent à des ruines, à une partie de mur effondrée ou inachevée, comme si les constructeurs s'étaient interrompus dans leur tâche. Effectivement, dans les guides, on peut lire que le bâtiment actuel devait être la « chapelle de la vierge » (*Lady Chapel*) accolée à une monumentale église collégiale jamais construite dont le mur occidental devait être l'amorce. Mais ce n'est qu'une affirmation gratuite. Il n'existe pas le moindre document ou commencement de preuve attestant que la construction d'une grande église ait été réellement projetée. Au demeurant, il n'y avait localement aucune population pour la justifier. Le village actuel de Roslin n'a été construit que pour abriter les nombreux ouvriers accourus de toute l'Europe pour construire la petite chapelle.

Nous en sommes donc arrivés à la conclusion que les bâtisseurs de Rosslyn avaient achevé leur tâche exactement comme ils l'avaient prévue. Ainsi, le mur occidental copiait le vestige ruiné du Temple de Jérusalem, tel que les Templiers croisés l'avait vu au début du XIIe siècle. Nous fûmes en mesure de montrer que le plan de Rosslyn reproduisait précisément, mais à une échelle plus petite, le dernier Temple de Jérusalem, jusqu'à la position exacte des piliers Jakin et Boaz qui se dressaient à l'entrée. Les Chevaliers Templiers ne pouvaient pas savoir à quoi ressemblait le Temple lui-même, mais grâce à leurs fouilles, ils étaient devenus des spécialistes de son plan souterrain.

La disposition des piliers restants formait un dessin connu en franc-maçonnerie sous le nom de Triple Tau, c'est-à-dire trois « T » majuscules entrelacés. Tau est la dernière lettre de l'alphabet hébreu. Selon le rituel du degré de Sainte Arche Royale (*Holy Royal Arch*), il symbolise les quatre choses suivantes, que le rituel donne en latin avant de les exprimer en langue vernaculaire :

Templum Hierosolyma	« Le Temple de Jérusalem
Clavis ad Thesaurum	Une clé vers un trésor
Theca ubi res pretiosa deponitur	Un endroit où une chose précieuse est dissimulée
Res ipsa pretiosa	La chose précieuse elle-même »

Il s'agissait là d'une découverte extrêmement excitante, parce que le rituel maçonnique qui contenait cette définition – qui autrement n'aurait pas eu de sens – provenait de la famille Saint-Clair, quand ils étaient les Grands Maîtres de la maçonnerie. Les clés pour comprendre l'édifice avaient été ostensiblement dissimulées dans le rituel maçonnique.

Nous réalisâmes alors que tout le dessin du bâtiment était centré sur une grande étoile virtuelle à six branches que l'on appelle le Sceau de Salomon. Au centre de cette étoile abstraite, on a une énorme croix engrêlée[1] au plafond qui pointe vers le sol et plus précisément vers l'endroit où l'on suppose que se trouvait l'Arche d'Alliance dans le temple de Salomon. Dans le degré de Sainte Arche Royale, les mots énigmatiques associés à ce symbole sont :

Nil nisi clavis deest	« Rien d'autre n'est désiré que la clé
Si talia jungere possis	Si tu ne peux comprendre ces choses,
sit tibi scire posse	tu en sauras assez. »

À ce point de notre quête, nous étions certains que Rosslyn avait été construite pour être le réceptacle des manuscrits des Princes de Jérusalem et que son bâtisseur, William Saint-Clair, la considérait comme une « Nouvelle Jérusalem » construite dans la verte et plaisante Écosse.

Lors du lancement de *La Clé d'Hiram*, qui fut organisé à l'intérieur même de Rosslyn, le baron Saint-Clair Bonde, l'un des administrateurs de la chapelle, déclara que le *Rosslyn Chapel Trust*[2] soutiendrait une fouille archéologique de l'édifice, à condition qu'une équipe de spécialistes de renommée internationale (incluant des Écossais) soit réunie pour cela. Par la suite, *Historic Scotland*, la structure responsable de tous les monuments en Écosse, ajouta qu'eux aussi verraient d'un bon œil des fouilles sous le bâtiment.

Des spécialistes de la Bible comme les professeurs Philip Davies de l'université de Sheffield et Graham Auld de l'université d'Édimbourg assistèrent au lancement à Rosslyn. Les deux experts avouèrent qu'ils avaient été frappés par le style de l'époque d'Hérode du mur occidental, qui donnait l'impression qu'il avait été copié sur l'architecture du temple de Jérusalem. Philip

1. Armes héraldiques des Saint-Clair ou Sinclair *(N.D.T.)*.
2. L'association gérant le site et ses programmes de conservation *(N.D.T.)*.

affirma qu'il ne pouvait croire que cette « chapelle » ait été conçue pour être une église, mais qu'il semblait plus probable qu'elle ait été créée pour abriter quelque grand secret médiéval.

En août 1996, nous accueillîmes le Dr Jack Miller et son collègue Edgar Harborne à l'aéroport d'Édimbourg. Puis nous prîmes la direction de Rosslyn où nous passâmes le week-end. Jack est un géologue et un directeur d'études à l'université de Cambridge. Le petit édifice le fascina. Il passa son samedi à étudier la structure tant à l'intérieur qu'à l'extérieur. Pendant le petit déjeuner, le lendemain matin, il nous révéla qu'il avait repéré certains aspects du bâtiment qui pouvaient nous intéresser, mais il ne voulait pas nous les expliquer avant que nous fussions retournés à la chapelle. Nous avalâmes rapidement notre petit déjeuner avant de ré-emprunter le court chemin séparant Rosslyn de notre Roslin Glen Hotel. Dès que nous fûmes de retour dans les jardins de Rosslyn, nous regardâmes impatiemment le distingué géologue. Celui-ci souriait. Il nous emmena à l'endroit où la façade nord rejoint le mur occidental surdimensionné. Du doigt, il désigna la maçonnerie au point d'intersection tout en nous expliquant :

« Bien ! La question est donc de savoir si ce mur occidental est la réplique d'une ruine ou l'amorce d'un bâtiment plus grand et finalement jamais construit. Il n'y a qu'une seule possibilité... et je peux dire que vous avez raison. Ce mur ouest est architecturalement parlant une aberration.

Nous étions rivés à ses lèvres. Il continua :

– Et il y a deux raisons qui me certifient qu'il s'agit bien d'une aberration. D'abord, si ces contreforts que vous voyez ici ont une intégrité visuelle, ils n'en ont aucune sur un plan structurel. La maçonnerie n'est absolument pas fixée à la partie centrale du bâtiment. Si jamais on avait essayé de poursuivre cette construction, tout se serait effondré... Or les hommes qui ont bâti cette "chapelle" n'étaient pas des idiots. Simplement, ils n'ont jamais eu l'intention d'aller plus loin.

En observant cette partie du mur, même nos yeux de profanes pouvaient parfaitement voir qu'il avait raison.

– En outre, venez par ici et regardez les pierres des extrémités.

Nous le suivîmes jusqu'aux grosses pierres qui se trouvaient au bout du mur.

– Si les bâtisseurs s'étaient interrompus par manque d'argent, par exemple, ou simplement parce qu'ils en avaient assez, ils auraient laissé des pierres aux arêtes bien taillées. Mais regardez celle-là ! On les a délibérément travaillées pour qu'elles aient l'air endommagées... comme une ruine. Ce n'est pas le temps ou les intempéries qui les ont mises dans cet état... Elles ont été taillées pour ressembler à un mur en ruine. »

Quelques mois plus tard, nous demandâmes une autorisation pour que

Jack Miller puisse effectuer un sondage du sol à l'extérieur des murs de Rosslyn. L'autorisation fut accordée et Jack loua le matériel nécessaire. Il demanda également au Dr Fernando Neeves, de la Colorado School of Mines (la plus fameuse institution dans le monde pour l'analyse du sous-sol des édifices) de venir et réserva son billet d'avion. Quelques jours à peine avant la date prévue, nous reçûmes une lettre des administrateurs de Rosslyn nous disant que la permission était annulée.

Fin 1997, nous vîmes un reportage à la télévision sur un professeur américain de l'université de Princeton qui explorait Israël en quête de documents perdus, contemporains des manuscrits de la mer Morte. Nous pensâmes immédiatement que nous devions parler à ce James Charlesworth de Rosslyn et de ce qu'elle était, selon nous, censée renfermer. Par un heureux hasard, nous trouvâmes deux moyens d'entrer en contact avec lui.

Un de nos bons amis, Tony Batters, un officier de police à la retraite, travaillait à l'époque comme conseiller à la sécurité de Xerox. Or nous savions que cette société fournissait le matériel high-tech permettant d'examiner les multiples couches des vieux rouleaux découverts par le professeur Charlesworth. Tony put rapidement entrer en contact avec lui. Au même moment, en déjeunant un vendredi avec le professeur Philip Davies, Chris lui dit que nous souhaitions exposer au professeur Charlesworth notre hypothèse selon laquelle d'anciens manuscrits juifs étaient dissimulés sous Rosslyn. À la grande surprise de Chris, Philip lui répondit : « Devine où je déjeune dimanche ? » La réponse suivit dans la foulée : « Chez Jim Charlesworth. »

Philip fut d'accord pour tenter de nous présenter au professeur chasseur de manuscrits si la démarche de Tony n'aboutissait pas. Mais une réponse extrêmement encourageante nous parvint sous la forme d'un fax adressé à Tony :

Du prof. James H. Charlesworth à Tony Batters – 9 février 1998.

Cher Tony,

Laissez-moi vous dire à quel point l'idée – la nécessité même – d'explorer Rosslyn pour voir ce qui s'y trouve m'enthousiasme et reçoit tout mon soutien.

Le Rouleau de Cuivre évoque clairement des rouleaux cachés sous le Temple. Et nous devons être ouverts à la possibilité qu'ils aient été découverts au cours de la première croisade et ramenés en Grande-Bretagne. Deux raisons laissent penser qu'il s'agit là de bien plus qu'une simple hypothèse : 1) le témoignage selon lequel neuf chevaliers fouillèrent sous le Temple, et 2) le fait qu'en 1895 des reliques des croisades furent trouvées sous le Temple.

Je suis impatient de travailler avec vous et vos associés pour obtenir l'autorisation des administrateurs de Rosslyn d'explorer des voies que nous entrevoyons et découvrir, récupérer, traduire et publier ce qui peut se trouver là.

Veuillez me pardonner le temps qu'il m'a fallu pour vous répondre. Je me suis entretenu confidentiellement avec plusieurs personnes éminentes sur cette affaire. M. Joe Peaples, le président de la Société Historique de Jérusalem (Jerusalem Historical Society) *fait partie de ceux-là. Je crois qu'il vous a appelé et s'est entretenu avec vous.*

Il devrait être possible de venir vous voir début mars.

Pardonnez-moi encore mon retard. J'ai été débordé par mes cours. J'ai dû finaliser le film avec la BBC et j'ai dirigé la célébration du cinquantième anniversaire de la découverte des manuscrits de la mer Morte. Je suis aussi allé fouiller Sion (où la famille de Jésus serait allée vivre après la crucifixion) et j'ai organisé un arrêt sabbatique pour me rendre en Allemagne où je dois intervenir comme spécialiste d'Alexander von Humboldt à l'université de Tübingen, avant d'aller à Jérusalem en septembre pour devenir professeur pour un an à l'Albright Institute (le centre de recherches archéologiques).

Sincèrement vôtre.

James Hamilton Charlesworth

Nous retrouvâmes Jim Charlesworth, Joe Peaples et Tony Batters à Manchester et fîmes route vers Rosslyn le lendemain.

En dehors d'être un professeur, Jim est aussi un ecclésiastique. Il fut fasciné par ce qu'il vit à Rosslyn. Il considéra immédiatement que le mur occidental était de l'époque d'Hérode et qu'il avait été très soigneusement conçu pour que sa maçonnerie ressemblât à celle du Temple que l'on pouvait encore voir à Jérusalem. Il attira même notre attention sur l'utilisation d'imitations de « pierres volées » pour ressembler au mur de Jérusalem, car les pierres récupérées ont souvent des traits particuliers qui appartiennent à une utilisation antérieure. Comme le Temple ruiné avait été laissé à l'abandon, les constructeurs locaux pouvaient trouver des pierres déjà utilisées dans les décombres pour répondre à leurs propres besoins.

L'état général du bâtiment inquiétait Jim. Il nous confia que les fouilles devaient être organisées sans délai, parce que tout ce qui se trouvait en dessous devait encore plus souffrir que les parties apparentes. Il était lui aussi certain que Rosslyn n'était pas un édifice chrétien et il renonça à son intention d'assister à l'office du dimanche suivant parce qu'il considéra que le lieu était inapproprié.

Nous organisâmes un dîner avec certains des administrateurs de Rosslyn. Pendant le repas, Jim déclara qu'il pouvait réunir une équipe de spécialistes des manuscrits et d'archéologues de classe internationale. Il pouvait sans problème inclure des Écossais pour respecter la condition des administrateurs, puisqu'il avait passé son doctorat en Écosse et connaissait bien les personnes concernées. Peu après, il adressa au Trust une proposition détaillée, mais, à notre connaissance, il n'a jamais reçu de réponse.

Actuellement une énorme structure d'acier, ressemblant à un hangar à récoltes, recouvre Rosslyn. Il doit permettre de sécher lentement la maçonnerie, car, pendant des années elle a absorbé trop d'eau à cause d'erreurs commises par de précédents restaurateurs. En tous les cas, les équipes d'ingénieurs qui ont participé et participent à cette restauration ont forcément noté que la structure n'aurait pas pu soutenir un bâtiment supplémentaire. De ce fait, ils ont dû signaler aux administrateurs que la théorie de l'« église collégiale » était impossible. Mais au moment où nous écrivons, cette information incorrecte est encore servie aux visiteurs qui ne se doutent de rien.

Prouver les connexions maçonniques

Récemment, nous avons été en mesure de présenter de nouveaux éléments attestant une connexion maçonnique que même les plus dubitatifs ne peuvent raisonnablement pas nier.

Sur le mur sud du bâtiment, sur le côté d'une fenêtre, il existe une petite gravure représentant deux personnages. Or celle-ci a subi une détérioration étonnamment rapide. Quand nous avons remarqué pour la première fois cette image en 1997, elle était dans un état relativement bon. Les traits étaient encore bien définis. Mais maintenant, une partie de la surface en grès s'est désintégrée. Il est inquiétant pour l'ensemble de la chapelle qu'une gravure qui s'est conservée pendant cinq siècles commence à retomber en poussière en moins de cinq ans. En revanche, à quelques pouces de là, une autre gravure de pierre montrant un personnage cornu soulevant un objet enveloppé a complètement disparu. Apparemment, plus les restaurateurs modernes s'occupent de ce monument soigneusement construit, plus il souffre.

Heureusement, tout l'ouvrage fut photographié il y a quelques années. Ainsi les sculptures et l'imagerie sont conservées pour la postérité. La petite scène en grès, qui nous avait laissés sans voix quand nous la vîmes pour la première fois, montre un homme agenouillé avec un autre homme debout derrière lui et légèrement sur la droite du premier. Le contexte montre que les bâtisseurs de ce « Temple de Jérusalem » en Écosse avaient connaissance d'un rituel qui est, pour les francs-maçons, celui de la réception d'un Apprenti, autrement dit le rite qui fait d'un profane un frère maçon. Pour la première fois, nous avions là une preuve, gravée dans une tablette de grès, que la franc-maçonnerie est née dans l'Écosse du XVe siècle.

Aujourd'hui, quand un candidat doit être initié dans l'Ordre, on lui bande les yeux pour l'aveugler et on le revêt d'un pantalon et d'une tunique, tous deux blancs et amples. On lui met au pied une simple pantoufle, la jambe gauche est retroussée jusqu'au genou et la tunique est ouverte pour laisser dénudé le côté gauche de la poitrine. On lui enlève aussi tous les objets de métal, surtout les pièces de monnaie, avant de le conduire vers le Temple. On lui a aussi passé autour du cou une corde de pendu. Arrivé dans le Temple, il s'agenouille à l'est devant les deux piliers Boaz et Jakin qui se dressaient jadis à l'entrée du temple de Jérusalem. Alors qu'il est à genoux, ses pieds forment une équerre.

Le personnage au premier plan de la gravure du mur sud de Rosslyn présente les caractéristiques suivantes :

Il est jeune et imberbe avec des cheveux courts.
Il est à genoux.
Deux piliers l'encadrent.
Il porte un bandeau sur les yeux.
Il a une corde au cou.
Ses pieds épousent la forme d'une équerre.
Dans sa main gauche, il tient un objet ressemblant à un livre avec une croix gravée dessus, qui paraît être la Bible.
L'homme au second plan a des cheveux qui lui tombent sur les épaules. Il est barbu et tient l'extrémité de la corde.

En regardant plus attentivement en 1997, on pouvait encore voir la faible empreinte d'une croix gravée sur sa poitrine. Sa présentation correspond à celle d'un Templier.

Mais ce qui nous intéressait, c'était d'approfondir la connexion apparente entre cette gravure du milieu du XVe siècle et la franc-maçonnerie moderne. Pour cela, nous eûmes recours à l'analyse statistique, un sujet qu'enseigne Robert à l'école de management de l'université de Bradford, afin d'évaluer les probabilités pour que cette petite gravure n'ait été qu'une coïncidence [1].

1. La technique que nous avons utilisée visait à tenter de prouver une hypothèse zéro. Autrement dit, nous devions essayer de démontrer qu'il ne pouvait y avoir le moindre lien entre les deux sujets en question, c'est-à-dire la gravure et le rituel du premier degré de la franc-maçonnerie.

Nous avons donné un coefficient à tous les facteurs impliqués et nous avons évalué, dans tous les cas, la plus forte probabilité s'opposant à un lien. Par exemple, nous avons cherché la probabilité pour qu'une statue de cette période ait présenté un homme aux yeux bandés. En fait, les statues de sujets bandés sont très rares à cette époque et la probabilité raisonnable était de un pour mille. Cependant, pour donner le maximum de poids à l'hypothèse d'une non-connexion, nous lui donnâmes un coefficient de 50 %. En somme, cela revenait à dire qu'un personnage sur deux des statues médiévales avait les yeux bandés. Tous les autres facteurs se virent accorder le bénéfice du doute maximal : c'est-à-dire que nous avons supposé qu'une statue sur deux était agenouillée, avait une corde au cou, était encadrée par deux statues, etc. De cette manière, l'hypothèse zéro selon laquelle il n'y avait aucun lien entre la petite scène sculptée de Rosslyn et le rituel de la franc-maçonnerie moderne avait toutes les chances de l'emporter.

Les résultats ont été concluants. Même si l'on accorde le maximum de chances à l'hypothèse négative, le calcul montre qu'il n'y a que 0,0078 % de chance pour que la gravure de Rosslyn et le premier degré d'initiation maçonnique n'aient aucun lien. Cela représente moins d'une chance sur mille. L'hypothèse zéro a donc 99,9 % de chances d'être rejetée et, de ce fait, elle ne tient pas.

Les calculs de Robert démontrèrent surtout qu'accepter une théorie niant une connexion entre Rosslyn et la franc-maçonnerie moderne – comme le font certains historiens liés à la Grand Loge unie d'Angleterre – ne participait pas d'une démarche scientifique. Corrélativement, nous pûmes conclure que, de ce point de vue, une théorie qui supposait une connexion entre la chapelle et l'Ordre était au moins parfaitement censée. Cependant, le calcul statistique ne pouvait nous dire quelle pouvait être la nature de cette connexion.

CONCLUSIONS

La chapelle de Rosslyn se niche à quelques kilomètres au sud d'Édimbourg. Elle fut construite entre 1440 et 1490 par William Saint-Clair de Roslin et reproduit fidèlement le temple ruiné d'Hérode à Jérusalem. Des pierres identiques à celles du temple originel furent même utilisées. Le mur occidental est de l'époque d'Hérode et à ses extrémités, ses pierres ont été retravaillées pour donner une impression de ruine.

Si on continue d'ignorer notre hypothèse concernant le mur ouest, c'est, pensons-nous, que certains ont peur d'admettre publiquement que notre analyse relative à l'ensemble de l'édifice est exacte et donc que la soi-disant « chapelle » est un sanctuaire abritant des manuscrits d'une importance vitale datant de la Jérusalem du Christ.

En 1997, nous avons tenté d'organiser une étude du sous-sol de Rosslyn en faisant venir des spécialistes de l'université de Cambridge et de l'École des mines du Colorado. Une semaine avant la date des sondages prévus, les administrateurs retirèrent leur autorisation et les fouilles furent annulées.

Sur le mur sud du bâtiment, on trouve une petite sculpture montrant que les bâtisseurs de ce « Temple de Jérusalem » écossais avaient connaissance du rite qui, dans la franc-maçonnerie moderne, transforme un profane en franc-maçon. Rosslyn et la franc-maçonnerie sont aussi liés par les chefs de la famille Saint-Clair qui devinrent les Grands Maîtres héréditaires de la franc-maçonnerie écossaise.

La connexion maçonnique étant démontrée, nous décidâmes d'étudier maintenant plus attentivement l'imagerie de Rosslyn et la famille qui en fut l'instigatrice : les Saint-Clair.

CHAPITRE IV

LA CONNEXION NORDIQUE

LA SAINTE LUMIÈRE

La construction de la « chapelle » de Rosslyn commença en 1441 pour s'achever vers 1490. Son inspirateur fut un puissant noble du nom de William Saint-Clair de Roslin, dont la famille devint plus tard détentrice du poste héréditaire de Grands Maîtres (*Grand Master Masons*) de la maçonnerie d'Écosse. Le roi Jacques VI lui-même tenta vainement de récupérer ce titre pour son propre compte, ce qui suffit à démontrer l'importance de William Saint-Clair et de sa famille [1].

Le bâtiment lui-même est étrangement surchargé de sculptures et gravures mêlant allégrement des imageries vétéro-testamentaire, celtique et nordique. L'« homme vert » – que l'on dit venir de la tradition celtique – se dissimule dans les guirlandes de feuillage serpentant partout à l'intérieur de la chapelle sous la forme d'un visage, dont la bouche ouverte laisse jaillir de la végétation. Moïse apparaît tenant des tablettes de pierre en main et arborant une magnifique paire de cornes sur la tête. Les sculptures de la partie centrale de l'édifice sont particulièrement admirables. À la base des voûtes, du côté est, on reconnaît des musiciens médiévaux en train de jouer de divers instruments. Les arcs reliant ces personnages supportent des protubérances en forme de cubes à motifs ciselés. Pour beaucoup d'observateurs, ces cubes représentent une sorte de notation musicale cryptée, mais jamais élucidée. Si nous étions capables de les déchiffrer, nous pourrions apparemment jouer la « musique de Rosslyn ».

Nous avons déjà signalé que, selon nous, les familles fondatrices de

1. David Stevenson, *The Origins of Freemasonry*, Cambridge, Cambridge University Press, 1988.

l'Ordre des Chevaliers Templiers descendaient du haut clergé juif qui vint en Europe après la destruction de Jérusalem et de son Temple en 70 de notre ère. De son côté, comme nous avons pu le confirmer par la suite, le rituel maçonnique établit que ces Chevaliers Templiers descendaient des prêtres bâtisseurs qui construisirent le temple de Salomon.

De ce fait, la présence d'une imagerie juive nous semblait cohérente. La question était de savoir pourquoi elle avait été associée aux traditions celtiques et nordiques, alors que la tradition chrétienne quasiment absente était pourtant la seule source d'inspiration de toutes les entreprises architecturales semblables en Europe à cette époque ? La réponse se trouvait pratiquement sous nos yeux.

Nous avons étudié l'histoire de la famille de William Saint-Clair de Roslin pour découvrir qu'apparemment des lignées juives et nordiques avaient fusionné. Du côté mâle, les Saint-Clair descendaient de la lignée norroise de Rognvald, comte de More (à prononcer *Moré*), et *via* Gisèle, la fille du roi de France (nous reviendrons sur cette question), ils avaient pour ascendants des prêtres héréditaires du temple juif.

Le comte Rognvald régna sur le More, cette région de Norvège entourant l'actuelle ville de Trondheim. Du roi Harold, la famille reçut les Orcades et les Shetlands, et Rognvald désigna son frère, Sigurd le Puissant, comme régent de ces îles [1]. Au début du VIIIe siècle, le fils de Rognvald, Hrolf [2], envahit la France et prit le contrôle de ce qui allait devenir la Normandie [3]. En 912, dans un petit village sur la rivière Epte, il signa un accord de paix avec le roi de France Charles III le Simple, que l'on appellera plus tard le Traité de Saint-Clair-sur-Epte. C'est précisément à cette époque que Hrolf More et ses cousins décidèrent de prendre le nom de Saint-Clair et qu'ils s'établirent comme ducs de Normandie. Pour sceller le marché, Hrolf épousa Gisèle, la fille du roi Charles [4]. On peut retrouver la trace du nom Saint-Clair lui-même jusqu'à un membre de la famille qui s'appelait Guilermus de Santa-Clair, ce qui peut se traduire par Guillaume de la Sainte-Lumière [5].

Un membre de cette jeune branche française de la famille More, William « le Gracieux » Saint-Clair, quitta la Normandie en 1057 pour rejoindre la cour anglaise de la princesse Margaret [future sainte Marguerite], petite-fille d'Edmond II Côte-de-Fer (*Ironside*) et cousine d'Édouard le Confesseur. Quand son cousin, Guillaume de Normandie, conquit l'Angleterre en 1066,

1. H. Palsson et P. Edwards (éd.), *The Orkneyinga Saga*, Penguin Classics, 1981.
2. Que l'histoire de France retiendra sous le nom de Rollon *(N.D.T.)*.
3. W. P. L. Thompson, *History of Orkney*, The Mercat Press, 1987.
4. T. Wallace-Murphy et M. Hopkins, *Rosslyn, Gardien des Secrets du Graal*, Trédaniel, 2000. (Element, 1999).
5. L. De Saint-Clair, *Histoire généalogique de la famille de Saint-Clair*, Paris, 1905.

William « le Gracieux » Saint-Clair escorta la princesse Margaret jusqu'à son exil de Hongrie. Là le roi Étienne offrit à celle-ci un fragment de la « Vraie Croix » qu'elle pourrait apporter en dot, lors de son mariage avec le roi Malcolm III Canmore d'Écosse. Quand la fiancée et sa suite arrivèrent en Écosse, le roi Malcolm fit cadeau à William des terres où se dresse aujourd'hui le château de Roslin.

Ultérieurement, c'est ce même roi Malcolm qui fit du fils de William, Henry, le premier comte de Roslin, quand ce dernier revint de Jérusalem où il avait prit part à la première croisade. Là, il avait eu l'occasion de côtoyer les neuf chevaliers qui devaient fonder l'Ordre des Chevaliers Templiers [1].

Dans *Le Second Messie*, nous avons signalé que le nom Roslin signifie en vieux gaélique écossais « ancienne connaissance transmise de génération en génération ». Cette traduction nous fut aimablement confirmée par des spécialistes de gaélique de la Scottish Poetry Library (bibliothèque poétique d'Écosse). Il s'ensuit que le nom complet de Henry de Saint-Clair de Roslin pourrait se traduire ainsi :

> *Henry de la Sainte-Lumière de l'ancienne connaissance transmise de génération en génération.*

De prime abord, cette désignation peut paraître aussi incongrue que purement anecdotique. Pourtant elle allait bientôt prendre tout son sens.

Nous nous sommes rappelés nos rencontres avec l'un des administrateurs du *Rosslyn Chapel Trust*, le baron Saint-Clair Bonde, un aristocrate scandinave, descendant direct de William Saint-Clair. À l'époque de nos deux premiers livres, nous lui avions rendu visite dans son splendide manoir du Fife [2] avec le professeur Philip Davies pour discuter de différents aspects de notre recherche. Le baron Bonde nous avait montré l'arbre généalogique de sa famille remontant par sa branche maternelle jusqu'à William, le bâtisseur de Rosslyn. Et du côté de son père, il nous dit qu'il descendait en droite ligne... du dieu norrois Thor. Au départ, nous n'imaginâmes pas une seconde qu'il put être sérieux. Mais il insista en nous expliquant que c'était ce que disait l'ancienne tradition.

Ainsi notre ami Saint-Clair Bonde était la confirmation vivante du mariage des traditions juives et nordiques, qui avaient été si élégamment réunies dans les motifs de la chapelle de Rosslyn. Pour valider ce que nous venions d'apprendre, nous apprîmes que les nobles norrois considéraient traditionnellement qu'ils descendaient de l'un ou l'autre des principaux dieux. En

1. L. De Saint-Clair, *Histoire généalogique de la famille de Saint-Clair.*
2. Un comté de l'Écosse *(N.D.T.)*.

leurs qualités de jarls (les seigneurs norvégiens), on disait qu'ils étaient les consorts de la déesse Freya. L'histoire de la région norvégienne de More et de sa cité phare de Trondheim nous apprit qu'il avait existé un temple à Freya dans cette ville jusqu'aux alentours de l'an 1000. Il fut détruit par Olaf Tryggvason au cours des batailles qui permirent notamment à Rognvald de devenir jarl des Orcades.

Cette information présentait un grand intérêt parce que, d'après la mythologie nordique, Freya était la déesse de l'Amour, de la Beauté et de la Fertilité, représentée par la planète Vénus. Elle était aussi intimement associée à la mort et à la naissance, mais aussi à l'or et à la rose. Or, comme nous l'avons signalé dans *Uriel's machine*, la rose à cinq pétales est, comme l'étoile à cinq branches, un ancien symbole de Vénus.

Nous étions intrigués par les éventuelles connexions avec le peuple des poteries cannelées orcadiennes et avec la franc-maçonnerie. Notre mission suivante était claire : nous devions étudier les croyances religieuses norroises pour voir s'il y avait quelque chose d'intéressant à découvrir pour notre sujet sur les croyances des ancêtres nordiques de Sir William à la fin du Xe siècle.

La reine norroise du ciel

L'essentiel de ce que nous savons sur la religion et la culture des peuples nordiques provient de la colonie islandaise. Les Vikings n'ont pas fondé beaucoup d'établissements permanents, mais, heureusement, une colonie indépendante s'installa sur l'île déserte d'Islande. Cette colonie (qui perdura jusqu'à ce que l'île passe sous l'autorité directe de la Norvège au XIIIe siècle) est la principale source de documentation et de renseignements sur la civilisation norroise pour la recherche moderne. Dès que l'écriture arriva avec le christianisme au XIe siècle, les Islandais recensèrent tout ce qu'ils pouvaient sur leur colonie et sa prime histoire. Ceux qui créèrent les systèmes exécutif et législatif d'Islande étaient des adeptes sincères de la vieille religion des dieux nordiques, ce qui permet de voir comment ils l'abordaient et où se trouvaient leurs priorités [1].

En 1178, un génie littéraire, Snorri Sturluson, naquit en Islande. Or une conséquence de l'introduction de l'écriture dans son pays par le christianisme finit par l'inquiéter : il réalisait que l'écrit était en train de détruire les traditions poétiques orales du passé viking islandais [2]. Les Vikings adoraient

1. H. E. Ellis Davidson, *The Lost Beliefs of Northern Europe*, Routledge, 1993.

2. Snorri Sturluson était toutefois lui-même un clerc chrétien. Il fut même président des assemblées nationales d'Islande (*langmand*) et juge suprême (*lægsægumadur*) (*N.D.T.*).

les jeux de mots, les joutes verbales et les énigmes. Ils les utilisaient abondamment dans leurs différentes formes de poésie d'une grande richesse, en particulier dans les textes poétiques eddiques et scaldiques [1], mais également dans un système complexe d'allégories que l'on appelait les *kenningar* [2] (il s'agit de métaphores qui réclament du lecteur une grande connaissance du contexte de l'époque s'il veut les interpréter). De nombreux poèmes vikings se présentent sous une forme d'énigmes et de questions que le lecteur doit résoudre. Snorri lui-même écrivit un manuel expliquant comment utiliser et dénouer ces structures poétiques vikings et il l'appela l'*Edda en prose* [3].

Le professeur Hilda Ellis Davidson attire l'attention sur un aspect très important de la poésie eddique :

> *Les poèmes eddiques ne sont pas toujours des poèmes narratifs, dès lors qu'un certain nombre consiste en questions-réponses qu'échangent deux êtres surnaturels. De telles compositions furent incontestablement populaires à l'époque viking chez ceux qui maîtrisaient la connaissance des dieux et de leur monde... Les poèmes mythologiques de l' du type questions-réponses citent de nombreux lieux situés hors de ce monde où des événements cosmiques sont intervenus ou interviendront à la fin des temps ; ils évoquent également des personnages obscurs qui pouvaient être des dieux mineurs, des géants ou des animaux surnaturels qui ont joué un rôle dans ces événements ou qui le feront dans le futur* [4].

Grâce aux premiers rituels écossais de la franc-maçonnerie (que l'on peut retrouver sur le *Web of Hiram*), cette forme de catéchisme donnée aux rituels nous était familière. Ainsi, nous nous demandâmes si cette construction particulière des rituels maçonniques n'avait pas été inspirée par les traditions poétiques des ancêtres norrois de la famille Saint-Clair, ces jarls (ou comtes, en anglais, *earls*) des Orcades. Le dernier jarl des Orcades fut précisément William Saint-Clair, le bâtisseur de Rosslyn.

Les poèmes scaldiques utilisent abondamment l'allitération (une forme de rythme interne aux vers et aux couplets fondées sur la répétition de consonnes), l'accentuation, les rimes internes, l'alternance des longues et

1. L'*Edda* dite « poétique » est un recueil de textes mythologiques en vers. Quant au mot *scalde*, il désigne les poètes norrois, équivalent des bardes celtiques *(N.D.T.)*.

2. Singulier, *kenning*, littéralement « métaphore poétique ». Par exemple, le « loup des abeilles » = l'ours *(N.D.T.)*.

3. Également appelée *Edda de Snorri*. En réalité, ce texte majeur est un « véritable manuel de poésie et de mythologie » (comme le souligne le professeur F. X. Dillmann en commentaire de sa traduction de l'*Edda*, Gallimard, 1991), composé de trois parties, la *Gylfaginning* (*Mystification de Gylfi*, des récits mythologiques reprenant les éléments des poèmes eddiques et constituant la partie principale de l'), le *Skaldskaparmal* (litt. « Dits sur la poésie ») et le *Hattatal* (litt. « Dénombrement des mètres », un long poème exaltant des souverains norvégiens et son commentaire). Mais seuls les deux derniers sont, proprement dit, un manuel sur la poésie *(N.D.T.)*.

4. H. E. Ellis Davidson, *The Lost Beliefs of Northern Europe*.

des brèves qui rendent quasiment impossible la restitution de ces formes complexes d'expression dans d'autres langues. Le traducteur est confronté à un choix : soit il conserve le sens des poèmes, soit il rend la beauté de la langue originelle. Pendant longtemps, les spécialistes ont reconnu la difficulté de traduire un texte poétique ayant une connotation religieuse, comme le souligne E. Evans-Pritchard, professeur d'anthropologie sociale à l'université d'Oxford :

> *Les documents sur les croyances religieuses d'un peuple doivent toujours être traités avec la plus grande prudence, car nous avons affaire à quelque chose que personne ne peut observer directement, des conceptions, des images, des mots qui nécessitent, pour les comprendre, une connaissance approfondie de la langue du peuple concerné, mais aussi une conscience du système des idées et des pratiques auquel appartient une croyance spécifique, car séparée du système dans lequel elle s'intègre, cette croyance pourrait ne plus avoir de sens*[1].

La langue représentait un problème supplémentaire, car nous ne parlions aucune langue norroise, donc nous ne pouvions espérer lire les textes originaux. Heureusement, il existe d'excellentes traductions[2].

L'utilisation des *kenningar* dans les poèmes obscurcit souvent les textes, avec leur manière de dissimuler le sens réel sous un lourd contexte mythologique norrois. Et avant d'avoir une connaissance suffisante de ce dernier, il est difficile de saisir leur signification allégorique. Kevin Crossley-Holland, un autre traducteur de ces mythes en anglais moderne, disait ceci à propos de son approche des *kenningar* :

> *Le plus grand intérêt des poèmes scaldiques réside dans l'utilisation des innombrables* kenningar *– ou métaphores condensées –, ce qui inclut une partie de leur expression orale. Un grand nombre des kenningar sont enracinés dans les mythes qui étaient familiers au public originel de ces poèmes. Donc, par exemple, « les larmes de Freya », « la chevelure de Sif » et « le feu d'Aegir » étaient trois kenningar pour l'or. Le premier, parce que Freya pleurait de l'or ; le deuxième, parce que la chevelure de Sif fut remplacée par des fils d'or, quand le dieu Loki la coupa ; le troisième, parce que la demeure du dieu Aegir n'était éclairée que par de l'or qui brillait comme le feu. Ainsi, bon nombre de* kenningar *confirment les mythes qui ont survécu ou nous fournissent des indices fascinants sur ce qui a disparu*[3].

Grâce aux recherches que nous avions effectuées pour *Uriel's machine*,

---

1. E. E. Evans-Pritchard, *Theories of Primitive Religion*, Oxford University Press, 1965.

2. Notamment, pour la langue anglaise, celles de E.O.G. Turville-Petre, *Scaldic Poetry*, Oxford University Press, 1976. (Pour la langue française, on se reportera notamment aux traductions de Régis Boyer, *L'Edda poétique*, Paris, Fayard, 1991, et François-Xavier Dillmann, *L'Edda de Snorri Sturluson : récits de mythologie nordique*, Paris, Gallimard, 1991 *(N.D.T.)*.)

3. K. Crossley-Holland, *The Norse Myths, a Retelling*, André Deutsch, 1980.

nous savions déjà que l'historien romain Tacite avait écrit dans *La Germanie* que les tribus du Nord de la Scandinavie choisissaient leurs chefs en fonction de leur valeur et de leur noble naissance. Et il ajoutait que tout homme qui pouvait prétendre à une ascendance divine faisait un candidat sérieux. Fort de cette connaissance, le *Lai de Hyndla* [1] prend tout son sens.

Dans cette histoire, la déesse Freya déguise Ottar, son amant humain, en sanglier d'or et l'emmène à la géante Hyndla, qui a bu la « bière de mémoire » et peut ainsi se rappeler le lignage ancestral de n'importe qui. Hyndla reconnaît Ottar, fils de Instein, dans le sanglier et elle fait quelques jeux de mots à caractère sexuel aux dépens de Freya. Elle l'accuse notamment « de chevaucher son amant sur la route de la Valhöll [2] ». Mais Freya nie qu'elle « ait chevauché son amant sur la route ». Mais Hyndla continue de se moquer d'elle à propos de son amant déguisé et elle lui lance que : « Beaucoup se sont glissés sous ton tablier. Te voilà en chaleur, ma noble déesse, à courir dehors la nuit comme le fait la chèvre Heidrun avec des troupeaux de boucs. »

Le motif de cette histoire, c'est l'affrontement entre Ottar et un autre guerrier, Angantyr, pour savoir lequel des deux sera le chef de leur peuple. Freya persuade Hyndla de réciter le lignage d'Ottar. En s'exécutant, la géante en profite pour faire une allusion aux sacrifices d'enfant, en disant que longtemps, très longtemps auparavant, les jeunes fils de Jormunrek furent offerts en sacrifice aux dieux [3].

Freya a dupé Hyndla en l'amenant, contre son gré, à prouver qu'Ottar descend des dieux. La déesse y est parvenue en jouant sur l'amour de la géante pour les commérages du type : « Qui a eu un enfant avec qui ? » et sa soif de montrer sa grande connaissance en cette matière. Une fois qu'Hyndla a confirmé qu'Ottar était d'ascendance divine, Freya admet qu'Ottar est devenu son amant parce que c'était une des étapes de sa conquête du pouvoir. Elle dit qu'Ottar « lui a dressé un tertre [c'est-à-dire un autel], qu'il a pavé de pierres et il l'a rougi, encore et encore, du sang de bœufs. » Et elle achève en affirmant fièrement qu'Ottar – qui vient de se montrer digne de la royauté en vertu de son ascendance divine – s'est toujours montré fidèle envers les déesses. Le chef des dieux norrois, Odin, est souvent surnommé Alfaddyr, c'est-à-dire le « Père de Tout ». Il vit en Asgard, la demeure des dieux [4]. Sturluson dit de lui qu'il est le plus grand et le plus vieux des dieux. Il

1. L'un des poèmes mythologiques de l' *poétique (N.D.T.)*.

2. Le domaine des guerriers morts *(N.D.T.)*.

3. La strophe XXVIII du *Lai de Hyndla* dit exactement « consacrés aux dieux ». Mais le professeur Régis Boyer, en note de sa traduction du poème (*L'Edda poétique*, *op. cit.*, p. 613) se demande lui-même s'il ne faut pas « entendre qu'ils furent sacrifiés » *(N.D.T.)*.

4. Asgard signifie littéralement « le jardin – ou domaine – des Ases [Ases étant le nom de la principale famille de dieux norrois] *(N.D.T.)*.

gouverne toute chose et quelle que soit la puissance des autres dieux, ils le servent comme des enfants servent leur père. Il créa le ciel et la terre et tout ce qui s'y trouve [1].

Odin n'a qu'un œil et il porte un chapeau à larges bords et un long manteau bleu pour éviter qu'on le reconnaisse quand il voyage. Cette description ressemble assez aux caractéristiques du Soleil. Il règne sur la Valhöll, où vont festoyer les héros morts glorieusement au combat. Odin a eu des enfants avec différentes déesses. De son union avec Jörd, la déesse qui gouverne la Terre [Jörd signifie littéralement « Terre » en vieux norrois], il a engendré le dieu Thor, celui-là même dont le baron Saint-Clair Bonde disait être un descendant symbolique. Hormis Odin, il y a douze grands dieux [2], qui forment un conseil autour du « Père de Tout ». Chacun est associé avec une des treize déesses, mais, au cours du temps, les couples ne sont pas toujours les mêmes et ainsi il y a toujours une déesse disponible pour satisfaire Odin. Ce dernier, avec son œil unique, son manteau bleu et son chapeau à larges bords semblables à des nuages sombres qu'il peut rabattre sur son front pour dissimuler son œil, est représenté par le Soleil.

L'un des noms d'Odin est Seigneur des Pendus ou des Gibets. Il a hérité de ce nom après avoir fait une expérience de la mort et avoir ainsi appris les secrets de la tombe. Il s'est lui-même pendu au grand arbre Yggdrasill en se blessant d'une lance et en disant :

Je pendis à l'arbre battu des vents...
Neuf nuits pleines,
Navré d'une lance et offert à Odin,
Moi-même à moi-même donné. [3]

Le poème s'achève par cette explication :

Voilà les paroles que Thund [4] *grava avant les origines de l'humanité.*
Puis il ressuscita quand il revint [5].

1. Snorri Sturluson, *Edda* (*Gylfaginning*, chap. VIII). [En réalité, Odin ne créa pas la terre et le ciel comme le Yahvé biblique aurait pu le faire. Le dieu norrois, avec ses frères, mirent en pièces le géant Ymir. De son corps, ils firent la tête ; avec son crâne, le ciel ; avec son sang, la mer et les rivières, etc. Quant aux êtres humains, ils furent créés à partir de deux troncs d'arbre, un frêne (Ask, le premier homme) et un orme (Embla, la première femme), auxquels la triade de dieux avait insufflé la vie et le sens *(N.D.T.)*.]

2. Il est traditionnellement et symboliquement considéré qu'il y a douze dieux, y compris Odin, et douze déesses (soit vingt-quatre divinités comme il y a vingt-quatre runes ou caractères sacrés nordiques) – et non pas treize ; même si, selon les textes mythologiques, les listes n'incluent pas les mêmes dieux ou déesses, le nombre douze est important pour la tradition nordique *(N.D.T.)*.

3. *Edda poétique*. *Havamal*, strophe 138.

4. Thund (en vieux norrois, le « bruissant ») est un autre surnom d'Odin (dont on dit qu'il aurait mille noms) *(N.D.T.)*.

5. *Havamal*, strophe 145.

Nous étions frappés par les parallèles évidents avec le mythe de Jésus-Christ. Crossley-Holland dit à propos de cette histoire :

Odin a appris de sages géants. Il a appris de voyantes qu'il a ramenées d'entre les morts et de pendus. Et dans ce mythe, Odin fait le sacrifice suprême. Il meurt afin d'acquérir la sagesse occulte que seuls les morts possèdent, puis il ressuscite afin de l'utiliser dans le monde des vivants... On sait que le culte d'Odin et d'autres dieux liés à lui incluaient des sacrifices humains. Adam de Brême, un historien du XIe siècle, raconte qu'il vit de nombreux hommes pendus dans le bosquet sacrificiel d'Uppsala, près du temple qui abritait les idoles d'Odin, Thor et Freya... Les parallèles entre la mort d'Odin et la crucifixion du Christ sont frappants : tous les deux meurent volontairement ; tous les deux sont transpercés par une lance ; Odin dit qu'on ne lui donna pas à boire et au Christ on servit du vinaigre ; le dieu norrois crie ou hurle avant de mourir, comme le Christ poussa un grand cri avant d'expirer[1].

Une question évidente se posait : l'histoire norroise d'Odin pouvait-elle avoir été inspirée par le récit chrétien ? Au terme d'une réflexion poussée, Crossley-Holland écarte toute possibilité d'une influence chrétienne. Il rappelle notamment que les Scandinaves ne se convertirent pas au christianisme avant l'an mille et tous les éléments du mythe norrois peuvent être expliqués par des éléments d'une tradition païenne bien antérieure à toute influence chrétienne.

La mère de Thor est aussi connue sous d'autres noms, comme Freya ou Frigg. Nous lûmes avec intérêt que le professeur Ellis Davidson liait ces aspects de la déesse à des noms qui, nous le savions déjà, représentaient Vénus.

Les deux principales déesses d'Asgard suggèrent en réalité deux aspects d'une même divinité. Et on peut établir un parallèle avec l'aspect double de la déesse de la fertilité du Proche-Orient qui est à la fois mère et amante. Parfois, ces deux rôles peuvent être combinés dans une seule et même déesse, mais il est plus courant que les différents aspects soient personnifiés sous différents noms. Il est même possible d'identifier une triade de déesses comme Asherah, Astarté et Anat[2].

Grâce à notre étude des dieux phéniciens, nous savions que ces trois derniers noms représentaient divers aspects de la planète Vénus. Nous y reviendrons ultérieurement. Mais concernant ce lien, Ellis Davidson poursuivait :

Les sources littéraires tendent à donner l'impression qu'une puissante déesse suprême pouvait être considérée comme l'épouse ou la maîtresse de son adorateur.

---

1. K. Crossley-Holland, *The Norse Myths, a Retelling*, André Deutsch, 1980.
2. H. Ellis Davidson, *The Lost Beliefs of Northern Europe.*

Si celui-ci était roi, alors le culte de cette divinité était intégré dans la religion d'État et il devenait un culte officiel à côté de celui des principaux dieux. Dans la tradition scandinave, la principale déesse semble être Freya... mais il y a aussi Frigg, l'épouse d'Odin qui est connue comme la Reine du Ciel... bien que parfois, ce soit Freya qui soit associée à Odin[1].

Donc maintenant, nous savions que les Norrois vénéraient une Reine du Ciel, qui était liée aux déesses identifiées comme des aspects de la planète Vénus. Nous nous mîmes immédiatement en quête d'éventuels détails complémentaires explicites sur cette divinité nordique et nous en découvrîmes rapidement. Par exemple, toujours dans le *Lai de Hyndla*, on trouve un *kenning* qui établit une connexion claire avec la déesse Vénus des Phéniciens, à savoir Baalat-Gebal. Cette dernière était souvent représentée coiffée de deux cornes, ressemblant à des cornes de vaches et parfois de cerfs. Une très bonne raison explique cet attribut : en se déplaçant autour du soleil levant ou couchant, la planète Vénus dessine un motif qui épouse la forme d'une paire de cornes[2].

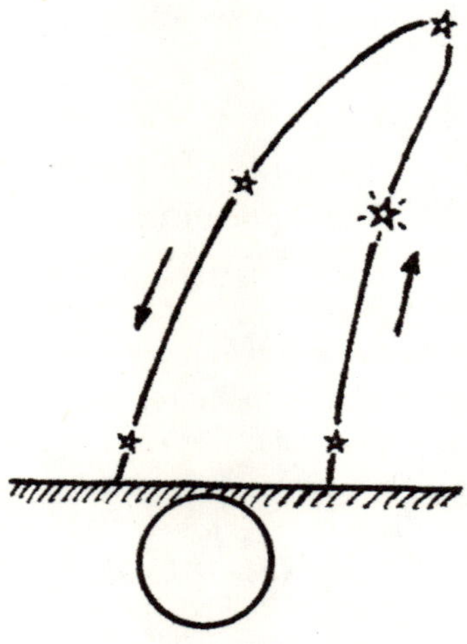

Les Cornes de Vénus. Le motif que Vénus trace autour du soleil levant quand elle apparaît à l'est sous sa forme d'étoile du matin. Quand elle est l'étoile du soir à l'ouest, elle reproduit une image réfléchie de ce motif. C'est pour cette raison que les anciens peuples avaient tendance à associer Vénus à des cornes.

1. H. *Ellis Davidson, ibid.* [Beaucoup de spécialistes de la tradition nordique ne voient en Freya et Frigg qu'une seule et même déesse *(N.D.T.)*.]

2. J. Schultz, *Movements and Rhythms of the Stars*, Floris Books, 1987.

Mais revenons au *Lai de Hyndla* : quand Freya s'approche de la porte de la halle d'Odin, elle alarme un cerf cornu qui paît dans le passage. Comme le parcours de Vénus en forme de cornes s'efface devant le soleil levant, le cerf s'enfuit de l'endroit où la déesse doit rencontrer Odin. Ce détail est intéressant, mais comme la plupart des *kenningar*, il laisse tout de même une large place aux erreurs d'interprétation comme une lettre isolée dans les mots croisés. C'est alors que nous sommes tombés sur un mythe beaucoup plus ancien qui était aussi bien plus clair.

Au début de l'histoire du monde, Odin combattait avec un autre groupe de dieux et les murs d'Asgard furent détruits. L'histoire commence avec l'arrivée à Asgard d'un maçon itinérant. Il offre de reconstruire les murs effondrés, si les dieux acceptent de lui donner trois choses en retour : le Soleil, la Lune et la déesse Freya. Il est dit que cette dernière est revêtue d'atours si brillants que seul Odin peut la regarder directement. Les dieux acceptent le marché, mais exigent que l'ouvrage commence le jour du solstice d'hiver et soit achevé le jour du solstice d'été (les deux fêtes de saint Jean, célébrées par la maçonnerie et que l'on retrouve dans son rituel où elles sont les dates symboliques de l'initiation au premier et au second degré). Trois jours avant le solstice d'hiver, le maçon avait pratiquement achevé le cercle de « pierres bien taillées et bien posées et le fort était si solide et si haut qu'il était imprenable ». Les dieux désespérèrent de voir la lumière quitter le ciel, si les trois objets les plus brillants des cieux, le Soleil, la Lune et la déesse Freya, étaient emportés. Mais grâce à une ruse, le dieu Loki permit aux autres divinités de réaliser que le maçon était en réalité un géant déguisé. Alors Thor le tua avec son marteau, tandis que le maçon hurlait sa rage d'avoir été « trompé par une clique de dieux et une déesse prostituée ! » Nous connaissons bien les trois objets les plus brillants du ciel : dans l'ordre de luminosité, ce sont le Soleil, la Lune et la planète Vénus, autrement dit la déesse Freya, pour lui conserver sa terminologie norroise.

Ensuite nous apprîmes que les jarls accordaient une telle importance aux temples à Freya qu'ils considéraient qu'ils pourraient perdre leur puissance politique si ces sanctuaires étaient mis à sac. Quand Olaf Tryygvason voulut renverser le jarl Haakon d'Héligoland qui, pendant un temps, fut le roi de Norvège *de facto* à la fin du Xe siècle, il alla briser l'image de Freya dans le temple (au demeurant construit par la famille More pour honorer la divinité) où Haakon venait la vénérer. Ce temple se trouvait près de Trondheim, dans les terres des jarls de More. Et comme nous le savons déjà, ces derniers étaient les ancêtres de Sir William Saint-Clair, qui avait hérité d'eux les Orcades.

Un autre détail des temples norrois nous parut très maçonnique : ils incorporaient des piliers. On le sait notamment grâce aux fouilles entreprises dans le temple de Freya à Trondheim. Ce sanctuaire du VIIIe siècle fut découvert sous le sol d'une église médiévale dédiée à la Vierge Marie [1]. La Saga de Snorri le Godi (*Eyrbyggja Saga*) décrit une utilisation typique de ces piliers de temple. Il y est raconté l'histoire du viking Thorolf qui part habiter en Islande. En approchant des côtes, il se demande où il va débarquer :

> *Thorolf jeta par-dessus bord les piliers du haut-siège, qui provenaient du temple. Sur l'un d'eux, la figure de Thor était sculptée. Il déclara qu'il se fixerait en Islande là où Thor ferait aborder les piliers* [2].

Se pouvait-il que les croyances du peuple des poteries cannelées aient survécu dans l'Europe nord-occidentale tout au long des périodes attribuées aux Celtes, puis aux peuples norrois qui n'ont jamais perdu leur contact avec le Nord de l'Écosse ? Si nous pouvions soutenir que les juifs étaient les récipiendaires des mêmes traditions, il nous fallait maintenant repérer et comprendre comment s'était opérée la réunification des deux branches du même culte originel de Vénus, qui s'étaient séparées il y a plus de quatre mille cinq cents ans avant de réapparaître quelques trois mille cinq cents ans plus tard sous l'égide des Saint-Clair – la famille qui en somme s'était donné le nom de « Sainte Lumière ». Ce titre pouvait-il être une référence à la planète Vénus qui était si importante pour les deux groupes ?

Nous devions plus tard découvrir que nous n'avions qu'en partie raison. La « Sainte Lumière » était quelque chose d'encore plus remarquable.

Nos recherches sur la spiritualité des ancêtres norrois de William Saint-Clair avaient mis en lumière plusieurs croyances nordiques fondamentales. Voici les plus importantes :

1. Les fils de leurs rois prétendaient être les fils de leurs dieux.
2. En devenant roi, un homme devenait aussi le consort de la déesse.
3. Un dieu/déesse Père de Tout (en norrois, *Alfaddyr* ; anglais, *Allfather*) gouvernait tout, assisté d'un conseil de douze binômes dieu/déesse.
4. Les trois objets les plus brillants dans le ciel, le Soleil, la Lune et Vénus, représentaient les trois dieux les plus importants.
5. Ils croyaient dans la puissance des roches et des arbres sacrés.
6. Ils développèrent une série de croyances apocalyptiques.
7. Leur déesse Vénus préservait la jeunesse.
8. Leur déesse Vénus encourageait la licence sexuelle lors de ses fêtes.
9. Ils vénéraient un dieu à forte connotation sexuelle, réputé pour la taille et la puissance de son pénis.

---

1. K. Liden, « From Pagan Sanctuary to Christian Church : the Excavation of Maere Church, Trondelag », *Norwegian Archeological Review*, 2, 23-32, Oslo, 1969.

2. Chapitre IV. (La Saga de Snorri le Godi est traduite par Régis Boyer dans son recueil *Sagas islandaises*, Paris, Gallimard, « Bibliothèque de la Pléiade », 1987. Les piliers du haut-siège [*öndvegissulur*] sont les deux hauts montants du trône et non des piliers d'édifice proprement dit] *(N.D.T.)*.

10. Ils avaient un dieu père qui se pendit à un arbre huit jours durant afin de mourir et de savoir ce qu'était la mort pour les mortels ordinaires. Huit jours après sa mort, le Père de Tout (se) ressuscita.

Comme nous le montrerons, la théologie norroise présentait des ressemblances remarquables avec celle des Phéniciens et le port de cornes – longtemps attribué aux Vikings – apparaît être dérivé d'un symbole du culte de Vénus commun aux Norrois et aux prophètes de l'Ancien Testament antérieur à l'implication de l'Église. Ce n'est qu'après le Moyen Âge que les cornes furent associées au mal en général et au diable en particulier.

LE PREMIER TEMPLE DE LA FRANC-MAÇONNERIE

Nous avons montré que la sculpture de l'apprenti à Rosslyn trahit une connexion directe avec la franc-maçonnerie moderne. Sir William Saint-Clair, le bâtisseur de Rosslyn, et sa famille connaissaient d'anciens rituels et, soit immédiatement, soit au cours du temps, ils durent commencer à mettre sur pied la structure de l'organisation que nous appelons aujourd'hui la franc-maçonnerie.

L'année 1736 est importante pour la franc-maçonnerie écossaise, parce que c'est alors que les Loges écossaises décidèrent d'élire une Grande Loge pour les administrer. Les Saint-Clair décidèrent de revenir à leur loyauté traditionnelle, mentionnée dans les chartes Saint-Clair de 1601 et 1628 qui établissaient que les chefs de la famille Saint-Clair étaient les Grands Maîtres héréditaires des maçons d'Écosse depuis des temps immémoriaux [1]. À cette époque, le chef de famille était un autre William Sinclair de Roslin. Il devint automatiquement le Grand Maître parce qu'il était le descendant mâle en ligne directe du William Saint-Clair qui avait construit la chapelle de Rosslyn.

Un seul obstacle s'opposait à ce projet d'établissement d'une Grande Loge d'Écosse sous la Grande Maîtrise héréditaire de ce William Sinclair : celui-ci n'était pas franc-maçon. Avant de pouvoir devenir Grand Maître d'Écosse, il dut être initié et gravir au moins cinq degrés de l'Ordre. Dès qu'il fut désigné, son tout premier acte fut de renoncer par écrit à ses droits héréditaires de patronage de la maçonnerie écossaise et d'instaurer le système d'élection des officiers de la nouvelle Grande Loge (qui protège encore les droits et privilèges des francs-maçons écossais jusqu'à ce jour) [2]. Les auteurs de l'« Histoire de la franc-maçonnerie » de Gould observaient :

---

1. R. Lomas, *The Invisible College* (à paraître chez Dervy).
2. C. Knight et R. Lomas, *Le Second Messie.*

L'opportune renonciation de William Saint-Clair fut organisée pour donner à toute l'affaire une sorte de légalité qui était voulue dans l'institution de la Grande Loge d'Angleterre[1].

En construisant notre tableau de la famille Saint-Clair et de la franc-maçonnerie primitive, nous avons exhumé les plus anciens rituels maçonniques d'Écosse. Comme nous avons déjà eu l'occasion de le mentionner, nous les avons collectés en visitant les Loges écossaises pendant un certain nombre d'années et en parlant avec de vieux maçons qui, souvent, nous ont donné des copies de très anciens rituels qui ne sont plus utilisés. Nous avons donc incorporé toute cette matière donnant une vision d'ensemble du rituel maçonnique dans le document que nous avons baptisé *Le Testament maçonnique*. Grâce à cette connaissance, nous avons commencé à découvrir un mythe de vaste envergure sous-tendant les rituels. Il raconte une longue histoire, qui sous bien des rapports semble parallèle à celle de la Bible. Mais elle ne s'arrête pas à l'histoire de Jésus et continue quasiment jusqu'à nos jours. Elle explique comment les maçons furent choisis par Dieu pour partager la connaissance de la science et l'utiliser pour le bien des hommes. Et elle nous dit aussi comment ces maçons choisis apprirent les secrets de la construction d'une bonne société et comment ils les utilisèrent pour bâtir de grands Temples et les Ordres d'individus dévoués à la compréhension de Dieu, de la tolérance et de la science.

Nous pouvions suivre les combats des maçons pour promouvoir l'amour, la charité et la vérité en dépit des persécutions et de l'hostilité. Ces histoires morales nous amenaient jusqu'au XVIIIe siècle, lorsque ces luttes culminèrent avec la destruction de l'Ordre des Chevaliers de Saint-Jean-de-Malte par Napoléon (alors que le Grand Maître était Ferdinand von Hompesch). Et à ce point, l'histoire s'arrête.

L'un des motifs clés de cette dernière est la construction du temple de Salomon et c'est cet événement pivot que nous décidâmes d'étudier ensuite.

CONCLUSIONS

La fondation de la famille Saint-Clair en France au cours de la première moitié du XIe siècle maria des lignées juives et norroises. C'est pour cette raison que William Saint-Clair construisit plus tard Rosslyn avec une imagerie et des motifs appartenant à ces deux traditions, qui partagent une même croyance en l'importance fondamentale de Vénus.

---

1. *Gould's History of Freemasonry*, Caxton, 1902.

Nous soupçonnions déjà que William Saint-Clair avait fondé l'organisation que nous appelons maintenant la franc-maçonnerie. Celle-ci utilisait des rituels qui avaient été transmis au sein de la famille Saint-Clair ou qui provenaient des manuscrits trouvés sous le temple de Jérusalem. Il apparaissait désormais que la religion norroise était totalement complémentaire des concepts qui venaient des sources juives.

CHAPITRE V

LE TEMPLE DE SALOMON

LES VESTIGES ÉNOCHIENS

Il n'existe aucune preuve archéologique connue de l'existence du temple de Salomon. Selon la légende, il fut construit à Jérusalem il y a environ trois mille ans. Malgré tout, il représente un symbole majeur pour l'humanité, dans la mesure où il fut le premier temple de pierre construit en l'honneur de Yahvé, le dieu des tempêtes, qui devint plus tard le « seul et unique vrai Dieu » (avec un D majuscule) pour des millions de gens dans le monde entier.

Tant l'Ancien Testament biblique que *Le Testament maçonnique* nous disent que Salomon régna sur Israël au Xe siècle avant notre ère. Il était le deuxième fils de David et Bethsabée. Selon la littérature juive et musulmane ultérieure, Salomon aurait été le plus sage d'entre les sages et il aurait même eu le pouvoir de contrôler les esprits du monde invisible [1]. Traditionnellement, on lui attribue aussi de nombreuses œuvres de premier plan. Citons, parmi les livres de l'Ancien Testament, les Proverbes, le cantique des cantiques (dit aussi Cantique de Salomon), l'Ecclésiaste, le Livre de la Sagesse (dit aussi Sagesse de Salomon) et, parmi les apocryphes plus tardifs, les Psaumes de Salomon et les Odes de Salomon. Toutefois, ces attributions sont aujourd'hui largement remises en cause puisque les spécialistes estiment que la plupart de ces textes furent écrits bien après l'époque de Salomon. Les Odes sont peut-être même postérieures de mille ans au grand roi.

La Bible nous dit qu'il succéda à son père David (en dépit des prétentions au trône d'Adonias, son demi-frère aîné), qu'il divisa Israël en douze districts à des fins de taxations et qu'il étendit son territoire jusqu'au fleuve

1. A. S. Rappoport, *Myths and Legends of Ancient Israel*, Senate, 1995.

Euphrate à l'est, au pays des Philistins au nord et à la frontière de l'Égypte au sud. On apprend encore qu'il aurait réduit en esclavage les Cananéens qui demeuraient dans le pays et qu'il s'allia à Hiram, le roi de Tyr, qui dessina et construisit le Temple de Jérusalem. Cependant, ces alliances suscitèrent quelques mécontentements, dans la mesure où elles amenaient l'établissement de cultes étrangers dans Jérusalem même.

D'après la légende biblique, Salomon se vit contraint de lever des impôts écrasants afin de payer à Hiram les annuités qu'il lui devait, mais la production d'Israël peinait à assumer l'ambitieux programme de construction du souverain (comprenant, notamment, un immense palais et ses harems, et naturellement le fameux temple de Yahvé aux proportions finalement beaucoup plus réduites que la résidence de Salomon). D'après Josèphe, Hiram avança plus de trois tonnes de son propre or pour que la construction puisse commencer, avant, finalement, de renoncer à sa dette irrécouvrable[1].

Le Testament maçonnique nous livre bien davantage d'informations que la Bible concernant le sujet de Salomon et de son temple. On nous apprend, par exemple, qu'Hiram, roi de Tyr, envoya un certain Hiram Abif à Jérusalem pour être l'architecte en chef du temple. Le thème principal du rituel est lié à l'assassinat de ce maître-architecte et à la perte consécutive des secrets d'initiation qui étaient en sa possession et pour la protection desquels il préféra mourir plutôt que de les livrer. Ostensiblement, ces secrets relevaient d'une sorte d'incantation magique et leur perte entraînait la rupture de quelque grande chaîne initiatique. On les remplaça par des secrets dits substitués qui, on peut le deviner, n'avaient plus les effets occultes des originaux.

D'après le rituel, on apprend également que Salomon détermina un premier emplacement près de Jérusalem pour bâtir le temple. Mais en nettoyant l'endroit, les ouvriers découvrirent les ruines d'un ancien sanctuaire. Le souverain supposa qu'il avait été dédié à quelque dieu indésirable. Aussi, ne souhaitant pas utiliser un lieu profané par un usage impropre, il déplaça le site d'élection de son nouveau temple vers le mont Moria. Plus tard, il réalisera que l'emplacement rejeté était celui du temple d'Énoch.

Ensuite, on nous dit que Salomon le roi d'Israël, Hiram le roi de Tyr et Hiram Abif étaient trois Grands Maîtres qui avaient compris que, si Israël se détournait des lois de Moïse et des prophètes, ses ennemis mettraient ses cités à sac et tous les trésors enfermés dans le *Sanctum Sanctorum* (le saint des saints) seraient emportés. Pour prévenir ce désastre potentiel, ils construisirent un passage souterrain secret qui menait des appartements privés de Salomon jusqu'à une crypte directement située sous le *Sanctum Sanctorum.* Cette cave secrète était divisée en neuf arches ou cryptes. Dans

1. W. Whiston (éd. et trad.), *The Works of Flavius Josephus,* William P. Nimmo, 1895.

la dernière devaient être déposés tous les récipients et les trésors sacrés qui iraient à terme dans le saint des saints. Les trois Grands Maîtres utilisaient également cette chambre spécifique pour se réunir en secret et c'est là, qu'à l'origine, le rituel du degré de Maître Maçon s'exécutait. L'extrait du rituel concerné commence ainsi [Testament maçonnique, 7, 4] :

> *Le roi Salomon construisit une crypte secrète, à laquelle on parvenait après avoir traversé huit autres cryptes, toutes souterraines, et de laquelle partait un long passage étroit qui rejoignait le palais. La neuvième arche ou crypte se trouvait directement sous le saint des saints du temple. Dans ce séjour, le roi Salomon tenait ses conférences privées avec le roi Hiram et Hiram Abif.*

Manifestement, le meurtre d'Hiram Abif provoqua un bouleversement majeur, parce que l'on nous dit ensuite que les deux rois cessèrent d'utiliser la crypte secrète après la mort de l'architecte [Testament maçonnique, 7, 16] :

> *Après la mort d'Hiram Abif, les deux rois cessèrent de s'y rendre, décidant de ne plus le faire avant d'avoir pu désigner quelqu'un pour occuper la place vacante et, en attendant ce moment, de ne plus révéler à quiconque le nom sacré.*

Mais les choses évoluèrent après une découverte importante par trois ouvriers. Salomon avait finalement décidé d'ériger un temple de Justice sur le site des ruines du sanctuaire d'Énoch, autrement dit l'endroit même qu'il avait précédemment rejeté pour le temple de Yahvé. Quand les ouvriers eurent déplacé les colonnes effondrées et dégagé les gravats, ils examinèrent attentivement le sol avant de poser les fondations du futur bâtiment. Ils tombèrent alors sur une pierre qui sonnait creux. En la soulevant, ils découvrirent une crypte souterraine secrète, qui, selon le rituel, avait été construite par Énoch. En descendant dans le caveau, ils trouvèrent des trésors : notamment un delta d'or incrusté dans un cube d'agate, un nom mystérieux gravé et les fragments d'un pilier où l'on pouvait déchiffrer les secrets de l'art et de la science du monde. Le tout fut apporté à Salomon, qui décida qu'ils devaient être placés dans le caveau sacré de la neuvième crypte de la chambre secrète sous son nouveau temple [Testament maçonnique, 7, 19] :

> *Après qu'Adoniram, Joabert et Stolkin eurent découvert le cube d'agate et le nom mystérieux et qu'ils les eurent remis au roi Salomon, les deux souverains décidèrent de les déposer dans la crypte secrète, permettant aux trois maîtres qui les avaient découverts d'être présents. Ils leur délivrèrent la vraie prononciation du mot ineffable, constituèrent le dernier degré de l'ancienne maçonnerie de Métier et l'appelèrent Grand Élu maçon.*

À première vue, tout cela ressemblait fort à une histoire inventée dans les premiers temps de l'histoire juive pour expliquer *a posteriori* comment les juifs étaient entrés en possession de secrets d'une extrême antiquité. Ils avaient découvert une connaissance ayant appartenu à un autre peuple, symbolisé par le temple énochien, et ils l'avaient intégrée au cœur de leur propre culture – c'est-à-dire directement sous la salle qui abritait leur nouveau dieu.

Il est aujourd'hui largement admis que l'Ancien Testament fut composé autour du VIe siècle AEC, quand des sages et des scribes passèrent au crible une somme impressionnante de traditions orales pour en extraire une histoire linéaire remontant à la création. Le mythe nous parle d'une transition majeure entre la période dominée par des nomades ruraux et celle des grandes cités et des princes guerriers. Apparemment, il s'agit d'une tentative de mise en forme symbolique d'un phénomène conservé dans la mémoire populaire : le passage de la culture des chasseurs-cueilleurs de l'âge de pierre à celle des âges de bronze et de fer qui virent arriver des armes de guerre plus puissantes. Mais est-ce que cette histoire ne voulait pas plutôt expliquer comment les techniques de l'architecture et de l'astronomie avaient été transmises du peuple des poteries cannelées au peuple juif ? Grâce au livre d'Énoch, nous savions que ce dernier avait voyagé vers le nord pour y être initié à ces matières. Et la connaissance secrète qu'il ramena fut retranscrite noir sur blanc dans ce livre vers 250 AEC.

Le rituel franc-maçon prétend qu'un groupe secret d'individus choisis préservaient une science secrète de la construction et de l'astronomie, fondée sur la connaissance des mouvements de la brillante étoile du matin, Vénus, au cours d'un millénaire. Si cette histoire était une totale fiction, pourquoi coïncidait-elle si bien avec les faits ? Comment les Saint-Clair ou qui que ce soit d'autre auraient pu rêver de rituels que personne ne comprenait mais qui décrivaient parfaitement des événements ou des phénomènes qui se seraient déroulés des milliers d'années auparavant.

Le livre d'Énoch était perdu et il ne fut pas retrouvé avant la fin du XVIIIe siècle, autrement dit, bien après la mise en circulation de ces rituels maçonniques. Donc l'ancien personnage d'Énoch est associé à la transmission d'informations secrètes antérieures à l'émergence d'un nouveau monde et de son histoire au Moyen-Orient. Nous découvrîmes aussi avec intérêt que les Arabes se souviennent aussi d'Énoch dans le Coran, comme du détenteur d'une grande connaissance – ils l'appellent Idris, ce qui signifie « maître, professeur » (de la racine *drs*). Selon eux, sa dernière résidence sur terre fut un village près de Bagdad appelé « Sayyid Idris ». Aujourd'hui encore, les musulmans lui rendent hommage le dimanche et particulièrement le dimanche de Pâques.

L'ALIGNEMENT SUR VÉNUS DU TEMPLE DE SALOMON

Les plus anciennes traces de peuplement humain de la ville de Jérusalem – la ville où Salomon construisit son temple – datent de la fin de la période chalcolithique (quand le cuivre commença à être utilisé) et du début de l'âge du bronze – soit environ 3000 avant notre ère. La première forme connue du nom de la cité est Urushalim, avec *uru* signifiant « fondé par » et le suffixe *Salem* ou *Shalem* étant le nom du dieu cananéen incarnant la planète Vénus, dans sa dimension d'étoile du soir. Cet élément a été confirmé par l'archéologie : des tablettes trouvées à Elba, en Syrie, et remontant à 3000 AEC, font référence à un dieu Shalem, qui était vénéré dans une cité appelée Urushalim.

Ainsi, le nom même de Jérusalem désigne précisément un lieu dédié à Vénus en tant qu'étoile du soir. Mais le temple de Salomon faisait face à la direction opposée, autrement dit il faisait face à Vénus au lever dans son rôle d'étoile du matin. Grâce à nos recherches, nous savions que le peuple des poteries cannelées orcadiennes s'intéressait aux apparitions de cette planète aux deux extrémités du jour et c'est pour cette raison que Vénus était associée aux cornes. La déesse cananéenne Asherah (la Dame de la mer) avait deux fils, des jumeaux : Shalim, qui était Vénus au crépuscule, et Shachar, Vénus à l'aube.

Les premiers habitants de Jérusalem étaient des Cananéens appelés Jébuséens. Même deux mille ans après le début de son peuplement, leur ville était encore minuscule. La Bible nous raconte comment David s'en empara et en fit sa nouvelle capitale. Au regard des traces archéologiques datant de cette période, on suppose qu'elle couvrait une superficie d'à peine 550 mètres du nord au sud sur 70 mètres d'est en ouest (voir carte p. 157). Cette petite bourgade se nichait au sud de l'actuel « mur de la vieille ville », sur le flanc occidental de la vallée du Cédron. Des fouilles ont mis à jour un mur d'enceinte substantiel juste au-dessus de la source de Gihon. Le site que Salomon choisit pour le temple de Yahvé se trouvait, à l'époque, à trois cent mètres au nord de la cité, sur une éminence faisant face à l'orient et au mont des Oliviers.

D'après le rituel maçonnique, le temple achevé se distinguait par trois éléments spécifiques : un porche, une lucarne et un pavement carré. Il est précisé que le porche était l'entrée pour le *Sanctum Sanctorum*, le saint des saints, où l'Arche d'alliance était conservée. La lucarne ou fenêtre supérieure permettait à la lumière d'entrer. Et le pavement carré, ou en échiquier, était destiné aux déplacements du grand prêtre.

L'un de ces trois éléments retint particulièrement notre attention : la référence à une lucarne qui apparaît également dans les reconstitutions du bâtiment, produites par les spécialistes. Au sens strict du terme, le mot « lucarne » (en anglais, *dormer*) est une fenêtre de toit ou toute autre ouverture laissant la lumière entrer dans une pièce où quelqu'un dort (le terme anglais insiste davantage sur cette dernière notion, tandis que le mot français se concentre sur l'idée de lumière). Comme seul le grand prêtre était autorisé à pénétrer dans le saint des saints et, encore, une seule fois dans l'année, la lucarne percée dans le mur oriental du temple du roi Salomon n'avait probablement qu'un objectif : laisser arriver la lumière jusqu'à Dieu, le seul résident de l'édifice.

Dans *La Clé d'Hiram*, nous avions expliqué que Jésus-Christ avait amené ses fidèles dans le jardin de Gethsémani pour une excellente raison, juste avant son arrestation par les Romains :

> *... Ce ne fut pas un choix arbitraire : Gethsémani était un lieu délibéré et prédestiné pour changer le cours de l'Histoire. Ce jardin se trouve à trois cent cinquante mètres face à la porte orientale du Temple : la porte « juste ». Alors que Jésus priait, peut-être pouvait-il apercevoir de l'autre côté de la vallée les deux colonnes physiques qu'il représentait dans la construction de la nouvelle Jérusalem et du « royaume de Dieu » proche.* [1]

Nous en étions arrivés à l'idée que Jésus avait choisi cet endroit particulier en face de la porte de Justice – ou porte « juste » –, qui était la porte principale, pour accomplir réellement sa mission et se positionner comme roi des juifs. Et Vénus se leva juste avant l'aube ce jour-là. Nous savions que le livre d'Ézéchiel (43, 4) disait de ce lieu :

> *La gloire du Seigneur arriva au temple par le porche qui fait face à l'orient.*

La lumière de Vénus était-elle considérée comme la « gloire du Seigneur » ?

Seulement il y a un problème d'alignement. Le jardin de Gethsémani se trouve à l'orient de cette porte, sur le mont des Oliviers. Mais le dôme du Rocher, la mosquée musulmane qui se dresse maintenant à l'emplacement théorique du temple juif, est décalé vers le sud. L'alignement de la porte et la position présumée de la lucarne ne sont donc pas tout à fait correct... à moins que le temple ne se soit situé un peu plus au nord.

Comme les Romains rasèrent totalement et scrupuleusement l'édifice, on ne sait rien de l'emplacement exact du temple de Salomon, ni de ses deux reconstructions ultérieures sous Zorobabel et Hérode. Pour rebâtir le sanc-

---

1. C. Knight, et R. Lomas, *La Clé d'Hiram*, Paris, Dervy, 1997.

tuaire (que l'on appelle souvent de manière erronée le « Second Temple »), il y a deux mille ans, Hérode le Grand reconstruisit totalement le site (mais quelques citernes souterraines furent peut-être réutilisées). L'ambitieux roi Hérode fit plus que doubler la taille du mont du Temple pour atteindre environ trente-six acres.

On peut encore suivre en partie le tracé du mur d'enceinte qui est assez bien préservé sur les côtés sud, est et ouest. Selon les spécialistes, c'est le seul vestige à peu près certain du temple d'Hérode qui ait survécu. Mais il semble que le mur oriental ait même conservé le tracé originel de l'enceinte du Temple. La plupart des gens pensent que le « dôme du Rocher » fut construit sur l'emplacement exact du « Saint des Saints » au VIIe siècle EC. Les juifs comme les chrétiens considèrent que le centre du temple de Salomon se trouve sous ce dôme. Mais en reprenant tout ce que nous savions de l'édifice, nous découvrîmes qu'il existait au moins trois théories différentes quant à la localisation exacte du temple sur le mont éponyme de Jérusalem. Et l'une de ces théories nous stimula particulièrement.

Le Dr Asher Kaufman, un physicien de l'Hebrew University, qui avait passé des années à étudier le mont du Temple, situe le sanctuaire à quelques 280 pieds plus au nord-ouest de l'emplacement généralement admis. Il publia pour la première fois sa théorie au début des années soixante-dix après avoir étudié le moindre élément de preuve disponible (y compris les rapports de l'équipe de l'armée britannique qui, sous le commandement du lieutenant Warren, réalisa des fouilles massives dans les années 1860). Kaufman conclut que le site du temple se trouvait dans l'angle nord-ouest du mont. Pour des raisons qui n'ont pas le moindre lien avec notre propre thèse, il détermina que le mont des Oliviers, la porte orientale et le temple se trouvaient sur un même alignement est-ouest !

Cette ligne coupe exactement en deux l'emplacement d'une petite coupole en dessous de laquelle se trouve un affleurement rocheux. C'est le seul morceau de rocher que l'on peut voir sur le mont du Temple. Toute la zone autour du dôme du Rocher est pavée. Il pense que ce morceau de roche oublié affleurant à la surface plate n'est rien d'autre que la pierre de fondation du monde, que les juifs appellent *Even Shetiyyah*. On disait que cette pierre célèbre faisait saillie dans l'ancien Saint des Saintes, l'endroit le plus sacré sur terre pour les juifs.

La *Mishna Torah* de Maimonide cite des écrits talmudiques juifs datant de l'époque de la destruction du temple en 70 EC. Des témoins oculaires déclarent que « la cour du Temple n'était pas située exactement au centre du mont. Elle était plus éloignée du mur sud du mont du Temple que de tous les autres murs. On explique ce décalage par la nécessité de laisser de la place aux fidèles pour se rassembler après qu'ils ont pénétré dans l'enceinte par la porte sud. Maimonide continue en citant des sources qui insistent sur le fait que le Temple se dressait exactement en face de la porte orientale, ce qui le place dans la partie nord du mont :

> *Ces cinq portes étaient alignées depuis la porte orientale jusqu'à l'entrée du saint des saints. Ces portes étaient dans l'ordre : « la porte orientale, la porte de Chayl, la porte du parvis des femmes, la porte de Nicanor et la porte du hall d'entrée. Donc si le Temple était construit sur un sol plat, on aurait pu voir au travers de toutes les portes d'un seul coup d'œil*[1] ».

Si vous vous trouvez à flanc de colline, de l'autre côté de la vallée du côté est (par exemple, en vous tenant dans le jardin de Gethsémani ou, plus haut, sur le mont des Oliviers) et que vous tournez votre regard plein ouest, vous voyez, par-delà la porte orientale, le périmètre situé au nord du dôme du Rocher. Et si vous pouviez projeter un rayon laser, il traverserait la porte orientale (si elle n'était pas maintenant murée) et poursuivrait sa route en touchant le centre de la coupole appelée aujourd'hui « dôme des Esprits » ou « dôme des Tablettes ». Les titres arabes préservent souvent les noms originaux des différents lieux. Ainsi, à notre avis, ces titres rappelaient fortement la divine présence qui accompagnaient l'Arche et les Tablettes de la Loi qui y étaient enfermées et qui se trouvaient jadis dans le saint des saints. Nous sentions que l'existence de cette ligne fournissait un formidable argument pouvant confirmer que l'alignement astronomique avait bien une importance quant à la disposition des trois temples. Comme nous le montrerons, cette idée se révélera fondamentale pour notre recherche.

Nous n'avons découvert que récemment les travaux du Dr Kaufman. À notre connaissance, il n'a pas connaissance de notre thèse selon laquelle l'orientation du temple était directement liée au lever de Vénus à l'est.

Dans *Uriel's Machine*, nous avons montré comment le temple maçonnique moderne est dessiné selon le même alignement astronomique que le Temple de Jérusalem, avec les deux colonnes Boaz et Jakin à l'est, marquant les deux points de lever extrêmes du soleil levant : au nord pour le solstice d'été et au sud pour le solstice d'hiver. Aux équinoxes, le soleil se lève exactement entre les deux colonnes en plein est. Et à certaines dates, la planète Vénus se lève sous la forme d'une étoile très brillante, peu avant le soleil et rayonne à travers la lucarne du Temple. De fait, il est explicitement dit que le dessin de tous les temples maçonniques reproduit symboliquement celui du Temple de Salomon et aujourd'hui, tout Maître maçon est ressuscité – ou « relevé » – d'une « mort » temporaire dans la lumière pré-aurorale d'une Vénus en train de se lever lors d'un équinoxe symbolique.

1. *Mishna Torah*, Commentaire Halachah 5 & 6.

Par ailleurs, nous n'avons pas manqué de noter que le Nouveau Testament situe l'arrestation, la crucifixion et la supposée résurrection de Jésus autour de la fête juive de Pâque, qui commémore la fuite des israélites d'Égypte sous la conduite de Moïse et le franchissement de la mer Rouge. La célébration de la fête commence après le crépuscule du 14e jour de Nisan, le premier mois de l'année religieuse juive, ce qui correspond à l'époque de l'équinoxe de printemps. Donc, d'après la tradition, Jésus fut conçu et a ressuscité dans la période de cet équinoxe.

La tradition de cette fête juive a été transmise dans la datation de la fête mobile chrétienne de Pâques, qui est fixée au dimanche suivant la première pleine lune de printemps.

La lucarne dans le temple de Salomon nous apparut fonctionner exactement comme le trou de lumière au-dessus de l'entrée de Newgrange. Il permet certes au soleil d'entrer, mais en réalité, sa fonction la plus importante est de laisser pénétrer la lumière de Vénus.

Pour essayer de mieux comprendre les traditions salomoniennes, nous décidâmes d'étudier les Phéniciens.

Hiram, le maître architecte

La « Terre promise » vers laquelle Moïse et Josué conduisaient les Hébreux était le pays de Canaan, ce qui désigne la bande de terre de trois cent miles de long sur cinquante de large qui s'étend du sud de la mer Morte jusqu'au sud du pays qui est maintenant le Liban. Les habitants de cette région étaient collectivement connus sous le nom de Cananéens, mais en réalité leur pays était constitué de toute une série de cités-États. L'organisation de leurs villes était en quelque sorte semblable à celle des cités-États grecques ultérieures dont les citoyens se considéraient d'abord comme Athéniens, Troyens, Spartiates ou Corinthiens et non comme Grecs.

On finit par désigner les peuples des plus prospères cités-États côtières cananéennes de la côte méditerranéenne – celles qui se trouvaient le plus au nord – sous le nom de Phéniciens. Le mot est grec et signifie littéralement « peuple rouge ». Il fait allusion à la teinture pourpre de Tyr que ces Cananéens extrayaient des mollusques et utilisaient dans la fabrication des robes royales. Ces Phéniciens côtiers en vinrent à se voir eux-mêmes comme différents et supérieurs aux autres Cananéens. Mais ils avaient eu les mêmes influences primitives et partageaient encore des croyances théologiques largement semblables à celles des peuples des cités-États de l'intérieur des terres, comme les Jébuséens (les habitants originels de Jérusalem). Pour résumer, tous les habitants de cette terre étaient donc Cananéens, mais on utilisait des termes plus spécifiques comme Phéniciens ou Jébuséens pour identifier plus clairement la région exacte du pays de Canaan dont ils étaient originaires.

La partie phénicienne de Canaan était une étroite bande de territoire d'environ trois cents kilomètres de long qui s'enfonçait dans les terres entre dix et trente kilomètres et qui était bordée à l'orient par les chaînes du Liban et de l'Anti-Liban. Bien qu'ils se considérassent comme une seule nation, les Phéniciens ne formaient pas un État unifié, mais un groupe de cités-royaumes où l'une d'entre elles dominait généralement les autres. Les cités principales étaient Simyra, Zarephath (Sarafand), Byblos, Jubeil, Arwad (Rouad), Acco (Akko), Sidon (ªaydâ), Tripolis (Tripoli), Tyr (°úr) et Berytus ou Béryte (Beyrouth). Les cités de Tyr et Sidon tendaient à concentrer le pouvoir en alternance. À partir de 1800 AEC environ, quand l'Égypte commença à construire un empire au Moyen-Orient, les Égyptiens envahirent et prirent le contrôle de la Phénicie pour une durée d'environ quatre cents ans. Les raids des Hittites contre l'Égypte fournirent aux cités phéniciennes une occasion de se rebeller et, en 1100 AEC, elles étaient toutes redevenues libres.

Comme tous les Cananéens, chaque cité phénicienne vénérait une divinité tutélaire, généralement appelée Baal (ce qui signifie simplement « Seigneur »). Mais les plus importantes divinités phéniciennes était Astarté ou Ashtar, la déesse associée directement à Vénus.

D'après tant l'Ancien Testament que le rituel maçonnique, Salomon était incapable de construire son temple avec ses propres concepteurs et ainsi il fit appel à l'aide d'Hiram, le roi phénicien de Tyr, et de son maître architecte, aussi appelé Hiram. Le rituel dit que les arches conduisant sous le « Saint des Saints » furent construites par vingt-deux hommes, experts dans les arts et les sciences, qui vinrent de la cité phénicienne de Byblos, sise plus au nord. Donc nous pouvons être certains que le temple de Salomon fut construit par des Cananéens qui étaient connus pour être des adorateurs de Vénus.

Nous estimâmes qu'il nous fallait maintenant en apprendre davantage sur ce roi phénicien et les villes dans lesquelles vivait son peuple.

Le Livre de Samuel (II Sam 5, 11) explique comment Hiram, roi de Tyr, offrit de fournir au père de Salomon, le roi David, du bois de cèdre, des charpentiers et des tailleurs de pierre. Il lui fit même construire une maison pour lui montrer ce que ses ouvriers phéniciens pouvaient faire. David fut certainement reconnaissant pour l'aide apportée, dès lors qu'il espérait transformer sa petite ville jébuséenne fraîchement conquise en une demeure digne de Yahvé, son nouveau dieu.

D'après le Livre des Rois (I Rois 5, 16-20), à peine devenu souverain, la première chose que fit Salomon fut d'écrire à Hiram pour que le Phénicien lui rassemble de la main-d'œuvre. Le verset suivant laisse entendre qu'Hiram était un homme d'affaires avisé qui savait comment mettre à l'aise un client pour qu'il lui passe une commande. Ainsi le Phénicien répondit en disant : « Béni soit aujourd'hui le Seigneur qui a donné à David un fils sage. » Il remerciait par là le Baal (« Seigneur ») juif, autrement dit Yahvé, et flattait Salomon pour avoir la sagesse de lui confier l'affaire à lui, Hiram, car l'ensemble du programme de grands travaux projetés représentait un contrat de taille.

D'une manière qui peut sembler inhabituelle pour un contrat de cette importance, Salomon paraît avoir « signé un chèque en blanc » à Hiram sans fixer de plafond de prix. Le Phénicien lui répondit par retour de messager en lui demandant en échange de grandes quantités de blé et d'huile d'olive par année que courait le contrat, en omettant apparemment de donner justement une date d'achèvement des travaux.

Les recherches archéologiques à Gébal montrent que les Phéniciens construisirent de grandes maisons de pierre à l'âge du bronze, avant de développer plus tard un modèle particulier pour les bâtiments publics, dans un style appelé Bit-hileni. Une caractéristique de ce type de construction est la grande cour entourée de trois côtés par des pièces dans lesquelles on pénètre par une grande salle d'audience centrale. Mais si ce style était utilisé pour bâtir un temple, la cour n'avait plus qu'une pure fonction décorative. Quoi qu'il en soit, elle menait à une porte centrale solitaire qui donnait sur le lieu saint. Comme un spécialiste le dit :

> *Il y avait un autre détail du grand édifice [le temple de Salomon] qui, comme la division des salles, était typique de l'architecture phénicienne : les colonnes Boaz et Jakin, qui se dressaient toutes seules vers le ciel dans la cour extérieure, à droite et à gauche de l'entrée du temple. On trouve des dispositions semblables dans les temples cananéens. Hérodote nous dit, par exemple, que le temple de Melqart à Tyr possédait aussi deux colonnes de la même sorte, « l'une d'or pur, l'autre d'émeraude qui brillait la nuit ». Parallèlement, des bases de piliers semblables ont été trouvées dans un temple de Baal à Chypre et dans différentes villes palestiniennes comme Samarie, Megiddo et Hazor*[1].

Les Phéniciens étaient des hommes d'affaires réputés, exportant et commerçant toute marchandise dont ils pouvaient tirer profit. Ils avaient installé une colonie sur Chypre pour exploiter une mine de cuivre. Et c'est là qu'un temple de Baal avec deux piliers fut exhumé. La Bible n'est pas avare de louanges à l'endroit des ouvriers d'Hiram, qui préparèrent les poutres et les pierres à l'avance avant d'assembler réellement l'édifice de Salomon sur le site, sans utiliser le moindre outil de fer[2]. L'idée induite est l'habileté des Phéniciens pour établir des mesures précises et préfabriquer de grandes

1. Gerhard Herm, *The Phoenicians*, Victor Gollan, 1975.
2. I Rois 5 et 6.

parties de bâtiments. L'historien du Ier siècle, Flavius Josèphe, était forcément conscient de l'existence d'une tradition de constructeurs d'une qualité exceptionnelle, puisqu'il écrivait que les blocs avaient été taillés si admirablement que « l'observateur ne pouvait déceler aucune trace de marteau ou d'autre outil ».

Nous fûmes surpris d'en apprendre davantage sur les réalisations d'Hiram de Tyr. Le rituel maçonnique nous dit très peu de choses sur lui. Et pour la plupart des maçons modernes, le roi Hiram de Tyr ne joue qu'un rôle accessoire dans les rituels. Mais en recherchant de la documentation archéologique sur la Phénicie, nous avons commencé à réaliser que ce souverain avait été un bâtisseur d'une importance considérable.

Ce fut un prêtre catholique romain, le père Antoine Poidebard, qui localisa le premier les vestiges aujourd'hui submergés du fantastique port d'Hiram, lorsqu'il exécuta un survol du Liban à bord d'une montgolfière en 1925 [1]. La brillante idée du roi avait été de transférer le cœur de sa cité de la côte vers la mer. Il s'agissait là d'une énorme entreprise inspirée, qui requérait toute l'expérience de ses ingénieurs.

Au début du règne d'Hiram, le port principal de Tyr se trouvait sur la terre ferme. Mais ce roi bâtisseur réalisa qu'une île installée à six cents mètres du rivage représenterait une place forte éminemment défensive et qu'elle fournirait un système d'entrepôts et de débarcadères totalement intégré pour sa flotte. Le site qu'il choisit était constitué de deux langues rocheuses partiellement submergées. D'après l'historien Gerhard Herm, la construction de cette île artificielle dut nécessiter l'emploi de milliers d'hommes pendant des années, car les gravats, les rochers et la caillasse utilisés comme matière de remplissage furent charriés depuis la terre ferme.

*Toute l'entreprise fut fondée sur un plan d'envergure soigneusement exécuté. Au nord de l'île artificielle, on bâtit le port intérieur ou port sidonien, en comblant l'espace puis en le recreusant. Au sud, le port extérieur ou port égyptien fut créé en construisant des quais et des jetées. Sur l'île plus petite et nouvellement conquise sur la mer – qui se trouvait à l'est du plus grand complexe et donc plus près de la côte – Hiram fit ériger un vaste et splendide édifice civil, qui fut plus tard connu sous son nom grec d'*Eugehoros. *Le souverain déterminé semble avoir démoli la plupart des autres bâtiments pour récupérer les pierres et les matières pour celui-ci. L'historien juif Flavius Josèphe dit : « Il [Hiram] fit abattre des arbres dans les montagnes appelées Liban pour les poutres des toits du temple. Il démantela les vieux temples et en érigea de nouveau à Héraclès [Melqart] et Astarté [Vénus]. »*

La réputation de Tyr d'être non seulement la plus forte mais aussi la plus belle métropole de l'ancien monde date de cette époque. Mais ce n'est pas étonnant,

1. Colin Renfrew, *Archaeology : Theories, Methods and Practice*, Thames & Hudson, 1996.

dès lors qu'Hiram employa des descendants des architectes qui avaient jadis bâti les forteresses royales de Mycènes et les palais-villas de Crète. Les habitants de Tyr appelaient à l'époque leur ville Sor, ce qui signifie «Roches» dans la langue phénicienne. Ses habitants arabes l'appellent aujourd'hui pareillement mais en arabe : Sur. Les deux ont raison : Tyr était une ville construite sur une falaise, une place forte construite artificiellement dans la mer.

Si l'on cherche un symbole de que la Phénicie devrait être, on devrait bien choisir la ville construite par Hiram[1].

Le problème de l'approvisionnement en eau de l'île artificielle fut aussi résolu avec une étonnante ingéniosité. Il n'existait naturellement aucune source fournissant de l'eau fraîche sur le rocher qu'Hiram avait choisi pour servir de fondations. Quand le site fut fouillé, les archéologues supposèrent que la cité était alimentée en eau potable par des citernes d'eau de pluie, si elle se retrouvait en état de siège. Mais ils se trompaient : Hiram était un ingénieur beaucoup plus astucieux que ça. Grâce à des plongeurs en apnée, les Phéniciens localisèrent des sources d'eau fraîche jaillissant du lit de la mer et ils fixèrent des canalisations en entonnoir à l'endroit où elle sortait. L'eau potable était projetée vers le haut par la pression de la source et l'eau était amenée où l'on en avait besoin grâce à un réseau de tuyaux de cuir. De manière incroyable, le géographe grec Strabon raconte que neuf cents ans plus tard encore, le système continuait de fonctionner. Les projets d'ingénierie civile d'Hiram étaient construits pour durer.

En tous les cas, nous savions maintenant qu'Hiram de Tyr était un bâtisseur compétent et un fantastique ingénieur. Ainsi nous sentions que sa place dans le rituel maçonnique était bien méritée. Mais que pouvions-nous découvrir sur ses croyances religieuses, croyances qui, nous dit le rituel maçonnique, l'incitaient à vénérer un dieu différent de celui de Salomon ?

Hiram, fils de Vénus

La découverte d'inscriptions sur les cercueils du roi Ahiram de Byblos et de ses descendants royaux ouvrit une nouvelle fenêtre sur la nature de la royauté dans les villes maritimes phéniciennes d'il y a trois mille ans. Les tombes royales, exhumées par Pierre Montet, contenaient toutes des inscriptions détaillées, écrites en alphabet linéaire cananéen[2]. Ces découvertes appelaient de nouvelles recherches, et en 1923, une expédition française découvrit le sarcophage de pierre d'Hiram, le roi de Tyr. On voyait une

1. Gerhard Herm, *The Phoenicians*, Victor Gollan, 1975.
2. P. Montet, *Byblos et l'Égypte*, Paris, 1928.

inscription en alphabet linéaire qui courait sur le bord du couvercle de l'énorme cercueil, et qui révélait une autre branche de développement de l'alphabet sémitique cananéen antérieur utilisé à Ras Shamra [1].

Quand les inscriptions de la tombe royale phénicienne furent déchiffrées, il apparut qu'elles racontaient l'histoire – jusque-là inconnue – d'une lignée de rois qui se considéraient comme les représentants terrestres de dieux. Ces rois avaient pris des noms qui reflétaient leur relation avec les divinités en question. Les derniers messages que ces Ithobaal, Abibaal, Yehimilk, Elibaal et Shipitbaal laissèrent à la postérité ressemblaient beaucoup dans leurs termes à ceux d'un pharaon. Les inscriptions parlent aussi de leur étroite relation avec Baalat-Gebal qui, comme nous le savons maintenant, était la déesse qui se manifestait sous la forme de la planète Vénus.

Voici le mur du temple que Shipitbaal, roi de Byblos, fils d'Abibaal, roi de Byblos, fils de Yehimilk, roi de Byblos, avait construit pour Baalat-Gebal, sa dame.

C'est le ton typique des inscriptions qui décrivent le roi comme l'époux de Baalat-Gebal (Vénus). Les Phéniciens de Tyr, Sidon, Aradus, Byblos et Ugarit vénéraient une trinité de dieux consistant en El, le dieu père, son épouse Baalat (également appelée Asherat et Astarté [ou Vénus]) et leur fils Baal, le Seigneur (aussi appelé Adon, Adoni – grécisé en Adonis –, Melqart ou Eshmun).

El était le plus puissant des trois dieux et il était représenté par le soleil et sa lumière. Il voyait et châtiait toute mauvaise action. Son seul « attribut » humain était son infidélité à son épouse, Vénus. Il adorait féconder toute humaine qui avait l'heur de lui plaire, et pour ce faire, il se déguisait en étranger de passage. Afin d'être certain de pouvoir satisfaire ses désirs, El imposait un service religieux à toutes les Phéniciennes : elles devaient se rendre sexuellement disponibles à tous les étrangers de passage dans les temples de son épouse et à certaines périodes de l'année, particulièrement autour des équinoxes de printemps et d'automne. Cet aspect de la croyance phénicienne fut sans aucun doute un stimulateur de leur commerce touristique, mais il a toujours troublé les censeurs théologiens chrétiens, comme la citation suivante le montre :

Il y a une accusation encore plus grave que l'on peut formuler à l'encontre de la religion de l'ancienne Palestine. Elle n'était pas purement indifférente aux préceptes de la simple éthique, mais condamnait et autorisait dans le même temps la violation directe de la loi morale. L'irrégularité sexuelle était condamnée par le sens commun

1. W. John Hackwell, *Signs, Letters, Words, Archaeology Discovers Writing*, New York, Charles Scribner's Sons, 1987.

des sémites occidentaux, mais la fornication sacramentelle était une caractéristique régulière de la vie religieuse, qui se manifestait clairement en certaines périodes comme les équinoxes de printemps et d'automne. En vérité, il se peut fort que ce vice ait été confiné à ces « hauts lieux ».

Et les grandes fêtes, particulièrement celle d'automne, semblent avoir été des moments de débauche licencieuse, quand libre cours était donné aux passions humaines[1].

Ce fut une tradition durable. Le satiriste grec Lucien, écrivant autour de 120 AEC, raconte comment les femmes de Byblos exécutaient des « rites secrets » dans le temple de Baalat :

Les femmes de Byblos se battent la poitrine, crient et gémissent, et quand elles ont fini de gémir et de pleurer, elles sacrifient à Adonis, comme à quelqu'un qui a quitté cette vie. Puis elles annoncent qu'il revit, dressant son image en plein air. Puis elles se rasent la tête, comme les Égyptiennes qui pleuraient la mort d'Apis. Cependant, les femmes qui refusent de se raser la tête doivent subir le châtiment suivant : pendant une journée entière, elles doivent se préparer à vendre leur corps. Seuls les étrangers ont le droit d'accéder aux lieux où cela se passe. Une offrande à Baalat est payée avec l'argent venant des trafics de ces femmes[2].

Baalat fut l'épouse résignée de El et la mère de Baal[3]. En 460 AEC, Hérodote parle aussi de semblables pratiques exécutées dans le temple d'Astarté à Babylone :

La pratique suivante est la plus honteuse de Babylone. Chaque femme née dans le pays doit s'asseoir dans le temple d'Astarté et s'unir au moins une fois dans sa vie avec un étranger... Elles s'assoient avec une couronne de nattes autour de la tête dans l'enceinte sacrée. Il y a beaucoup de femmes ; certaines entrent, d'autres sortent. Des allées droites qui partent dans toutes les directions les séparent et permettent aux étrangers de circuler entre elles et de faire leur choix. Quand une femme est assise là, elle ne peut pas rentrer chez elle tant qu'un étranger ne lui a pas jeté d'argent entre les jambes et ne s'est pas uni à elle à l'extérieur du lieu saint... Mais quand elle s'est donnée, elle a accompli son devoir sacré envers la déesse et peut rentrer chez elle, et qu'elle que soit la somme que l'on peut lui offrir ensuite, elle ne peut plus être obtenue. Les belles femmes retournent rapidement chez elles, mais les plus laides doivent attendre très longtemps avant de pouvoir satisfaire la coutume, beaucoup devant attendre trois ou quatre années[4].

Ces prostituées des temples étaient appelées Hiérodules, désignant les

---

1. W. O. E. Oesterley et T. H. Robinson, *Hebrew Religion, Its Origin and Development*, SPCK, 1952.

2. Lucien, *Dialogues des Dieux.*

3. Quand Lucien utilise le terme Adonis, un mot grec signifiant « Seigneur », il fait référence au mot phénicien *adôn* qui signifie Baal.

4. Hérodote, *Histoires.*

« servantes sacrées » qui travaillaient dans les temples. Gerhard Herm dit de ces pratiques :

> *Nous n'avons aucun moyen d'imaginer des liturgies liées au sexe et qui auraient vu l'intervention de pouvoirs divins à des fins de conception. Nous connaissons trop de choses concernant les purs mécanismes des relations sexuelles pour être en mesure d'envisager le processus de copulation comme un mystère. Pourtant les anciens semblaient avoir totalement contrôlé cet acte. « S'il a une telle importance dans la vie des individus, pourquoi ne serait-il pas une institution publique sacrée ? », auraient-ils pu dire. Et en agissant de la sorte, ils durent s'éviter et empêcher beaucoup de difficultés, déplacer la pruderie et faire l'économie de l'équivoque qui peut engendrer, comme dans notre cas, toute une littérature.*
>
> *Il nous reste à dire que la prostitution sacrée et l'offrande publique de sa virginité se pratiquaient dans tous les temples orientaux entre la Méditerranée et la vallée de l'Indus. Les Hiérodules travaillaient même dans les plus anciennes églises juives, où elles étaient appelées Kedeshim, les consacrées*[1].

Il semble que l'honneur fut sauf en cette affaire. El assouvissait ses troubles instincts avec toutes les femmes des pays qu'il gouvernait. Ainsi il pouvait connaître toute sa communauté féminine, mais en retour, elles le payaient pour son plaisir, puisqu'elles lui donnaient tout l'argent qu'elles avaient gagné de cette manière afin d'apaiser son épouse trompée. Le symbole du phallus était certainement très répandu dans la religion phénicienne comme le montre ce poème à El :

> *Le pénis de El devint aussi grand que la mer,*
> *Oui, le pénis de El, aussi grand que l'océan.*
> *El prit les deux enflammées.*
> *Et alors, les deux femmes hurlèrent*
> *« Ô, époux ! Époux ! Ton bâton est diminué,*
> *La baguette dans ta main se flétrit ! »*
> *Il se pencha : leurs lèvres s'embrassèrent.*
> *Oh, comme leurs lèvres étaient douces,*
> *Aussi douces que des grenades ;*
> *Du baiser vint la conception,*
> *De l'étreinte, l'imprégnation.*

Nous ne pouvions nous empêcher de penser au dieu norrois Odin, à qui l'on prêtait également de très nombreuses conquêtes féminines et qui était réputé pour la puissance de son pénis. Apparemment, il y avait de nombreuses ressemblances avec la croyance norroise selon laquelle le fils d'un roi était le descendant de la déesse avant de devenir à son tour, en devenant roi,

1. Gerhard Herm, *The Phoenicians.*

l'époux de celle-ci. Ces deux concepts liés à la royauté pouvaient-ils avoir la même origine ? Combien de similitudes pouvait-il exister entre les panthéons phéniciens et nordiques ? Nous rangeâmes cette question dans un coin de notre tête en nous promettant d'y revenir dès que nous en saurions davantage sur les dieux phéniciens.

Le poème que nous venons d'évoquer faisait partie de la littérature phénicienne découverte dans l'ancienne cité d'Ugarit [1]. Les références aux deux épouses de El qui évoquaient les apparitions de la planète Vénus le matin et le soir nous intéressaient particulièrement, comme les allusions aux grenades. Nous savions que ces fruits étaient étroitement associés à l'acte sexuel à l'époque. Nous commencions à soupçonner que l'importante présence de grenades dans la décoration du temple de Salomon n'avait rien d'un hasard.

L'épouse de El, Baalat, la « Reine du ciel » et la « Reine de la mer », était un membre éminent du conseil des dieux. Comme son mari El, elle ne pouvait être approchée que par l'intermédiaire de dieux inférieurs. Et la plus idoine de toutes les divinités inférieures était précisément le roi, le consort terrestre de Baalat. Dans ce dernier rôle, il pouvait intercéder auprès d'elle au nom de son peuple et par son intermédiaire, il pouvait se faire entendre du tout-puissant El. Le peuple priait Baalat – qu'ils appelaient « notre Dame bien-aimée » – pour garantir de bonnes récoltes, des naissances en toute sécurité et une longue vie. Elle était la mère du ciel et la terre mère qui pouvait satisfaire les besoins de son peuple en matière de sécurité, de chaleur et de réconfort.

Baalat avait un fils, Baal-Adon-Eshmun-Melqart, qui est peut-être le personnage le plus intéressant de l'ancienne mythologie phénicienne, parce qu'il est le seul dieu à ne pas être immortel. Une fois par an, à l'équinoxe d'automne, il meurt avant de ressusciter à l'équinoxe de printemps suivant. C'est évidemment une manifestation du cycle annuel de fertilité célébré par quantité de cultures anciennes. Mais son personnage s'agrémentait d'une étrange particularité. À la fin de l'été, lors de la moisson, le jeune dieu mourait pour qu'il puisse revenir à la vie sur terre quand les graines germeraient au printemps suivant. Si à la base de cette idée, on trouve quelque chose de primitif et de terrestre, l'histoire de Baal s'est considérablement développée, jusqu'à mener plus tard à une abstraction qui ne laissa rien d'autre que le concept d'un dieu mourant en se sacrifiant pour l'humanité. Gerhard observe :

> *C'était probablement le concept mythologique non juif le plus influent en Orient et, sans aucun doute, il prépara le terrain à l'émergence ultérieure de l'histoire du Christ et de sa résurrection.*

---

1. John Man, *Alpha Beta, How our Alphabet shaped the Western World*, Headline, 2000.

Pour abonder dans le sens de cette analogie, nous pouvons remarquer à quel point la ressemblance est grande entre Baalat, la déesse représentant Vénus, et la Vierge Marie, dans la mesure où elles sont toutes deux la mère d'un dieu sauveur ressuscité.

À l'époque où les cités-États phéniciennes s'épanouirent de nouveau après la période de domination égyptienne, Baal était leur dieu favori. Son image se développa en adoptant les traits les plus fantastiques, notamment les qualités physiques d'un amant puissant. On le représentait sous de nombreux autres déguisements. En fait, il finit quasiment par supplanter presque entièrement son père El – qui est parfois confondu avec lui comme un seul et même être [1]. Il était vénéré en tant que Baal-Shamim, le Seigneur des cieux, Baal-Lebanon, le Seigneur des montagnes, Cul Baal-Rosh, le Seigneur du promontoire, et Melqart à Tyr, où il endossa progressivement le rôle de Dieu-Soleil.

Ce fils mortel de Vénus était incarné sur terre par les rois phéniciens. Et quand un souverain était consacré, il changeait de statut terrestre : de « fils de Vénus », il devenait « époux de notre Dame ». Des inscriptions dans les tombes royales de Byblos et de Tyr parlent de cette relation sacrée :

> *Cette statue est celle qu'Abibaal, roi de Byblos, fils de Yehimilk, roi de Byblos, a apporté d'Égypte pour Baalat, sa Dame.*
>
> *Ce temple est celui que Yehimilk, roi de Byblos, construisit pour sa Dame. Puissent Baalat-Gebal et tout le conseil des dieux prolonger sa vie.*

Hiram était un roi de Tyr puissant et comme tous les autres souverains cananéens, il était un dieu vivant, mais mortel. Mais sachant cela, nous nous posions une autre question : comment Salomon espérait-il devenir un roi-dieu sans la structure théologique établie que les rois cananéens affectionnaient, avec ses temples et ses grands prêtres/prêtresses ? En fait, après en avoir longuement discuté, nous conclûmes que Salomon n'avait pas simplement acheté des bâtiments à Hiram, le roi de Tyr, en lui commandant le temple de Yahvé, mais également les moyens de devenir un grand roi qui égalerait en stature les souverains cananéens si liés aux dieux. Nous pensions qu'il voulait bel et bien devenir le représentant de droit divin sur terre de son nouveau dieu, Yahvé.

Salomon ne possédait aucune tradition en propre lui permettant de savoir comment construire correctement un temple pour servir d'interface avec le ciel et les dieux. Pourtant une chose nous laissait perplexe : comment avait-on pu laisser des adorateurs de Vénus – en l'occurrence les Phéniciens –

1. Ce qui nous rappelle éminemment la manière qu'ont les chrétiens de fusionner leur Jésus ressuscité avec Dieu, et de les confondre en une seule entité, probablement pour maintenir la déification de l'homme qui était Jésus-Christ, tout en satisfaisant à la tradition juive tardive qui n'admettait qu'un seul dieu.

construire la maison de Dieu, quand on sait que, du côté juif, seuls les grands prêtres de Yahvé avaient le droit de toucher les pierres destinées au Temple ? D'après la tradition juive, le clergé de Yahvé existait depuis l'époque de Moïse, soit sept cents ans plus tôt. Dans ces conditions, pourquoi ne fut-il pas le bâtisseur ?

Une idée nous vint immédiatement à l'esprit : l'histoire officielle des juifs telle qu'elle est rapportée dans l'Ancien Testament n'avait-elle pas été conçue pour grossir le rôle de Yahvé et rationaliser *a posteriori* leur conception monothéiste ? Corrélativement, se pouvait-il que Salomon ait été lui-même impliqué dans les rituels concernant Vénus et que sa relation avec le culte de Yahvé n'ait pas été aussi forte qu'on voudrait nous le faire croire ?

Conclusions

Notre documentation rituélo-maçonnique décrit en détail un ensemble de tunnels et de chambres construit secrètement sous le temple du roi Salomon, mais ces récits n'ont pas d'écho dans la Bible. Tout ce que nous apprend le rituel sur le dispositif souterrain du Temple de Jérusalem pourrait n'être qu'une invention sans importance, pourtant, certaines informations avancées nous apparaissaient remarquablement précises.

La tradition maçonnique crédite les juifs d'une importante connaissance sacrée. Celle-ci est considérée comme leur propriété. Ils l'auraient héritée du patriarche Énoch et ne l'auraient pas simplement empruntée aux Jébuséens ou aux Phéniciens. Toute cette ancienne connaissance perdue fut conservée directement sous la chambre où Dieu résidait, ce qui fait de Yahvé le gardien de la connaissance des anciens. Nous pensons que cette idée traduit une véritable influence judaïque ancienne.

L'archéologie nous dit que la cité de Jérusalem – son nom jébuséen signifiant « fondation de Vénus dans sa position du soir » – fut établie vers 3000 AEC, ce qui est contemporain de la datation hébraïque d'Énoch. Le rituel affirme que Salomon découvrit les ruines d'un temple énochien datant de la fondation de Jérusalem.

Nous découvrîmes qu'Hiram, le roi de Tyr, était beaucoup plus indiqué que le roi Salomon pour être un Grand Maître de la franc-maçonnerie primitive, et que son expertise en matière d'ingénierie et d'architecture lui fit mériter sa position clé dans le rituel maçonnique.

Hiram, comme de précédents souverains de Tyr, pratiquait une forme de culte de Vénus, qui comportait des rituels sexuels lors des solstices et des équinoxes, particulièrement quand Vénus se lève juste avant le Soleil. En sa qualité de roi, il était considéré comme un dieu vivant, mais mortel. Nous conclûmes que Salomon n'avait pas simplement commandé des bâtiments au roi de Tyr, mais qu'il lui avait acheté les véritables secrets et le dispositif permettant de faire de lui un roi à la manière des Phéniciens.

CHAPITRE VI

LES CONNEXIONS MARITIMES

QU'ADVINT-IL DU PEUPLE DES POTERIES CANNELÉES ORCADIENNES ?

Toutes les preuves dont nous disposions tendaient à indiquer une connexion entre les croyances des premiers Cananéens (les ancêtres des Phéniciens et des Jébuséens) d'il y a trois mille ans et le peuple des poteries cannelées orcadiennes d'il y a cinq mille ans. Ces croyances fondées sur le Soleil et Vénus passèrent alors aux juifs. Il nous fallait creuser l'hypothèse de cette relation orcado-cananéenne en étudiant tout ce qui était connu de l'origine des Cananéens et de leurs cités maritimes dont les habitants furent appelés Phéniciens. Mais en premier lieu, nous devions nous intéresser à la fin relativement soudaine de la culture des poteries cannelées orcadiennes dans les îles Britanniques et autour de celles-ci.

Ceux qui construisirent les structures mégalithiques des îles Britanniques abandonnèrent brusquement leurs lieux sacrés et, à dire vrai, ils donnèrent tout simplement l'impression de disparaître au cours de la première moitié du troisième millénaire avant notre ère. L'archéologie montre que des centaines d'années s'écoulèrent avant que les sites qu'ils avaient quittés fussent réoccupés par une culture appelée le « peuple des coupes à boire » (*Beaker Folk*), de nouveau en raison de leurs poteries spécifiques [1].

En somme, si le peuple des poteries cannelées orcadiennes n'a pas été totalement éradiqué par quelque catastrophe ou maladie, nous devons supposer qu'ils ont déplacé leur culture vers d'autres lieux où ils ont pu se redévelopper. Il n'existe aucun vestige de leurs navires ou embarcations, mais au regard de la très large dissémination de leurs poteries et de leurs outils en

1. G. Eogan, *Knowth and the Passage Tombs of Ireland*, Thames & Hudson, 1986.

pierre spécifiques recensés par l'archéologie, de nombreux préhistoriens ont parlé de leurs évidents talents de navigateurs. Nous pouvons considérer sans hésitation qu'ils parcoururent de grandes distances sur l'eau, probablement sans jamais s'éloigner de la côte [1]. Comme nous pensions qu'ils avaient dû être connectés à d'autres civilisations qui possédaient l'art de la construction, nous nous intéressâmes à la civilisation sumérienne qui est, dit-on, soudainement apparue dans l'actuel Irak à l'époque de la construction de Newgrange et de la visite d'Énoch dans les îles Britanniques.

Sir Leonard Woolley, l'archéologue qui fouilla le site de la ville d'Ur (la ville de naissance d'Abraham, selon la légende biblique), écrivit dans *Ur of the Chaldees, Seven Years of Excavation*, son livre détaillant ses découvertes :

> *L'histoire de Ur remonte loin avant le Déluge, dans ces jours sombres où la vallée de l'Euphrate, au moins à son extrémité inférieure, était encore un grand marécage à travers lequel les eaux des deux rivières se frayaient un chemin paresseux jusqu'à la mer. Progressivement, à mesure que les courants amenaient du nord de plus en plus de limon, les terres marécageuses commencèrent à rapetisser, « les eaux se concentraient en un seul endroit et les terres sèches apparaissaient ». Et des hautes terres d'Arabie ou de la région du Moyen Euphrate, des colons descendirent pour occuper ces îles où les hommes avaient une chance de vivre et de cultiver la terre, ce riche sol alluvial qui dès qu'il fut libéré des eaux « se couvrit d'herbe, et les plantes donnèrent des graines, et les arbres fruitiers des fruits, qui portent des graines en leur cœur [2]. »*

Woolley fut le premier archéologue qui commenta les changements brutaux qui intervinrent en Mésopotamie au cours du IVe millénaire AEC. Il parla des fouilles ayant permis d'exhumer des couches de fragiles et grossières huttes de terre, mais il évoqua aussi le nouveau peuple qui arriva :

> *Un peuple d'une nouvelle race arriva dans la vallée. D'où venait-il ? Nous l'ignorons. Il s'installa à côté des anciens habitants. C'était le peuple des Sumériens.*
>
> *Les Sumériens croyaient qu'ils étaient arrivés dans le pays avec leur civilisation déjà formée, en amenant avec eux leur connaissance de l'agriculture, du travail du métal, de l'art de l'écriture – « depuis lors, disent-ils, il n'y eut plus aucune nouvelle invention » – et si, comme nos fouilles semblent le montrer, il y a un bonne dose de vérité derrière cette tradition, cela signifie que ces arts ne sont pas nés dans la vallée de l'Euphrate. Et comme le berceau d'origine ne semble pas non plus pouvoir être la vallée de l'Indus, il se pourrait fort que des chercheurs ultérieurs trouvent un site où les ancêtres des Sumériens auraient développé leur première civilisation réelle dont nous puissions avoir connaissance [3].*

1. C. R. Wickham-Jones, *Scotland's First Settlers.*
2. Sir Leonard Woolley, *Ur of the Chaldees*, Pelican, 1929.
3. Sir Leonard Wooley, *ibid.*

L'archéologie « officielle » considère que la civilisation sumérienne arriva parfaitement constituée d'une contrée distante. Mais la question est : d'où vinrent vraiment les Sumériens ?

Lord Renfrew, le distingué professeur d'archéologie de Cambridge, a daté leur arrivée entre 3500 et 3000 AEC [1]. C'est précisément l'époque du zénith du peuple des poteries cannelées orcadiennes et de la construction de sites majeurs comme Newgrange et Maes Howe. L'histoire regorge d'exemples où des cultures à leur zénith se mirent à voyager, à commercer et à coloniser de nouvelles terres. Serait-ce le cas présentement ?

Comme nous l'avons déjà mentionné, la civilisation des poteries cannelées développa un commerce extensif d'outils en pierre. Ils avaient au moins trois grands centres de production de masse. Ils fabriquaient notamment des haches de pierre qui étaient vendues dans la majeure partie des îles Britanniques et les zones côtières de l'Europe voisine. Les fabriques se trouvaient à Mount's Bay (Cornouailles), Penmaenmawr (pays de Galles nord) et Great Langdale (Cumbrie). Les haches de bûcheron produites en masse ont survécu en assez grande quantité, car on retrouve leur mention dans quantité de témoignages et de rapports archéologiques. Cet outil essentiel permit le développement de l'agriculture ce qui entraîna un accroissement des réserves alimentaires et de la richesse économique [2].

À son tour, cette richesse autorisa un vaste programme de construction d'édifices rituels astronomiquement alignés dans les îles Britanniques, dont des structures aussi magnifiques que Maes Howe (Orcades), Newgrange (Irlande) et Bryn Celli Ddu (pays de Galles nord).

Le docteur Euan Mackie étudia ce qui était arrivé à cette société et il considéra son développement en termes évolutionnistes :

> *Un avantage – et non des moindres – de cette approche darwinienne de la révolution culturelle préhistorique est qu'elle explique ce qui est probablement arrivé dans des termes qui sont familiers pour ceux qui étudient les sociétés vivantes. Au lieu de parler d'influences ou de processus culturels indéfinis ou d'avancer des suppositions sans fins sur l'inventivité locale ou les capacités à échanger des idées, nous avons une image de l'évolution d'une institution spécifique – un clergé professionnel dans ce cas précis – et du mouvement physique de certains de ses membres vers de nouveaux territoires en emmenant leurs connaissances et leurs arts spécifiques. Ces nouveaux venus énergiques et leurs descendants hybrides allaient créer à partir des ressources locales et des idées qu'ils avaient importées une nouvelle culture théocratique vigoureuse qui, dans des circonstances favorables, allait pouvoir*

1. Colin Renfrew, *Before Civilisation*.
2. J. Dyer, *Ancient Britain*, Routledge, 1997.

se développer en partant de débuts modestes jusqu'à atteindre quelque chose d'assez élaboré[1].

Dans *Uriel's Machine*, nous avons attiré l'attention sur la construction d'un cercle mégalithique primitif à Nabta, dans le Sud de l'Égypte. À cette latitude, le Soleil se tient directement au-dessus de la tête au solstice d'été, autrement dit, il s'agit d'un lieu qui aurait pu revêtir une signification religieuse toute particulière pour ce « clergé professionnel[2] ». L'époque de cette érection ne coïncide pas seulement avec l'établissement d'un petit village de commerçants méditerranéen à Byblos, sur la côte cananéenne. Mais c'était aussi le moment où la fabrication et le commerce des outils en pierre sur les côtes occidentales de l'Europe connaissaient une croissance rapide, ce qui laisse penser qu'à cette époque, le commerce était considéré comme une activité très utile et très enviable.

Une arrivée ultérieure de nouveaux venus – dont nous reparlerons plus en détail ultérieurement – arriva des côtes de la mer du Nord pour s'installer dans la région qui devait devenir le pays de Canaan. Cette vague à caractère commercial coïncida avec une augmentation de la production de cuivre, articulée autour de l'une des vieilles fabriques de haches au pays de Galles nord. Entre 2400 et 500 AEC, la mine de cuivre de Great Orme Head, à Llandudno, produisit des milliers de tonnes de cuivre, ce qui faisait d'elle l'une des principales sources de ce métal dans toutes les îles Britanniques de l'âge de bronze[3]. Le cuivre produit fut largement commercialisé.

Le peuple qui extrayait ce métal commerçait sur de grandes distances. Et lors de longs voyages, il devait établir des sites temporaires afin de semer, de récolter et de reconstituer son approvisionnement en nourriture. Ces petits comptoirs provisoires pouvaient donner naissance à de véritables villages et ports. C'est de cette manière, soupçonnions-nous, qu'il avait influencé les cultures émergentes du Moyen-Orient. En revanche, nous ne pensons pas que de grands nombres d'individus migrèrent d'Europe occidentale vers le Moyen-Orient. Pour avoir une influence, il suffisait d'un nombre relativement minime de commerçants habiles et de leurs prêtres astronomes. Après tout, une importante partie de l'héritage culturel britannique des États-Unis d'Amérique est issu de la poignée de pères pèlerins, arrivés par le *Mayflower*. Ils ne représentaient qu'une plus qu'infime partie de la population de Grande-Bretagne, mais leur influence sur la culture nord-américaine a été immense. Nous envisageâmes un processus du même type : le peuple des

1. E. Mackie, *The Megalithic builders*, Phaidon Press, 1977.
2. C. Knight et R. Lomas, *Uriel's Machine*.
3. W. O'Brien, *Bronze Age Copper Mining in Britain and Ireland*, Shire Archaeology, 1996.

poteries cannelées aurait installé de petits comptoirs commerciaux, promu sa propre culture et semé ainsi la graine qui déclencha le mécanisme amenant les changements intervenus à Sumer et en Égypte.

L'historien et explorateur norvégien Thor Heyerdahl était fasciné par les origines possibles d'une vague de population innovante qui serait arrivée par bateau d'un pays mystérieux appelé « Dilmun » pour aboutir dans le golfe Persique et fonder la civilisation sumérienne. Dans *The Ra Expeditions*, il dit de cet événement :

> *Les Sumériens n'ont pas besoin de revenir pour témoigner de leurs origines. Leurs paroles sont encore avec nous. Ils ont laissé leur témoignage écrit. Leurs tablettes racontent comment ils sont arrivés et d'où ils venaient. Ils ne sont pas arrivés à bord d'un vaisseau spatial, mais par bateau. Ils ont traversé le Golfe et, dans leurs premières œuvres d'art, ils ont représenté le type d'embarcation qui les a amenés. Ils sont arrivés en navigateurs jusqu'à la côte de la vallée des fleuves jumeaux où ils ont fondé la civilisation qui, au cours du millénaire suivant, devait affecter d'une manière ou d'une autre toutes les parties de notre monde. La véritable énigme était que l'histoire humaine n'a pas de commencement connu. Telle qu'elle se présente, elle commence avec ces navigateurs civilisés qui arrivèrent par mer. Ce n'est pas un vrai commencement, mais la continuation de quelque chose qui s'est perdu quelque part dans les brumes du passé.*
>
> *Si nous devons croire les Sumériens, qui étaient incontestablement aux premières loges pour le savoir, leurs navigateurs marchands retournèrent dans le pays de Dilmun de nombreuses fois. À leur époque au moins, leur terre ancestrale n'avait encore été ni submergée dans la mer, ni dévastée par les cendres d'un volcan. Et il se trouvait à portée de voile pour les navires sumériens quittant leurs ports. Seulement il manque une pièce à notre puzzle : personne ne connaît la capacité et l'autonomie d'un navire sumérien. Leurs caractéristiques et leurs qualités navales disparurent avec les hommes qui les construisirent et qui les manœuvraient.*
>
> *Les routes maritimes entre ces deux contrées étaient déjà fréquentées avant même que les Sumériens ne viennent s'établir en Sumer. Leurs tablettes parlent de rois et de marchands naviguant vers ou arrivant de pays d'outre-mer. Et elles donnent de longues listes de chargements importés ou exportés vers des ports étrangers. Quelques-unes évoquent même des naufrages et des désastres maritimes. De telles chroniques rappellent qu'une entreprise maritime demeure hasardeuse, même quand le navire est construit avec l'expérience de toute une nation et manœuvré par un équipage habile. En lisant les tablettes, de tels drames resurgissent.*

Donc, Sir Leonard Wooley, qui fouilla la cité d'Ur, dit que la civilisation sumérienne arriva pleinement développée avec l'irruption d'une nouvelle race. Lord Renfrew précise que cet événement intervint entre 3500 et 3000 AEC et Thor Heyerdahl évoque des textes sumériens disant qu'ils firent voile jusqu'à l'embouchure des deux fleuves, le Tigre et l'Euphrate, et arrivaient d'un pays qui était déjà civilisé. Encore une fois, nous ne connaissions qu'une civilisation contemporaine disposant d'une science et d'une maîtrise suffisante pour naviguer sur de grandes distances : le peuple des poteries cannelées d'Europe occidentale. Mais pour arriver dans la vallée des deux fleuves par la mer, ils doivent avoir traversé le golfe Persique en provenance de l'Atlantique. Et en longeant constamment la côte, un voyage des îles Britanniques jusqu'à l'actuel Koweït représente pratiquement 50 000 kilomètres de mer. Un tel voyage était-il possible, *a fortiori* de manière répétée, il y a cinq mille ans ?

Dans *Uriel's machine*, nous avons soutenu qu'ils avaient atteint un endroit isolé sur le tropique du Cancer appelé Nabta dans le Sud de l'Égypte – c'est là, comme nous l'avons déjà dit, que l'on trouve les vestiges d'un cercle de pierre – en remontant le Nil. Déjà, en soi, ce périple aurait représenté une expédition majeure, mais descendre toute la longueur de l'Atlantique et contourner le fameux cap de Bonne-Espérance pour passer dans l'océan Indien est une affaire qui semble incroyable. Cependant, nous devons nous rappeler que le regretté Thor Heyerdahl traversa plusieurs fois l'océan dans un grossier radeau de balsa et de roseau pour démontrer courageusement et avec succès que nous nous faisions une idée fausse des anciens peuples en croyant que nous étions plus intelligents qu'eux et que cette conception limitait notre compréhension des civilisations passées.

Dans *Uriel's machine*, nous avons déjà signalé les ressemblances entre l'écriture élamite primitive des Sumériens et les inscriptions symboliques du peuple des poteries cannelées orcadiennes. Nous attirâmes également l'attention sur le sens de certains symboles de ce dernier peuple. Une simple spirale représentait un quartier de l'année et une triple spirale traduisait la période de gestation de la femme. Le sautoir (forme en X ou croix de Saint-André), que l'on voit au-dessus du trou de lumière de Newgrange, symbolisait une année complète, tandis que le carreau (ou losange) pouvait être utilisé comme une sorte de code indiquant la latitude d'un endroit (les angles étant placés – « codés » – à un point précis entre les levers de soleil solsticiaux [1]).

Les ressemblances entre ces symboles archaïques paraissaient plus que de simples coïncidences. Les nouveaux venus arrivant à Sumer en apportant leur civilisation n'étaient-ils pas des commerçants appartenant au peuple des poteries cannelées ? Ne se seraient-ils pas installés dans cet environnement qu'ils jugèrent accueillants, tout en conservant des liens avec d'autres groupes, peut-être dans des endroits comme Gébal au Liban ou les plus récentes cités égyptiennes ? Pour vérifier cette hypothèse, nous décidâmes d'étudier plus attentivement le début de la civilisation égyptienne.

1. C. Knight et R. Lomas, *Uriel's Machine*.

Les débuts de l'Égypte

L'histoire officielle de l'Égypte civilisée commence avec le règne de Ménès en 2920 AEC et les historiens appellent « période prédynastique » l'époque qui précéda l'arrivée des constructeurs de pyramides. Une nouvelle fois, nous pouvions noter qu'il existait une discontinuité historique en Égypte, avec pour résultat une vague soudaine de technologie, de construction et d'astronomie. La base de cette structure analytico-historique est l'œuvre de Manéthon, un prêtre égyptien ayant vécu autour de 250 AEC. Il dressa une liste des rois d'Égypte, commençant avec Ménès et s'achevant avec le royaume méroïtique. En tout, Manéthon lista les détails de trente dynasties dans ses généalogies royales. En 1997, Mark Lehner écrivait de lui :

> *Notre structure de l'histoire ancienne égyptienne est encore basée sur la liste de rois de Manéthon, regroupés en trente dynasties, et il est la première source à avoir organisé les rois de Ménès à Ounas en cinq dynasties* [1].

Si Manéthon est une source encore utilisée, c'est qu'il se révèle parfaitement précis quand on le croise avec d'autres sources. L'égyptologue Michael Hofman dit de lui :

> *Les archéologues et les égyptologues ont découvert cinq autres listes de rois qui, en dépit de quelques divergences, confirment Manéthon pour l'essentiel* [2].

Pour autant Manéthon émet des affirmations concernant la période prédynastique qui ne sont pas aussi largement acceptées. Il divise l'histoire de l'Égypte en trois ères. Au cours de la première ère, l'Égypte était gouvernée par les dieux ; au cours de la deuxième ère, les « Fidèles d'Horus » arrivèrent en Égypte et établirent les conditions qui finalement menèrent à la troisième ère, celle des rois dynastiques, qui commence avec Ménès.

Le professeur Frankfort de l'université de Londres écrivait à propos de cet aspect de l'œuvre de Manéthon :

> *Il apparaît que les « Fidèles d'Horus » est une vague désignation visant les rois d'un lointain passé, mais il ne serait pas raisonnable de considérer fondamentalement qu'il s'agit d'un terme de nature historique. Car à sa mort, chaque roi intégrait la corporation des « esprits transfigurés » et se fondait dans cette forme spirituelle nébuleuse qui a soutenu les souverains vivants et les descendants du trône d'Horus depuis des temps immémoriaux* [3].

Platon dit avec sagesse que « les Grecs sont des enfants comparés à ces peuples qui ont des traditions dix fois plus vieilles que les nôtres. » Il nota

1. Mark Lehner, *The Complete Pyramids*, Thames & Hudson, 1997.
2. Michael A. Hoffman, *Egypt before the Pharaohs*, Michael O'Mara Books, 1991.
3. Henri Frankfort, *Kingship and the Gods*, University of Chicago Press, 1978.

aussi que les murs des temples égyptiens étaient recouverts d'inscriptions qui parlaient de leur histoire primitive. L'un des « textes fondateurs » les plus complets auxquels Platon fait référence fut trouvé dans le temple d'Edfou. D'après le professeur Raymond, de l'université de Manchester, qui a retranscrit et traduit les textes d'Edfou, l'histoire qu'ils racontent concerne :

> *la fondation, la construction et la naissance du temple historique au cours d'un âge mythique. Le temple historique est interprété comme l'œuvre des dieux eux-mêmes et comme une entité de nature mythique* [1].

Dans l'interprétation de Raymond de ces textes d'Edfou, les constructeurs du temple venaient originellement d'une île appelée « Patrie des Primitifs », qu'ils fuirent quand celle-ci fut menacée de destruction. En arrivant en Égypte, ces nouveaux venus devinrent les « dieux bâtisseurs », également connus comme les « Seigneurs de Lumière ». Quoi qu'il en soit, ces primitifs n'étaient pas immortels : dès qu'ils avaient accompli leur tâche, ils mouraient et leur rôle était repris par leurs enfants.

Donc les textes égyptiens semblent tous nous parler d'une soudaine arrivée d'individus évolués et talentueux qui amenèrent la fondation du royaume d'Égypte unifié autour de 3150 AEC. C'est exactement à cette époque que, selon nous, Énoch se trouvait en Grande-Bretagne pour recevoir son instruction et que le peuple des poteries cannelées s'attendait à l'impact d'une comète dévastatrice qui, finalement, épargna leur pays, mais frappa la Méditerranée en causant des dommages considérables [2].

Quelle que soit l'identité de ceux qui arrivèrent à cette époque en Égypte, ils amenèrent l'art et la science de la construction, de la navigation et de l'astronomie qui donna naissance à l'une des plus grandes civilisations de tous les temps. Il est intéressant de noter que la principale caractéristique de Newgrange est son mur de quartz blanc spectaculaire qui domine la vallée de la rivière Boyne. Peut-être s'agit-il d'une coïncidence, mais le nom de la première cité de l'ancienne Égypte, Memphis, signifie « Mur blanc ».

Un autre élément soutenait notre théorie concernant le peuples des poteries cannelées : l'analyse de l'ADN des populations indigènes des îles Britanniques montre une relation étroite avec le peuple de l'Afrique du Nord. Ce détail a conduit certains chercheurs à supposer que les Africains du Nord (déjà supposés être la plus vieille civilisation) avaient voyagé vers la Grande-Bretagne [3]. Ils se sont peut-être trompés de sens.

---

1. E. A. E. Raymond, *The Mythical Origin of the Egyptian Temple*, Manchester University Press, 1969.
2. C. Knight et R. Lomas, *Uriel's Machine, The Ancient Origins of Science.*
3. B. Sykes, *The Seven Daughters of Eve*, Corgi, 2001 (trad. fr. *Les Sept filles d'Ève*, Paris, Albin Michel, 2001).

Les Phéniciens

Le peuple que nous nous rappelons sous le nom de Phéniciens vivait dans le secteur côtier de la Méditerranée orientale entre le golfe d'Alexandrette et le mont Carmel. Ils appelaient leur patrie Kinahna, qui est la racine du nom Canaan, ce qui étend considérablement la superficie théorique de leur territoire au-delà de la simple bande côtière d'une soixantaine de kilomètres associée traditionnellement aux Phéniciens [1].

C'est au complexe d'infériorité de l'empereur français Napoléon III que nous devons le commencement de notre compréhension de l'ancienne Canaan. Napoléon junior vivait dans l'ombre des exploits de son célébrissime oncle, Napoléon Bonaparte. Mais quand les druzes, une secte islamique, massacrèrent 30 000 chrétiens en Syrie, il vit une opportunité de suivre les pas de son célèbre prédécesseur.

Napoléon Bonaparte avait envahi l'Égypte en 1796. En plus d'une armée et d'une flotte (détruite par Nelson à la bataille navale d'Aboukir en 1798, avant d'être achevée à Trafalgar en 1805), il envoya également un énorme contingent d'érudits pour étudier l'ancienne Égypte. Et c'est ainsi que naquit la discipline académique de l'égyptologie. Fortement désireux d'asseoir sa propre crédibilité comme chef héroïque, Napoléon III envoya en 1860 un corps expéditionnaire pour aider le sultan de Constantinople, qui était déjà en train d'essayer d'éradiquer les massacres religieux. Avec ses bataillons de troupes françaises, Napoléon III dépêcha Ernest Renan, un prêtre catholique romain raté, en lui demandant d'étudier l'histoire de la Phénicie.

Spécialiste des langues sémitiques, Renan travaillait sur une histoire du christianisme primitif, quand il lui fut offert l'opportunité de fouiller le site de la ville phénicienne de Byblos. C'est cette dernière qui donna le mot que les Grecs utilisèrent pour « papyrus », ou « matière à écrire », et de là provient le mot ultérieur *Biblion*, *βιβλιον*, signifiant livre, et qui donna *in fine*, le mot « Bible [2] ». Pour un spécialiste de la Bible, quel meilleur endroit pour étudier que la ville dont ce « livre des livres » tire son nom ?

---

1. J. Gray, « Israel's Neighbours », *Peake's Commentary on the Bible.*

2. Il n'est pas inintéressant de noter ce que disait de l'origine de ce mot le *Grand Dictionnaire universel du XIXe siècle*, de Pierre Larousse (rédigé entre 1863 et 1876, donc contemporain de l'expédition de Renan) : « Le mot grec *biblion* vient de *biblos*, qui signifie littéralement l'écorce d'un certain arbre, exactement comme le latin *liber*, dont nous avons tiré notre français *livre*, désignait primitivement cette partie de l'écorce que la science appelle encore aujourd'hui *liber*. Il est évident que l'origine de cette double et curieuse filiation d'idées se rattache à la matière sur laquelle on a commencé par fixer l'écriture, matière plus maniable que la pierre ou le métal. Mais d'où vient le grec *biblos* ? Il est difficile de rapporter ce mot à quelque racine européenne, et comme nous savons l'influence considérable qu'a exercée l'hébreu sur les débuts de la culture intellectuelle des Grecs, il est naturel de s'adresser aux langues sémitiques. C'est l'opinion de Benfey, qui a cru trouver le radical en question dans un thème *gabal*, qui, en hébreu, signifie *tresser* ; le mot aurait été emprunté par les Grecs aux Phéniciens, qui, comme on le sait, parlaient un dialecte très voisin de l'hébreu. Ce qui vient donner une certaine vraisemblance, à cette ingénieuse

Renan connaissait aussi ce site sous son nom sémitique de Gébal et il savait, de par ses études bibliques, que la ville était jadis un centre de navigateurs commerçants. Le prophète Ézéchiel (Ez. 27) raconte que les anciens de Gébal excellaient dans l'art de la construction maritime et qu'ils transportaient l'essentiel des marchandises de Tyr dans les navires qu'ils construisaient.

Quand Renan parcourut les quarante kilomètres séparant Beyrouth de Gébal au milieu du XIXe siècle, il décrivit la ville comme un « misérable dépotoir arabe ». Là, au milieu d'une saleté repoussante, il vit les ruines d'un château croisé dominant les vestiges d'un port ovale qui avait dû être jadis d'une grande beauté [1]. Il n'entreprit aucune fouille, mais à l'intérieur de la forteresse croisée, il découvrit des colonnes de granit gravées par les Phéniciens et qui avaient été réutilisées pour construire le château. Et en visitant ou croisant de nombreuses maisons de la ville, il constata également que des pierres ou des panneaux portant des hiéroglyphes égyptiens gravés avaient été récupérés pour leur construction. Sa découverte la plus importante fut un bas-relief qu'il ramena en France.

La sculpture représentait une déesse avec des cornes incurvées et un disque solaire derrière la tête. Renan supposa qu'il s'agissait d'Hathor, la déesse égyptienne du ciel, fille de Râ et épouse d'Horus. Mais il se trompait. Des recherches ultérieures ont montré que la déesse – que l'on peut encore voir au Louvre – est Baalat-Gebal, la reine phénicienne du ciel et la *Baalat* locale – c'est-à-dire la déesse tutélaire – de Gébal. Le luminaire céleste qui représentait cette déesse devait être plus tard connu sous son nom romain : Vénus. Et ses cornes, comme nous l'avons déjà mentionné, reproduisent le mouvement de la planète Vénus autour du Soleil levant et couchant.

Renan ne fut pas en mesure d'en découvrir beaucoup plus sur l'ancienne Gébal, dans la mesure où les matériaux de construction de la ville phénicienne avaient été recyclés et enterrés sous la moderne Djebail. Il se passa plus de cinquante ans avant qu'un nouvel érudit ne poursuive son œuvre de pionnier. Juste après la fin de la Première Guerre mondiale, l'égyptologue français Pierre Montet se rendit à Djebail en quête des inscriptions hiéroglyphiques que Renan avait recensées. Il en retrouva la plupart toujours en place. Ce qu'il traduisit l'intéressa tellement que deux ans plus tard, en

---

hypothèse et justifier le changement, d'ailleurs fort normal, du *guimel* ou *g* sémitique en *b*, c'est que la ville appelée par les Grecs *Byblos*, et dont le nom offre une affinité phonétique évidente avec *biblos*, livre, était précisément appelée en hébreu *Gebal*. Donc, si *Gebal* est devenu *Byblos*, *gabal* a bien pu se transformer en *biblos*. Ajoutons, du reste, que cette dénomination ambitieuse, *bible*, de *biblion*, livre, n'est pas particulière aux livres saints : l'*Urbs* des Latins est absolument dans le même cas. » (Les 15 volumes et les 2 suppléments du *Grand Dictionnaire* de Pierre Larousse ont été réédités en totalité en 2003 sur un DVD-Rom par les éditions Redon, Paris) *(N.D.T.)*.

1. E. Renan, *Mission de Phénicie*, Paris, 1864.

1921, il dirigea une mission de fouilles afin de retrouver Byblos. Montet et ses assistants passèrent les trois années suivantes à creuser des tranchées dans tous les terrains libres autour des maisons de Djebail. Là, ils trouvèrent des sceaux de pharaons de différentes dynasties égyptiennes, montrant que cet endroit était vraiment le site d'un ancien centre commercial. Comme Montet le rapporte dans son récit de l'expédition (qu'il livre dans son ouvrage *Byblos et l'Égypte*, publié en 1928), il bénéficia d'un fantastique coup de chance.

Le printemps 1922 fut particulièrement humide au Liban et les fortes pluies provoquèrent un glissement de terrain au sud de Djebail. Une grosse partie de la falaise s'effondra de près de douze mètres et révéla un tunnel conduisant à une grotte taillée par l'homme, plus précisément une chambre funéraire qui était restée inviolée depuis le règne d'Ithobaal (ou Ethbaal), roi de Byblos, au XIe siècle AEC. Ithobaal avait creusé la tombe pour abriter le sarcophage de son père Ahiram. Les inscriptions dans la sépulture nous disent qu'Ithobaal n'était pas seulement « bien-aimé de Baal », mais qu'il était aussi un souverain éminemment confiant. En utilisant l'alphabet que les Phéniciens inventèrent, il lance ainsi clairement un avertissement à d'éventuels pilleurs de tombes :

> *Ce cercueil fut fait par Ithobaal, fils d'Ahiram, roi de Byblos, pour être le lieu de séjour éternel de son père. Si un souverain, un gouverneur ou un général attaque Byblos et touche à ce cercueil, son sceptre se brisera, son trône se renversera et la paix abandonnera Byblos. Et en ce qui le concerne, que les vandales veuillent bien considérer son épigraphe*[1].

Naturellement, ces découvertes encouragèrent le gouvernement colonial français à soutenir de nouvelles fouilles. En 1930, les Français exproprièrent les maisons qui entravaient la progression des archéologues ; ils les démolirent et dégagèrent le terrain pour permettre de plus vastes investigations. Ce chantier majeur révéla que le site de Djebail remontait au moins à l'âge de pierre, ce qui, à l'époque, en faisait l'un des plus anciens établissements connus du monde, occupé sans interruption.

Les plus anciennes habitations montrèrent qu'autour de 4 500 AEC, un grand village s'installa. Il consistait en huttes circulaires avec des murs en bois, en galets et en terre et des sols en sable calcaire[2]. En 2900 AEC, Gebal/Byblos était devenue un ensemble plus important de bâtiments de pierre. L'archéologue Michel Dunand, qui fouilla le site, écrivit qu'à cette époque « Byblos était devenue une ville[3]. » C'était un site important, protégé

1. P. Montet, *Byblos et l'Égypte*, Paris, 1928.
2. M. Dunand, *De l'Amanus and Sinai*, Beyrouth, 1953.
3. *Ibid.*

par un mur avec seulement deux entrées : l'une vers la terre et l'autre vers la mer. En son centre se dressait un temple dédié à Baalat-Gebal, la « Reine du ciel ». Les rues de la ville étaient disposées en cercles concentriques autour du temple et un système de canaux évacuait les eaux de pluie et de drainage. Dunand dit que le niveau des infrastructures et les riches offrandes funéraires montrent que les habitants de la ville étaient prospères et bien préparés à défendre leur richesse si le besoin s'en faisait sentir.

Nous nous rappelâmes que ce temple de Byblos était de deux millénaires plus vieux que celui de Salomon. Corrélativement, s'il existe des preuves archéologiques considérables de l'existence de cette structure phénicienne, il n'a jamais été possible d'identifier le moindre vestige à Jérusalem comme provenant du temple de Salomon. Les ruines qui se tiennent encore debout dans la ville sainte datent du temple d'Hérode, donc de l'époque du Christ, soit près de 1 000 ans après Salomon. Donc notre connaissance du dessin du temple de Salomon repose exclusivement sur les descriptions de la Bible.

Mais vers 2300 AEC, le temple de Baalat-Gebal, vieux de six cents ans, fut détruit par un incendie. Selon Dunand, ce sinistre aurait été provoqué par le sac de la ville par des hordes nomades descendues du désert du Sinaï pour envahir les plaines côtières. Ces bédouins amorites sémites se mélangèrent avec le peuple qui avait fondé et développé Gébal au cours du millénaire précédent. Ils constituèrent un nouveau groupe tribal, qui, finalement, donna le peuple connu sous le nom de Phéniciens [1].

Mais quel était ce peuple qui avait fait de Gébal un port aussi important ? Dunand les appelle les Giblites. En l'absence de toute preuve ou témoignage, il suppose qu'ils durent « créer leur propre culture à partir de fragments de civilisation d'autres races plus anciennes [2] ». Nous savions que les Giblites étaient devenus des navigateurs et des commerçants extrêmement prospères et qu'à une date précoce, ils avaient consacré leur ville au culte de la déesse qui se manifestait à eux sous la forme de la planète Vénus. Il nous fallait maintenant en découvrir davantage sur Byblos et, en particulier, sur sa notoriété en tant que centre de commerce maritime international.

Un indice éclairant cette tradition fut découvert en 1954, quand l'archéologue Ahmed Youssef exhuma deux bateaux complets en bois de cèdre, lors de fouilles au sud immédiat de la grande pyramide de Chéops, près du Caire. Les navires avaient été enterrés en morceaux. Mais lorsqu'ils furent réassemblés, le plus grand faisait 142 pieds de long avec une configuration de haute mer [3].

1. M. Dunand, *De l'Amanus and Sinai*, Beyrouth, 1953.
2. *Ibid.*
3. Mark Lehner, *The Complete Pyramids.*

Thor Heyerdahl étudia les origines de l'art de la construction navale des Égyptiens, quand il préparait ses expéditions sur le *Râ*[1]. Il déclara à propos de ces bateaux :

Il n'existe que deux possibilités : soit cette forme hydrodynamique faite pour la navigation hauturière a été développée par des marins égyptiens de ces mêmes générations brillantes qui avaient déjà élaboré l'écriture, la construction des pyramides, les momies, la chirurgie du cerveau et l'astronomie ; soit les constructeurs de navires du pharaon avaient été formés à l'étranger. Des faits tangibles font pencher la balance en faveur de cette dernière hypothèse. Il n'y a pas de cèdres en Égypte ; le bois des navires de Chéops vient des forêts du Liban. Le Liban était le pays des Phéniciens, des navigateurs expérimentés dont les navires sillonnèrent toute la Méditerranée et même une partie de l'Atlantique. Leur port principal, Byblos, la plus vieille cité connue du monde, importait du papyrus d'Égypte parce que la ville était un centre de production de livres dans l'Antiquité, d'où ce nom de Byblos ou Bible, qui signifie « livre ». Il y avait des relations commerciales animées entre l'Égypte et Byblos à l'époque de la construction de la pyramide de Chéops, donc les constructeurs de navires de Chéops ont fort bien pu copier ici [à Byblos] la forme particulière de leurs bateaux[2].

Il ajouta quelques détails fascinants sur les structures mégalithiques d'une ancienne cité appelée Maqom Semes, « la Ville du Soleil », qui se trouvait jadis sur la côte Atlantique d'Afrique du Nord, près de l'actuelle Larache :

Sur une plage désolée, immédiatement au sud de notre point de départ, un môle [un ancien type de jetée] formant un angle et constitué de milliers de tonnes de blocs mégalithiques partait encore à l'assaut des récifs et fournissait un magnifique havre. Des quantités fantastiques de pierres brutes gigantesques avaient été jetées dans l'eau par des architectes maritimes expérimentés. Qui construisit une digue aussi impérissable que même les vagues de l'Atlantique ne sont pas parvenues à la balayer après des milliers d'années ? Qui avait besoin d'un port d'une telle taille sur cette grève de sable désolée avant que les Arabes et les Portugais ne commencent à descendre le long des côtes atlantiques de l'Afrique ?

Sur une éminence, là où le large fleuve Loukkos se jette dans l'Atlantique, sur la côte nord-ouest du Maroc, se dressent les ruines gigantesques de l'une des plus puissantes villes de l'Antiquité, dont le passé se perd dans les ténèbres de la Préhistoire. D'énormes blocs mégalithiques pesant plusieurs tonnes furent transportés sur les falaises et empilés les uns sur les autres pour former des murs géants de plusieurs mètres de haut que l'on peut voir depuis la mer. Les blocs sont taillés et polis et leurs jointures ont une précision relevant du millimètre. Le plus ancien nom connu de la cité est Maqom Semes, la « Cité du Soleil ». Quand les Romains la découvrirent, ils écrivirent que des légendes fantastiques étaient associées à son histoire primitive. Ils

1. Un radeau de papyrus de type égyptien que T. Heyerdahl construisit pour traverser l'Atlantique en 1970 *(N.D.T.)*.

2. Thor Heyerdahl, *The Ra Expeditions*, *op. cit.*

appelèrent la ville Lixus, la « Cité éternelle », et construisirent leurs propres temples au sommet des anciennes ruines.

C'est alors que Heyerdahl aborde la question de ceux qui pourraient avoir créé les structures mégalithiques de ce port maritime :

Les très rares archéologues qui ont entrepris de timides fouilles d'évaluation ont découvert que les Phéniciens ont utilisé la « Cité du Soleil » longtemps avant les Romains. Mais qui la fonda ? Peut-être les Phéniciens. Si c'est le cas, l'art des bâtisseurs phéniciens devait être équivalent des deux côtés de l'Atlantique. La patrie des Phéniciens se trouvait à l'autre bout de la Méditerranée, dans l'actuel Liban. La « Cité du Soleil » n'était pas un port méditerranéen, mais un véritable port atlantique établi en bordure du puissant courant qui file vers l'ouest via *les îles Canaries pour finir au Mexique. Quel âge ont ces murs ? Nul ne le sait. Ils sont recouverts jusqu'à une profondeur de quinze pieds [environ cinq mètres] par les détritus des Phéniciens, des Romains, des Berbères et des Arabes. Les Romains croyaient en Hercule et Neptune, mais pas dans le Dieu-Soleil. Et les ruines romaines se trouvant dans la partie supérieure ne sont donc pas orientées vers le Soleil. Mais de récents sondages jusqu'à la base de la structure ont montré que les blocs géants les plus volumineux et les plus bas – ceux qui étaient déjà couverts de détritus, quand les Romains arrivèrent et que ces derniers ne démolirent pas et n'utilisèrent pas pour construire leurs temples – avaient fourni les fondations de vastes édifices qui furent soigneusement orientés en fonction du Soleil*[1].

Cette cité orientée vers le Soleil fut certainement utilisée par les Phéniciens comme une base commerciale sur l'Atlantique pour négocier avec l'Espagne et la Grande-Bretagne, mais le magnifique ouvrage de pierre se trouvait déjà là quand ils décidèrent de l'utiliser. Nous connaissions une civilisation plus ancienne que les Phéniciens qui était capable d'atteindre ce niveau de construction, dont les ressortissants étaient également des navigateurs de premier plan, des commerçants et des astronomes et qui établit des avant-postes en Méditerranée. Nous nous demandâmes si Lixus (ou Lixa), la Cité du Soleil, avait été construite par le même groupe qui édifia des structures comme Newgrange et Maes Howe.

À mesure que la civilisation phénicienne se développait, elle fit appel à l'expertise de ce que le Dr Dimitri Baramki, conservateur du musée du collège américain de Beyrouth, appelait les « Peuples de la mer du Nord » – qui venaient des pays que les navigateurs norrois avaient hérités du peuple des poteries cannelées. En lisant l'œuvre du Dr Baramki, nous repensions à la description de Thor Heyerdahl du peuple provenant de « Dilmun » et qui s'établit à Sumer (dont nous avons parlé plus haut). Ces fameux marins au

1. Thor Heyerdahl, *The Ra Expeditions*

long cours pourraient-ils être la source de la légende des mystérieux Sumériens ? Baramki parla de ces envahisseurs surgissant de la côte atlantique nord-occidentale de l'Europe. Il expliqua comment ils avaient migré vers le Liban, amenant avec eux leur suprématie absolue sur mer, leur splendide science de la navigation et leurs traditions de la construction navale tant militaire que commerciale. Si les Cananéens proto-phéniciens possédaient toutes les qualités nécessaires pour ouvrir la Méditerranée à la navigation et au commerce, ils ne laissèrent pas franchement de preuves témoignant d'une connaissance nautique ou technologique majeure. Cette connaissance n'apparut qu'avec l'invasion du groupe qui a été baptisé les « Peuples de la Mer » ou *Thekel.* Ce que les Cananéens ajoutèrent à la force de la culture phénicienne, ce fut une vieille tradition de « religion astrale qui incorporait une connaissance de l'astronomie et de la navigation astrale [1] ».

L'hypothèse de Baramki nous fournissait une explication simple des origines – jusque-là énigmatiques – des Phéniciens. Le peuplement originel cananéen, avec sa vieille tradition de temples astronomiquement alignés, se développa à partir d'un groupe de marins côtiers qui se transformèrent en grands navigateurs internationaux quand ils fusionnèrent avec une nouvelle vague d'envahisseurs proto-norrois. La région dont ces derniers venaient avait été celle du peuple des poteries cannelées. D'après ce que nous savions de ce dernier, il était possible que ce fut lui qui établit la colonie originelle avant de rompre tout contact avec celle-ci.

Certains ont peut-être du mal à croire qu'à une date si ancienne des individus aient pu parcourir d'aussi grandes distances par mer. Pourtant l'histoire regorge d'exemples de peuples primitifs qui ont fait de très longs voyages. Parmi ceux-là, on connaît de nombreux récits de Phéniciens ayant contourné le continent africain en diverses occasions – peut-être en utilisant régulièrement Lixus comme un point de ravitaillement majeur lors des périples vers le golfe d'Aqaba à l'extrémité nord-est de la mer Rouge. L'historien grec Hérodote nous raconte comment le roi Néchos (ou Néchao) II d'Égypte ordonna aux « Phéniciens de retourner chez eux par la mer en traversant les colonnes d'Hercule [le détroit de Gibraltar] pour passer dans la mer du Nord [la Méditerranée] afin d'atteindre l'Égypte. » Cela ne peut signifier qu'une chose : qu'il leur demanda de naviguer autour de l'Afrique.

Les Phéniciens exécutèrent ses ordres et Hérodote précise qu'ils partirent de « la mer Rouge et traversèrent la mer du Sud ». Quand l'automne arrivait, ils débarquaient en Lybie [2]. Là, ils semaient des graines et attendaient la

1. D. Baramki, *Phoenicia and the Phoenicians*, American College Press, Beyrouth, 1961.

2. Chez les Anciens, et notamment Hérodote, ce terme ne désignait pas l'actuelle Lybie, mais tout simplement l'Afrique (ou tout au moins l'Afrique au nord des sources du Nil) *(N.D.T.).*

moisson. Une fois celle-ci faite, ils repartaient. Ainsi, au bout de trois ans de périple, ils franchissaient les colonnes d'Hercule et revenaient en Égypte. Ils racontaient – comme le rapporte un Hérodote pourtant dubitatif – qu'au cours de leur voyage autour de la Lybie, ils voyaient le Soleil se lever au-dessus de la côte qu'ils longeaient. Ce simple fait de navigation astrale confirme l'authenticité de ce récit. Pour avoir observé cela, les Phéniciens ont nécessairement dû descendre toute la côte orientale de l'Afrique avant de remonter la côte occidentale [1].

Lever de Soleil sur l'Afrique. Pour voir le Soleil se lever sur la terre, ces anciens navigateurs doivent avoir contourné tout le continent de la mer Rouge jusqu'en Méditerranée.

Si notre hypothèse est exacte et que les Sumériens et les Phéniciens sont des subdivisions du peuple des poteries cannelées orcadiennes, alors ces deux groupes devraient montrer des similitudes, notamment au regard d'une théologie articulée autour de Vénus. Or nous découvrîmes que d'autres chercheurs avaient déjà lié ces deux groupes. Il y a près de 2500 ans, Hérodote disait que les Phéniciens venaient de Sumer :

> *Les Phéniciens demeuraient anciennement sur les rivages du golfe Persique, avant de migrer en Méditerranée pour s'établir dans les régions qu'ils peuplent*

1. Hérodote, *Histoires*.

désormais. Simultanément, disent-ils, ils commencèrent à entreprendre de longs voyages, chargeant leurs vaisseaux de marchandises d'Égypte et d'Assyrie[1].

Si un groupe de population substantiel – doté déjà d'une civilisation avancée et d'une science de la navigation affirmée et se donnant le nom de « Sumériens » – était arrivé dans le golfe Persique en arrivant des îles Britanniques et de Bretagne après avoir contourné l'Afrique, il aurait été logique qu'il poursuive sa route vers le nord-ouest et la côte méditerranéenne afin de prendre un raccourci qui le ramènerait dans son pays que ses ancêtres avaient quitté.

Les rois-prêtres des Phéniciens

Il nous fallait maintenant nous faire une idée aussi précise que possible des rituels utilisés par les Phéniciens et surtout leurs rois.

Le plus ancien Cananéen méritant une description complète dans la Bible est Melchisédech. C'est un personnage étroitement associé à Abraham, le père de la nation juive. Le Nouveau Testament nous dit que Jésus était un prêtre de l'Ordre de Melchisédech[2]. Par ailleurs, nous connaissions une organisation maçonnique fondée sur cet ancien clergé appelée *The Holy Order of the Grand High Priest* (Le Saint Ordre du Grand Haut Prêtre).

Abraham est souvent considéré comme la première personne mentionnée dans la Bible qui pouvait être un individu réel plutôt qu'un personnage fictif basé sur un mythe ancien[3]. On estime généralement que les personnages antérieurs auxquels le Livre de la Génèse fait allusion – comme Adam, Ève, Caïn, Abel, Noé et Énoch – incarnent des archétypes et non des individus historiques. La date communément retenue pour Abraham se situe entre 1800 et 1600 AEC, mais certaines sources vont jusqu'à le situer au XX^{e}siècle AEC. À notre avis, il est quasiment certain qu'Abraham est totalement mythique et qu'il fut inventé – peut-être en se fondant quand même sur des éléments de vieilles traditions orales – pour expliquer comment la nouvelle religion juive était influencée par une autorité beaucoup plus ancienne. D'après nos recherches et nos conversations avec des spécialistes de la Bible, il semblait extrêmement probable qu'Abraham, Moïse et David fussent des inventions composites, fondées sur des traditions et des personnages divers. Néanmoins, entre nous, il paraissait plus simple de parler d'eux comme s'il s'agissait

1. Hérodote, *Histoires*.
2. Hébreux, 5, 6.
3. S. H. Hook, « Genesis », *Peake's Commentary on the Bible*.

de personnes réelles et donc, dans cet esprit, pour raconter son histoire, nous allons continuer d'évoquer Abraham comme s'il n'avait été qu'un seul individu.

Dans la Genèse XIV, on nous raconte comment quatre rois venant du Nord du pays de Canaan attaquèrent les cinq rois des cités de la plaine de la mer Morte (qui est la région la plus basse de la surface du globe). Les royaumes furent pris et, parmi les captifs de la cité de Sodome, se trouvait Lot, le neveu d'Abraham. Quand ce dernier entendit cela, il rassembla les 318 hommes de son clan et, avec ses alliés hittites et amorites, il attaqua les envahisseurs et libéra son neveu. Comme le voulait la coutume de l'époque, Abraham pilla ses ennemis vaincus.

En revenant de son raid, Abraham rencontra Melchisédech, le roi jébuséo-cananéen de Salem, qui était aussi le grand prêtre d'un dieu appelé El Elyôn, ce qui signifie « le Très Haut ». Le lieu appelé Salem est un synonyme de Jérusalem, comme l'explicite le psaume 76, 3. Ce qui se passe alors n'a pas manqué de nous intriguer, mais c'est au demeurant une vive source de débats chez les spécialistes de la Bible, parce que l'histoire ne ressemble pas à ce que l'on pourrait attendre sous la plume de ses auteurs.

En dépit de la haute autorité attribuée à Abraham, les rédacteurs de l'Ancien Testament n'hésitent pas à rapporter son allégeance explicite au prêtre-roi de l'ancienne Jérusalem et à son dieu. Abraham paya une dîme à Melchisédech, ce qui signifie qu'il lui laissa un dixième de ses prises de guerre. En retour, Melchisédech bénit Abraham au nom du dieu El Elyôn et exécuta un rituel au cours duquel Abraham reçut le pain et le vin, un acte que plusieurs spécialistes de la Bible considèrent comme le précurseur direct de l'eucharistie chrétienne.

Apparemment, cet épisode laisse entendre qu'Abraham accordait un grand respect au dieu cananéen et toute l'histoire du « sacrifice » de son fils Isaac n'a peut-être pour objectif que d'obtenir les faveurs de son nouveau dieu. Il est attesté que dans les premiers temps bibliques, les migrants considéraient qu'ils laissaient leurs dieux derrière eux dans la ville qu'ils quittaient et qu'ils passaient sous l'autorité de nouvelles divinités dès qu'ils arrivaient dans un nouveau pays.

Le psaume 110 décrit lui aussi le roi David comme un prêtre de l'Ordre de Melchisédech, d'une manière qui fut certainement reprise pour Jésus-Christ.

Yahvé dit à mon seigneur : Siège à ma droite,
Jusqu'à ce que je fasse de tes ennemis ton marchepied.
Yahvé étendra le sceptre de ta puissance sur Sion :
Gouverne jusqu'au milieu de tes ennemis.
Ton peuple attend le jour de ta puissance, les beautés
[de la sacralité, dès le sein :

C'est la rosée de ta jeunesse.
Yahvé l'a juré et ne se dédiera pas.
Tu es prêtre à jamais de l'ordre de Melchisédech.
Yahvé à ta droite abattra les rois le jour de sa colère.
Il fera justice parmi les païens, il entassera les cadavres ;
Il coupera les têtes dans de nombreuses nations.
En chemin, il s'abreuvera au torrent ;
Alors il relèvera la tête.

Tandis que ce passage relie Yahvé au clergé de Melchisédech, il est largement admis que cet ordre appartenait à un culte cananéen bien antérieur à l'arrivée des israélites et d'El Shaddai (le dieu de la montagne), qui devint plus tard « Yahvé », le dieu des juifs[1]. Le terme Sion est une référence à Jérusalem, qui avait été, dit-on, prise par David. Le « sceptre – ou bâton – de puissance » ou de force, détenu par un roi ou un chef comme Moïse, était une déclinaison de l'Asherah, l'instrument astronomique fondamental utilisé comme baguette repère pour mesurer les mouvements de l'ombre solaire.

Comme beaucoup de passages de l'Ancien Testament, celui-ci semble traduire l'absorption de quelques anciens rituels authentiques cananéens dans le judaïsme primitif. Les spécialistes de la Bible sont depuis longtemps conscients que de tels rituels ont dû exister et un érudit de premier plan dit de ce psaume :

> *La référence à Melchisédech implique une appropriation des traditions religieuses prédavidiques de la cité. Et il semble s'agir d'allusions à un fond mythique et rituel important... Les fonctions sacerdotales du roi sont ici associées à Melchisédech. Sans aucun doute, cela indique la fusion d'un usage hébraïque avec d'anciennes traditions cultuelles de Jérusalem*[2].

Le contenu exact du rituel de l'Ordre de Melchisédech n'a probablement jamais été écrit. Il y a bien d'autres anciens concepts dont le sens a ainsi été perdu, comme la nature et la fonction de l'Urim et du Thummim[3] qui étaient placés dans le pectoral du prêtre. Tout ce que l'on sait aujourd'hui de ces objets, c'est qu'ils étaient utilisés pour la consultation du sort ou des conseils en jetant des lots [bâtonnets ou dés ?] de divination sacrés[4].

Quand on décide de ne pas écrire quelque chose, c'est généralement pour l'une des deux raisons suivantes : soit cela n'a pas grande importance, soit c'est un secret. L'Ordre de Melchisédech était incontestablement important,

---

1. W.O.E. Oesterley et T. H. Robinson, *Hebrew Religion, Its Origin and Development.*
2. G. W. Anderson, « Psaumes », in *Peakes Commentary on the Bible.*
3. Exode 28, 30.
4. Voir notamment I Samuel 14, 41 *(N.D.T.).*

donc nous pouvons considérer que ses membres exécutaient leurs rituels en privé et toute la procédure devait rester orale. Assurément l'Ordre *maçonnique* qui se fonde sur Melchisédech déclare qu'il s'agit d'un ordre secret. Comme le rituel le précise aux candidats à la prêtrise, on leur demande de « prêter serment solennel de garder inviolés les secrets de cet Ordre saint ».

Il est raisonnable de penser que celui qui devenait à la fois roi et grand prêtre d'Israël devait être fait automatiquement Maître de l'Ordre lors de son sacre, comme le roi ou la reine d'Angleterre devient la tête de l'Église d'Angleterre au moment de son couronnement. Nous avons même découvert des éléments, dans les recherches du révérend professeur S. H. Hooke, montrant que le couronnement était renouvelé à chaque équinoxe d'automne au cours d'un rituel de nouvel an.

Les découvertes archéologiques du XXe siècle, comme les tablettes de Ras Shamra [1], nous ont permis d'en savoir beaucoup plus sur les anciens rituels cananéens. Nous n'avons pas manqué de noter d'intéressants parallèles avec le rituel du troisième degré – le grade central – de la franc-maçonnerie, au cours duquel le candidat est symboliquement tué avant d'être ressuscité. Le professeur Hooke a replacé Melchisédech dans un contexte qui a d'évidentes résonances maçonniques :

> *Au début du deuxième millénaire AEC, nous constatons que le roi, représentant à la fois le dieu et son peuple, est le centre de grandes activités religieuses émotionnelles dont l'objet est d'assurer à la communauté les bienfaits matériels dont dépend la continuité du bien-être de la collectivité. Ces activités adoptaient une forme que nous pourrions qualifier de stéréotypée et elles impliquaient l'existence d'un groupe organisé d'individus possédant la connaissance de la bonne manière d'exécuter le rituel et du mythe dissimulé derrière la situation que ce rituel mettait en scène.*
>
> *Il est possible qu'au commencement, un seul individu possédait la connaissance et les pouvoirs magiques en vertu desquels il devint le cœur des activités religieuses de la communauté. Et il est également possible qu'avec la complexité croissante de la vie urbaine, il fallut déléguer ce pouvoir. Le dieu devint la personnification des pouvoirs mystérieux dont le contrôle était l'objet originel du rituel, tandis que le prêtre devint le dépositaire de la connaissance sacrée nécessaire pour la bonne exécution du rituel. Et de son côté, le souverain, représentant encore le dieu au cours des grands rituels annuels, devenait le centre des activités séculières de la communauté, le chef de l'État pour les affaires militaires, politiques et judiciaires, et, en sa qualité de représentant du dieu, le propriétaire de la terre.*
>
> *Des sources mésopotamiennes primitives indiquent l'existence de « prêtres-rois »,*

1. Les tablettes de Ras Shamra (en Syrie), découvertes sur le site de l'ancien port maritime d'Ugarit (ou Ougarit), contiennent un grand nombre de poèmes d'importance rituélo-religieuse, datant du deuxième millénaire AEC. Ils ont considérablement accru notre compréhension des croyances et pratiques primitives du pays de Canaan.

dont la mystérieuse figure de Melchisédech pourrait être une survivance représentative dans le pays de Canaan du temps d'Abraham.

Le schéma général du rituel annuel... consistait dans la préparation des édifices sacrés par des rites purificateurs, dont certains symbolisaient des éléments du mythe. Puis le roi participait à une cérémonie au cours de laquelle il se dévêtait de ses attributs à la porte du sanctuaire et se confessait au prêtre qui le frappait sur les deux joues avant de lui restituer les emblèmes de sa royauté. Cette partie du rituel représente probablement un meurtre rituel primitif du roi quand sa force montrait des signes d'affaiblissement. Puis venait la partie centrale – et probablement secrète – du rituel, la représentation spectaculaire de la mort du dieu, suivie de sa résurrection... Une réminiscence de cet élément du rituel survit dans la poésie hébraïque sous la forme du combat entre Yahvé et le dragon[1].

À ce stade de notre recherche, nous décidâmes de synthétiser les principaux points de cette description du rituel du prêtre-roi (Melchisédech) cananéen primitif :

1. Il existait un groupe organisé d'individus qui savait comment exécuter correctement le rituel.

2. Il y avait un mythe, mis en scène dans le rituel, qui incorporait le message.

3. Originellement, il n'y avait qu'un prêtre-roi et lui seul possédait la connaissance et les pouvoirs magiques.

4. Plus tard seulement, le prêtre, d'une part, devint le dépositaire de la connaissance sacrée nécessaire pour l'exécution correcte du rituel et, d'autre part, le roi représentait le dieu au cours du grand rituel annuel.

5. Le rituel annuel comprenait une préparation des édifices sacrés.

6. Le roi se dépouillait de ses attributs à la porte du sanctuaire.

7. Le roi est frappé sur les deux joues avant d'être réintégré dans sa fonction (peut-être s'agit-il de l'imitation d'un rituel antérieur au cours duquel le souverain était tué).

8. Puis venait le rituel secret mettant en scène une représentation spectaculaire de la mort du dieu, suivie par sa résurrection.

9. Ce rituel s'exécutait à l'équinoxe d'automne.

Ensuite, nous avons listé les éléments essentiels du troisième degré de la franc-maçonnerie :

1. Le rituel du troisième degré était originellement secret et connu des seuls Maîtres Maçons.

2. Le mythe de l'assassinat d'Hiram Abif est mis en scène dans le rituel moderne.

---

1. *A Companion to the Bible*, publié par T. & T. Clark, Édimbourg, 1939. Citation de la section trois, « The Early Background of Hebrew Religion », par S. H. Hooke.

3. Dans cette histoire, seul Hiram Abif connaissait les mots secrets.

4. Ce n'est que plus tard que davantage d'individus apprirent les secrets substitués.

5. L'ossature du rituel est la création du temple sacré.

6. Au cours du rituel, le candidat est dépouillé de ses attributs à la porte de la Loge.

7. Le candidat est frappé de chaque côté de la tête avant d'être « tué » (en imitation de la victime originelle) par un ultime coup au centre du front.

8. Le candidat est alors symboliquement ressuscité.

9. Le rituel est symboliquement exécuté à l'équinoxe (quand Vénus se lève à l'orient).

Nous savions déjà que le lever de Vénus était un élément central de la théologie cananéenne et qu'il était associé à la résurrection, comme dans la franc-maçonnerie. Les parallèles étaient vraiment impressionnants.

Si Melchisédech, le prêtre-roi de Salem est une personnage historique, nous pouvons être raisonnablement certains qu'il exécuta ce type de rituel annuel, peut-être avec tous les secrets fondamentaux connus de lui seul. Il y a des ressemblances majeures avec le rituel du troisième degré maçonnique, en dépit du fait que personne ne connaissait quoi que ce soit des pratiques cananéennes jusqu'à la fin du premier tiers du XXe siècle. Le nombre de points de correspondance est considérable. De ce fait, il était extrêmement probable qu'il y eut une connexion quelconque entre les deux.

Nous décidâmes d'étudier tout ce qui était connu de Melchisédech lui-même avant de nous intéresser aux anciennes pratiques cananéennes.

Comme nous l'avons vu, l'Ancien Testament nous dit que même Abraham était soumis à Melchisédech, le prêtre-roi de Jérusalem. Abraham, le père de tous les juifs, fut heureux de payer son tribut à la divinité créatrice des Cananéens, El Elyôn (le Très Haut). Des centaines d'années plus tard, la Bible dit que les Hébreux arrivèrent d'Égypte et s'emparèrent de la majeure partie de Canaan. Finalement, le roi David prit la petite cité de Jérusalem par la force et s'installa comme successeur de Melchisédech.

Selon l'Ordre maçonnique, ce nom, Melchisédech, signifie « roi de justice, ou de rectitude », et Salem, la ville dont il était le roi, signifie « paix ». Ces traductions sont exactes au regard de leur utilisation tardive, mais originellement, ces termes avaient un sens beaucoup plus spécifique. Le mot hébreu *zedek* ou *tsedeq*, qui forme la partie finale du nom Melchisédech, est normalement effectivement traduit par « justice » ou « rectitude », mais il véhicule des notions beaucoup plus profondes que le simple fait d'« agir de manière juste » ou de « ne pas mal faire ». Ce mot désigne le principe fondateur sous-tendant l'ordre divin de l'univers et il vient du nom d'un ancien dieu. Mais, de même que rares sont les Anglais qui pensent aux divinités norroises

Woden ou Freya quand ils parlent de mercredi (en anglais, *Wednesday*, c'est-à-dire étymologiquement *Woden's day*, le « jour de Wodan »[1]) ou vendredi (en anglais, *Friday*, c'est-à-dire *Freya's day*, le « jour de Freya »[2]), la plupart des juifs de l'époque du Christ ignoraient totalement que *zedek* désignait jadis l'essence divine d'un dieu cananéen.

Pour les Cananéens, *zedek* était la manifestation bénéfique du Dieu-Soleil, sa vive lumière révélant des crimes cachés et des mauvaises actions infligées à des innocents. Quand les divinités cananéennes finirent par fusionner avec Yahvé, *zedek* devint un de ses attributs[3]. En réalité, le concept de dieu unique naquit non pas parce qu'il existait nécessairement une seule super-entité, mais parce que tous les attributs positifs des anciens dieux furent transférés dans une divinité et que tous les attributs négatifs passèrent dans une seconde entité que nous appelons le « Diable » ou « Satan ».

La première partie du nom du prêtre-roi est universellement traduite par « roi » ou « le roi est » et elle est fondée sur la racine cananéenne *malak*, signifiant « conseiller[4] » ou plus spécifiquement « membre du conseil de Dieu ». Donc la traduction maçonnique de Melchisédech, « roi de justice, ou de rectitude », correspond à l'usage en vigueur au cours des premier et deuxième siècles avant notre ère. Mais son emploi originel pendant la première moitié du deuxième millénaire avant l'ère commune était beaucoup plus spécifique. Il véhiculait incontestablement un concept de ce type :

> *L'homme vivant, membre du conseil de Dieu, représentant son peuple dans le ciel et assumant la responsabilité sur terre du maintien de l'ordre cosmique défini et exprimé par le Soleil.*

Cette idée suggère que Melchisédech, le chef civil et religieux de Jérusalem, était si puissant qu'il siégeait au sein du conseil de Dieu. Nous découvrîmes bientôt que cette définition prenait encore plus de sens, dès lors que nous approfondissions le rituel maçonnique.

D'après ce que l'on sait, Melchisédech était un prêtre du dieu cananéen El Elyôn, qui était associé avec la ville de Jérusalem. Le nom d'El Elyôn, qui signifie le « Très Haut », donne du crédit à son association avec le Soleil : El Elyôn pourrait de ce fait être tout simplement une description littérale de la position du Soleil. Et, naturellement, la cité elle-même avait été nommée d'après la planète Vénus, qui n'est jamais très éloignée du Soleil dans le

---

1. De même qu'en français, mercredi est étymologiquement *Mercuri dies*, le « jour de Mercure ».
2. En français, vendredi est originellement le « jour de Vénus ».
3. Norman Cohn, *Cosmos, Chaos and the World to Come*, Yale University Press, 1993.
4. S.H. Hook, *Ritual and Kingship*, Oxford, at the Clarendon Press, 1958. Voir la section « Hebrew Conceptions of Kingship », par A. R. Johnson.

ciel que nous pouvons observer. Melchisédech étant soutenu par une telle autorité suprême, il n'est pas étonnant qu'Abraham ait manifesté une crainte révérencielle devant lui.

L'organisation maçonnique que l'on appelle le Saint Ordre du Grand Haut Prêtre (*Holy Order of the Grand High Priest*) fait référence au caractère unique de Melchisédech [1] :

> *La tradition de sa prêtrise doit avoir perduré pendant près de neuf cents ans, jusqu'au règne de David. Son importance repose dans le fait que, à la différence des autres rois locaux qui avaient attaqué le neveu d'Abraham et qui l'avaient fait prisonnier, il était aussi prêtre. Néanmoins, il est surprenant qu'Abraham le Mésopotamien ait reconnu, de par l'acquittement d'une dîme, l'authenticité et l'autorité du prêtre-roi cananéen.*

Il décrit également des aspects du rituel associé au degré concerné :

> *Dans des temps anciens, il était coutumier que certains compagnons forment deux côtés d'un triangle équilatéral et s'agenouillent pendant la prière d'ouverture et de fermeture d'une assemblée. Dans la plupart des Conseils, ce n'est plus pratiqué.*

Notons que le terme « Conseil » est utilisé ici pour décrire l'assemblée.

> *... le rituel fait référence à la présence de l'« indispensable nombre de trois ». Si neuf Hauts Prêtres consacrés sont présents, on dit que la cérémonie est exécutée « dans la pleine forme requise ».*
>
> *... Un Tabernacle de l'Ordre représente le camp de Melchisédech dans la vallée de Shaveh (la vallée du Roi). La salle est coupée par des rideaux qui peuvent être ouverts ou fermés. Le secteur oriental représente la tente royale de Melchisédech. Ces rideaux sont ouverts pendant l'Ouverture de l'Assemblée. Ils sont fermés pendant la première partie de la cérémonie de réception et au début de la deuxième partie, jusqu'à ce que le candidat soit invité à pénétrer dans la tente. Dès cet instant, ils restent ouverts. Pendant la deuxième partie, s'il y a de la place, tous les compagnons se déplacent à l'intérieur de la tente et se tiennent au nord et au sud pour partager le pain et le vin.*
>
> *... un triangle équilatéral est placé par terre au centre de la pièce à l'extérieur de la tente : trois bougies sur de hauts chandeliers forment un autre triangle équilatéral à l'extérieur du précédent : le sommet de chaque triangle pointe vers l'orient.*
>
> *Pendant la première partie, un piédestal se trouve au centre du triangle intérieur. Dessus est placé un volume de la Loi sacrée [le terme « volume de la Loi sacrée » utilisé par les maçons fait référence aux saintes Écritures acceptées par les maçons présents. Cela signifie qu'en Angleterre par exemple, il s'agira de la Bible chrétienne, mais ailleurs, il pourra s'agir de la Torah, du Coran, du Livre des Mormons, des textes sacrés hindous, etc.] ouvert au Livre de la Genèse, chapitre* XIV. *Pendant la*

1. Voir Web of Hiram, http : //www.brad.ac.uk/webofhiram.

seconde partie, le piédestal et le volume sont déplacés à l'intérieur de la tente et placés devant le fauteuil du Président : un petit agenouilloir ou un coussin est alors placé au centre du triangle intérieur.

... Le Président porte une robe blanche, avec un pectoral pendant dessus, et une mitre. Le Vice-Président porte une robe écarlate et le Chapelain une robe bleu clair.

Telle qu'elle est décrite, la procédure d'investiture dans l'Ordre suppose qu'il y a plus d'un candidat consacré à chaque fois :

Quand le premier candidat est invité à pénétrer dans la tente, il est placé à l'extrême droite de l'ouverture formée par les rideaux : les autres candidats sont alors invités à former une ligne avec lui, pour qu'ils puissent tous partager le pain et le vin, qui seront offerts à chaque candidat de la manière traditionnelle par le Président.

Pendant le partage du vin, l'épée passe de main en main, d'un candidat à l'autre, pour que chacun, à tour de rôle, puisse la tenir horizontalement devant lui : alternativement, le M. de C., de derrière, peut tendre l'épée horizontalement devant chaque candidat à tour de rôle.

Quand l'ordonnateur vient placer le premier candidat au centre pour qu'il soit consacré, les autres candidats se disposent derrière lui à l'ouest. Dès que le premier candidat a été consacré et relevé, il est temporairement conduit sur le côté : chaque autre candidat, l'un après l'autre, vient s'agenouiller au centre du triangle, pour être consacré, relevé puis ramené à sa place. Après que tous aient été consacrés, le premier candidat seul est investi au centre du triangle par le Président.

Dans cet Ordre, un candidat est dit « admis et oint, consacré et choisi pour servir le Saint Office du Grand Haut Prêtre ».

Les attributs traditionnellement portés dans cet Ordre consistent en un bijou en forme de mitre sur un triangle équilatéral, tous deux en or, suspendu à un ruban rouge : le sommet du triangle pointe vers le haut.

Une prière est dite avant l'ouverture de la cérémonie :

Puisse le Suprême Haut Prêtre du Ciel et de la Terre nous éclairer de la Connaissance de sa Vérité et accorder à tous les membres de cette Assemblée la sagesse pour comprendre et expliquer les mystères de notre Saint Ordre. Puisse-t-Il être avec nous dans toutes nos assemblées, nous guider sur les chemins de rectitude, nous permettre de respecter et protéger toutes ses lois tant que la vie durera, et, finalement, nous accorder la parfaite connaissance de Son nom sacré.

Alors, le candidat est amené jusqu'au piédestal à l'est et le Président s'adresse à lui :

Compagnon, tu t'es présenté dans les règles pour être Oint, Consacré et Choisi pour servir le Saint Office du Grand Haut Prêtre. Les membres de cette Assemblée, accordant une prompte réponse à tes vœux, sont maintenant prêts à te conférer cet honneur éminent.

Le rituel raconte alors l'histoire d'Abraham et de Melchisédech. Avant de poursuivre, le piédestal est déplacé du centre du triangle vers la tente pour être placé devant le fauteuil du Président. Tous les compagnons se déplacent alors à l'intérieur de la tente pour venir former les deux côtés d'un triangle équilatéral vers le nord et le sud, afin de partager le pain et le vin. Dehors, à la porte, le candidat est armé d'une épée nue. On lui apprend comment parer un coup avec son épée en mettant un genou à terre et en tenant l'arme horizontalement au-dessus de sa tête, la poignée dans la main droite et la pointe dans la gauche.

Alors, on fait avancer lentement le candidat, en passant par le nord, pour aller vers l'est. Soudain, le Président apparaît à travers les rideaux. Il tient une épée levée dans sa main droite qu'il abaisse d'un mouvement balayant vers la tête du candidat. Celui-ci tombe immédiatement sur un genou et pare le coup de la manière qui vient de lui être enseignée.

La cérémonie continue jusqu'à ce que le Président place un morceau de pain sur la lame de son épée et en rompe un petit bout qu'il mange. Puis il prend l'arme dans sa main droite et la présente verticalement à chaque compagnon à tour de rôle dans la tente. Chacun rompt de la main droite un petit bout du pain planté à la pointe de l'épée et le mange.

Alors, on lit le psaume 133, qui, selon la Bible, est un « Cantique des degrés [1] de David » :

> *Voyez, comme il est bon et doux pour les frères d'habiter tous ensemble ! C'est comme une huile précieuse versée sur la tête, qui descend sur la barbe, et même sur la barbe d'Aaron : qui descend sur le col de ses tuniques. Elle est comme la rosée de l'Hermon, comme la rosée qui descend sur les montagnes de Sion : car c'est là que le Seigneur a voulu la bénédiction, la vie à jamais.*

Le choix de ce passage de l'Ancien Testament est intéressant. Il a un caractère explicitement maçonnique. Il fait référence aux « degrés de David » et parle de « frères » vivant tous ensemble, mais ce ne sont pas ces détails qui nous intéressèrent le plus. L'huile précieuse versée sur la tête est une référence au messie, dès lors que ce dernier terme signifie « l'Oint » ou plus spécifiquement « Celui qui est aspergé d'huile sainte ».

Il est probable que ce psaume fut jadis utilisé à des fins cultuelles par une communauté composite dans un sanctuaire cananéen (peut-être celui qui sera plus tard utilisé par le clergé de Dan) pour la célébration de l'une des grandes fêtes de la période pré-hébraïque [2]. Une fois de plus, nous avons des traditions sacerdotales cananéennes associées à l'Ordre.

---

1. On dit aussi « Cantique des montées » *(N.D.T.)*.
2. G.W. Anderson, « Psalms », in *Peakes Commentary on the Bible.*

Nous pensons que, parmi ceux qui ont utilisé ce degré au cours des derniers siècles, pas un ne comprenait la signification de tout cela. L'utilisation d'un triangle équilatéral faisant face à l'orient est important pour ce degré, même s'il donne l'impression d'être un accessoire sans signification. Mais du fait de la dimension astronomique de la franc-maçonnerie, nous soupçonnions qu'il tirait probablement son origine de la religion astrale des Cananéens. Dans la franc-maçonnerie, nous pouvons être certains que les bâtons (aussi appelés baguettes) portés par les deux diacres sont des *Asheras*, les bâtons repères servant à mesurer les mouvements du Soleil[1]. Ces objets tirent leur nom de la déesse cananéenne qui était la mère des jumeaux, représentant pour l'un Vénus à l'aube et pour l'autre Vénus au crépuscule. Au lever du Soleil le jour du solstice d'été, un *Asherah* planté dans le sol devant une tente (souvenons-nous que les dieux – y compris Yahvé et son arche – étaient originellement conservés dans une tente) projetterait une ombre vers le sud-ouest et à l'aube du solstice d'hiver, l'ombre porterait vers le nord-est, ce qui formerait ainsi un delta dont la base serait une ligne nord-sud.

L'angle des ombres créées par les positions extrêmes du Soleil varie considérablement selon la latitude. Nous avons déjà mentionné comment les peuples des poteries cannelées utilisaient par exemple ce détail : ils reproduisaient des formes en losange ou en carré (dont les angles épousaient justement ces positions solaires extrêmes) sur les monuments pour indiquer leur latitude exacte. Ils donnèrent ainsi naissance à une sorte de « code postal » symbolique néolithique. À l'équateur, l'angle est extrêmement obtus alors qu'aux cercles polaires il est incroyablement large. Dans le Sud de l'Écosse, où la franc-maçonnerie moderne commença, l'angle solsticial est un angle droit parfait de 90°, ce qui donne un losange carré quand on ajoute les ombres des crépuscules.

Les angles du triangle équilatéral utilisé dans ce degré de Melchisédech font tous 60°, ce qui devrait correspondre – si nous ne nous trompons pas quant à la signification de cette forme géométrique utilisée tout au long du rituel du Saint Ordre du Grand Haut Prêtre – à une latitude dans l'hémisphère nord. Et c'est bien le cas : c'est la latitude de... Jérusalem !

Un *Asherah* planté dans le sol dans l'ancienne cité de Melchisédech appelée Salem produit un triangle équilatéral quand les ombres des solstices sont tracées. De cette manière, les ombres des deux colonnes libres Jakin et Boaz qui se dressaient devant le temple de Salomon devaient se mouvoir également de 60° à l'intérieur du saint des saints. Or, ce phénomène ne survient à aucune autre latitude. Cependant, ce résultat sera obtenu n'importe où à

1. C. Knight et R. Lomas, *Uriel's Machine*.

cette latitude, que ce soit dans l'hémisphère nord ou l'hémisphère sud. Par exemple, on peut l'observer pareillement à Shangaï en Chine, à Marrakech au Maroc ou à Wollongong en Australie. Mais honnêtement, ces sites ne semblent pas avoir d'intérêt dans l'histoire de Melchisédech.

Au regard du mode de fonctionnement de l'esprit cananéen que nous connaissons maintenant, il y a excessivement peu de chances pour que les angles intervenant dans le rituel soient le fruit d'un hasard. Il paraît extrêmement probable que ce rituel soit très ancien, mais que sa signification ait été perdue depuis longtemps, en tout cas bien avant la naissance de la franc-maçonnerie. On voit encore une fois ici comment d'anciennes traditions orales et des postures rituelles peuvent véhiculer des informations sur une immense période sans que les individus impliqués dans la transmission n'aient le moindre soupçon quant à la signification du contenu.

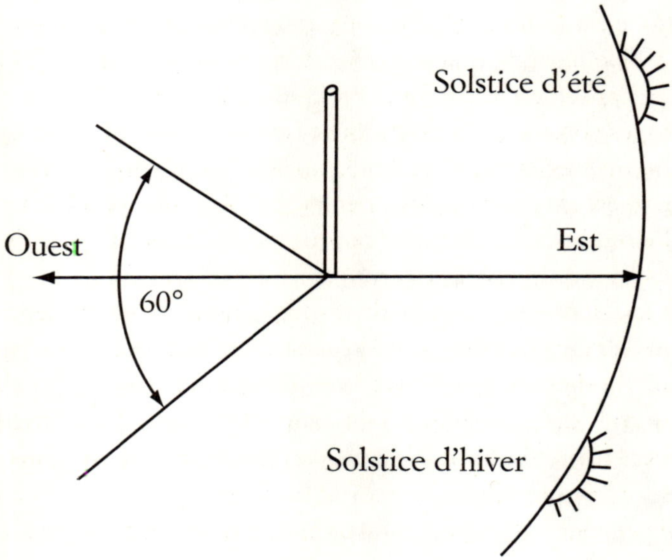

Un bâton planté dans le sol à Jérusalem projettera une ombre qui se déplacera de soixante degrés entre les deux solstices.

Les membres de l'Ordre se tiennent debout sur les deux côtés du triangle formés par les ombres solsticiales. On fait agenouiller le candidat au centre du triangle, où il est oint et consacré, avant d'être relevé et ramené à sa place. Si les côtés extérieurs du triangle – ou delta – représentent les solstices, le centre représente donc les équinoxes et donc, symboliquement, tout candidat est oint d'huile et initié dans l'Ordre lors de l'équinoxe.

Les psaumes de l'Ancien Testament renferment des éléments des anciens Cananéens. On sait par exemple que le psaume XIX serait fondé sur un hymne du matin relatif au mariage du Soleil [1]. Il décrit le déplacement du lever de Soleil au cours de l'année, d'un solstice à l'autre, ce qui, comme nous l'avons vu, crée la forme d'un triangle équilatéral à Jérusalem. La dernière ligne fait allusion au concept originel du *zedek* (ou *tsedeq*), qui dispose qu'aucun mensonge ou contre-vérité ne peut être dissimulé au regard juste du Dieu-Soleil :

> *Là-haut il dressa un tabernacle [tente] pour le Soleil,*
> *Qui est, comme un époux, sortant de sa chambre...*
> *Il a son lever à une extrémité du ciel*
> *et sa course atteint l'autre extrémité ;*
> *À sa chaleur, rien n'est caché.*

Les spécialistes nous disent que le Dieu-Soleil se marie dans ce mythe pré-hébraïque, en l'occurrence à Anat (également connue sous le nom d'Astart ou d'Astarté), c'est-à-dire, comme nous le savons, la planète Vénus [2].

Dans la vieille légende qui se trouve derrière le psaume XIX, l'époux est le Soleil et sa fiancée est la brillante étoile du matin, Vénus [3]. En se fondant sur des passages comme celui du Premier Livre des Rois 11, 5, les spécialistes de la Bible n'ont pas manqué de noter que Salomon vénérait Vénus sous sa forme particulière de divinité des Phéniciens [4]. Le culte officiel de Vénus en tant que « Reine du ciel » (Astarté) perdura dans le royaume de Juda jusque vers 600 AEC [5].

Et donc ici, dans les psaumes de la Bible, nous avons la description du mariage des deux principales divinités astrales, le Soleil et sa parèdre qui danse autour du dieu de *zedek* avec une grande précision selon un cycle de 40 ans – et autour du zodiaque en 1 440 années. Ces attributs furent transmis dans une autre divinité qui prit le nom de Yahvé, le dieu des juifs... et donc des chrétiens. L'histoire devient encore plus intéressante quand on considère le résultat de ce mariage. Voici l'interprétation d'un spécialiste :

> *Que le mariage sacré amène comme fruit la naissance d'un Roi-Sauveur est conforme au mythe et au schéma rituel... Ici se manifeste l'histoire de la conception d'Isaac. Les traditions en question sont maintenant éparpillées dans les chapitres de la Genèse* XVII-XVIII... *Derrière l'oracle d'Isaac, nous pouvons présumer l'existence d'un motif mystique cananéen et on peut facilement démontrer que la catégorie*

1. S. H. Hooke, *Myth, Ritual and Kingship*, Oxford at the Clarendon Press, 1958. Voir « Early Hebrew Myths & their Interpretation ».

2. *Ibid.*

3. J. Engnell, *Studies in Divine Kingship*, S.P.C.K., 1962.

4. J. Mauchline, « 1+11, Kings », in *Peakes Commentary on the Bible.*

5. S. H. Hooke, *op. cit.*

littéraire de l'oracle relatif à la naissance d'un enfant dieu-roi remonte à un schéma traditionnel cananéen [1].

Dans la Genèse 21, 1-3, il est dit que Yahvé – désormais dieu unique – « visite » la femme d'Abraham, qui était alors un vieil homme :

Et le Seigneur visita Sarah comme il l'avait dit et il fit pour elle comme il l'avait annoncé.

Sarah conçut et donna un fils à Abraham déjà vieux, au moment précis que Dieu lui avait signalé.

Et Abraham donna le nom d'Isaac au fils qui lui naquit, enfanté par Sarah.

Mais le verbe utilisé pour la « visite » est *pâqad*, ce qui signifie « visiter » une femme dans un sens sexuel, c'est-à-dire avoir des relations avec elle, et non simplement venir la saluer [2]. Ainsi Sarah semble se présenter comme une Marie beaucoup plus ancienne : la mère d'un enfant de Dieu, divinement conçu. Abraham était remarquablement vieux pour procréer : selon les calculs de l'archevêque Ussher, il avait exactement cent ans quand Isaac naquit. Donc la visite d'un « dieu » semble l'hypothèse la plus probable pour que Sarah ait pu procréer.

Comme il est improbable que le Soleil ou toute autre divinité astrale puisse rendre une jeune femme enceinte, nous pouvons soupçonner l'implication d'une quelconque manière de l'homme-dieu Melchisédech. Ainsi, apparemment, pendant que le vieil Abraham payait des dîmes au prêtre-roi, son hôte « visitait » sa femme.

Il y avait de quoi s'extasier sur l'ancienneté du triangle éternel (à défaut d'être équilatéral) !

Sarah signifie « reine » ou « princesse » et il a été établi que le nom Isaac (Yishâq) vient du mot cananéen signifiant « il rit » – ce qui semble une allusion au fait que dans la Genèse (21,6), Sarah dit qu'elle « rit » quand Dieu lui donna un fils. En outre, « il rit » est un trait intimement associé au dieu El dans la littérature mythique ugaritique. Il est aussi éminemment significatif que l'enfant tétait le sein de la vierge, Anat (Vénus [3]). Donc, nous pouvons conclure que cette histoire d'Abraham, Sarah et Dieu est l'adaptation d'une ancienne tradition cananéenne relatant la « visite » d'une divinité à la reine, leur mariage sacré amenant la naissance d'un enfant royal et divin.

En étudiant ce que l'on savait de l'influence du rituel cananéen sur le judaïsme, nous fûmes surpris de constater que de nombreux spécialistes

1. S.H. Hooke, *Myth, Ritual and Kingship*, Oxford at the Clarendon Press, 1958. Voir « Early Hebrew Myths & their Interpretation ».

2. *Ibid.*

3. *Ibid.*

décèlent bien plus d'éléments sur le côté féminin de Dieu que ne le laisse supposer la Bible. Un de ces érudits résume la situation ainsi :

> *À partir du seul Ancien Testament, nous n'aurions jamais pu deviner qu'Israël associait une déesse à Yahvé, et même assez communément, mais ce constat est pourtant incontournable et nous pensons légitimement qu'elle joua un rôle dans la mythologie et le rituel d'Israël. On peut difficilement s'empêcher de conclure que des rites, semblables à ceux trouvés ailleurs, étaient observés dans l'Israël d'avant l'Exil, et que parmi ceux-ci, on trouvait une allégorie ou une représentation du mariage annuel de Yahvé et Anath* [1].

CONCLUSIONS

Nous commencions à croire que les nouveaux venus qui étaient arrivés à Sumer en apportant leur civilisation étaient les marchands des poteries cannelées. Ils se seraient installés dans un environnement qu'ils trouvaient attractif, tout en conservant des liens avec d'autres groupes, peut-être dans des endroits comme Gebal (Djebail) au Liban.

Nous pensons que les Sumériens et les « immigrants » arrivant au Levant étaient des membres du peuple des poteries cannelées. Les deux groupes présentaient des ressemblances au-delà de leur théologie fondée sur Vénus.

Le culte du Soleil se trouve au centre de nombreuses religions anciennes, mais Vénus est aussi importante pour les cultures qui, croyons-nous, sont liées au peuple des poteries cannelées orcadiennes. Elle était d'une extrême importance, par exemple, pour les Brittoniques de l'époque mégalithique. Et c'est la lumière de la Vénus levante qui illumine « les ténèbres de la mort » pour un candidat au troisième degré maçonnique. Nous découvrîmes des associations avec Vénus chez les Sumériens, les Cananéens, les Égyptiens et les juifs.

Les fondateurs de l'Égypte apportèrent aussi avec eux les arts de la construction, de la navigation et de l'astronomie qui permirent le développement rapide de l'une des plus grandes civilisations de tous les temps. Nous avions noté que la principale caractéristique de Newgrange était son spectaculaire mur en quartz blanc. Or la première cité d'Égypte s'appelait Memphis, ce qui signifie « Mur blanc ».

Il y avait de fortes présomptions, pensions-nous maintenant, pour que la dispersion du peuple des poteries cannelées ait engendré les civilisations ultérieures du Moyen-Orient.

1. S.H. Hooke, *Myth, Ritual and Kingship*, Oxford at the Clarendon Press, 1958. Voir « Early Hebrew Myths & their Interpretation ».

Les tablettes de Ras Shamra livrent beaucoup d'éléments sur les anciens rituels cananéens qui présentent nombre de parallèles avec le troisième degré de la franc-maçonnerie, au cours duquel le candidat est symboliquement tué et ressuscité. De récentes études sur l'Ancien Testament ont replacé Melchisédech, le prêtre-roi astral cananéen, dans un contexte ayant des connexions maçonniques déterminées.

Un *Asherah* ou « baguette à ombre » planté dans le sol à la latitude de Jérusalem forme un triangle équilatéral quand les ombres des levers de Soleil solsticiaux sont repérées. On rencontre encore des allusions à cet ancien rituel dans la franc-maçonnerie moderne, mais toute la signification a été perdue. Les membres de l'Ordre maçonnique du Grand Haut Prêtre se tiennent debout sur les deux côtés du triangle, formés par les ombres solsticiales. Le candidat s'agenouille au centre du triangle, où il est consacré et relevé. Les côtés extérieurs du triangle ou delta représentant les solstices, son centre est l'équinoxe. Cela signifie que tout candidat est oint d'huile et initié dans l'Ordre à cette date.

Il y eut une continuation de la prêtrise cananéenne après que David est devenu roi. Ainsi David perpétua la tradition qu'Abraham avait commencé avec Melchisédech et qui reconnaissait la validité du Haut Prêtre cananéen et du roi de Jérusalem. C'est ainsi que naquit la croyance juive en deux messies distincts, un royal et un sacerdotal.

CHAPITRE VII

LES CULTES GÉMELLAIRES DU JUDAÏSME

LA NOUVELLE NATION

D'après l'Ancien Testament, les israélites soumirent progressivement les villes cananéennes au cours de la seconde moitié du deuxième millénaire avant l'ère commune, c'est-à-dire quand les Hébreux quittèrent l'Égypte derrière Moïse et Josué avec l'intention de s'approprier le pays de Canaan. Personne ne connaît la date exacte de cet exode, mais la tradition juive situe le franchissement de la mer Rouge par Moïse en 1447 AEC et la Bible anglaise du roi Jacques le date un peu plus tôt en 1491 AEC.

À la fin du règne de Salomon, plus de cinq cents ans plus tard, les Cananéens de l'Est avaient été assimilés dans la nation juive et ceux de l'Ouest formaient désormais un peuple distinct, les Phéniciens. Cependant, il semblerait que les Hébreux et les Cananéens ne fussent pas aussi différents que le laisse entendre l'Ancien Testament. Les spécialistes de la Bible pensent maintenant que la langue hébraïque dérivait de sources cananéennes et que la langue phénicienne elle-même était identique aux formes primitives de l'hébreu [1].

Les premiers scribes juifs qui retranscrivirent la Bible brossèrent le tableau d'une longue chaîne d'événements, depuis l'époque où Adam fut chassé du jardin d'Éden, en passant par l'Alliance d'Abraham et l'Exode de Moïse, jusqu'à la conquête de Jérusalem par David – un David prédestiné pour établir le siège du pouvoir du Dieu créateur, administré par son peuple élu. Mais nous pensons que c'est une simple rationalisation *a posteriori* pour justifier leur conception du monde.

---

1. « Canaanites », *Microsoft® Encarta® Encyclopedia 2001.* © 1993-2000 Microsoft Corporation. All Rights Reserved.

Les preuves historiques nous révèlent qu'à l'époque où les Hébreux étaient censés s'emparer du pays de Canaan, à l'extrême fin de l'âge du bronze, toute la région nageait dans la plus parfaite confusion. Au XIIe siècle AEC, cette partie du globe connut un soudain effondrement culturel et des déplacements massifs de population [1]. Selon le professeur William Stiebling, un changement climatique marqué en serait responsable. Une grande quantité de preuves diverses viennent attester qu'un tel phénomène intervint à cette époque. Apparemment, celui-ci commença par un réchauffement climatique général à partir de 1300 AEC environ. Il dura plus de deux cents ans et entraîna le déclin rapide des zones désertiques du pays de Canaan en raison du manque de pluie. D'après la grande variété de preuves avancées par Stiebling, la plupart des villages de l'intérieur de Canaan furent abandonnés et leur occupation ne reprit qu'après 1000 AEC.

Cette dernière date correspond à la prise de Jérusalem par David et toute cette période de sécheresse concorde avec l'installation des Hébreux dans tout le pays de Canaan. Une question se posait alors à nous : les Hébreux ont-ils occupé une terre désertée par d'autres populations chassées par la pénurie d'eau et de nourriture ?

Stiebling raconte que des récits parlent de révolte interne à Babylone à cette même époque coïncidant avec une chute spectaculaire de la population de 75 %. De son côté, l'Égypte était alors en proie à des pénuries majeures de blé et à des troubles constants avec des bandes de brigands qui tuaient et pillaient les réserves de nourriture restantes. Ces faits viennent renforcer l'hypothèse d'une migration des Hébreux vers des terres vacantes.

En mettant de côté la question scientifique, comme la dendrochronologie [datation par l'analyse des cercles concentriques des arbres] ou les changements intervenus dans le niveau des eaux ou la flore indigène, nous pouvons nettement voir comment la répartition du peuplement humain s'est modifiée. Tandis que les Cananéens de la côte (c'est-à-dire les futurs Phéniciens) ont bien fait face au problème de chaleur, leurs frères de l'Est, vivant dans des zones plus élevées et plus isolées, ont davantage souffert.

En étudiant par exemple les sites de peuplement du secteur théoriquement alloué à la tribu juive de Manassé, on relève une configuration qui s'accorde parfaitement avec les effets que l'on peut attendre d'un problème climatique. Manassé est une région de collines bordée de déserts qui couvre une zone de quinze à vingt-cinq kilomètres de large, partant de la côte et s'étirant jusqu'au Jourdain, entre le lac de Tibériade et la mer Morte. L'auteur de cette analyse, le Dr Adam Zertal, est un économiste agricole devenu

1. W. H. Stiebling, « Did the Weather Make Israel's Emergence Possible ? » in *Biblical Review*, vol. X, n°4, août 1994.

archéologue, ce qui le rend particulièrement qualifié pour une telle étude. Il a montré comment le nombre de sites d'occupation variait au cours de la période qui nous intéresse.

Au cours de l'âge du bronze moyen (1750-1550 AEC), il y avait 116 établissements, mais au cours de l'âge de bronze récent (1550-1200 AEC), ils tombèrent à 39. Voilà le type de déclin que nous nous attendons à trouver dans la période climatique inhospitalière et sèche que décrit Stiebling. Puis, dans l'âge de fer I (1200-1000 AEC), le nombre d'établissements remonte brusquement jusqu'à dépasser le taux originel avec 136 sites. Zertal commente :

> *Cet accroissement spectaculaire du nombre d'établissements fait soupçonner l'arrivée d'une nouvelle population dans la région au cours de l'âge de fer I. Ceci correspond au récit biblique de l'arrivée d'Israël en Canaan au cours de la même période* [1].

En outre, l'équipe de Zertal remarqua que si la précédente population s'était davantage établie dans les vallées plutôt que sur les collines (dans une proportion de trois contre un), celle qui arriva ensuite s'installa de préférence sur les montagnes (dans une proportion de deux contre un). Ces données suggèrent que la nouvelle population était différente de l'ancienne et qu'elle arrivait avec des idées neuves quant au choix des sites d'établissements.

Nous découvrîmes qu'il existe trois théories principales concernant l'arrivée des Hébreux en Canaan. La première, le « modèle de conquête » de William Albright [2], considère les batailles décrites dans l'Ancien Testament comme une réalité historique. La deuxième, celle d'Albrecht Alt, est un modèle d'« infiltration paisible ». La troisième, celle de George Mendenhall, est le modèle d'une « révolution sociale ou d'une révolte paysanne ».

Albright a cherché des preuves pour soutenir l'histoire racontée dans la Bible, mais les découvertes archéologiques réalisées depuis la première publication de sa théorie ne sont pas venues la renforcer. Selon nous, après avoir passé au crible quantités d'informations disponibles, c'est la théorie de Mendenhall (et particulièrement les compléments apportés par Norman Gottwald) qui nous paraît la plus proche de la réalité historique.

Mendenhall, et plus tard Gottwald, se sont appuyés sur des concepts modernes anthropologiques et sociaux pour avancer que la plupart des premiers israélites n'étaient pas des étrangers qui arrivèrent dans le pays, mais des Cananéens renégats qui s'étaient révoltés contre leurs oppresseurs

1. A. Zertal, « Israel enters Canaan », *Biblical Archaeology Review*, vol. XVII, n°5, septembre-octobre 1991.
2. W. F. Albright, *From the Stone Age to Christianity*, The Johns Hopkins Press, 1940.

urbains féodaux. Cette classe inférieure cananéenne s'enfuit vers l'est et le sud pour gagner les collines centrales en abandonnant les régions occidentales du pays. En termes plus simples, Israël émergea du sein de Canaan plutôt qu'il ne l'envahit de l'extérieur. Si ce modèle est retenu – et c'est ce que nous faisons –, alors les Hébreux sont simplement des paysans cananéens.

Cette explication s'accorde parfaitement avec la « Période des Juges » de l'Ancien Testament, qui intervint à l'époque de l'âge de fer 1, avec son arrivée de population dans le pays des collines. Avant l'introduction de la royauté hébraïque, les différentes tribus étaient dirigées par des chefs qui sont appelés « Juges » dans la Bible. Les auteurs ultérieurs du Deutéronome essayèrent de lister ces hommes comme s'ils avaient détenu le pouvoir à tour de rôle. Mais les études bibliques modernes considèrent que la plupart furent des adversaires se disputant le pouvoir au même moment.

Gédéon, l'un des derniers juges qui changea son nom cananéen Yerubbaal, semble avoir surpassé le niveau des autres juges. Il entretint un harem et eut soixante-dix fils. Pendant son temps libre, il établit un centre religieux à Ophra, où il créa un objet cultuel appelé éphod. C'était un instrument de divination, comparable de par sa signification religieuse à l'Arche d'Alliance de Moïse (et qu'il ne faut pas confondre avec l'un des éléments [pagne, tunique ou écharpe selon les époques] du vêtement cultuel des prêtres qui portait aussi ce nom d'éphod). À Ophra, Gédéon donna formellement le nom d'Abimélek à l'un de ses fils, un nom qui honorait Dieu dans sa double qualité de père et de roi. En faisant cela, il accomplissait les premiers pas en direction d'une royauté juive.

Les paysans cananéens devinrent les Hébreux, un terme qui vient du mot 'Apiru[1]. Plus de trois cents tablettes cunéiformes ont été découvertes à Tell el-Amarna, la capitale du pharaon égyptien Akhenaton (1353-1335 AEC). Beaucoup contiennent des correspondances entre le pharaon et ses vassaux royaux de Canaan et révèlent que l'Égypte était en train de perdre son contrôle sur les États qui lui étaient soumis, y compris donc Canaan, pays qui lui-même était confronté à des problèmes soulevés par ces mystérieux 'Apiru. À partir des descriptions fournies, il est clair que ces 'Apiru n'appartenaient pas aux rangs de la société cananéenne normale, qu'ils venaient d'ailleurs et qu'ils se comportaient comme des employés agricoles, des mercenaires et même des hors-la-loi. Une lettre raconte comment un groupe d''Apiru, dirigé par un certain Lab'ayyu, prit le contrôle de la cité de Shechem dans le centre vallonné de Canaan.

1. *Peake's Commentary on the Bible*, Thomas Nelson and Sons, 1962.

Nous sentions qu'une image claire était en train de se former sous nos yeux.

L'aristocratie et les classes moyennes du pays côtier de Canaan connurent également une réussite éclatante. Ils contrôlaient quasiment tout le commerce international et devinrent des marchands riches et prospères. Les nantis des cités côtières n'avaient plus besoin d'une importante masse laborieuse, parce qu'ils réalisaient l'essentiel de leurs profits à l'étranger et importaient toutes les nourritures et les marchandises exotiques qu'ils consommaient. Progressivement, ils perdirent tout contact avec leur propre population paysanne, pratiquement inemployable, et ces 'Apiru rejetés et démoralisés devinrent une sous-classe d'indésirables qui commencèrent à parcourir désespérément le pays en quête d'emploi et de nourriture.

Il ne fait aucun doute que certains étaient venus d'Égypte pour servir comme ouvriers agricoles, laboureurs ou mercenaires. L'histoire de Moïse présenté comme un Hébreu ('Apiru) est peut-être fondée sur le souvenir d'un mercenaire de grande renommée qui aurait eu le grade de général dans l'armée égyptienne. Selon ce scénario, le récit de l'Exode des Hébreux quittant l'Égypte prend tout son sens, puisqu'ils s'échappèrent vers le nord-ouest en quête de leur Terre promise – c'est-à-dire la terre qui leur avait été promise par la naissance. Quand ils arrivèrent en Canaan, le pays que leurs ancêtres avaient abandonné des générations plus tôt, ils découvrirent qu'ils n'étaient maintenant qu'un groupe parmi beaucoup d'autres 'Apiru presque apatrides.

Ces réfugiés d'Égypte étaient peut-être un peu plus raffinés que les paysans vulgaires qu'ils trouvèrent sur leur Terre promise. Ils se mirent à tenter de les organiser en une nouvelle sorte d'ordre social, sous le commandement d'hommes que la Bible appelle les « Juges ». Les rois des cités cananéennes ont dû prendre peur quand ils virent les habitants des campagnes commencer à réclamer un meilleur sort. Il y eut peut-être des batailles et des soulèvements paysans sous la conduite d'ex-mercenaires ayant une connaissance militaire suffisante pour faire tomber une ou deux cités mineures. Mais nos recherches ne cessaient de nous ramener aux histoires du roi David.

Les plus anciens récits sur la création d'un véritable État juif concernent David, dont Jésus prétendait descendre. L'Ancien Testament dit que dès que David prit Jérusalem, le processus de centralisation du clergé dans la cité commença. Une organisation de plus en plus élaborée fut créée avec des pratiques qui la distinguaient des rites religieux de la campagne environnante. Dans les zones rurales, les prêtres exécutaient dans des sanctuaires locaux (appelés « hauts lieux ») une forme de culte yahviste qui était plus ou moins identique aux vieilles pratiques cananéennes (ces dernières étaient de nouveau autorisées parce que l'on avait simplement substitué le nom du nouveau dieu aux anciens[1]). Le professeur Samuel Hook, spécialiste de la Bible, dit à ce propos :

> *À partir de l'introduction de la royauté (hébraïque), le changement suivant fut la séparation entre la pratique religieuse de la capitale et celle de la campagne. À partir des éléments fournis par les rédacteurs deutéronomiques des Livres des Rois et des Prophètes, nous savons que dans la campagne, les sanctuaires locaux – les « hauts lieux » – avec leurs prêtres locaux exécutaient une forme de culte yahviste qui était fortement influencé par la pratique cananéenne. Osée montre à quel point Yahvé et Baal se confondaient dans l'esprit des fidèles israélites. Cet état de chose persista, en dépit des condamnations prophétiques et des efforts des rois réformateurs, jusqu'à la chute de Jérusalem, en 586 AEC*[2].

Cependant, les juifs introduisirent un concept de royauté particulier dans les régions qu'ils contrôlaient. Le premier roi, Saul, est décrit de la même manière qu'un ancien juge, un personnage divinement mandaté pour assumer des fonctions essentiellement militaires. L'autorité du roi David est différente : elle est fondée sur une alliance. C'est un accord mutuel entre trois parties : le roi, le peuple et Yahvé. Le droit de David à la royauté s'appuyait sur sa relation particulière avec Dieu.

David fut considéré comme le premier messie. Et cette prétention se fondait elle aussi sur son rapport spécial avec Yahvé, par l'intermédiaire de cette alliance[3]. Les conditions de l'accord engageaient deux parties : le monarque et la nation. Le rôle de Yahvé était celui d'un contrôleur qui veillait à ce que le marché soit bien exécuté des deux côtés. Cette configuration était un concept remarquablement démocratique, aussi original qu'unique. Dans les faits, il s'agissait d'une charte et d'un serment de couronnement comportant des limitations inhérentes aux prérogatives royales, ainsi qu'une garantie divine accordant de larges droits et libertés aux sujets.

À cette époque, dans tous les autres pays des alentours, le roi était un autocrate absolu dont les sujets n'avaient pas le moindre droit. Antérieurement, le langage de la cour d'Israël avait parfois adopté une terminologie où le citoyen ordinaire était appelé « serviteur, voire esclave » du roi. Mais sous le règne de David, une nouvelle conception de l'organisation sociale fut mise en place dans laquelle le sujet du roi était considéré comme son « frère » (Deutéronome, 17, 20) ou son « prochain » (Jérémie, 22, 13). C'était une théorie révolutionnaire de la relation entre le gouvernant et le gouverné. Mais elle devait être de courte durée.

---

1. Phénomène qui se reproduira à l'identique avec le christianisme qui, en arrivant en Europe, adopta les anciennes pratiques religieuses en transformant les anciens dieux en saints *(N.D.T.)*.
2. S.H. Hooke, « The Religious Institutions of Israel », *Peake's Commentary on the Bible*, 1962.
3. Arthur Hertzberg, *Judaism*, George Braziller, New York, 1962.

À mesure que le temps passait, des territoires de plus en plus nombreux et étendus passaient sous le contrôle du peuple des campagnes. Même les ports les plus au sud, comme Ashkélon, furent pris. Mais les cités côtières des Phéniciens demeurèrent imprenables. Finalement les juifs s'emparèrent de Jérusalem, victoire qui pourrait fort être plus politique que militaire.

D'après l'Ancien Testament, le temple du roi Salomon en l'honneur de Yahvé fut construit sur un terrain que David avait acheté six cents sicles (*shekels*) d'or à un Jébuséen [1] qui s'appelait Arauna (parfois appelé Ornân). Auparavant, celui-ci y battait le blé [2]. Six cents sicles représentaient une importante somme d'argent. Si ce détail financier est inclus dans l'histoire, c'est sans doute pour montrer que David se comportait de manière correcte vis-à-vis de la population indigène. Le Livre de Samuel raconte comment David acheta ce haut lieu sur le conseil du prophète Gad. Celui-ci avait jugé nécessaire d'apaiser la colère de Dieu, furieux que David ait organisé un recensement dans son nouveau royaume pour faciliter la collecte des impôts. Le Livre de Samuel dit que Dieu envoya un ange pour exterminer un grand nombre des sujets de David. Mais le choix du mode de destruction fut laissé au souverain. Au nom de Yahvé, Gad proposa au roi de choisir entre trois types de calamités en guise de châtiment : la famine pendant sept années, une guerre désastreuse pendant trois mois ou la peste pendant trois jours. Sans surprise, David opta pour cette dernière hypothèse. Effectivement, à l'époque de la moisson des blés, une épidémie de peste se déclara dans le peuple, tuant soixante dix mille sujets. Puis, au moment où le fléau était sur le point d'atteindre Jérusalem, David implora Yahvé et la peste s'arrêta [3]. L'histoire paraît improbable pour plusieurs raisons (le nombre de victimes théoriques du fléau en trois jours n'étant pas la moindre).

Étant donné que l'Ancien Testament fut écrit plusieurs siècles après les événements décrits, David fut-il un personnage historique réel ou simplement un mythe composite ? Certains pensent qu'il exista réellement parce qu'il est fait référence à la « Maison de David » sur la stèle de Tel Dan du IXe siècle AEC et la stèle d'un roi moabite appelé Mesha qui régna vers 849-820 AEC. Mais même ces références sont postérieures de deux cents ans aux événements supposés.

Nous avons demandé à notre ami, le professeur Philip Davies, de nous donner un avis autorisé sur la question. Philip nous répondit :

1. Les Jébuséens étaient les habitants de Jérusalem avant l'arrivée du peuple hébreu.
2. Premier Livre des Chroniques 21, 18-30.
3. 2 Samuel 24, 10-17.

> *La stèle de Tel Dan possède un mot qui peut se traduire par « Maison de David », mais il peut aussi signifier d'autres choses. Même s'il signifie vraiment « Maison de David », cela ne veut pas dire que le David en question est le personnage que décrit la Bible. Même les spécialistes de la Bible les plus exaltés admettent qu'il n'exista jamais de grand empire davidique, que Jérusalem était un insignifiant petit village et que les légendes concernant David sont probablement d'énormes exagérations. Au mieux, nous avons peut-être un élément historique au cœur de la légende, mais je ne suis même pas certain de cela. Je crois que nous pouvons faire une analogie avec le roi Arthur : il y a peut-être un noyau historique, mais l'homme des légendes ne l'est pas.*

Donc, nous avons probablement affaire à un mythe juif, construit beaucoup plus tard, pour expliquer certaines croyances et la vénération de certains endroits singuliers. Quand les rédacteurs ultérieurs de l'Ancien Testament essayèrent de prouver que la nation des juifs avait une histoire, il n'aurait pas été très convenable d'avouer que leurs croyances n'étaient que des aspects de la théologie cananéenne. Alors ils personnifièrent le processus dans la personne légendaire du roi David. Pour simplifier nos discussions, cependant, nous retînmes leur convention et continuâmes à faire référence à David comme s'il s'agissait d'un individu particulier.

Le jeune roi Hiram n'était pas depuis longtemps sur le trône de Tyr quand le seigneur de la guerre 'Apiru David prit le contrôle de Jérusalem aux Jébuséens, transformant la cité du clergé vénusien de Melchisédech en cité de David. L'Ancien Testament précise que David, l'ambitieux souverain des 'Apiru, persuada l'aristocratie jébuséenne de Jérusalem de lui céder le contrôle de la ville. Flavius Josèphe ajoute que les chefs de la cité insultèrent David en utilisant tous les estropiés, les boiteux et les mendiants de Jérusalem pour lui barrer la route, en clamant que des boiteux étaient largement suffisants pour l'empêcher de prendre la ville [1]. David se contenta d'assiéger la cité et d'attendre que ses chefs soient obligés de traiter avec lui. Il s'empara donc de la ville, mais laissa en place les services du clergé de Melchisédech et désigna Zadok pour être son grand-prêtre.

Réalisant que son riche et vulnérable port de Tyr, avec ses temples « faiseurs-de-rois », pourrait fort bien être la prochaine cible de David sur sa liste des cités à prendre, Hiram décida de gagner du temps. Il se fit un ami du nouveau souverain de Jérusalem et lui offrit son assistance et ses compétences techniques. Il lui construisit même un palais à Jérusalem pour consolider son pouvoir et ainsi, il garda le seigneur de la guerre juif dans sa capitale... et loin de Tyr. Flavius Josèphe dit de ces événements :

1. Flavius Josèphe, *Antiquités*, VII, III, 1.

Hiram, également roi des Tyriens, lui envoya des ambassadeurs [à David] et constitua avec lui une ligue fondée sur l'amitié et l'assistance mutuelles. Il lui envoya aussi des cadeaux, des cèdres et des machines, et encore des architectes et des artisans de talent pour lui construire un palais royal à Jérusalem [1].

Cette ruse fonctionna et permit à Hiram de gagner assez de temps pour reconstruire sa cité de Tyr sur l'île rocheuse artificielle à quelques centaines de mètres de la côte. Le souverain veilla consciencieusement à transférer toutes les sources de sa puissance royale dans sa nouvelle forteresse insulaire. Il éleva de nouveaux temples à ses dieux, qui garantissaient ce pouvoir royal, puis il démolit les anciens, plus vulnérables, sur le continent.

La nécessité pour David d'être reconnu comme le fondateur d'une nouvelle lignée de rois explique, selon nous, pourquoi il est raconté que les 'Apiru se seraient emparés de Jérusalem à un moment donné et pourquoi les rédacteurs ultérieurs de l'Ancien Testament insistèrent tant sur le fait que David fut oint. L'onction était un élément majeur du processus du sacre phénicien, rituel particulier qui s'exécutait dans un temple faisant face à l'est avec deux colonnes à son entrée.

L'affirmation selon laquelle Samuel aurait oint et consacré Saul, d'abord, puis David, apparaît comme une tentative de reproduction des rituels cananéens. Mais les scribes de la Bible étaient conscients que cela ne suffisait pas pour avoir un « vrai » roi. Les Jébuséens savaient que les vrais rois cananéens étaient les époux de Vénus : le nom de leur cité, Jérusalem, reflète cet aspect. Pour obtenir le degré d'autorité du souverain cananéen, David avait besoin en propre d'un temple faisant face à l'est, de préférence dédié à son nouveau dieu, celui qui demeurait dans l'Arche, autrement dit Yahvé. Dans ce sanctuaire, le souverain hébraïque pourrait exécuter les rituels de sacre royaux et épouser la déesse dans la froide clarté d'une aube.

Flavius Josèphe nous parle de la décision, mais pas du motif :

Maintenant que le roi [David] voyait ses affaires s'améliorer presque quotidiennement, par la volonté de Dieu, il pensa qu'il risquait de L'offenser en continuant de résider lui-même dans une grande maison construite en cèdre abritant les plus curieuses œuvres architecturales, alors qu'il négligeait l'Arche déposée dans le tabernacle. Aussi fut-il désireux d'élever un temple à Dieu, Moïse ayant prédit qu'un tel édifice serait construit.

La maison abritant les plus curieuses œuvres architecturales était le présent d'Hiram, le roi de Tyr. Quand à l'affirmation selon laquelle Moïse aurait prédit la construction d'un tel temple, aucune version du Pentateuque n'en

1. Flavius Josèphe, *Antiquités*, VII, III, 2.

parle, mais on sait qu'on la trouve dans *Le Testament maçonnique*, dans lequel Moïse dit à Beçaléel que le tabernacle est le modèle du temple, qui un jour sera construit en pierre (*Le Testament maçonnique*, 6, 7). Il nous semblait intéressant que Josèphe ajoutât un détail qui ne se trouvait que dans les textes maçonniques et nulle part ailleurs.

À l'appui de cette thèse concernant David, nous découvrîmes les travaux du professeur Jagersma, qui détient la chaire d'études hébraïques et vétéro-testamentaires de l'université de Bruxelles. Il observe à propos des histoires bibliques de David et de l'Arche :

> *Dans les histoires qui suivent son onction par Samuel, David est constamment présenté comme un puissant guerrier et un général habile... La prise de Jérusalem [par David] déposséda les Philistins d'une position clé qu'ils occupaient dans cette région depuis un certain temps... Un autre fait important qui favorisa ce transfert du pouvoir fut l'affaiblissement de la puissance des vieilles cités-États [phéniciennes]. Ce phénomène a clairement pour cadre la sphère économique. Alors qu'auparavant, l'activité économique se concentrait principalement dans la plaine côtière, on assistait à un glissement croissant vers l'est et le pays intérieur des collines... L'intégration des habitants de Jérusalem et d'autres cités cananéennes dans le royaume de David eut des conséquences considérables non seulement sur le plan religieux, mais également en matières sociales et économiques. David comprit probablement parfaitement que Jérusalem ne pouvait fonctionner correctement en tant que centre politique, que si elle acquérait également un statut de centre religieux... pour David, l'Arche avait clairement une grande signification... Avoir amené l'Arche à Jérusalem eut pour résultat de transformer de plus en plus la ville en centre du culte [de Yahvé]* [1].

La cité de Jérusalem avait beau être minuscule, elle était bien fortifiée. Sa prise dut représenter la victoire suprême de David, le roi paysan du mythe et de la légende. La Bible nous dit qu'il rassembla immédiatement après une armée de trente mille hommes d'élite pour transporter l'Arche d'Alliance de Qiryat-Yéarim [2] (Baala [3]) jusqu'à sa nouvelle capitale et qu'il dansa tout le long du chemin. En route, le conducteur du chariot portant l'Arche fut frappé à mort pour avoir accidentellement touché la demeure de Yahvé. Donc, pour éviter de nouveaux problèmes, David sacrifia un bœuf et un veau tous les six pas.

Il dut s'agir d'un périple lent et sanglant.

---

1. H. Jagersma, *A History of Israel to Bar Kochba*, SCM Press, 1985.
2. Également ortographiée Kiriath-jearim ou Cariath-Yarim *(N.D.T.)*.
3. Également Baalah ou Baalath *(N.D.T.)*.

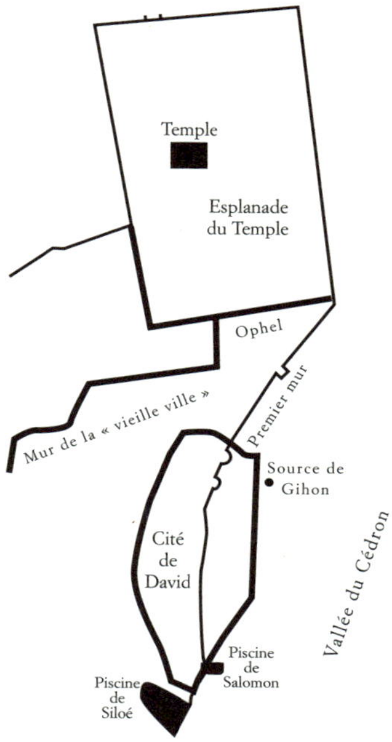

La ville de David était un minuscule établissement. Le temple ultérieur fut construit plus au nord, sur la hauteur.

LE RICHE ET LE PAUVRE

Nos recherches nous avaient jusque-là permis d'identifier deux différentes strates de société cananéenne : les citadins riches et raffinés, personnifiés par les habitants de Byblos et de Tyr, et les paysans qui occupaient les zones rurales périphériques. Les citadins ne se distinguaient pas seulement par la qualité de leurs vêtements et de leur nourriture, mais ils étaient également mieux éduqués en matière de science, de philosophie et de théologie. Ils aimaient la culture et la tradition articulées autour de leurs temples, tandis que les 'Apiru n'avaient à leur disposition qu'un fouillis de vieux mythes et des sanctuaires sacrés repérés par des pierres.

Cependant, ces derniers se mirent à organiser leurs mythes et à développer une nouvelle tradition avec une détermination et une vigueur telles qu'ils éclipsèrent finalement tout le reste. Le monothéisme d'aujourd'hui et son héritage religieux consacrent leur réussite admirable. Mais ce processus de légitimation ne fut pas facile. Plus nous avancions, plus s'accumulaient les preuves qui confirmaient les indices relevés dans le rituel maçonnique : on pouvait relever de nombreuses traces de conflits apparus entre deux religions différentes, amenées à fusionner à contrecœur et temporairement.

Dès que les 'Apiru commencèrent à s'organiser, ils se donnèrent un premier semblant d'héritage en se divisant en quatre tribus et en leur donnant le nom des épouses de Jacob et de ses concubines : Léa, Zilpa, Rachel et Bilha. Quand la population se stabilisa, chaque individu fut associé à une tribu en fonction de la région où il vivait, plutôt qu'en fonction de ses ancêtres [1].

Les prêtres-rois des grandes cités – comme Melchisédech dans la Jérusalem primitive et Hiram dans la Tyr contemporaine – vénéraient le Soleil et Vénus ; ils étaient versés en astronomie et pratiquaient des rituels sacrés pour consacrer les rois. Les petites gens de la campagne environnante suivaient une religion rurale typique fondée sur le thème simple et séculaire d'un dieu – ou son fils – mourant chaque année et ressuscitant au printemps suivant. Nous sommes parvenus à cette conclusion après avoir étudié de nombreux archéologues et spécialistes de la Bible de premier plan. Si les habitants des villes et ceux des campagnes partageaient des croyances semblables, intégrant les anciens concepts de mort et de résurrection avec un contenu astrologique, les différences étaient très significatives.

Les rois et leurs suites aristocratiques se considéraient comme les seuls concernés par la résurrection et Vénus, dans son rôle de brillante étoile du matin, se trouve ostensiblement au centre de ce concept. Pour le peuple de la campagne, le concept de mort et de résurrection était un phénomène survenant annuellement à un roi – ou un dieu – et qui marquait les saisons en assurant les réserves de nourriture nécessaires. Pour ces gens ordinaires, c'était généralement le Soleil qui amenait la résurrection de la terre.

Un spécialiste de la Bible, le revérend Professeur William Irwin, dit de cette imagerie simple de la résurrection :

> *Les cultes du dieu mourant doivent être reconnus comme rien de moins que le sacrement profond de l'ancien monde : un dieu fait le sacrifice de sa vie, afin que la vie triomphe de la mort, et ainsi la souffrance et la peine laissent place à la joie* [2].

Ce thème perdura des milliers d'années. Par exemple, six cents ans avant la venue du Christ, on disait déjà que le dieu Mithra était né dans une étable au solstice d'hiver et sa résurrection était célébrée à Pâques. Mais aucun de ces cultes n'avait une composante vénusienne évidente. Celle-ci, semble-t-il, était réservée aux rites et rituels des rois et des principaux membres de leurs puissantes cités-États.

La différence clé entre ces deux aspects des théologies cananéennes et juives sur laquelle nous voudrions insister concerne la structure temporelle. Le rituel de sacre vénusien associé aux groupes aristocratiques engage le

1. G. Fohrer, *History of Israelite Religion*, S.P.C.K., London, 1973.
2. W. A. Irwin, « Job », *Peake's Commentary on the Bible.*

long terme : on croit que des individus peuvent individuellement ressusciter d'une vie à l'autre. Des héros bibliques comme Énoch (et apparemment Melchisédech) vécurent des centaines d'années. Et quand les rois passaient dans l'au-delà, dans l'autre vie, ils rejoignaient les dieux dans le ciel en vertu de la croyance selon laquelle ils étaient en harmonie avec les mouvements des étoiles et des planètes. D'un autre côté, le petit peuple développait des conceptions à court terme et ne se projetait que de saison en saison. Leur préoccupation primordiale était que leur récolte soit bonne et qu'elle les nourrisse au cours de l'année à venir. « Le dieu mort s'est relevé » était leur cri à chaque Pâque. Inutile de dire que ce qui pouvait survenir quarante années plus tard, à l'occasion du cycle de Vénus suivant, échappait totalement à leur théologie et même à leur entendement.

Le terme « Cananéens » fait généralement référence aux habitants de cités comme la Tyr d'Hiram ou la Jérusalem de Melchisédech. Les 'Apiru étaient originellement des paysans qui, par nécessité de survie, formaient un peuple nomade qui se déplaçait au gré des conditions climatiques et des opportunités d'emploi comme laboureurs ou mercenaires. Il est notoire, par exemple, que les anciens Égyptiens laissaient camper librement ces peuples nomades sur les rives du Nil quand la sécheresse les poussait vers le sud dans une quête d'eau désespérée. Les Égyptiens leur donnaient aussi du travail et beaucoup de ces errants combattaient dans l'armée égyptienne. Ceci peut expliquer pourquoi un 'Apiru comme Moïse devint un général dans cette armée du pharaon avant d'être accusé de meurtre et de devoir fuir vers le nord et Canaan. Un autre spécialiste explique comment, au cours du temps, les 'Apiru ou israélites en vinrent à s'établir dans des sites fixes :

> *Au commencement, la plupart des israélites étaient des paysans vivant en communautés fermées. Une partie d'entre eux passa finalement à une économie vraiment urbaine. C'est une des raisons de l'inimitié ultérieure entre la ville et la campagne, quand elle n'était pas liée, comme l'antipathie de la population rurale de Juda vis-à-vis de Jérusalem, au fait que la majorité des citadins étaient cananéens... Les israélites se virent admettre dans certains sanctuaires cananéens. Les dieux des tribus furent bientôt liés à ces sanctuaires plutôt qu'aux clans eux-mêmes, qui s'étaient maintenant établis de manière permanente. Les divinités nomades devinrent des dieux de lieux spécifiques*[1].

Dès une date très précoce, il exista des liens entre le culte de Vénus et l'idée d'un dieu de la nature mourant et ressuscitant. Et il est même possible qu'une telle association remonte loin à l'époque de la Préhistoire. Les Phéniciens connaissaient Vénus sous la forme d'Ashtoreth, dont l'époux était

1. G. Fohrer, *History of Israelite Religion.*

Tammouz, le dieu de la fertilité végétale et animale. Dans les rituels publics, ces divinités devaient être représentées par le roi et sa grande prêtresse.

Ce thème d'un dieu mourant pour le bien du monde avant d'être ressuscité dut être adopté très facilement par le petit peuple. Il a un charme primordial et il est un reflet évident du phénomène des saisons. Mais les rituels de sacre, qui demeuraient secrets, étaient clairement d'une nature très différente. Ils participaient d'un processus de résurrection personnelle semblable à celui utilisé par les anciens rois d'Égypte, où l'Horus voyageait vers le « Douat » – le pays des morts – pour être couronné par les dieux eux-mêmes.

À l'époque où les 'Apiru étaient devenus la nation juive et que la civilisation grecque connaissait une totale transformation, le culte astral avait décliné et Vénus n'était plus qu'un aspect des cultes de la végétation mourante et renaissante. Le culte de la Vénus faiseuse de rois était mort lorsque les cités-État passèrent à un culte plus nationaliste et intégrant davantage tous les individus, quel que soit leur niveau dans la société. Mais les premiers rois juifs devaient savoir qu'ils avaient vraiment besoin d'accéder aux aspects supérieurs du rituel de Vénus s'ils voulaient devenir eux-mêmes divins et être par conséquent qualifiés pour assumer les besoins de leur nation en matière végétale.

Saül devint le premier roi de ces 'Apiru errants quand ils commencèrent à s'urbaniser. Il fut élevé au rang de roi, non par un processus de droit divin, mais selon trois étapes :

D'abord, il fut élu par une assemblée de représentants des tribus dans la ville de Miçpa.

Ensuite, il fut oint par le prophète Samuel à Ephraïm.

Enfin, il fut acclamé roi à Gilgal.

Gilgal (signifiant « cercle de pierres [1] ») occupa une place importante dans le mythe juif naissant, car c'est l'endroit où l'armée 'Apiru fut circonscrise en masse après qu'ils eussent fait traverser le Jourdain à l'Arche d'Alliance pour la faire entrer pour la première fois dans la Terre promise (Jos 4 & 5). En étudiant cette documentation, nous ne pouvions manquer de nous poser la question : comment ces paysans avaient pu connaître la méthode attestée pour faire d'un homme ordinaire un roi ?

Selon nous, ils n'avaient pu avoir accès aux rituels qui, pour les habitants des cités, transformaient un individu en souverain. Ces rituels étaient des secrets extrêmement bien gardés que les rois Jébuséens de Jérusalem et leurs grands prêtres utilisaient depuis l'époque d'Abraham et de Melchisédech, ce qui explique pourquoi les 'Apiru voulaient tant s'emparer de Jérusalem, qui

1. *Peake's Commentary on the Bible*, Thomas Nelson and Sons Ltd, 1962.

allait être connue ultérieurement comme la « cité du Grand Roi ». Il paraissait improbable qu'un roi jébuséen ait voulu abdiquer et transmettre purement et simplement les secrets du pouvoir politique.

Comme nous l'avons déjà noté, le règne de David, malgré tous ses aspects déplaisants, fut totalement différent de tous ceux qui l'ont précédé en ce sens qu'il traitait tous les citoyens comme égaux. Peut-être qu'il fut enclin à étendre cette égalité à ses sujets parce qu'il n'était encore qu'un « super-juge » : il n'avait pas le statut divin que seul le rituel de vraie royauté sacrée pouvait lui conférer. Ici, croyions-nous, nous avions une explication possible du besoin de Salomon de se voir établi comme roi sacré, à la manière des anciens Cananéens.

Salomon naquit dans la dernière partie de la vie de David, alors que Jérusalem était déjà une cité bien organisée. Or, lorsqu'il devint roi, il s'estima incontestablement supérieur à ses sujets. Il ne montra aucune sympathie pour les conceptions de la société introduites par son père et son accession même au trône fut décrite comme un triomphe des principes de l'autocratie sur ceux de la démocratie [1]. Le roi David est représenté comme une personne ordinaire qui fut choisie pour mener son peuple, comme un président moderne. Mais le roi Salomon fut quelque chose de différent. Son comportement ne traduit aucune égalité avec son peuple ; il est celui d'un homme gouvernant de droit divin. Comment acquit-il ce droit ?

Conclusions

L'aristocratie et les classes moyennes de la côte de Canaan contrôlaient un commerce international lucratif. Ces cités côtières riches n'avaient pas besoin d'une grande masse laborieuse : elles réalisaient leurs profits à l'étranger et importaient toutes les marchandises nécessaires. Elles perdirent le contact avec toute cette masse de paysans inutiles pour elles et ces 'Apiru démoralisés devinrent une classe inférieure errant dans la campagne en quête de travail et de nourriture. Certains durent aller jusqu'en Égypte pour travailler. Ainsi, l'histoire de Moïse présenté comme un Hébreu ('Apiru) peut être fondée sur les actions d'un glorieux général mercenaire de l'armée égyptienne. Le récit de l'exode des Hébreux quittant l'Égypte pour fuir vers le nord-est et leur Terre promise par la naissance prend maintenant tout son sens.

À leur retour, ces 'Apiru organisèrent leur classe inférieure en un nouvel ordre social dirigé par les juges. Les rois des cités cananéennes prirent peur quand ils virent ces ruraux leur réclamer un meilleur sort et ils furent submer-

1. T. H. Robinson, *The History of Israel (A Companion to the Bible)*, T. & T. Clark, 1939.

gés par d'ex-mercenaires ayant reçu une formation militaire suffisante pour vaincre une cité ou deux. À dire vrai, un certain nombre de cités tombèrent aux mains des ruraux – même Ascalon (ou Ashkelon) succomba – mais les cités côtières phéniciennes du Nord furent sauves.

Dès lors, deux différentes strates de la société cananéenne s'étaient développées : les citadins (du type de Byblos et Tyr) et la populace des campagnes. Le peuple des villes était mieux éduqué en matière de science, de philosophie et de théologie. Ils aimaient la culture et la tradition, tandis que les 'Apiru n'avaient à leur disposition qu'un conglomérat confus de vieux mythes. Mais ils organisèrent pourtant leurs mythes pour donner ce qui deviendra l'héritage religieux du monothéisme.

Les citadins cananéens gouvernés par Melchisédech à Jérusalem et par Hiram à Tyr vénéraient le Soleil et Vénus. Ils comprenaient l'astronomie et pratiquaient des rituels de sacres royaux secrets. Les 'Apiru suivaient une religion paysanne moins complexe, dans laquelle le dieu – ou son fils – mourait chaque saison avant de renaître au printemps suivant.

Cette religion astrale cananéenne se développa à partir d'une race de navigateurs et de marchands de grand talent qui vénéraient une déesse se manifestant sous la forme de la planète Vénus. Les établissements originels cananéens avec leurs temples alignés astronomiquement fusionnèrent avec une nouvelle vague d'envahisseurs qui arrivaient des patries du peuple des poteries cannelées.

David, un chef 'Apiru ambitieux, persuada l'aristocratie jébuséenne de Jérusalem de lui transférer le contrôle de la ville, mais elle ne le fit qu'après s'être moquée de ses prétentions royales. Il fit dresser immédiatement un sanctuaire pour le Dieu qu'il avait hérité de Moïse et fit venir l'Arche d'Alliance à Jérusalem. Effrayé par l'évolution des choses, Hiram de Tyr mit en place une solution politique à deux volets. D'un côté, il devint l'ami de David en lui construisant un palais à Jérusalem, tandis que, de l'autre, il déplaçait et mettait en sûreté sa ville et ses temples « faiseurs de rois » sur une île artificielle qu'il construisit dans la mer.

CHAPITRE VIII

VRAIS ROIS, SACRIFICES HUMAINS ET FAISEURS DE PLUIE

RUPTURE DE CONTRAT

Dans l'esprit de beaucoup de monde, le règne de Salomon fut le moment de triomphe du peuple juif, mais la réalité est bien différente. Son œuvre de bâtisseur fut impressionnante, mais il fut aussi extravagant, dépensier et engagea sa petite nation naissante bien au-delà de ses moyens financiers réels. La Bible nous dit que les trésors accumulés par David ne suffirent pas à acquitter le montant des rêves de grandeur de Salomon qui voulait être considéré comme un roi parmi les rois. À cause de sa politique de grands travaux – dont le temple de Jérusalem –, il contraignit son peuple à des travaux agricoles forcés pour produire les récoltes dont il avait besoin pour payer Hiram, le roi de Tyr. À cette fin, Salomon divisa le pays en douze districts qui se partagèrent le travail requis. Cette exigence n'épargna personne dans le royaume, sauf ceux de Juda, ce qui, on le comprend, aggrava le mécontentement croissant que l'on sentait dans le reste du pays. Des révoltes éclatèrent dans le pays d'Édom et parmi les tribus araméennes du Nord-Est, ce qui amena une perte de travail et de revenus et surtout une pression encore accrue sur le reste des sujets de Salomon soumis à rude épreuve.

Nous pensons que Salomon voulait être un vrai roi au sens traditionnel cananéen. Hiram, le roi de Tyr, était la seule personne susceptible de lui « vendre » les rituels de sacre authentiques. Mais si nous avons raison et qu'Hiram scella effectivement un accord commercial avec Salomon pour lui vendre le dispositif et les rituels nécessaires à faire de lui un vrai roi, quels purent être les prestations fournies dans le cadre de ce contrat ? Nous connaissions le côté le plus matériel de la transaction – les détails relatifs au Temple dans la Bible et *Le Testament maçonnique* sont explicites –, mais qu'en était-il des aspects plus « virtuels » ? Quels rituels permettaient de marier un fils de El (Baal) à la déesse Baalat et donc de faire de lui un membre du conseil des dieux ?

En utilisant ce que nous savions de l'héritage viking de William Saint-Clair, nous décidâmes de reconsidérer le rituel maçonnique. Comme nous l'avons vu, la poésie viking regorgeait de formules appelées *kenningar*, une forme de métaphore énimatico-allégorique qui ne pouvait être comprise qu'en ayant une très bonne connaissance du contexte mythologique du sujet. Nous nous demandâmes si la méthode du sacre juif qu'Hiram vendit à Salomon pouvait être dissimulée dans un *kenning* maçonnique ? Il nous fallait rassembler toutes les pièces du puzzle que nous connaissions maintenant pour voir quelle image allait en ressortir.

Nous avons vu au chapitre V que, dès les premiers temps, le roi phénicien était considéré comme le représentant terrestre de El, le grand Dieu-Soleil, et l'époux de la reine des cieux, Baalat. Souvenons-nous qu'au cours des fêtes de fertilité de l'équinoxe de printemps, qui avaient pour cadre le temple de Baalat, l'un des devoirs religieux qui s'imposaient à toutes les femmes fécondes du royaume était de pratiquer la prostitution rituelle. Elles devaient accepter une relation sexuelle sans retenue avec tout étranger de passage qui voulait les prendre. On croyait que El venait sous le déguisement d'un étranger et c'est pourquoi les femmes devaient s'offrir à tous les étrangers au cas où l'un d'eux aurait été le dieu. Pour apaiser l'épouse de El, Baalat, elles donnaient à son temple tout l'argent qu'elles avaient reçu de leur « client ».

Peut-être que le roi, en sa qualité de représentant terrestre de El, ouvrait les « festivités » sexuelles par une copulation publique avec la grande prêtresse de Baalat. Neuf mois plus tard, le fruit d'une telle union serait né autour du solstice d'hiver. Parfois, la déesse regardait ces naissances avec bienveillance et souriait. Ces jours-là, elle apparaissait tout près de son époux dans le ciel matinal et elle manifestait son plaisir par sa brillance glorieuse, clairement visible dans le ciel de l'aube s'illuminant. Qui pouvait douter de sa joie alors qu'on la voyait « danser » autour de son glorieux et lumineux époux, en suivant le chemin rituel qui lui faisait tracer les cornes symboliques de la coiffure de Vénus autour du Soleil se levant et se couchant ?

De telles naissances, engendrées par le roi dans son rôle d'incarnation terrestre de El et enfantées par la grande prêtresse de Baalat en sa qualité de représentante terrestre de la déesse, à un moment où l'on pouvait voir son étoile brillante et le Soleil se lever pratiquement de concert, devaient être véritablement considérées comme des fils de Vénus bénis des dieux.

Nous reconstituâmes la chronologie des règnes des rois de Tyr d'après les informations glanées chez Flavius Josèphe et nous découvrîmes que le roi Hiram était né à un moment du cycle vénusien de huit ans où la planète était toute proche du Soleil lors de son lever. Donc il remplissait toutes les conditions nécessaires pour être considéré comme le fils de Vénus (Baalat) et du Soleil (El). Ce fils était normalement connu sous le nom de Baal, le dieu qui meurt à l'automne et qui renaît au printemps.

Mais que dire des inscriptions tombales qui décrivent les rois de Tyr comme les époux de la déesse Baalat ?

Ces épitaphes semblent être la clé d'un rituel qui transformait un fils de Vénus en consort royal de la déesse et en incarnation terrestre du Très Haut (El). Nous pouvions difficilement savoir avec certitude comment s'exécutaient ces rituels, mais d'après les vestiges archéologiques des temples phéniciens, ils auraient impliqué un temple faisant face à l'est avec deux colonnes à l'entrée, une lucarne au-dessus de la porte pour laisser entrer la lumière pré-aurorale de Vénus et un pavement où le grand prêtre pouvait marcher et exécuter les rituels.

Mais grâce au rituel maçonnique, nous pouvions ajouter un indice supplémentaire pour nous aider à comprendre cette cérémonie.

Un jour, alors qu'il donnait une conférence publique à Dallas, Chris se vit remettre un petit paquet par une femme qui avait écouté l'exposé, mais qui était partie à la fin de celui-ci, au moment où les questions allaient commencer. Quand il ouvrit l'enveloppe brune, il trouva une note manuscrite qui disait :

> *Merci beaucoup à vous deux pour tout votre excellent travail. Que Dieu vous bénisse. J'ai quelques vieux papiers pour vous qui appartenaient à mon père qui fut sa vie durant un franc-maçon. J'espère qu'ils seront utiles pour vos recherches.*

Les documents joints étaient des feuilles dactylographiées de rituels maçonniques qui se révélèrent effectivement très utiles. Ils couvraient un ensemble de degrés que l'on appelle le Rite de Perfection, dont les détails évoquaient précisément ce qui se serait produit lorsque les maçons exécutèrent la première cérémonie de « relevage » du corps d'Hiram Abif.

Au XVIIe siècle, ces rituels furent emmenés en Amérique par les Loges militaires écossaises mobiles et finalement, ils furent adoptés par la Grande Loge de Charleston, Virginie, d'où venait cette série de degrés. Comme ils étaient antérieurs à la censure exercée par la Grande Loge Unie d'Angleterre, nous les regardâmes avec un grand intérêt. On peut retrouver le détail de leur contenu dans *Le Testament maçonnique* (8, 11-13), qui raconte ce qui advint quand une Loge mobile de maçons découvrit le corps d'Hiram Abif dans une tombe peu profonde. C'est ce rituel qui nous aida à comprendre la cérémonie de sacre phénicienne et la transformation d'un fils de Vénus en époux terrestre de la déesse-mère. Mais la signification du rituel ne nous sauta pas immédiatement aux yeux.

11. Ils accomplirent leur tâche avec la plus grande fidélité, et, en ré-ouvrant le sol, l'un des frères regardant autour de lui vit certains de ses compagnons figés dans une posture exprimant toute l'horreur de cette vision affligeante. D'autres voyant les blessures épouvantables encore visibles sur son front, frappèrent leur propre front en sympathie avec les souffrances du défunt. Alors, deux des frères descendirent dans la tombe. L'un d'eux entreprit de relever notre Maître en utilisant l'attouchement du grade d'Apprenti, en vain. L'autre essaya l'attouchement du grade de Compagnon, tout aussi vainement. Ayant tous deux échoué dans leurs tentatives, un frère plus zélé et plus instruit descendit. Utilisant le puissant attouchement, ou griffe du lion, d'un Maître maçon, il parvint, avec leur aide, à le relever par les cinq points de la Maîtrise, tandis que d'autres, encore plus exaltés, laissaient jaillir des mots ayant une origine presque semblable. Le roi Salomon ordonna que ces signes, attouchements et mots découverts par hasard désignent désormais tous les Maîtres Maçons dans tout l'univers, jusqu'à ce que le temps ou les circonstances restaurent les authentiques.

12. Il fut ordonné que le corps de notre Maître soit ré-enterré aussi près du Sanctum Sanctorum comme le permettaient les lois israélites, dans une tombe faisant, à partir du centre, trois pieds vers l'est, trois pieds vers l'ouest, trois pieds entre le nord et le sud et cinq pieds ou plus perpendiculairement.

13. Il ne fut pas enterré dans le Sanctum Sanctorum, parce que rien d'ordinaire, d'impur ou de souillé ne pouvait y pénétrer, pas même le grand prêtre, sauf une fois par an et encore après de nombreuses ablutions et purifications, le grand jour des Expiations [des péchés], car selon la loi israélite, tous les corps morts sont réputés impurs.

Le point clé dans ce passage est que Hiram Abif (dont le nom, comme nous l'avons noté dans *La Clé d'Hiram*, signifie le Seigneur – ou Baal – qui a été perdu) fut relevé par les Cinq Points de la Maîtrise. Cet étrange attouchement ou prise en cinq points s'exécute au centre du temple, entre le Candidat et le Vénérable Maître, qui est en charge du rituel de la cérémonie. Juste avant le début de cette dernière, cette prière est récitée dans le temple maçonnique :

Dieu Tout-Puissant et Éternel, Architecte et Seigneur de l'Univers, sur l'ordre duquel toutes choses furent créées, nous, les fragiles créatures de Ta providence, nous t'implorons de répandre continuellement Ta bénédiction sur cette assemblée en Ton Nom saint. Particulièrement, nous te prions d'accorder Ta grâce à celui-ci Ton serviteur, qui se présente comme candidat pour partager avec nous les Secrets mystérieux d'un Maître maçon. Donne-lui la force qui lui permettra, à l'heure du jugement, de ne pas faillir, mais au contraire avec Ta protection, de traverser sain et sauf la vallée des ombres de la mort pour finalement se relever de la tombe de la transgression et briller avec les étoiles pour toujours et à jamais.

Maintenant, fort de notre connaissance accrue des principes fondamentaux sous-tendant la royauté phénicienne et sachant que Salomon avait acheté ces secrets pour les ajouter aux traditions existantes d'Abraham et de Moïse (sur lesquelles David s'appuya quand il fit de Jérusalem la maison de l'Arche d'Alliance de Moïse), une interprétation possible de cet étrange attouchement nous apparaissait.

Au moment du relevage du candidat, quand celui-ci est encore soutenu aux cinq points de contact, le Maître qui vient de le relever lui dit :

Je te prie maintenant d'observer que la lumière du Maître maçon est l'obscurité visible, ne servant qu'à révéler cette ténèbre qui empêche de voir l'avenir ; c'est ce voile mystérieux que l'œil de la raison humaine ne peut pénétrer, à moins d'être aidé par cette lumière qui vient d'au-delà. Mais, grâce à ce rayon lumineux, tu peux voir que tu te tiens au bord même de la tombe dans laquelle tu viens de descendre symboliquement et qui, au terme de cette vie transitoire, te recevra de nouveau dans son sein froid. Que les symboles de mortalité qui se trouvent devant toi, te permettent de contempler ton inévitable destinée et guident tes réflexions sur la voie de la plus intéressante de toutes les études humaines : la connaissance de toi-même. Veille à exécuter la tâche qui t'a été affectée tant qu'il est encore temps. Continue d'écouter la voix de la nature : elle témoigne que même dans cette forme périssable réside un principe vital et immortel, qui inspire une sainte confiance dans le fait que le Seigneur de vie te permettra de vaincre le roi des terreurs et de contempler cette lumineuse étoile du matin, qui apporte paix et salut aux hommes fidèles et obéissants.

Nous savions maintenant que notre Grand Maître Hiram, le roi de Tyr, croyait que, chaque année, Baal, le fils de Baalat et El, mourait à l'équinoxe d'automne et qu'il renaissait à l'équinoxe de printemps. Au regard des données et des dates fournies par Flavius Josèphe, nous savions également que Hiram de Tyr avait été conçu à l'équinoxe de printemps et qu'il était né au solstice d'hiver, à un moment où Vénus se levait très près du Soleil. Quand son père mourut, Hiram dut quitter son statut de fils de la déesse pour épouser celle-ci. Ce processus le transforma de prince en roi.

En tant que Baal, il pénétra dans le temple de Vénus la veille de l'équinoxe d'automne et mourut rituellement – mais seulement symboliquement – en jouant son rôle de Baal. Il s'allongea, les pieds vers l'est et la tête vers l'ouest. Ce rituel pouvait-il être associé à un attouchement ou une étreinte de résurrection à cinq points dans la lumière aurorale de Vénus ?

La planète Vénus, telle qu'elle se déplace dans le ciel, touche le chemin du Soleil (le zodiaque) juste en cinq endroits. Donc la grande prêtresse de Baalat personnifie la déesse qui s'approche de son époux à l'aube, au moment où il se relève de la tombe de la terre sombre. D'abord, elle se penche pour prendre sa main, puis elle place son pied droit contre le sien. Deux prêtres de El, qui célèbrent le Soleil à son zénith et à son coucher, l'assistent pour arracher le roi à la froideur du sépulcre et le faire glisser dans la chaude étreinte de la déesse. Quand Hiram est soulevé par les prêtres de El, la grande prêtresse appuie son genou droit contre le sien ; elle l'attire étroitement contre son sein et l'étreint fermement, en passant son bras autour des épaules d'Hiram et en laissant sa main descendre dans son dos tandis qu'elle lui souffle à l'oreille les mots secrets de la royauté.

Selon nous, l'ancien précepte soutenant le concept de droit divin à régner est tout simplement que le candidat à la royauté doit mourir pour assister au conseil des dieux dans le ciel avant de revenir à la vie comme un être accepté par les esprits de ses ancêtres. Nous avons déjà mentionné que Melchisédech était considéré comme un membre du conseil des dieux et que les inscriptions tombales des rois phéniciens leur attribuaient un rôle de médiateurs – ou Méleks – avec le conseil de El. Nous nous étions forgés une opinion similaire quand nous avons écrit sur le rituel de l'Ancienne Égypte qui transformait l'Horus, le fils de la déesse Isis, en roi. Et maintenant, nous sentions que nous avions raison. La lumière de Vénus est considérée comme la lumière de l'âme du ressuscité revenant ou du roi réincarné – c'est-à-dire le conseiller qui représente son peuple au conseil des dieux.

Donc, le nouveau roi enlace la déesse dans une étreinte à cinq points – que chaque génération peut observer dans le ciel – et ainsi son pouvoir est établi. Voilà la connaissance secrète que Salomon essaya d'acheter à Hiram, le roi de Tyr, et dont les détails sont préservés dans les anciens rituels étranges de la franc-maçonnerie.

Mais Hiram vendit-il tous ses secrets à Salomon ? *Le Testament maçonnique* répond par la négative. Le chapitre VIII, verset 10, dit ceci des événements qui entourèrent la découverte de la tombe d'Hiram Abif par l'un des maçons qui la recherchaient :

> *En regardant plus attentivement, il découvrit que la terre avait été récemment retournée. Alors il appela ses frères et, tous ensemble, ils parvinrent à la ré-ouvrir et ils découvrirent là le corps de notre Maître Hiram enterré de manière très indécente. Ils le recouvrirent avec tout le respect et la révérence dus. Et afin de retrouver l'endroit, ils plantèrent une branche d'acacia à la tête de la tombe. Puis ils se hâtèrent de regagner Jérusalem pour informer le roi Salomon de cette effroyable nouvelle. Dès que les premières émotions de sa peine se furent apaisées, le souverain leur ordonna de retourner sur place et de ramener le corps de notre Maître pour lui donner une sépulture digne de son rang et de ses talents éminents. En même*

temps, il leur révéla que, du fait de sa mort prématurée, les Secrets authentiques d'un Maître maçon étaient perdus. Cependant, il les chargea d'être particulièrement attentifs à tous les signes, symboles ou mots éventuels qui pourraient se manifester tandis qu'ils rendaient ce dernier hommage au défunt.

À l'heure actuelle, on explique à tous les candidats que les secrets d'un Maître maçon sont des secrets substitués, car le mot – ou la parole – réel aurait été perdu et un autre doit donc être murmuré. Comme nous l'avons suggéré dans *La Clé d'Hiram*, le mot substitué est égyptien et vient des traditions de Moïse. Mais apparemment les postures, les attouchements et les rituels dans le temple sont purement phéniciens, ce qui laisse entendre que la franc-maçonnerie fait bien de se souvenir d'Hiram, le roi de Tyr, comme de l'un des deux détenteurs des secrets authentiques.

Concernant la nature du mot secret, le rituel maçonnique dit ceci en considérant apparemment, comme nous le faisons, que le Maître maçon endossait le rôle du Dieu-Soleil phénicien, El. Au cours de la cérémonie, le nouveau Maître est ressuscité de sa tombe, qui suit la ligne équinoxiale, et une fois qu'il a été ramené à la vie, dans les rayons de la brillante étoile du matin, on lui révèle qu'il est maintenant autorisé à voyager le long du chemin du Soleil. Le rituel dit :

Q : En tant que Maître Maçon, d'où viens-tu ?
R : De l'Orient.
Q : Où diriges-tu ta course ?
R : Vers l'Occident.
Q : Pourquoi as-tu quitté l'Orient pour te diriger vers l'Occident ?
R : Pour chercher ce qui a été perdu et que, grâce à vos instructions et à notre propre zèle, nous espérons trouver.
Q : Qu'est-ce qui a été perdu ?
R : Les secrets authentiques d'un M∴ M∴.
Q : Comment furent-ils perdus ?
R : Par la mort prématurée de notre Maître Hiram Abif.

Le rituel continue en expliquant qui sait quoi :

Notre Maître [Hiram Abif], fidèle à son Obligation, répondit que ces secrets n'étaient connus que de trois personnes au monde et que, sans le consentement et la coopération des deux autres, il ne pourrait, ni ne voudrait, les divulguer.

Les « deux autres » étaient Hiram, le roi de Tyr, et Salomon, celui d'Israël. Si Salomon se vit forcé de substituer un mot secret égyptien, il est très probable que ce fut parce que Hiram, l'époux de Vénus, n'entendait pas compromettre la déesse en répétant les confidences qu'elle lui avait faites le matin de leurs noces. Les cinq points de l'étreinte ou de l'attouchement n'étaient pas un secret entre le roi et la déesse, puisque tous les témoins dans le temple pouvaient les observer et qu'ils étaient aussi visibles dans le ciel. Apparemment, Hiram livra à Salomon aussi peu d'éléments qu'il put tant que le souverain juif acquitta ses charges contractuelles. Peut-être que si Salomon avait payé tout ce qu'il avait commandé, nous disposerions aujourd'hui d'un mot – ou d'une parole – de maçon différent.

Aujourd'hui, les candidats à la maçonnerie continuent d'être relevés en utilisant ce même attouchement en cinq points, que l'on appelle donc les Cinq Points de la Maîtrise (ou du Compagnonnage, pour certains rites). Les deux surveillants, dont le rôle dans la Loge est de représenter le Soleil à son zénith et à son coucher, assistent le Maître, qui symbolise le Soleil levant et qui s'assoit pendant la cérémonie de « résurrection », sous l'étoile de Vénus en train de se lever (voir la figure 3 dans *La Clé d'Hiram*, qui montre l'étoile à cinq branches ou pointes éclairée au-dessus du fauteuil du Maître).

Le rituel décrit les devoirs qui incombent au candidat, dès qu'il a été étreint aux cinq points de contact de la déesse et de son époux.

Q : Nomme les Cinq Points de la Maîtrise.

R : Main dans la main, pied à pied, genou contre genou, poitrine contre poitrine et main dans le dos.

Q : Explique-les brièvement.

R : Main dans la main, je te salue comme frère. Pied à pied, je te soutiendrai dans toutes tes entreprises louables. Genou contre genou, la posture de mes prières quotidiennes me rappellera tes vœux. Poitrine contre poitrine, je garderai pour moi tous les secrets légitimes que tu m'auras confiés. Et main dans le dos, je te soutiendrai en ton absence comme en ta présence.

Q : Explique-les plus complètement.

R : Main dans la main, quand un frère appelle à l'aide, nous ne devons pas hésiter à tendre la main, pour venir à son aide et l'empêcher de sombrer, en sachant qu'il est homme de valeur, et que notre geste ne se fera pas au détriment de nous-mêmes ou de nos relations. Pied à pied, l'indolence ne doit pas être cause de notre immobilisme et la colère ne doit pas détourner nos pas, mais oublieux de nos considérations égoïstes et en se rappelant que l'homme n'est pas né pour l'accomplissement de son seul plaisir, mais pour aider ses prochains, nous devons être prompts à bondir sur nos pieds pour porter assistance à nos semblables, et particulièrement à un frère maçon. Genou contre genou, quand nous adressons nos cris au Très Haut, nous devons aussi penser au bien-être d'un frère comme s'il s'agissait du nôtre, car, de même que les voix d'un bébé ou d'un nourrisson s'entendent du trône de Grâce, les soupirs d'un cœur fervent et contrit atteindront le royaume du Ciel ; nos prières doivent réciproquement requérir le bien-être de chacun d'entre nous. Poitrine contre poitrine, nous devons garder pour nous les secrets légitimes d'un frère, quand ils nous ont été confiés ; car celui qui trahit la confiance qu'un frère a placée en lui, lui infligerait la pire blessure qui puisse exister dans cette vie ; cela n'est en rien différent de la vilenie de l'assassin qui, se glissant dans l'obscurité, plante son couteau dans le

> *cœur d'un adversaire désarmé et qui, en toute probabilité, ne se doute pas du danger. Main dans le dos, nous devons soutenir et défendre un frère qu'il soit présent ou absent ; nous ne devons pas l'insulter nous-mêmes et ne devons pas davantage le laisser injurier par d'autres. Ainsi, frères, par les Cinq Points de la Maîtrise, nous devons être unis par nos liens sincères d'affection fraternelle, qui nous aideront à nous distinguer des étrangers à notre Ordre maçonnique et qui montreront au monde en général que le mot « frère » chez les maçons est bien davantage qu'un simple nom.*

L'histoire de la construction du temple de Salomon, telle qu'elle est racontée dans *Le Testament maçonnique*, est le récit d'un échec, pas d'un succès. Tout est planifié. Le temple est sur le point de s'achever, quand des individus essayent d'arracher au Phénicien Hiram l'incantation secrète utilisée pour « faire les rois ». Malheureusement, ils le tuent et les mots magiques sont perdus pour les juifs. Ils ne les retrouveront pas avant la restauration du temple par Zorobabel.

Si ce mythe repose sur une quelconque réalité, cela signifie que Salomon ne put jamais être « fait roi » à la manière cananéenne dans son nouveau temple. En termes modernes, il avait le *hardware*, le matériel, pour être sacré régulièrement roi dans son temple, mais il lui manquait le *software*, le logiciel pour faire fonctionner le programme. Nous savons que Salomon ne parvint pas à s'acquitter de sa dette à l'endroit du roi de Tyr. Alors Hiram décida-t-il de rappeler son haut prêtre et architecte, refusant par là de fournir à Salomon le *software* requis, parce qu'il n'avait pas respecté sa part de contrat ? Le rituel maçonnique insiste pourtant sur le fait que les deux souverains demeurèrent d'excellents amis, mais n'est-ce pas simplement une tentative pour présenter le roi juif sous le meilleur jour historique possible ?

L'Ancien Testament et *Le Testament maçonnique* nous disent tous les deux que Salomon se détourna soudainement de son nouveau dieu Yahvé au profit de divinités étranges et même de sacrifices d'enfants. Est-ce que cela veut dire que, ne disposant pas du rituel pour cimenter sa relation avec son propre dieu, il essayait de devenir un « vrai » roi en se rattachant aux anciennes divinités ?

Salomon s'empara du trône au cours d'une révolution de palais. Et dès qu'il prit le contrôle des choses, il semble ne plus avoir eu la moindre entrave. Son règne fut celui d'un despote oriental type. Cependant, sa mort donna à sa nation une nouvelle chance d'exprimer ses spécificités.

On réclama à Roboam, le fils de Salomon, de garantir une nouvelle charte et de contracter une nouvelle alliance, en vertu de laquelle ses sujets ne seraient plus soumis au moindre travail forcé. Mais, suivant en cela l'exemple de son père, il s'y refusa. Alors, à Sichem, les tribus le répudièrent et décidèrent de faire de Jéroboam leur nouveau souverain. Juda, qui avait moins de motif d'insatisfaction et que la garde royale pouvait aussi probablement plus facilement intimider, entraîna la division politique de la nation en deux en restant fidèle à Roboam. D'après le Premier Livre des Rois, Roboam fut empêché de lancer une attaque immédiate sur Jéroboam par un message du prophète Shemaya, mais on nous parle de guerre continuelle entre les deux royaumes.

Roboam rencontra beaucoup de succès et à lui tout seul, il aurait peut-être pu récupérer l'intégralité du royaume. Mais Jéroboam fit appel à son ancien protecteur, le pharaon Sheshonq (ou Chichaq), et ce dernier fut trop content de saisir cette opportunité de réaffirmer la vieille revendication des pharaons sur la Palestine. Assurément, le roi égyptien envahit le pays en 928 AEC ou à une date très proche et il nous laissa une chronique de ses triomphes. Parmi les lieux qu'il mentionne, on relève notamment des cités de la plaine d'Esdraelon, sise assez loin au nord, ce qui induit l'idée qu'elles se trouvaient alors entre les mains de Roboam.

Ni les textes égyptiens, ni les témoignages israélites n'établissent que Sheshonq prit réellement Jérusalem, bien que les deux sources mentionnent qu'il ramena un butin énorme de la cité. Nous devons supposer que Roboam, voyant sa situation désespérée, consentit à livrer ses trésors et que Sheshonq préféra accepter cette soumission plutôt que d'avoir à prendre par la force Jérusalem avec tous les problèmes inhérents.

La séparation politique des deux royaumes était maintenant accomplie et elle fut accentuée par la politique religieuse de Jéroboam. Dans le nord d'Israël, il existait de nombreux anciens sanctuaires cananéens qui observaient encore un rite de fertilité, fondé sur un culte taurin païen. Jéroboam s'empara de ces sanctuaires et, tout en laissant perdurer les pratiques sexuelles du culte du taureau, il les renomma en l'honneur du dieu des juifs, Yahvé (un sujet sur lequel nous reviendrons). Deux de ces sanctuaires, Béthel et Dan, acquirent alors un statut éminent.

Dynastiquement, il existait une grande différence entre les États jumeaux d'Israël et de Juda qui se séparèrent après la mort de Salomon. Hormis au cours d'une brève période pendant la dernière moitié du IXe siècle AEC, Juda conserva sa fidélité intacte envers la maison de David. Ce ne fut pas le cas d'Israël. Les cinquante premières années suivant la séparation ne virent pas moins de trois familles monter sur le trône.

Le roi Achab (ou Ahab), qui succéda à Jéroboam, épousa Jézabel, une grande prêtresse de Baalat et la fille du roi Ithobaal de Tyr, lui-même ancien haut prêtre de Baalat. Elle amena avec elle les pratiques religieuses et sexuelles des Phéniciens, ce qui engendra des troubles avec les prophètes de Yahvé, notamment quand elle persuada son époux de construire un temple à Baalat.

Elle et ses prêtres astraux vénusiens furent éradiqués par les efforts des yahvistes adorateurs de la nature, en la personne de Élie et de son successeur Élisée. Nous reviendrons sur eux ultérieurement.

La fille de Jézabel, Athalie, suivit les traces de sa mère. Elle voulut remplacer la lignée de David par celle d'Ithobaal , mais elle échoua dans sa tentative. Elle provoqua même un soulèvement des israélites des campagnes, furieux de la voir favoriser les cités-États maritimes. Ils se révoltèrent contre elle et provoquèrent une rupture complète entre les israélites et les Phéniciens.

Au cours de cette période de conflits locaux aussi fréquents qu'insignifiants, le rêve merveilleux d'un État puissant qui fut celui de David et Salomon semblait s'être éteint pour toujours. Pourquoi, nous sommes-nous demandés, tout avait si mal tourné ? Pouvait-on imputer cet échec dévastateur aux velléités dispendieuses de Salomon qui voulait devenir un « vrai » roi et un représentant divin de Dieu sur terre ?

Enfants martyrs

Quiconque observe le ciel attentivement pendant une longue période constatera que le Soleil et Vénus entretiennent une relation particulière et que leurs noces mythiques ont un sens en termes astronomiques. Nous étions maintenant confrontés à la question suivante : pourquoi n'existe-t-il pas davantage de mythes astraux dans la théologie juive ?

Nous pensions que les croyances du peuple des poteries cannelées se retrouvaient aujourd'hui dans la franc-maçonnerie parce qu'elles avaient été empruntées aux juifs. Mais nous avions besoin de comprendre quels rituels du peuple néolithique étaient passés des Cananéens aux juifs et comment la transmission s'était opérée au cours du millénaire séparant Salomon de la mort de Jésus-Christ. Nous avons cherché plusieurs entrées possibles pour aborder ce sujet. Et bientôt, nous avons découvert que le « roi sage » – Salomon lui-même – offrait un surprenant point de départ.

Dans le rituel maçonnique, il existe un passage du quatorzième degré du Rite Écossais Ancien et Accepté que les rares personnes qui le connaissent n'ont assurément pas remarqué. Cet extrait dit du roi Salomon :

> *... totalement enivré par son grand pouvoir, il plongea dans toutes sortes de débauche et de licence et profana le temple en offrant de l'encens à l'idole Moloch...*

Le rituel confirme la Bible selon laquelle Salomon se détourna de Yahvé pour retourner vers les anciens dieux. Mais qui – ou qu' – était Moloch ?

Nous voulions savoir quelle sorte d'idole avait pu détourner Salomon du nouveau dieu des juifs – qui, pour les juifs, les chrétiens et les musulmans d'aujourd'hui est le seul Dieu lui-même !

Nous découvrîmes que Moloch était plus qu'une idole. De nombreux spécialistes pensent qu'il s'agissait d'un dieu cananéen du Soleil, dont le vocable finit par désigner la pratique du « sacrifice d'enfant » au sein du peuple juif. Ce nom dérive – et est synonyme – du mot Malak ou Melek [1] signifiant « roi » (comme nous l'avons déjà dit à propos de Melchisédech). Dans un passé lointain, Moloch commença effectivement sous la forme d'un dieu solaire cananéen, un roi qui régnait depuis les cieux grâce à l'entremise de son « fils », le roi sur la terre. Cependant, nous découvrîmes que les rédacteurs de l'Ancien Testament utilisaient le terme Moloch pour décrire une forme de sacrifice plutôt que pour désigner un dieu. Le sacrifice en question consistait à brûler vif les propres enfants du souverain, pour persuader les dieux d'être bienveillants.

Assurément, cela ne pouvait être vrai du roi Salomon ?

Puis nous nous sommes rappelés que d'anciens rois comme David et particulièrement Salomon possédaient d'immenses harems et donc probablement des enfants innombrables. De ce fait ils pouvaient s'offrir le « luxe » de perdre quelques enfants nés d'épouses ou de concubines de rang inférieur. Ils pouvaient même ne pas connaître les enfants qu'ils offraient en « sacrifice ».

Des représentations primitives de Moloch le montrent sous la forme d'un homme à tête de taureau. L'aspect central de son culte était la crémation rituelle des enfants dans « le feu de Moloch ». (Le poète Milton décrit cet ancien dieu dans *Le Paradis perdu* comme « Moloch, l'horrible roi »). Cette pratique de l'immolation d'enfants vivants dans la chaleur impitoyable du feu de dieu commença très tôt et elle conserva un tel impact que la loi mosaïque se vit contrainte d'établir que quiconque livrerait ses enfants « au feu de Moloch » serait mis à mort [2]. La Bible appelle ce sacrifice d'enfant « l'abomination des Ammonites », mais ce rituel horrible devait encore être exécuté à l'époque de la rédaction de la Loi juive, sinon pourquoi aurait-il été nécessaire de légiférer contre celui-ci ?

L'*Encyclopedia Mythica* affirme qu'une statue de Moloch faisait office d'effroyable incinérateur d'enfants :

> *Moloch était représenté sous la forme d'une énorme statue de bronze à tête de taureau. La statue était creuse et un feu brûlait à l'intérieur, donnant au Moloch une couleur d'un rouge incandescent. Les enfants étaient placés sur les paumes de la statue. Grâce à un ingénieux système, les mains s'élevaient vers la bouche*

1. *Cassell's Concise Bible Dictionary*, Cassell & Company Limited, 1998. [Et pour les sources françaises, tout dictionnaire à notice étymologique *(N.D.T.)*.]

2. Lev. 18, 21 et 20, 1-5.

(comme si Moloch mangeait) et les enfants tombaient dans le feu où les flammes les consumaient. Le peuple rassemblé devant le Moloch dansait au son des flûtes et des tambourins pour couvrir les cris des victimes.

Ce récit – que l'on peut trouver sur www.pantheon.org/articles/m/moloch.html – doit peut-être davantage à un esprit romanesque français moderne qu'à une autorité biblique, mais il restitue sans doute l'horreur du sacrifice d'enfant.

Nous ne pouvions nous empêcher de noter que l'histoire de Moloch possède des ressemblances avec le mythe du Minotaure, la créature à tête de taureau et à corps humain qui vivait dans le labyrinthe de Minos sur l'île de Crète. Le Minotaure (mot qui signifie simplement en grec « taureau de Minos ») était le rejeton de Pasiphaé, l'épouse de Minos, et d'un taureau blanc comme neige que le dieu Poséidon avait envoyé au roi. L'animal était si beau que Minos refusa de le sacrifier comme prévu au dieu. Voyant que le roi lui avait désobéi en faisant montre d'irrespect, Poséidon entra dans une grande fureur. Il se vengea du souverain en utilisant ses pouvoirs divins pour que Pasiphaé tombât amoureuse du bovidé. Sa passion amoureuse fut si intense qu'elle tomba enceinte du beau taureau blanc.

Nous n'avions pas besoin de trop entrer dans les détails d'une liaison aux ressorts divins mystérieux échappant à l'entendement de tous... sauf peut-être des pornographes les plus imaginatifs.

Toujours est-il que Pasiphaé donna naissance à un être mi-homme mi-taureau et que Minos ne se précipita pas pour embrasser son nouveau beau-fils. Au contraire, il ordonna à Dédale, son architecte et inventeur, de construire un labyrinthe si complexe qu'il serait impossible de s'en échapper sans aide. Au centre de ce labyrinthe inextricable, le roi dissimula la preuve de la liaison zoophile de son épouse.

Le souverain n'avait pas osé tuer le bâtard suscité par Poséidon, de peur de se voir infliger des représailles encore pires. Il ne pouvait pas davantage laisser le monstre mourir de faim et devait donc le nourrir. Le Minotaure aimait tellement la chair d'enfant qu'il pouvait en dévorer quatorze à la fois. Heureusement, il ne dînait qu'une fois par an.

Confiné dans le labyrinthe, le monstre se nourrissait de sept jeunes vierges et sept jeunes gens chaque année. Pour obtenir ces petites victimes, Minos avait levé un tribut sur Athènes qui lui fournissait le nombre requis une fois par an.

Des raisons viennent soutenir l'hypothèse d'un lien entre cette légende minoenne et le Moloch cananéen, et en premier lieu l'origine crétoise des Philistins, l'une des subdivisions des Cananéens. La plupart des spécialistes admettent ce fait. Le professeur Philip Hyatt de la Vanderbilt University de Nashville, Tennessee, dit des Philistins :

Ces peuples vivaient dans le Sud-Ouest de la Palestine[1] *et formaient à l'origine une confédération de cinq cités*[2].

Il rappelle ensuite que l'ancien historien Hérodote visita le temple d'Ascalon, l'une des cinq cités philistines, avant de dire :

Les Philistins venaient de la région égéenne, ce qui comprend l'île de Crète[3].

L'histoire du Minotaure est probablement fondée sur le souvenir d'une époque où les sacrifices d'enfants existaient en Crète. Pour nous, ce détail était intéressant parce qu'il laissait entrevoir une éventuelle connexion entre cette pratique meurtrière et le peuple des poteries cannelées. En effet, l'ancienne Crète a un rapport avec le yard mégalithique, l'unité de mesure utilisée par le peuple des poteries cannelées. Les palais de la culture minoenne de Crète furent étudiés dans les années 1960 par un architecte, le professeur J. Walter Graham, qui découvrit qu'ils utilisaient une mesure standard qu'il appela le pied minoen. L'unité qu'il trouva était égale à 30,36 cm, ce qui fût approuvé par la grande majorité des archéologues. La longueur de cette unité n'avait pas de signification particulière pour Graham, bien qu'il fût manifeste qu'elle ne variait du pied moderne que de 1,2 mm (0,4 %). Cependant, l'écrivain Alan Butler fit remarquer que cette longueur de 30,36 cm dérivait du système de mesure mégalithique, car elle correspondait exactement au 1 000e d'une seconde mégalithique de l'arc de cercle équatorial (soit 366 yards mégalithiques[4]).

L'utilisation par le peuple crétois, il y a 4 000 ans, d'une unité de mesure découlant du système « mégalithique » suggère fortement l'existence d'un lien avec le peuple des poteries cannelées orcadiennes. Et on peut raisonnablement aller plus loin en supposant qu'ils ont aussi hérité de leurs pratiques rituelles. Il est notoire que les Phéniciens ont entretenu des relations étroites avec la culture minoenne et il n'est pas déraisonnable d'envisager une connexion entre leurs systèmes de croyances.

ABRAHAM ET LE SACRIFICE D'ENFANT

Le sanctuaire cananéen qui devint le site du temple de Salomon est au moins antérieur de mille ans au David mythique. Dans les écrits maçonniques

---

1. Nom qui signifie tout simplement « Pays des Philistins » *(N.D.T.)*.
2. J.P. Hyatt, « Zephaniah », *Peake's Commentary on the Bible.*
3. *Ibid.*
4. A. Butler, *The Bronze Age Computer Disc*, W. Fulsham & Co, 1999.

auxquels nous avons déjà fait référence, il est expliqué que Salomon choisit d'abord le site d'un temple énochien ruiné pour construire son propre temple avant de changer d'idée et de choisir le mont Moria au nord de la cité primitive.

D'après la tradition rapportée au chapitre XXII de la Genèse, c'est sur le mont Moria qu'Abraham commença ses préparatifs pour le sacrifice d'Isaac, son fils aîné[1]. C'est en ce lieu que le lointain père fondateur du judaïsme dressa un bûcher pour immoler son premier né dans les flammes impitoyables de Moloch. La Genèse (22, 3-9) raconte comment Abraham prépara le feu pour le jeune Isaac. Puis il fit appel à toute la force de sa superstition religieuse pour ignorer les hurlements d'effroi de son fils qui allait rôtir jusqu'à ce que la mort le libère en assurant la bonne fortune de son père :

> *Le troisième jour, Abraham leva les yeux et vit l'endroit de loin.*
> *Et Abraham dit à ses jeunes serviteurs : Demeurez ici avec l'âne ; moi et l'enfant nous irons là-bas, nous adorerons et nous reviendrons vers vous.*
> *Et Abraham prit le bois de l'holocauste et le chargea sur son fils Isaac ; et lui-même prit le feu en main et un couteau ; et ils partirent tous deux ensemble.*
> *Et Isaac s'adressa à Abraham son père et dit : Mon père !*
> *Et celui-ci dit : Voilà le feu et le bois.*
> *Mais où est l'agneau pour l'holocauste ?*
> *Et Abraham répondit : Mon fils, Dieu pourvoira à l'agneau pour l'holocauste.*
> *Et ainsi il s'en allèrent ensemble.*
> *Et ils arrivèrent à l'endroit que Dieu lui avait indiqué. Abraham y éleva un autel et il disposa le bois. Il lia son fils Isaac et l'installa sur l'autel par-dessus le bois.*

Naturellement, les rédacteurs de l'Ancien Testament durent expliquer pourquoi Abraham n'avait finalement pas exécuté le « Moloch » de son fils aîné. Ils racontent que Dieu lui-même l'en empêcha... mais seulement après qu'Abraham eut clairement montré son intention de tuer son fils en l'honneur du Dieu-Soleil El Elyôn, le « Très Haut ».

On nous dit que le patriarche aperçut le site du sacrifice de loin, ce qui est conforme à la vision de cette éminence au nord de la cité jébuséenne de l'époque. Manifestement, il voyageait avec d'autres personnes et il ne voulait pas que ceux-là – ou même son fils – puissent deviner ce qu'il allait faire au nom d'El Elyôn, car le dieu auquel il allait sacrifier n'était certainement pas Yahvé à une date aussi précoce (la date généralement retenue se situe autour de 1900 AEC, mais elle n'est jamais estimée comme postérieure à 1700 AEC):

Il est largement admis que cet endroit se trouvait dans le royaume de Jérusalem de Melchisédech et que le site précis de l'immolation envisagée

1. S. H. Hooke, « Genesis », *Peake's Commentary on the Bible.*

était le lieu même qui devait devenir celui du temple de Salomon des siècles plus tard [1]. Le professeur Hooke observa :

> *Du point de vue anthropologique, cet épisode peut être considéré comme une preuve de l'existence des sacrifices d'enfants chez les Hébreux* [2]...

Une fois cet épisode achevé, l'Ancien Testament nous dit qu'Abraham et son clan voyagea vers Bersabée (Beersheba), à seulement soixante-dix kilomètres au sud de Jérusalem, ce qui confirme de nouveau la localisation.

YAHVÉ ET LES SACRIFICES D'ENFANTS

En un sens, il semblait plausible que le peuple des poteries cannelées orcadiennes, les Minoens, les Cananéens et même Salomon aient pu pratiquer des sacrifices d'enfants, mais ces derniers auraient-ils pu perdurer quand Israël et la Judée développèrent leur relation avec leur dieu au cours du dernier millénaire précédant notre ère ? Il y avait quelque chose d'assez étrange et singulier dans l'idée que des pratiques aussi barbares aient pu continuer dès que Yahvé se mit à régner sur son peuple élu et en même temps elle paraissait étrangère au concept moderne du dieu judéo-chrétien d'amour et de pardon.

De manière étonnante, le chapitre XVI du Second Livre des Rois, versets 1-5, nous donne une information qui démontre que le roi de Juda, Achaz [3] vénérait Moloch bien plus de deux cents ans après Salomon et la construction de son temple de Yahvé.

> *En la dix-septième année de Péqah, fils de Remalyahu, le règne d'Achaz, fils de Yotam, roi de Juda, commença.*
>
> *Achaz avait vingt ans à son avènement et il régna seize ans à Jérusalem. Il ne fit pas ce qui était agréable à la vue du Seigneur son Dieu, comme l'avait fait David, son père.*
>
> *Mais il imita la conduite des rois d'Israël et fit passer son fils par le feu, conformément aux abominations des païens, que le Seigneur avait chassés devant les enfants d'Israël.*
>
> *Et il offrit des sacrifices et brûla de l'encens dans les hauts lieux, sur les collines et sous tout arbre verdoyant.*
>
> *Alors Raçôn (Rezin), roi de Syrie, et Péqah, fils de Remalyahu, roi d'Israël,*

1. S. H. Hooke, « Genesis », *Peake's Commentary on the Bible.*
2. *Ibid.*
3. Les annales du roi assyrien Tiglath Pileser III donnent la date précise de 740-725 AEC pour le règne d'Achaz (Ia-u-ha-zi).

partirent en guerre contre Jérusalem : ils assiégèrent Achaz, mais ne purent le vaincre.

Ici, on nous raconte comment le roi fit « passer son fils par le feu », ce qui peut signifier que l'enfant mourut « dans le feu de Moloch ». En outre, on nous dit que c'était « la conduite des rois d'Israël », celui des deux États juifs le plus au nord. Donc faire brûler vif ses enfants demeurait une pratique coutumière, même à cette date tardive.

Achaz fit en sorte que le culte reprenne dans les vieux sanctuaires cananéens sur les « hauts lieux » et sous des arbres sacrés autour de Juda (le royaume du Sud). Si certains doutent encore du sens du précédent passage, II Chroniques 28, 2-3, précise explicitement que le roi Achaz sacrifia ses enfants et vénéra les anciens dieux :

Il imita la conduite des rois d'Israël et fit aussi fondre des représentations des Baalim [autres dieux]. En outre, il brûla de l'encens dans la vallée du fils d'Hinnom et brûla ses enfants dans le feu, conformément aux abominations des païens que le Seigneur avait chassés devant les enfants d'Israël.

La vallée d'Hinnom[1], au sud-ouest du mur d'enceinte de Jérusalem, est l'endroit où se déroulaient les sacrifices d'enfants à Moloch. Plus tard, les ordures de la ville furent brûlées là. Cette association avec les enfants se consumant dans les flammes donna à cette vallée son nom de Géhenne[2], le lieu de tourment pour les maudits qui fut l'inspiration originelle du concept des flammes éternelles de l'« enfer ».

D'après nos recherches antérieures, nous savions que les discussions sur le Ciel et l'Enfer étaient particulièrement caractéristiques de la littérature énochienne. Celle-ci traite abondamment de l'idée de demeures célestes pour les justes après la mort et de lieux où les maudits iraient en attendant le Jugement dernier qui les punirait à finir dans la Géhenne[3]. La demeure des justes est appelée Paradis, un mot persan signifiant « parc » ou « jardin » et l'image du ciel se nourrit de descriptions d'un Éden restauré. L'opposé du

1. Ou vallée de Ben-Hinnom (c'est-à-dire la vallée plus connue sous le nom de Géhenne), où se trouvait le brûloir (*Tophet*) à Moloch. (Voir par exemple le très explicite Jérémie 32, 35 : « Ils ont construit les hauts lieux de Baal dans la vallée de Ben-Hinnom pour faire passer par le feu leurs fils et leurs filles en l'honneur de Moloch. ») *(N.D.T.)*

2. En réalité, Géhenne vient tout simplement de l'hébreu *Geia Hennom*, vallée d'Hinnom. C'est cette vision et l'odeur cauchemardesques de ces feux sacrificiels qui ont logiquement fait de *Géhenne* le terme devenu synonyme d'Enfer sous la plume des rédacteurs de l'Ancien Testament et non l'inverse (un terme *Géhenne* plus ancien et signifiant « Enfer » qui aurait servi à renommer la vallée) *(N.D.T.)*.

3. I Énoch 26 ; 61.

Paradis, la Géhenne, est associée à la vallée d'Hinnom en raison des sacrifices à Moloch qui s'y pratiquaient [1].

D'autres recherches sur les sacrifices d'enfants ont pu montrer qu'ils étaient en connexion avec des chênes sacrés, le sexe rituel et un culte des morts – autant d'idées étranges qui paraissent très éloignées de ce que l'on peut associer ordinairement aux juifs et à leur Dieu. Pourtant, les docteurs Oesterley et Robinson, dans leur étude sur les origines de la religion hébraïque qui fait autorité, traitent de l'influence de ces trois concepts. Et il nous sembla opportun de passer en revue leurs principales découvertes.

On pensait jadis que les arbres étaient sacrés parce qu'ils étaient considérés comme des êtres vivants ou les demeures des dieux. Ils se balançaient et murmuraient dans le vent et donc on croyait qu'ils étaient habités par des divinités mineures.

> *Le principe de cause à effet, tel que nous le comprenons, n'étant pas reconnu, personne ne s'imaginait que le mouvement des branches des arbres pouvait être dû au vent. Pour tout le monde, un esprit en était responsable. Mais ici, il faut également se rappeler que la distinction entre l'esprit et la matière qui est si évidente pour nous n'était pas connue des hommes à des niveaux de culture primitifs* [2].

L'historien romain Pline l'Ancien mentionne cette pratique dans la Palestine de l'époque romaine :

> *Avec un ancien rituel, le petit peuple de la campagne consacre un grand arbre à un dieu. Nous ne vénérons pas davantage les images d'or et d'ivoire qu'eux vénèrent leurs arbres et le silence qui s'y niche.*

Dans la religion hébraïque primitive, Oesterley et Robinson montrent également que des pierres levées incarnaient les fonctions sexuelles de dieux locaux :

> *Les mazzeboth (colonnes ou pierres levées) sémitiques sont considérés comme mâles et les tables de pierre plates sont femelles* [3].

Les pierres levées formaient la structure de base de sanctuaires et elles étaient très communes dans le Nord de Canaan. Oesterley et Robinson continuent en expliquant comment le culte de Yahvé fut incorporé dans les pratiques sexuelles ultérieures de ces sanctuaires :

---

1. M. Black, « The Development of Judaism in the Greek and Roman Periods », *Peake's Commentary on the Bible.*
2. W.O.E. Oesterley et T. H. Robinson, *Hebrew Religion, Its Origin & Development.*
3. *Ibid.*

Au VIIIe siècle [AEC], nous entendons Osée et surtout Amos se plaindre des iniquités associées aux sanctuaires du nord. Yahvé était vénéré comme un dieu de la fertilité sous la forme d'un taureau et ceci, en soi, semblerait impliquer un élément sexuel dans son culte [1].

Le culte du taureau chez les Hébreux est mentionné pour la première fois dans l'Exode 22, qui raconte que les israélites s'inquiétèrent de ne pas voir Moïse redescendre de la montagne. Alors ils rassemblèrent tous leurs bijoux d'or pour les fondre et modeler un veau d'or qu'ils se mirent à adorer. Oesterley et Robinson expliquent que cette histoire servit à justifier la continuation du sexe rituel pratiqué dans les sanctuaires dédiés au culte du taureau dans des lieux comme Bethel et Dan :

Nous avons peut-être un vestige du culte du taureau lié à l'Horeb et transféré dans l'Israël septentrionale. Il est significatif qu'Élie, pour qui la demeure de Yahvé se trouvait sur l'Horeb, n'élève aucune protestation, pour autant que nous le sachions, contre le culte du taureau [2].

Il existe aussi des preuves flagrantes que les premiers Hébreux croyaient que certains saints hommes avaient le pouvoir de parler avec les morts et d'apprendre leurs secrets. De nouveau, Oesterley et Robinson observent :

Élisée est aussi représenté comme capable de faire se lever les morts au moyen d'un rituel quelque peu élaboré (II Rois 4, 32-35). Peut-être s'agit-il d'une forme de magie d'imitation. En tous les cas, le rituel le suggère. Élisée, le vivant, se couche sur le garçon mort et pose sa bouche contre sa bouche, ses yeux contre les yeux du défunt, ses mains contre les mains du petit. De même qu'Élisée est vivant, l'enfant mort doit revivre [3].

La plupart des allusions de l'Ancien Testament consiste en interdictions des pratiques nécromantiques. Mais pourquoi interdire une chose à moins qu'elle ne soit effectivement exécutée ?

Dans I Samuel 28, 3-25, on trouve une référence primitive à la consultation d'un mort en vue d'obtenir un conseil. Cette histoire intervient après la mort de Samuel, quand le roi Saül s'inquiète de ne pouvoir vaincre les Philistins. Le souverain décide d'aller demander conseil à Samuel et à cette fin, il se rend chez une sorcière d'Endor. Il espère parler au prophète défunt, grâce à l'intervention magique de la femme. Oesterley et Robinson commentent la signification de cette histoire :

---

1. W.O.E. Oesterley et T. H. Robinson, *Hebrew Religion, Its Origin & Development.*
2. *Ibid.*
3. *Ibid.*

Personne ne peut nier que ce récit est une illustration majeure de la croyance des premiers israélites concernant les défunts. Ils continuaient à vivre et pouvaient se souvenir et voir dans le futur. Ils pouvaient quitter n'importe quel lieu où ils se trouvaient et, dans un certain sens, ils pouvaient revenir dans le monde[1].

Ces caractéristiques – rarement mentionnées lorsque l'on parle des premiers israélites – étaient, en revanche, bien connues chez les Celtes, les héritiers de la culture des poteries cannelées dans les îles Britanniques. Chez eux aussi, des bosquets de chênes occupaient une place importante dans le culte. En outre, ils entretenaient des rapports avec leurs ancêtres morts et pratiquaient le sexe rituel.

Il y a un poème post-exilitique dans Isaïe 57, 3-13, écrit vers l'époque du deuxième Temple de Jérusalem, qui se plaint de ces pratiques. Il a été traduit de l'hébreu par Susan Ackerman, un professeur d'études judaïques et extrême-orientales, qui a souligné l'utilisation subtile de jeux de mots dans le texte qui paraissent avoir été perdus dans les premières traductions[2] :

Quant à vous, approchez, fils de la sorcière, semence d'un adultère et d'une prostituée.
De qui vous moquez-vous ? À qui faites-vous des grimaces ?
À qui tirez-vous la langue ?
N'êtes-vous pas les enfants d'une transgression, les rejetons du mensonge,
Vous qui brûlez de désir sous les térébinthes [arbres sacrés], sous tout arbre verdoyant,
Vous qui immolez les enfants dans les oueds [torrents], parmi les failles des rochers.
Les rejets de l'oued, voilà ton partage, voilà ton lot.
Même à eux, tu as répandu ta libation, tu a présenté ton offrande.
Dois-je être apaisé par ça ?
Sur une grande et haute montagne, tu as installé ta couche.
Là tu es monté pour offrir ton sacrifice et derrière la porte et son montant, tu as fixé ton symbole.
Cent fois, tu t'es dénudé, tu es monté sur ta couche et tu t'es étendu.
Toi... tu as partagé avec eux l'amour de leur couche et le phallus que tu as contemplé.
Tu as répandu des présents d'huile pour le sacrifice de Melek[3]
Tu as prodigué les parfums.
Tu les as fait descendre au Sheol.
La longueur du chemin t'a fatigué, mais tu n'as pas dit :
C'est sans espoir.
Tu as retrouvé de la vigueur, c'est pourquoi tu n'as pas faibli.

---

1. W.O.E. Oesterley et T. H. Robinson, *Hebrew Religion, Its Origin & Development.*
2. Susan Ackerman, « Sacred sex, Sacrifice and Death », *Bible Review*, vol. VI, n° 1, février 1990.
3. Littéralement le « roi », désignant donc soit un roi réel, soit Moloch *(N.D.T.)*.

Qui as-tu craint et redouté pour mentir et ne plus te souvenir de moi, pour ne plus avoir une pensée pour moi ?

N'ai-je pas gardé le silence depuis longtemps ?

Mais moi, tu ne me craignais pas.

Moi, je vais annoncer ta rectitude et tes œuvres, mais cela ne t'aidera pas quand tu crieras.

Ils ne te sauveront pas tes esprits défunts.

Le vent les emportera tous, un souffle les enlèvera.

Mais quiconque se réfugie en moi possèdera le pays et héritera de ma montagne sainte.

Le professeur Ackerman voit ici des allusions à des rapports sexuels exécutés sous les térébinthes comme sur le mont du Temple de Jérusalem. Cela correspond à ce que nous savons du peuple des poteries cannelées et des Celtes ultérieurs dans les îles Britanniques.

Ackerman confirme que ce poème indique explicitement l'endroit où se pratiquait l'activité sexuelle en question : « Sur une grande et haute montagne, tu as installé ta couche. » Cette terminologie, « grande et haute montagne », commente-t-elle, désigne toujours le mont Sion dans la Bible hébraïque, c'est-à-dire le mont sur lequel se dressait le Temple de Jérusalem [1].

Ainsi, l'activité sexuelle sacrée décrite dans certains versets de ce passage a dû s'exécuter sur le mont du Temple lui-même. Selon elle, un habile jeu de mots vient confirmer ce fait : dans le passage, le mot hébreu utilisé pour « lit » est *mishkab* qui ne diffère que d'une lettre du mot pour « lieu saint » qui est *mishkan*. Ackerman pense que la description du sacrifice d'offrandes sur le lit confirme que le jeu de mots entre « lit » et « lieu saint » est intentionnel.

Elle poursuit en listant la longue lignée de rois juifs qui ont tué leurs propres enfants lors de sacrifices rituels jusqu'au VIe siècle AEC :

Le sacrifice d'enfant pour apaiser certaines divinités était bien connu dans l'Israël ante-exilitique. Le Livre des Juges décrit le sacrifice de la fille de Jephté. Celui-ci avait fait le vœu imprudent et irresponsable de sacrifier à Dieu la première personne qui sortirait de chez lui quand il reviendrait du combat (Juges 11, 29-40). Le roi Achaz de Juda (734-715 AEC) immola son propre fils par le feu en offrande (2 Rois 16, 3). Le contemporain d'Achaz en Israël, le roi Osée (732-722 AEC) autorisa le retour du culte des sacrifices d'enfants chez ses sujets (2 Rois 17, 16-17). Dans le royaume de Juda, au VIIe siècle, après la destruction du royaume d'Israël en 722 AEC, les sacrifices d'enfants perdurèrent. Le roi Manassé (687-642 AEC), comme Achaz avant lui, sacrifia ses propres enfants (2 Chroniques 33, 6). Jérémie (7, 30-32 ; 19, 5 ; 32, 35) et Ézéchiel (16, 21 ; 20, 31 ; 23, 39) condamnèrent tous les deux la pratique des sacrifices d'enfant au début du VIe siècle AEC. Notre poème montre que le sacrifice d'enfants continua même après le retour d'exil des

1. Voir Isaïe 2, 2 ; 40, 9 ; Ézéchiel 17, 22 ; 40, 2 ; Michée 4, 1.

israélites. Dans le verset 5, le prophète parle des gens « qui immolent les enfants dans les oueds, parmi les failles des rochers. »

D'après la version standard révisée (*Revised Standard Version, RSV*) de la Bible, la première moitié d'Isaïe 57, 9 se lit : « Tu es allé vers Moloch avec des huiles et tu as multiplié les parfums. » Ackerman dit que c'est une description de la préparation rituelle d'un enfant en vue de son immolation dans les flammes.

Pour nous, cette idée que les juifs aient pu sacrifier des enfants à Yahvé – à Dieu – continuait de nous paraître étrange et il s'agissait d'un sujet dont on ne pouvait assurément pas parler aujourd'hui encore dans la bonne société. Alors, encore une fois, nous avons demandé à notre ami le professeur Philip Davies qu'il nous donne son avis sur cette question. Sa réponse fut claire : « Je ne vois pas pourquoi même chez les israélites il n'aurait pu y avoir de sacrifices d'enfants. »

L'article d'Ackerman montre une photographie de cendres d'un enfant, sacrifié pour apaiser un dieu[1]. Elles se trouvent dans une urne placée sous une grande pierre qui représente la déesse Tanit, debout à la porte d'un temple et tenant un tambourin. De semblables objets pouvaient-ils être enterrés sous le mont du Temple de Jérusalem à l'époque où Salomon retourna vers le culte de Moloch ?

Au cours de nos recherches pour *La Clé d'Hiram*, nous avons trouvé des liens forts entre les croyances des débuts du judaïsme et celles de l'Égypte. Cela nous paraissait parfaitement sensé, puisque la légende vétéro-testamentaire de Moïse nous le présente comme un enfant adopté par la famille royale égyptienne devenu un général de leur armée. S'il fit sortir d'Égypte un groupe de travailleurs immigrants en quête de leur « Terre promise », lui comme eux devaient parler et penser égyptien. Comme c'était la première fois que les fidèles de Moïse quittaient le pays, il est difficile d'imaginer que leur religion pût être autre chose qu'une variante du système de croyance qu'ils connaissaient jusque-là.

Nous avons lu les histoires de Moïse et Josué. Nous les avons vus tuer et se frayer une route jusqu'en Canaan au nom de leur nouveau dieu Yahvé. D'après la Bible, les villes étaient détruites les unes après les autres et leurs populations étaient massacrées. Cependant, grâce aux témoignages archéologiques, nous savons que ces événements n'ont jamais existé et que l'histoire de l'invasion hébraïque, comme l'histoire de David, sont presque totalement fictives.

---

1. S. Ackerman, « Sacred Sex, Sacrifice & Death », in *Biblical Review*, vol. VI, n°1, février 1990. Photographie Asor Punic Project/James Whitred.

Les cendres d'un enfant sacrifié repose dans une urne sous une pierre portant une représentation de la déesse Tanit (dessin d'après photographie).

Si la Bible chrétienne ne s'intéressait pas également à l'histoire du peuple juif et de son dieu adopté, l'archéologie de cette région désertique à l'extrémité orientale de la Méditerranée n'intéresserait qu'une infime poignée d'obscurs érudits. Mais en l'espèce, la plupart des gens connaissent quelque chose de la « Terre sainte » et de ses habitants d'il y a deux ou trois mille ans. La tradition biblique, ressassée dans le monde occidental, présente le peuple juif comme une race ancienne avec une religion clairement définie qui donna également leur dieu au christianisme et à l'islam. Toutefois, en termes relatifs, les juifs ne sont pas particulièrement anciens et, racialement, ils ne sont pas différents des autres groupes de la région. Et maintenant, nous savons également qu'ils n'embrassèrent certainement pas le monothéisme pendant des siècles après David et Salomon.

À partir de Moïse et jusqu'à la destruction presque totale de Jérusalem en 70 EC, la religion des juifs fut un melting-pot d'idées venant de partout autour d'eux. Ils se sont efforcés farouchement de donner du sens à des traditions orales parfois antagonistes tout en adoptant de nouveaux concepts. C'est ce processus qui a conduit à la grande variété d'interprétations du judaïsme et de ses fondements.

L'interprétation chrétienne ordinaire de l'Ancien Testament brosse le tableau d'un peuple fondé par Abraham, Isaac et Jacob, puis amené en Israël par Moïse et Josué, avant d'être conduit sur la voie de la grandeur par toute une lignée de prêtres et de rois. On a l'impression que Dieu délivra directement Sa Loi aux juifs et donc que leurs croyances se distinguent par leur caractère authentique et unique de toute l'idolâtrie païenne pratiquée par les peuples superstitieux des autres nations. Pour le christianisme, l'utilité des juifs s'arrêta brutalement avec la naissance et le meurtre du Messie promis qui, dans cette version du concept éternel de « fils de Dieu », amena la rédemption ultime de toute l'humanité.

Quand on examine ce que l'on sait aujourd'hui de l'Ancien Testament, l'aspect le plus surprenant est la date relativement récente de ces livres « anciens » par rapport aux événements qu'ils décrivent. Même le récit de la création qui décrit le commencement des temps (Premier chapitre de la Genèse) n'aurait été écrit, pense-t-on, qu'au VIe siècle AEC [1]. À première vue, cette dernière date peut sembler assez ancienne, mais si on la remet en perspective, on s'aperçoit qu'elle est postérieure de quatre cents ans au roi Salomon et de près de trois mille ans à la construction de certaines structures mégalithiques monumentales des îles Britanniques. En somme, les rédacteurs du Livre de la Genèse sont aussi proches de nous, hommes du XXIe siècle, que des constructeurs d'édifices astronomiques évolués comme Newgrange en Irlande, Maes Howe dans les Orcades écossaises ou Bryn Celly Ddu au pays de Galles.

Et nous ne pouvions nous empêcher d'observer que le sacrifice rituel des enfants des rois juifs était encore pratiqué quand la Bible était en cours de rédaction.

Bien que la Bible soit beaucoup plus récente que ne le croit beaucoup de monde, nombre des histoires qui y sont relatées sont anciennes et se sont transmises de génération en génération sous la forme de traditions orales avant que les scribes ne les fixent par écrit sur des papyrus. Il est éminemment probable que ce fût au cours de la captivité babylonienne que l'Ancien Testament commençât à être composé pour créer une histoire cohérente à partir de traditions confuses et disparates. Tout en voulant placer Yahvé au centre de leur système de croyances, les scribes ne pouvaient pas manquer de restituer la popularité du culte astral.

Les faiseurs de pluie

Dans l'Ancien Testament, un récit (I Rois 18, 16-40) nous parle du moment dans l'histoire où le culte astral de Vénus, hérité des Cananéens, fut supplanté par le culte de Yahvé. Le prophète Élie a une conversation avec

1. Norman Cohn, *Cosmic Chaos and the World to come.*

le roi à propos d'un débat divisant le peuple qui ne sait plus quelle religion suivre.

Le roi Achab de Juda, époux de Jézabel, prêtresse de Baalat, se préoccupait plus des problèmes politiques que des questions religieuses. Manifestement, il pensait qu'Élie avec son soutien fanatique à Yahvé était le vrai problème, surtout quand il se manifestait sous la forme de sa haine à l'endroit de la reine Jézabel. Mais, de son côté, le prophète était convaincu que c'était le roi qui soutenait les mauvais dieux (*Baalim*) et il le soupçonnait d'être trop fortement influencé par les pratiques religieuses et sexuelles de sa femme Jézabel, la princesse phénicienne, qui est partout évoquée dans la Bible comme la prostituée tyrienne. Les rédacteurs du Livre des Rois racontent l'histoire :

Dès qu'il vit Élie, Achab lui dit : Est-ce bien toi le fléau d'Israël ?

Élie répondit : Ce n'est pas moi qui suis le fléau d'Israël, mais c'est toi et la maison de ton père, parce que vous avez oublié les commandements du Seigneur et que tu as suivi les Baals (Baalim).

Maintenant, envoie rassembler tout Israël près de moi sur le mont Carmel, et les quatre cent cinquante prophètes de Baal, ainsi que les quatre cents prophètes d'Ashéra, qui mangent à la table de Jézabel.

Alors Achab convoqua tous les enfants d'Israël et rassembla les prophètes sur le mont Carmel.

(I Rois 18, 17-20)

Ensuite Élie admettait que le pays était divisé. Il montra qu'il avait derrière lui tous les partisans de Yahvé quand, seul prophète de ce dernier, il faisait face aux huit cent cinquante prophètes de Baal et d'Ashéra, le culte de Vénus [1] :

Alors Élie s'approcha de tout le peuple et dit : Combien de temps allez-vous hésiter entre deux voies ? Si le Seigneur est Dieu, suivez-le ! Mais si Baal l'est, suivez-le ! Et le peuple ne lui répondit rien.

Alors Élie dit encore au peuple : Moi, et moi seulement, je reste le prophète du Seigneur ; mais les prophètes de Baal sont quatre cent cinquante.

(I Rois 18, 21-22)

Pour trouver qui était le meilleur dieu, Élie imagina une compétition sur le site sacré cananéen du mont Carmel. Deux autels furent dressés avec tout ce qu'il fallait pour allumer un bûcher sacrificiel. Puis il mit au défi la horde

1. La Bible ordinaire (Bible du roi Jacques pour l'Angleterre ou Bible de Jérusalem pour la France, par exemple) ne fait généralement allusion qu'aux quatre cent cinquante prophètes de Baal, mais des traductions plus récentes comme la New English Bible évoquent aussi les quatre cents prophètes d'Ashéra [cités par une glose, comme le précise une note de la Bible de Jérusalem *(N.D.T.)*].

des prophètes adverses de mettre le feu au bûcher de Baal par leurs prières. Alors le prophète de Yahvé utilisa les principes mégalithiques du culte de Vénus pour relever le défi.

L'Ancien Testament raconte comment Élie s'approcha de l'autel de son dieu qui avait été démoli et il dressa douze pierres. Ensuite il creusa une tranchée autour d'elles qu'il fit remplir d'eau.

Élie prit douze pierres, correspondant aux tribus des fils de Jacob, qui avaient reçu la parole du Seigneur disant : Israël sera ton nom.

Et avec les pierres, il construisit un autel au nom du Seigneur. Il creusa une tranchée autour de l'autel d'une contenance de deux boisseaux de semence.

Il disposa le bois, découpa le taureau et le déposa sur le bois. Il dit : Emplissez quatre jarres d'eau et versez-la sur l'holocauste et sur le bois.

Et c'est ce qu'ils firent.
Puis il dit : Faites-le une seconde fois.
Et ils le firent une seconde fois.
Puis il fit : Faites-le une troisième fois.
Et ils le firent une troisième fois.
Et l'eau se répandit autour de l'autel et il remplit aussi la tranchée d'eau.

(I Rois 18, 31-35)

Voilà la description typique d'un sanctuaire cananéen et elle coïncide avec le cercle de pierre de Gilgal où l'armée israélite fut circonscrise quand Josué et son peuple arrivèrent enfin sur la Terre promise (Josué 4). Comme nous l'avons déjà mentionné, le mot Gilgal signifie « cercle de pierres ». C'était une forme de structure commune pour les Cananéens et les premiers juifs et toutes étaient appelées *Gilgal.* Le professeur Fohrer dit du premier Gilgal dressé quand le peuple de l'Exode arriva :

Gilgal... était une sorte de sanctuaire pré-israélite... Le nom du site cultuel dérive du « cercle » de pierres qui le délimitait[1].

Nous pouvons sans hésiter supposer que les douze pierres d'Élie étaient disposées en cercle et que la tranchée autour était elle aussi circulaire : pour la remplir avec l'eau tombant du bûcher central, elle devait former un anneau continu.

Les cercles de pierres levées entourés d'un fossé étaient une caractéristique récurrente de la culture des poteries cannelées dans les îles Britanniques, trois mille ans avant l'époque d'Élie. Alors, le prophète a-t-il délibérément construit une structure de type mégalithique avec son fossé circulaire conformément à une ancienne tradition ?

1. G. Fohrer, *History of Israelite Religion.*

Élie remplit le fossé d'« eau », or on sait que cela se passait ainsi dans les sites des poteries cannelées des îles Britanniques et particulièrement en Irlande. Mais si le prophète entoura son autel de liquide, sa motivation était différente. Son « eau » se révéla éminemment inflammable. Quoi qu'il en soit, le fait que l'on voit un prophète de Yahvé construire une structure cananéenne traditionnelle, montre à quel point tout était confus à l'époque. Apparemment, personne ne comprenait vraiment d'où ces idées venaient, mais ils n'hésitèrent pas à utiliser la plus puissante « magie » et les symboles les plus efficaces pour promouvoir leur dieu.

Le plan fonctionna. Quand les prophètes cananéens se montrèrent incapables de convaincre leur dieu d'enflammer le bûcher, Élie se moqua d'eux. Il alla jusqu'à leur dire que leur dieu avait peut-être des soucis ou qu'il était en voyage ou même qu'il dormait. Naturellement, les Cananéens ne parvinrent pas à faire tomber le feu du ciel. Pourtant, Élie y parvint d'une manière ou d'une autre. Il exploita l'avantage de la situation en demandant à la foule assemblée de s'emparer de ses adversaires et de les traîner jusqu'à un torrent voisin. La Bible nous dit que la foule présenta l'un après l'autre les prophètes de Vénus vaincus devant l'épée d'Élie et que celui-ci égorgea lui-même près du torrent ses rivaux religieux désarmés :

> *Et Élie leur dit : « Saisissez les prophètes de Baal. N'en laissez pas un s'échapper. » Ils les attrapèrent et Élie les fit descendre près du torrent de Qishôn et là il les égorgea.*
>
> *Et Élie dit à Achab : « Monte, mange et bois, car j'entends venir une abondance de pluie. »*

Élie manifesta son importance en faisant venir « une abondance de pluie ». L'échange entre le prophète et Achab intervenait après une longue sécheresse. La venue de la pluie symbolisait la bonté de Dieu tombant sur la terre.

Faire venir la pluie était semble-t-il une vieille pratique cananéenne. Elle fut adoptée dans les premiers temps du développement de la nation juive. La Bible raconte comment Josué, le chef du peuple 'Apiru, fit entrer son armée sur la Terre promise en lui faisant traverser le Jourdain de la rive est à la rive ouest. Immédiatement après le franchissement, les troupes 'Apiru sont amenées au sanctuaire cananéen de Gilgal (à un peu plus de cinq kilomètres au nord de Qumran). Et là, au milieu du cercle mégalithique, ils exécutèrent un ancien rituel. Dans le cadre de celui-ci, tous les hommes furent circoncis à l'aide d'une lame en silex. On ne sait pourquoi ils utilisèrent des couteaux en silex et non en métal.

Nous avons donc ici une armée d'hommes amenée au milieu d'un cercle de pierres pour avoir le prépuce tranché à l'aide d'un morceau de pierre.

Il est difficile d'imaginer qu'il s'agisse d'autre chose que d'une réminiscence rituélique de l'âge néolithique.

Par ailleurs, on ne sait pas davantage pourquoi tous ces Hébreux n'avaient pas été circoncis à la naissance de la manière théoriquement adoptée depuis Abraham. Toute l'histoire en réalité est étrange. Et tout en discutant du sens de cette circoncision de masse rituelle, nous nous sommes souvenus d'un commentaire du professeur Richard Dawkins reliant les rituels des Aborigènes d'Australie pour faire venir la pluie au prépuce :

> *Comme précaution supplémentaire, le Grand Conseil des Dieri conservait aussi par-devers lui une réserve de prépuces de garçons pour l'avoir constamment à sa disposition, en raison de leur pouvoir homéopathique pour produire la pluie (les pénis ne font-ils pas « pleuvoir » de l'urine, ce qui est sûrement une preuve éloquente de leur pouvoir ?).*

C'était ici la première fois que nous voyions un motif anthropologique avancé pour expliquer l'Alliance d'Abraham. Et en en parlant, nous réalisâmes bientôt que cette explication donnait du sens à une histoire qui nous avait laissés perplexes depuis longtemps. La « Terre promise » sur laquelle les 'Apiru venaient de pénétrer était aride à la suite d'une longue sécheresse. Or la pluie était vitale s'ils voulaient s'établir dans leur nouvelle patrie. La cérémonie de circoncision devait faire partie d'une ancienne méthode visant à faire pleuvoir. Mais il y a une autre raison qui nous fait croire que tout cet épisode est en rapport avec une cérémonie pour faire venir la pluie.

Plus de mille ans après le rituel de Gilgal, Jean le Baptiste était considéré par beaucoup comme le nouvel Élie. Le professeur John Marsh dit de lui :

> *Les termes utilisés pour décrire Jean suffirent jadis à Ahaziah pour reconnaître la description du prophète Élie*[1].

Le professeur Robert Eisenman commente également :

> *Jean le Baptiste joue aussi un rôle dans la scène de la Transfiguration, dès lors que dans tous les Synoptiques (les trois premiers Évangiles), il est identifié à Élie*[2].

Cette connexion entre Élie et Jean-Baptiste est importante parce qu'elle montre comment le thème de la construction de cercles et de la production de pluie perdura jusqu'à l'époque du Christ. Eisenman pense que les manuscrits de la mer Morte ont favorisé notre compréhension du rôle de telles idées en relation avec des personnages majeurs du Nouveau Testament :

---

1. J. Marsh, « The Theology of the New Testament », *Peake's Commentary on the Bible.*
2. R. Eisenman, *James the Brother of Jesus*, Faber & Faber, 1997.

Des thèmes se développent, quand ils sont étudiés, et fournissent de nouveaux indices concernant des idées et des motifs qui jusque-là n'avaient pas été soupçonnés ou qui étaient précédemment inconnus. L'un de ces thèmes est celui de la « pluie » et de l'imagerie de la « pluie » eschatologique... Dans la littérature de cette période, on rencontre plusieurs « faiseurs de pluie » primordiaux. Le premier immédiatement reconnaissable est Élie, ce qui rattache ce thème de la « production de pluie » aux idées associées à sa personne, et par-delà à Jean-Baptiste[1].

Dans ses notes de bas de page, Eisenman confirme le rôle des cercles :

Le « traçage – ou la construction – de cercles » est le mécanisme pour faire pleuvoir.

Jean le Baptiste était un cousin de Jésus et cette aptitude à faire venir la pluie à l'aide d'un cercle à la manière de Josué ou Élie semble être une tradition familiale. Eisenman croit que Jacques, le frère de Jésus, exécuta aussi de semblables rituels, qui étaient associés à la Messianité et à la Prophétie de l'Étoile. Avant l'époque de Jean, un homme vint qui était peut-être un membre de la famille de Jésus et Jean et qui fut également un faiseur de pluie particulièrement renommé. On l'appelait « Honi le traceur de cercles », mais on l'appelait également Onias, qui dérive du titre Oblias, signifiant « pilier de pierre[2] » – un terme qui a également été associé à Jacques. En outre, Eisenman pense que cet Honi était le grand-père de Jean, Jacques et Jésus. Il ajoute :

Dans Haeres, Épiphane confirme que Jacques aussi eut un rôle de faiseur de pluie.

Tracer des cercles et faire pleuvoir sont des pratiques directement associées à la Prophétie de l'Étoile qui annonce la venue du Messie. Elles sont également directement liées à la famille de Jésus et aux pratiques des Esséniens qui produisirent les manuscrits de la mer Morte. À ce propos, le professeur Eisenman écrit :

Nous entendons parler de cercles similaires tracés par les « esséniens » (dans les écrits) de Flavius Josèphe et Hippolyte, qui, dans leur observance du Sabbat, ne devaient pas s'écarter d'un certain rayon, même pour se soulager[3].

Tout ce thème des faiseurs de cercles et de pluie est associé à une tradition cachée centrée sur la venue du messie promis. Élie en est l'archétype et les

1. R. Eisenman, *The Dead Sea Scroll and the First Christians*, Element, 1996.
2. R. Eisenman, *James the Brother of Jesus.*
3. *Ibid.*

influences primitives sont clairement Énoch et Noé. Jésus, Jean et Jacques et leur famille sont, semble-t-il, les derniers pratiquants connus d'un rite qui devait être d'une extrême antiquité. Le sujet est fascinant, mais éminemment complexe, trop complexe même pour rendre avec justesse dans ce livre la théorie qui semble émerger. Pour les lecteurs qui aimeraient en savoir plus, nous recommandons fortement les ouvrages de Robert Eisenman et ceux de Michael Wise.

Conclusions

Nos recherches sur les sacrifices d'enfants juifs montrent qu'ils étaient en relation avec les chênes et le sexe sacrés, le culte du taureau et celui des morts. Ces idées sont très éloignées de ce que les gens associent généralement aux juifs et à Yahvé, leur dieu. Mais nous dûmes conclure qu'il était fort probable que les juifs sacrifièrent jadis des enfants à Yahvé.

Nous pensions que les sacrifices d'enfants avaient leur origine dans le culte du Soleil et que El Elyôn, le Dieu-Soleil, avait été vénéré à Jérusalem au moins pendant les mille années précédant Salomon. Le culte du Soleil ne disparut pas chez les juifs aussi rapidement que la Bible voudrait nous le faire croire.

David, le premier messie juif, fonda sa royauté sur la base d'une alliance avec Yahvé, mais Salomon son fils était un despote oriental typique qui aspirait au pouvoir le plus absolu. C'est pour cette raison, pensions-nous, que Salomon se rapprocha d'Hiram, le roi de Tyr, afin de lui acheter les secrets de la royauté astrale et le pouvoir absolu que celle-ci conférait. Ses extravagances dispendieuses et l'oppression qu'il exerça entraînèrent après sa mort la division de son pays en deux royaumes, Juda et Israël.

Les croyances en vigueur paraissaient connectées à la circoncision, à l'érection de cercles de pierres et à la production de pluie. Des preuves manifestes montrent que les classes dirigeantes maintinrent ces idées en vie.

Il ressortait de tout ce que l'on découvrait que la religion des rois juifs était soit une religion propre, soit une version du culte de Yahvé très différente de celle que l'Ancien Testament présente. Nous voyions s'élaborer un système de croyances à deux étages : d'un côté, les concepts vénusiens et solaires cananéens primitifs attachés au concept de royauté, et de l'autre, le culte beaucoup plus ordinaire de la population paysanne.

Chapitre IX

LES FILS DE L'AUBE

Le cadran d'Achaz

Il y a quelques années, fut découverte une « bulle » – ou un sceau d'argile – ayant appartenu au roi Achaz de Juda [1]. Sur son revers, on voit encore l'empreinte des cordelettes ayant attaché le rouleau et de la trame du papyrus. Utilisant les caractères du vieil hébreu, le sceau se transcrit comme suit : *l'hz y hwtm mlk yhdh*, ce qui se traduit simplement par « Appartenant à Achaz (fils de) Yotam, roi de Juda ». Hormis la confirmation de l'existence de ce contemporain du prophète Élie, la découverte d'une relique de cet ancien roi de Juda vieille de 2 800 ans n'avait rien de particulièrement surprenant.

Cependant, une autre bulle beaucoup plus étonnante a été exhumée récemment. Ce sceau fut utilisé par le fils d'Achaz, Ezéchias, qui vécut vers 715 à 687 AEC. La bulle d'Ezéchias est minuscule : à peine 0,4 pouce de diamètre et un peu moins de 0,08 pouce d'épaisseur. Son inscription se déchiffre ainsi : *Ihzqyhw 'hdz mlk yhdh*, « Appartenant à Ezéchias, (fils de) Achaz, roi de Juda ». Mais ce qui nous fascina, c'est l'emblème gravé dessus. Il montre un scarabée à deux ailes poussant une balle de foin circulaire, un symbole du soleil levant [2].

Malachie 3, 20 nous éclaire sur la signification de ce symbole :

> *Mais pour vous qui révérez mon nom, le soleil de justice [tsedeq] brillera avec la guérison dans ses ailes.*

---

1. R. Deutsch, « First Impression – What we learn from King Ahaz's seal ». *Biblical Archaeology Review*, mai-juin 1998.

2. H. Bonner, « Skarabeus », in *Reallexicon der ägyptischen Religiongeschichte*, Berlin, DeGruyter, 1952.

Une telle imagerie n'aurait rien de surprenant si on la trouvait chez n'importe lequel des voisins d'Israël, mais jusqu'à une date récente, on pensait que le culte de Yahvé n'était pas lié au Soleil. Or, dans le contexte de notre étude des aspects solaires du judaïsme post-salomonique, il est clair que l'usage de ce symbole n'a rien à voir avec Yahvé... mais tout avec le vieux dieu solaire cananéen, peut-être identique à Moloch, le mangeur d'enfants.

Des disques solaires à deux et quatre ailes apparaissent sur d'autres objets ayant appartenu à Ezéchias, par exemple sur les poignées d'un *l'melekh*. Donc le scarabée à deux ailes avec son disque-Soleil n'était pas le seul exemple de symbolisme solaire parmi les possessions du roi. Au regard de cet élément, nous pouvions supposer qu'il y avait eu en Juda une volonté de faire de Yahvé une divinité solaire. Apparemment, le culte du Dieu-Soleil était un puissant prétendant au titre de dieu principal susceptible de détrôner Yahvé.

Dans II Rois 20, 11, une phrase dit que l'on voit l'ombre s'avancer de dix pas ou degrés sur quelque chose que l'on appelle le « cadran d'Achaz [1] ». Cela signifie que l'ombre du Soleil déclinant s'allongeait anormalement rapidement ou qu'elle reculait dans cette même proportion, phénomène qui dans les deux cas irait à l'encontre de l'ordre naturel. À cette époque, les cadrans solaires étaient connus à Babylone, mais la description reprise dans cette citation biblique fait référence à une volée de marches qu'Achaz avait construite pour que l'ombre projetée dessus par le soleil puisse donner le moment du jour.

Et Ezéchias dit à Isaïe : « À quel signe connaîtrai-je que le Seigneur va me guérir et que, dans trois jours, je monterai au temple du Seigneur ? »

Et Isaïe répondit : « Ce signe tu recevras du Seigneur, qui prouvera qu'il fera ce qu'il a dit : l'ombre doit-elle avancer de dix degrés ou reculer d'autant ? »

Alors Ezéchias dit : « C'est peu de choses pour l'ombre d'avancer de dix degrés. Non, qu'elle recule plutôt de dix degrés. »

Et Isaïe le prophète invoqua le Seigneur et il fit reculer l'ombre de dix degrés, sur les degrés qu'elle avait déjà descendus sur le cadran d'Achaz [2].

Dans Isaïe 38, 8, on nous dit précisément que l'objet est un cadran solaire :

Voici que je vais faire reculer l'ombre des degrés qu'elle a descendus sur le cadran solaire d'Achaz, dix degrés en arrière. Ainsi le soleil recula de dix degrés, sur les degrés qu'il avait descendus.

---

1. Les traducteurs de la Bible de Jérusalem, notamment, parlent de « degrés de la chambre haute d'Achaz », autrement dit l'escalier y menant, ce qui n'est pas incompatible avec l'idée d'un comput solaire, en un endroit au sommet du palais où se trouvaient de toute manière des petits autels dédiés aux divinités astrales (voir II Rois 23, 12) *(N.D.T.)*.

2. II Rois 20, 8-11.

Cette idée d'un dieu suprême lié au Soleil était si enracinée que des centaines d'années plus tard, l'astre devint la marque distinctive de la nouvelle divinité, celle-là même que les chrétiens appelaient désormais Dieu. Et dans cet esprit, nous ne pouvions manquer d'observer que le sabbat chrétien était désormais fixé au dimanche, le jour du Soleil [1] et que tous les êtres célestes avaient un disque solaire brillant derrière leur tête. Le concept de « Dieu Très Haut [dans le ciel] » est également une réminiscence du Dieu-Soleil El Elyôn – qui signifie « le Très Haut » – la rayonnante lumière bienfaitrice au-dessus de nos têtes. Toute l'idée de sainteté est enracinée dans le concept juif de « rectitude » ou de « justice », connu sous le nom de Zedek ou Tsedeq, qui, comme nous l'avons vu, trouve son origine dans le culte du Soleil cananéen, où les rayons solaires chassent tout mal et toute corruption. Les principes de lumière et de ténèbres, de bien et de mal, reposent sur la conscience primordiale que l'énergie rayonnant du Soleil apporte chaleur et secours sur Terre. Que pourrait-on trouver de plus naturel ? Dans l'expérience humaine, rien ne peut avoir de rôle plus central et plus visible que l'« étoile » géante qui se lève chaque matin pour chasser les peurs des ténèbres de la nuit. Ce dieu nous abandonne finalement le soir, mais revient toujours. Il porte la promesse d'un nouveau jour et nourrit les cultures qui fournissent notre pain quotidien. Les malfaisants qui se terrent dans les ombres de la nuit doivent courir pour échapper à la honte que jette sur eux l'inévitable lumière de bonté.

Pour de nombreux israélites ultérieurs, Dieu est devenu un concept distinct du Soleil. Mais les éléments et preuves à notre disposition laissent fortement penser que ces fidèles du culte astral ont continué leurs pratiques et croyances jusqu'en 596 AEC, le moment de la destruction de Jérusalem et de son Temple par les Babyloniens et du départ en exil des principaux personnages de la cité. À une date aussi tardive que le commencement de la captivité à Babylone, le prophète Ézéchiel évoque une vision qui révèle l'horreur que lui inspirent ceux qui continuent à vénérer l'aube :

> *Il m'emmena vers le parvis intérieur de la maison du Seigneur. Et voici qu'à la porte du temple du Seigneur, entre le porche et l'autel, il y avait environ vingt-cinq hommes, tournant le dos au sanctuaire du Seigneur et regardant vers l'est. Ils se prosternaient devant le soleil à l'orient* [2].

Dans ce verset, Ézéchiel vilipende les juifs énochiens qui tournent leur dos à Dieu et vénèrent le soleil. Il poursuit en accusant leurs activités astrales d'être la cause de la chute de Jérusalem.

1. Que les païens appelaient *Solis Dies*, jour du Soleil, et les Anglais d'aujourd'hui continuent d'appeler pareillement *Sun*day ou *Sonn*tag.

2. Ézéchiel, 8, 16.

Nous savions maintenant que les rois juifs avaient suivi les pas de Salomon pendant des centaines d'années, vénérant des dieux solaires et n'hésitant pas à sacrifier rituellement leurs propres enfants dans leur quête de pouvoir divin. Apparemment, ce culte royal n'avait que peu de rapports originellement avec le dieu des juifs, mais après le retour de la captivité à Babylone, il semblait que les sacrifices d'enfants eussent disparu et que Yahvé fût devenu prédominant.

Nous devions maintenant répondre à une question : comment la lignée royale était-elle parvenue à préserver ses anciennes croyances astrales tout en les faisant coexister avec la théologie paysanne ?

Retour d'exil

Les juifs qui furent capturés et emmenés dans les villes babyloniennes avaient pleuré la perte de leur ville et de son temple. Mais ils s'acclimatèrent rapidement à leur nouvelle situation dans différentes cités et ils se mirent à prospérer en tant qu'entité à part entière d'un empire florissant. Manifestement, ils s'identifièrent à leurs nouveaux maîtres, parce qu'on voyait les uns comme les autres aspirer à comprendre le ciel et sa signification pour l'homme mortel.

Une chose nous avait toujours semblé étrange : pourquoi, après trois générations, les Babyloniens avaient-ils soudain laissé les juifs regagner leur cité d'origine ?

La mort de Cyrus le Grand fut suivie par une grande période de turbulences politiques et ce n'est qu'à l'accession au trône de Darius que 42 462 individus furent renvoyés à Jérusalem [1].

Évoquant cet événement six cents ans plus tard, Flavius Josèphe croit avoir cerné la motivation de Darius. Il la décrit comme suit :

> *Alors qu'il n'était encore qu'un homme ordinaire, il avait adressé un vœu à Dieu : s'il devenait roi, il renverrait au Temple de Jérusalem tous les trésors de Dieu qui se trouvaient à Babylone.*

Seulement Darius était un zoroastrien et son dieu était Ahura Mazda (le Dieu-Soleil et le Seigneur de Sagesse), pas Yahvé, le dieu local de Jérusalem.

Flavius Josèphe est un merveilleux historien, bien que parfois partial. Mais ici, ses conceptions ont été modelées par sa propre croyance en un dieu unique. Il est certain que les juifs emmenés en captivité croyaient que de

1. On donne classiquement comme date de libération des juifs 538 ou 539 AEC. Cyrus II (identifié comme le véritable libérateur des juifs captifs) est mort vers 528 AEC et Darius Ier serait monté sur le trône en 526 AEC *(N.D.T.)*.

nombreux dieux existaient et que Yahvé contrôlait Israël, mais pas d'autres endroits comme Babylone. Quand ils se trouvaient dans un pays quelconque, les juifs respectaient le dieu local. À l'époque de leur libération, ils avaient adopté l'idée d'un dieu unique tout-puissant des zoroastriens – qui étaient eux-mêmes monothéistes et croyaient en un dualisme cosmique opposant dans tout l'univers la Vérité (*Asha*) au Mensonge.

D'après le témoignage laissé par Josèphe, Darius posa une énigme. La réponse correcte permettrait de reconstruire le saint temple des juifs. La question concernait la force relative de quatre entités différentes : les rois, la vérité, les femmes et le vin. La réponse correcte fut donnée et il faut noter avec beaucoup d'intérêt que les quelques mots de celle-ci forment la seule inscription présente dans toute la structure de Rosslyn, construite par William Saint-Clair pour être une re-manifestation du Temple de Jérusalem. Ils apparaissent sur le linteau d'une croix dans la partie sud de l'édifice et sont traduits en latin médiéval :

LE VIN EST FORT, UN ROI EST PLUS FORT,
LES FEMMES LE SONT PLUS ENCORE,
MAIS LA VÉRITÉ CONQUIERT TOUT.

Ce sentiment zoroastrien classique devait donner une nouvelle vie au temple de Jérusalem.

Lorsque les juifs revinrent de leur captivité à Babylone, seuls quelques-uns des plus anciens avaient déjà pu voir la cité de Jérusalem auparavant. Même ceux qui avaient été pris dans la seconde vague d'exilés avaient vieilli de quarante-huit ans. La nouvelle génération de dirigeants de la cité dut les accueillir avec circonspection et, sans aucun doute, méfiance. Est-ce que ces fils et petit-fils de l'ancien pouvoir n'allaient pas chercher à reprendre le cours de la vie là où leurs aïeux l'avaient laissé ? Comptaient-ils reprendre les terres de leurs familles à leurs nouveaux propriétaires ? Et, plus important encore, voulaient-ils essayer de récupérer les plus hautes charges de la cité et de son temple ruiné ?

Josèphe nous raconte que pas moins de 42 462 juifs revinrent à Jérusalem avec Zorobabel et qu'ils espéraient effectivement continuer leur existence là où leurs ancêtres l'avaient laissée. Nous avons conclu que c'est à cet instant que la division entre la « nature » et l'« astral » devint une question majeure. Les fidèles des principes « naturels » des ruraux se concentrèrent sur la tradition associée à Moïse, tandis que le culte astral de l'élite rentrant d'exil se consacrait aux enseignements laissés par Énoch.

Pour la lignée royale énochienne, les aspects astraux étaient centraux pour concrétiser la grandeur de leur nation grâce à des plans à long terme. Ces derniers seraient accomplis sous la conduite du messie promis qui devait apparaître à un moment donné du futur. Et ils savaient que cet instant serait marqué par l'apparition de la Divine Shékinah, la lumière qui manifestait la présence de Dieu.

On raconte que Zorobabel aurait construit son nouveau temple sur les ruines de l'ancien et que la vie à Jérusalem revint à la normale. Mais la Bible ne nous dit pas grand-chose de la période suivante, au cours de laquelle les idées astrales se fondirent dans le culte de Yahvé. Cependant, alors même que ce phénomène était en cours, une nouvelle influence majeure apparut : la culture des Grecs.

L'intrusion massive de la culture grecque (l'hellénisme) commence avec les conquêtes d'Alexandre le Grand en 331 AEC. Face à cette irruption, les juifs se mirent sur la défensive. Et en 165 AEC, une guerre civile éclata en Israël entre les juifs hellénisés et les résistants israélites. La révolte maccabéenne débuta sous la forme d'un conflit interne, mais elle s'acheva en guerre victorieuse qui permit à la Judée de conquérir son indépendance politique sur les forces d'occupation syrienne dirigées par Antiochos Épiphane.

Des membres de la famille sacerdotale hasmonéenne qui menait la révolte se proclamèrent rois et grands prêtres héréditaires, en dépit du fait qu'ils n'appartenaient pas à l'ancienne lignée des grands prêtres. Cette usurpation scandalisa au plus haut point le clergé authentique, qui partit installer sa propre communauté à Qumran, l'endroit le plus bas de la surface du globe, afin de préserver la pureté de leurs traditions. Au départ, cette communauté de Qumran fut une alliance hasardeuse de prêtres sadocides (appelés également zadokites) et énochiens, liés par une même désillusion à l'endroit de l'autorité maccabéenne à Jérusalem [1].

Nos découvertes impliquaient clairement qu'un groupe énochien antérieurement non identifié avait également continué sous sa forme pure, parallèlement à la version hybride de Qumran.

Pline, l'historien romain, écrivit sur les membres de la communauté de Qumran :

> *Sur la côte ouest du lac Asphaltitis [la mer Morte] sont établis [un certain nombre] d'ésséniens, à quelque distance des odeurs fétides que l'on respire sur le rivage lui-même. C'est un peuple solitaire, le plus extraordinaire du monde, qui vit sans femmes, sans amour, sans argent, avec les palmiers pour seuls compagnons* [2].

Comme l'Ordre des Chevaliers du Temple, ces prêtres de Qumran pratiquaient des rituels d'initiation, ne portaient que du lin blanc et partageaient

1. G. Boccaccini, *Beyond the Essenenes*, Eerdmans (Grand Rapids), 1998.
2. Pline, *Histoire Naturelle*, 5, 73.

tout. Et comme dans la franc-maçonnerie originelle, la période d'initiation avant de devenir membre à part entière de la secte durait trois ans. Lors de chacun des trois rituels d'initiation en maçonnerie, nous-mêmes étions revêtus de lin blanc et on nous avait demandé de laisser tout l'argent que nous avions en poche lors de notre initiation au premier degré, alors que nous devions répondre : « Nous n'avons rien ou nous le donnerions librement. »

Il est notoire que les Esséniens conservaient des éléments de culte solaire. Ils entonnaient des hymnes à l'aube à la gloire du « Soleil de Justice ». Ils s'exposèrent également à la colère d'Ézéchiel, qui critiquait leur façon de tourner « leurs dos au temple du Seigneur en regardant vers l'orient. Ils se prosternaient vers l'orient pour vénérer le Soleil ». (Ézéchiel 8, 16) Les autorités de Jérusalem n'aimaient pas non plus leurs traditions, parce qu'ils promulguèrent finalement une loi interdisant la pratique essénienne de l'agenouillement vers le Soleil levant à l'aube, sous peine de mort [1].

Le spécialiste de la Bible, Morton Smith, a interprété un escalier doré décrit dans un manuscrit de la mer Morte comme un dispositif construit pour adorer le Soleil et permettant d'« implorer son lever ». Que le Soleil, la Lune et les étoiles aient été vénérés comme des anges ressort de manière évidente du texte du psaume 148, 1-4 :

> *Louez Yahvé depuis les cieux ; louez-le dans les hauteurs ; louez-le tous ses anges ; louez-le toutes ses armées. Louez-le, Soleil et Lune ; louez-le, tous les astres de lumière ; louez-le, cieux des cieux.*

Mais cet escalier doré, note Morton Smith, peut parfaitement avoir réellement existé, puisque les vestiges d'un escalier en colimaçon furent découverts lors de fouilles sur le site de Qumran [2]. Est-ce une simple coïncidence que le deuxième degré de la franc-maçonnerie décrive un escalier comme la route à suivre pour découvrir les mystères cachés de la nature et de la science ?

Astrologie et culte solaire

Aujourd'hui, de nombreux chrétiens rejettent avec véhémence l'astrologie, en la considérant comme une abomination païenne, une superstition diabolique qui s'oppose aux enseignements de Jésus. Mais nous étions en train de découvrir que la connaissance des mouvements célestes et la croyance en l'effet du lever hélicoïdal des étoiles sur les affaires de l'humanité se

1. R. Graves, *The White Goddess*, Faber & Faber, 1948. (trad. fr., *La Déesse blanche : les mythes celtes*, Le Rocher, 1979)
2. G. Vermes, *The Dead Sea Scrolls in English*, Penguin, 1995.

trouvaient au centre des croyances du groupe juif qui a donné naissance au christianisme.

Historiquement, l'astrologie posait un problème aux premiers juifs rabbiniques, qui niaient également son rôle dans leur religion. Le Talmud de Babylone (Shabat 156b) rapporte un débat sur la validité de l'astrologie où le rabbin Hanina, un Babylonien qui se rendit en Palestine vers 200 EC pour étudier avec Judah ha-Nasi – un compilateur de Mishna – dit :

L'influence planétaire donne la sagesse, l'influence planétaire donne la richesse et Israël se trouve sous l'influence planétaire.

Cependant, le rabbin Johanan s'opposa férocement à l'influence de l'astrologie. Il déclara :

Il n'y a pas de constellation pour Israël.

De manière surprenante, à la lumière de son affirmation visant à soutenir la thèse de l'influence planétaire, le Mishna[1] de Judah ha-Nasi se dresse contre certains aspects de l'astrologie, en déclarant notamment que quiconque trouve un objet avec une représentation du Soleil, de la Lune ou d'un serpent doit le jeter dans la mer Morte. Cette instruction indique que de telles images devaient être communes et qu'il existait une tension majeure entre ceux qui soutenaient le Soleil et l'imagerie astrale et ceux qui s'y opposaient.

La fascination pour le culte du Soleil au sein du peuple juif ne s'est pas évanouie aussi vite que voudrait nous le faire croire la Bible. Une mosaïque récemment découverte dans une synagogue de l'ancienne Séphoris[2] montre un zodiaque avec une représentation abstraite d'un Dieu-Soleil guidant un quadrige, un char à quatre chevaux. Dans d'autres synagogues, on voit des représentations du dieu solaire sous une forme humaine, plutôt que sous la forme minimaliste d'un disque solaire abstrait.

De nombreuses Loges maçonniques sont décorées avec les signes du zodiaque, mais nous avons aussi découvert que l'influence astrologique dans la franc-maçonnerie était beaucoup plus forte que nous ne l'imaginions, dès que nous avons commencé à nous mettre en quête de celle-ci. Lors d'une visite à la bibliothèque de la Grande Loge d'Écosse en compagnie du professeur Philip Davies, un spécialiste de la Bible, cette influence devint limpide en étudiant les ouvrages maçonniques non répertoriés de la collection Morrison qui sont antérieurs à la Révolution française.

Philip fut attiré par un grand volume relié cuir. Il le descendit de son éta-

1. Livre codifiant la loi juive.
2. Ancienne capitale de la Galilée au nord-ouest de Nazareth *(N.D.T.)*.

gère, le déposa sur le bureau et l'ouvrit. La graphie du manuscrit était précise, mais légèrement passée. En feuilletant précautionneusement les pages bruissantes, il tomba sur une partie pliée au centre de l'ouvrage. Soigneusement, il l'ouvrit pour révéler un diagramme en forme de roue qui présentait les tribus d'Israël et leur association avec les signes du zodiaque et des pierres précieuses. Le vieux franc-maçon qui avait écrit ce livre avait clairement voulu exposer le lien étroit qu'il avait identifié entre l'astrologie et les croyances juives.

On peut trouver les douze signes du zodiaque disposés en cercle autour du chariot solaire d'Hélios dans au moins sept anciennes synagogues d'Israël (mais on ne trouvait pas de telles représentations dans les édifices des premiers chrétiens), et seulement dans trois synagogues hors d'Israël. Un poème découvert dans la *guéniza* (un dépôt de vieux documents hors d'usage en raison de leur état, mais que leur caractère sacré empêche de détruire) d'une synagogue du Caire dit que :

Il y eut une dispute parmi les mois, quand Août partit pour le pays d'Égypte. Venez et jetons les lots sur le zodiaque, pour que nous sachions dans lequel d'entre nous Israël doit être racheté.

En cherchant des informations supplémentaires sur le culte solaire dans l'Israël primitif, nous sommes tombés sur une référence à un objet découvert dans les ruines du temple d'Hérode et qui n'avait aucune explication. Mais il ressemblait exactement à un appareil pour mesurer la position du Soleil levant et son déplacement d'un solstice à l'autre. En méditant sur l'image de l'étrange objet, nous avons réalisé que, si nous placions un gnomon à l'extrémité de la rainure centrale, il projetterait une ombre sur la section incurvée de la pierre qui suivrait les lignes tracées.

Notre hypothèse se confirma quand nous mesurâmes les angles formés par les lignes extérieures. Ils correspondaient aux angles des ombres projetées par les deux soleils levants solsticiaux opposés (60°) à la latitude de Jérusalem. Les variations dans l'espacement des lignes devaient être dues aux collines situées de l'autre côté de la vallée du Temple, dont la déclivité devait affecter l'apparition de la lumière solaire. Les lignes courant de gauche à droite pouvaient avoir été utilisées pour repérer l'élévation du soleil à un moment donné peu après son lever (peut-être le moment convenu où l'on considère que le temps officiel de l'« aube » est achevé). L'ombre du gnomon devait être au maximum de sa longueur à l'heure du premier rayon de Soleil et elle rétrécissait à mesure que l'astre s'élevait. Quand l'ombre ne franchissait plus la ligne transversale, on considérait que l'aube était terminée. Au moment des équinoxes, l'ombre se trouvait au centre, et aux solstices, elle était aux extrémités. La partie droite de l'objet représentait le solstice d'été, quand le soleil s'élevait rapidement, tandis qu'à l'opposé, il montait plus lentement et plus horizontalement. Cela signifie que la ligne transversale d'un tel repère solaire doit être plus haute à droite qu'à gauche, si l'on veut indiquer une période d'aube constante tout au long de l'année.

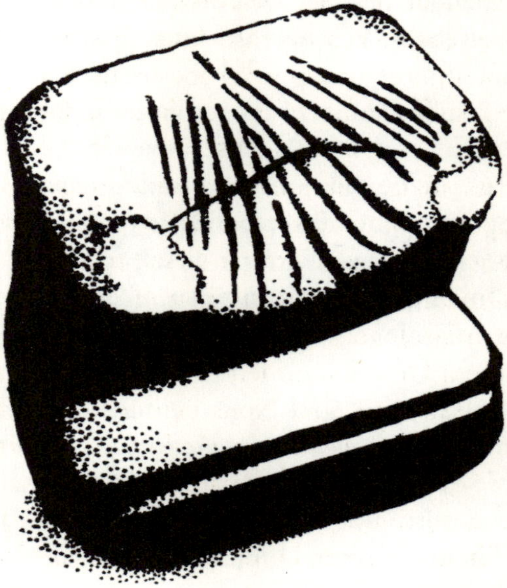

Cette pierre étrange fut découverte dans les ruines du temple d'Hérode. Il n'existe aucune explication la concernant, mais nous croyons qu'elle était probablement un marqueur solaire utilisé par les prêtres de Qumran qui s'emparèrent du Temple peu après la destruction totale de Jérusalem par Titus en 70 EC. On sait que les Esséniens se prosternaient devant le soleil levant au Temple et il semble que les lignes ont été tracées hâtivement sur une période de neuf mois pour repérer les angles du lever de soleil.

C'est exactement ce que nous pouvions observer sur cette pierre.

La courbure de la pierre taillée compense la vitesse du mouvement apparent du soleil sur l'horizon. Sinon, on voit six segments entre les lignes et chacun représente une période de deux semaines. La facture de cette relique aussi importante qu'énigmatique est pauvre, ce qui laisse supposer qu'elle ne faisait pas partie de la structure officielle du temple.

Quelle portée pouvait avoir cette découverte d'un mesureur d'aube grossier au milieu des pierres qui avaient jadis constitué le temple d'Hérode ? Notre théorie quant à la fonction de l'objet paraissait parfaitement sensée pour un certain nombre de raisons. Comme nous le savions, les Esséniens avaient la réputation de se prosterner devant le soleil levant au temple de

Jérusalem [1]. Nous savions aussi que les prêtres de Qumran étaient considérés comme des Esséniens et qu'à un moment entre le commencement de la guerre des juifs en 66 EC et la destruction du Temple, quatre ans plus tard, ils avaient pris le contrôle de ce dernier.

Ce groupe se donnait le nom de « Fils de l'Aube ». Et de ce fait, ils avaient sûrement réintroduit leur pratique des prosternations vers le soleil levant. Le temple n'était pas encore achevé, mais les architectes d'Hérode n'avaient aucune raison d'incorporer un appareil mesureur d'aube dans l'ouvrage. Donc les « Fils de l'Aube » auraient eu besoin de se fabriquer une nouvelle « pierre d'aube ».

Un mage avait besoin de neuf mois pour calibrer cette pierre, qui, ensuite, permettrait à n'importe qui de dire aux fidèles quand l'aube était terminée, donc à quel moment ils pouvaient arrêter de se prosterner.

Nous sommes également tombés sur un autre objet de cette période qui laisse perplexe les archéologues, mais qui pour nous avait un sens évident. Quand il fut déterré à Qumran, on le prit d'abord pour un cadran solaire quotidien ce qu'il ne pouvait être. Nous pensons qu'il mesure les mouvements du Soleil tout au long de l'année. Ce « cadran solaire » fut découvert il y a un peu plus de quarante-cinq ans par le père de Vaux. Celui-ci décrivit les trois cercles concentriques à l'intérieur du disque comme un système unique pour lire l'heure. Le cercle intérieur aurait donné l'heure du jour pendant l'hiver, le cercle intermédiaire en automne et au printemps, et le cercle extérieur en été.

Pendant l'Antiquité, la période de jour entre l'aurore et le crépuscule était généralement divisée en douze périodes égales. Et dès lors que ce laps de temps varie d'une saison à l'autre, la longueur de chacune des douze subdivisions du jour en faisait autant. En outre, la longueur du jour dépend aussi de l'endroit où l'on se trouve, donc la longueur d'une heure est spécifique à un lieu. Cela signifie que nous pouvons dire avec certitude que l'objet découvert à Qumran ne peut être un cadran solaire quotidien. Les lignes que l'on y voit n'ont pas un espacement égal et il est impossible que les rainures inégalement espacées à l'intérieur de chaque cercle puissent mesurer les heures variant d'une saison à l'autre. Par ailleurs, les ombres sont plus courtes en été et plus longues en hiver, donc, s'il s'agissait d'un cadran solaire quotidien, l'affectation saisonnière des cercles extérieur et intérieur ne pourrait être correcte.

On a trouvé plusieurs véritables cadrans solaires à Jérusalem comme dans d'autres sites dans tout Israël [2]. On a notamment découvert un important

1. R. Graves, *La Déesse blanche : les mythes celtes.*
2. Dov Ben Layish, *A Survey of Sundials in Israel*, 1969.

petit cadran solaire en calcaire, à Jérusalem, en 1972, au cours d'une fouille massive au sud du mont du Temple. Il fait à peine deux pouces de large sur deux de haut. Mais les lignes d'heures et de saisons sont clairement établies pour une utilisation à Jérusalem. On l'a trouvé dans les débris de la destruction du Temple et il appartenait à des prêtres de l'édifice, car une ménorah à sept branches est gravée sur son revers (avant la destruction du Temple, la ménorah, en tant que symbole, était réservée exclusivement aux prêtres de celui-ci) [1].

Le « cadran solaire » du père de Vaux a été rattaché à un ancien jeu de plateau appelé Mehen, ce qui signifie « lover » ou « le Lové », parce que le plateau du jeu ressemble à un serpent lové [2]. Ce jeu était déjà connu en Égypte dans la période pré-dynastique (quatrième millénaire AEC) et on le trouve également au Liban, en Syrie, à Chypre, en Crète et dans d'autres îles de la mer Égée [3]. Nous en sommes arrivés à la conclusion qu'il ne s'agissait en rien d'un jeu et nous doutons même que les exemplaires semblables, trouvés antérieurement, soient aussi des jeux. Peut-être ont-ils été utilisés pour jouer dans des temps plus récents, mais originellement, nous pensons qu'ils servaient de repères solaires, d'instruments pour mesurer les saisons de l'année, ressemblant – avec quelques différences dans le fonctionnement – à la « pierre d'aube » déjà mentionnée.

Si cette dernière pierre repérait les mouvements du soleil levant sur l'horizon d'un solstice à l'autre, le lacis du *Mehen* mesure le soleil à midi entre les solstices et les équinoxes. Nous connaissons déjà la forme que l'ombre du soleil projette sur de longues périodes. Nous avons décrit l'effet en spirale du mouvement solaire dans *Uriel's machine*, en nous fondant sur le travail accompli par l'artiste américain Charles Ross.

Ross a montré que l'ombre du soleil à midi au cours de chaque saison entre les solstices et les équinoxes produisait une spirale. Ainsi l'ombre du soleil forme une spirale de l'équinoxe de printemps au solstice d'hiver, puis, une nouvelle spirale recommence pour aller jusqu'à l'équinoxe d'automne. Dans chaque cas, ce « serpent » particulier forme quatre anneaux ou spires, correspondant à la structure du disque découvert à Qumran.

Selon nous, ce sont les quatre cannelures qui sont importantes dans le disque, et non les trois sections déjà évoquées. Chaque jour, une bille pouvait être placée dans l'emplacement marqué par le sommet de l'ombre projetée par le gnomon lorsque le soleil était à son zénith. Et ainsi on marquait la

1. A. Levy, « Bad Timing », in *Biblical Archaeological Review*, Juillet-Août 1998.

2. *Ibid.*

3. Marie-Noëlle Bellecourt, « Le jeu de Serpent : Jeux et jouets dans l'Antiquité et le Moyen Âge », in *Dossiers d'Archéologie*, 1992.

progression du soleil en spirale tout au long de l'année. Une fois calibré, on pouvait ainsi être prévenu que le lendemain allait être un jour de fête (l'information venant directement de l'infaillible soleil plutôt qu'en utilisant les calculs calendaires « fallacieux » comme tous les autres juifs).

On sait que la communauté de Qumran utilisait un calendrier solaire, et non un calendrier lunaire comme d'autres juifs. Il était entièrement fondé sur les mouvements du soleil, à la différence du calendrier des Pharisiens, largement orienté sur la lune. D'après le calendrier solaire de Qumran, l'année de douze mois comptait 364 jours. Chaque mois avait trente jours et on ajoutait une journée entre chaque période de trois mois correspondant à un quartier de l'année.

L'objet découvert à Qumran aurait fourni à ces adeptes du culte solaire un aide-mémoire pour connaître quotidiennement la date (en somme une méthode par l'absurde pour s'assurer qu'ils célébraient bien la bonne fête le bon jour).

Les Qumraniens pensaient que les autres juifs s'étaient écartés du calendrier solaire et que, par conséquent, ils célébraient leurs fêtes les mauvais jours. Les manuscrits de la mer Morte montrent que leurs auteurs se moquaient des autres sectes juives à cause de leur incapacité à savoir quand les jours saints tombaient, dans la mesure où leurs calendriers étaient désespérément faux. Les conceptions des Qumraniens étaient si différentes qu'un spécialiste moderne de premier plan pose la question : « peut-on encore les appeler juifs [1] ? »

Quand on trouve des traces indubitables de culte solaire après l'époque de David et de Salomon, on en réduit généralement la portée en disant qu'il s'agit simplement d'influences égyptiennes, grecques ou perses, ou on les voit comme des aspects assimilés de dieux solaires comme Râ, Hélios ou Mithra. Nous ne pouvons nier que ces facteurs ont dû avoir une influence, parce qu'il n'y a pas de religion totalement autarcique. Mais ce réductionnisme déforme la vraie nature des croyances solaires des juifs. Il est certain que le culte solaire est un concept évident qui fut inventé par de nombreuses cultures dans le monde entier. Mais nous étions sûrs que la conception cananéenne de la divinité solaire était l'inspiration principale de cette version du judaïsme récurrente et d'une certaine manière « souterraine » qui nous intéressait. En outre, il nous semblait que les croyances des Esséniens étaient la clé qui allait nous permettre de comprendre cette philosophie.

Flavius Josèphe a expliqué à quel point ces Esséniens étaient extraordinaires. Ce groupe résolu était un baril de poudre attendant son heure pour exploser :

---

1. Professeur Philip Davies, communication privée.

... Ils ont un attachement inviolable à la liberté. Et ils disent que Dieu est leur seul Maître et Seigneur. Ils n'ont peur d'aucune forme de mort et ne pleurent pas le décès de leurs parents ou de leurs amis. Et aucune peur ne pourrait les amener à appeler un homme Seigneur[1].

Ils diffusaient aussi leurs croyances en dispensant leurs enseignements à des enfants :

...Ils négligent le mariage, mais choisissent les enfants de tiers, tant qu'ils sont encore malléables et bons pour être formés. Et ils les considèrent comme leurs propres enfants et les forment à leur manière[2].

Dans sa *Réfutation de toutes les hérésies*, Hippolyte nous parle plus spécifiquement de l'enseignement dispensé à ces enfants :

... Et ils amenaient [ces enfants adoptés] à observer leurs coutumes particulières. Et de cette manière, ils les éduquaient et les incitaient à apprendre la science.

Nous nous souvenions de ce qui était enseigné à un candidat recevant le deuxième degré de la franc-maçonnerie :

... Tu peux maintenant poursuivre tes recherches dans les mystères de la nature et de la science les plus cachés.

Nous avons déjà montré que l'étude de la science, dans la franc-maçonnerie, concerne essentiellement l'astronomie. Cette dernière était-elle l'une des principales sciences des Esséniens ? Et particulièrement, s'intéressaient-ils aux mouvements du Soleil et de Vénus ?

Flavius Josèphe parle de la vénération essénienne du Soleil à l'aube, pratique qu'il avait du mal à comprendre en sa qualité de juif :

... Et il en va de même de leur piété envers Dieu qui est très extraordinaire ; car avant le lever du soleil, ils ne prononcent pas un mot sur des matières profanes, mais récitent certaines prières qu'ils ont reçues de leurs anciens, comme s'ils le suppliaient de se lever[3].

S'ils observaient régulièrement le lever de Soleil, ils ne pouvaient manquer de repérer la récurrence des apparitions de l'étoile du matin.

Flavius Josèphe dit que les Esséniens ne possédaient rien en propre et qu'ils vivaient dans la plus grande austérité. Ils n'avaient qu'un vêtement

1. Flavius Josèphe, *Antiquités*, 18, 1, 6.
2. Flavius Josèphe, *Guerre des juifs*, 2, 8, 2.
3. Flavius Josèphe, *Guerre des juifs*, 2, 8, 5.

blanc et une paire de sandales qu'ils usaient jusqu'à destruction complète. Ils étaient connus pour être également détenteurs d'une ancienne science de la guérison :

> *... Ils prenaient aussi un grand soin à étudier les écrits des anciens qui leur permettaient de déterminer lesquels étaient les plus avantageux pour leur âme et leur corps. Et ils se mettaient en quête de racines et de pierres médicinales qui pourraient soigner leurs maux*[1].

Leur science médicinale était liée à l'utilisation de pierres. Hippolyte dit des Esséniens qu'ils « cherchaient à trouver les pouvoirs opératifs de ces [pierres] ». Si Flavius Josèphe dit vrai, ils devaient posséder une connaissance formidable touchant à la préservation de la santé, car il écrit :

> *Ils vivent également longtemps ; à tel point que nombre d'entre eux vivent au-delà de cent ans*[2].

Pourquoi ne devrait-on pas croire Josèphe en cette matière ? Peu de raisons s'y opposent et une telle durée de vie devait être vraiment remarquable il y a deux mille ans quand elle concernait un seul individu et *a fortiori* de nombreux Esséniens.

Par ailleurs, selon Josèphe, il n'était pas simple de devenir membre de cet Ordre. D'abord, on donnait au candidat une ceinture de corde, une tunique blanche et une petite hachette. Puis on lui demandait de vivre à la manière des Esséniens pendant une année, sans être autorisé à vivre au milieu de l'Ordre lui-même. S'il franchissait cette étape avec succès, il devenait novice pendant deux ans supplémentaires. Au terme de cette période, s'il était jugé digne, il était admis au sein de la communauté. Ce même terme, « digne », est utilisé dans le rituel du premier degré de la franc-maçonnerie lorsque le néophyte est sur le point d'être admis comme membre de l'Ordre :

> *Il est de mon devoir de t'informer que la maçonnerie est libre et requiert que le candidat aspire librement à ses mystères. Elle est fondée sur les plus purs principes de moralité et de vertu. Elle possède de nombreux privilèges inestimables pour les hommes de valeur et je ne les confie qu'aux hommes dignes.*

La ressemblance avec la franc-maçonnerie est plus que superficielle, parce qu'il était imposé au candidat essénien une obligation d'aider son « frère ». Josèphe dit ceci :

---

1. *Ibid*, 2, 8, 6.
2. *Ibid*, 2, 8, 6.

Et avant d'être autorisé à toucher la nourriture commune, il doit prêter de grands serments : d'abord, qu'il montrera de la piété envers Dieu ; ensuite, qu'il se montrera juste envers les hommes ; qu'il ne blessera personne, que ce soit avec l'accord de celle-ci ou sur l'ordre d'un tiers ; qu'il haïra toujours les mauvais et aidera les justes ; qu'il se montrera toujours fidèle envers les autres hommes, particulièrement ceux qui ont l'autorité, parce que l'on ne gouverne jamais sans l'aide de Dieu ; qu'il n'abusera jamais de l'autorité qu'il pourra acquérir et n'essayera jamais d'éclipser ses sujets, que ce soit par ses vêtements ou d'autres parures ; qu'il chérira toujours la vérité et réprouvera les menteurs ; qu'il ne volera pas et n'aura pas de pensées illégitimes ; qu'il ne dissimulera rien aux frères de sa propre communauté et ne révélera rien de leurs doctrines à des tiers, même si quelqu'un le forçait à le faire au hasard de sa vie. En outre, il prêtait serment de ne parler de leurs doctrines à personne qui ne les connaisse déjà ; de préserver les livres appartenant à la communauté et les moyens des messagers [les noms des anges].

Cette série d'obligations ressemble fortement aux engagements qu'un nouveau franc-maçon prend avant d'être admis à partager le premier repas avec ses frères. Si Josèphe ne pouvait connaître les mots exacts utilisés par les Esséniens, il en connaissait au moins le contenu général. N'importe qui tirerait les mêmes conclusions de la franc-maçonnerie d'aujourd'hui, s'il entendait le rituel.

Nous décidâmes de dresser une liste de comparaisons entre les deux Ordres :

Essénien : *Et avant d'être autorisé à toucher la nourriture commune, il doit prêter de grands serments.*

Maçonnique : *... qu'il me soit donné de respecter ce premier grand serment solennel avec fermeté et résolution.*

Essénien : *...il montrera de la piété envers Dieu.*

Maçonnique : *À Dieu, sans jamais mentionner Son Nom, mais avec la crainte révérencielle due par une créature à l'endroit de son créateur ; en L'implorant de nous aider dans toutes nos entreprises légitimes et en nous tournant vers Lui, en cas de nécessité, pour obtenir réconfort et soutien.*

Essénien : *il se montrera juste envers les hommes... il se montrera toujours fidèle envers les autres hommes.*

Maçonnique : *À ton prochain, en se montrant honnête envers lui ; en lui rendant toutes les sortes de services, que la justice ou la miséricorde réclamera ; en soulageant ses peines et en apaisant ses maux, et en faisant pour lui, tout ce que vous voudriez qu'il fasse pour vous en pareils cas.*

Essénien : *il se montrera toujours fidèle envers les autres hommes, particulièrement ceux qui ont l'autorité.*

Maçonnique : *... toujours vous témoignerez de bonté et de bienveillance à l'endroit des inférieurs, de la courtoisie et de l'affabilité envers les égaux ; de la soumission et de l'obéissance vis-à-vis des supérieurs.*

Essénien : *il chérira toujours la vérité.*

Maçonnique : *... fixez de manière indélébile dans votre esprit les préceptes sacrés de la Vérité, de l'Honneur et de la Vertu.*

Essénien : *... et il ne révélera rien de leurs doctrines à des tiers.*

Maçonnique : *... ici, librement et volontairement, je promets, fais le vœu et jure très solennellement de toujours garder, cacher et de ne jamais révéler le moindre détail, secret ou mystère du Premier Degré de la franc-maçonnerie.*

Les Esséniens étaient aux premières Loges quand la guerre des juifs éclata contre les Romains. Leur bravoure, même dans la défaite, fut remarquable. Flavius Josèphe (qui commença la guerre comme officier juif et l'acheva – assez sagement – en officier romain) dit des Esséniens :

Et ils estiment que la mort vaut mieux que la vie si leur gloire en dépend. Et notre guerre avec les Romains a fourni quantité de preuves de leur grandeur d'âme même dans l'épreuve. Qu'ils soient torturés, brûlés, mis en pièces, qu'on leur inflige toutes sortes d'instruments de torture, pour les forcer à blasphémer contre leurs lois ou à manger ce qui leur était interdit, on ne parvint jamais à obtenir cela d'eux, et pas une fois ils n'implorèrent leurs bourreaux ou ne versèrent une larme. Au contraire, ils souriaient dans les pires tourments et riaient pour se moquer de ceux qui les torturaient, et rendaient l'âme rapidement, comme s'ils s'attendaient à se retrouver.

Les Esséniens qui laissèrent leurs documents à Qumran ont montré qu'ils utilisaient parfois des procédés de cryptage quand ils recopiaient leurs livres sacrés. Le spécialiste des manuscrits de la mer Morte, J. T. Milik, parle de l'emploi de deux alphabets différents avec des signes arbitrairement choisis pour remplacer les caractères hébreux ordinaires. Et il évoque aussi des documents qui étaient écrits de gauche à droite, alors que l'écriture hébraïque normale va de droite à gauche. Occasionnellement, les lettres grecques ou phéniciennes apparaissaient même à la place de leur équivalent hébraïque. Ces textes sacrés étaient préparés pour le jour où Yahvé apparaîtrait à la fin des temps.

La tradition énochienne se trouve au cœur de ces textes secrets, non seulement dans le Livre d'Énoch, mais aussi dans le Livre des Jubilés, dont on pense communément qu'il n'était qu'une partie d'un ensemble de textes beaucoup plus important qui existait à l'époque [1].

Dans les Jubilés, Énoch est représenté comme un personnage mystérieux ayant une connaissance à la fois ésotérique et scientifique – cette dernière étant sa capacité à mesurer le mouvement des corps célestes et à comprendre leur signification. Le Livre des Jubilés décrit aussi le système de calendrier

---

1. D. S. Russell, *The Method and Message of Jewish Apocalyptic 200 BC – AD 100*, SCM Press Ltd, 1960.

solaire utilisé par le groupe de Qumran. Des érudits chrétiens ont dit que Jésus-Christ lui-même pouvait fort bien avoir utilisé ce calendrier énochien – suggérant par là qu'il était associé avec ce groupe de prêtres héréditaires qui condamnait les responsables « égarés » de Jérusalem. Le révérend professeur Harold Rowley a dit du calendrier solaire décrit dans ce livre :

Nous n'avons pas besoin d'attribuer les Jubilés à un membre de la secte [de Qumran], et ce calendrier, qui était plus ancien que le Livre des Jubilés lui-même, a pu être utilisé par d'autres individus en dehors de la secte, y compris notre Seigneur, qui, alors aurait célébré la Pâque le mardi soir. Cette date n'est pas contredite par les évangiles synoptiques[1].

Il existait des traditions énochiennes secrètes liées à Moïse et Ezra (ou Esdras), à Énoch et Noé, et à Daniel. Ces traditions sont incontestablement les plus vieilles dans lesquelles Énoch représente la survie des secrets divins, transmis depuis la plus extrême antiquité aux générations suivantes.

Le Livre des Jubilés, si important pour la communauté de Qumran, dit ceci d'Énoch :

Il fut le premier d'entre les hommes nés sur terre à apprendre l'écriture, la connaissance et la sagesse et à mettre par écrit les signes du ciel en fonction du nombre de leurs mois dans un livre[2].

Pour l'essentiel, les légendes de Noé et d'Énoch se ressemblent. Les spécialistes de la Bible pensent que la légende de Noé est plus ancienne que celle d'Énoch et que cette dernière a été reconstruite sur les vestiges de la première[3].

Nous avions maintenant besoin de comprendre comment le culte de Vénus avait survécu à côté du culte solaire. Si nous avions raison de penser que l'idée du rituel de Vénus venait du peuple des poteries cannelées orcadiennes *via* les Cananéens et les premiers juifs, elle devait avoir perduré jusqu'à l'époque du Christ et de la chute du Temple. Il nous fallait maintenant trouver des preuves sérieuses de son existence. Sans ce lien vital, notre hypothèse ne pourrait jamais être prouvée.

---

1. H. H. Rowley, (éd.), « Apocalyptic Literature », in *Peake's Commentary on the Bible*, Thomas Nelson and Sons, 1962.
2. Livre des Jubilés, 4, 17.
3. R. H. Charles, *The Book of Jubilees*, OUP, 1902.

Conclusions

Nous avions découvert que des concepts cananéens relatifs à un dieu solaire et à une religion fondée sur l'apparition et le mouvement des étoiles perdurèrent en Israël jusqu'à l'époque de la captivité à Babylone (vers 596 avant notre ère) et qu'ils furent transmis dans le christianisme moderne à travers l'image du halo (ou auréole).

Pendant la période de la reconstruction du Temple sous Zorobabel, la culture grecque émergeant depuis peu commença à influencer Israël. Certains groupes n'approuvaient pas l'adoption d'idées grecques, et un groupe de prêtres sadocides et énochiens forma la communauté de Qumran après avoir partagé une même désillusion à l'endroit de l'autorité maccabéenne de Jérusalem. Ce groupe utilisa les anciennes techniques astronomiques pour créer leur propre calendrier solaire, distinct du calendrier lunaire utilisé par le clergé maccabéen, qui contrôlait le Temple de Jérusalem.

Chapitre X

LA SAINTE SHÉKINAH

Le cycle de Vénus dans le judaïsme

La signification de l'ancien nom de Jérusalem nous dit sans équivoque que la cité était liée à Vénus à l'origine. D'après la tradition, son sanctuaire était le lieu même où Abraham s'apprêta à sacrifier son fils et où Salomon construisit le temple qui fut aligné sur le lever de Vénus. En étudiant les structures du peuple des poteries cannelées des îles Britanniques, nous avions également appris que le cycle de cette planète durait quarante ans – nombre qui avait apparemment une grande importance dans la Bible.

Mais pour valider notre hypothèse concernant la récurrence du quarante dans la Bible, nous décidâmes de répertorier toutes les allusions à des périodes de quarante jours ou années que nous pourrions trouver. Nous nous sommes contentés ci-dessous d'en citer quarante, extraites tant de l'Ancien que du Nouveau Testaments.

1. Le Déluge fut la conséquence d'une pluie tombant quarante jours et quarante nuits (Gen. 7, 4).

2. Le Déluge resta quarante jours sur terre (Gen. 7, 17).

3. Isaac avait quarante ans lorsqu'il épousa sa femme (Gen. 25, 20).

4. Ésaü avait quarante ans lorsqu'il épousa sa femme (Gen. 26, 34).

5. Israël mangea la manne pendant quarante ans (Exode 16, 35).

6. Dieu dit qu'au terme de quarante années, Il mettrait un terme à la captivité des Égyptiens au milieu des nations (Ézéchiel 29, 13).

7. Moïse resta avec Dieu sur la montagne pendant quarante jours et quarante nuits (Ex. 24, 18).

8. Moïse resta encore avec Dieu quarante jours et quarante nuits supplémentaires (Ex. 34, 28).

9. Moïse mena Israël hors d'Égypte alors qu'il était âgé de quatre-vingts ans (2 x 40), puis après quarante années passées à marcher dans le désert, il mourut âgé de cent vingt ans (3 x 40). (Deut. 34, 7)

10. Les espions d'Israël furent envoyés en reconnaissance dans le pays de Canaan pendant quarante jours (Nb. 13, 25).

11. Dieu laissa errer Israël pendant quarante ans (Nb. 14, 33-34).

12. On pouvait infliger un maximum de quarante coups de fouet en punition (Deut. 25, 3).

13. Dieu laissa le pays reposer quarante ans (Jg. 3, 11).

14. Dieu permit de nouveau au pays de reposer quarante ans (Jg. 5, 31).

15. Dieu permit encore une fois au pays de reposer quarante ans (Jg. 8, 28).

16. Abdôn (l'un des juges d'Israël) eut quarante fils (Jg. 12, 14).

17. Israël fit ce qui était mal aux yeux du Seigneur et celui-ci les livra à leurs ennemis philistins pendant quarante ans (Jg. 13, 1).

18. Éli jugea Israël pendant quarante ans (I Sam 4, 18).

19. Goliath se présenta devant Israël pendant quarante jours (I Sam 17, 16).

20. Saül, le premier roi juif, régna pendant quarante ans (Ac. 13, 21).

21. Saül avait quarante ans quand il devint roi (Ac. 13, 21).

22. Ishbaal, le fils de Saül, avait quarante ans lorsqu'il devint roi (2 Sam 2, 10).

23. David régna quarante ans (II Sam 5, 4 ; I Rois 2, 11).

24. Salomon régna pendant quarante ans (I Rois 11, 42).

25. Le lieu saint du Temple faisait quarante coudées de long (I Rois 6, 17).

26. Les bassins du Temple avaient une contenance de quarante mesures (I Rois 7, 38).

27. Les socles d'argent se répartissaient par groupes de quarante (Ex. 26, 19 et 21).

28. Le roi Achab se leva, mangea et but avec un ange, puis soutenu par cette nourriture, il marcha quarante jours et quarante nuits jusqu'à l'Horeb, la montagne de Dieu (I Rois 19, 8).

29. Élie prit un repas qui lui donna de la force pour quarante jours (I Rois 19, 8).

30. Ézéchiel porta la faute de la maison de Juda pendant quarante jours (Éz. 4, 6).

31. Joas régna quarante ans à Jérusalem (II Rois 12, 2).

32. L'Égypte resta dans un état de désolation pendant quarante ans (Éz. 29, 11-12).

33. Le nouveau Temple de la vision d'Ézéchiel faisait quarante coudées de long (Éz. 41, 2).

34. Les cours du Temple d'Ézéchiel faisait quarante coudées de long (Éz. 46, 22).

35. Dieu accorda à Ninive quarante jours pour se repentir (Jonas 3, 4).

36. Quarante ans, Dieu fut dégoûté par une génération du peuple (Ps. 95, 10)

37. Jésus jeûna quarante jours et quarante nuits (Matthieu 4, 2).

38. Jésus fut tenté pendant quarante jours (Luc, 4, 2).

39. Jésus fut servi par les anges dans le désert pendant quarante jours (Marc 1, 13).

40. Jésus demeura sur terre quarante jours après sa résurrection (Ac. 1, 3).

Au total, ce furent 101 exemples que nous identifiâmes et, forts de ce constat, nous demandâmes au professeur Philip Davies si la fascination biblique pour ce nombre particulier avait une explication. Philip répondit qu'à sa connaissance, une seule hypothèse était avancée, à savoir que quarante ans représentaient une génération. Mais il réalisait que cette explication était peu plausible, dans la mesure où ce laps de temps est plus proche de deux générations que d'une seule.

Quarante ans, cela fait donc plus qu'une génération humaine, mais moins qu'une durée de vie dans une société saine (une durée de vie biblique étant décrite comme trois fois vingt ans plus dix). Alors pourquoi la Bible parle-t-elle tant de périodes longues de quarante jours ou quarante années ? Serait-ce à cause de la longueur du cycle de Vénus et du rôle fondamental de la planète dans la théologie cananéenne et la fondation de Jérusalem elle-même ?

Il nous semblait particulièrement intéressant que les trois premiers rois d'Israël, Saül, David et Salomon, aient tous les trois régné exactement quarante ans. Leur avait-on alloué exactement une période vénusienne pour régner ou s'agissait-il de la rationalisation *a posteriori* de quelconques scribes qui croyaient en la dimension divine et en l'importance du cycle de Vénus ? Les chances pour que nous ayons ici affaire à une coïncidence sont extrêmement faibles.

Nous repérâmes deux périodes beaucoup plus longues qui étaient aussi très signifiantes, les deux étant au demeurant des multiples de quarante. Aucun spécialiste de la Bible n'a jamais été capable d'expliquer de manière satisfaisante la récurrence du cycle des quarante années dans les deux Testaments. Accessoirement, plusieurs experts bibliques du dernier siècle ont mentionné – presque en passant – deux périodes beaucoup plus longues. Ils ont dit d'elles qu'elles étaient inexplicables et sans importance. Cependant, dès que l'on connaît la signification du cycle vénusien, la structure qui en ressort est sidérante et, selon nous, d'une importance clé.

Après une étude minutieuse, nous constatâmes que ces deux périodes plus longues avaient été soigneusement décrites, mais jamais expliquées. Nous avons nommé ces dites périodes, trouvées dans l'Ancien Testament, de la manière suivante :

Une génération vénusienne = 40 ans (un cycle vénusien).
Une époque vénusienne = 480 années (12 x un cycle vénusien).
Un éon vénusien = 1 440 années (12 x 3 x un cycle vénusien).

Nous avons appelé « génération vénusienne » la période de quarante ans, à cause de la durée du règne des premiers rois, et non pas tant à cause d'une quelconque question de génération humaine. Le dictionnaire définit le mot comme « une étape, un degré, un niveau ou une série ; Suite d'entités organisées semblables provenant les unes des autres ».

Quant au terme « époque vénusienne », il nous semblait parfaitement idoine parce qu'une époque est définie comme « une période déterminée dans l'histoire et considérée ou déterminée par des événements qui s'y sont passés ; Temps remarquable par quelque grand événement, et servant de point de départ pour une période historique ».

Quand au terme « éon vénusien » pour désigner la plus longue période parce qu'un éon est défini comme un « temps infini ; période incommensurable ». Un éon, c'est aussi, dans le gnosticisme, un « pouvoir émanant de la divinité suprême et associé au gouvernement de l'univers ; Émanation, intelligence éternelle sortie du sein de Dieu ». Ce terme semblait une très bonne façon de décrire les très longues séquences cycliques vénusiennes – en outre, nous n'avons pas oublié que le gnosticisme était directement lié au judaïsme de l'époque du Christ.

Les périodes que nous avons identifiées sont étroitement associées à des événements majeurs. Dans le Premier Livre des Rois 6, 1, on nous parler d'une importante époque vénusienne de 480 années :

En la quatre cent quatre-vingtième année après la sortie des israélites du pays d'Égypte, en la quatrième année du règne de Salomon sur Israël, au mois de Ziv qui est le second mois, il commença de bâtir la maison du Seigneur.

Donc, la construction du grand Temple de Jérusalem aurait commencé exactement douzes cycles de Vénus après que Moïse et sa bande d''Apiru eurent franchi la mer Rouge. Le groupe 'Apiru ou hébreu erra dans le désert pendant la durée exacte du premier de ces cycles. Puis, au terme de celui-ci, Moïse mourut.

La question qui se pose est : cette période de 480 années avancée par le Premier Livre des Rois correspond-elle à une véritable date de cet événement ou s'agit-il simplement du laps de temps « sacré » attribué par des scribes ultérieurs à l'intervalle séparant deux événements importants ? Si l'Exode s'est déroulé à l'époque visée, cela signifie que le pharaon concerné par l'histoire de Moïse est Thoutmès (Thoutmosis) III (1479-1425 AEC), ce qui pose deux problèmes. D'abord, si Thoutmès III fut un grand bâtisseur, il construisit en Haute-Égypte, pas dans le delta du Nil d'où les ouvriers hébreux se seraient, dit-on, échappés. Ensuite, ce pharaon mena de nombreuses campagnes militaires victorieuses dans tout le pays de Canaan et ses troupes auraient rapidement balayé la bande de renégats loqueteux conduite par Moïse et Josué.

De nombreux spécialistes de la Bible pensent que cet intervalle de 480 années est fictif et que la datation de l'Exode la plus probable (si tant est qu'il ait vraiment eu lieu) se situe autour de 1250 AEC[1]. Donc la nouvelle question qui se pose est : pourquoi quelqu'un a-t-il ressenti le besoin d'attribuer ce laps de temps précis ?

On considère quasi unanimement que l'Ancien Testament fut une compilation soigneuse de plusieurs traditions orales. Or cet élément précis paraît appartenir à une tradition aujourd'hui oubliée. La période sacrée de 480 années demeura, mais la raison de son existence disparut. De notre côté, nous pensons que ce nombre pourrait fort bien appartenir à la vieille tradition énochienne qui fut incorporée dans la tradition mosaïque pour conférer une autorité à l'histoire de l'Exode beaucoup plus récente.

Cette période de 480 années fut aussi appliquée à la seconde « arrivée » des Hébreux sur la Terre promise, c'est-à-dire le retour de la captivité babylonienne. C'est le révérend Frederick Foakes-Jackson, un professeur d'Études chrétiennes, qui a attiré l'attention sur ce détail en disant que, selon lui, on avait sciemment attribué cet intervalle à la période séparant la construction du temple de Salomon de la fin de la captivité à Babylone :

> *Les fondations du Temple furent posées dans la quatre cent quatre-vingtième année après l'Exode... une période similaire serait intervenue entre Salomon et la captivité (430 ans jusqu'à l'époque du roi Sédécias, puis 50 ans pour la captivité[2].)*

Ce n'est pas une invention, puisque la datation de ces événements intervient dans la période historique, autrement dit à une époque pour laquelle on dispose de documents. Mais il semble clair que les personnes concernées ont particulièrement relevé l'importance de cette période de 480 années, même si elles n'en comprenaient plus la signification.

Les cycles de quarante années sont souvent associés à la vie d'individus, quand aux deux périodes plus longues, elles séparent des événements majeurs de l'histoire juive. Il est possible que, sur un plan historique, ces datations ne soient pas précises, mais ce qui importe ici, c'est que les anciens prêtres aient cru que ce schéma temporel était exact.

La plus longue période, celle que nous avons appelée éon vénusien, est décrite par Flavius Josèphe, l'historien des juifs du Ier siècle :

> *Salomon commença à construire son temple... mille quatre cent quarante ans après le Déluge[3].*

1. D. M. G. Stalker, « Exodus », in *Peake's Commentary on the Bible.*
2. F. J. Foakes-Jackson, *Peake's Commentary on the Bible*, Londres, T. C. et E. C. Jack Ltd, 1920.
3. Flavius Josèphe, *Antiquités*, 8, 3, 1.

Josèphe parle de cette question comme d'un fait dont il a connaissance, mais qui ne signifie rien pour lui. Et il ne précise pas dans quelle tradition il a puisé cette information, mais, comme nous le verrons plus tard, on assista à une résurgence de la pensée énochienne juste avant que Josèphe ne rédige ses ouvrages, dans la seconde moitié du premier siècle.

Un tableau d'envergure était en train de se former sous nos yeux. Le temple de Salomon fut commencé exactement 480 années après que Moïse eut conduit son peuple hors d'Égypte (avant de le faire marcher quarante ans dans le désert) et 1 440 années après le Déluge (qui dura quarante jours). On peut soupçonner là une croyance évidente dans le fait que Dieu fonctionnait selon un mécanisme précis qui devait permettre d'établir des prédictions. Les spécialistes de la Bible ont souvent noté la répétition de ce nombre, mais ils ne l'ont jamais expliquée. Nous allions bientôt être convaincus que ces périodes étaient liées aux apparitions de Vénus dans le ciel auroral.

Nous avions incontestablement trouvé une utilisation par les juifs du cycle vénusien qui correspondait exactement aux découvertes que nous avions faites sur les sites du peuple des poteries cannelées des îles Britanniques. Mais il nous restait encore à découvrir des références à des apparitions de Vénus lors de moments propices. Ce que nous trouvâmes tant dans *Le Testament maçonnique* que nous rassemblions que dans la Bible nous fascina rapidement.

Dans l'Ancien Testament, on apprend que quelque chose que l'on appelle la « Divine Shékinah » brilla au moment de la naissance de Moïse. Or, comme nous le savions déjà, Moïse était censé être né au commencement d'un cycle de Vénus. De ce fait, il nous paraissait plausible que ce terme ait désigné un lever de Vénus à son point de retour au terme d'un cycle de quarante ans. Et simultanément, nous réalisâmes que le sanctuaire le plus intérieur du temple du roi Salomon, le saint des saints, était considéré comme la demeure de cette Shékinah, que la Bible décrit comme la « Divine Présence elle-même ».

Apparemment, cette allusion laissait entendre que la lumière de Vénus – qui, rappelons-nous, pénétrait à l'intérieur de l'édifice mégalithique de Newgrange – était considérée comme la manifestation de Dieu. Nous nous souvînmes de la lucarne du temple de Salomon et que seul le grand prêtre avait le droit de pénétrer dans le saint des saints – et encore une fois par an.

En parcourant une nouvelle fois les rituels maçonniques, nous retrouvâmes l'un des plus vieux textes historiques du *Royal Arch* (Sainte Arche Royale de Jérusalem) qui disait :

> *Après que les israélites se furent libérés de leurs chaînes égyptiennes, la Première ou Sainte Loge fut ouverte par Moïse, Oholiab et Beçaléel, sur un sol consacré au pied du mont Horeb, dans le désert du Sinaï. Là l'armée d'Israël s'était rassemblée*

et avait planté ses tentes, pour offrir des prières et des actions de grâce pour avoir été délivrés des mains des Égyptiens. Avant même ce moment, c'était en ce lieu que le Tout-Puissant avait jugé bon de se manifester à son fidèle serviteur Moïse. C'est là que furent révélées les formes de ces objets mystérieux, le Tabernacle et l'Arche d'Alliance. Ici furent délivrées les Lois sacrées, gravées par la main même du Très-Haut et contenant les sublimes préceptes gouvernant toute l'organisation civile et religieuse. Ces Lois, en séparant Son peuple élu de toutes les autres nations, consacra Israël dans son rôle d'instrument élu, dévoué à Son service. Pour toutes ces raisons, elle est appelée la Première ou Sainte Loge.

Il n'y a rien de très surprenant ici, mais le rituel continue en reliant la Shékinah tant aux expériences de Moïse dans le désert du Sinaï qu'au temple de Salomon :

Beçaléel fut l'artisan inspiré du Saint Tabernacle qu'il construisit pour abriter l'Arche d'Alliance et pour laisser la lumière de la Divine Shékinah resplendir sur elle. Son dessin devint ensuite le modèle du temple du roi Salomon, conforme au motif délivré sur le mont Horeb par Dieu à Moïse, qui devint après cela le Grand Maître de la Loge d'Israël.

Ce passage établit spécifiquement que le temple du roi Salomon fut conçu pour permettre à cette lumière de pénétrer à l'intérieur. Mais le rituel continue en donnant encore plus de détails sur l'endroit et le moment où apparaissait la Shékinah :

Cette faveur fut signalée aux frères par l'apparition à l'orient de la Divine Shékinah qui représente la Gloire de Dieu manifestée sur le mont Sinaï, au moment de la délivrance de la Loi Sacrée.

Donc nous avions ici un indice laissant penser que la Shékinah était une lumière qui était, d'une certaine manière, une facette de Dieu ; qu'elle apparaissait à l'orient et qu'elle brillait sur l'Arche à des moments particuliers. Nous savions également qu'elle était distincte et différente dans sa nature de la lumière du soleil levant, qui était également importante pour la franc-maçonnerie. Plus loin, dans le même texte, il était mentionné que la manifestation de la Shékinah n'était pas nécessairement un événement régulier ou prévisible. Le rituel prévient que Dieu peut retirer ce signe de Sa faveur, s'Il le désire :

Lors de la consécration du Saint Tabernacle, puis, par la suite, de la dédicace du Temple du Seigneur par le roi Salomon, la Divine Shékinah descendit et sa lumière resplendit sur l'Arche ou Trône de Miséricorde, qui se trouvait dans le saint des saints, couverte par les ailes des Chérubins. Et elle apparut là pendant des générations, jusqu'à ce que les israélites se montrent infidèles envers le Très

Haut. Ainsi, que la lumière de la franc-maçonnerie se retire de tous ceux qui se montreraient infidèles envers leur dieu !

Pour nous, cette irrégularité des apparitions de la Shékinah était une idée inattendue. Le point crucial ressortant de toutes nos études des mouvements de Vénus était précisément la régularité de son cycle, donc l'extrême prévisibilité de ses apparitions. Donc, à moins qu'il ne s'agisse d'une erreur, la Shékinah ne pouvait être Vénus, en dépit des descriptions montrant la lumière de la Shékinah pénétrant par la lucarne du Temple de Jérusalem. Nous ne nous attendions pas à cette information, mais la solution de cette énigme n'était pas loin.

Dans le rituel du Rite Écossais Ancien et Accepté, nous trouvâmes bientôt un passage relatif à sept candidats au degré de Maître Secret, rassemblés à l'extérieur du temple de Salomon dans l'attente de leur initiation. Lorsqu'ils entrent dans la chambre intérieure du temple, avant le lever du soleil, ils sont exposés à une lumière sacrée merveilleusement décrite :

Dans l'aube grise, avant même que le Soleil apparaissant au-dessus du mont des Oliviers n'ait embrasé les murs du Temple, les quelques élus, intimidés et graves, étaient assemblés. À l'orient, la lumière du chandelier à sept branches se reflétait sur le plancher d'or et l'eau de la mer de bronze, mais elle tombait sombrement sur les lourdes draperies des murs. Au milieu des prières, des exhortations et du chant solennel des Lévites, les sept se retrouvèrent unis par un lien mystique et un devoir de secret et de silence s'imposa à eux. Puis les portes de cèdre et d'olivier sculptées et ciselées s'ouvrirent. Les voiles bleues, pourpres, écarlates et richement brodées de lin blanc s'écartèrent et les mystères du saint des saints leur furent révélés.

Personne en dehors des Prêtres et des Lévites ne pouvait entrer dans le saint des saints depuis que l'Arche d'Alliance y avait été placée. Et maintenant, alors que les Sept Sentinelles Secrètes ôtaient leurs sandales, lavaient leurs pieds et s'avançaient sur le seuil d'or, ils gardaient le silence, aveuglés par la lumière éclatante qui tombait sur eux. Les ailes déployées des Chérubins recouvraient l'Arche d'Alliance, mais de tous côtés, les murs resplendissaient d'or et de pierres précieuses.

Nous avons ici la description d'une lumière aussi éclatante qu'aveuglante resplendissant dans les ténèbres pré-aurorales du Sanctum intérieur du temple de Salomon. Le premier exposé des degrés de la maçonnerie symbolique confirme que la tente de Moïse était orientée pareillement vers l'orient et qu'elle devint le modèle du temple de Salomon, pour permettre à la Shékinah de pénétrer à l'intérieur :

Et pour la meilleure célébration du culte divin, autant que pour servir de réceptacle aux Livres et aux Tables de la Loi, Moïse fit dresser une tente, ou tabernacle dans le désert, qui sur l'ordre de Dieu fut alignée sur un axe est-ouest, car Moïse accomplissait tout en fonction d'un modèle qui lui avait montré par le

Seigneur sur le mont Sinaï. Cette tente ou tabernacle fut à son tour le modèle du plus magnifique des temples, celui que construit à Jérusalem, ce Prince sage et puissant, le roi Salomon, dont la splendeur royale et le lustre sans égal transcende tout ce que nous pouvons imaginer. Il s'agit ici de la troisième, ultime et majeure raison que je donne, en tant que franc-maçon, expliquant pourquoi tous les lieux du culte divin, comme toutes les Loges maçonniques régulièrement constituées, sont ou doivent être orientées de cette manière.

Dans la conclusion de cet exposé, quand une série de questions est posée au candidat au grade de Maître Secret, la situation commence à devenir plus claire.

Quelle heure est-il ?
L'étoile du matin a chassé les ombres de la nuit et la grande lumière commence à égayer notre Loge.
Comme l'étoile du matin précède la grande lumière qui commence à briller sur notre Loge et que nous sommes tous des Maîtres Secrets, il est l'heure de commencer nos travaux.

L'« étoile du matin » est Vénus, donc la question demeurait : la Shékinah est-elle quelque chose de différent ?

L'Ordre royal d'Écosse (*Royal Order of Scotland*) est une invention jacobite, mais, dans son rituel, il prétend avoir été établi originellement « sur le saint mont Moria, dans le royaume de Juda », avant d'être réinstallé « à Icolmkill, puis à Kilwinning, où le roi d'Écosse siégea comme premier Grand Maître ». On donne comme raison de ce rétablissement par les rois jacobites d'Écosse la volonté de « corriger les erreurs et réformer les abus qui se sont immiscés dans les trois degrés de la maçonnerie de saint Jean », une claire allusion à la franc-maçonnerie anglaise. L'Ordre royal fait une référence spécifique à la Shékinah et la relie à la Première ou Sainte Loge, réunie par Moïse sur le mont Horeb. Le rituel pose les deux questions suivantes auxquelles il répond :

Que représente l'étoile flamboyante ?
La gloire de Dieu apparaissant sur le mont Sinaï, lors de la délivrance de la Loi.
Pourquoi l'Étoile et la lettre G apparaissent-elles ?
L'Étoile et la lettre G proclament la Shékinah où qu'elle se trouve. Que ce soit sur le Sinaï, à Salem ou à l'endroit où les mages d'Orient virent le visage béni.

Plus loin, le rituel ajoute :

Qui avez-vous rencontré dans la Chambre du Milieu ?
Trois Mages.
Qu'ont-ils fait ?

Ils m'ont conduit vers le Cabinet de Sagesse.
Comment y avez-vous été guidé ?
Par une étoile flamboyante apparaissant à l'orient.

Le rituel considère manifestement que l'apparition de la Shékinah avait une extrême importance pour l'histoire de la franc-maçonnerie, puisque cet événement spectaculaire est décrit en détail :

Je veux savoir quel fut le premier et le plus grand honneur jamais conféré aux francs-maçons ?

La descente de la Divine Shékinah, d'abord lors de la consécration du Saint Tabernacle, puis lors de la dédicace du Temple du Seigneur par le roi Salomon, qui vint se poser sur l'Arche ou Trône de Miséricorde dans le saint des saints, recouverte par les ailes des Chérubins, et où elle continua à délivrer ses réponses oraculaires pendant des générations.

Combien de générations ?
Quatorze.
La Shékinah fut-elle retirée ?
Elle le fut.
Pourquoi ?

Parce que les israélites se montrèrent infidèles envers leur Dieu. Et ainsi, que la lumière de la maçonnerie soit retirée à tous ceux qui se montrent infidèles envers leur Dieu.

Donc de nouveau, nous pouvions lire que les défauts d'apparition de la Shékinah étaient attribuables au mauvais comportement des juifs. En somme, la Shékinah coïncidait parfois avec le schéma vénusien, parfois ce n'était pas le cas, ce qui continuait à nous intriguer. Alors nous décidâmes de chercher de nouvelles informations sur le sujet et c'est ainsi que nous tombâmes sur d'intéressants travaux du chercheur maçon du début du XXe siècle, A. E. Waite.

MÉTATRON, SHÉKINAH ET KABBALE

Dans ses ouvrages sur la Kabbale, Waite parle de la nature céleste de la Shékinah comme d'un thème récurrent. Il décrit aussi la dimension sexuelle associée à celle-ci qui voit Dieu dans les cieux avoir directement une relation avec la Terre-Mère. Mais les sexes ne sont pas véritablement fixés et Dieu et la Terre sont à la fois mâle et femelle et s'accouplent dans un suprême jeu amoureux où les identités sexuelles s'emmêlent.

La Kabbale nous livre bon nombre d'informations sur les aspects féminins de Dieu. Ce sujet appartiendrait à un système de croyances fondé sur une tradition secrète du judaïsme astral, inconnu du monde extérieur jusqu'au Ier siècle de notre ère. Les citations suivantes du célèbre livre de A. E. Waite, *The Holy Kabbalah*, traitent de la Shékinah, telle que la Kabbale la décrit :

Maintenant, c'est de cette manière que j'ouvre l'éminente conférence relative au Mystère de la Shékinah, qui est un Mystère de l'homme et de Dieu, de l'homme sous la forme des élohims [dieux], de la relation entre les choses qui sont en bas et celles qui sont en haut, des unions sexuelles sur terre exécutées comme s'il s'agissait d'une union céleste et de la transmutation de l'un par l'autre pour la plus grande œuvre de Dieu dans le monde.

Immédiatement, on voit que la tradition transparaissant dans la Kabbale paraît parfaitement coïncider avec ce que nous avions pu dire des sites des poteries cannelées dans les îles Britanniques, à savoir que la lumière de Vénus liée aux rapports sexuels, à l'enfantement et à la résurrection, liant par là le ciel à la terre.

Waite continue :

Elle est maintenant la Fille du Roi ; elle est maintenant la Fiancée, l'Épouse et la Mère, et de nouveau, elle est sœur dans sa relation avec le monde de l'homme au sens large. Dans un certain sens, cette Fille de Dieu est – ou devient – la Mère de l'Homme. Au regard de l'univers manifesté, elle est l'architecte des mondes.

Elle est Matrona, la Mère, qui s'unit au Roi, car la perfection du Mâle divin est dans la Femelle divine.

L'image d'une ancienne croyance en l'importance absolue et sans concession de la femme en tant qu'ingrédient essentiel de l'homme réalisé était en train de se construire.

Elle est cette Divine Présence qui cheminait dans le jardin d'Éden dans la douceur du soir.

Cette allusion évoque Vénus dans son rôle d'étoile du soir.

D'elle, il est dit : « Regarde, je t'ai envoyé un ange pour te maintenir sur la voie et te conduire jusqu'à l'endroit que j'ai préparé. » Mais il est dit que cet Ange libérateur se manifeste en tant que mâle et femelle. Il est mâle quand il dispense les bénédictions célestes sur le monde en dessous, parce qu'il ressemble alors à un homme nourrissant la femme. Mais quand il remplit sa charge de juge, il est femelle, comme une femme qui porte son enfant dans son ventre.

Dans sa charge d'architecte du monde, la Parole lui fut révélée, et elle fut par elle conçue, engendrée ou mise en œuvre. Nous avons vu que la Shékinah en dessous correspondait à l'architecte qui est en haut et qu'elle était aussi une bâtisseuse.

Bien qu'il soit interdit de séparer l'Épouse et l'Époux célestes, même en pensée, c'est pourtant ce qui s'est passé en raison des souffrances d'Israël, dont la Shékinah devait partager la destinée, comme nous l'avons vu, depuis le commencement. « Quand Israël est en exil, la Shékinah l'est aussi. C'est pour cette raison que le Seigneur se souviendra d'Israël, ce qui signifie qu'Il se souviendra de Son alliance, qui est la Shékinah. »

Ici la Shékinah est totalement associée au rôle central de la royauté, la protection du pays contre ses ennemis. Quand la nation se montre indigne, la Shékinah s'en va et son retour marque un changement de fortune comme en dispose l'attente messianique.

> *... Au regard de toutes les autres lumières de la création, qui sont comme l'âme vis-à-vis du corps, dans sa relation avec le Seigneur, elle est comme le corps vis-à-vis de l'âme, en dépit du fait qu'elle et Dieu ne fassent qu'un. Elle est la Maîtresse de l'École céleste, appelée la Demeure des Bergers et c'est une école de* Métatron, *entendu comme le vêtement ou la forme endossé par la Shékinah.*

Nous avons ici de nouvelles associations avec les événements astraux et une combinaison des sexes à l'intérieur de la divinité. De nouveau, il est dit que le Métatron a la responsabilité du fonctionnement des cieux sous la haute autorité de la Shékinah. Puis Waite explique comment la Kabbale fait une référence directe à Abraham :

> *C'est après sa circoncision que la lettre HE fut ajoutée au nom d'Abram et c'est aussi à la suite de cela qu'il fut uni à la Shékinah. La plupart des visions divines qu'eut Abraham furent des visions et des manifestations de la Shékinah, qui demeurait constamment dans la tente de Sarah...*

L'alliance fondamentale par la circoncision qui définit le judaïsme mâle vient d'Abraham et d'Isaac et elle est directement liée à la Shékinah. Nous ne pouvons que supposer que Dieu, sous la forme de la Shékinah, devait adopter sa forme masculine quand il se glissait dans la tente de la jeune et belle épouse d'Abraham.

> *... en quittant sa maison, Abraham vit la Shékinah illuminant le chemin devant lui et accompagnée de nombreuses légions célestes. Elle était présente quand Isaac « bénit » Jacob. C'est elle qui conféra à Jacob le nom d'Israël et elle était avec lui quand il dressa la pierre mystique pour en faire une colonne. Quand il chercha une épouse, c'est à la Shékinah que Jacob exprima son intention d'unir le ciel et la terre en épousant Rachel. Cependant, la Shékinah n'ignora pas ou n'oublia pas Léa, mais – en tant qu'Esprit Saint – elle l'inspira, afin qu'elle assumât son rôle dans la conception des douze tribus.*

Cette fois, nous avons la description de la Shékinah sous la forme d'un objet brillant dans le ciel nocturne. Comme nous le savons, seules la Lune et Vénus peuvent produire suffisamment de lumière pour projeter une ombre sur le sol la nuit. Mais ce n'est évidemment pas la Lune qui est décrite ici. En outre, il nous paraissait de la plus grande importance que cette vieille légende juive ait dit que la Shékinah était présente lors de l'érection de la pierre mystique (le nom Jacob signifie « colonne »).

> *L'exode sous la conduite de Moïse occasionna, en outre, la manifestation de la Shékinah devant le peuple d'Israël. Elle était la colonne de feu la nuit, quand Yahvé était la colonne de nuées diurne.*

Ce détail confirme ce que nous savions déjà, à savoir que Vénus se serait levée à l'est à l'époque historiquement attribuée à l'Exode. Elle ressemblait effectivement à une colonne de lumière brillante apparaissant la nuit.

> *Moïse permit à la Shékinah de se manifester dans l'Arche d'Alliance sur le Trône de Miséricorde, entre les Chérubins. Le Tabernacle fut dressé pour lui servir de demeure. Et au moment où Moïse l'installait, une autre était dressée dans le monde au-dessus. Cependant, ce qui semble s'être réellement passé, c'est que le Tabernacle mosaïque devint la résidence du Métatron, qui se connecte si étrangement à la Shékinah.*
>
> *On dit plus loin que le principe mâle de Yahvé s'exprimait depuis le Tabernacle par l'intermédiaire de la Shékinah, qui est le principe féminin... Il est dit qu'elle résidait partout dans le saint des saints, mais qu'elle était liée d'une manière toute particulière au mur occidental du temple. En outre, le saint des saints était gardé par le Métatron.*

Le tabernacle originel était une tente double établie par Moïse et le Temple de Jérusalem en était une version en pierre. La chute du second Temple est attribuée à la disparition de la lumière de la Shékinah. Le rayonnement divin disparut. Cependant, elle est ici directement associée à Vénus :

> *... c'est la Shékinah qui préside aux naissances, ce qui paraît être une analogie avec la chaste et conjugale Vénus.*

Nous avons ici une confirmation tirée de la Kabbale de notre théorie selon laquelle la Shékinah est liée à Vénus et à des naissances importantes, comme celle de Moïse lui-même. Quelle que soit la source d'information de la Kabbale, ce qu'elle disait de la Shékinah coïncidait avec nos propres recherches ce qui nous laissait penser que nous progression dans la bonne direction.

Waite mentionne également un trait de la légende juive qui nous était déjà familier :

> *Donc le Métatron, qui est un aspect de la Shékinah, est lui aussi indifféremment mâle et femelle et change constamment en fonction des vibrations de l'union.*

Maintenant, il est ajouté que la Shékinah est à l'endroit du Métatron comme le Sabbat à l'endroit des jours de semaine. En d'autres termes, elle est le repos et le plaisir du repos, mais c'est au cours de ce repos que se fait l'union spirituelle.

De manière aussi soudaine que fascinante, nous découvrions le Métatron étroitement associé à la Shékinah. Métatron est le nom qui fut donné à Énoch après que celui-ci eut été « translaté » par Dieu dans les cieux sans avoir fait l'expérience de la mort. Dans le Livre d'Énoch (rédigé à Qumran à partir de tradition orale), Énoch est l'homme à qui Uriel enseigna la manière de construire un cercle mégalithique en repérant les mouvements du Soleil à l'aube et au crépuscule tout au long de l'année [1].

Le nom « Métatron » paraît être grec et, si c'est le cas, le sens de « méta » implique une idée de changement et « tron » est un agent ou un instrument. Associés, nous pouvons raisonnablement supposer que le nom véhicule une idée du type « mesureur du changement ». Apparemment, il faut entendre par là que l'homme qui s'appelait Énoch reçut sa connaissance astrale dans le ciel quand il adopta son nouveau nom, comme le Livre des Jubilés l'établit.

L'évocation du rapport entre la semaine et le Sabbat peut signifier que le Métatron était un mesureur du temps ordinaire, mais que c'était la Shékinah qui déterminait les moments particuliers. En d'autres termes, Métatron est responsable des mécanismes du Soleil dans ses cycles quotidiens et annuels, mais la Shékinah concerne les longs cycles divins de Vénus.

Il faut noter avec intérêt que la Kabbale elle-même fut, semble-t-il, fondée sur des vestiges de judaïsme énochien qui étaient en circulation au Ier siècle EC. Tandis que la Kabbale – signifiant « tradition reçue » – ne se manifesta réellement dans le monde extérieur qu'au Moyen Âge, il ne fait aucun doute qu'elle était beaucoup plus ancienne. Elle date des premiers siècles de notre ère et elle est la plus ancienne forme connue de mysticisme juif par l'intermédiaire de laquelle l'adepte, par la méditation et l'utilisation de formules magiques, voyage en état d'extase à travers les sept sphères astrales et même au-delà. Dans cette optique, si la littérature énochienne fut donc perdue pour le monde profane dès le début du deuxième siècle de notre ère, cette tradition secrète continua incontestablement à être connue d'une élite ou elle fut peut-être simplement redécouverte parmi les manuscrits qui, croyons-nous, furent retrouvés par les Chevaliers Templiers sous les ruines du temple de Jérusalem au XIIe siècle.

1. C. Knight et R. Lomas, *Uriel's Machine.*

L'ÉTOILE DE BETHLÉEM

Un soir, nous étions en train de passer en revue les sources bibliques pour voir si nous n'avions pas oublié un indice supplémentaire pouvant expliquer la signification des manifestations de la Shékinah. Puis le commentaire suivant du professeur Foakes-Jackson fit naître une pensée intéressante :

En termes numériques, la date de l'Exode, 480 (12 x 40) années avant la fondation du temple dans la quatrième année du règne de Salomon en 967, est évidemment une reconstruction artificielle de quelque archéologue pieux.

La date de 967 AEC nous sauta immédiatement au visage, parce qu'elle est remarquablement proche de la somme de deux époques vénusiennes (480 x 2 = 960 ans). La première pierre du temple de Salomon aurait été posée alors que la Shékinah se levait en 967 AEC – et ainsi, deux époques vénusiennes plus tard, nous tombons en 7 AEC ce qui est une date très intéressante. Le calendrier moderne est fondé sur le nombre d'années depuis la naissance du Christ. Mais nous sommes conscients aujourd'hui, à l'instar de tous les spécialistes modernes, que la date présumée de la naissance du messie chrétien est fausse. Un rapide coup d'œil à une quelconque encyclopédie le confirme :

Jésus-Christ (entre 8 et 4 AEC - vers 29 EC), la figure centrale du christianisme, naquit à Bethléem en Judée. La chronologie de l'ère chrétienne utilisée aujourd'hui est fondée sur une datation de l'année de sa naissance effectuée au VIe siècle EC, mais il est reconnu aujourd'hui qu'elle est erronée de quatre à huit ans [1].

Si Jésus naquit en 7 AEC, il est parfaitement possible que lui, le messie proclamé, ait pu naître sous la lumière de la Shékinah réapparaissant exactement deux époques vénusiennes après la consécration du temple de Salomon. Quelle que soit précisément la Shékinah, elle aurait dû revenir cette année-là conformément à la règle de 480 ans. Une autre idée nous frappa : l'historien des juifs, Josèphe, au Ier siècle, rapportait que le temple de Salomon avait été commencé exactement mille quatre cent quarante ans après le Déluge. De ce fait, hypothèse fascinante, Jésus aurait pu naître exactement mille quatre cent quarante ans après la date que les scribes de l'Ancien Testament déterminent comme le moment où Moïse traversa la mer Rouge avec son peuple.

Que pouvait-on penser de tout cela ? Ces remarques reposaient-elles sur quelque chose de tangible ? La récurrence des périodes de 480 ans et de ses multiples concernant des événements majeurs dans la Bible est parfaitement admise par les spécialistes, mais comme elles ne sont pas expliquées, tout le

---

1. « Jésus-Christ », *Microsoft ® Encarta ® Encyclopedia 2001.* © 1993-2000 Microsoft Corporation. All Rights Reserved.

monde les ignore. Mais nous pensions que ces nombres avaient dû être sacrés pour une très ancienne tradition – très probablement énochienne – et qu'ils continuèrent à être utilisés pour l'une des deux raisons suivantes : soit leur signification ayant été oubliée, leur utilisation demeurait purement rituelle, soit il existait un clergé agissant en arrière-plan qui comprenait toujours cette symbolique, mais qui avait choisi de ne pas en révéler la signification au monde profane.

Nous avions besoin d'en comprendre davantage avant de pouvoir résoudre ce problème.

La Shékinah était un mystère. Elle allait et venait, nous dit la Bible, au gré de Dieu. Mais nous savions que le magnifique observatoire mégalithique de Newgrange en Irlande laissait la lumière pré-aurorale de Vénus pénétrer dans la chambre intérieure au solstice d'hiver une fois tous les huit ans, et donc cinq fois par cycle vénusien de quarante ans. Nous avions déjà calculé la séquence des manifestations de Vénus à Newgrange. En outre, comme nous savions que cette planète était parfois assez lumineuse pour projeter une ombre la nuit, nous nous demandions s'il ne s'était pas produit quelque chose de semblable à l'époque de la naissance du Christ.

D'après la tradition, celle-ci est célébrée le 25 décembre, qui est le premier jour, après le solstice d'hiver, où il est clairement possible de voir – en mesurant le mouvement des ombres projetées par Asherah [1] – que le Soleil a commencé à se déplacer de nouveau vers le nord. Se pouvait-il que Jésus ait pu réellement naître sous la lumière d'un lever hélicoïdal de Vénus le « jour de Noël » ?

On considère généralement que la célébration moderne de la naissance du Christ est une date symbolique, empruntée à une ancienne fête païenne qui marquait jadis le solstice d'hiver. Tous les anciens peuples reconnaissaient que ce dernier était le moment de l'année où le lever de Soleil atteignait son point le plus méridional sur l'horizon. Pendant trois mois, ils avaient vu ce point se déplacer vers le sud, quittant sa position plein est à l'équinoxe, pour s'arrêter un moment au solstice d'hiver avant de repartir vers le nord.

Même si cette idée est considérée comme totalement symbolique par les spécialistes de la Bible, la tradition chrétienne nous dit que Jésus fut conçu à l'équinoxe de printemps et qu'il naquit au solstice d'hiver, dans la lumière d'une étoile brillant à l'orient. Pouvait-il s'agir toutefois d'une vérité littérale ? L'étoile de Bethléem pouvait-elle être Vénus ? Nous décidâmes de vérifier ce

1. Sans oublier que Asherah est à la fois le nom de la déesse cananéenne associée à Vénus et celui d'un instrument astronomique utilisé comme baguette repère pour mesurer les mouvements de l'ombre solaire.

qui se trouvait dans le ciel ce matin-là. Alors Robert s'installa devant son ordinateur et ouvrit un programme de simulation astronomique.

Le programme mit quelques minutes avant d'être prêt.

« Ça y'est, lança Robert. Donne-moi lentement l'heure et le lieu que tu veux. »

– Vingt-cinq décembre de l'an 7 avant l'ère commune. Juste avant l'aube en se tournant vers l'est-sud-est », énonça Chris, en fournissant en outre la latitude et la longitude de Jérusalem qu'il trouvait dans l'Atlas posé sur ses genoux.

Robert entra les données et déplaça sa souris.

« Tu vois quelque chose d'intéressant ?

– Attends. Attends. On y est presque », répondit Robert.

Il resta silencieux une minute avant de lancer un grand « Woaw ! ». Puis il se tut de nouveau plusieurs longues secondes.

« Il y a un objet céleste vraiment massif qui brille à l'est, qui flamboie même, mais il est beaucoup trop gros et trop lumineux, pour être Vénus, même à sa magnitude maximale. »

Chris s'approcha pour regarder l'écran, alors que Robert continuait : « Enfin si, c'est Vénus. Mais elle est en conjonction avec quelque chose d'autre. Mercure, je pense. »

Il interrogea le programme pour identifier clairement les composants de l'objet lumineux.

« Oui, c'est Mercure. Les deux planètes, Mercure et Vénus, sont au maximum de leur magnitude. L'effet produit juste avant l'aube a dû être incroyable, vraiment éblouissant.

– Une étoile flamboyant à l'orient à l'aube du jour qui pourrait être le vrai Noël originel ! Est-ce que nous n'avons pas là la réponse au mythe de l'étoile de Bethléem ?, demanda Chris.

– Ça y ressemble assurément. Les programmes astronomiques sont assez fiables aujourd'hui. Et je suis d'accord avec toi sur le fait que la date de 7 avant notre ère est l'année la plus probable pour la véritable naissance du Christ », dit Robert tout en revérifiant toutes les coordonnées rentrées.

L'impact de cette découverte était stupéfiant. Beaucoup de personnes ont cherché par le passé à expliquer le mythe de l'étoile de Bethléem. Ils ont envisagé tous les types d'objets lumineux qui avaient pu passer dans le ciel à ce moment-là. Mais à notre connaissance, personne avant nous n'avait essayé de trouver la solution en utilisant les attentes oraculaires de la théologie juive.

« Tant qu'on y est, est-ce que tu peux rouvrir ton programme et entrer les coordonnées du même matin, mais en 967 avant l'ère commune, s'il te plaît ?, le pria Chris.

– OK. Laisse-moi un instant. Ce serait une coïncidence incroyable s'il y avait une autre conjonction de ce type lors de la dédicace du temple de Salomon. »

Quelques minutes plus tard, Robert avait entré la nouvelle heure dans le programme. Et il se mit soudain à siffler.

« Eh, regarde ça ! On a la même chose. Une lueur très brillante à l'orient. Apparemment, on dirait que le mythe de la Shékinah décrit un événement réel et parfaitement historique. »

Visiblement, nous avions trouvé une explication aux manifestations irrégulières de la Shékinah. Tandis que Vénus se déplace avec la précision d'un métronome, ses conjonctions avec Mercure – ou d'autres planètes – survenaient beaucoup plus irrégulièrement, mais nous constations clairement que ces planètes se resynchronisaient au moins tous les 480 ans.

Nous avions désormais une tentative d'explication de la Shékinah juive et de l'étoile chrétienne de Bethléem. Et plus nous étudiions les descriptions de ces deux phénomènes bibliques, plus la solution nous paraissait évidente.

Le rituel maçonnique établit clairement que la Shékinah et l'étoile de Bethléem sont une seule et même chose :

> *Ne réfléchissant qu'un faible rayon scintillant, l'étoile et la gloire encerclée [la lettre G] proclament la Shékinah où qu'elle apparaisse. Que ce soit sur le Sinaï, à Salem, où dans l'étable où les Mages d'Orient virent le visage béni du Rédempteur.*

Les spécialistes de la Bible ont aussi lié les deux, comme l'exprime la citation suivante, du révérend A. J. Grieve, un ancien professeur de théologie méthodique d'Édimbourg :

> *... les bergers du secteur sont stupéfaits par l'apparition d'un ange et par le rayonnement de la Shékinah, mais ils sont rassurés quand on leur dit que le Messie est né dans le village.*

Nous avions donc trouvé une ancienne croyance juive selon laquelle des événements majeurs survenaient en fonction d'un modèle pré-ordonné. Et nous savions maintenant que celui-ci était lié non seulement à Vénus, mais aux conjonctions de cette planète avec Mercure. En outre, nous étions désormais confronté à une fascinante possibilité : Jésus lui-même ne faisait-il pas partie de quelque grand plan fondé sur des calculs astronomiques.

Nous devions chercher plus précisément s'il existait un équivalent de l'étoile de Bethléem associé à d'autres événements majeurs et nous découvrîmes bientôt qu'il y en eut.

La séquence de manifestations de la Shékinah

Dans toute notre base de données rituelle de la franc-maçonnerie, nous n'avions pu trouver aucune référence évoquant spécifiquement des périodes de quarante, quatre cent quatre-vingts ou mille quatre cent quarante années. Mais la Bible nous en avait fourni beaucoup et confirmait donc l'importance de ces périodes temporelles. Selon les rituels maçonniques, la Shékinah était l'apparition périodique d'une vive lumière qui se manifestait un certain nombre de fois en d'importantes occasions avant de re-disparaître pendant de nombreuses années. Ces périodes sans Shékinah étaient attribuées au mécontentement de Dieu, indisposé par l'attitude de Son peuple élu incapable de se montrer digne de Sa présence.

Nous avions découvert que Vénus était apparue en 7 AEC dans la période du solstice d'hiver à l'aube en conjonction avec Mercure. Ce phénomène se serait manifesté sous la forme d'un rougeoiement éclatant qui se serait rapidement transformé en blanc d'acier à mesure que l'« objet » s'élevait dans le ciel pré-auroral. Nous avions besoin de comprendre s'il s'agissait d'une coïncidence ou si ce phénomène faisait partie d'un schéma qui allait permettre d'expliquer la Shékinah et la fascination qu'exerçaient les périodes que nous appelions générations vénusiennes, époques vénusiennes et éons vénusiens.

Robert entreprit de calculer ce qui se trouvait sur l'horizon oriental de Jérusalem juste avant l'aube d'un certain nombre de dates. Il découvrit que la conjonction Shékinah survenait par « paquets ». Autour des réapparitions liées au cycle de quatre cent quatre-vingts ans et en relation avec celles-ci, il dut y avoir d'autres conjonctions puisque les planètes étaient correctement alignées, mais celles-ci se seraient manifestées plusieurs fois dans un laps de temps assez court de quelques mois, voire de quelques années, avant de re-disparaître pendant plusieurs générations.

Nous découvrîmes que beaucoup d'événements astraux intéressants et spectaculaires survenaient tous les 480 ans, juste avant et juste après les événements majeurs décrits dans la Bible. Dans toutes ces conjonctions, les planètes étaient si proches les unes des autres (d'un degré ou peu s'en faut), qu'elles devaient donner l'impression de ne former qu'une unique étoile extraordinairement brillante.

- 7 AEC, 25 décembre. Mercure/Vénus. Phase de Vénus 99,3 %. Phase de Mercure 97,8 %. À huit degrés du Soleil et lever 22 minutes avant celui-ci.
- 8 AEC, 18 mai. Mercure/Vénus. Phase de Vénus 99,2 %. Phase de Mercure 95,2 %. À huit degrés du Soleil et lever 25 minutes avant celui-ci.

- 8 AEC, 26 janvier. Jupiter/Vénus. Phase de Vénus 81,9 %. Phase de Jupiter 99,7 %. À trente-cinq degrés du Soleil et lever presque deux heures avant celui-ci. [Ce phénomène devait être facile à observer même à la lumière du jour.]
- 487 AEC, 30 décembre. Vénus/Saturne. Phase de Vénus 75,1 %. Phase de Saturne 99,9 %. À trente-huit degrés du Soleil et lever environ deux heures et demie avant celui-ci dans un ciel sombre [ce qui devait donner un lever rouge vif, facile à voir également à la lumière du jour sous la forme d'un point blanc brillant dans le ciel bleu].
- 488 AEC, 15 août. Vénus/Jupiter/Mercure. Phase de Vénus 94,2 %. Phase de Mercure 59,6 %. Phase de Jupiter 99,9 %. À dix-huit degrés du Soleil et lever environ 1 heure 40 avant celui-ci.
- 489 AEC, 4 février. Vénus/Mercure. Phase de Vénus 90,3 %. Phase de Mercure 90,3 %. À quinze degrés du Soleil et lever 27 minutes avant celui-ci.
- 966 AEC, 13 mai. Jupiter/Vénus. Phase de Vénus 71 %. Phase de Jupiter 99, 6 %. À quarante degrés du Soleil et lever juste une heure environ avant celui-ci. [Facile à voir à la lumière du jour.]
- 967 AEC, 22 février. Jupiter/Vénus. Phase de Vénus 98,7 %. Phase de Jupiter 100 %. À dix degrés du Soleil et lever 10 minutes avant celui-ci.
- 967 AEC, 3 mars. Vénus/Mercure. Phase de Vénus 99,2 %. Phase de Mercure 21 %. À huit degrés du soleil et lever 15 minutes avant celui-ci.
- 1447 AEC, 21 mars. Vénus/Mercure. Phase de Vénus 80 %. Phase de Mercure 50 %. À vingt-huit degrés du Soleil et lever environ une heure et demie avant lui.
- 1447 AEC, 3 mai. Vénus/Saturne. Phase de Vénus 90 %. Phase de Saturne 99 %. À vingt-sept degrés du Soleil et lever une heure avant lui. [Ce phénomène serait visible à la lumière du jour.]
- 1447 AEC, 8 juillet. Vénus/Mercure. Phase de Vénus 98,7 %. Phase de Mercure 50 %. À dix degrés du Soleil et lever 45 minutes avant lui.

On relevait beaucoup de conjonctions de ces planètes lumineuses autour des dates qui nous intéressaient, mais autrement elles étaient assez rares.

Ayant trouvé cette récurrence du phénomène intéressante, nous décidâmes d'en parler avec Alan Butler, le spécialiste des mathématiques mégalithiques qui avait travaillé avec nous sur le mystère du yard mégalithique. Alan est un astronome amateur et il semblait judicieux de lui demander de vérifier d'abord indépendamment les résultats que nous avions trouvés. Il revint nous voir très excité : lui aussi avait calculé et repéré les conjonctions Vénus/Mercure qui correspondaient à la séquence que Robert avait identifiée.

Maintenant, nous étions certains que des manifestations de la Shékinah marquaient tous les débuts d'époques vénusiennes. Elle apparaissait encore pendant quelque temps ensuite avant de disparaître pendant de nombreuses années. Ainsi s'expliquait apparemment pourquoi les juifs pensaient que la Shékinah était un événement régulier au moment des débuts d'époques vénusiennes, mais imprévisible entre ceux-ci. Assurément, des astrologues confirmés – comme les mages, qui étaient experts en mathématiques et en astronomie – pouvaient prévoir ces conjonctions, mais de tels savants susceptibles de savoir comment effectuer les calculs devaient être rares chez les juifs.

Alan avait été fasciné par la table de conjonctions que nous lui avions demandé de valider. Il ne manqua pas de remarquer lui aussi que, si Vénus était aisément prévisible, Mercure ne l'était pas et que les conjonctions des deux planètes intervenaient régulièrement pendant un certain laps de temps avant de disparaître pour ne pas revenir avant le début d'un nouveau cycle de 480 ans. Alan estima que la meilleure manière de calculer le cycle de répétitions des conjonctions Vénus/Mercure, en utilisant les mathématiques du peuple des poteries cannelées, était de prendre l'année mégalithique de 366 jours, de la multiplier par quarante et de retrancher quarante jours. Il rappela également que le peuple mégalithique et les juifs tenaient en haute estime le Soleil et Vénus, qui étaient pour eux respectivement les aspects mâle et femelle de Dieu, et que les Grecs considéraient Mercure comme le « Messager », donc, fort de ces remarques, Alan pouvait aisément imaginer que ces peuples accordaient une très grande signification à ces événements.

Donc il ressort de tous ces éléments que les juifs savaient que le cycle de Vénus, la « génération vénusienne », était une récurrence parfaitement prévisible de quarante années, mais ils s'attendaient aussi à voir réapparaître la Shékinah dans la même position en une poignée d'occasions séparées par une époque vénusienne (480 années). Ne pouvaient-ils pas calculer exactement quand Vénus se lèverait en tant que Shékinah flamboyante – la gloire de Dieu qui pénétrait par la lucarne du temple et inondait ainsi d'une lueur rougeoyante la chambre emplie d'encens où se trouvait l'Arche d'Alliance ?

En conséquence, la conjonction de Vénus et Mercure qui se leva peu avant l'aube dans le ciel étoilé que Moïse pouvait contempler au-dessus du Sinaï alors qu'il menait son peuple vers la Terre promise, était la même que celle que Salomon observa en posant la pierre de fondation du temple et que les Mages contemplaient en se dirigeant vers le messie annoncé. L'histoire se répétait sur la terre comme au ciel. Mais est-ce que cela signifie que le constructeur du temple s'attendait à la réapparition de la Shékinah ?

Notre génération a tellement appris les paroles du Notre Père, la prière du Seigneur, à l'école que nous pouvons quasiment la réciter mécaniquement sans véritablement faire attention au sens des mots. Mais alors que nous étions en train de discuter du précédent paragraphe, nous nous retrouvâmes soudain tous les deux en train de répéter les paroles familières :

Notre Père
Qui êtes aux cieux
Que ton nom soit sanctifié.
Que ton règne vienne
Que ta volonté soit faite
Sur la terre comme au ciel.

La plupart des gens savent *grosso modo* que la tradition chrétienne dit que le ciel abrite le Paradis et que l'Enfer se trouve quelque part sous terre. Le terme « les Cieux » désigne aussi le ciel nocturne que l'on observe avec son firmament et, selon les premiers mots du Notre Père, c'est là que Dieu réside, là au milieu des étoiles. Les prêtres qui rédigèrent l'Ancien Testament croyaient que les cieux gouvernaient les événements se déroulant sur terre. On expliquait donc *a posteriori* que les grands événements du passé s'étaient déroulés lors de ces moments astronomiquement favorables et que la manifestation des grands événements attendus dans le futur se conformerait à cette même configuration récurrente.

Si nous pouvons être certains que les auteurs de l'Ancien Testament croyaient que les grands événements de leur histoire étaient intervenus au début d'époques et d'éons vénusiens, il est également possible qu'ils n'aient rien su des événements futurs. Naturellement, certains chrétiens prétendent que les différents passages de l'Ancien Testament étaient des références prophétiques à Jésus, mais il semble beaucoup plus probable que Jésus et ses fidèles s'appliquèrent de leur mieux à se conformer exactement à ce que prescrivaient les Écritures messianiques.

Conclusions

Aucun spécialiste de la Bible ne peut expliquer de manière satisfaisante le cycle de quarante années utilisé dans tout l'Ancien et le Nouveau Testaments. Mais dès que l'on connaît la signification du cycle de Vénus, cette configuration prend toute son importance.

Nous avons redécouvert une ancienne croyance juive selon laquelle les événements majeurs survenaient en vertu d'un schéma type lié non seulement à Vénus, mais aux conjonctions plus aléatoires de cette planète avec Mercure. Ces événements astraux irréguliers, mais extrêmement lumineux, étaient appelés Shékinah et considérés comme un signe de la faveur de Dieu. La séquence de manifestations de ces conjonctions coïncidait parfaitement avec la chronologie juive des événements clés de leur histoire.

Les rédacteurs de l'Ancien Testament croyaient que les événements dans les cieux gouvernaient la terre. On expliquait *a posteriori* que les événements majeurs du passé s'étaient déroulés lors de moments astronomiquement favorables et on s'attendait à ce que les grands événements du futur se conforment à ces configurations. Nous pensions que les auteurs de l'Ancien Testament savaient que les événements principaux de leur histoire étaient intervenus au début d'époques et d'éons vénusiens, mais qu'ils n'avaient aucun moyen pour prédire l'avenir. Si certains prétendent que des passages de l'Ancien Testament sont des prophéties annonçant Jésus, il semble plus probable que celui-ci et ses fidèles essayèrent de se conformer aux prophéties messianiques juives que ces passages évoquaient.

CHAPITRE XI

LA VENUE DU MESSIE

LE LEVER DE L'ÉTOILE

Le mythe de Noël prétend que les mages suivirent une étoile brillant à l'orient et que sa lumière les conduisit jusqu'à une étable dans la ville de Bethléem, la ville même où le roi David était né un millénaire plus tôt. Il est évidemment impossible que les mages aient pu littéralement suivre une étoile dans quelque direction que ce soit, puisque la lumière d'un objet céleste n'est pas un faisceau directionnel. Toutefois, « suivre » l'étoile pourrait signifier qu'ils cherchaient le messie, parce qu'ils « suivaient » les règles qui leur permettaient de comprendre la signification de l'étoile.

L'Évangile de Matthieu fait dire aux mages : « Nous avons vu son étoile à l'orient. » Par ailleurs, les techniques modernes de la géométrie analytique montrent qu'une conjonction Vénus/Mercure se levait à l'est le matin du 25 décembre cette année-là. Donc nous nous demandâmes si l'on pouvait trouver la moindre preuve qu'une prophétie ait existé à cette époque disant qu'un roi des juifs naîtrait quand une étoile particulière apparaîtrait dans le ciel pré-auroral.

Nous découvrîmes bientôt qu'il en existait une. Dans les Nombres 24, 17, on trouve la Prophétie de l'Étoile qui dit :

Je le vois, mais non pour maintenant,
Je l'aperçois, mais non de près,
Un astre issu de Jacob viendra,
Et un sceptre issu d'Israël se dressera,
Il frappera les tempes de Moab
Et détruira tous les enfants de Seth.

Nous avons ici une ancienne prédiction faite par le prophète Balaam, qui, nous dit-on, lui fut délivrée par Dieu lui-même. Il conclut son oracle en prédisant la gloire future d'Israël. Sa prophétie prétend qu'à un moment dans le futur, un messie royal apparaîtra et que sa naissance sera marquée par une étoile. Le sceptre qu'il mentionne est un symbole de royauté connu, auquel il est souvent fait référence dans la Bible. Par exemple, on lit dans L'Épître aux Hébreux 1, 8 :

> *Ton trône, ô Dieu, existe pour les siècles des siècles, et le sceptre de rectitude est le sceptre de ton royaume.*

Notre étude des textes juifs a établi que leurs rédacteurs croyaient que des cycles de 40, 480 et 1 440 années avaient une importance fondamentale. Nous avions pu démontrer que ces dates correspondaient aux schémas de manifestations de Vénus, la planète lumineuse dont le mouvement autour du Soleil épousait une forme de cornes, et que les anciens juifs connaissaient cette configuration.

Nous savions aussi que les mages, cherchant le messie, croyaient que 1 440 années exactement s'étaient écoulées depuis que Moïse avait conduit les Hébreux hors d'Égypte et 2 400 ans (5 x 480) depuis le Déluge, et que 960 ans (2 x 480) plus tôt, les fondations du temple de Salomon avaient été posées.

Donc, autour du solstice d'hiver, ce 25 décembre 7 AEC, ces prêtres-astronomes attendaient que la Shékinah se lève à l'orient, comme, ils le savaient, elle s'était levée lors du passage de la mer Rouge permettant aux Hébreux de marcher vers leur liberté. Et comme cela avait été prophétisé des siècles plus tôt, la brillante étoile du matin se leva quelques minutes avant l'aube avec une radiance rougeâtre. Les mages crurent que c'était le signe que Dieu envoyait pour annoncer l'arrivée du messie d'Israël. Et ils avaient pour tâche de le trouver. Cette méthodologie semble remarquablement semblable à celle qui sert aux prêtres tibétains à trouver un nouveau chef quand l'ancien meurt. Ils parcourent le pays, cherchant à découvrir le petit enfant qui sera le nouveau dalaï-lama et pour cela, ils utilisent leur connaissance de certains signes qui permettront d'identifier la vraie réincarnation de leur chef spirituel.

Or, de manière remarquable, nous découvrîmes en outre que des documents contemporains de l'époque du Christ établissaient que la première partie de la Prophétie de l'Étoile avait été accomplie. Et la source de cette révélation, ce sont les manuscrits de la mer Morte. Le Manuscrit de la guerre de Qumran [1] rapporte sans ambiguïté que lorsque cette étoile annoncée de

1. Dit aussi Manuscrit de la guerre des Fils de Lumière contre les Fils des Ténèbres.

longue date apparaissait dans le ciel pré-auroral, cela signifiait que le messie royal arrivait. Mais toute sa tâche pour vaincre les ennemis d'Israël restait à faire. Les mots parlent d'eux-mêmes quand on les rapproche de la Prophétie de l'Étoile :

> *Une étoile venue de Jacob s'est mise en marche,*
> *Un sceptre issu d'Israël s'est levé.*
> *Et il fera s'effondrer les temples de Moab,*
> *Et détruira les fils de Seth* [1].

L'utilisation du temps passé dans les deux premières lignes proclame que le messie royal attendu est arrivé parce que l'étoile est apparue. Mais un autre manuscrit de la mer Morte, l'Écrit de Damas, dit :

> *Et l'étoile est le Chercheur de la Loi qui vient à Damas ; comme il est écrit : « Une étoile venue de Jacob s'est mise en marche et un sceptre issu d'Israël s'est levé. »*
>
> *Le sceptre est le Prince de toutes les Congrégations et quand il se dressera il détruira tous les fils de Seth* [2].

Les mots conservés par la communauté de Qumran ne pouvaient être plus clairs. Le messie était arrivé et on s'attendait à ce qu'il vienne à Damas (il y avait un groupe d'Esséniens important à Damas [*Damascus*] et on pense aussi que le terme « Damas » était utilisé pour désigner l'établissement de Qumran lui-même). Ils pensaient qu'après son arrivée à Damas, le Messie se dresserait et irait détruire leurs ennemis. Cette brève description du rôle du Messie montre qu'il est censé être le roi qui conduira son armée dans la guerre pour amener la victoire de la nation juive.

Nous avons aussi regardé ce que Josèphe disait de la Prophétie de l'Étoile. Selon lui, c'était la force motrice derrière le soulèvement contre Rome. Il décrit une étoile qui ressemblait à une épée. Elle dispensait une telle lumière qu'elle resplendissait tout autour de l'autel dans le temple, donnant l'impression pendant une demi-heure qu'il faisait aussi clair qu'en plein jour [3]. Cette image d'une étoile ressemblant à une épée peut correspondre à l'écartement progressif de la conjonction de Vénus et Mercure, à mesure qu'elles se séparaient dans le ciel.

Donc, nous nous demandâmes logiquement si Jésus, qui, selon la Bible, serait né au moment de l'apparition de l'étoile de Bethléem, pouvait être la personne évoquée dans les rouleaux de Qumran ?

---

1. IQM 11, 16.
2. CD 7, 18-21.
3. Flavius Josèphe, *Guerre des juifs*, 6, 290.

Concernant les circonstances de sa naissance, il est probable que soit Jésus lui-même, soit ses fidèles aient affirmé qu'elle coïncidait avec ce moment divin, que cela soit vrai ou pas. Pour le reste, il est impossible de savoir avec certitude à qui faisaient allusion les manuscrits de Qumran, d'autant que plusieurs personnes – dont Jean le Baptiste – peuvent être soupçonnées d'avoir été le messie. Mais ce que l'on peut raisonnablement conclure, c'est que tant Jésus que la personne évoquée dans les textes de Qumran se préparaient à assumer le même rôle en s'efforçant d'adhérer aux préceptes rituels de l'ancienne prophétie.

Une nouvelle question se posait à nous : le champion juif évoqué par la communauté de Qumran pouvait-il être le même que celui décrit par les Évangiles du Nouveau Testament ?

D'abord, il nous fallait considérer l'idée selon laquelle Jésus était de haute naissance, comme les mages le laissent entendre dans L'Évangile de saint Matthieu :

Où est le roi des juifs qui vient de naître ?

La Bible prétend que la lignée paternelle de Jésus remonte à Abraham, le père fondateur du peuple juif. Il est aussi décrit dans les chapitres V et VI de L'Épître aux Hébreux comme « un prêtre pour l'éternité de l'Ordre de Melchisédech », un ordre plus ancien et avec davantage d'autorité que celui des lévites. Cela nous paraissait très intéressant et très significatif dans la mesure où, nous le savions, seul un lévite était jugé assez pur pour pénétrer dans le saint des saints en présence de Dieu, une fois par an.

L'ancien prophète Isaïe a parlé du messie à venir dans des termes qui paraissent fondés sur la Shékinah. Et il évoqua même les présents qui devaient être offerts à ce roi nouveau-né :

Debout, resplendis, car voici ta lumière et la gloire du Seigneur se lève sur toi... Et les nations marcheront à ta lumière et les rois dans la clarté de ton lever... Ils apporteront l'or et l'encens et proclameront les louanges du Seigneur[1].

Le fait que le mythe de Jésus en gestation ait incorporé la présentation de tels présents montre à quel point les premiers chrétiens s'efforçaient de faire se conformer leur Messie aux prophéties en vigueur dans le judaïsme.

Un manuscrit de Qumran (4Q521) décrit un messie que l'on rencontre plus généralement dans les textes juifs de cette période, mais qui semble se relier directement à la doctrine attribuée à Jésus-Christ :

1. Isaïe, 60, 1 ; 3 ; 6.

[... Les Ci]eux et la terre prêteront l'oreille à Son Messie, [à la mer et à tout ce qui se trouve en eux]. Il ne se détournera pas du commandement des Saints.

Ayez courage, vous tous qui cherchez le Seigneur et son œuvre.

Ainsi n'allez-vous pas trouver le Seigneur, vous tous qui avez l'espoir dans vos cœurs ? Le Seigneur viendra assurément chercher les pieux et il appellera les justes par leur nom. Son esprit se posera sur les pauvres. Il restaurera les fidèles par Sa puissance. Il honorera les pieux sur le trône du royaume éternel.

Il libérera les captifs, rendra la vue aux aveugles et redressera c[eux qui sont courbés]. Éter[nelle]ment, je m'attacherai [à lui con]tre les [Pu]issants et [j'aurais confiance] en Sa bonté aimante,

E[t Sa] Bo[nté (sera) éternelle. Son] saint [Messie] ne mettra pas de temps [à venir.]

Et les miracles qui ne se sont pas (jusque-là) accomplis, le Seigneur (les) fera, quand il [c.a.d, le Messie] [viendr]a ; puis il guérira les malades et ressuscitera les morts ; à l'opprimé, il annoncera de bonnes nouvelles,

... il guidera les [sa]ints, il sera [leur] berger...

Même les quelques textes qumraniens que nous avons cités dans cette partie montrent que le messie attendu serait connu pour ses aptitudes à accomplir différentes tâches. Les prêtres de Qumran citent notamment :

1. Sa naissance sera marquée par l'apparition d'une étoile.
2. Il sera un « fils de Dieu ».
3. Il commandera le Ciel et la Terre qui formeront son royaume éternel.
4. Son esprit se posera sur les pauvres.
5. Il restaurera ceux qui sont fidèles.
6. Il rendra la vue aux aveugles.
7. Il redressera ceux qui sont courbés (en raison d'une condition humble).
8. Il témoignera d'une bonté aimante.
9. Il guérira les malades.
10. Il ressuscitera les morts.
11. Il apportera de « bonnes nouvelles » aux opprimés.
12. Il sera un « berger » pour son troupeau de saints fidèles.

Ce sont aussi les traits caractéristiques du ministère de Jésus-Christ.

La personne qu'on se rappelle sous le nom de Christ et qui ne cherchait pas à satisfaire les Sadducéens ni même les Pharisiens, voulut-elle se présenter comme le « Promis » attendu par le clergé de Qumran ?

Quand les manuscrits de la mer Morte furent découverts en 1947, l'Église catholique romaine qui avait la responsabilité des fouilles minimisa toute ressemblance avec le Nouveau Testament. Au contraire, elle choisit d'insister sur les différences. Il y avait ici une intention évidente de creuser le fossé le plus large possible entre le mythe de Jésus officiel et tout nouvel élément de preuve qui pourrait émerger de ces documents juifs malvenus. Mais aujourd'hui, il n'est plus possible de nier les parallèles.

Un rouleau de Qumran (4Q246) est appelé le manuscrit du « Fils de Dieu ». Écrit en araméen, il est éminemment messianique et fait allusion à quelqu'un qu'il appelle le « Fils de Dieu » ou le « Fils du Très-Haut » qui va venir établir le royaume éternel. Celui-ci fera ressembler tous les royaumes précédents à des « comètes [1]. »

Dans tous les textes de Qumran, les « Justes » sont appelés les « Fils de Dieu ». Ils sont aussi en conformité avec la pensée chrétienne, parce qu'ils sont d'une nature éminemment eschatologique, dans la mesure où l'accent est mis sur l'idée de « Justice », de « Jugement » ou plus précisément de « Jugement dernier ».

Avant la publication des manuscrits de la mer Morte, l'idée d'un messie appelé Fils de Dieu était inconnue des textes juifs pré-chrétiens. Selon les spécialistes, cette idée n'était apparue que dans le christianisme et elle ne pouvait être d'essence juive. Mais la révélation du contenu d'un manuscrit en particulier bouleversa tout, car il révélait l'existence d'un antécédent juif au concept de messie qui commandait le « Ciel et la Terre ». Comme l'a écrit le professeur Norman Golb, il en est ressorti « une image beaucoup plus éminente d'une idée que l'on croyait être jusque-là une invention hellenistico-chrétienne ».

Comme nous l'avons évoqué dans le chapitre IX, la communauté de Qumran fut originellement une alliance de prêtres sadocides et énochiens. Nous pensions également qu'un groupe énochien non identifié continua à exister sous une forme pure, mais aussi sous sa forme hybride qumranienne.

Jésus aurait-il pu être un représentant de ce groupe entièrement énochien et le christianisme lui-même aurait-il pu emprunter des éléments de ce culte antédiluvien ?

Nous avions également remarqué que l'étrange personnage de Melchisédech apparaissait tant dans les textes chrétiens que dans les textes qumraniens. Un fragment de rouleau de la grotte 11, appelé le « Texte de Melchisédech » (11QMelchisedech), raconte que l'ancien prêtre-roi de Jérusalem était alors considéré comme un esprit céleste responsable du jugement des anges. On s'attendait à ce qu'il exerce la vengeance divine dans la grande bataille à

1. R. Eisenman et M. Wise, *The Dead Sea Scrolls Uncovered*, Element, 1992.

venir contre Satan et les esprits qui se trouvaient sous ses ordres[1]. Or nous ne devons pas oublier que la Bible décrit Jésus comme un prêtre de l'Ordre de Melchisédech.

Quarante jours dans le désert

Si nous avons rencontré le cycle de Vénus de quarante années tout au long de la Bible, on trouve aussi beaucoup de mentions d'une période de quarante jours : de la durée du Déluge à celle du séjour de Jésus dans le désert. Nous pensions pouvoir maintenant expliquer ces périodes plus courtes, qui sont elles aussi directement liées à Vénus.

Comme nous le dit la Bible, il est clair qu'au début de la période des rois juifs, les cycles des levers de la planète Vénus peu avant l'aube à l'orient, avaient une grande importance. Par exemple, le juge Eli exerça sa fonction exactement quarante ans[2] comme les rois Saül, David et Salomon. Il semble probable que la durée du mandat d'un élu était d'un cycle vénusien et qu'entre deux rois, on respectait un inter-règne de quarante jours, un laps de temps permettant de choisir soigneusement le nouveau souverain.

Tout devient particulièrement clair et signifiant si le calendrier en vigueur était l'année de 366 jours (qui était par ailleurs la base des calculs utilisés dans les sites mégalithiques des îles Britanniques, comme nous avons eu l'occasion de le décrire). Pour prévoir la prochaine manifestation de Vénus dans son cycle de quarante ans, il fallait compter quarante années de 366 jours puis soustraire quarante jours. Ce procédé est beaucoup plus logique qu'il ne semble au premier abord, parce qu'il traduit la différence précise entre deux sortes d'années : d'une part, l'année solaire de 365 jours, et d'autre part, l'année stellaire de 366 jours, qui est le nombre réel de révolutions de la planète Terre en une année. S'il y a une différence entre ces deux types d'années, c'est que, chaque jour, le Soleil se lève 236 secondes plus tard du fait de l'orbite de la Terre autour de lui, ce qui donne finalement la valeur d'une journée complète au bout d'une année. Donc, pour suivre la trace de Vénus au long d'un cycle, il fallait prendre quarante années solaires, puis marquer une « pause » de quarante jours pour attendre l'année stellaire.

Un passage de l'Ancien Testament (Nombres 14, 33-34) nous dit que c'était exactement la méthode de calcul utilisée :

1. *R. Eisenman et M. Wise, The Dead Sea Scrolls Uncovered, Element, 1992.*
2. 1 Sam. 4, 18.

Et vos fils erreront dans le désert pendant quarante ans et porteront le poids de votre infidélité, jusqu'à ce que vos cadavres soient perdus dans le désert.

Quarante jours vous avez cherché le pays, chaque jour vaut une année, alors quarante ans vous porterez le poids de vos iniquités et vous saurez ce que c'est que ma rupture de promesse.

Ce passage dit clairement que cette période de quarante jours existe parce que « chaque jour vaut une année » d'un cycle complet de quarante ans. Par ailleurs, nous savions que les Esséniens se prosternaient devant le soleil levant et on peut supposer par là qu'ils comprenaient le rôle de l'aube dans la détermination du mécanisme du règne royal.

Les questions suivantes auxquelles nous allions devoir répondre étaient aussi incontournables qu'extrêmement intéressantes.

Jésus passa-t-il quarante jours dans le désert parce qu'un nouveau cycle de Vénus était sur le point de commencer et qu'il devait attendre le début de celui-ci ? Et si c'est le cas, le fit-il parce qu'il croyait que le moment de sa propre royauté arrivait ?

Indubitablement, Jésus pensait qu'il était vital de se conformer à l'ordonnancement divin et il connaissait les termes du passage des Nombres 14, 33-34, que nous venons de citer. Jésus aurait donc eu besoin de se préparer à ses quarante prochaines années en réfléchissant sur les iniquités de celles qui venaient de s'écouler et en s'exposant à la tentation dans le désert comme les Hébreux de Moïse avant lui.

Dans cette période de quarante jours au début de sa phase active (son ministère), il se confronta lui-même aux citations de l'Ancien Testament, en commençant par l'Exode, 34, 28 :

Et il demeura là, avec le Seigneur, quarante jours et quarante nuits ; il ne mangea, ni ne but.

Nous pouvons aisément imaginer Jésus affrontant le démon au cours de ses quarante journées dans le désert et se préparant psychologiquement à la « mère de toutes les batailles » qui l'attendait.

Ces réflexions amenèrent une autre question importante. Jésus serait né quand la Shékinah se trouvait dans le ciel. S'il attendait qu'un cycle complet de Vénus se soit écoulé pour accomplir la prophétie royale, cela devrait signifier qu'il avait plus de quarante ans au moment de sa crucifixion. Cependant, la tradition nous dit qu'il avait alors à peine plus d'une trentaine d'années, et plus précisément trente-trois ans. Donc, si nous admettions notre explication quant aux actions de Jésus, il nous fallait rechercher plus attentivement des preuves concernant son âge. Existait-il des éléments tangibles relatifs à l'âge de Jésus au moment de sa mort ?

En étudiant les rares informations disponibles à ce propos, nous constatâmes rapidement qu'il y avait de bonnes raisons de croire qu'il était âgé de plus de quarante ans lorsqu'il fut crucifié. Dans le verset 57 du chapitre VIII de l'Évangile de saint Jean, voilà ce qui est dit à Jésus :

Tu n'as pas encore cinquante ans.

Assurément, cette remarque était très étrange si la personne concernée avait à peine la trentaine. Il paraît plus probable que Jésus se trouvait alors dans sa cinquième décennie.

Nous sommes tombés sur un texte de l'un des premiers pères de l'Église, Irénée, qui croyait fermement que Jésus était quadragénaire au moment de sa crucifixion.

Les Romains étaient d'excellents archivistes et nous savons que Pilate, l'homme qui condamna Jésus à mort, fut procurateur de Judée pendant dix ans, de 26 à 36 EC. Si Jésus est né en 7 AEC et puisqu'il n'y a pas d'année zéro, il dut avoir quarante ans en 34. Et le maximum qu'il pût atteindre pour être condamné par Pilate était quarante-deux ans, ce qui est conforme à la remarque de l'Évangile de Jean, 8, 57.

Un autre faisceau de présomptions nous vient de la datation de la mort de Jean-Baptiste. Il fut assassiné juste avant que Jésus ne commence ce que les cercles chrétiens appelent « son ministère ». Le professeur Robert Eisenman pense que la date de la mort de Jean est claire d'après Flavius Josèphe [1].

La référence de Josèphe à Jean le Baptiste est peut-être la plus complète et elle nous fournit des informations de valeur qui nous aident à replacer Jean dans un cadre historique réel, opposé au cadre quasi mythologique des Évangiles. L'un des éléments que clarifie Josèphe, c'est l'année de la mort de Jean, approximativement 35-36 EC, ce qui est, naturellement, très différent de ce qui est avancé dans les Évangiles[2].

Si Jean mourut en 35-36 EC, cela signifie que Jésus est mort un peu plus tard au cours de l'année 36 (ce qui correspond exactement à nos propres déductions). Et cela confirme que Jésus avait plus de quarante ans au moment de sa mort, qui intervint probablement quelques mois à peine après le début de sa mission, fondée sur ses prétentions messianiques.

En revanche, il n'existe aucune preuve venant appuyer l'hypothèse d'une mort de Jésus à trente-trois ans, comme le prétend la tradition. Donc, pour

---

1. Flavius Josèphe, *Antiquités*, 18, 5, 2
2. R. Eisenman, *James the Brother of Jesus*.

conclure, au regard de toute notre recherche et de la documentation disponible, Jésus serait mort à quarante-deux ans.

Comme nous l'avons vu, la durée de quarante années est extrêmement importante pour tout prétendant à la royauté juive. La vie de Moïse se décompose en trois phases de quarante ans. David et Salomon régnèrent chacun quarante ans et tout ce qu'accomplissait Jésus aurait eu beaucoup plus de poids si celui-ci avait suivi le même schéma. Or il croyait incontestablement que Dieu voulait que son ordonnancement sacré soit respecté. Donc toute sa mission fut certainement articulée autour du strict respect du cycle divin sacré.

Ayant passé son épreuve dans le désert, il entrait maintenant dans sa seconde période de quarante années, prêt à assumer son rôle de roi des juifs et à mener le peuple élu de Dieu contre les occupants romains.

L'HOMME QUI DEVAIT ÊTRE ROI

Jean le Baptiste, Jésus et son frère Jacques, venaient tous de la région agricole de Galilée inférieure, autour du lac de Génésareth (également connu comme la « mer de Galilée », le lac de Tibériade ou, aujourd'hui, de Tabarieh). Les Galiléens possédaient un grand sens de leur propre identité et ils étaient intensément fiers de leur judéité. Mais ils étaient considérés comme des paysans rustres par les habitants de Judée, bien que Josèphe témoigne de leur réputation de bravoure et de ténacité, en disant qu'ils étaient « aguerris à la guerre dès le plus jeune âge[1] ». Au cours des cent années précédant la guerre des juifs contre les Romains, ils furent pratiquement sans arrêt en rébellion contre tous ceux qui essayaient de les diriger, qu'ils soient Hasmonéens, Hérodiens ou Romains. Dans le langage rabbinique, on les appelait les *Gelili shoteh*, ce qui signifie « stupides Galiléens », car ils étaient considérés comme incultes sur le plan religieux.

De ce fait, il semble étrange que Jean, Jésus et Jacques aient pu avoir un tel impact quand ils arrivèrent en Judée. D'après les Évangiles, Jésus devint un guérisseur et un exorciste célèbre dans toute sa Galilée natale. À cette époque – et pendant des centaines d'années encore ensuite –, la maladie et le péché étaient directement liés et on croyait que la guérison était la conséquence d'un pardon des fautes consenti par Dieu, plutôt que le résultat d'un quelconque traitement physique. Il n'est jamais dit dans le Nouveau Testament que les dons de guérisseur que l'on prêtait à Jésus étaient le fruit d'une étude des maladies ou d'une connaissance acquise comme celle des Esséniens. Que

1. Flavius Josèphe, *Guerre des juifs*, 3, 41.

Jésus ait ou non utilisé les plantes et les pierres de ces derniers, les Évangiles disent qu'il avait le pouvoir de guérir par simple imposition des mains ou injonction.

À la lecture du Nouveau Testament et de son contenu quelque peu contradictoire, on peut se demander si Jésus était un homme de paix ou le chef d'un groupe prêt à déclencher une révolte armée. Son message d'« amour » est conforme à la pensée essénienne, mais des passages présentent un portrait très différent, correspondant davantage à la dimension guerrière des manuscrits de la mer Morte. Il désigna cinq « gardes du corps » principaux : les deux Simon, l'un des Judas, Jacques et Jean, qu'il décrit comme les « Fils du Tonnerre ». L'un des deux Simon est surnommé le « Zélote », or les zélotes étaient un mouvement révolutionnaire fondé en Galilée. Quand à Judas, il était appelé le « Sicaire », ce qui signifie « homme aux couteaux », d'où, plus simplement, « tueur à gages ». Dans Luc 22, 35-38, nous lisons que Jésus demande à ses fidèles de vendre leurs vêtements pour acheter des armes.

Dans un texte hébreu du Moyen Âge, le *Josippon*, on trouve plusieurs références importantes aux activités révolutionnaires des fidèles de Jésus. Le docteur Eisler, spécialiste du slavon, pense qu'il s'agit d'une traduction latine de Flavius Josèphe réalisée vers 370 EC par Gaudentius, avant que, quelques siècles plus tard, un inconnu le re-traduise en hébreu. Au IXe siècle, cette dernière traduction fut encore « améliorée » par quelques juifs dans l'intérêt du judaïsme. Pour cette révision, ils utilisèrent la version grecque de Josèphe, qui avait échappé à la refonte exécutée par la censure chrétienne. Donc, le *Josippon* est beaucoup plus proche de l'original non expurgé. Cependant, les différentes versions médiévales de ce *Josippon* révisé furent recherchées par les censeurs ecclésiastiques et les passages « gênants » furent supprimés à différents degrés. Mais les censeurs ne parviennent jamais à accomplir totalement leur tâche destructrice et la survie de trois manuscrits différents a permis la reconstitution des passages originels, y compris celui où les fidèles de Jésus sont traités par Flavius Josèphe de « voleurs de notre peuple » et où on les voit affronter les Pharisiens sous le règne de l'empereur Caligula.

Le professeur Robert Eisenman et le docteur Michael Wise, deux spécialistes des manuscrits de la mer Morte, ont relevé la nature belliqueuse très semblable des doctrines qumraniennes et chrétiennes. Dans les deux cas, on voit le roi attendu amener la paix sur terre... mais seulement par la totale destruction des ennemis. Eisenman et Wise citent quelques exemples clés :

On peut difficilement mettre en doute que les concepts de ce type sont passés directement dans les descriptions chrétiennes de son Messie et de ses activités. Voir par exemple, la Ligne 4, Colonne 2 et Matthieu, 10, 34 : « Je ne suis pas venu apporter la paix, mais le glaive. » On trouve aussi cette allusion au « glaive » dans la colonne XIX *du Rouleau de la Guerre, en l'occurrence, le « glaive de Dieu », utilisé dans la guerre contre les « Kittim »...*

Cependant, il faut insister sur un point : la figure messianique envisagée dans des textes comme Le Fils de Dieu, Le Rouleau de la Guerre, etc., qu'elle soit prise dans un sens figuré ou non, est extrêmement guerrière. Elle est totalement conforme à l'esprit sans compromis, militant et nationaliste du corpus qumranien. Le personnage messianique se devait d'être une figure royale quasi nationaliste et triomphante. On ne peut également que noter que la paix envisagée dans ce texte n'interviendra qu'après une guerre messianique cataclysmique. Et dans le Rouleau de la Guerre, on voit Dieu apporter son soutien à cette entreprise avec toute Son armée céleste. Pour ce Rouleau de la Guerre, c'est la condition de l'extrême pureté[1].

Nous pensons qu'il s'agit là d'un point crucial. Si Jésus se voyait réellement dans la peau du messie promis, il devait réellement croire qu'il était le roi des juifs, dont le destin était de déclarer la guerre aux ennemis d'Israël et de les détruire. Dieu lui aurait assuré le succès. Tout ce qu'il avait à faire, c'était de se conformer aux prescriptions ordonnées de longue date et il volerait vers une victoire inévitable, même sur la puissance inimaginable de l'Empire romain. Les preuves disponibles suggèrent que Jésus croyait vraiment en sa mission, mais qu'il connut plusieurs moments de peur, parce qu'il percevait pleinement l'échelle de la guerre qu'il allait entreprendre. Se préoccupait-il de trouver le bon moment, astrologiquement parlant ?

On peut trouver d'autres informations sur les actions de l'aspirant messie dans une autre version primitive de Flavius Josèphe, en slavon, dont le docteur S. G. F. Brandon dit :

Jésus est appelé « homme » et « faiseur de miracles » ; il utilise son pouvoir miraculeux pour opérer de nombreuses guérisons. Et il est condamné pour avoir violé la loi et le Sabbat, mais il est expressément précisé qu'il n'avait rien fait de honteux. Son influence incita de nombreux juifs à croire qu'il pourrait être l'instrument de leur libération du joug romain.

Il est par conséquent invité à prendre la tête de l'insurrection visant à exterminer les Romains de Jérusalem. La nature de sa réponse n'est pas clairement établie. Cependant, avant que la moindre action effective ne soit entreprise, les chefs (sacerdotaux) juifs s'alarment et préviennent Pilate, qui prend des mesures répressives immédiates. En résultat, le faiseur de miracles est capturé et condamné par le procurateur en tant que rebelle aspirant à la royauté[2].

Si les fidèles de Jésus le pressèrent réellement d'assassiner la garnison romaine de Jérusalem, il ne fallut assurément pas longtemps pour qu'une telle idée filtre et parvienne aux oreilles des autorités. Pour les chefs juifs, ce

1. R. Eisenman et M. Wise, *The Dead Sea Scrolls Uncovered.*
2. S. G. F. Brandon, *The Fall of Jerusalem and the Christian Church*, SPCK, Londres, 1951.

candidat à la royauté représentait une menace pour la stabilité de toute la nation. On retrouve l'écho de leur inquiétude dans l'Évangile de saint Jean 11, 47-51, où l'on voit un conseil de Pharisiens effrayé par ce « faiseur de miracles ». Ils pouvaient avoir de la sympathie pour la cause nationaliste, mais s'ils le laissaient continuer, il aurait de plus en plus de monde derrière lui et les Romains finiraient inévitablement par se retourner contre tout le pays dès qu'ils soupçonneraient une insurrection sérieuse. Donc le conseil décida que Jésus devait mourir plutôt que de voir la nation subir la réponse répressive massive des Romains à une attaque terroriste. Au bout du compte, Pilate fut prévenu par les Pharisiens et il ordonna l'arrestation de ce « terroriste », qui fut condamné à mort sous l'accusation d'insurrection.

Il ne fait aucun doute que personne n'avait pris Jésus pour un dieu ou pour quelque aspect terrestre de Yahvé avant sa crucifixion. Pour certains juifs, il était le messie attendu, qui serait leur roi pour régner sur la terre en qualité de régent de Yahvé et qui, avec l'aide de Dieu, chasserait les Kittim (tous les envahisseurs) de la patrie juive. Pour les autres juifs, il était une menace pour la stabilité nationale. Et pour les Romains, il n'était qu'un fauteur de troubles qu'ils devaient éliminer avant qu'il ne commette trop de dégâts.

Les auteurs chrétiens primitifs cherchaient une personne assez différente. Ils voulaient un homme qui serait Dieu incarné et qui allait souffrir pour sauver toute l'humanité (y compris les Romains) des conséquences de leurs propres péchés. Ils devaient composer avec les informations qui contredisaient leur version favorite, ce qui signifie, pour beaucoup d'entre eux, qu'ils changèrent les textes écrits pour « corriger » les erreurs manifestes des premiers auteurs.

Quelques érudits éclairés, comme Origène, étaient trop honnêtes pour ce type de comportement et ils essayèrent de donner un sens aux éléments qu'ils découvraient. Ainsi, Origène dit que les versions des *Antiquités* de Josèphe en sa possession montrent que l'historien juif rejetait absolument la messianité de Jésus. Et il continue en disant que, pour Josèphe, l'écrasement et la quasi-annihilation de la nation juive par les Romains entre 66 et 70 EC était la vengeance de Dieu pour le meurtre de Jacques, le jeune frère de Jésus. En outre, Origène ajoute que l'écrivain juif du Iᵉʳ siècle estimait Jacques et le considérait comme un juste, tandis qu'il minimisait l'importance de Jésus jusqu'au moment de sa condamnation [1].

Les conséquences de cette dénégation sont importantes : si les œuvres originelles de Josèphe nient que Jésus était le messie, cela signifie en tous les cas que l'historien était conscient que Jésus revendiquait cette messianité

1. S. G. F. Brandon, *The Fall of Jerusalem and the Christian Church*, SPCK, Londres, 1951.

(dans son sens politique normal et non dans le sens de « divinité » que veut lui donner la doctrine chrétienne et qui a été créé à partir du concept grec étranger de « Christos »).

Dans son livre *La Guerre des juifs*, Flavius Josèphe dit que les juifs furent entraînés dans leur résistance fatale contre Rome à cause d'une croyance en un oracle ambigu tiré de leurs saintes Écritures. Celui-ci prophétisait qu'à un moment donné un homme venant de Palestine deviendrait le maître du monde. Il expliquait ensuite que, pour les juifs, cette prophétie signifiait qu'un membre de leur race atteindrait cette position suprême et que nombre de leurs sages furent abusés par cet oracle. Or la piste que nous remontions en compulsant de poussiéreux textes académiques et rapports archéologiques et en effectuant des simulations informatiques du ciel de certains matins, cette piste, donc, nous soufflait que cet « oracle », c'était la Prophétie de l'Étoile et le retour anticipé de la Shékinah annonçant le nouveau Messie.

LE GRAND FIASCO

Nous ne pouvons être certains que le Jésus du mythe chrétien est bien l'individu auquel il est fait allusion dans les manuscrits de la mer Morte comme étant le Messie qui arrivait. Cependant, nous étions sûrs que Jésus et ses fidèles faisaient de leur mieux pour s'assurer que ses actions et sa vie se conformaient aux prescriptions que l'on pouvait attendre d'un messie.

Le Jésus qui était le frère aîné de Jacques le Juste et que Josèphe décrit comme « un rebelle aspirant à la royauté » exista probablement avec assurément une certaine notoriété. Il fut invité à devenir roi et apparemment il obtint le soutien des Esséniens de Qumran. Au regard du taux de probabilités, nous parions sans problèmes que le Jésus du Nouveau Testament et l'homme décrit dans les manuscrits de la mer Morte ne font qu'un.

À notre sens, Jésus croyait qu'il mettait en œuvre son « grand projet » sous l'éclairage inspirant de Yahvé et de son Esprit, symbolisé par la lumière de la Shékinah. Le ministère de Jésus – ou sa période d'activité politique – ne pouvait pas commencer avant qu'un cycle complet de Vénus soit achevé et qu'il ait atteint sa quarantième année. Dans un premier temps, il aurait été en mesure de se faire passer pour rien de plus qu'un inoffensif « faiseur de miracles », mais à mesure qu'il réunissait davantage de fidèles autour de lui, ceux-là voulaient entendre parler de la venue du « royaume des cieux ». Ils attendaient des actions et pas seulement des mots.

Jésus leur donna de l'action quand, avec ses gardes du corps, il pénétra dans le Temple de Jérusalem pour bousculer les marchands qui y avaient pourtant leur place en toute légitimité. Les Esséniens méprisaient le commerce et pour eux, faire du commerce dans l'enceinte de la maison de Dieu était une abomination. Jésus fit son coup d'éclat sous les yeux des sadducéens et juste devant la forteresse romaine Antonia, donc son image de gentil pacifiste s'était définitivement envolée.

Pour se faire connaître, Jésus fit les choses en grand. D'abord, il commença par une entrée théâtrale dans Jérusalem, accueilli par des acclamations apparemment spontanées. Mais celles-ci n'étaient qu'une réponse sans engagement à l'affirmation de messianité que leur lançait Jésus. Car, en choisissant son mode de transport, un ânon, il savait parfaitement qu'il disait implicitement et silencieusement à la foule : « Je suis celui que les prophéties ont annoncé... Je suis votre roi. » En effet, il se conformait exactement à la prophétie de Zacharie 9, 9 :

Exulte avec force, fille de Sion ;
Crie de joie, fille de Jérusalem ;
Voici que ton roi vient à toi ;
Il est juste et apporte le salut ;
Humble et monté sur un âne,
Un ânon, le petit d'une ânesse.

Mais ce n'était que le début de son programme de manifestation de sa messianité. Car au moment où il fait son entrée triomphale dans la cité, la Bible nous dit que la plupart des gens ne savaient pas qui il était. Matthieu 21, 10, l'admet :

Quand il entra dans Jérusalem, tout la ville fut agitée. « Qui est-ce ? » disait-on.

Donc ici, nous avons un homme inconnu de la population de Jérusalem et qui prétend être leur messie, leur roi. En revendiquant explicitement ce titre, il exprime publiquement son intention de chasser les Romains du pays des juifs et de construire un puissant royaume qui dominera le monde. Ses actions ne laissaient pas d'autre alternative aux autorités que de l'arrêter. Renverser les tables des marchands du Temple était un crime, mais menacer le pouvoir romain assurait à son auteur une peine de mort. Jésus et son équipe battirent rapidement en retraite avant que la garde romaine ne réagisse. Ils se rendirent directement à cinq kilomètres à l'ouest de Jérusalem, dans le village de Béthanie, avec l'intention de revenir dès le lendemain.

Jésus devait savoir qu'il lui fallait agir vite et emporter l'adhésion massive de la foule s'il voulait accomplir sa mission et s'installer comme messie royal. Il savait ce qui arrivait aux prétendants qui échouaient. Il avait encore en mémoire l'exemple extrêmement récent de Jean le Baptiste qui était mort quand Hérode avait soupçonné qu'il pût être le messie.

Dans Luc 3, 15, nous lisons que l'attente de l'arrivée du messie était un sentiment très répandu et que le candidat le plus probable à ce statut de messie était Jean-Baptiste :

> *Comme le peuple était dans l'attente et que tous se demandaient dans leurs cœurs, au sujet de Jean, s'il n'était pas le Christ...*

Comme nous savons que Jésus ne devint actif qu'après la mort de Jean, il semble qu'il eût quelque réticence à endosser ce rôle. Les mots de l'Évangile de saint Jean 6, 15 s'éclairent maintenant :

> *Alors Jésus se rendant compte qu'ils allaient venir s'emparer de lui par la force pour le faire roi, s'enfuit dans la montagne, tout seul.*

La fin se rapprochait. Il n'y eut aucun élan de soutien pour renverser les Romains et le petit groupe de fidèles rapprochés de Jésus n'était pas assez fort pour lancer seul une attaque contre l'ennemi. Leur arrestation n'était plus qu'une question de temps et même les disciples cherchaient des échappatoires. D'après l'Évangile de saint Marc, tout le drame – de la soi-disant entrée triomphale dans Jérusalem à la crucifixion en passant par le procès de Jésus et les vociférations de la foule à son encontre – s'était déroulé sur une seule semaine. La trahison de Jésus est la clé qui permet de comprendre cette suite d'événements.

Marc 14, 16-18 nous dit :

> *Et ses disciples partirent et vinrent en ville et ils trouvèrent comme il leur avait dit, et ils préparèrent la Pâque.*
>
> *Dans la soirée, il arriva avec les Douze. Et tandis qu'ils étaient à table et mangeaient, Jésus dit : « En vérité, je vous le dis, l'un de vous qui mange avec moi me trahira. »*

Ce passage peut se lire de deux manières. La première hypothèse suit l'interprétation traditionnelle : il était écrit que Jésus allait échouer et qu'il allait être horriblement torturé avant de mourir. Il aurait fait cela pour que ses souffrances puissent transférer la responsabilité des péchés – passés, présents et futurs – des croyants sur sa propre personne, c'est-à-dire sur les épaules de Dieu. Si cette interprétation est exacte, il s'ensuit que sans la trahison de Judas, il n'y aurait eu ni souffrance, ni mort, ni résurrection, ni salut. Donc, si nous acceptons cette lecture, nous devons conclure que Judas doit être considéré comme le plus grand héros de l'histoire de l'humanité.

Seconde hypothèse : Jésus sait que tout son plan est en train d'échouer et il se dit qu'il est extrêmement probable que l'un au moins de ses fidèles va essayer de sauver sa peau en le désignant aux autorités.

Au regard des paroles que Jésus va prononcer sur la croix, la seconde interprétation est plus probable. Ce révolutionnaire vaincu est à l'agonie, cloué sur sa croix, sous un écriteau qui dit « Jésus de Nazareth, roi des juifs ». Il s'arc-boute sur ses pieds martyrisés, transpercés, pour pouvoir parler. S'il veut même arriver à crier et à se faire entendre, il lui faut déployer un effort physique incroyable et endurer une souffrance inimaginable pour laisser entrer suffisamment d'air dans ses poumons comprimés. Pourtant, d'après les Évangiles, il y parvint et que choisit-il de dire alors qu'il lutte contre la mort ?

Marc nous dit qu'il cria d'une voix forte :

> *Élôï, Élôï, lema sabachthani ? Mon Dieu, mon Dieu, pourquoi m'as-tu abandonné*[1] ?

Maintenant, si Jésus est Dieu ou croit être Dieu, pourquoi ressentirait-il le besoin de se parler à lui-même de cette manière au risque de détruire ainsi sa propre crédibilité en ce moment critique ? Ces mots ressemblent plutôt aux paroles désespérées d'un homme qui croyait avec ferveur qu'il exécutait des actions prophétisées longtemps auparavant et qui lui donnerait le pouvoir de vaincre les Romains. Il se sentait totalement trahi – pas tant par Judas que par Yahvé lui-même.

Le Jésus énochien

Toutes les preuves disponibles allaient dans le sens d'une association de Jésus avec les attentes messianiques de la communauté de Qumran et du clergé énochien perdurant. L'affirmation selon laquelle Jésus serait un prêtre de l'Ordre de Melchisédech le relie directement à une croyance cananéenne primitive bien antérieure à Moïse et à son nouveau dieu, Yahvé. Nous avions déjà noté que l'art de « faire pleuvoir » était une science sacrée encore pratiquée à l'époque de Jésus. Mais le Rouleau de la Guerre de Qumran fournit une information symbolique supplémentaire, car une grande pluie y est associée à la sentence du jugement eschatologique tombant sur les hommes et au jour du Jugement dernier.

Dans le chapitre VIII, nous avons déjà mentionné que beaucoup considéraient le cousin de Jésus, Jean le Baptiste, comme le nouvel Élie et qu'il fut aussi un édificateur de cercles de pierres. Un autre membre de la famille de

1. Marc, 15, 34.

Jésus et Jean, « Honi le traceur de cercles [1] », fut le second « faiseur de pluie ». Mais le professeur Robert Eisenman soupçonne qu'il s'agit tout simplement de Jacques, le frère de Jésus.

Nous avons aussi évoqué les nombreuses références à cette tradition cachée à l'époque de la naissance de Jésus. Elles disaient notamment que « Honi le traceur de cercles » aurait engendré un fils appelé « Hanan le caché », qui était aussi un faiseur de pluie sacrée et un proche de Jean le Baptiste. Selon nous, cette pratique des érections de cercles de pierres était répandue à l'époque, mais les procédures « magiques » qui y étaient associées n'étaient connues que de quelques rares élus, qui tous paraissent liés à la famille de Jésus.

Or nous découvrîmes une nouvelle preuve de la transmission d'un savoir magique depuis l'époque de la formulation de la Prophétie de l'Étoile jusqu'à Jésus et sa famille. Cette preuve, c'était la magie cananéenne du *lachash*, qui se traduit par « murmurer » ou « marmonner ». La technique est une forme d'incantation utilisée pour ressusciter les morts, une pratique magique que les spécialistes de la Bible ont déjà identifiée :

> *Dans Isaïe, 3, 3, le terme « enchanteur » signifie littéralement en hébreu, « ayant l'expérience (pour composer) une incantation », c'est-à-dire, pour écrire des formules magiques.*
>
> *Ce terme n'est utilisé qu'en liaison avec la magie et comme, nous allons le voir, l'idée de ressusciter les morts grâce à la magie n'était pas inconnue chez les anciens Hébreux, il est possible qu'il y ait ici une allusion à une tentative de résurrection de l'enfant de David au moyen d'une incantation murmurée* [2].

Ainsi le vieux mariage cananéen de la magie et de la religion semblait apparemment encore en vigueur à l'époque de la Prophétie de l'Étoile.

Mais pour nous, cette idée de mots secrets marmonnés pour ressusciter un individu nous rappelait éminemment le rituel du troisième degré de la franc-maçonnerie. Au cours de ce rituel, les mots « magiques » sont murmurés à l'oreille du candidat au moment où il est relevé de la tombe sous la lumière pré-aurorale de Vénus qui se lève à l'orient. Cette forme de magie est aussi étroitement associée à Jésus, puisque la Bible raconte qu'il ressuscitait les morts avant d'être finalement ressuscité lui-même.

La nécromancie (la prédiction des événements futurs par la consultation magique des morts, qui, nous l'avons noté, existait aussi dans la tradition nordique) semble avoir été, elle aussi, une tradition cachée dans certains cercles

1. R. Eisenman, *James the Brother of Jesus.*
2. W. O. E. Oesterley et T. H. Robinson, *Hebrew Religion, Its Origin & Development.*

juifs. On y fait allusion dans Isaïe 8, 19, un passage qui sort étrangement du contexte du reste de son livre :

> *Et quand ils vous diront : allez consulter ceux qui ont des esprits familiers et ces sorciers qui murmurent et marmonnent : n'est-il pas vrai qu'un peuple consulte leurs dieux et les morts pour les vivants ?*

Dans ce verset, Isaïe paraît dire au monde que quiconque utilise les morts de cette manière n'aura lui-même « pas d'aube ». Mais quand on le rapproche d'un autre extrait de ce même livre d'Isaïe, il semble être une référence à la résurrection sous la lumière de la Shékinah. Ce dernier passage lumineux est populaire aujourd'hui dans les églises et il est largement cité au moment des messes de Noël. Il nous parle de la venue attendue du messie juif et on le prend souvent par erreur pour une allusion divinement inspirée au messie chrétien. Les versets clés sont Isaïe 9, 1 et 9, 6-7 :

> *Le peuple qui marchait dans les ténèbres a vu une grande lumière : elle a resplendi sur les habitants du pays des ombres de la mort...*
>
> *Car un enfant nous est né, un fils nous a été donné ; il recevra le pouvoir sur ses épaules et il sera nommé le Conseiller Merveilleux, le Puissant Dieu, le Père Éternel, le Prince de Paix.*
>
> *Son pouvoir et sa paix s'étendront sans fin, sur le trône de David et sur son royaume, pour le mettre en ordre et l'établir dans le droit et la justice désormais et à jamais. Le zèle du Seigneur des armées [Yahvé Sabaot] fera cela.*

Selon les chrétiens, ce passage d'Isaïe marque le commencement d'une compréhension de l'espoir messianique en Israël au moment où, comme un spécialiste théologien le précise, « une vive lumière brille dans les ténèbres et [que] le joug de l'oppresseur est brisé comme au jour de Gidéon [1] ». Pour nous, cependant, cela ressemble davantage à une allusion à la promesse du retour de la lumière de la Shékinah et, corrélativement, de la puissance politique d'Israël sous la conduite du nouveau roi.

Or une Shékinah se manifeste à l'équinoxe de printemps 740 AEC, ce qui est exactement le moment où Isaïe commença à prophétiser la venue du messie. Comment un événement céleste aussi spectaculaire aurait pu ne pas inspirer Isaïe ?

Pour les chrétiens, ce passage est interprété comme une prophétie annonçant et expliquant leur étrange interprétation du mot « messie », c'est-à-dire le personnage du Christ mythique. Mais il ne peut en être ainsi, parce que Jésus ne parvint pas à devenir le roi des juifs et que son apparition marqua le commencement de la période la plus désastreuse de l'histoire des juifs.

---

1. J. Bright, « Isaiah 1 », *Peake's Commentary on the Bible.*

Aucune des promesses messianiques juives ne s'accomplit, même si par la suite, tous les efforts furent entrepris pour faire croire qu'elles l'avaient été.

Mais le christianisme allait prendre alors une orientation totalement différente et le mythe naturalo-rural du dieu mourant et ressuscitant était sur le point d'évincer presque totalement les mystères astraux cananéens de Jésus et de sa famille.

LE CULTE DE PAUL

Une version de l'histoire de Jésus allait bientôt naître ; une version radicalement nouvelle et qui fut phénoménalement couronnée de succès. Un homme de Tarse, fils de juifs convertis, devint un citoyen romain et changea son nom hébreu « Saul » en son équivalent latin « Paul ». Ce citoyen juif de l'Empire romain, originaire de Turquie, se distingua comme le fléau des rebelles juifs dans Jérusalem et ses alentours. On raconte que Saul persécuta les chrétiens, mais c'était impossible puisqu'à l'époque, il n'en existait pas. Les fidèles de Jésus et, après sa mort, de son frère Jacques le Juste demeuraient des juifs et ils n'étaient naturellement pas encore devenus les membres de la nouvelle religion chrétienne de Paul (qui s'appelait encore Saul). Le christianisme ne fut qu'un groupe religieux ultérieur, conçu par Saul de Tarse exclusivement pour attirer les païens convertis de l'immense Empire romain – des individus qui avaient déjà un penchant pour le thème naturaliste d'un dieu mourant et renaissant.

D'après le Nouveau Testament, Paul subit un traumatisme, à la suite duquel il prétendit avoir reçu directement de Dieu une perception particulière du sens de la mission de Jésus. Il déclara ainsi :

> *Mais quand il plut à Dieu... de révéler en moi son fils pour que je puisse l'annoncer parmi les gentils [les païens]* [1].

Le mot « Gentils » est devenu respectable dans la pensée chrétienne, parce qu'il est pris comme une désignation juive des chrétiens. Mais il ne signifiait pas une telle chose à l'époque où Paul prêchait son étrange croyance. Ce terme était utilisé par les fidèles de Jésus et Jacques pour désigner les païens qui ne croyaient pas dans le dieu des juifs.

Paul se trouva rapidement en totale opposition avec Jacques parce que l'histoire qu'il racontait sur son frère Jésus était outrageante. Il est évident que

1. Galates 1, 15-16.

Paul était prêt à faire n'importe quoi pour se frayer un chemin. Il reconnut même qu'il mentait volontiers s'il le fallait :

Je me suis fait juif avec les juifs, afin de gagner les juifs ; avec les sujets de la Loi, je me suis fait sujet de la Loi – moi qui ne le suis pas – afin de gagner les sujets de la Loi.

Je me suis fait sans Loi avec les sans-Loi, pour gagner les sans-Loi.

Je me suis fait faible avec les faibles, afin de gagner les faibles. Je me suis fait tout à tous...

Ne savez-vous pas que ceux qui courent au stade, courent tous, mais un seul reçoit le prix ?

Courez donc, de manière à le remporter...

C'est bien ainsi que je cours, moi, non à l'aventure ; c'est ainsi que je me bats à la lutte, sans frapper dans le vide[1].

Dans *James the Brother of Jesus*, le professeur Eisenman dit que Paul acquit rapidement une grande notoriété de « menteur » et qu'il dut s'excuser pour cela :

Paul fut évidemment moqué par certains – à l'intérieur de l'Église, pas en dehors d'elle – en se faisant traiter d'« homme des rêves », « des mensonges », « du mensonge », ou il était même désigné par une expression explicite : l'« Ennemi »... Il n'est ni accidentel ni étrange que dès que Paul est amené à parler de « Jacques le frère du Seigneur » et, dans II Corinthiens, des « archiapôtres » hébreux, il se sente obligé d'ajouter : « Maintenant, devant Dieu, (dans) ce que je vous écris, je ne mens pas » ou, de nouveau, « je ne mens pas ».

L'histoire que Paul avait créée n'avait qu'un rapport très lâche avec les actions réelles du Jésus récemment disparu et de ses fidèles. Mais elle avait beaucoup à voir avec les inclinations et les préceptes théologiques romains. À Chypre, en Égypte, en Turquie et à Rome, les fidèles de Paul rédigèrent les Évangiles qui constituent le Nouveau Testament. Mais simultanément, en Israël les anciens partisans de Jésus étaient devenus ceux de Jacques et de farouches opposants à la nouvelle religion que le zélé Paul inventait.

Le christianisme, ce nouveau culte de Paul, était fermement enraciné dans la théologie paysanne cananéenne des dieux de la nature mourant et ressuscitant et il ne conservait que de rares éléments mal compris du culte astral jadis dominant. L'étoile lumineuse du matin qui marquait la naissance du messie juif n'était plus qu'une mignonne petite étoile de Noël qui planait miraculeusement au-dessus de l'étable où était né Jésus. Le Soleil était relégué au rang de halo auréolant la tête des Justes. On renonça à la circoncision des hommes, la grande alliance avec Dieu, qui datait, disait-on, de l'époque

1. 1 Corinthiens 20-26.

d'Abraham, parce que les recrues potentielles de l'Empire romain n'étaient sûrement pas disposées à payer ce prix particulièrement douloureux.

Le Nouveau Testament raconte l'histoire de Jésus du point de vue de Paul et il essaye de faire croire que les fidèles du Jésus crucifié étaient des chrétiens fréquentant leurs églises. Mais ce n'était pas le cas : ces hommes étaient des juifs.

La version paulinienne des événements de cette époque prétend qu'il y avait alors deux voies tout aussi valides pour les croyants : la voie juive de Jacques et celle de Paul pour les incirconcis. L'écrivain respecté A. N. Wilson dit à ce propos :

> *Il est clair pour nous aujourd'hui que cette division était inévitable, mais même à la date où Luc écrivait son Évangile – disons vers 80 EC –, il était encore possible de réconcilier les deux « Voies »... Les chapitres des* Actes des Apôtres *suivants doivent être lus avec beaucoup de précaution... ils ne sont que de la propagande, conçue pour faire croire que « l'Église primitive » fut toujours chrétienne, alors que dans la réalité, naturellement, elle évoluait dans une époque où le mot « chrétien » n'était qu'un surnom désignant une secte à l'intérieur du judaïsme*[1].

Le culte naturaliste créé au nom de Jésus provenait moins des croyances de ses vrais fidèles que de l'éducation de Saul/Paul à Tarse. Chaque automne, le jeune Saul, comme on l'appelait alors, pouvait contempler le grand bûcher funéraire sur lequel le dieu local était rituellement brûlé. Maintenant, Dieu était mort, mais il renaîtrait au prochain printemps (lors de la Pâque). En outre, il est notoire que les habitants de Tarse vénéraient des dieux sauveurs (appelés en grec *theoisoteres*[2]). Donc il n'est pas étonnant que la « nouvelle » religion paulinienne du « Christ ressuscité » ait été si facilement acceptée par les païens : elle n'avait rien d'original et elle se fondait sur des traditions bien enracinées.

Et pour s'en convaincre, il suffit d'observer l'attitude de Paul vis-à-vis du sang. L'idée de la crucifixion était effroyable pour tous les juifs et le sang était une substance honnie qu'il fallait éviter à tout prix. Or le concept paulinien de Jésus-Christ reposait sur le pouvoir du sang répandu et, naturellement, sur l'instinct sacrificiel qui avait animé le culte de Moloch. Même aujourd'hui, les chrétiens boivent rituellement le sang du Christ.

Ce concept rituel d'une victime sacrificielle sanguinolente était aussi éloigné de l'esprit juif qu'il était possible de l'imaginer. Mais cette idée repoussante fut bien acceptée par les fidèles des anciens cultes de la nature. Wilson évoque ce qui a inspiré à Paul cette idée :

---

1. A. N. Wilson, *The Mind of the Apostle*, Sinclair-Stevenson, 1997.
2. *Ibid.*

À l'instar des adorateurs de Mithra qui, dans sa Tarse natale, pouvaient se tenir sous une plate-forme pour se laisser asperger en cascade par le sang d'un bœuf sacrifié, Paul pouvait s'imprégner du sang du crucifié et s'imaginer que la vie du Messie était devenue la sienne. Il était le Christ. Pour les contemporains de Paul, à Tarse, le demi-dieu Héraclès – avec un parent humain et un parent immortel – était devenu le sauveur de son peuple en descendant dans le royaume des morts. Et c'est dans le même esprit que Jésus « s'est offert en rémission de nos péchés, conformément à la volonté de notre Dieu et Père ».

Quand Paul vint prêcher à Éphèse, les Romains se virent contraints de l'emprisonner pour le protéger de la communauté juive outragée par sa version déformée du judaïsme. Et quand il se rendit au Temple de Jérusalem, il y eut une émeute gigantesque et il s'enfuit devant une foule déchaînée qui avait bien l'intention de le lyncher sur place. Une cohorte de soldats romains sortant de la forteresse Antonia (voisine du temple) dut intervenir pour lui sauver la vie. Dans la terminologie romaine, une cohorte comptait plusieurs centaines d'hommes [1]. Ce fut donc une intervention de taille des forces d'occupation romaines.

Tandis que le culte paulinien se développait dans les pays autour de la Méditerranée, la théologie des Esséniens perdurait, avec ses prières quotidiennes à l'aube et au crépuscule. Comme les manuscrits de la mer Morte nous le disent, ils suivaient le calendrier solaire pour rester en harmonie avec les lois de Dieu, « les lois de la grande lumière du Ciel [2] ». Mais l'Apocalypse qu'ils appelaient de leur vœu tardait à venir. En 62 EC, Jacques fut assassiné et Paul mourut peu après. D'après Josèphe dans sa *Guerre des juifs*, les juifs finirent par se soulever contre leur ennemi en 66 EC. Ils engagèrent une guerre terrible afin d'instaurer le royaume du Ciel sur la terre d'Israël.

Les rouleaux découverts à Qumran nous disent que les Esséniens pensaient que leur guerre allait durer quarante ans, un cycle vénusien complet. Ils croyaient aussi que l'affrontement aurait une dimension cosmique et donc, que certains épisodes se dérouleraient dans le Ciel, où les armées angéliques seraient menées par le « Prince de Lumière » (qu'ils appelaient également Melchisédech, ce prêtre dont, selon la Bible, Jésus prétendait descendre). Ils s'attendaient à une guerre dure, qui verrait la victoire changer trois fois de camp, avant que, au terme des quarante années, Yahvé intervienne pour détruire tout mal [3].

Nous en étions arrivés à supposer qu'il devait toujours y avoir un élément

1. Plus précisément, le dixième d'une légion, qui, théoriquement, comptait 6 000 hommes *(N.D.T.)*.

2. 1QH 12, 5. [Dans la terminologie des manuscrits de la mer Morte, le premier chiffre avant les lettres désignant le manuscrit indique dans quelle grotte de Qumran le rouleau a été trouvé. Ici, la première *(N.D.T.)*].

3. 1QM 18, 1-3 et 11Qmelch 2, 9 ; 13.

vénusien dans toutes les religions solaires. Après tout, le Soleil et Vénus occupent fréquemment la même partie du ciel. Mais l'élément vénusien adopte souvent une forme ésotérique (à l'instar de Vénus qui est souvent cachée par la lumière du Soleil), ce qui le fait paraître plus mystérieux. Par ailleurs, les cycles vénusiens sont beaucoup plus longs que les cycles solaires et, donc, les fidèles de Vénus sont contraints d'avoir une perception de la vie à plus long terme.

Ceux qui écrivirent les manuscrits de Qumran pensaient que leur victoire finale serait suivie par un âge messianique. Et dans certains rouleaux, le « Prince de la Congrégation » est identifié au messie davidique. Ce dernier était censé régner en qualité de souverain séculier avec – ou sous – le conseil d'un prêtre-roi qui serait l'« interprète de la Loi » et qui « enseignerait la Justice à la fin des temps [1]. »

Les actions attribuées à Jésus dans le Nouveau Testament sont quasiment identiques aux attentes messianiques de la communauté de Qumran. Et comme nous l'avons vu, le personnage singulier de Melchisédech apparaît tant dans les textes chrétiens que dans les textes qumraniens. On attendait de ce leader céleste qu'il vengeât le peuple de Dieu dans la grande bataille qu'il allait disputer contre Satan et ses esprits démoniaques [2].

Certains manuscrits de la mer Morte laissent entendre qu'après la période messianique, les pécheurs seront plongés dans « des tourments éternels et une disgrâce sans fin... dans le feu des régions ténébreuses ». Quant aux justes, ils recevront « guérison, grande paix dans une longue vie et fécondité, et encore bénédiction et joie éternelles dans une vie sans fin, une couronne de gloire et une parure de majesté dans une lumière sans limite [3] ». Les justes morts seront ressuscités pour partager la gloire finale, ce qui explique la bravoure presque incroyable des Esséniens. Comme ils savaient qu'ils allaient revenir, ils n'avaient aucune raison d'avoir peur de la mort.

Les esséniens, les zélotes et les fidèles de Jacques, l'Église de Jérusalem, étaient au cœur du combat. Au milieu de la guerre, vers 68 EC, les grands prêtres hérodiens furent rapidement passés au fil du glaive et Flavius Josèphe décrit l'élection d'un nouveau collège de grands prêtres qu'il appelle les « Novateurs ». Ce furent les derniers grands prêtres qui servirent dans le Temple de Jérusalem. Le professeur Eisenman dit à ce propos :

Quand il décrit les « derniers jours », c'est-à-dire les derniers jours du Temple en 66-70 EC, mais particulièrement à partir de 68 quand les événements s'accélérèrent et que les grands prêtres hérodiens furent éliminés, Josèphe décrit l'élection d'un der-

1. CD 6, 11.
2. N. Golb, *Who wrote the Dead Sea Scrolls ?*
3. 1QS 4, 7-8.

nier grand prêtre par les « Novateurs » avant que les Romains investissent la cité, un certain « Phannius » ou « Phineas », un simple tailleur de pierre. Dans cette période, Josèphe appelle sans arrêt « Novateurs », les réformateurs et/ou révolutionnaires politiques et religieux qui ont été regroupés, de manière quelque peu imprécise, sous le qualificatif général de « zélotes » [1].

Le grand prêtre, Phannius, était un tailleur de pierre, et Eisenman dit de lui qu'il était un « faiseur de pluie » dans la tradition d'Élie, Honi, Jean-Baptiste et Jacques. Il écrit ceci :

Il existe aussi une tradition concomitante de « faiseur de pluie » associée au nom Phinéas, qui le relie non seulement aux traditions semblables rattachées à Élie et, au travers de celui-ci, à Jacques, mais encore à un autre personnage intéressant qui appartient à tout cet ensemble de prêtres faiseurs de pluie, Honi, le Traceur de cercles [2].

La reconstruction du Temple de Jérusalem, initiée par le roi Hérode en 19 AEC, continua pendant plusieurs décennies. Les parties intérieures durent être construites par des prêtres héréditaires parce qu'il s'agissait de la demeure même de Dieu : c'est-à-dire non pas un endroit où il était vénéré, mais l'emplacement réel de Sa divine présence. Des milliers de prêtres furent formés à l'art de la taille des pierres et de la maçonnerie. Et il semble très probable que Jésus et son père en firent partie. La Bible nous dit qu'ils étaient charpentiers, mais le mot originel utilisé dans la version grecque était *tekton*, ce qui signifie « constructeur ». Comme peu d'individus travaillaient le bois à Jérusalem dans ces temps-là, il paraît plus probable que Jésus et son père furent des tailleurs de pierre sacerdotaux, comme Phinéas.

Les révolutionnaires s'emparèrent du temple et installèrent leur propre grand prêtre. Il ne fait aucun doute qu'ils croyaient que leur Dieu allait les soutenir dans le combat pour la suprématie qu'ils décrivirent de manière si éclatante dans les manuscrits de la mer Morte. Hélas pour ces révolutionnaires juifs, la guerre atteignit son paroxysme au bout de six années seulement – pas les quarante attendues – et elle s'acheva avec la destruction de Jérusalem et du temple récemment reconstruit. Selon Josèphe, un million trois cent mille juifs moururent au cours de ces quelques années. Et les secrets du culte de Vénus moururent quasiment avec eux.

Pendant des centaines d'années, les juifs ont été unis dans leur dévotion à Yahvé et dans leur observance des obligations contenues dans la Torah. Mais cette communauté de croyances était maintenant terminée.

---

1. R. Eisenman, *James the Brother of Jesus.*
2. *Ibid.*

Avant la destruction de Jérusalem, en 70 EC, il n'existait rien qui ressemblât à ce que l'on appelle aujourd'hui l'orthodoxie juive, mais on ne rencontrait que des groupes disparates de sadducéens, de pharisiens, d'esséniens, de zélotes et de chrétiens. Deux siècles encore s'écoulèrent avant que les chrétiens cessassent d'être simplement une étrange variété du judaïsme.

La Bible chrétienne est constituée de l'Ancien et du Nouveau Testaments. Le premier couvre l'histoire du monde de la « création » jusqu'à Malachie, le dernier des prophètes qui parlait du retour d'Élie, qui devait être un annonciateur du Messie à venir. Le Nouveau Testament commence juste avant la naissance du Christ pour couvrir une période de soixante-quinze ans et s'achever quand la guerre juive commence.

Donc la Bible chronique les relations de Dieu et de Son peuple élu depuis le début des temps jusqu'à leur quasi-oblitération par les Romains. Ensuite, la Bible – le livre tel qu'on le connaît – s'arrête tout simplement. Pourtant elle ne s'arrêta pas d'être rédigée : seulement, à l'instar des manuscrits de la mer Morte écartés, les épisodes suivants ne furent pas intégrés dans les versions officielles.

En fait, les familles qui considéraient qu'elles avaient une relation spéciale avec Yahvé continuèrent de chroniquer leur histoire. Les lignées qui avaient donné les grands prêtres survécurent et elles continuèrent de relater leurs efforts en vue de la création du royaume de Dieu sur terre. Nous avons déjà développé la thèse selon laquelle les prêtres qui échappèrent au massacre de Jérusalem en 70 EC fuirent vers l'Europe, pour y établir de nombreuses familles qui allaient devenir prééminentes [1]. En France, ces familles en vinrent à contrôler l'Anjou, la Champagne, la Normandie et la Bourgogne, où elles s'unirent au sang scandinave. En somme, nous voyons soudain deux anciennes traditions re-converger en Europe : le rameau juif d'un culte de Vénus phénicien et la branche norroise du même culte ancien des poteries cannelées qui avaient survécu dans la Scandinavie païenne jusqu'au moins l'an mille.

ASTROLOGIE, LE GRAND SECRET ?

Apparemment, les croyances et les aspirations des prêtres qumraniens et du groupe dirigé par Jean, Jésus et Jacques furent le point de focalisation de toute une chaîne d'événements qui avait commencé avec la science astronomique du peuple des poteries cannelées orcadiennes pour se transmettre, génération après génération, *via* les Cananéens.

1. C. Knight, et R. Lomas, *Le Second Messie.*

Mais nous commencions à nous sentir très mal à l'aise. Les mages juifs comprenaient clairement les mouvements de Vénus. Toutes leurs aspirations nationales paraissent avoir été centrées sur une croyance superstitieuse selon laquelle la lumière de Vénus se levant juste avant l'aube en conjonction avec une autre planète lumineuse leur aurait permis de remporter des guerres et de progresser sur la voie de la grandeur. En un mot, nous avons ici affaire à de l'astrologie.

Était-ce là que notre voyage devait s'achever ? Après vingt-six années de recherches communes pour identifier la science qui, selon nous, sous-tendait la franc-maçonnerie, allions-nous devoir admettre qu'il ne s'agissait que d'une absurde pseudo-science ?

Au début de ce livre, nous faisions allusion aux craintes ostensibles que nos recherches inspiraient à certains éléments de l'Église catholique romaine. Ils déployaient manifestement beaucoup d'énergie pour nous attaquer et pour empêcher le public de prendre nos découvertes au sérieux. Nous sentions qu'ils avaient surtout peur que nous découvrions une chose qu'ils auraient préféré voir rester cachée.

Soudain, nous commencions à comprendre leur point de vue. Notre recherche nous amenait à démontrer que Jésus était animé par une croyance dans le pouvoir de la Shékinah – ce qui, au bout du compte, ne revenait *grosso modo* qu'à de l'astrologie à grande échelle. L'Église catholique a toujours détesté l'astrologie. Et maintenant, nous étions en train de montrer que son « Sauveur » était né, avait vécu et était mort selon les lois d'une ancienne prophétie fondée sur les mouvements des planètes. Le mythe paulinien de Jésus véhiculé par l'Église n'était-il pas préférable, d'une certaine manière, à cette réalité dérangeante ?

À ce stade de notre réflexion, il faut bien avouer que nous nous sentions quelque peu découragés. Mais ce n'était pas le moment d'interrompre notre quête, parce que nous avions besoin de vérifier – donc de tester – s'il n'y avait pas, quand même, une véritable science derrière tout cet édifice rituel ou si celui-ci n'était véritablement qu'une quelconque science impliquée, ou si tout l'édifice rituel n'était rien de plus qu'un fouillis de vaines superstitions. Cette longue lignée d'anciens prêtres astronomes n'était-elle rien d'autre qu'une bande d'astrologues et de diseurs de bonne aventure astrologiques ayant simplement des ambitions de pouvoir et utilisant cette pseudo-science pour y parvenir ? Nous décidâmes de reprendre tout ce que nous savions sur le cycle de la Shékinah en nous concentrant surtout sur le moment où elle s'immisça dans la croyance juive, c'est-à-dire à l'époque de la construction du temple de Salomon, par Hiram, le roi de Tyr.

Les dates des cycles vénusiens

Hiram monta sur le trône de Tyr en 983 AEC. Selon l'historien Flavius Josèphe, il était alors âgé de dix-neuf ans, ce qui signifie qu'il était né en 1002 AEC. Si c'était un vrai fils de Vénus, son père avait dû veiller à féconder sa mère lors des rites sexuels de l'équinoxe de printemps. En vérité, il s'agissait peut-être même de l'un de ses devoirs royaux, en sa qualité de représentant terrestre de El.

Quand Robert vérifia les paramètres astronomiques, nous découvrîmes que Vénus s'était levée juste avant le Soleil au solstice d'hiver 1002 AEC. Donc la naissance d'Hiram remplissait des critères semblables à ceux qui, nous le savions, étaient appliqués par les prêtres de Qumran pour savoir si un messie était né.

Il y avait toutefois une différence majeure : la naissance d'un messie juif devait être marquée par une série de conjonctions Vénus/Mercure qui ne revenait que tous les 480 ans. Évidemment, il était impossible pour les Phéniciens d'attendre 480 ans la venue d'un nouveau souverain, alors ils contournèrent cette condition aussi déraisonnable qu'impraticable en retenant un principe plus simple : il était suffisant qu'un roi naisse dans la lumière pré-aurorale de Vénus pour que cela donne une personne idoine pour les gouverner.

Corrélativement, les juifs semblent avoir rapidement adopté ce principe : la présence d'une étoile lumineuse sur l'horizon pré-auroral était une condition suffisante pour signaler la naissance d'un roi. Mais elle était liée à une autre idée : des supers rois, ayant la faveur de Dieu et dotés par là d'un pouvoir qui permettrait au pays d'améliorer grandement son destin, naissaient seulement quand une étoile particulièrement brillante apparaissait au bon moment. Une chose nous intriguait : comment les rédacteurs de l'Ancien Testament pouvaient être conscients de l'existence de ces cycles extrêmement longs d'apparition de la Shékinah ? Pourtant, ils avaient manifestement cette connaissance et ils paraissaient l'avoir acquise à l'époque de la dédicace du temple de Salomon, en 967 AEC.

Le problème qui se posait était une question de prédiction. Nous savions que les conjonctions Vénus/Mercure irrégulières intervenaient à l'intérieur des cycles vénusiens normaux de huit et quarante années avec un schéma récurrent de 480 ans. Mais pour découvrir cela, Robert avait utilisé toutes les potentialités modernes d'un ordinateur et d'un logiciel astronomique assez complexe. Les prêtres astronomes de Salomon ne disposaient naturellement pas de ces instruments sophistiqués, donc comment faisaient-ils pour savoir quand les manifestations de la Shékinah allaient revenir ? Pourtant, les calculs précis remontant jusqu'à l'Exode et au Déluge prouvaient qu'ils connaissaient l'articulation systémique de ces apparitions et, tant la Bible que *Le Testament maçonnique*, reliaient le moment de ces événements aux apparitions caractéristiques de la Shékinah.

Pour nous, il n'avait pu obtenir les informations nécessaires à leurs calculs que d'une seule manière : ils avaient dû avoir accès à une série d'observations antérieures.

En soi, il s'agissait d'une idée très simple : il est très facile d'établir un tableau séquentiel montrant la récurrence des événements, quand on dispose de suffisamment de données. Seulement, les événements qui nous intéressaient ici ne revenaient que tous les 480 ans. Personne ne vit assez longtemps pour voir plus d'une occurrence de cette manifestation astrale spectaculaire et la plupart des hommes n'en verront même pas une. Comment peut-on identifier une séquence d'événements aussi séparés dans le temps ? L'information devait se transmettre sur au moins dix générations, voire davantage, d'une observation directe à l'autre. Elle devait peut-être même passer d'une civilisation à une autre.

Mais même là, nous n'étions pas au bout de notre problème, car l'observation de deux occurrences ne fait pas une séquence. Personne ne peut avec précision prédire la prochaine apparition de la Shékinah s'il ne dispose que de deux observations. Deux points permettent seulement de mesurer l'intervalle qui les sépare. Mais on ne peut dire avec certitude qu'il existe une véritable régularité séquentielle avant de faire un troisième relevé. Donc, trois observations au minimum étaient nécessaires pour confirmer l'intervalle entre deux apparitions. Et dans la réalité, il faut même considérer que quatre observations sont nécessaires, la première n'étant pas prise en compte dans l'observation réelle – puisqu'à ce moment-là, personne ne sait qu'il va y avoir répétition et personne donc n'entreprend de décompte –, mais servant à prendre conscience du phénomène quand la deuxième occurrence intervient.

Il n'était donc logiquement pas possible de trouver le moment des générations, des époques et des éons vénusiens utilisés pour construire la chronologie de la Bible sans avoir observé la Shékinah sur au moins quatre époques vénusiennes. Ce qui signifie que 1 920 années étaient nécessaires pour rassembler ces données.

Alors nous nous sommes demandés à quelle date, au minimum, les observations de ce processus auraient dû commencer pour que les informations soient disponibles à l'époque où Hiram commença le temple de Salomon. Et l'année obtenue fut 2 892 AEC, une date qui était d'une importance considérable.

« C'est très peu de temps avant que le peuple des poteries cannelées ait apparemment abandonné ses sites des îles Britanniques, fit remarquer Robert.

– Exactement, renchérit Chris. Mais il faut rester prudent, parce que c'est aussi quelques trois cent cinquante années après les premières traces de civilisation sumérienne et deux cent cinquante ans après l'unification de la Basse- et de la Haute-Égypte.

– Ces données de datation devaient venir soit du peuple des poteries cannelées, soit des prêtres astronomes sumériens ou égyptiens qui étaient influencés par les commerçants des poteries cannelées et leurs croyances. Et n'oublions pas que ces deux derniers groupes possédaient un système d'écriture qui leur permettait d'enregistrer leurs observations, songea Robert. De toute façon, regarde simplement cette durée et cette chronologie. Personne n'avait la possibilité de collecter suffisamment d'informations.

Nos recherches nous avaient appris que les trois groupes soupçonnés avaient vénéré la planète Vénus qui était généralement – mais pas toujours – considérée comme une divinité féminine. Les caractéristiques communes associées avec cette étoile lumineuse sont l'amour, la naissance, la mort et la résurrection. Les écrits les plus anciens de Sumer et d'Égypte ont des références à Vénus. Mais les observatoires vénusiens du peuple des poteries cannelées de l'Europe occidentale sont antérieurs d'au moins deux siècles aux deux autres civilisations. Bryn Celli Ddu et Newgrange comptent au nombre des tout premiers exemples d'observatoires de Vénus.

Le professeur Michael O'Kelly, qui fouilla Newgrange, a rapporté que la datation au carbone 14 situait son achèvement autour de 3200 AEC et que sa construction avait pris au moins trente ans. Mais avant de pouvoir commencer son érection, ses constructeurs ont nécessairement dû observer plusieurs cycles vénusiens pour calculer les schèmes de manifestation. En ce sens, l'édifice représente probablement l'aboutissement d'une forme d'astronomie qui fut étudiée et répertoriée au moins à partir du milieu du IVe millénaire AEC. Un cycle de conjonctions Vénus/Mercure commença en 3367 AEC. Il est fort possible que ce phénomène ait inspiré la configuration et la construction de Newgrange. Une fois achevé, le dessin de Newgrange permettait de ne rater aucune des apparitions suivantes de la Shékinah dans l'obscurité de sa chambre.

Le cycle de Vénus demeure constant. Seules ses conjonctions avec Mercure varient. Donc un observatoire construit pour suivre précisément les mouvements de Vénus devait aussi attirer l'attention sur la Shékinah. Le couloir, la lucarne et la chambre devaient filtrer et aligner la lumière de la plus lumineuse des conjonctions dans le cycle de la Shékinah. Des structures comme Newgrange et Bryn Celli Ddu étaient des instruments astronomiques pour suivre la trace de Vénus. Et elles sont très largement antérieures à toute autre référence à cette planète n'importe où ailleurs dans le monde.

Entre 4500 et 2800 AEC, le peuple des poteries cannelées – qui construisit ces observatoires – traversa une période d'intense activité économique. Sa réussite se caractérisa par des excédents agricoles et des activités commerciales dans les îles Britanniques et dans toutes les zones côtières européennes (les produits vedettes étant des objets en pierre spécialisés comme les haches, les têtes de flèche et les couteaux en silex). Et elle se distingua particulièrement par la création d'édifices mégalithiques monumentaux et d'autres structures à des fins rituelles et astronomiques [1].

Comme nous avons déjà eu l'occasion de l'écrire, cette période d'intense activité coïncide avec l'établissement d'un petit comptoir commercial à Byblos et d'un port mégalithique singulier à Lixus, sur la côte occidentale de l'Afrique. Et nous avons déjà dit que, selon nous, ces deux sites étaient le résultat des activités commerciales du peuple des poteries cannelées. Vers la fin de cette période de réussite économique, les civilisations balbutiantes de Sumer et d'Égypte commencèrent. Les écrits primitifs de ces deux civilisations parlent de groupes d'étrangers arrivant dans le pays et fournissant la technologie qui donna l'impulsion nécessaire au développement de ces nouvelles cultures – cultures qui toutes deux s'intéressaient à la planète Vénus, considérée comme une déesse.

À l'origine, les Sumériens vénéraient Vénus sous le nom d'Inanna (la reine du Ciel) avec l'aide d'astronomes ou de prêtres « baru ». Au cours du temps, ils parvinrent à prédire les éclipses, en utilisant les méthodes de calcul et la connaissance du cycle lunaire de Saros [2], et ils contribuèrent largement au développement ultérieur des lois de l'astronomie.

Dans l'ancienne Égypte, le nom de Vénus était Hathor. Elle était l'« Œil du Dieu-Soleil Râ », « Celle qui réside dans le sein du dieu », « la déesse aux multiples noms ». Elle s'appelait également Ouatchet, « la Dame des Flammes », quand elle fut envoyée sur terre pour punir l'humanité qui s'était rebellée contre Râ. Puis elle reçut un autre nom : Sekhmet, « Celle qui règne ». Râ la rappela et alors sous le nom de Nout, elle transporta le dieu entre ses cornes (une allusion à la forme en cornes des mouvements de Vénus autour du Soleil). Dans certains récits primitifs, Isis est aussi associée à Vénus ou à Sirius, les deux étant caractérisés par une brillante étoile du matin. En outre, le hiéroglyphe égyptien pour Vénus se traduit littéralement par « étoile divine » et il se retrouve dans le hiéroglyphe des mots « connaissance » et « clergé ».

Les Hébreux héritèrent d'Abraham les idées sumériennes et de Moïse les croyances égyptiennes. Selon nous, le clergé hébreu ordinaire adopta

1. J. Dyer, *Ancient Britain*, Routledge, 1997.

2. Le cycle de Saros est une période de dix-huit ans des mouvements lunaires provoqués par l'interaction de la gravité du Soleil, de la Terre et de la Lune.

les croyances cananéennes fondées sur les cycles de la végétation, tandis qu'un clergé royal développa une tradition astrale secrète pratiquée par des prêtres-rois comme Melchisédech. Et nous avions également découvert que beaucoup d'événements majeurs de la chronologie biblique semblaient liés à des conjonctions lumineuses de Vénus et Mercure dans le ciel pré-auroral, phénomène qui prit le nom de Shékinah.

Mais ce qui commençait à nous préoccuper, c'était que toute cette croyance dans le pouvoir de la Shékinah n'était peut-être rien d'autre que de la superstition astrologique.

Nous pensions aussi que le christianisme était construit sur le concept cananéen d'un dieu de la nature mourant et ressuscitant.

L'astrologie est condamnée par l'Église qui la considère comme une ennemie primitive et ignorante de la « vraie » foi. En outre, on remarque que les principaux corps astraux sont quasi absents des Écritures, alors que les principes astronomiques sous-tendent les cycles du culte naturaliste du calendrier chrétien. Noël était originellement une fête préchrétienne de célébration du solstice d'hiver. Le rituel pascal de la résurrection est antérieur au Christ de plusieurs dizaines de milliers d'années, mais l'Église catholique fixe encore la fête mobile de Pâques au premier dimanche suivant la pleine lune après l'équinoxe de printemps.

La confusion sur l'identité de celui ou ceux à qui Dieu parle dans le premier chapitre de la Genèse quand Il dit : « *Faisons* l'homme à notre image [1] » est le fruit d'un conflit entre deux traditions cananéennes différentes ; une tradition végétalo-centrée et une tradition astrale. Le culte végétal était fondé sur la naissance et la mort de la nature au gré des changements de saisons et il est fort possible qu'il ait été attentif aux mouvements du Soleil. Mais le culte astral s'intéressait aux longues périodes récurrentes des mouvements stellaires. Les étoiles étaient considérées comme les conseillers de Dieu et les prêtres essayaient d'utiliser leurs observations des mouvements des étoiles pour prédire leurs propres ascensions et chutes et celles de leurs rois.

Les rituels de la franc-maçonnerie fournissent des informations complémentaires sur cette croyance qui n'apparaissent pas dans la Bible. Le chapitre I du *Testament maçonnique* dit que Dieu parlait à trois ministres de Son Conseil Éternel, et qu'il y avait aussi sept autres entités connues sous le nom de *malak*, ou collectivement comme *malakoth*. Ce terme est traduit par « anges ». Cependant, la racine de *malak* signifiait « conseiller », avant de restituer, plus tard, l'idée de « roi ».

Donc l'étoile lumineuse du matin, qui est encore célébrée dans chaque

1. Genèse 1, 26.

cérémonie de troisième degré de la franc-maçonnerie, date peut-être en réalité de temps immémoriaux.

Nous avions besoin d'étudier plus attentivement la destinée des implications astrologiques du concept de lumineuse étoile du matin et surtout nous avions besoin de comprendre comment elle avait fini par aboutir dans *Le Testament maçonnique* et donc dans la franc-maçonnerie moderne.

CONCLUSIONS

Nous avions conclu que le rituel maçonnique s'alignait sur les pratiques cultuelles astrales de la lignée royale de Jérusalem (la ville de Vénus), tandis que le christianisme tirait ses croyances fondamentales de la religion des paysans de Canaan.

En outre, nous pouvions dire avec certitude que Jésus n'était pas un simple paysan et que le Nouveau Testament avait raison quand il prétendait qu'il fut reconnu comme roi dès sa naissance et qu'il était encore considéré comme tel au moment de sa mort. Les histoires relatives à la naissance et à la vie de Jésus ont une connexion directe avec d'anciennes croyances cananéennes et, en particulier, avec la lumière « divine » de la Shékinah. Né sous la lumière pré-aurorale de celle-ci, Jésus s'arrangea pour se conformer à la mission du roi des juifs annoncé par la Prophétie de l'Étoile et il entraîna le peuple élu de Dieu dans une révolte ouverte contre les Romains.

Les théologiens chrétiens comme leurs homologues juifs n'aiment pas l'astrologie et la décrivent comme une abomination païenne, une superstition démoniaque qui s'oppose aux enseignements de Dieu. Mais nous avons découvert que la connaissance du ciel et la croyance en son effet sur l'humanité se trouvaient au cœur de la théologie du groupe juif qui donna naissance au christianisme.

Nous avons également trouvé des preuves d'un affrontement théologique entre le culte astral de Vénus et les prophètes du nouveau dieu, Yahvé. Cette bataille fut, par moments, extrêmement violente. Ainsi, la Bible raconte par exemple qu'Élie égorgea lui-même 450 prêtres astraux. Mais ailleurs, on nous dit aussi qu'Isaïe s'appuyait sur des croyances astrales, comme le lever de la Shékinah juste avant l'aube, pour prédire la naissance d'un messie.

D'importants éléments du culte de Vénus cananéen – la construction de cercles de pierres, la production de pluie, la résurrection des morts en utilisant des mots murmurés et la signification des levers hélicoïdaux de Vénus – furent transmis jusqu'à l'époque de Jésus.

Les auteurs des manuscrits de la mer Morte ont parlé de l'accomplissement d'une Prophétie de l'Étoile et de l'arrivée d'un messie. En étudiant cette communauté, nous découvrîmes qu'elle développait des idées très semblables à celles qui sont préservées dans les rituels de la franc-maçonnerie. Nous croyons que Jésus fut leur messie, mais il n'accepta ce rôle qu'après la mort de Jean-Baptiste, en 36 EC. Au regard du fort taux de probabilités, nous pouvons considérer que le Jésus du Nouveau Testament a de fortes chances d'être la personne décrite dans les manuscrits de la mer Morte.

Après la mort de Jésus, Paul créa un nouveau culte juif, le christianisme. Celui-ci était fermement enraciné dans la théologie paysanne cananéenne des dieux de la nature mourant et ressuscitant et ne conservait que quelques éléments mal compris du culte astral jadis dominant. Au nombre de ces éléments, on peut compter l'histoire d'une étoile lumineuse de type « Shékinah » planant au-dessus du lieu de naissance de Jésus. Le Soleil fut réduit au rôle de halo auréolant la tête des justes. Après la destruction de plus d'un million de juifs par les Romains, seule la nouvelle religion de Paul survécut et finit même par être adoptée par un Empire romain déclinant au Concile de Nicée.

Nous calculâmes le nombre d'observations nécessaires pour s'assurer de l'existence du cycle de la Shékinah et nous conclûmes que c'était le peuple des poteries cannelées – les constructeurs d'édifices comme Newgrange – qui avait dû faire les relevés originels.

Chapitre XII

LE RETOUR DE LA SHÉKINAH

Le millénaire souterrain

Les Romains écrasèrent impitoyablement la rébellion juive. Le dernier acte de résistance des juifs fut, en 73 EC, le siège de Massada, une forteresse quasi imprenable au sommet d'une montagne spectaculaire qui surplombait l'extrémité sud de la mer Morte. Là, un millier de personnes préférèrent se suicider plutôt que de se rendre aux Romains.

À la fin de cette guerre, Flavius Josèphe, qui avait opportunément opté pour le camp des vainqueurs, rapporta qu'un total de 1 356 460 juifs étaient morts [1]. Il est impossible de savoir si c'est une exagération ou non, mais nous pouvons être certains que le nombre de victimes atteignit un niveau démesuré par rapport à la population de ce petit pays. La destruction de la Cité sainte et du temple qu'il ne pouvait plus fréquenter eut un effet paralysant sur le peuple juif. Le traumatisme qu'il subit alors dépasse tout entendement. Au mieux, on peut considérer que les prophéties qu'il avait le plus chéri jusque-là s'étaient révélées horriblement peu fiables.

Les auteurs des quatre Évangiles du Nouveau Testament ont raconté l'histoire de la vie du Messie et de son Église naissante jusqu'au début de la guerre, mais ils ne font aucune mention du fait que les personnages originaux de l'histoire de Jésus et de son frère Jacques avaient été massacrés. Avec la destruction de la patrie juive et la disparition de l'autorité de la famille de Jacques le Juste, la voie était libre pour les fidèles de l'« Alliance des incirconcis » de Paul qui allaient pouvoir transformer leur branche paganisante du judaïsme en un culte autonome qui deviendrait le christianisme.

1. H. Milman, *History of the Jews*, Everyman, Londres, 1909.

Le culte du Christ se développa dans le monde romain et en 325 EC, un concile œcuménique fut convoqué par l'empereur Constantin Ier à Nicée. Trois cent dix-huit des mille huit cents évêques de l'Empire romain assistèrent à cette assemblée pour débattre des croyances acceptables au sein de leur Église. Si l'objet de ce concile était principalement politique [1], ses participants en profitèrent pour régler une controverse sur la vraie nature de Jésus-Christ.

Ils se posèrent la question suivante : « Le Christ est-il divin par nature ou sa divinité est-elle née de ses actions ? » Les deux camps opposés avaient un prêtre d'Alexandrie à leur tête. D'un côté, Arius affirmait que Jésus était né d'un homme et qu'un homme ne pouvait être également dieu. Face à lui, Athanase soutenait que Jésus et Dieu ne faisaient qu'un tout en étant père et fils. Malgré la difficulté inhérente de prétendre qu'un père et son fils ne font qu'un, Athanase remporta le scrutin subséquent et c'est à partir de cette date que Jésus devint une divinité, tout au moins dans l'Empire romain. Accessoirement, le concile fixa également la date de Pâques – avec un s – au dimanche suivant la Pâque juive, c'est-à-dire la fête de *Pessah*.

À partir de ce moment-là, l'Église romaine découragea tout autre débat et quiconque ne faisait même qu'envisager la possibilité de s'écarter du dogme officiel était condamné comme hérétique – ce qui, généralement, sous-entendait une mort lente et douloureuse.

Sans surprise, les familles des prêtres qui avaient échappé à la destruction de Jérusalem se fixèrent en Europe et devinrent de bons chrétiens... au moins pour l'extérieur. En revanche, secrètement, ils ont probablement préservé leur tradition vénusienne et, plus particulièrement, leur connaissance de la Shékinah et de son rôle divin dans les affaires de l'humanité.

Quand les Norrois envahirent la France et prirent le contrôle de la Normandie au VIIIe siècle, Hrolf More et ses cousins décidèrent d'adopter le nom de Saint-Clair et s'établirent comme ducs de Normandie. Certaines des familles de prêtres juifs vivaient dans cette même région. Ils durent être surpris de découvrir que ces nouveaux venus avaient une connaissance des configurations vénusiennes et qu'ils croyaient en des concepts ressemblant fort à leur propre religion astrale.

Au regard de tout ce que l'on peut historiquement savoir de leur rencontre et du contexte de celle-ci, on peut dire que leur découverte réciproque s'apparenta aux retrouvailles de jumeaux âgés, mais séparés depuis la naissance. Ni les Norrois, ni les familles juives sacerdotales savaient que d'autres peuples sur terre plaçaient encore la planète divine Vénus au centre de leur théologie. Les familles sacerdotales secrètes – comme les Gisors, Payen,

1. C. Knight et R. Lomas, *Le Second Messie*.

Fontaine, Anjou, de Bouillon, Brienne, Joinville, Chaumont et les Habsbourg – furent assurément très troublées d'entendre des voix scandinaves exprimer des idées semblables à celles qu'elles chérissaient dans leurs pensées les plus intimes, d'autant qu'elles ignoraient totalement l'existence de ces septentrionaux jusque-là et n'avaient donc jamais eu de contact avec eux [1].

Apparemment, c'est la famille More qui la première réunifia les deux branches de la culture des poteries cannelées qui venaient de se retrouver après plus de trois mille ans de séparation. Ils réunirent ces deux branches par mariage et marquèrent la naissance de cette nouvelle lignée unifiée en prenant le nom de Saint-Clair, autrement dit « Sainte Lumière » – ce qui est, semble-t-il, le nom qu'ils donnaient à l'ancien concept juif de Shékinah. Quand ils devinrent plus tard les Saint-Clair de Roslin en s'adjoignant le nom gaélique d'un de leurs domaines écossais, nous savons déjà que le nom complet de la famille pouvait se traduire comme suit :

> *La Sainte Lumière de l'ancienne connaissance transmise de génération en génération.*

En adoptant ce titre, nous pensons que Henri Saint-Clair et sa famille rendaient hommage aux générations norroises et juives qui avaient protégé cette ancienne connaissance.

Les Saint-Clair étaient revenus dans les îles Britanniques avant l'invasion de l'Angleterre sous le commandement de leur suzerain sacerdotal, Guillaume de Normandie. Ils utilisèrent les puissants liens de leur famille avec les rois de Norvège, *via* le comte More de Trondheim, pour s'établir en Écosse avant toutes les autres familles nordico-juives.

En octobre 1066, Guillaume, duc de Normandie, envahit l'Angleterre avec l'aide de la branche norroise de la famille en la personne de Harald III Hårdråda, le roi de Norvège (qui y laissera la vie). Nous ne pûmes nous empêcher de noter que cette offensive militaire intervint exactement mille ans après le début du soulèvement des juifs contre les Romains. Est-ce que ces familles prirent cela pour un *pesher* (le concept juif des significations qui se répètent au cours du temps) ?

Peut-être s'agit-il d'une coïncidence, mais on voit, sur la célèbre tapisserie de Bayeux – qui représente la conquête normande –, des pélicans s'élevant du sol avec une étoile au-dessus de leur tête (le pélican est largement utilisé comme symbole de résurrection). Incontestablement, nous pouvions imaginer que ces familles considéraient que leurs anciens idéaux finissaient par se réveiller de leur long sommeil.

1. C. Knight et R. Lomas, *Le Second Messie.*

Mais alors, quelque chose de très étrange survint : une prophétie séculaire s'accomplit.

Pour ces familles, le livre du Nouveau Testament le plus important était sans doute le plus énochien de tous, l'Apocalypse, également appelé d'après son sens littéral, le Livre des Révélations. Il clôt la Bible en regardant vers la « Nouvelle Jérusalem » qui doit être construite. Il fut écrit pour préparer les fidèles à l'ultime intervention de Dieu dans les affaires humaines annonçant un nouvel âge du monde. Mais avant qu'arrive cet âge nouveau, il était prédit que les pires maux et les plus effroyables terreurs du monde existants allaient croître et s'intensifier pendant mille années. Ainsi le chapitre XX de l'Apocalypse nous dit :

> *Puis je vis un ange descendre du ciel, tenant en main la clé de l'Abîme et une énorme chaîne.*
>
> *Et il maîtrisa le dragon, cet antique serpent qui est le Diable et Satan, et il l'enchaîna pour mille années. Il le jeta dans l'Abîme, l'emprisonna et scella sa prison, afin qu'il cessât de tromper les nations jusqu'à la consommation des mille années. Et après cela, il devra être relâché pour une petite saison.*
>
> *Puis je vis des trônes sur lesquels ils s'assirent et on leur remit le jugement ; et je vis les âmes de ceux qui furent décapités pour avoir été témoins de Jésus et de la parole de Dieu et n'avoir pas adoré la Bête, ni son image, ni reçu sa marque sur leur front ou leurs mains ; alors ils vécurent et régnèrent avec le Christ pendant mille années.*
>
> *Mais les autres morts ne purent reprendre vie avant l'achèvement des mille années. C'est la première résurrection.*
>
> *Béni et saint celui qui prend part à la première résurrection ; la seconde mort n'a pas pouvoir sur eux, mais ils seront prêtres de Dieu et du Christ avec qui ils règneront mille ans.*
>
> *Et quand les mille années seront écoulées, Satan sera libéré de sa prison et sortira pour duper les nations des quatre coins de la terre, Gog et Magog*[1]*, et les rassembler pour la guerre, eux qui sont aussi nombreux que le sable dans la mer. Alors ils envahirent l'intégralité de la terre et investirent le camp des saints et la Cité bien-aimée. Mais un feu de Dieu descendit du ciel et les dévora.*

Cette prophétie établit spécifiquement que ceux qui moururent au cours de la destruction de Jérusalem en 70 EC devaient ressusciter mille ans plus tard, quand un pouvoir sans dieu s'emparerait de Jérusalem. Les prêtres ragaillardis de la brillante étoile du matin furent assurément convaincus que l'histoire se répétait – et que le pouvoir de la prophétie était revenu – parce que mille ans après la perte de la « Cité chérie » et du temple, Jérusalem venait d'être mis à sac par les Turcs seldjoukides.

1. La coalition des nations païennes *(N.D.T.)*.

Nous pensons que cet événement fut un déclencheur et que c'est lui qui poussa ces puissantes familles à presser les rois européens d'organiser une expédition pour attaquer Jérusalem et la reprendre à GogGog et Magog, comme la prophétie le requérait. Mais cette entreprise ne se monta pas aussi rapidement qu'ils l'auraient voulu. Il fallut une bonne dose de persuasion et d'organisation et ce ne fut pas avant 1096 que l'armée des croisés partit pour la Terre sainte.

En mai 1099, ils atteignirent la frontière nord de la Palestine et le 7 juin, ils campèrent en vue des murs de Jérusalem. La cité était lourdement défendue et bien préparée à un siège. Mais les croisés l'attaquèrent en utilisant de nouvelles machines de siège. Et finalement, ils s'emparèrent de la Cité sainte, dès le 15 juillet. Puis ils massacrèrent quasiment tous les habitants, musulmans et juifs confondus.

La semaine suivante, l'armée élut Godefroy de Bouillon, le duc de Lorraine inférieure, comme gouverneur de la ville (il avait refusé le titre de roi). Peu après, la plupart des croisés regagnèrent l'Europe, laissant Godefroy et une faible partie des forces originelles organiser le gouvernement et établir une nouvelle autorité sur les territoires conquis. Henry Saint-Clair rentra chez lui à Roslin, mais neuf chevaliers, qui devaient devenir les Templiers, restèrent sur place. Ils cherchèrent à obtenir la permission de fouiller les ruines du temple de leurs ancêtres.

Mais ils durent visiblement attendre l'installation d'un roi bienveillant. Après les morts consécutives du premier Godefroy, puis de son cousin Baudouin Ier, le roi Baudouin II de Jérusalem les autorisa à creuser et il leur offrit même un soutien financier. En 1118, ils établirent leur camp dans la partie des ruines du mont du Temple que l'on appelle les étables de Salomon. Il est largement admis qu'ils vécurent dans la pauvreté pendant neuf ans, avant de devenir soudainement immensément riches et très vite plus puissants que n'importe quel roi au monde.

L'explication la plus probable de cette richesse aussi immense que subite est que ces neuf Français exhumèrent les objets listés dans le Rouleau de Cuivre. Les Chevaliers Templiers se rendirent bientôt célèbres pour leur contribution technique et financière à la construction de grandes églises et cathédrales. Mais leur toute première construction hors de Terre sainte eut pour cadre un lieu qu'ils baptisèrent « Temple » sur les terres des Saint-Clair en Écosse – à moins de cinq kilomètres de Rosslyn à vol d'oiseau.

En leur qualité de grands bâtisseurs du Moyen Âge, les Chevaliers Templiers aidèrent les tailleurs de pierre à former des guildes organisées et ils leur donnèrent des rituels élémentaires pour admettre leurs apprentis ; rituels qui ressemblaient à ceux du premier cercle de leur propre Ordre. Les Maîtres-Maçons d'Europe furent le bras opératif du Templarisme. S'ils partageaient quelques connaissances en matière d'alignements célestes et d'astronomie, ils avaient surtout en commun une approche assez ritualiste de leur développement personnel.

Quand les Chevaliers Templiers entamèrent leur déclin au milieu du XIIIe siècle, la relation commença peut-être à s'estomper. Mais quand l'Ordre fut arrêté en 1307 avant d'être dissous en 1314, les guildes de tailleurs de pierre furent épargnées et elles purent continuer à pratiquer leur rituel d'initiation sans faire référence à ceux qui le leur avaient donné.

En 1441, William Saint-Clair de Roslin contacta certains des meilleurs maçons d'Europe et leur demanda de venir lui construire une nouvelle Jérusalem. Il construisit même le village de Roslin pour abriter ces maîtres artisans venant du continent.

Briser le code de Rosslyn

C'était un dimanche après-midi pluvieux. Assis l'un à côté de l'autre, nous passions en revue toute l'imagerie norroise et juive que l'on trouvait à l'intérieur de Rosslyn. Alors que nous poursuivions notre étude de la chronologie des événements, nous avions besoin de vérifier certains détails. Chris alla prendre sur l'étagère un exemplaire de *La Clé d'Hiram*. Il l'ouvrit et lut à haute voix :

> *La première tranchée fut creusée en 1441 et l'ouvrage fut achevé quarante-cinq ans plus tard en 1486.*

Quand nous écrivîmes ces lignes, la date de commencement de la construction ne signifiait rien pour nous, mais maintenant, sa signification resplendissait comme un fanal. La construction de Rosslyn commença en 1441. Vu qu'il n'y a pas d'année zéro, c'est le nombre d'années (1440) d'un cycle complet de la Shékinah (ce cycle long que nous avions baptisé éon vénusien).

Robert regarda Chris.

« Relis-moi cette date de commencement des travaux.

– Tu as bien entendu, répondit Chris. 1441 ! Exactement 1 440 ans après l'an 1 de l'ère chrétienne », qui, pour William, était l'année de naissance du Christ.

Pouvait-il s'agir d'une coïncidence ?

Nous savons maintenant que Jésus naquit sous la Shékinah en 7 AEC, mais il y a près de sept cents ans, quand William Sinclair planifia la construction de Rosslyn, il ne pouvait savoir cela (en revanche, il était parfaitement conscient qu'il n'y avait pas d'année zéro). Pour William, l'année 1441 représentait un laps de temps d'exactement 1 440 ans depuis que l'étoile lumineuse du matin avait annoncé l'arrivée du Messie. Ce constat signifiait qu'il suivait le motif récurrent des apparitions de la Shékinah et qu'il devait le croire exact :

Le temple de Salomon fut commencé 1 440 ans après le Déluge.

Jésus naquit 1 440 ans après que Moïse eut fait franchir la mer Rouge aux israélites.

Rosslyn fut commencée 1 440 ans après la naissance du Christ.

Les Saint-Clair de Roslin appliquaient les anciennes règles d'interaction entre les corps astraux se levant peu avant l'aube et l'humanité. Rosslyn n'était pas seulement une copie du Temple de Jérusalem en terme architectural ; elle l'était aussi au regard du moment de sa construction.

Donc, nous sommes-nous dit, William Saint-Clair devait croire qu'il était en train de construire un temple ultime pour accomplir la volonté de Dieu sur terre à l'instar de la Shékinah qui, selon lui, devait accomplir la volonté de Dieu dans les cieux.

Nous étions maintenant absolument certains que les rouleaux découverts par les Templiers sous le Temple de Jérusalem sont encore cachés sous le chef-d'œuvre de William – autrement dit les manuscrits qui, selon le Rouleau de Cuivre, étaient dissimulés sous le saint des saints et qui, selon le rituel maçonnique, furent amenés sur les terres des Saint-Clair en 1140.

Le lien des Saint-Clair (désormais orthographié Sinclair) avec l'Écosse revêt une grande importance pour notre recherche. Et un certain nombre des membres actuels de la famille nous ont particulièrement aidés. Dans le domaine de l'histoire de la famille Saint-Clair, l'homme le plus actif est sans aucun doute Niven Sinclair, un homme d'affaires londonien. Très avide de connaissances en général, il témoigne d'une passion particulière pour tout ce qui touche à Rosslyn ou à l'histoire des Sinclair.

Niven est un charmant et dynamique septuagénaire avec une énergie à faire pâlir un jeune homme de vingt ans couplée à une mémoire encyclopédique des faits et des personnes. Il utilise sa fortune personnelle pour engager toutes les sortes de recherches et faire circuler l'information sous la forme de livres et de vidéos qu'il commande. Par le passé, il a mis beaucoup d'argent dans l'entretien de Rosslyn et il a fondé la bibliothèque du clan Sinclair qui est aujourd'hui conservée dans le Centre d'études Niven Sinclair (*Niven Sinclair Study Centre*). Cette grande bibliothèque est abritée dans le cadre spectaculaire d'un vieux phare à Noss Head, près de Wick, dans le Nord de l'Écosse. Le propriétaire et l'animateur de l'endroit est un autre éminent représentant du clan Sinclair, Ian Sinclair.

En mars 2002, quand nous pensions que notre recherche était terminée, nous avons reçu une lettre de Niven à propos d'une nouvelle observation faite par un homme d'affaires du Caithness, appelé Ashley Cowie. Robert était indisponible à la date que Niven proposait pour un rendez-vous à Rosslyn. Mais Chris put s'y rendre et retrouver là Niven, Ashley et Ian, qui était descendu de sa bibliothèque de Wick. Ashley dirige un important commerce de poissons en gros, dans le port septentrional de Scrabster. Ce matin-là, il avait parcouru en voiture les près de cinq cents kilomètres.

Ian attendait Chris au bar du Roslin Glen Hotel. Dès que ce dernier arriva, Ian se précipita vers lui. L'épaisse barbe grise qui noyait presque totalement ses traits ne parvenait toutefois pas à dissimuler le pétillement de ses yeux et un large sourire.

« Hello ! lança-t-il joyeusement. Content de vous voir. Nous avons trouvé quelque chose d'intéressant pour vous. »

Tout en sirotant son thé, Ian expliqua qu'Ashley et son ami Dave voulaient présenter leurs découvertes sur les domaines des Saint-Clair dans le Caithness. Et ils avaient une autre chose à exposer concernant Rosslyn qui, selon Ashley, était liée à une observation mentionnée dans *Uriel's Machine*.

Une grande pièce à l'arrière de l'hôtel accueillit la rencontre. Le chercheur avait disposé des dizaines de très grandes cartes et de diagrammes sur plusieurs tables. Ashley Cowie pensait que la répartition des propriétés des Saint-Clair dans le Caithness correspondait à des structures mégalithiques significatives. À mesure qu'il désignait du doigt différents lieux sur les cartes pour mettre en lumière toute une série de configurations spécifiques, son enthousiasme était manifeste.

Au bout d'une heure ou presque, il aborda la principale raison de la rencontre :

« Je vais vous montrer des marques sur le mur de la crypte de Rosslyn, qui, selon moi, représentent un diagramme complexe. Les marques sont incontestablement antérieures à la "chapelle" principale et elles forment une sorte de carte que vous reconnaîtrez. Ces gravures intègrent quatre losanges et je pense qu'il s'agit de symboles de latitude. »

Ashley se rappelait que, dans *Uriel's Machine*, nous avions démontré que de tels losanges étaient utilisés par le peuple des poteries cannelées comme une sorte de proto-écriture qu'ils développèrent entre 4000 et 3000 AEC. Particulièrement, ces losanges ou carreaux leur servaient à indiquer les paramètres d'un lieu. Les angles du losange dérivaient des angles formés par l'ombre du Soleil à l'occasion de ses deux levers opposés solsticiaux. Plus on se trouve près de l'Équateur et plus le losange est aplati à l'horizontal. Plus on va vers le nord et plus la forme s'allonge à la verticale.

Le petit groupe sortit sous le beau soleil printanier et remonta la petite allée vers Rosslyn. Ashley marchait devant, impatient de montrer les gravures.

Dès que l'édifice fut en vue, la masse d'échafaudages métalliques recouvrant la chapelle donnait l'impression qu'une créature vivante était prise en cage. Les ingénieurs responsables de l'entretien du bâtiment pensaient que ses pierres allaient sécher lentement si on laissait cette couverture en place pendant plus de sept ans. Nous espérions qu'ils aient raison, parce que toutes les interventions précédentes semblaient avoir bouleversé l'équilibre naturel qu'avait voulu William Saint-Clair.

Une fois à l'intérieur, le groupe se scinda pendant un moment. Chris contempla quelques minutes les sculptures enchevêtrées qui ornaient les moindres parcelles des murs et du plafond. Puis il rejoignit Ashley. Ensemble, ils descendirent le petit escalier de pierre fraîchement restauré pour gagner la crypte inférieure.

Rosslyn est un petit édifice qui, si l'on met à part l'horrible baptistère victorien, forme une unité avec une seconde petite salle située au niveau inférieur et que l'on appelle la crypte. Celle-ci est une pièce nue avec, toutefois, quelques personnages gravés et peints sur ses murs. Sur le côté gauche, il y a une minuscule chambre latérale faite de pierre brute.

Ashley se dirigea vers le mur droit et indiqua du doigt une gravure à peine visible.

« C'est là ! » dit-il.

On voyait quatre losanges ordonnés verticalement et se touchant.

La voix d'Ashley résonnait dans la salle vide.

« Je pense que c'est peut-être une carte. Les lignes semblent représenter des sortes de longitudes et de latitudes, avec l'Égypte en bas, ici. Mais ce sont ces losanges qui me paraissent très significatifs, parce qu'ils ressemblent exactement aux losanges latitudinaux que vous avez montrés dans *Uriel's Machine.* »

Chris avait déjà vu cette grossière gravure auparavant, mais il ne lui avait pas accordé d'attention particulière parce qu'elle paraissait très insignifiante à côté des magnifiques sculptures qui couvraient tout le bâtiment. Mais cette fois, il observa beaucoup plus attentivement la structure des lignes fines pour tenter d'évaluer si elles pouvaient dater du XVe siècle ou si elles étaient plus récentes. Il était impossible de le savoir avec certitude sans procéder à des tests détaillés. En revanche, il était évident que quelqu'un était repassé sur les lignes plus récemment comme s'il avait voulu accentuer un motif pré-existant ou l'empêcher de disparaître. Par endroits, le trait original était intact, ce qui ne nous permettait toutefois pas de savoir quel âge avait ce dessin. Cependant, ces marques semblaient correspondre à d'autres gravures rudimentaires de la crypte qui passaient généralement pour plus anciennes que le bâtiment principal de Rosslyn.

D'abord, Chris se montra sceptique : quatre losanges sur un mur peuvent signifier n'importe quoi. Moyennant quoi, il prit des photographies qui allaient nous permettre de faire des mesures précises, dès qu'il serait rentré.

Les losanges n'étaient pas totalement symétriques, donc leurs angles internes opposés n'étaient pas exactement égaux dans tous les cas. Mais ils étaient assez semblables et les mesures moyennes exprimaient clairement ce qu'avait voulu faire leur auteur. Dans n'importe quel autre bâtiment, quatre losanges auraient de fortes chances de n'être que de simples décorations. Mais nous savions qu'à Rosslyn, rien n'est fortuit. Le splendide esprit médiéval de William Saint-Clair n'aurait pas permis qu'un élément de la chapelle n'ait pas de sens.

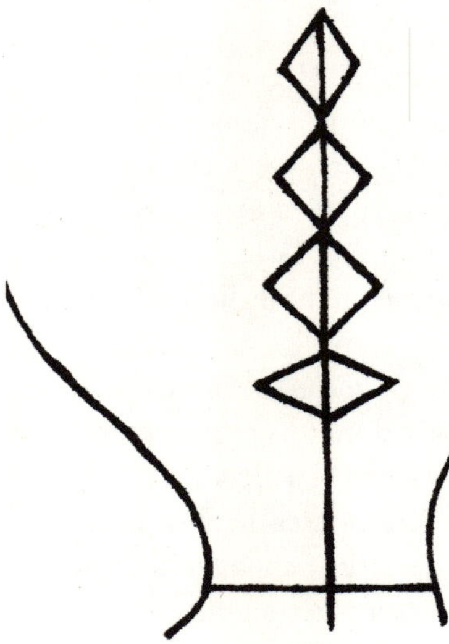

Les losanges tracés sur le mur sud de la crypte de Rosslyn. Ils correspondent aux quatre lieux les plus chers pour la famille Saint-Clair : Jérusalem, Rosslyn, les Orcades et Trondheim.

À dire vrai, les angles de ces losanges et leur arrangement suggéraient qu'Ashley pouvait avoir raison. Et si c'était le cas, nous avions sous les yeux une tentative de transmission d'une information utilisant la « proto-écriture » du peuple des poteries cannelées.

Le losange inférieur est assez écrasé, avec des angles internes droit et gauche donnant un écartement de 121°, ce qui correspond au triangle équilatéral maçonnique pointant vers la droite que nous avons déjà rencontré et qui coïncide avec l'angle solsticial à la latitude de Jérusalem.

Le second symbole en remontant le long de ce « totem » est un carré parfait qui concorde avec Rosslyn elle-même.

En soi, ces deux premiers quadrilatères étaient déjà très intéressants, dans la mesure où ils s'accordent avec les localisations du Temple de Jérusalem et de sa contrepartie écossaise. Mais des losanges constitués de deux triangles équilatéraux ou d'un carré sont des formes géométriques tout à fait élémentaires. Donc il était top tôt pour tirer des conclusions fermes et définitives. Pour nous, ils signifiaient « Jérusalem » et « Rosslyn », mais ils n'étaient peut-être réellement en fin de compte que des motifs décoratifs. En somme, c'étaient les deux derniers dessins qui allaient confirmer ou infirmer la théorie d'Ashley. Nous nous assîmes pour les étudier. Chris avait ouvert un atlas sur ses genoux et vérifiait les données latitudinales. Quant à Robert, planté devant son ordinateur, il simulait les azimuts des levers de Soleil solsticiaux en différents endroits.

Le troisième losange fut facile à identifier. Il correspondait aux Orcades. Or William Saint-Clair, le bâtisseur de Rosslyn, fut le dernier Jarl (ou comte) des Orcades.

Niven Sinclair avait été assez gentil pour nous communiquer des informations sur les liens de la famille Saint-Clair avec les Orcades provenant du *Riksarkivet*, les Archives nationales de Norvège. Elles disaient notamment :

> *De même que l'année 1195 marqua la soumission des îles septentrionales au royaume de Norvège, l'installation d'Henry Sinclair en tant que comte des Orcades en 1379, au moins dans l'historiographie norvégienne, annonce le futur transfert de la souveraineté sur les îles aux Écossais en 1468. Les comtes Sinclair furent les derniers suzerains norvégiens – tout en étant d'ascendance écossaise – et ils contribuèrent fortement à détourner les Orcades de la Scandinavie et à ancrer les îles dans la politique de l'Écosse du Nord* [1].

Cette transition de la souveraineté orcadienne de la Norvège à l'Écosse intervint au moment de la construction de la chapelle de Rosslyn.

Dans un premier temps, nous crûmes que le losange supérieur pouvait représenter les Shetlands. Mais nous réalisâmes rapidement que ces îles se trouvaient trop au sud pour correspondre aux angles. Alors, nous avons repensé aux origines de la famille Sinclair avant son arrivée à Roslin. Le grand-père d'Henry « de la Sainte Lumière de l'ancienne connaissance transmise de génération en génération » était le fils de Rognvald, le Jarl de More.

« Essayons Trondheim, suggéra Robert. Je pense que cette ville se situe au milieu de la côte norvégienne. »

Chris tourna rapidement les pages de son atlas.

« Oui, c'est ça. Elle est nichée au fond d'un fjord. »

Il donna la latitude et la longitude et attendit la réponse.

« Alors ? Ça correspond ?

– J'y suis presque, répondit Robert. J'ai les deux azimuts et j'ai juste besoin de trouver l'angle. »

---

1. *Historik Tidsskrift*, Universities Forlaget, Bind 79, numéro 2, 2000.

Chris regarda la mesure de l'angle interne du losange supérieur et attendit un bon moment. Robert continuait à pianoter sur son clavier.

« Cent quarante-huit moins vingt-cinq, ce qui donne cent vingt-trois, dit-il enfin. C'est proche de Trondheim ?

– Pile ! exulta Chris. C'est exactement Trondheim. »

Le losange supérieur coïncidait exactement avec les angles des levers de Soleil solsticiaux de l'ancien comté de More, d'où était originaire la lignée mâle de la famille Saint-Clair.

Maintenant nous pouvions très bien avoir affaire ici à une pure coïncidence, mais il semblait beaucoup plus probable que quelqu'un avait gravé sciemment ces symboles sur le mur de la crypte – en utilisant ce système de proto-écriture mégalithique – en raison de leur signification géographique. Tout ce qui tourne autour de Rosslyn est lié à Jérusalem : son plan est une copie du temple d'Hérode, son mur occidental imite les ruines de ce même sanctuaire, ses bâtisseurs, les Sinclair, ont été associés aux Templiers dès la formation de ce dernier Ordre en 1118... Les Orcades appartenaient à la famille Saint-Clair et Trondheim était leur patrie d'origine.

Pour résumer, du nord au sud, les losanges de la gravure de la crypte représentent :

Trondheim
Les Orcades
Rosslyn
Jérusalem

Ces quatre lieux étaient les endroits les plus chers au cœur de la famille Saint-Clair.

Manifestement, Ashley Cowie avait mis le doigt sur quelque chose ayant une importante signification en repérant cette gravure discrète. Ce dessin est peut-être un diagramme représentant ce que les constructeurs de Rosslyn voulaient créer dans la maçonnerie du bâtiment principal : quelque chose qui n'avait pas encore été découvert à l'intérieur de cette structure phénoménalement complexe.

Mais nous savions bien que les observations d'Ashley n'allaient pas convaincre tout le monde.

Le professeur Alexander Thom avait acquis une immense compréhension du peuple des poteries cannelées en appliquant des techniques statistiques aux structures mégalithiques des Orcades à la Bretagne en passant par l'intégralité des îles Britanniques. Nous étions certains que toutes les personnes sensées n'accepteraient de se faire une idée qu'au vu d'informations de bonne qualité. Donc, nous décidâmes d'appliquer la même analyse statistique à la thèse des losanges comme nous l'avions fait avec la sculpture du candidat initié. Notre raisonnement se trouve en annexe II, à la fin de cet ouvrage.

Le résultat de notre calcul de probabilités est éloquent : il y a une chance sur 128 pour que l'interprétation géographique de ces marques soit le fruit d'un hasard. La chose ne pourra jamais être prouvée, mais statistiquement, on peut considérer que cette séquence de losanges a peu de chance d'être une pure coïncidence. À contrario, on peut raisonnablement supposer que ce « totem » a effectivement été dessiné pour représenter ces quatre lieux en utilisant le système de notation du peuple des poteries cannelées.

Pour prouver qu'une hypothèse est bonne, il faut l'utiliser pour faire une prédiction qui, subséquemment, se révélera exacte. Ashley Cowie ignorait ce que les angles de ces losanges pouvaient désigner. Il pensait simplement qu'il pouvait s'agir de lieux en fonction de ce que nous avions expliqué de la technique utilisée par le peuple des poteries cannelées. Les calculs montrèrent qu'il avait raison à un point qu'il n'aurait jamais soupçonné.

En tous les cas, cette découverte nous amena à repenser au temple de Freya (la Vénus norroise) que les Jarls de More avaient construit à Trondheim autour de 960 EC. Nous savions déjà que ce temple faisait face à l'est et qu'il avait deux colonnes à son entrée [1]. Mais maintenant, c'était cette date de 960 qui nous sautait aux yeux. 960, c'est deux fois 480 années depuis la naissance présumée de Jésus en l'an 0, c'est-à-dire le même intervalle que celui qui séparait la pose de la première pierre du temple de Salomon de la véritable date de naissance de Jésus en 7 AEC.

À cette époque, la Norvège n'était pas chrétienne, donc la date n'avait certainement pas été choisie pour une quelconque raison liée à Jésus. Et ce pays n'était pas davantage juif, donc cette datation ne pouvait avoir été retenue pour célébrer, d'une quelconque manière, Salomon ou la Shékinah. Mais la religion du Nord avait une dimension astrale, héritée du peuple des poteries cannelées qui construisit les cercles de pierres de Norvège. La date de fondation d'un nouveau temple dédié à Freya (la divinité nordique représentée par la planète Vénus) devait être liée à l'apparition de la déesse dans son rôle d'étoile du matin [2].

1. K. Liden, « From Pagan Sanctuary to Christian Church : the Excavation of Maere Church, Trondelag », *Norwegian Archeological Review*, 2, 23-32, Oslo, 1969.

2. H. E. Ellis Davidson, *The Lost Beliefs of Northern Europe.*

Le tunnel secret

Après la fin de la rencontre avec Ashley, Chris fit le tour de Rosslyn avec sa femme Caroline et Niven. On pouvait déjà avoir accordé un grand nombre de visites à cet extraordinaire édifice, il y avait toujours quelque chose de nouveau à découvrir. Or justement, cette visite en particulier devait nous révéler une nouvelle information. L'après-midi s'avançait et les ombres des trois promeneurs commençaient à s'allonger. Le trio s'était assis pour faire une pause sur le gazon du côté sud-est de la chapelle. Ils levèrent les yeux vers les tourelles et les flèches de la construction médiévale, aujourd'hui recouvertes par des échafaudages et des bâches.

Alors Niven parla de recherches entreprises par lui et d'autres tant à l'intérieur qu'à l'extérieur du bâtiment. En 1997 notamment, ils avaient creusé un certain nombre de trous.

« C'est là que nous avons découvert le passage souterrain qui va de la chapelle au château en passant sous Gardener's Brae [Lit. La « pente du jardinier », prolongeant la chapelle à l'est]. Nous avions ouvert le tunnel qui était immense... nous avions une caméra CCTV [caméra de télévision en circuit fermé] sur un pied, quand soudain *Historic Scotland*[1] arriva et nous empêcha d'aller plus loin. »

Nous étions au courant que Niven et un certain nombre d'autres avaient effectivement mené une série d'investigations, mais nous n'avions jamais eu de détails sur leurs éventuelles trouvailles.

Chris se pencha par-dessus le parapet pour évaluer le pourcentage du fort dénivelé de Gardener's Brae. Le passage souterrain découvert par Niven devait être très profondément enfoui sous le sol au moment où il passait sous le mur de fondation de Rosslyn, pensa Chris. Il interrogea Niven sur ce tunnel, qui, selon ce dernier, « couvrait la distance considérable séparant la chapelle du château. »

« Avez-vous trouvé des éléments concernant ce qui se trouve sous la chapelle ?, demanda Chris.

– Les marches qui vont de la chapelle principale à la crypte aboutissent sur un sol moderne, expliqua Niven. La plupart des visiteurs supposent que l'escalier s'achève là, mais ce n'est pas le cas. »

Il marqua une pause. « Il y a une autre volée de marches raides sous ce sol qui repartent dans la direction opposée pour revenir sous le bâtiment principal et atteindre une crypte. »

1. L'organisme gérant les monuments historiques en Écosse *(N.D.T.)*.

Selon Niven, c'était dans ce caveau situé profondément en dessous du centre de la chapelle que les rituels d'initiation à quatre niveaux ou degrés étaient jadis exécutés. Il ne connaissait pas clairement la nature de ces initiations. Il pensait qu'il s'agissait peut-être d'une survivance secrète des Chevaliers Templiers ou d'un rite proto-maçonnique. À dire vrai, ces deux hypothèses n'en font peut-être qu'une dans la mesure où le templarisme se métamorphosa en franc-maçonnerie.

En Écosse aujourd'hui, tous les maçons passent par quatre degrés fondamentaux. Mais la franc-maçonnerie anglaise a « réformé » son rituel et ramené à trois les degrés qu'elle délivre.

Niven décrivit aussi un second escalier qui fut découvert juste devant la porte nord quand une grosse plaque du sol de la chapelle fut soulevée. En dessous, on trouva un petit escalier de six pieds de large qui s'enfonçait peu profondément jusqu'à un niveau situé sous le sol principal, mais au-dessus du caveau inférieur. Au nord, à ce niveau, il y avait les restes de plusieurs chevaliers Sinclair disposés sur des plaques d'ardoise. Ils avaient été inhumés en armure. La dernière personne descendue dans ce tombeau familial avait été un autre William Sinclair, celui qui fut tué à la bataille de Dunbar en 1650, pendant la guerre civile.

Niven expliqua ensuite que le tunnel partait d'un caveau situé directement sous la croix engrêlée que l'on voit sur le plafond de la chapelle. Dans *La Clé d'Hiram*, nous avions identifié la bosse, au centre de la croix, à un repère marquant le centre de ce qui aurait été le saint des saints, abritant l'Arche d'Alliance, dans le temple de Salomon. Le tunnel continuait en passant exactement sous la porte sud, à quelques pieds de la sculpture du candidat en train de se faire initier qui, comme nous l'avons statistiquement montré, serait lié à la franc-maçonnerie moderne.

À ce moment, lorsqu'elle passe sous la porte sud, la galerie souterraine fait trois pieds de large et cinq de haut. Son plafond se trouve à huit pieds et demi sous le niveau du sol. Après une ligne droite d'environ vingt-cinq pieds, le tunnel fait un angle droit vers l'est et descend le flanc de la colline. Son plafond est alors à douze pieds et demi sous le niveau du sol. Parallèles aux marches à l'intérieur de Rosslyn, on a une petite série de marches qui se dirigent vers la crypte. Puis le tunnel continue sous le champ qui se dirige vers le château.

En soi, c'était déjà un récit fascinant. Mais en en discutant, nous ne pouvions nous empêcher de nous demander pourquoi on avait pu dépenser tant de temps et d'argent à construire un escalier souterrain pour rejoindre secrètement ces deux bâtiments ?

Une première réponse évidente venait à l'esprit : en temps de siège, il pouvait permettre de s'échapper ou de s'approvisionner. Mais il semblait être beaucoup plus qu'une simple « issue de secours », dans la mesure où il aurait été beaucoup plus sensé de faire aboutir un tel passage secret dans le petit vallon boisé en dessous du château.

Nous traçâmes sommairement le plan du tunnel et de ces différentes cryptes. Soudain, en faisant cela, nous réalisâmes que nous avions déjà entendu parler d'un tel ensemble de chambres cachées et de tunnels secrets. C'était dans le rituel que nous avions utilisé pour créer *Le Testament maçonnique.* Et l'histoire que nous avions reconstituée décrivait, pour le temple de Salomon, un dispositif souterrain absolument identique à celui que venait d'exposer Niven pour Rosslyn.

Le quatorzième degré du Rite Écossais Ancien et Accepté, également appelé le Grand Élu et Sublime maçon Parfait (*Grand Elect, Perfect & Sublime Mason* [1]), parle d'un tunnel souterrain reliant le temple de Salomon à son palais dans Jérusalem :

> *... Le roi Salomon construisit une voûte [ou caveau] secrète, que l'on approchait après avoir franchi huit autres cryptes, toutes souterraines. Une longue et étroite galerie permettait de les atteindre depuis le palais. La neuvième arche ou voûte se trouvait directement sous le saint des saints du temple. Dans cette chambre, le roi Salomon tenait ses réunions privées avec le roi Hiram et Hiram Abif.*

Puis le degré évoquait ce qui était arrivé après l'attaque de la ville :

> *Après la prise de la cité et la destruction du palais du roi et du temple, certains Grands Élus maçons se souvinrent de la Voûte sacrée et du trésor inestimable qu'elle renfermait. Retournant de nuit dans les ruines du temple, ils constatèrent que le passage menant aux cryptes n'avait pas été découvert, et que la plaque de marbre qui en dissimulait l'accès n'avait pas été dérangée. Mais dessus, ils virent le cadavre de Galaad, un éminent frère et le chef des lévites. La garde de la Voûte sacrée et l'entretien des lampes qui y brûlaient continuellement lui avaient été confiées.*

Donc, d'après le rituel maçonnique, il y avait une chambre très importante sous le temple qui était également reliée au palais de Salomon. Et nous savions maintenant que Rosslyn (la copie délibérée du dernier temple de Jérusalem) possédait aussi un tunnel relié au « palais » ou à la résidence du « Grand Maître ». Cette nouvelle relation entre les deux édifices était remarquable.

Il ne reste rien du temple de Salomon, ni de son palais. Quoi qu'il en soit, nous avons déjà expliqué pourquoi nous pensions que les temples successifs se trouvaient sur l'actuel mont du Temple et que le saint des saints était situé à

1. En français, généralement, Grand Élu de la Voûte sacrée, ou Ancien Maître parfait et Sublime maçon.

quelques mètres à l'ouest-nord-ouest du dôme du Rocher. Raisonnablement, on peut supposer que Salomon avait construit son palais soit à l'emplacement même du précédent palais des souverains cananéens (qui devait se trouver à l'intérieur des murs attribués au roi David), soit très près. Donc si nous considérions simplement la configuration de Roslin, la relation entre la chapelle et le château des Sinclair était très semblable à celle du temple et du palais de Salomon, tant en termes de distance que de topographie. La réalité archéologique de Rosslyn remplit les conditions des anciennes constructions du mythe de Salomon à Jérusalem.

En réalité, cela ne signifie pas nécessairement que le plan de base de Rosslyn soit une vraie copie détaillée du temple de Salomon originel. Cette hypothèse est possible, mais, *a contrario*, il est également possible – et même plus probable – que toute l'histoire attribuée au Temple de Jérusalem fut reconstruite à partir des caractéristiques réellement établies à Rosslyn. Quel que soit le cas, nous sommes convaincus que les récits du rituel maçonnique parlant d'une voûte et d'un tunnel sous le temple de Salomon sont directement liés à la crypte et à la galerie souterraine présentes sous Rosslyn.

Cette information fascinante que Niven venait de nous confier reliait une fois de plus Rosslyn à la Jérusalem antique et plus récemment à la franc-maçonnerie moderne.

Niven est un sage et peu d'autres comprennent Rosslyn comme lui. Il a écrit ce qui suit sur les motivations de l'architecte et bâtisseur de Rosslyn :

> *... Le comte William Saint-Clair, conscient que les livres pouvaient être proscrits voire brûlés, décida de ciseler son message dans les sculptures de pierre qui décorent les moindres coins et recoins de la chapelle de Rosslyn. Il voulait que tout le monde puisse réaliser que le christianisme avait été kidnappé (par les pauliniens) et que Dieu et la Nature ne faisaient (font) qu'*UN*. Il voyait chaque feuille, chaque surgeon vert comme une parole de Dieu. S'il existait un blasphème ou une hérésie, c'était ce que l'homme faisait subir à la planète Terre d'où découle toute bonté. Il pensait aussi que beaucoup trop d'attention avait été accordée au « Père qui est aux Cieux » et trop peu à la Terre-Mère d'où, encore une fois, provient toute bonne chose. La dualité de Dieu devait être comprise. Dieu n'était pas une divinité mâle... il y avait dans Rosslyn des « femmes vertes » comme il y avait des « hommes verts ».*

D'où pouvaient venir des idées aussi étranges en ce début de XVe siècle, une époque remarquée pour son approche libérale de la religion ?

Manifestement, la réponse était : du templarisme ; lui-même étant un mariage de la tradition vénusienne norroise avec celle des prêtres juifs du culte astral énochien de la Shékinah, qui avaient fui vers l'Europe après la destruction de Jérusalem. D'après l'enseignement prophétique juif, le but d'Israël était de bâtir une communauté fondée sur la responsabilité sociale, la justice, la compassion et la fraternité.

Il ne faisait maintenant plus aucun doute que la franc-maçonnerie commença à Rosslyn.

Elle a toujours demandé de vénérer le Grand Architecte de l'Univers de la manière requise par une religion. Ses principes inhérents sont clairs, même s'ils ne sont pas nécessairement exprimés ou manifestés par certains de ses chefs, de ses auteurs ou de ses animateurs de revues.

Jadis, la franc-maçonnerie enseignait à ses membres :

> *Nous devons être tolérants vis-à-vis des conceptions religieuses des autres hommes, parce que toutes les religions renferment beaucoup de vérité, et nous devons combattre l'ignorance par l'éducation, la bigoterie par la tolérance, et la tyrannie par l'enseignement des vraies vertus.*

Bien que nous soyons nous-mêmes francs-maçons, nous n'avons pas pour objectif de la promouvoir ou la louer en aucune façon. Aujourd'hui, elle est fréquemment critiquée. Or la franc-maçonnerie se décrit elle-même comme un cheminement de l'individu des ténèbres vers la lumière et cette image nous semble appropriée.

LE PROBLÈME DE ROSSLYN

Selon nous – nous avons eu plusieurs fois l'occasion de le souligner –, des manuscrits juifs importants ont été enterrés sous le Temple de Jérusalem vers 68 de notre ère ; ils auraient été retrouvés par les Templiers entre 1118 et 1128 et ramenés à Kilwinning en Écosse en 1140 avant d'être ré-enterrés sous Rosslyn par le comte William Saint-Clair.

Ces documents sont effectivement les plus importants des « manuscrits de la mer Morte » – les moins importants étant finalement ceux que l'on a retrouvés à Qumran.

Comme nous l'avons mentionné, quand nous avons lancé notre premier livre à Rosslyn, l'un des administrateurs de la chapelle annonça publiquement que le Rosslyn Chapel Trust soutiendrait une fouille si une équipe de spécialistes de niveau international – intégrant certains Écossais – pouvait être réunie. Pour un motif quelconque, le Trust changea d'avis.

Un an plus tard, Niven Sinclair et ses collègues découvrirent des cryptes sous Rosslyn et un tunnel conduisant au château. Plus tard, cette même année, nous demandâmes une autorisation pour que le Dr Jack Miller, directeur des études de géologie de l'université de Cambridge, et le Dr Fernando Neaves, de la Colorado School of Mines, puissent effectuer un sondage radar du sous-sol à l'extérieur de Rosslyn. Mais peu de jours avant le sondage proprement dit, la permission fut soudain annulée par le Trust. Ils nous proposèrent ensuite d'accepter de collaborer avec eux, ce qui signifiait que nous aurions le droit d'effectuer des sondages en payant, mais surtout que nous serions en revanche obligés de garder les résultats secrets et même que nous devrions nier que de tels sondages aient jamais été réalisés si le Trust nous le demandait.

Naturellement, nous refusâmes ces conditions au motif qu'elles étaient antiscientifiques. Nous n'avons aucun moyen de savoir si les découvertes de Niven et son équipe sont responsables ou non de ce soudain revirement du Trust.

Comme nous l'avons dit, en 1998, nous avons fait venir à Rosslyn un certain nombre d'universitaires d'envergure mondiale, dont le professeur James Charlesworth de l'université de Princeton. Dans la foulée de cette visite, il soumit au Rosslyn Chapel Trust une proposition de fouilles détaillée qui impliquait des archéologues écossais et étrangers. À notre connaissance, il n'a reçu aucune réponse si ce n'est un accusé de réception qui n'engageait à rien.

Par ailleurs, tous les travaux ostensiblement entrepris sous Rosslyn et les larges tranchées creusées au travers de Gardener's Brae commençaient à nous inquiéter. Officiellement, les premiers faisaient partie des travaux de restauration de la chapelle quant aux secondes, elles étaient destinées à faire passer des tuyaux de drainage dont la taille modeste était sans comparaison avec l'importance des sillons creusés. Bien évidemment, nous n'avons aucune raison de douter que les administrateurs du Trust n'ont en tête que l'intérêt de l'édifice. Mais il est impossible d'ignorer que la chapelle fut construite dans un but précis, à savoir, selon nous, pour abriter des documents de grande valeur, allant du IIe siècle AEC jusqu'à 68 EC, ce qui couvre la période fondamentale de l'arrivée du messie chrétien. Or si nous voulons réellement comprendre l'homme qui prétendait être ce messie, nous devons absolument fouiller Rosslyn.

Comme beaucoup d'autres spécialistes des manuscrits de la mer Morte, le professeur Charlesworth est convaincu que ceux que l'on a découverts à Qumran n'étaient pas les seuls et qu'il existait d'autres rouleaux. La preuve qu'ils puissent se trouver sous Rosslyn est flagrante. En étudiant le vaste appareil des rituels maçonniques, nous avons acquis une bonne idée de l'esprit de l'homme qui, le dernier, a possédé ces documents avant de les enfouir sous Rosslyn. Évidemment, nous savons que nous ne sommes pas encore parvenus à découvrir d'où viennent les rituels de la franc-maçonnerie et ce qu'ils signifient. Pour cela, il est indispensable de pouvoir effectuer une fouille correcte et publique de Rosslyn.

Toutefois, en nous asseyant pour passer en revue tout ce que nous avions découvert et compléter quelques détails chronologiques, nous vîmes une image plus précise de la signification du *Testament maçonnique* et de son temple de Roslin commencer à émerger.

Conclusions

La famille Saint-Clair qui construisit Roslin est issue d'un mariage entre des familles nobles françaises et les Jarls norrois de More.

Ashley Cowie, un homme d'affaires du Caithness, découvrit un ensemble de symboles en forme de losanges dans la crypte de Rosslyn. En les décodant, nous obtînmes les coordonnées de Jérusalem, Roslin, Orcades et Trondheim, autrement dit les principaux centres du pouvoir politique de la famille Saint-Clair.

Niven Sinclair partagea avec nous les résultats de sa propre recherche sous Rosslyn, entreprise un an après la publication de *La Clé d'Hiram*. Il décrivit un plan souterrain qui s'accordait parfaitement avec celui du temple de Salomon que nous avions trouvé dans le rituel maçonnique.

Chapitre XIII

NI INOFFENSIVE NI DRÔLE

Le grand secret de la religion astrale

Ainsi, après tant d'années de recherche et quatre ouvrages écrits ensemble, nous avions découvert le lien manquant entre le judaïsme et le christianisme, d'une part, et la tradition maçonnique secrète, de l'autre. Une dimension astrale secrète, réprimée dans le courant majoritaire du judaïsme et du christianisme, a survécu dans la tradition maçonnique et elle a été renforcée par les croyances norroises dans le pouvoir de Vénus, la brillante étoile du matin.

Il serait difficile de nier qu'il existait jadis une idée très répandue selon laquelle le mouvement des étoiles et des planètes contrôlait nos destinées. Tandis que les astrologues modernes ont leurs propres pratiques, la franc-maçonnerie remonte à une ancienne forme d'astrologie qui fut fondée sur un principe astronomique faisant de Vénus le métronome de la Terre.

Nous tenions peut-être bien là le motif qui avait tant inquiété l'Église romaine à propos de nos recherches. Et à dire vrai, à un certain niveau, c'était une découverte extraordinaire. Au regard de nos recherches décrites dans *Uriel's machine*, nous nous étions retrouvés fondés à penser que la tradition maçonnique était impliquée dans le développement de la vraie science, autrement dit qu'elle s'était construite contre la superstition. Or, aujourd'hui, non seulement le christianisme mais la franc-maçonnerie elle-même paraissaient en danger d'être réduits à des absurdités, et en l'occurrence à des absurdités astrologiques.

Assurément, les mystères cachés de la nature et de la science vieux de 6 000 ans devaient être plus qu'une simple croyance superstitieuse prétendant qu'une étoile sur l'horizon au moment de votre naissance pouvait vous assurer la fortune pour le restant de vos jours.

En remontant le cours du temps et en alignant nos découvertes chronologiques, il apparaissait que le peuple des poteries cannelées était le premier à avoir étudié l'« effet de Vénus » ou, en tous les cas, à fournir les preuves les plus anciennes de cette forme particulière d'astronomie. Quel avantage avait-il pu tirer de ce type de croyance astrologique ? Il fallait pourtant qu'il fût jugé assez important pour être transmis de « génération en génération » du peuple néolithique des îles Britanniques, aux Phéniciens/juifs, aux Norrois, et finalement à la franc-maçonnerie.

Aujourd'hui, la quasi-totalité des scientifiques reconnus contestent que les corps célestes puissent avoir un effet sur les affaires humaines. Dans le *Sunday Times*, le professeur Richard Dawkins a dit de l'astrologie :

> *La vérité scientifique est trop belle pour être sacrifiée sur l'autel de l'argent ou d'un vague divertissement... S'il était démontré que les méthodes des astrologues étaient vraiment valides, ce serait un fait d'une importance majeure pour la science. Dans de telles circonstances, l'astrologie pourrait être prise sérieusement. Mais si, comme tout l'indique, il n'existe pas un soupçon de validité dans tout ce que font les astrologues avec tant de profit, cela aussi devrait être pris sérieusement et pas négligemment banalisé. Nous devons considérer comme un crime le détournement à but lucratif de la science... Et on ne peut pas dire qu'il serait difficile de trouver des preuves de la validité de l'astrologie, s'il pouvait y en avoir. Une simple tendance statistique, aussi infime soit-elle, montrant que les personnalités des individus seraient prévisibles – au-delà des différences logiques entre des bébés de l'été et des bébés de l'hiver – serait déjà un départ prometteur.*

Il mettait le doigt sur un point important : pour qu'une hypothèse soit prise sérieusement par des personnes rationnelles, il fallait au moins qu'il y ait une tentative de description d'un lien causal derrière le phénomène observé. Par là, il indiquait qu'il devrait y avoir une corrélation observable entre le mouvement des étoiles dans le ciel, des événements astronomiquement prévus et le destin des individus concernés. Mais assez simplement, il n'existe pas de preuves d'un tel lien.

Ce que la recherche effectuée pour ce livre éclaire nettement, c'est que la force motrice qui a favorisé la diffusion formidable des idées de ce culte de l'âge de pierre, ce fut la découverte du commerce et de la division du travail. Ces idées économiques ont créé du profit et des excédents qui ont permis aux prêtres astronomes de construire de grands temples dans des foyers de civilisation riches.

La connaissance qu'ils avaient rassemblée grâce à leurs observations à long terme leur donnait la possibilité de prédire le futur : savoir quand semer et quand récolter, quand accoupler les bêtes, quand naviguer et quand mettre les bateaux en cale sèche, quand voyager, chasser et commercer parce que les journées sont longues, quand l'obscurité se dissipera tard le matin... Mais il arriva qu'à un moment, dans le lointain passé, des rois commencèrent à se dire que si le ciel permettait de prédire des secrets de la nature autrement inconnaissables, il pouvait aussi livrer des éléments sur leurs propres vies. C'est ainsi que naquirent l'astronomie et sa sœur indigne, l'astrologie.

Donc, en termes modernes, ces prêtres astronomes pratiquaient l'astrologie. Eux – ou leurs souverains – voulaient que leurs enfants naissent quand la Déesse se trouvait près du grand Dieu-Soleil. Ils présidaient aux fêtes sexuelles dans ou autour de leurs temples au moment de l'équinoxe de printemps et ils « récoltaient » leurs enfants lors du solstice d'hiver suivant. Et (comme Abraham), certains étaient prêts à brûler vif leurs enfants pour montrer leur gratitude envers le « Très Haut ».

Ils programmaient leurs procréations en fonction des mouvements de leur déesse rayonnante qui allait se pencher en souriant sur leurs accouplements. Dans leur mode de pensée, ils ont pu considérer ce comportement comme étant scientifique. Mais pour nous, il ne s'agit que d'absurdités non scientifiques, fascinantes sur le plan narratif, mais absurdes quand même. Leurs commerçants mirent le cap sur de nouveaux espaces d'échange. Ils établirent des comptoirs étapes tout au long de leur route et, corrélativement, ils amenèrent leurs idées religieuses à de nouveaux convertis. Cette religion n'eut probablement pas de mal à faire de nouveaux adeptes puisqu'elle incorporait des orgies sexuelles et les chefs au moins pouvaient devenir les favoris de la déesse de l'étoile du matin ce qui leur amènerait richesse et succès.

Les Sumériens, les Égyptiens et les Phéniciens empruntèrent des éléments à la science, à l'économie et la religion du peuple des poteries cannelées. Le principe intellectuel qui amena l'invention de la proto-écriture des premiers commerçants de ce peuple néolithique engendra des avancées capitales comme le système de comptabilité développé en Mésopotamie ou l'écriture alphabétique créée par les Cananéens de Phénicie. Leur connaissance et leurs superstitions reliées aux étoiles et aux planètes imprégnèrent de nombreuses cultures en gestation de l'Égypte à la Norvège. Comme nous l'avons dit ailleurs, tous ces groupes construisirent de grands temples alignés sur les mouvements des cieux et ils témoignèrent d'une grande richesse et d'une puissance majeure.

Ces trois influences – Abraham de Sumer, le père fondateur du judaïsme ; Moïse d'Égypte, le créateur de la sainte Loi du Seul Vrai Dieu ; et Hiram de Tyr, le roi phénicien, constructeur du temple de Salomon, à la fois fils et époux de « Notre Dame du Ciel » – finirent par se retrouver à l'origine des trois grandes religions monothéistes, le judaïsme, le christianisme et l'islam.

Ces idées astrologiques issues de la religion de l'âge de pierre européen furent le moteur intellectuel derrière le système de croyances des juifs énochiens qui disait que des événements majeurs survenaient et que de grands chefs (messies) naissaient quand la Shékinah – la gloire visible de la présence de Dieu – brillait peu avant l'aube. Et si la Shékinah n'apparaissait pas, ce phénomène était interprété comme un signe que Dieu avait retiré sa faveur.

Mais plus nous y pensions, plus il nous paraissait évident que cet ancien culte avait survécu jusqu'à ce jour sous des formes étranges. La franc-maçonnerie et l'astrologie sont deux traditions qui préservent la croyance selon laquelle la position des corps célestes affecte les actions des individus. À première vue, ces deux systèmes de croyances sont très différents. Mais nos recherches avaient démontré que tous deux conservaient différents éléments des idées des prêtres des poteries cannelées, vieilles de six mille ans.

La franc-maçonnerie a préservé une grande partie des pratiques d'observation de ce culte, codées dans les traditions orales, les différents mouvements rituels et les récits mythiques. Mais cet héritage est en train de disparaître rapidement alors que les francs-maçons essayent désespérément de moderniser leurs pratiques et que, à cette fin, ils écartent de leurs rituels tout ce qu'ils ont du mal à comprendre ou ce qui heurtent légèrement les groupes chrétiens intolérants. Nous avons découvert que les francs-maçons étaient au premier rang pour porter la science moderne sur les fonts baptismaux, à l'époque de la fondation de la Société royale (*Royal Society*) de Londres. Mais, paradoxalement, nous savions aussi que ces scientifiques francs-maçons du XVIIe siècle croyaient tous fanatiquement en l'astrologie [1].

Même si cette idée nous déplaisait, il était clair que nous devions étudier de manière plus approfondie l'ancêtre directe de l'astronomie, autrement dit l'astrologie. De nombreux auteurs ont parlé de l'histoire de la croyance en l'astrologie. Mais où devait-on commencer à analyser le principe sous-tendant un sujet aussi peu scientifique ?

Par le passé, certains ont tenté d'apporter une base scientifique à l'astrologie. On peut citer, par exemple, la série d'études statistiques bien connue du docteur Michel Gauquelin. Celui-ci s'efforça d'adopter pour l'astrologie une approche similaire à celle de Newton pour la gravité. Newton put prouver ce qui arrivait aux mouvements des planètes en analysant de nombreuses observations, mais il fut incapable de proposer un mécanisme pour l'expliquer. Cependant, les lois qu'il a identifiées permettent de faire des prévisions précises. Et le retour de la comète de Halley, par exemple, démontre la précision de ses équations.

L'étude de l'astrologie de Gauquelin n'a pas une issue si prédictive. Elle met purement en lumière des schémas types qui ne s'accordent pas avec les horoscopes de l'astrologie. Le commentaire que fait le psychologue

1. Robert Lomas, *The Invisible College.*

Hans J. Eysenck des preuves statistiques ambiguës de Michel Gauquelin résume la réponse de la plupart des scientifiques :

> *Émotionnellement, je préférerais que les résultats de Gauquelin ne tiennent pas, mais rationnellement, je dois admettre qu'ils fonctionnent*[1].

Le problème avec ces découvertes, c'est qu'aucun mécanisme causal plausible n'est identifié pour expliquer ce qui a été observé. Gauquelin a étudié les horoscopes d'un certain nombre de professions. Il a pris des acteurs, des scientifiques, des champions sportifs, des militaires et des écrivains. Il a trouvé des preuves statistiques signifiantes, que de grands acteurs avaient tendance à naître quand Jupiter se levait ou quand cette planète venait de passer son zénith. Les champions de sport naissaient plutôt, quant à eux, quand Mars se levait ou venait de franchir son zénith, comme les soldats. Pour les grands scientifiques, c'était Saturne qui était concernée et la Lune pour les grands écrivains.

Gauquelin se donna beaucoup de mal pour tenter d'identifier les traits de personnalité propres à chacune de ces activités. Il appela les caractéristiques des acteurs les « facteurs Jupiter » ; pour les scientifiques, les « facteurs Saturne » ; les « facteurs Lune » pour les écrivains ; et les « facteurs Mars » pour les soldats et les sportifs. Il consacra tout un chapitre à discuter des effets de la personnalité sur le succès et la formation des caractères. Il fut confronté aux propres preuves qu'il avait trouvées et qui montraient que de nombreux individus partageaient les traits de personnalité qu'il associait à ses « grands hommes » ou que d'autres, qui avaient les mêmes activités, n'avaient pas pour autant les planètes ou configurations requises dans leurs horoscopes. Une partie des problèmes qui se présentaient à lui venait de la difficulté d'identifier une mesure du succès. Il s'en sortit en dressant des catégories. Par exemple, pour les sportifs, il distingua ceux qui avaient une « forte volonté » de ceux qui en avaient une « faible ». Les premiers avaient Mars qui se levait ou culminait ; les seconds ne l'avaient pas. Cette approche ressemble à une tentative désespérée pour expliquer les données qui ne cadraient pas avec ses attentes.

Mais quelles étaient justement les attentes de Gauquelin ? Il voulait soit prouver, soit réfuter l'astrologie. Donc il appliqua les règles et techniques de l'astrologie pour essayer de l'expliquer. Il chercha Mars dans les horoscopes des soldats et des champions sportifs, parce que l'astrologie prédisait que cette planète devait s'y trouver. Et il appliqua la même logique à Saturne, Jupiter et la Lune au regard des autres professions. Dans un très grand

1. H. J. Eysenck, et D. K. Nias, *Astrology, Science or Superstition ?*, Maurice Temple Smith, 1982.

nombre de cas, il trouva ces planètes à la bonne place dans les thèmes de ses « grands hommes ». Et elles étaient totalement à la mauvaise place, en termes d'astrologie, quand il s'intéressait aux individus ayant pratiqué ces mêmes activités avec moins de réussite.

Ces résultats amenèrent le commentaire suivant de Richard Dawkins, dans le *Sunday Times* :

> *S'il existe de bonnes preuves (c'est-à-dire, meilleures que celles de Gauquelin souvent citées mais non solides) que d'autres sortes d'astrologies fonctionnent, je n'y vois aucun inconvénient. Mais je dois ajouter que cela me surprendrait énormément.*

Donc Dawkins souligne que sans preuves observables qui permettraient des prédictions précises et vérifiables, rien ne vient soutenir l'astrologie.

Nous avons lu l'ouvrage du Dr Michel Gauquelin, évoqué ci-dessus. Si ses statistiques semblent intéressantes et que sa méthodologie paraît précise, ses explications montrent pourquoi Richard Dawkins rejette ses idées.

Voici la raison que Gauquelin avance pour expliquer certaines de ses découvertes et, dans ce cas précis, pour expliquer pourquoi, statistiquement, il a constaté qu'une proportion importante d'acteurs étaient nés quand Jupiter se levait :

> *Dans le ventre de sa mère, l'enfant est aussi isolé du monde. Peut-être que son cerveau est déjà un centre de contrôle capable de recevoir des signaux de l'espace et de relayer des ordres dans tout son corps. Manifestement, la procédure sous-tendant l'accouchement n'est pas simple. Mais l'enfant n'est pas sourd aux messages venant du cosmos et il réagit à ceux-ci. La nature a décidé qu'à sa naissance, l'homme devait être pris dans le réseau invisible de forces qui relient la terre et le ciel*[1].

Après réflexion, nous fûmes d'accord avec le professeur Dawkins pour dire que nous n'avions pas là une base solide démontrant le principe causal sous-tendant la prédiction astrologique. Malheureusement, la croyance que nous avions découverte selon laquelle des messies et des chefs naissaient et que des événements importants intervenaient quand la Shékinah (une conjonction Vénus/Mercure) se levait juste avant le Soleil avait toutes les caractéristiques de la superstition que Dawkins condamnait.

1. M. Gauquelin, *Le Dossier des influences cosmiques*, Paris, 1973. (*Cosmic Influences on Human Behaviour*, Aurora Press, 1994).

EST-CE DANS NOS ÉTOILES ?

En feuilletant notre dossier de coupures de presse, nous eûmes l'un de ces coups de chance qui surviennent quand on ne les attend pas. Le titre d'un article du *Daily Mail* attira notre attention : « Pourquoi je crois maintenant que l'astrologie est une science ». Le papier était écrit par un vieil ami, l'auteur et chercheur Colin Wilson (c'était d'ailleurs principalement pour cette raison que nous avions conservé la coupure). L'article de Colin concernait une donatrice anonyme, grâce à laquelle pouvait être fondée une nouvelle chaire professorale d'astrologie dans une université britannique non précisée.

Sachant que l'astrologie avait jadis été une matière universitaire respectable (mais qu'elle avait cessé de l'être après la découverte par Newton des lois de la gravitation), la position de Colin Wilson nous intriguait. Il estimait en effet qu'il y avait un sérieux intérêt à refaire de l'astrologie une matière universitaire. Il achevait son texte par ces mots :

> *La femme qui avait fait cette donation de 500 000 £ n'avait aucune raison d'avoir honte de vouloir réintroduire l'astrologie comme matière universitaire, même si elle avait été rejetée par les universités depuis plus de trois siècles. Même si nous ne savons toujours pas vraiment pourquoi ça marche, je peux assurer qu'il est indubitable qu'elle fonctionne*[1].

Comment Colin avait-il pu écrire cela en parlant de sa propre expérience de l'astrologie ? Soucieux de comprendre l'arrière-plan des croyances astrologiques, sa position nous intéressait vivement. Son article continuait :

> *J'avais décidé qu'il me fallait étudier l'astrologie plus attentivement, mais je n'en trouvais jamais le temps. Puis un journal dominical me demanda si je voulais tenir une chronique astrologique et je me dis que c'était là l'opportunité que j'attendais... et assez dubitatif, je me lançai dans ma nouvelle activité de journaliste astrologique.*
>
> *Cela se révéla une tâche beaucoup plus dure que je ne m'y attendais. On ne pouvait absolument pas se contenter de conjectures. Il fallait identifier la position de toutes les planètes, mais également leurs aspects (oppositions, conjonctions, etc.) et cela prenait des jours.*
>
> *Enfin progressivement, je commençai à mieux percevoir les horoscopes. Et cette sensibilité se confirma quand je reçus la lettre d'une femme dont le fils s'était suicidé. Elle fournissait le lieu et l'heure exacte de sa naissance. Je passai une journée à dresser son thème, et à mesure que je le découvrais, mes cheveux commencèrent à se dresser sur ma tête.*

1. Colin Wilson, « Why I Now Believe Astrology Is a Science », *Daily Mail*, Thursday 22 March, 2001.

Une personnalité précise émergeait : ses enthousiasmes, ses espoirs et ses doutes quant à l'avenir. C'étaient justement ces doutes qui l'avaient conduit au suicide. J'envoyai l'horoscope à sa mère et elle me répondit que la description de son fils l'avait stupéfaite par sa précision [1].

Quand Robert lut ça, il prit son téléphone et appela Colin pour lui demander s'il pensait réellement que l'astrologie pouvait avoir une quelconque base scientifique. Colin se montra très coopératif et il fut même assez heureux de parler d'astrologie. Il expliqua qu'avant d'avoir étudié le sujet, il était très sceptique vis-à-vis de l'astrologie. Mais il se pencha sérieusement sur le sujet pour être en mesure d'écrire sa rubrique astrologique pour l'*Observer.* En tenant cette chronique régulière et en lisant les lettres de ses lecteurs, il finit par se convaincre qu'il y avait *quelque chose* de réel à la racine de cette matière.

Quand nous le pressâmes pour savoir ce que pouvait être ce « quelque chose », il admit qu'il n'en savait réellement rien. Sa croyance était purement fondée sur l'observation logique : les résultats qu'il obtenait en utilisant les méthodes astrologiques avaient une précision beaucoup trop fréquente pour n'être raisonnablement dus qu'au hasard. Cependant, sur un point, Colin fut assez clair :

« Ce qui influence les êtres humains, précisa-t-il, ce ne sont pas les étoiles, mais les positions des planètes. »

Nous n'hésitâmes pas à lui poser la question qui nous brûlait les lèvres : « Mais penses-tu que ce sujet mérite d'être étudié en université ? »

« Eh bien, répondit-il, certaines universités proposent des cours sur des sujets à côté desquels l'astrologie pourrait paraître affreusement ennuyeuse et démodée. Tu sais, Robert, ta vieille université, Salford, possède aujourd'hui des enseignements comme "Économie commerciale et jeux d'argent". L'université De Montfort propose un diplôme d'Études des terrains de golf. À Nottingham, tu as une licence d'Études équestres. Dans le Kent, c'est un cours de Théorie et Pratique du comique. L'université de Plymouth, où mon bon ami le Dr Percy Seymour travaille – c'est un astronome qui croit aussi qu'il y a quelque chose de vrai dans l'astrologie –, peut te proposer des diplômes en Science des parfums ou Science des sports de glisse. Alors au milieu de tout ça, l'astrologie a l'air positivement conservatrice », acheva Colin avec un gloussement.

Notre silence dut persuader Colin que nous n'étions pas encore convaincus, puisqu'il ajouta encore quelques détails sur cette tradition controversée.

---

1. Colin Wilson, « Why I Now Believe Astrology Is a Science », *Daily Mail*, Thursday 22 March, 2001.

« N'oubliez pas, ajouta-t-il, que le comité qui est chargé de distribuer ce demi-million de livres sterling peut difficilement être accusé de soutenir des rêveries astrologiques, vu qu'une partie de l'argent va au professeur Chris Bagley, de l'université de Southampton, qui compte l'utiliser pour fonder un groupe dont le but principal sera de prouver que l'astrologie est une supercherie. »

Nous citâmes le professeur Richard Dawkins pour rappeler à Colin ce qu'il disait : « L'astrologie n'est ni inoffensive ni drôle et nous devrions la considérer comme une ennemie de la vérité. »

Cependant, Colin demeurait convaincu qu'il existait un lien – même s'il était difficile à expliquer – entre les personnalités et les actions des individus, d'une part, et les positions des planètes, d'autre part. Nous lui parlâmes de nos découvertes et nous lui confessâmes à quel point nous étions perturbés par l'idée que la franc-maçonnerie semblât largement préserver un ancien charabia astrologique dans ses rituels.

« Le conseil que je peux vous donner, dit-il, c'est de ne pas rejeter l'astrologie par principe. Je sais qu'elle fonctionne, mais je ne peux vous offrir que des preuves anecdotiques et vous paraissez vouloir davantage que cela. Pourquoi ne cherchez-vous pas vos propres preuves ? »

Au sortir de la conversation de Robert avec Colin Wilson, nous étions persuadés de sa sincérité : il croyait réellement en l'existence d'un principe scientifique inconnu derrière l'astrologie. Si nous devions donner du sens au courant astralo-spirituel secret que nous avions trouvé dans *Le Testament maçonnique*, nous devions en apprendre davantage sur l'astrologie primitive.

Une histoire constellée

En 150 AEC, un écrivain juif du nom d'Eupolème raconta l'histoire de son peuple [1]. Geza Vermes, un spécialiste des manuscrits de la mer Morte qui traduisit un certain nombre de textes astrologiques trouvés dans les manuscrits de Qumran, attira l'attention sur une remarque d'Eupolème concernant Abraham, qui, nous assure la Bible, était originaire de la ville d'Ur en Chaldée (dans le pays de Sumer) :

> *Car si de nombreux juifs désapprouvent l'astrologie, d'autres, comme l'écrivain juif hellénistique Eupolème, attribuèrent son invention à Abraham* [2].

1. M. Black et H. H. Rowley (éd.), *Peake's Commentary on the Bible.*
2. G. Vermes, *Scripture and Tradition in Judaism*, Penguin, 1973.

Donc à l'époque de l'établissement de la communauté essénienne, c'est-à-dire au début du IIe siècle AEC, il existait une tradition populaire prétendant qu'Abraham était impliqué dans la pratique de l'astrologie et même dans son invention. Cette pratique ne pouvait qu'être fondée sur les traditions sumériennes. Quelles étaient les croyances des Sumériens en matière d'événements astraux, et particulièrement en matière de phénomènes liés à l'aube ? Voilà la question sur laquelle nous devions revenir.

Nous décidâmes alors de nous intéresser plus attentivement à l'épopée de Gilgamesh.

Dans la tablette XXI de l'épopée, Ziusudra, qui survécut au grand Déluge par lequel les dieux détruisirent l'humanité, révèle à Gilgamesh le « secret des dieux ». Il explique que, alors qu'il construisait son Arche sur les instructions d'Enki (le chef des dieux), on lui envoya un signe au moment où « sur l'horizon apparaissaient les premières lueurs de l'aube », mais à ce point de l'histoire, il ne dit pas quel est ce signe [1].

Puis il raconte qu'au début du grand Déluge, il se tourna de nouveau vers l'endroit où le Soleil était sur le point de poindre, mais un nuage noir recouvrait l'horizon et il ne put apercevoir Ishtar, la déesse de l'Amour, qu'il entendait plaider en sa faveur au conseil des dieux. Chaque jour, il continua de regarder vers l'est juste avant l'aube jusqu'à ce que le Déluge s'apaise. Alors, il décrit l'arrivée d'Ishtar, la Dame des Dieux (la planète Vénus) :

> *Elle éleva le joyau magnifique qu'Anu, le Grand Dieu [le Soleil], avait créé selon son désir [à elle]* [2].

Pour nous, cette description correspondait parfaitement à une apparition de la brillante planète Vénus se levant juste avant le Soleil, tout près d'une autre planète lumineuse, mais plus petite, peut-être Mercure. C'est exactement ainsi que Vénus se lève quand elle apparaît dans l'orifice au-dessus de la porte de Newgrange.

Dans la tablette IX, on revient sur l'importance de l'observation du lever de Soleil : on nous dit de Gilgamesh qu'« Il se leva juste avant le Soleil », et grâce à cela, il put voir un jardin de buissons paré de bijoux. Et dans la tablette VIII, on retrouve un chœur qui dit : « Sur l'horizon, apparaissaient / les premières lueurs de l'aube » (une expression familière si l'on se rappelle la tablette XXI). Robert Temple la commente ainsi :

> *Ces deux lignes sont répétées régulièrement tout au long de cette tablette. Leur inclusion n'est ni accidentelle ni à vocation poétique, mais elle est plutôt là pour refléter l'obsession des prêtres astronomes babyloniens quant à ce que l'on appelle*

1. R. Temple, *He Who Saw Everything : a Verse Translation of the Epic of Gilgamesh*, Century, 1991.
2. *Ibid.*

> *des « levers hélicoïdaux » d'étoiles – ou de planètes clés. Un lever hélicoïdal survient quand une étoile ou une planète se lève sur l'horizon en même temps que les « premières lueurs de l'aube* [1]. »

La tablette III apporte davantage d'informations, quand Gilgamesh adresse un discours au peuple de sa cité d'Uruk :

> *Les hommes d'Uruk le savent, je serai fort, je voyagerai le long de la roue... j'entrerai par les portes de la cité d'Uruk, je me tournerai vers... [manque], et la fête d'Akitu. Je célébrerai la fête d'Akitu. La fête d'Akitu sera organisée et les chants joyeux retentiront* [2].

Dans une note de bas de page, Robert Temple identifie la fête d'Akitu à une célébration de Nouvel An, qui se tenait au moment de l'équinoxe de printemps. La « roue » dont parle Gilgamesh est le chemin du zodiaque et, apparemment, il explique comment il se déplacera sur cette voie des dieux. Plus tard au cours de ce périple, il rencontre Ishtar (Vénus), qui lui demande de devenir son amant, mais il refuse en disant qu'elle est inconstante. « Dans les saisons froides, tu me quitteras sûrement », rétorque-t-il et il poursuit en dressant la liste de ses amants et en rappelant comment ils meurent à l'automne avant de renaître au printemps. Ici, le mythographe essaye d'expliquer pourquoi certaines constellations zodiacales ne peuvent être vues qu'au cours des mois d'été et disparaissent du ciel quand le Soleil se déplace vers le sud en hiver. L'inclinaison de l'écliptique et le mouvement de la Terre autour du Soleil n'étaient pas connus alors, donc on substituait à cette explication rationnelle cette histoire d'amants qui meurent et renaissent.

Quand Ishtar entend la liste de ses mauvaises actions, elle va voir Anu, le dieu du firmament, qui lui donne le licou du grand taureau des cieux qu'elle emmène jusqu'à la cité d'Uruk :

> *Sur un grognement du Taureau du Ciel, les fosses furent ouvertes et cent jeunes hommes tombèrent dedans. Sur un second grognement, les fosses furent ouvertes et deux cents jeunes hommes tombèrent dedans. À son troisième grognement, les fosses furent ouvertes et Enkidu tomba dedans* [3].

Ce passage semble décrire un lever hélicoïdal de Vénus dans la constellation du Taureau : alors que l'étoile brillante de la déesse se levait avant le Soleil, à l'époque où le mythe fut écrit, elle donnait l'impression de conduire la constellation du Taureau. Robert Temple fait ce commentaire : « Les Babyloniens étaient bien conscients de ce phénomène », la précession des

1. R. Temple, *He Who Saw Everything : a Verse Translation of the Epic of Gilgamesh*, Century, 1991.
2. *Ibid.*
3. *Ibid.*

équinoxes (qui voit le Soleil se lever dans une partie différente du ciel tous les 2 000 ans), même s'ils n'utilisaient pas les mêmes constellations zodiacales que nous aujourd'hui. Temple suppose également qu'ils devaient savoir que le Soleil et la Vénus du matin se levaient entre les années 4000 et 2000 AEC dans un groupe d'étoiles que nous appelons maintenant le Taureau [1].

Les héros vainquirent le Taureau des Cieux, alors Anu, le dieu du firmament, convoqua son conseil de dieux pour décider de ce qu'ils allaient faire. Nous reconnaissons ici le motif du conseil des dieux que nous retrouvons dans le premier chapitre du *Testament maçonnique*, où, avant de décider de créer Adam, Dieu consulte les membres de ce conseil, les étoiles du ciel.

La tablette IX évoque encore Gilgamesh regardant le ciel avant le lever du Soleil. « Il sait que l'instant du lever est proche » et alors que « le jour s'illumine », il voit de nouveau un jardin de buissons parés de bijoux. Le tremblement atmosphérique provoqué par l'épaisseur de l'air que l'on remarque lorsque l'on observe des objets célestes sur l'horizon est lui-même décrit :

> *La splendeur de leur scintillement trouble les montagnes qui veillent sur le lever et le coucher du Dieu-Soleil.*

Une allusion à la nature de la naissance de Gilgamesh trouve un écho dans les manuscrits de la mer Morte, qui disent du messie que :

> *« son esprit consiste en huit parties dans la Maison de la Lumière de la seconde colonne et une dans la Maison des Ténèbres. Et c'est le jour de naissance où il doit naître »* [2].

Gilgamesh est décrit comme étant « aux deux tiers dieu et un tiers homme ». Robert Temple note que cette précision est très signifiante dans le système mathématique sumérien sexagésimal parce qu'elle relie Gilgamesh au nombre quarante qui représente les deux tiers de soixante, l'unité de base pour mesurer les minutes et les secondes. Et comme nous le savons, le quarante est étroitement lié aux périodes orbitales de Vénus. Temple poursuit : « D'autres aspects du thème des deux tiers établissent une relation avec la planète Mercure, à laquelle Gilgamesh était associé. » Au regard des douze degrés du zodiaque, Mercure en traverse huit, soit les deux tiers du parcours zodiacal.

Mais nous devions en savoir davantage sur l'obsession des astronomes assyriens et babyloniens vis-à-vis des levers hélicoïdaux. Et pour cela, nous nous rendîmes au département des Antiquités d'Asie occidentale au British Museum. Là sont conservées les tablettes de Vénus d'Ammizaduga, des

1. R. Temple, *He Who Saw Everything : a Verse Translation of the Epic of Gilgamesh*, Century, 1991.
2. G. Vermes, *The Dead Sea Scrolls in english.*

tablettes d'argile datées de 1500 AEC environ. Elles sont très endommagées, car elles sont manifestement tombées ou ont été abîmées d'une manière ou d'une autre plus d'une fois au cours de leur histoire. De forme grossièrement rectangulaires, elles sont couvertes de lignes serrées en écriture cunéiforme.

Quand le texte fut déchiffré, on découvrit que ces plaquettes étaient une liste des apparitions de Vénus, le soir et le matin, sur une période de vingt et un ans. Et ces tablettes montrent que les mouvements des planètes étaient interprétés comme un moyen de deviner les intentions de la déesse. Elles contiennent des informations importantes, comme ce commentaire expliquant que « quand Vénus se tiendra haut dans le ciel, faire l'amour sera agréable » – ce qui reste toujours une bonne chose à savoir...

Mais ces tablettes de Vénus ne sont pas la plus ancienne preuve que nous puissions trouver sur la religion astrale en Mésopotamie. Au Louvre, on voit une stèle datant du règne de Naram-Sin (autour de 2100 AEC), qui montre ce roi en chef victorieux. Il regarde l'horizon où la Lune et Vénus se lèvent juste devant le Soleil.

L'historien Peter Whitfield a parlé des débuts de l'astrologie sumérienne :

> *Il y avait dans la pensée mésopotamienne une connexion intime entre le royaume du divin [les cieux] et le royaume de la nature et de l'homme. En outre, il existait une sagesse acquise, un ensemble d'aptitudes, une science, au moyen de laquelle cette connexion pouvait être comprise et cette science était le domaine des « ummanu ». Mais, à ce stade, ces derniers étaient exclusivement des conseillers royaux. Leur sagesse particulière et les événements qu'ils étudiaient n'étaient qu'à destination des rois et absolument pas de la population. Les présages concernaient la conduite du souverain, sa famille, ses ennemis, son royaume, ses récoltes et ainsi de suite. On a ici indubitablement le germe de la doctrine selon laquelle le microcosme et le macrocosme sont liés. Mais ce lien était limité et concentré dans la personne du roi*[1].

Pour Whitfield, les idées sumériennes sur la royauté astrale et les études des présages venaient d'une tradition – expliquée dans un document trouvé dans la bibliothèque d'Assurbanipal –, qui disait que ces connaissances techniques étaient apprises auprès d'un groupe d'instructeurs divins qui vivaient sur la terre dans les anciens temps et qui enseignaient aux hommes la science, la philosophie et la loi[2]. Il pensait aussi que la tradition de l'interprétation des augures était empirique et qu'à un moment dans le passé, des relations avaient été remarquées et un lien causal en avait été déduit. Au départ, cette pratique ne fut appliquée qu'aux destinées du roi et de son royaume.

1. P. Whitfield, *Astrology, a History*, The British Library, 2001.
2. *Ibid.*

Donc, à la base, l'astrologie fut apparemment fondée sur les observations des cieux par les prêtres qui en conservaient les données. Ensuite, ils cherchaient des événements signifiants qui coïncidaient avec les apparitions dans le ciel et, de là, ils en déduisirent sans justification que les étoiles et les planètes avaient réellement provoqué ces événements. Le pouvoir prophétique reposait ensuite sur la capacité à prévoir le moment où de semblables configurations astronomiques allaient revenir. Quand l'événement astral était observé, le prêtre pouvait délivrer des conseils quant aux actions à entreprendre ou à éviter en fonction de ce qui s'était passé la dernière fois que cette configuration était apparue.

Le Dr Whitfield cite un horoscope de l'époque d'Assurbanipal :

> *Quand pendant le cinquième mois de Nissan, le Soleil levant ressemble à une torche rouge, que des nuages blancs flottent autour de lui et que le vent souffle de l'orient, alors il y aura une éclipse solaire le 28e ou le 29e jour de ce mois ; le roi mourra ce même mois et son fils montera sur le trône*[1].

Il explique pourquoi des rois de paille étaient parfois placés sur le trône au cours de périodes dangereuses pour éviter les effets des mauvais présages.

L'année babylonienne commençait avec l'ancienne fête d'Akitu, à l'époque de la nouvelle Lune après l'équinoxe de printemps[2], la période que nous célébrons encore sous la forme de Pâques. Les noms babyloniens du Soleil, de la Lune et de Vénus étaient Shamash, Sin et Ishtar. C'étaient précisément les trois corps célestes qui intéressaient le plus les astronomes sumériens, particulièrement quand ils se levaient côte à côte. Plus nous étudiions les débuts de l'astrologie, plus elle semblait partager les mêmes racines que les croyances phéniciennes, juives et francs-maçonnes. Et pour le sujet qui nous occupe, tout cela ne donnait pas davantage l'impression de reposer sur la moindre base scientifique. Les prêtres se contentaient de développer quelques techniques fondamentales d'astronomie suffisantes pour leur permettre de prédire l'apparition des « dieux ».

Avant 1000 AEC, les astronomes mésopotamiens développèrent un calendrier stellaire qui définissait les saisons de l'année en fonction des levers préauroraux des trois étoiles les plus lumineuses dans le ciel à cette époque. Ces tablettes trahissent un très grand intérêt pour les objets qui se lèvent juste avant le Soleil. Les tablettes d'argile – que l'on peut également voir au British Museum – sont circulaires et divisées en douze segments par des lignes qui les font ressembler à des parts de gâteaux. Chaque douzième représente un mois de l'année et à l'intérieur de ce segment sont inscrits les détails des

---

1. P. Whitfield, *Astrology, a History*, The British Library, 2001.
2. R. Temple, *op. cit.*

levers hélicoïdaux de la période concernée. L'objectif de ces tablettes « aux trois étoiles » était de permettre aux astrologues d'avertir le roi des risques de mauvaise fortune.

Comme nous l'avons déjà mentionné, une forme de zodiaque rudimentaire était déjà utilisée en 2000 AEC en Mésopotamie. Mais ce ne fut pas avant la construction du second temple par le roi juif Zorobabel (milieu du Ier siècle AEC), que le même peuple (celui que nous appelons aujourd'hui les Babyloniens) développa une forme de zodiaque qui serait familière à un esprit moderne [1]. Ce fut un pas majeur, parce que cela fournissait une échelle de référence donnant la position du Soleil ou de n'importe quelle autre planète.

Le zodiaque est une série de formes dans le ciel, constituées par des étoiles fixes très distantes les unes des autres et que nous appelons constellations. Les Babyloniens donnèrent à ces dernières les noms suivants (en respectant l'ordre du Bélier aux Poissons modernes) : Luhunga, Mul, Mas, Kusu, Ura, Absin, Zibanitu, Girtab, Pa, Suhur, Gu et Zib [2]. Chaque constellation marque une section du ciel. Mais elles n'ont pas toutes la même taille. C'est donc pour cette raison que les astrologues babyloniens inventèrent aussi le concept de signes zodiacaux. Dans le système actuel, chaque signe occupe exactement 30° du zodiaque et on ne se préoccupe pas de la superficie qu'occupe réellement sa constellation de référence dans le ciel.

Les Babyloniens ont utilisé ce système de 400 AEC environ à 100 AEC. Mais ils n'ont jamais pris en compte le problème de la précession (un léger décalage de l'axe de rotation de la Terre qui donne l'impression que le lever de Soleil à l'équinoxe de printemps se déplace d'un degré tous les 72 ans par rapport aux constellations zodiacales). Quand les Babyloniens établirent leur calendrier stellaire, à l'équinoxe de printemps, le Soleil se trouvait dans Luhunga. Aujourd'hui, il se trouve en Zib.

Cette lacune perdure donc dans l'astrologie moderne, ce qui signifie que les signes zodiacaux que l'on peut lire dans les journaux ne correspondent pas aux constellations apparaissant au même moment dans le ciel. Ce serait un problème majeur si vous observiez réellement les étoiles pour prédire ce qui va se passer sur Terre. Mais apparemment, la plupart des astrologues ne regardent pas réellement le ciel et donc cette confusion entre les signes du zodiaque et les étoiles réelles dans le ciel tend à être occultée dans les livres d'astrologie. Voilà, par exemple, comment la question est esquivée :

1. P. Whitfield, *Astrology, a History*, The British Library, 2001.
2. *Ibid.*

Le thème natal astrologique est une carte du zodiaque et des planètes correspondant à l'heure et au lieu de naissance de l'individu concerné. Le zodiaque est une ceinture dans le ciel. En largeur, elle s'étend de huit degrés de chaque côté de la route empruntée par le Soleil et incorpore le chemin suivi par les planètes. Le zodiaque est divisé en 12 secteurs égaux que l'on appelle les signes. Chaque signe mesure donc 30° et il porte le nom d'une constellation. Les signes et constellations ne coïncident pas, bien qu'ils se chevauchent légèrement[1].

Des textes astrologiques plus pointus essayent de traiter de cette différence entre les signes zodiacaux et les étoiles dans le ciel. En fait, nous notâmes avec intérêt que ces astrologues plus conscients considèrent que c'est la position sidérale de la Terre dans son orbite autour du Soleil qui importe et pas les étoiles. Cette conception correspond à tout ce que nous savions sur la fixation des fêtes autour de l'équinoxe de printemps. À propos du problème de la précession, l'astrologue Robert Parry a écrit :

Tout en étant conscient du décalage, la plupart des astrologues depuis l'époque de Ptolémée au second siècle de notre ère ont choisi d'utiliser le zodiaque fondé sur les points équinoxiaux mobiles (on l'appelle le zodiaque tropical), plutôt que sur les constellations[2].

Ce qu'il semble dire, c'est que la plupart des astrologues se contentent de reprendre ce qui est écrit dans de vieux manuels, plutôt que d'essayer d'expliquer ce qui se passe réellement selon eux.

Nous apprîmes que Peter Whitfield partageait notre conception, à savoir que les cycles astraux et différents événements furent observés au cours du temps et qu'en résultat, on imagina un lien supposé entre ce qui se passait dans le ciel et ce qui survenait aux hommes sur Terre :

Si des schèmes répétitifs de jours fastes et néfastes étaient accolés à des observations de phénomènes célestes le même jour, alors, sans aucun doute, nous nous dirigions vers la création d'une astrologie individuelle. Grâce à la survie des premiers horoscopes en écriture cunéiforme, il est certain que ce mouvement liant les mouvements des planètes aux jours fastes et néfastes intervint vers 400 AEC [en Mésopotamie]. Dans ces tablettes, les positions des planètes sont fournies avec les signes du zodiaque et des interprétations concernant l'avenir de l'enfant sont parfois exprimées[3].

Ce fut au cours de cette période de prolifération astrologique et de propagation de l'idée d'une destinée astrale pour les individus (en dehors du roi),

1. Bill Anderton, *Life Cycles*, Quantum, 1990.
2. Robert Parry, *Astrology's Complete Book of Self-Defence*, Quantum, 1990.
3. P. Whitfield, *Astrology, a History*, The British Library, 2001.

que le mot « Chaldéen » (signifiant Sumérien, Babylonien ou Mésopotamien) devint un synonyme de diseur de bonne aventure, de devin ou d'astrologue dans la Bible. La principale contribution des Chaldéens à la science s'opéra dans le domaine de l'arithmétique et de l'astronomie, mais dans les deux cas, les observations étaient effectuées dans l'intérêt de la divination. Le professeur Richard Dawkins n'aurait certainement pas approuvé leurs motivations.

Mais ces devins furent les premiers observateurs à avoir rapporté par écrit les résultats de leurs études du ciel dans un langage qui puisse être déchiffré. Comme nous l'avons dit dans *Uriel's Machine*, l'écriture a grandement accru le taux d'innovation à l'intérieur d'une société, car elle rendait beaucoup plus simple l'échange d'informations entre un plus grand nombre d'individus et même entre générations différentes. En contemplant les tablettes de Vénus du British Museum, nous nous sentions très proches des prêtres astrologues qui avaient collecté toute cette masse de données au cours de tant d'années. Nous savions que les Chaldéens étaient des fous de listes. Ils en faisaient pour tout : les événements astraux, les symptômes médicaux, les matériels, les configurations climatiques, les événements politiques... Mais ce n'est qu'en voyant la difficulté que nécessitait la confection d'une seule de ces listes gravées sur de la pierre dure, que nous avons commencé à mesurer la somme d'efforts requis.

Peter Whitfield a décrit l'apogée de l'astrologie chaldéenne :

> *Tout le ciel devint une tapisserie sur laquelle des motifs complexes et symboliques étaient constamment tissés et que l'astrologue essayait d'interpréter avec son art en pleine maturation. Mais le changement crucial, ce fut que ces schèmes célestes n'affectaient plus seulement le roi et sa cour, mais tous les individus. Dresser un thème zodiacal et être capable d'en extraire des significations devait requérir des aptitudes astronomiques et divinatoires. Et cela implique clairement l'existence d'un système de croyances relatif au pouvoir du ciel sur la vie humaine. Cette proto-astrologie combinait des aspects de science exacte avec des principes religieux et astrologiques* [1].

Mais ce furent d'autres civilisations qui profitèrent de ce travail fondamental. Peu après cette apogée, Babylone fut envahie, d'abord par Cyrus le Perse, en 539 AEC, puis par les Grecs d'Alexandre. L'utilisation de l'écriture cunéiforme déclina et, en 100 AEC, elle n'était plus utilisée que pour les textes religieux et astrologiques. Peu de temps après, les Chaldéens ne furent plus qu'un souvenir. Le sable recouvrit leurs grandes cités et leurs bibliothèques. Les textes gravés sur l'argile furent perdus et oubliés, jusqu'à

1. P. Whitfield, *Astrology, a History*, The British Library, 2001.

ce que des archéologues européens les exhument au XXe siècle en fouillant les grands tells du désert mésopotamien.

L'empire achéménide des Perses alla jusqu'à inclure l'Égypte, où Ptolémée développa les idées des Chaldéens en établissant des listes définitives de causes et d'effets. Voilà ce qu'il écrivait dans son *Tetrabiblos* sur l'influence des étoiles sur la vie humaine :

> *Quelques considérations suffisent pour se rendre compte qu'un certain pouvoir émanant de la substance éthérique éternelle se diffuse sur toute une région de la terre, qui simultanément est sujet à changement, dès lors que les éléments primaires sublunaires, le feu et l'air, sont incorporés et modifiés par les mouvements de l'éther.*

Tout cela ressemble fort à la description – que nous avons déjà mentionnée – que Michel Gauquelin fournit pour expliquer comment les étoiles contrôlent le moment de la naissance d'un bébé en envoyant des « messages cosmiques ». Intéressant ? Certes. Scientifique ? Non ! Et le fait que, encore dans des livres récents, des astrologues modernes puissent continuer à citer Ptolémée comme une source valide de connaissance astrologique ne pouvait manquer de nous troubler. La pensée de Ptolémée a peut-être influencé les idées du docteur Gauquelin. Puis, en étudiant plus attentivement le développement de l'astrologie chez les Grecs, nous commençâmes à comprendre pourquoi. Les anciens Grecs ont développé l'astrologie moderne et elle n'a plus changé depuis.

Les Grecs ont fusionné des idées provenant de Mésopotamie, de Perse, d'Égypte et de Palestine. Nous connaissions déjà l'influence des idées grecques sur la rédaction du Nouveau Testament, mais il est un fait qu'ils fondèrent aussi l'astrologie moderne. L'astrologie grecque se développa à partir de racines chaldéennes, comme un moyen de prédire la destinée du royaume, et elle devint le moyen individuel de dire l'avenir que nous connaissons aujourd'hui.

Mais où tout cela nous avait-il amené ? Où en était notre quête ? Le motif de la Shékinah, que nous trouvions dans *Le Testament maçonnique*, procédait-il d'une science empirique primitive ? Ou n'était-il que le balbutiement d'un absurde système divinatoire enjolivé que les Grecs systématisèrent plus tard ? Mais nous n'étions pas certains d'une chose toute simple : y avait-il réellement quelque chose à découvrir ? Colin Wilson nous avait assuré que, selon lui, il y avait bien quelque chose de réel derrière l'astrologie, mais jusque-là nous n'avions rien trouvé qui puisse nous convaincre qu'une véritable science pratique la sous-tendait. L'astrologie semblait avoir préservé toutes les superstitions et les séductions émotionnelles de cet ancien culte astral, mais elle ne paraissait pas avoir conservé grand-chose d'une science originelle – si tant est qu'elle ait existé. C'est alors que nous tombâmes sur une étude statistique récente qui relança note réflexion.

À LA RECHERCHE DE SCHÉMAS TYPES

En 1994, le réalisateur et photographe Günther Sachs décida d'entreprendre une recherche statistique et mathématique sur les affirmations de l'astrologie, une approche empirique semblable à celle que – nous pouvons l'imaginer – les Anciens avaient entreprise. Il n'est pas astrologue, pas plus que ses collaborateurs. En fait, ils admettent même que lorsqu'ils commencèrent leur étude, purement motivée par la curiosité, aucun d'eux ne « connaissait grand chose à l'astrologie ». Mais ils établirent un protocole qu'ils suivirent alors très soigneusement. Nous allons citer les termes de celui-ci en totalité, parce que nous considérons que les résultats de leur travail sont très importants :

> *1. Examiner au moyen d'une étude scientifique largement structurée l'effet possible des signes zodiacaux sur le comportement humain.*
>
> *2. Ne pas essayer de prouver qu'il existe une chose comme l'astrologie qui se trouverait au-dessus de la mythologie ou en rapport avec celle-ci, mais simplement chercher si elle existe, pour obtenir ainsi un résultat ouvert.*
>
> *3. Publier l'étude même si elle ne parvient pas à prouver l'existence d'une astrologie non mythologique. Cela pourrait également présenter un intérêt.*
>
> *4. Fonder la recherche exclusivement sur des données empiriques et ne pas interviewer d'astrologues.*
>
> *5. Examiner et expliquer scientifiquement tous les facteurs qui pourraient affecter les résultats statistiques.*
>
> *6. Indiquer de manière signifiante toute déviation notable s'écartant des résultats attendus et qui ne pourrait être expliqué par un pur hasard.*
>
> *7. Faire vérifier tous les calculs et les résultats par une autorité neutre idoine, comme une université*[1].

Ils travaillèrent avec un Institut de recherche européen extrêmement prestigieux, qui jouait le rôle de juge indépendant, l'*Institute für Demoskopie* d'Allensbach, et ils firent appel au Dr Rita Kunstler, une statisticienne de l'université Ludwig-Maximilian de Munich, pour les conseiller en matière de méthodologie statistique. Et leurs résultats sont aussi fascinants qu'inattendus.

Ils récupérèrent leurs données brutes auprès des autorités, des compagnies d'assurance et des organismes d'enquêtes et d'études de marché. Ils

1. Günther Sachs, *The Astrology File*, Orion, 1997.

collectèrent une importante base de donnés concernant les dates de naissance des criminels, des contrevenants au code de la route, les mariages et les divorces, les malades, les suicides, et bien d'autres sujets encore. Les lois sur l'informatique et les libertés les empêchèrent d'identifier les individus, mais ils purent obtenir des dates de naissance liées à des péripéties ou des événements particuliers de la vie. Dès qu'ils eurent à leur disposition les données brutes, l'équipe de Sachs se mit à les analyser et à publier les résultats. Il fut stupéfait par le degré d'hostilité auquel il fut d'emblée confronté.

C'était comme si j'avais ouvert les vannes. Je fus submergé par des torrents d'injures. « Occupez-vous de ce que vous savez faire ! Chassez les belles femmes pour vos photos ! » Je n'ai jamais imaginé jusqu'où pouvaient s'abandonner les universitaires et les érudits de tout poil. Sans arrêt, ils m'accusèrent d'utiliser une terminologie confuse. J'ai étudié les mathématiques dans une université suisse francophone. Le fait que les calculs fussent justes ne semblait pas intéresser mes contradicteurs.

Quand je publiai un second article concernant notre étude de 350 000 mariages, nous reçûmes des lettres par centaines. Nos calculs étaient incorrects, prétendaient-elles, dès lors que les grands nombres de mariages entre deux signes zodiacaux faisaient partie des cas classiques de prédictions auto-justifiées. Les hommes et les femmes qui croient en l'astrologie se rendent dans les agences matrimoniales avec la ferme intention de trouver un partenaire Bélier ou épluchent les petites annonces en quête d'une partenaire Lion. Peut-être. Mais aucun de ces esprits éclairés pourrait dire combien de tels cas existent. Nous examinons ce phénomène dans notre chapitre sur le mariage. Heureusement, personne ne nous accusera de faire des prédictions auto-justifiées de suicide, alors que nous avons aussi analysé ce profil. Personne ne peut sans doute prétendre qu'il existe des conseillers en suicide[1].

En lisant ce commentaire, nous commençâmes à nous demander si cette réaction hostile était une règle générale visant toute personne essayant d'examiner n'importe quelle sorte d'interprétation non conformiste. Nous avions incontestablement essuyé des critiques de l'établissement bien-pensant pour avoir exposé des conclusions indésirables. Et ces individus ne peuvent pas admettre des preuves contrôlables si vous ne les avez pas découvertes en utilisant les moyens qu'ils définissent comme conventionnels.

L'étude de Sachs utilisait un très grand nombre d'exemples. Et quand il réalisa des tests significatifs, l'Institut des statistiques, de l'université Ludwig-Maximilian, de Munich, contrôla sa méthode. Une chose était très claire : il avait réalisé ses tests d'une manière impartiale et avait tout fait pour éliminer les partis pris systématiques. Sachs avait commencé par étudier les ventes de livres astrologiques et par comparer les chiffres de ventes avec la

1. Günther Sachs, *The Astrology File*, Orion, 1997.

proportion des individus nés sous certains signes dans des zones de chalandise particulières. Il trouva des différences statistiques significatives pour dix signes astraux sur douze, un résultat qui n'aurait qu'une chance d'être obtenu par hasard sur dix millions (ce taux est bien au-delà de la proportion d'un pour cent retenue pour la plupart des tests statistiques ordinaires, comme pour les contrôles de qualité technique). Il basa son étude sur un échantillon de 313 368 ventes de livres astrologiques sur une période courant de 1991 à 1994. (Si vous voulez savoir quels signes sont les plus susceptibles d'être séduits par l'astrologie, lisez le livre de Sachs. De notre côté, nous ne nous intéressons qu'aux différences de comportements statistiquement signifiantes.)

Ensuite, Sachs étudia dix domaines différents de la vie sur lesquels il pouvait obtenir des données. Quand nous ne travaillons pas sur nos recherches historiques, nous sommes tous les deux des chercheurs professionnels et, de ce fait, nous ne pouvons contester ses méthodes ou ses modes d'analyses. Voici la synthèse de ses principales découvertes.

1. *Qui épouse qui ?* Il prit un échantillon de 717 226 personnes mariées et considéra leurs signes astraux pour voir s'ils correspondaient statistiquement aux corrélations amoureuses soulignées par l'astrologie. Son hypothèse zéro (le résultat attendu) supposait que les combinaisons se répartissaient aléatoirement entre les signes astraux. Or ce n'était pas le cas. Il identifia 144 combinaisons astrales possibles et parmi celles-ci, vingt-cinq paires avaient une récurrence beaucoup plus importante que ne le voudrait le simple hasard. Quand Sachs vérifia la probabilité pour que ce résultat ne fût que le fruit d'une coïncidence, il obtint un taux de 1 contre 50 000. Ce qui signifie qu'il y avait 49 999 fois plus de chances pour que ces combinaisons fussent le résultat de quelque facteur inconnu et non d'un simple hasard.

2. *Qui divorce de qui ?* L'échantillon pour ce test comptait 109 030 couples. La méthode utilisée était la même que celle pour les mariages. Une fois de plus, sur les 144 combinaisons possibles, il en trouva 25 qui se distinguaient de manière signifiante. Mais, cette fois, le degré de signification était bien inférieur. Une fois sur 26 tests, on pouvait considérer que le résultat n'était dû qu'au hasard. Ce n'était donc pas un résultat signifiant du point de vue statistique.

3. *Qui reste célibataire ?* Ce test fut fondé sur les données d'un recensement de 1990 couvrant l'intégralité de la population helvétique, soit 4 045 170 personnes. Cela fournit un échantillon de 2 731 766 personnes dans la tranche d'âge choisie, en l'occurrence les hommes en âge de se marier, ce qui, pour Sachs, allait de 18 à 40 ans. Il découvrit que certains signes astraux sont plus enclins à se marier que d'autres. Dans sept cas, ils s'écartaient de manière importante de l'hypothèse zéro avec un taux de 1 chance sur 10 000

pour que le cas soit dû au simple hasard. Cela démontre qu'il existe une typologie comportementale définie au sein de cet échantillon.

4. *Qui étudie quoi ?* Pour ce test, les données provenaient des services administratifs des universités et couvraient 231 026 sujets inscrits dans dix matières différentes. L'hypothèse zéro était que les signes astraux des étudiants se répartiraient au hasard entre les différentes disciplines. Avec douze signes et dix matières, il existait 120 combinaisons signe astral/discipline. Or il trouva 27 combinaisons qui s'écartaient de manière symptomatique de l'hypothèse zéro. Les chances d'obtenir ce résultat par hasard étaient de 1 sur 10 000 000. Ce résultat est donc tout à fait phénoménal. Des individus ont été condamnés à mort à cause d'un ADN, qui, pourtant, est beaucoup moins significatif, statistiquement parlant.

5. *Qui travaille dans quoi ?* Encore une fois, l'échantillon de base furent les données du recensement helvétique de 1990, avec toujours 4 045 170 sujets, mais cette fois 47 catégories d'activités. Cela donna 564 combinaisons possibles emploi/signe astral. Sachs identifia 77 écarts signifiants par rapport à l'hypothèse zéro, donnant un taux d'une chance sur 10 000 000 pour qu'il s'agisse d'une coïncidence. De nouveau, seul un fou pourrait nier qu'il y a ici une corrélation.

6. *Qui meurt de quoi ?* Ce test fut réalisé à partir du registre de toutes les morts recensées en Suisse entre 1969 et 1994, soit 1 195 174. Pour rendre le test vraiment instructif, seuls les décès de causes naturelles furent retenus, les morts violentes ou accidentelles étant écartées. Cela réduisit l'échantillon à 657 492 individus. Les 240 combinaisons possibles mort/signe astral révélèrent 5 écarts significatifs de l'hypothèse zéro, ce qui laisse un taux de 1 contre 270. Celui-ci peut paraître modeste au regard d'autres résultats de Sachs, mais il est encore intéressant statistiquement.

7. *Qui se suicide ?* À partir du registre des morts ci-dessus, Sachs isola un échantillon de 30 358 suicidés. Il trouva cinq combinaisons s'écartant beaucoup de l'hypothèse zéro. La probabilité pour que ce résultat soit une coïncidence était de 1 contre 1 000.

8. *Qui conduit comment ?* L'échantillon fut pris à partir de la base de données VELO des assureurs automobiles Britanniques. Il comprenait 25 000 déclarations de sinistres de 1996. Une fois de plus, Sachs trouva quatre signes qui s'écartaient de manière importante de l'hypothèse zéro, donnant un taux de coïncidence de 1 pour 10 000 000. Sachs considéra aussi un échantillon de 85 598 auteurs d'infractions à la circulation, d'après le registre central des infractions helvétiques. Et de nouveau, il identifia les quatre mêmes signes montrant des écarts significatifs par rapport à l'hypothèse zéro avec un taux de coïncidence de 1 pour 5 000.

9. *Qui commet quel crime ?* L'échantillon était de 325 866 condamnations pour 25 différents types de délits. Les données étaient fournies par le Bureau central des affaires criminelles helvétiques. Il y avait 300 combinaisons possibles crime/signe astral. Six de ces combinaisons s'écartaient considérablement du niveau neutre attendu, ce qui donnait un taux de coïncidence de 1 pour 10 000 000.

10. *Qui joue au football ?* L'échantillon fut cette fois les 4 162 footballeurs professionnels en Allemagne. Neuf signes astraux s'écartaient significativement de l'hypothèse zéro. Le taux pour qu'il puisse s'agir d'une coïncidence était de 1 pour 10 000 000.

Après avoir réalisé ces tests statistiques étonnants, Sachs demanda à ses conseillers statisticiens d'effectuer un contrôle des données extrêmement logiques. Les précédentes données furent mélangées et les dates réorganisées en douze signes artificiels avant de répéter les tests. En termes simples, il utilisa un générateur de nombres aléatoires pour regrouper les 365 jours de l'année en douze blocs totalement arbitraires. Voici sa propre description du processus.

> *Les statisticiens purent mélanger les données au hasard et créer des signes astraux dans le même ordre annuel, mais en leur affectant des dates de naissance artificielles (c'est-à-dire fausses). De cette manière, on obtint une année artificielle commençant le 6 avril, par exemple, suivie par le 11 novembre, etc.*
>
> *Si les affirmations des astrologues concernant les effets des signes astraux étaient invalides, cela voulait dire que nous allions trouver des résultats significatifs ici aussi. Cependant, nous ne trouvâmes pas de corrélations signifiantes entre les signes artificiels*[1].

Sachs résuma son travail de la manière suivante :

> *Le but principal de notre étude n'était pas de produire des résultats individuels intéressants. En réalité, ce n'était rien d'autre qu'un aspect secondaire divertissant de notre projet. En revanche, l'objectif avoué de notre recherche visait à établir s'il existait ou non une corrélation entre les signes astraux, d'une part, et les prédispositions et comportements humains, d'autre part.*
>
> *Nous l'avons prouvé : il y a corrélation*[2].

En dehors de notre collaboration pour l'étude des anciens mystères de la franc-maçonnerie, nous travaillons tous les deux dans la recherche. Robert enseigne les statistiques et les systèmes d'information aux étudiants de troisième cycle. Quant à Chris, il fait partie du principal organisme d'études de

1. Günther Sachs, *The Astrology File*, Orion, 1997.
2. *Ibid.*

marché. Nous pouvions tous les deux mesurer l'importance de ce que Sachs avait détecté ici, même si nous interprétions ses résultats avec légèrement plus de prudence, en disant que cette étude montre que l'on ne peut rejeter une corrélation entre les signes astrologiques de naissance et les différences de comportement. Ce que Sachs a démontré, c'est l'importance de cette corrélation, mais il n'a pas prouvé pour autant que l'astrologie fonctionne. En dépit de la qualité de son travail, il ne peut satisfaire le paramètre avancé par le professeur Stephen Hawking :

> *La véritable raison pour laquelle la plupart des scientifiques ne croient pas en l'astrologie n'est pas une question de preuve scientifique ou d'absence de preuve, mais c'est qu'elle ne concorde pas avec d'autres théories qui ont été testées par l'expérimentation* [1].

C'est peut-être pour cette raison que l'étude de Sachs est largement ignorée tant par la communauté scientifique que par le monde de l'astrologie. La première la rejette parce que, selon elle, elle se heurte à d'autres théories, et les partisans de l'astrologie doutent d'elle parce qu'elle ne confirme pas ce en quoi ils voudraient croire. Il semble que très peu de personnes observent les faits de manière neutre.

Toujours est-il que nous tenions peut-être là le premier élément de preuve de l'existence d'une véritable science d'observation derrière la tradition astrale des anciens juifs et du *Testament maçonnique*, même si les données ne paraissaient pas se relier directement à quoi que ce soit que nous ayons cherché.

Nous avions proposé un mot pour désigner la science astrale qui aurait pu exister : la « cosmocologie ». Ce terme désigne *grosso modo* l'étude des événements célestes à l'aube. Mais jusque-là, notre recherche n'avait pas permis d'identifier autre chose que de vaines superstitions et de jolis mythes articulés autour d'apparitions d'événements astraux peu fréquents. Notre scepticisme avait été ébranlé par les découvertes de Sachs selon lesquelles il existait des schémas types de comportements humains qui pouvaient être détectés en utilisant un filtre astrologique.

Nous avions là notre première preuve substantielle susceptible de nous encourager à chercher l'existence d'une ancienne science cachée dans les mythes et les rituels de la franc-maçonnerie. Mais il nous restait encore un long chemin à parcourir avant de pouvoir croire que des chefs glorieux naissaient quand la Shékinah apparaissait sous la forme d'une brillante lumière pré-aurorale. Il n'existait aucune banque de données pour tester les périodes

---

1. Stephen Hawking, *L'Univers dans une coquille de noix*, Paris, Odile Jacob, 2001 (*The Universe in a nutshell*, Transworld, Londres, 2001).

qui nous intéressaient, donc nous avions besoin de chercher d'autres preuves. La tâche paraissait impossible.

CONCLUSIONS

Au regard de notre recherche, nous étions sur le point de conclure que la franc-maçonnerie pouvait n'être rien de plus qu'un réceptacle de charabia astrologique. Nos découvertes antérieures laissaient entendre qu'il pouvait exister une tradition secrète, plongeant loin dans le passé, fondée sur une science d'observation fondamentale. Seulement au vu de nos plus récentes découvertes, nous étions forcés de nous demander si ce n'était pas purement une pseudo-science astrologique.

L'écrivain et chercheur Colin Wilson nous incita à étudier le développement de l'astrologie et la possibilité qu'il puisse s'agir d'un outil précis pour dire l'avenir. Nous découvrîmes qu'elle semblait partager exactement les mêmes racines que la croyance messianique juive et la tradition maçonnique. En revanche, nous ne repérâmes aucun fil secret menant à une science primitive.

Alors nous tombâmes sur l'importante étude statistique de Günther Sachs relative aux signes zodiacaux et aux modèles comportementaux. Il montrait une corrélation statistique significative entre les signes astraux et le comportement, mais il ne proposait aucune explication. Nous nous affectâmes alors la tâche suivante : s'il existait un schéma comportemental type statistiquement significatif concernant de grands groupes d'individus en fonction du moment de l'année où ils naissaient, pouvions-nous trouver des preuves montrant ce que cela pourrait signifier en termes d'effets sur les sociétés ?

Chapitre XIV

RÉALISER ET SE RÉALISER SOUS L'ÉTOILE

Apprendre et se battre

Nous avions passé treize années à rechercher les origines et la signification des rituels maçonniques pour découvrir qu'apparemment ils n'étaient guère plus que de l'astrologie institutionnalisée. Certes, la franc-maçonnerie s'était développée à partir d'une très ancienne astronomie et ses membres avaient fait partie des pionniers de la science moderne. Mais manifestement, seule une croyance superstitieuse – supposant que des conjonctions planétaires affectaient directement le monde – sous-tendait les rituels. Même Jésus-Christ se serait ostensiblement conformé à ces principes pour accomplir sa mission, bien qu'il échouât en fin de compte.

Mais les résultats des recherches de Sachs ont tout bouleversé en démontrant qu'il existait une corrélation très marquée entre le comportement humain et la date de naissance d'un individu.

En reconsidérant le point où nous étions parvenus, nous commençâmes à voir une nouvelle voie pour progresser.

« Les mouvements des étoiles et des planètes peuvent être ou ne pas être la cause de ces phénomènes, mais pensez-vous qu'ils puissent être impliqués dans les événements qui nous occupent, même s'ils ne sont que des repères ? demanda Chris, en tapotant sa montre. Quand nous lisons l'heure du jour, nous savons que ce n'est pas la montre qui crée le temps, mais c'est un bon indicateur du temps qui passe. Peut-être que de la même façon, les étoiles et les planètes peuvent ne pas avoir d'effets sur le comportement humain, tout en fournissant une sorte de comput naturel pour quelque chose d'autre qui, lui, produirait un effet.

– Oui, répondit Robert. Manifestement, ces gens n'ont pas pu développer ces idées autrement que par l'observation. Ils ont dû compiler leurs observations pour pouvoir les conserver et les comparer à d'autres phénomènes observés. Il est bien évident, à mon sens, que les étoiles et les planètes ne peuvent pas créer ou provoquer des motifs phénoménaux récurrents, mais nos anciens frères devaient croire qu'elles en étaient responsables. »

D'une manière ou d'une autre, des milliers d'années d'observation avaient en tous les cas amené une excellente compréhension du ciel et nous conclûmes qu'il était logique que les souverains aient voulu s'approprier cette connaissance et son opérativité. Les prêtres identifiaient les jours saints et les rois leur demandaient quand ils devaient se faire couronner ou quand leur armée devait marcher au combat. Le pouvoir des rois et des prêtres pouvait affecter toute la nation. Et l'apparition de la Shékinah aurait par conséquent engendré de grands événements comme la construction du temple de Salomon ou la croyance selon laquelle le Messie serait né. La conjonction de Vénus et Mercure ne provoquait pas ces événements, mais elle pouvait amener des individus puissants à leur donner une réalité.

En parlant de tous ces différents points, Robert se souvint d'un autre domaine de recherche intéressant.

« La situation que nous considérons ici me rappelle la théorie de la motivation qui sous-tend les techniques de "Formation Action" que nous utilisons à Bradford », remarqua-t-il.

Robert enseigne à la Bradford School of Management, l'une des principales écoles de commerce en Europe, où la technique de « Formation Action » aide les étudiants de troisième cycle à acquérir et à utiliser leur connaissance d'une manière efficace. Une partie importante de la méthodologie d'enseignement est d'identifier les moyens d'étude préférés de chaque étudiant, puis d'essayer de faire en sorte que les individus développent leurs forces et renforcent leurs faiblesses. Le succès de la technique repose sur l'identification et l'utilisation de la motivation à apprendre des étudiants.

Robert expliqua : « Le travail de recherche originel qui sous-tend cette technique de formation extrêmement efficace des étudiants supérieurs est une étude réalisée à l'université de Harvard. Elle visait à découvrir ce qui motive les individus pour savoir comment améliorer leurs aptitudes commerciales. Il faudrait que je reprenne ce travail plus en détail, mais pour autant que je m'en souvienne, il pourrait être très utile. La base de cette étude était une observation toute simple selon laquelle des sociétés et des cultures réussissent extrêmement sur le plan économique et d'autres pas. Et la différence reposerait dans le degré de motivation des individus impliqués. »

Deux jours plus tard, nous nous retrouvâmes et Robert sortit un épais volume rouge avec un gros titre blanc.

« Le voici, dit-il. L'ouvrage fondamental sur le thème de la motivation : *The Achieving Society*, de David C. McClelland.

– Eh bien, regardons s'il peut nous aider. »

– Au cours des années, les scientifiques comportementalistes ont noté que certains individus ressentent un intense besoin de réaliser, ou surtout de réussir quelque chose ; d'autres, peut-être la majorité, ne paraissent pas aussi concernés par l'idée de réussite ou de performance. »

Robert feuilleta le livre et ouvrit les pages qu'il avait marquées avec des Post-it jaunes. « McClelland était fasciné par la motivation animant certains individus pour réussir et son absence chez d'autres. Ce livre distille vingt années d'étude par d'excellents psychologues comportementalistes de l'université d'Harvard. »

« J'imagine que le travail de McClelland a été largement salué, dit Chris.

– Oh, il est impeccable, répondit Robert. Son travail est la source définitive dans le domaine de l'étude des motivations et ses techniques sont devenues un outil de base pour la psychologie commerciale. »

Dans son livre, McClelland explique que sa recherche l'a amené à croire que le besoin de réussir est un trait spécifique des humains qui peut être distingué des autres besoins. Plus important encore, ce besoin de réaliser quelque chose peut être isolé et évalué dans n'importe quel groupe. Il a appelé le phénomène la *n-performance* (*n-achieving*), une abréviation pour son concept de *nécessité de performance*, ou *de réussite*, inné. Dans sa quête, il est allé bien au-delà des limites normales de la psychologie et a développé des méthodes innovantes pour analyser les niveaux de réussite ou de réalisation de toute une série de sociétés, de la Grèce antique aux USA de la première moitié du XXe siècle.

McClelland était convaincu que le niveau de motivation pour la *n-performance* pouvait être amélioré et accru chez les individus. À cette fin, il développa des programmes de formation pour les commerciaux qui étaient conçus pour accroître la motivation pour la réussite. Mais il ne parvint jamais tout à fait à prendre en compte les niveaux de *n-performance* inhérents qu'il pouvait mesurer dans tout un ensemble de sociétés différentes. Ce que son travail montrait clairement, c'est que les sociétés traversaient un cycle de croissance économique suivi par un déclin et que ce cycle était étroitement lié au niveau de *n-performance*, qu'il mesura dans les sociétés en question. Citons-le :

> *Admettons, pour l'intérêt de la discussion, qu'une partie de la « poussée » favorisant le développement économique provienne d'une caractéristique psychologique qui est grossièrement reflétée dans nos mesures de* n-performance. *Qu'en déduire alors ? Pourquoi certains peuples ou individus ont-ils davantage de* n-performance *à certains moments que d'autres ? Est-ce une question d'hérédité raciale, d'environnement, ou peut-être de certains désavantages économiques, politiques ou sociaux*[1] *?*

---

1. David McClelland, *The Achieving Society*, New York, The Free Press, 1961.

McClelland allait peut-être pouvoir nous aider à comprendre les caractéristiques de certains individus marqués par la réussite et indirectement celles des messies.

Il appliqua et démontra l'efficience de sa méthodologie dans les sociétés existantes en exécutant des interviews détaillées avec des groupes d'individus appartenant à différentes cultures. Puis il compara les résultats avec ceux qu'il avait prédits en utilisant sa méthode d'approche de la littérature et des objets de décoration. Ensuite il put établir des caractéristiques comportementales génériques des individus ayant un fort taux de *n-performance.* Et finalement, il fut en mesure de démontrer que les facteurs qui distinguent les degrés élevés de *n-performance* se retrouvent dans toutes les cultures qu'il avait étudiées. McClelland décrit les schémas comportementaux des détenteurs de forts taux de *n-performance* de la manière suivante :

1. Ils sont associés à une plus grande fréquence de mouvements expressifs, ce qui inclut une tendance à éviter la répétition (ce trait distinctif aida McClelland à identifier de tels individus dans les sociétés non cultivées, notamment par leur utilisation d'une décoration caractéristique).
2. Ils produisent toujours un plus haut niveau de performance quand on leur offre des stimulations.
3. En matière de couleurs, ils préféreront utiliser le bleu et le vert plutôt que le rouge ou le jaune.
4. Ils présentent un plus grand degré de mobilité géographique et sociale que les individus justifiant d'un degré de *n-performance* inférieur.
5. Ils mettent beaucoup plus l'accent sur les compétitions, notamment sportives, que les individus ayant une moindre *n-performance.*
6. Ils ont comparativement une perception beaucoup plus rapide du temps que les individus à moindre taux de *n-performance.*

McClelland achevait son résumé en disant :

> *Les individus ayant un haut degré de* n-performance *se comportent de certaines manières caractéristiques, mais si on les interroge, ils ne répondent pas toujours avec les attitudes ou convictions que leur comportement semblerait impliquer*[1].

McClelland décrit une expérience dans laquelle il demande à un groupe d'enfants, dont il a précédemment évalué le degré de *n-performance*, de lancer un anneau sur un bâton planté dans le sol. Pendant l'expérience, on les laissait se placer à la distance qu'ils voulaient, aussi bien très près que très loin. Il découvrit que les enfants ayant un haut taux de *n-performance*

1. David McClelland, *The Achieving Society*, New York, The Free Press, 1961.

choisissait de se tenir à distance modérée du bâton, mais ceux qui avaient un taux faible se positionnaient soit très près soit très loin de la cible.

McClelland expliqua le résultat en disant que les forts taux de *n-performance* préféraient prendre des risques modérés et donc ils se plaçaient là où ils avaient le plus de chance d'assouvir leur instinct subjectif de réussite. Autrement dit, s'ils étaient trop près, la tâche allait être trop facile et ne leur apporterait pas de satisfaction personnelle. Mais s'ils se mettaient trop loin, ils avaient moins de chance d'atteindre la cible et donc moins de chance d'obtenir la satisfaction de gagner, dans la mesure où ils ont tendance à considérer chaque cible atteinte comme une question de chance plutôt qu'une question d'habileté [1].

Donc les individus montrant un fort taux de *n-performance* se fixent des buts modérément difficiles mais potentiellement accessibles. Mais est-ce que ce type d'individus se comportait toujours de la même façon ? McClelland conclut qu'ils ne se comportaient ainsi que s'ils avaient une influence sur le résultat. Dans des tests où la chance seule intervenait, par exemple des jeux de hasard, ils agissaient comme n'importe quel autre individu. Donc les personnes motivées par la réussite ne sont pas joueuses : elles préfèrent travailler à la résolution d'un problème plutôt que d'en laisser l'issue entre les mains de la chance.

Ceux qui ont un taux bas de *n-performance* pourront aussi bien avoir un penchant pour les jeux d'argent et prendre un grand risque parce que l'enjeu est au-delà de leur pouvoir – et dans ce cas, ils pourront facilement écarter leur responsabilité personnelle s'ils perdent. Ou alors, s'ils sont conservateurs, ils choisissent de prendre les plus infimes risques avec un gain certes moindre, mais plus sûr, et de cette manière il y a peu de chance pour qu'on puisse les blâmer de quoi que ce soit.

Les hauts taux de *n-performance* sont entre les deux. Ils prennent un risque modéré parce qu'ils sentent que leurs efforts et leurs aptitudes leur permettront d'influencer le résultat. Dans les activités commerciales et économiques, ce réalisme agressif est la marque des entrepreneurs qui réussissent.

McClelland chercha aussi à savoir comment les plus hauts taux de *n-performance* aimaient être récompensés. Il découvrit qu'ils n'étaient pas motivés par ce que les économistes pourraient appeler l'« appât du gain ». Il étudia les histoires de groupes d'individus à fort taux de réussite comme les quakers et les dissenters [dissidents de l'Église anglicane] d'Angleterre. Il découvrit que s'ils connaissaient souvent le succès en affaires, ils ne paraissaient pas très intéressés par le profit réalisé – et apparemment pas réalisé pour leur intérêt individuel. Souvent ils réinvestissaient immédiatement les importants

1. David McClelland, *The Achieving Society*, New York, The Free Press, 1961.

profits acquis pour développer encore davantage leurs affaires. McClelland observa qu'au demeurant, leur religion interdisait aux quakers de profiter ostensiblement de leur richesse. Donc, à moins qu'ils aient été des hypocrites absolus, l'argent ne pouvait être leur force motrice. Si ce n'était pas l'appât du gain qui les animait, cette accumulation d'argent devait être motivée par autre chose. Il suggéra que le profit jouait un rôle important dans la société parce que l'argent était un symbole de réussite. « Un homme qui a d'importants revenus a plus de chances d'être respecté, non pas à cause de ses revenus eux-mêmes, mais parce que l'on suppose que c'est un indice de sa compétence. »

Mais le travail de McClelland dépassait le problème de la motivation individuelle pour s'intéresser particulièrement aux motivations collectives et même nationales. Il avait remarqué que, tout au long de l'histoire, les sociétés n'avaient pas toujours la même motivation pour le succès et il confronta ces niveaux de motivation au degré d'activité économique. Toutes ses courbes montrent des cycles de croissance, de pics et de déclins dans les activités économiques des sociétés. Et tous ces cycles peuvent recommencer régulièrement.

McClelland utilisa différentes techniques, y compris l'analyse de la littérature qui était étroitement liée au degré d'activité économique au sein d'une même société, avec approximativement un décalage d'une cinquantaine d'années. Par exemple, l'époque de la reine Élisabeth Ire (début du XVIIe siècle) produisit de nombreux grands auteurs et dramaturges, dont Shakespeare, Marlowe et Ben Johnson, à une époque où la nation connaissait une phase importante de développement et de réussite, alors que les pics économiques n'intervinrent qu'au milieu du XVIIe siècle.

Assurément, le travail de McClelland était fascinant. Mais y avait-il une possibilité d'utiliser ses analyses comportementales de société particulières pour expliquer nos découvertes concernant le mythe du Messie/Shékinah ?

Les grands leaders et les « capitaines d'industrie » dont il parlait ressemblaient apparemment aux rois, aux prêtres et aux messies que nous avions étudiés. La principale différence entre nos différents sujets était le mode d'identification. Nous avions découvert une croyance selon laquelle des individus connaissant la « réussite » naissaient quand la brillante étoile du matin se trouvait sur l'horizon oriental, juste avant le lever du Soleil. McClelland quant à lui avait isolé des facteurs qui conduisaient des individus à réussir quelque chose. Mais il avait aussi découvert ce même schéma type de périodes d'activité intense suivies de périodes de moindre performance, avant que tout le cycle ne recommence.

Peut-être que les grands chefs qui croyaient dans le pouvoir de la Shékinah considéraient ses apparitions comme des « permis de réussir » ou tout au moins des « permis de réaliser ». Cette hypothèse nous paraissait parfaitement sensée.

Il nous semblait parfaitement raisonnable que les chefs qui croyaient dans le pouvoir de la Shékinah aient pu utiliser ses apparitions comme une « permission de réaliser quelque chose ». Mais ce ne fut qu'en confrontant les dates de réussites maximales des sociétés étudiées par McClelland à nos propres chronologies liées à la Shékinah que nous repérâmes de possibles conjonctions.

Chevaucher les cycles du succès

La recherche de McClelland s'était initialement concentrée sur l'importance de son listing des *n-performances* comme moyen d'expliquer les grandes phases de croissance économique. Mais il était conscient d'avoir limité ses investigations au développement économique moderne, des sociétés dans lesquelles on avait adapté la division du travail et le système industriel à la technologie. Or il cherchait une théorie générale de la motivation qui puisse s'appliquer en toutes circonstances. Il se demanda si les croissances économiques du passé avaient été différentes d'une certaine manière et si elles avaient pu être provoquées et influencées par d'autres motivations. Comme il l'expliquait, la question était d'un intérêt particulier pour lui :

> *Finalement, ce fut un fait historique, la connexion entre la Réforme protestante et l'essor du capitalisme, qui donna naissance à mon hypothèse première. Pouvons-nous rassembler des données qui puissent soutenir plus directement cette interprétation ? [...] Est-ce qu'une augmentation de la motivation précédait la croissance économique dans différents pays du passé et est-ce que sa baisse précédait le déclin économique ?*
>
> *Par chance, il existe une méthode pour réunir les données permettant de répondre à de telles questions. Le système analytique de recherche du taux de* n-performance *s'appliquait originellement à des histoires écrites par des individus en particulier, puis aux contes populaires et aux histoires d'enfants. Mais il peut aussi être appliqué à n'importe quelle littérature de fiction qui nous vient de civilisations passées. En outre, avec un peu d'ingéniosité, on peut normalement satisfaire nos besoins en matière de données concernant l'activité économique, ce qui nous évite d'avoir à nous creuser la tête pour savoir si un pays se développait ou déclinait économiquement et quand. Le présent chapitre présente tout ce qui a été accompli jusqu'à maintenant pour appliquer l'approche utilisée dans le précédent chapitre aux problèmes historiques*[1].

1. David McClelland, *The Achieving Society*, New York, The Free Press, 1961.

En particulier, McClelland étudia en détail la proportion de *n-performance* dans les sociétés du passé en observant ce qui se passait en matière de réussite économique au sein de ces mêmes sociétés. Il choisit quatre cultures très différentes afin de couvrir un large champ d'époques historiques : la Grèce antique, l'Espagne à la fin du Moyen Âge, l'Angleterre de la fin du Moyen Âge à la Révolution industrielle et les États-Unis d'Amérique de 1800 à 1950.

Sa technique était ingénieuse. Il avait besoin de deux mesures statistiques, une pour fixer le taux général de *n-performance* et l'autre pour établir le niveau de développement économique, afin de pouvoir comparer les deux données. Quand il s'intéressait aux individus d'aujourd'hui, il pouvait utiliser un questionnaire. Mais pour au moins trois des périodes retenues, tous les membres des sociétés concernées étaient morts depuis longtemps. Ce qui veut dire qu'il ne pouvait pas les interroger directement. Donc il décida d'étudier les écrits et les objets des sociétés en question et développa sa technique de décryptage du contenu des ouvrages, car il pensait en effet qu'une sélection de textes pouvait exprimer de manière adéquate les espoirs et les craintes d'une partie de la société et au moins la portion qui avait de l'importance en matière de croissance économique. Il étendit ensuite avec succès son mode d'analyse aux décorations des céramiques.

Il avait déjà identifié un schéma commun de « croissance-apogée-déclin » dans de nombreuses civilisations anciennes. Mais il était beaucoup plus problématique d'assigner des dates exactes à la présence de ce schéma dans le développement d'une civilisation. Voici comment il décrit ce processus pour la Grèce :

Les historiens de l'Antiquité sont d'accord pour dire qu'Athènes atteignit son apogée au Ve siècle AEC, autrement dit, au moment de l'« âge d'or » de Périclès. Le développement de l'Ionie, où Homère aurait vécu, intervint plus tôt et celui de Sparte et de la Béotie, patrie d'Hésiode, fut peut-être un peu plus tardif, au moins si on le juge à l'aune de leurs succès militaires sur Athènes. Par conséquent, l'année 475 AEC fut choisie assez arbitrairement comme la date précise qui sépara la période de croissance de celle d'apogée, parce qu'elle semblait opportunément n'être ni trop tardive pour l'Ionie et Athènes, ni trop prématurée pour Sparte et Béotie. Cette date correspond aussi au moment où Athènes organisa la ligue de Délos, la grande fédération maritime de cités-États grecques qui parvint à chasser définitivement les Perses de la mer Égée. À la fin du Ve siècle, Athènes perdit la guerre du Péloponnèse contre Sparte et son déclin commença. À son tour, Sparte fut vaincue par les Thébains de Béotie, sous le commandement d'Epaminondas en 369 AEC. Mais avec la mort de ce dernier en 362 AEC, les Thébains perdirent leur influence face à Philippe de Macédoine qui venait des contrées perdues du Nord. Donc, 362 AEC, fut arbitrairement choisie comme date marquant la fin de l'apogée des cités-États, tout en admettant qu'elle était un peu tardive par rapport à Athènes et l'Ionie.

Ces décisions fixaient les limites suivantes pour les trois périodes :
Période de croissance : 900 à 475 AEC.
Période d'apogée : 475 à 362 AEC.
Période de déclin : 362 à 100 AEC.

Cette découverte fut fascinante pour nous : elle montrait que la culture grecque – dont nous savions déjà qu'elle avait exercé une grande influence sur les juifs de l'époque du temple de Zorobabel jusqu'à celle du Nouveau Testament – avait connu un cycle de croissance-apogée-déclin coïncidant avec le schéma d'apparition de la Shékinah. Cette dernière – après une longue période de disparition attribuée aux fautes des successeurs de Salomon – avait entamé un nouveau cycle d'apparitions en 487 AEC. Les juifs bénéficièrent de leurs interactions avec les marchands grecs et la puissance – notamment militaire – des cités-États grecques contrebalançant celle des Perses dut inciter Cyrus et Darius à permettre la reconstruction de Jérusalem pour faire office d'État tampon contre l'expansion des Grecs.

Nous avions là une explication possible de l'importance du mythe de la Shékinah à l'époque de la rédaction de l'Ancien Testament. La Shékinah – la gloire de la présence de Dieu dans le ciel pré-auroral – avait été vue pour la dernière fois lors de la dédicace du temple de Salomon présentée comme le triomphe biblique dans le Livre des Rois qui venait à peine d'être rédigé. Le retour de la Shékinah coïncida avec une période de turbulence économique et politique, qui bénéficia aux juifs, comme l'avaient prédit les anciens mythes.

Nous pouvions aisément comprendre comment ces peuples avaient pu voir ces événements – les bons comme les mauvais – comme la volonté de Dieu. Dès que la Shékinah apparaissait, ils se sentaient confiants et prêts à entreprendre et à réussir. Dès qu'elle disparaissait, ils se mettaient à avoir peur de l'avenir, se renfermaient, et ainsi les prophéties d'échec et de déclin se réalisaient. Et malheureusement, même s'ils restaient confiants de manière irréaliste (comme lorsque les enfants se tenaient trop loin pour lancer leur anneau sur le bâton), ils échouaient de toute façon.

Concernant son étude de la croissance et du déclin du taux de *n-performance* dans la Grèce antique, McClelland écrivait :

Les tests montrent que de telles différences au cours du temps peuvent difficilement être dues au hasard... Que signifient les résultats ? La n-performance *est-elle une sorte de « cause première » qui apparaît et disparaît* ex nihilo *et fait que les civilisations se développent et déclinent ? Ce n'est clairement pas le cas.*

Nous savons aujourd'hui beaucoup de choses sur ce qui fait croître ou baisser les niveaux de n-performance *et pratiquement tous les déterminants sont d'origine sociale... La richesse économique, nonobstant le niveau de* n-performance, *ne peut*

> *se construire en une seule génération pour toute une société. Mais la séquence d'interactions entre l'homme et la société doit être décrite quel que soit le nombre de générations que cela prend*[1].

L'étude de McClelland sur la motivation et la réussite économique décrit en détail comment il mesura cet effet. Nous n'avons pas l'intention de discuter ici de ses méthodes qui sont totalement acceptées par la communauté universitaire. En revanche, ce qui nous intéresse davantage, c'est de parler des découvertes que nous avons faites en étudiant son analyse.

Donc, ensuite, nous sommes passés à la période suivante traitée par McClelland. Nous avons surtout noté qu'elle coïncidait avec un autre pic de la Shékinah, celui qui inspira à Sir William Saint-Clair la planification et la construction de Rosslyn en 1441. McClelland avait observé les niveaux de *n-performance* dans l'Espagne médiévale sur une période allant de 1200 à 1700. Voici la synthèse de ses découvertes :

> *Période de croissance (économique et* n-performance*) : 1200-1492.*
> *Période d'apogée : 1492-1610.*
> *Déclin : 1610-1730.*

McClelland explique :

> *Les résultats ressemblaient beaucoup à ceux obtenus pour la Grèce antique et ils confirmaient la connexion entre la motivation pour les performances ou la réalisation de quelque chose et la croissance économique alors que tant l'époque que la culture étaient totalement différentes...*
>
> *Les résultats de ces deux études sont suffisamment encourageants pour justifier un examen plus attentif de la relation entre les « vagues » successives de motivation pour la performance et les « poussées » de croissance économique au sein du même pays.*

Nous savions que Sir William Saint-Clair, le bâtisseur de Rosslyn et le fondateur de la franc-maçonnerie, avait, dans sa jeunesse, parcouru les routes du pèlerinage de Saint-Jacques de Compostelle, avant de revenir en Écosse[2]. Donc William put être le témoin direct de l'élan de haute motivation qui émergeait alors en Espagne. Conscient du retour imminent de la Shékinah, prédit tant par les croyances énochiennes que par les croyances norroises, il ne pouvait qu'aspirer à marquer l'occasion en élevant un nouveau temple et un nouvel ordre pour préserver les anciennes traditions. Et pouvons-nous le blâmer pour avoir cru que les manifestations dont il était témoin oculaire

1. David McClelland, *The Achieving Society*, New York, The Free Press, 1961.
2. T. Wallace-Murphy et M. Hopkins, *Rosslyn : gardien des secrets du Graal*, Trédaniel, Paris, 1999.

confirmaient les enseignements secrets de la brillante étoile du matin ? On ne peut s'étonner que ce mythe puissant imprègne *Le Testament maçonnique.*

Nous connaissions particulièrement bien la période suivante étudiée par McClelland. En revanche, elle ne coïncidait pas avec nos schémas de manifestation de la Shékinah. Cependant, ce fut une époque où les francs-maçons d'Écosse et d'Angleterre témoignèrent d'un intérêt marqué pour l'astrologie. Cette période va de 1500 à 1800 et a pour cadre l'Angleterre. Voici les taux de *n-performance* découverts pour l'Angleterre :

Croissance : 1600-1690.
Stagnation : 1700-1780.
Nouvelle croissance : 1790-1833.

L'amorce de la phase de croissance [premier pic dans la table ci-dessus], que nous avons estimée entre 1600 et 1690, est intervenue plus probablement au cours de la dernière moitié du XVIe siècle... Le résultat obtenu est une confirmation intéressante et potentiellement importante de nos théories – non testées pour la Grèce et l'Espagne – selon lesquelles la n-performance *doit atteindre son apogée au début des phases de croissance économique*[1].

Il n'y a ici aucun lien avec la Shékinah, mais les résultats suggèrent que les attentes de la société se reflètent dans les événements politiques et économiques. C'est au cours de cette période que les attentes et espoirs de la franc-maçonnerie donnèrent naissance à la science moderne sous la forme de la Société royale (*Royal Society*)[2].

Enfin, McClelland étudia une période très intéressante pour nous : les USA de 1800 à 1950. En effet, les motifs du *Testament maçonnique* prédisaient qu'un pic d'activité économique et politique allait intervenir dans les quarante années suivant 1913 (donc avant 1953). Nous étions bien conscients que ce laps de temps couvrait le grand crash de Wall Street en 1929, la dépression qui suivit et les deux guerres mondiales. McClelland voyait cette période dans un contexte plus large :

Ce qui arrive à la motivation pour la performance dans les États-Unis d'Amérique au cours des deux siècles passés n'est pas seulement un sujet d'un grand intérêt, mais cet examen permet de combler un trou dans [notre étude des] documents historiques occidentaux qui couvrent une période plus ou moins continue allant de 1300 à aujourd'hui. D'abord, nous avons noté une brève vague de motivation pour la performance dans l'Espagne de la fin du XVe siècle, suivie par une vague semblable – mais quelque peu plus longue – en Angleterre au milieu du XVIe siècle. Puis on assiste à une pause et une phase beaucoup plus importante précède la Révolution

1. David McClelland, *The Achieving Society*, The Free Press, New York, 1961.
2. Robert Lomas, *The Invisible College*.

> *industrielle anglaise. Là les preuves documentées manquent jusqu'à ce que nous retombions dessus [sur une poussée de réussite économique] autour des années 1920 [aux USA] et que nous redécouvrions une vague majeure de motivation pour la performance qui se manifesta principalement dans les pays sous-développés au cours de la décennie 1950-1960* [1].

Cela pourrait suggérer que le motif de la Shékinah coïnciderait avec des rythmes de développement social à plus long terme (mais pas pour les raisons avancées dans la Bible ou *Le Testament maçonnique*). Si vous voulez comprendre les schémas types de comportements humains qui, selon McClelland, sous-tendent les cycles, nous vous recommandons vivement de lire son livre. Il traite en détail des causes et de leurs manipulations en vue d'améliorer la performance économique.

Mais pour nous, McClelland avait encore une surprise dans sa manche. Il étudia en effet les variations du taux de *n-performance* dans le Pérou pré-Inca sur une période de 1 500 ans allant de 800 AEC à 700 EC. Il effectua cette analyse en étudiant les quantités et les marques des urnes funéraires. Deux cent cinquante-quatre urnes ont été trouvées appartenant à la culture qui vivait sur la côte nord du Pérou. Et il était possible de les redistribuer dans un ordre chronologique fiable. McClelland entreprit cet exercice afin de « fournir des outils utiles pour étudier les civilisations qui n'ont pas laissé de documents écrits, mais des "marques" visibles. » Ainsi, il avait développé une technique d'analyse des « gribouillages » et des styles de décoration des poteries, pour identifier les niveaux de *n-performance* et il l'avait utilisée sur les céramiques grecques pour confronter les résultats obtenus à ceux qu'il possédait déjà grâce aux techniques de décryptage des textes. La nouvelle technique fonctionnait, et il décida donc de l'utiliser sur des civilisations n'ayant pas laissé d'écrits.

À partir des plus anciens échantillons trouvés, son analyse péruvienne montre un déclin du taux de *n-performance* autour de 900-800 AEC. Ce bas niveau perdure jusqu'à 400-500 EC, moment où le taux remonte. 987AEC marque un pic de la Shékinah, comme 473 EC. Il faut noter qu'il n'existait aucun échantillon de céramique disponible pour cette étude couvrant la période 700-300 AEC. Donc, s'il y eut un pic de Shékinah au Pérou à cette époque, l'étude ne disposait d'aucune donnée pour l'identifier.

Finalement, des cinq sociétés performantes que McClelland avait étudiées, pas moins de cinq avaient atteint des pics de réussite coïncidant avec des apparitions de la Shékinah dans sa dimension de brillante étoile du matin se levant juste avant le Soleil. Nous décidâmes à notre tour de vérifier si cette

1. David McClelland, *The Achieving Society*, The Free Press, New York, 1961.

concomitance pouvait être due au hasard. Robert ouvrit sur son ordinateur un programme statistique. Il voulait vérifier la proportion de chances pour que cinq pays sur six puissent connaître un pic de succès coïncidant avec l'apparition dans le ciel pré-auroral d'une conjonction Vénus-Mercure de la Shékinah. Au final, ses calculs établirent que les chances pour que ces concordances Shékinah/pics de croissance soient survenues par hasard dans cinq cultures sur six étaient inférieures à une contre mille.

Naturellement, cette analyse ne signifie pas que la Shékinah provoquait les pics de réussite. Et la question de savoir pourquoi ces pics interviennent au même moment que la Shékinah reste ouverte.

McClelland expliqua que son travail devait notamment être « utile pour déterminer quelles cultures étaient en phase de croissance ou en phase de déclin et quelles cultures étaient susceptibles de conquérir qui ? [1] » Dans un coin de notre tête, nous nous dîmes qu'il serait judicieux de vérifier si cette méthode pouvait être utilisée pour étudier la proto-écriture du peuple des poteries cannelées, car la technique de McClelland semblait prometteuse pour la compréhension de cette documentation de valeur. Mais jusqu'à maintenant, nous n'avons pas eu l'occasion de le faire.

Finalement, nous revenions aux questions initiales : y a-t-il quelque chose de réel derrière les motifs récurrents et les observations célesto-événementielles que *Le Testament maçonnique* et la Bible nous ont transmis ? Nos recherches montrent que les pics d'activités politique et économique interviennent exagérément souvent apparemment dans les périodes de levers hélicoïdaux de la Shékinah, la « brillante étoile du matin ».

McClelland était convaincu que le taux de *n-performance* des individus et leur motivation pouvaient être améliorés et accrus. Aussi développa-t-il des programmes de formation pour les commerciaux et les hommes d'affaires afin d'améliorer leur motivation pour la performance. Avait-il redécouvert sans le vouloir une technique vieille de 6 000 ans ; une technique peut-être utilisée par les prêtres astronomes éminemment performants du peuple des poteries cannelées ?

Pour synthétiser, McClelland avait montré que la plupart des sociétés traversaient des cycles de croissance économique suivie d'un déclin et que ces cycles étaient étroitement liés au niveau de *n-performance* qu'il avait pu mesurer dans ces sociétés. Les prêtres des poteries cannelées contrôlaient les excédents économiques que leurs sciences prédictives créaient. Et grâce à ces ressources, le pouvoir venait, la population croissait et on se procurait encore davantage de ressources exploitables. Leur civilisation s'étendit et leur succès motiva leurs enfants, qui, à leur tour, motivèrent leurs propres enfants

1. David McClelland, *The Achieving Society*, The Free Press, New York, 1961.

nés sous la lumière bienveillante de la déesse. Il semble qu'ils aient créé une des vagues de réussite économique de McClelland grâce à une croyance motivante, en l'occurrence que leur destinée était inspirée par les divinités.

Nous avions découvert que l'Ancien Testament juif reflétait une conception cyclique de l'histoire dont McClelland a démontré l'effectivité. Les éléments fondateurs majeurs du judaïsme, le Déluge, l'Alliance d'Abraham, Moïse et l'Exode, le temple de Salomon, la reconstruction du temple, la naissance de Jésus, furent tous situés à des moments clés du cycle de la Shékinah par les rédacteurs de la Bible.

Cette croyance fournit aux auteurs du *Testament maçonnique* une structure de l'univers et elle posa les fondations de la science moderne en suggérant que Dieu a formulé les lois de la nature que l'homme doit découvrir. Le message sous-jacent est resté le même : il dit que Dieu a un but si vous le recherchez et que le destin de l'humanité n'est pas indépendant des mystères cachés de la nature et de la science. La science n'a peut-être plus de rôle pour Dieu, mais elle a encore une place majeure pour Son but, qu'elle a rebaptisé les « lois de la physique ».

Il nous semble que deux mécanismes sont ici à l'œuvre. L'un est le motif cyclique – avec une durée de 480 années – des manifestations de la brillante étoile du matin, flamboyant dans le ciel pré-auroral. L'autre est une série de vagues de performances et de réussites qui, de temps en temps, coïncident avec ces apparitions célestes. Mais McClelland avait aussi montré que ces vagues pouvaient survenir à d'autres moments, quand la Shékinah Vénus/Mercure ne se trouvait pas dans le ciel, prouvant par là qu'il n'y avait pas un simple lien de cause à effet. Au demeurant, il serait quelque peu effrayant de se dire que toutes les entreprises humaines étaient totalement liées à quelques configurations invisibles fondées sur le mouvement des planètes. Mais il n'en demeure pas moins vrai qu'il semble y avoir une corrélation qui transcende les coïncidences.

En tous les cas, il y avait un point que nous ne pouvions raisonnablement pas admettre : que Dieu ait fixé les cycles orbitaux fondamentaux du système solaire il y a des milliards d'années dans le simple but d'utiliser une fois la conjonction Vénus/Mercure – parmi des millions d'autres répétitions – pour envoyer un message en 7 AEC à propos de la venue d'un messie. L'étoile de Bethléem est un merveilleux mythe, un mythe motivant au demeurant, mais ce n'est pas un argument scientifique.

Quant à l'astrologie, nous n'avions toujours pas changé d'avis à son propos. Aucune base logique ne pouvait venir expliquer pourquoi elle aurait pu fonctionner. Et même l'excellente étude de Sachs ne peut prouver sa réalité. Pourtant quelque chose est à l'œuvre, quelque chose qui affecte le comportement humain en suscitant ambition et performance.

Le concept d'astrologie est d'une simplicité enfantine qui peut s'appliquer aux problèmes de la vie adulte. Mais les détenteurs du pouvoir au sein du peuple des poteries cannelées et les Sumériens étaient des peuples très évolués, des observateurs du ciel sans égal. Leur patience, la précision de leurs calculs et de leurs observations ont permis au monde de comprendre la nature, l'esprit même de Dieu. Mais ils ont aussi senti les problèmes et les craintes qui peuvent naître en s'exposant aux dangers et aux mystères du monde. Et pour cette raison, ils ont créé des idoles dont ils espéraient se concilier les bonnes grâces. Et leurs idoles ont pris la forme de listes et de liens. Après tout, quand le monde est une collection de mystères, c'est l'affaire des sages d'établir des corrélations fiables et de répondre à la question : « comment ? » Quant à la question « pourquoi ? », elle peut être remise à plus tard. Rappelez-vous qu'ils n'avaient aucun professeur de mathématiques Lucasien pour leur rappeler que leurs théories théologiques « ne concordent pas avec d'autres théories qui ont été testées par l'expérimentation [1] ».

Mais pourquoi placèrent-ils les divinités de leur foi dans le ciel ? Notre réponse est simple : les cieux sont un guide visuel pour comprendre notre environnement. La Grande-Bretagne des poteries cannelées et l'ancienne Mésopotamie vivaient sous un même type de climat où les nuages cachaient rarement les étoiles et elles pouvaient contempler leur merveilleux scintillement. Ainsi les hommes pouvaient aisément croire que les planètes resplendissantes étaient elles-mêmes des dieux et des déesses. Donc ils pensaient que ces brillantes étoiles du matin, illuminant l'heure la plus sombre avant l'aube, partageaient les sentiments et les craintes de l'homme et qu'elles contrôlaient sa destinée. Il n'est pas véritablement étonnant que Hiram, le roi de Tyr, ait voulu symboliquement en épouser une avant de lui donner des enfants.

Sans aucun doute, il y aura des lecteurs de ce livre qui voudront croire que les phases de réussite économique découvertes par McClelland étaient vraiment engendrées par les étoiles et les planètes apparaissant à l'horizon et affectant positivement les destinées des humains. McClelland lui-même a envisagé cette hypothèse. Il avait remarqué que le peuple juif semblait être au-dessus de la moyenne en ce qui concernait leur niveau de motivation en matière de *n-performance* : « Le judaïsme est une religion messianique qui considère qu'en suivant les Commandements de Dieu, celui-ci récompensera Son peuple élu au jour dit... et il apparaît qu'il s'agit là d'une caractéristique des peuples ayant un fort taux de *n-performance*. » Après avoir effectué une large étude des jeunes garçons juifs dans un certain nombre de cités américaines, il ajouta : « Notre prédiction selon laquelle les jeunes garçons

---

1. Stephen Hawking, *L'Univers dans une coquille de noix*.

juifs devaient avoir de plus hauts niveaux de *n-performance* est clairement soutenue par les faits [1]. »

Il continuait en évoquant l'effet des croyances religieuses juives sur les degrés de performance :

> *Tout ce que la présente recherche ajoute à la controverse, c'est que si les juifs avaient un plus haut niveau de* n-performance *par le passé, comme c'est le cas aujourd'hui aux États-Unis, alors leur intérêt pour les affaires et le commerce pouvait être prédit sur la base des découvertes que nous avons réalisées* [2].

McClelland ajoute que les juifs n'étaient pas les seuls, parmi tous les groupes religieux, à réussir à inculquer à leurs membres des niveaux accrus de *n-performance.* Il a aussi étudié les quakers, les calvinistes, les catholiques, les jaïns, les hindous vaishnava et les parsis et il a synthétisé ses conceptions sur les effets de la religion sur les niveaux de motivation dans la société :

> *Notre recherche a affiné beaucoup plus précisément les valeurs religieuses centrales associées avec de forts taux de* n-performance... *La personne ayant de forts taux de* n-performance *veut être responsable de ses choix et l'acte même de la prise de décision implique une certaine incertitude quant à l'issue. Il se trouve donc dans la même position que les croyants d'une religion individualiste. D'un autre côté, dans les systèmes ecclésiastiques avec un rituel formalisé, l'individu est « sauvé » s'il fait exactement ce qu'on attend de lui : exécuter les rituels, faire sa prière assez souvent, faire appel au bon prêtre au bon moment, etc. Mais ici nous avons affaire au vieux problème de la poule et de l'œuf : qui est venu en premier ? La religion individualiste ou la* n-performance *? Il n'est pas possible de fournir une réponse claire à cette question, qui couvrirait tous les cas. Cependant, théoriquement, n'importe quel facteur pourrait arriver en premier et influencer le développement de l'autre. C'est-à-dire que des parents quakers avec les conceptions religieuses qu'on leur connaît se comporteront certainement avec leurs fils d'une manière qui devrait susciter le développement de hauts taux de* n-performance. *Dans ce cas, la religion vient clairement en premier. Et, de fait, comme la religion est l'un des éléments persistants les plus stables dans de nombreuses sociétés, elle peut être souvent « venue en premier ».*

La franc-maçonnerie est une semblable « religion individualiste ». Donc, est-ce que la cause des cycles de performance de McClelland pouvait être la motivation procurée par la pratique de la religion ? Nous ne pensons pas que le mysticisme puisse fournir une explication complète, même s'il put contribuer aux schémas types et motifs que nous avons trouvés. Il existe peut-être un troisième facteur, inconnu, comme les changements dans l'envi-

1. David McClelland, *op. cit.*
2. *Ibid.*

ronnement, qui serait en liaison avec les deux autres facteurs et qui fournirait un lien de cause à effet. Mais pour l'instant, nous n'avons aucune suggestion à proposer concernant cet étrange rapport.

Au tout début de la Royal Society, l'un de ses fondateurs, Sir Robert Moray, travailla avec le scientifique néerlandais Christiaan Huygens pour tenter de mettre au point et de développer une pendule précise permettant de déterminer la longitude en mer [1]. Dans le cadre de ses expérimentations, Huygens créa une série d'horloges identiques et pendant qu'il les testait dans son atelier, il remarqua un étrange phénomène. Quand il plaçait deux horloges identiques sur la même étagère et qu'il les faisait démarrer à des moments distincts – donc que le mouvement de leurs balanciers divergeaient –, il constatait systématiquement le lendemain matin que leurs oscillations étaient devenues synchrones. Mais si les deux horloges étaient placées sur des étagères différentes dans des coins opposés de la pièce, elles restaient asynchrones.

L'explication est simple. Quand les deux horloges se trouvaient sur la même étagère, le mouvement de la pendule faisait bouger légèrement l'étagère et transmettait ainsi une légère secousse à l'autre horloge. Quand les pendules oscillaient différemment l'une par rapport à l'autre, les petites secousses ralentissaient les balanciers du fait d'un transfert d'énergie. À force de ralentir toutes les deux, elles finissaient par se mettre en phase, donc elles ne s'envoyaient plus de secousses et devenaient synchrones.

Peut-être que ce mécanisme peut aider à expliquer l'étrange corrélation entre les résultats de McClelland et l'apparition de la brillante étoile du matin. Si vous croyez en la Shékinah – comme Jésus y croyait –, vous agissez conformément à cette croyance, et donc vous programmez vos actions pour qu'elles correspondent à ce qui, selon vous, est la volonté divine. Voilà une belle idée ! Mais nous étions bien conscients qu'elle ne pouvait satisfaire le critère du professeur Hawking et donc ne permettait pas de reconnaître la validité de la croyance astrologique.

Cet étrange culte astral a pourtant inspiré l'Ancien Testament et donc les trois grandes religions monothéistes qui se le partagent et il a survécu jusqu'à aujourd'hui sous d'étranges formes. Comme nous l'avons déjà dit, la franc-maçonnerie et l'astrologie font partie des traditions qui ont le mieux préservé cette croyance séculaire selon laquelle la position des corps célestes affectent les actions des individus sur Terre.

L'astrologie moderne est figée dans la forme que Ptolémée lui a donnée il y a près de 2 000 ans. À cette époque, on croyait que la Terre était au centre de nombreuses sphères de cristal qui soutenaient les étoiles et dont les

1. R. Lomas, *The Invisible College.*

harmonies influençaient la destinée de l'homme. Nous sommes convaincus que l'astrologie que l'on trouve dans les journaux n'a aucune valeur et même que les horoscopes individuels n'ont probablement pas davantage de sens que la lecture des feuilles de thé.

Mais la science dit pourtant bien que quelque chose survient et affecte le comportement humain. Et, de son côté, la franc-maçonnerie semble conserver la mémoire de quelque chose d'important au plan historique. Elle a préservé une bonne partie de la science astronomique originelle et de ses observations, mais elle est enfouie profondément dans d'étranges traditions orales, de curieux mouvements rituels et des contes allégorico-mythiques.

LA FIN DU VOYAGE

Cela fait maintenant treize ans que nous avons entamé notre quête des origines des rituels maçonniques. C'était alors une entreprise individuelle qui n'avait pour seule vocation que d'assouvir notre satisfaction intellectuelle. Nous commençâmes avec une feuille de papier vierge et, en dépit de notre appartenance à la franc-maçonnerie, nous n'avions aucune préférence quant à l'issue de notre recherche. Si nos découvertes devaient montrer que l'Ordre n'était qu'une invention du XVIe siècle, eh bien, qu'il en soit ainsi. Si nous avions dû conclure que les francs-maçons étaient des malfaisants ou qu'ils étaient dans l'erreur, nous l'aurions dit à nos lecteurs. Et si nous avions découvert que la ligne officielle qui prétend que l'Ordre est issu des guildes médiévales de tailleurs de pierre disait vrai, nous l'aurions également écrit.

Le périple se révéla beaucoup plus long et plus ardu que nous ne l'aurions imaginé, mais, en chemin, nous nous sommes fait quantité d'amis. Cet aspect justifierait à lui seul et donnerait de la valeur aux 20 000 heures ou presque que nous avons investies. Malheureusement – mais peut-être inévitablement –, le compte-rendu de nos découvertes a déplu à quelques-uns qui nous ont opposé mépris et opprobre et certains nous ont même attaqués de différentes manières.

Comme nous l'avons déjà rapporté en début d'ouvrage, les attaques les plus venimeuses émanèrent de personnes qui n'avaient manifestement pas lu nos livres, mais qui se sentaient menacées par nos interprétations des événements décrits dans la Bible. Pour eux, Jésus est simultanément Dieu le Père et son Fils et il mourut pour nous sauver il y a 2 000 ans, tout en continuant à vivre jusqu'à aujourd'hui dans un lieu appelé le Ciel ou le Paradis.

Nous admettons clairement que ces concepts nous posent problèmes et que, pour nous, Jésus était un chef charismatique qui révolutionna le monde en dépit de son échec personnel. Même si nous considérons que l'essentiel de l'interprétation traditionnelle des récits bibliques est faux, nous avons une grande admiration pour l'Église en général et pour les personnes religieuses. Nous pensons que le monde ne peut que s'enrichir en discutant ouvertement et franchement des croyances humaines et de notre interaction avec la puissance qui sous-tend l'univers – puissance que beaucoup appellent Dieu et que les scientifiques appellent « lois de la physique ».

La franc-maçonnerie prétend qu'elle n'est pas une religion et qu'elle est compatible avec les systèmes de croyances de toutes les religions. Nous sommes tout à fait d'accord avec cette conception, même si elle représente pourtant bien un lieu de convergence pour de nombreuses personnes qui n'ont pas de foi particulière sans être pour autant athées – et pour ceux-là, la franc-maçonnerie fait office de substitut de religion, en leur procurant des valeurs spirituelles sans avoir besoin de souscrire à un système de croyances global.

Certaines des personnes les plus étranges qu'il nous ait été donné de croiser sont peut-être celles qui se considèrent comme des « spécialistes » de la franc-maçonnerie. De loin, la majorité des francs-maçons a accueilli favorablement nos contributions à la recherche et apprécié le débat que nous avons introduit dans les Loges du monde entier. Mais nous sommes conscients que certains de ces « spécialistes » sont outragés par notre remise en question de l'histoire officielle et la publication de nos découvertes qui permet à n'importe quel lecteur, y compris les profanes, d'y avoir accès. Pour s'opposer à nos travaux, certains ont tenté de s'appuyer sur la croyance en une prétendue obligation de secret. Pourtant la Loge mère du monde entier, la Grande Loge Unie d'Angleterre, a expressément rappelé qu'il n'y avait aucun secret, en dehors des mots et des signes réels de reconnaissance, que nous n'avons jamais eu besoin de mentionner.

Il existe une sorte de « maffia maçonnique » constituée d'hommes qui se considèrent comme des gentlemen bien informés et qui organisent des colloques et des séminaires sans fin pour ne discuter que des conceptions officielles de l'histoire maçonnique. Alors que nous donnons des conférences publiques dans le monde entier et devant des Grandes – et parfois moins grandes – Loges, ces « spécialistes » gardent une foi inébranlable et confortable dans leur certitude officielle dont ils ne s'écartent jamais : la franc-maçonnerie est née une fois pour toutes des guildes médiévales de tailleurs de pierre. Généralement, ils refusent de considérer nos travaux et les rares qui le font se contentent d'un exercice « comparatiste ». Il s'agit d'un processus élémentaire consistant à prendre un élément de nos découvertes et d'évaluer son exactitude en vérifiant s'il est en adéquation avec leur propre structure de l'histoire. Évidemment, ils constatent que nos découvertes contredisent leurs propres vues de l'histoire et ils concluent que nous nous trompons, puisqu'ils estiment que seul leur propre paradigme est juste.

En réponse, nous dirions que l'idée selon laquelle la franc-maçonnerie est issue des rituels des tailleurs de pierre est simplement ridicule. On peut considérer que ceux qui l'acceptent se contentent d'adhérer aveuglément aux conceptions de l'« autorité », car, sur le fond, il n'existe pas le moindre fait venant donner de la substance à une telle croyance. Nos recherches montrent qu'il y eut effectivement une implication des guildes de tailleurs de pierre, mais pour une raison très simple : elles étaient déjà liées à ces proto-francs-maçons qu'étaient les Chevaliers Templiers.

C'est à ces derniers que l'on doit le fantastique chantier des constructions de cathédrales que l'on vit surgir dans toute l'Europe des XIIe et XIIIe siècles. Et naturellement, ils constituèrent les tailleurs de pierre en guildes. Nous pensons que les Templiers fournirent des rituels aux tailleurs de pierre et autres maçons pour les lier à leur propre ordre chevaleresque. Quand les Templiers furent arrêtés en 1307, les tailleurs de pierre d'Europe n'eurent pas d'autre choix que de continuer avec les rituels qu'ils possédaient déjà. Ces rituels fusionnèrent finalement avec la maçonnerie non opérative à partir de 1441 et la construction de Rosslyn. On pourra détecter les mêmes tendances ultérieurement à Londres.

Quand nous donnons des conférences devant des assemblées où sont présentes ces personnes, ces « spécialistes », nous repérons leurs visages perplexes, parce que nous décrivons des faits, méthodiquement vérifiés, qui remontent sur des milliers d'années et non simplement quelques centaines. Pour eux, il est bien plus confortable de penser que chaque fait historique est bien rangé dans sa petite boîte, isolé de tout autre et surtout pas affecté par des événements de plus grande envergure. Ainsi, cela leur permet de trier et cataloguer à l'infini les documents maçonniques existants et d'appeler cela de la recherche.

Nous donnons des conférences devant des francs-maçons dans le monde entier et elles sont généralement saluées avec enthousiasme. Alors que nous achevions cet ouvrage, le Grand Maître d'un pays fut si impressionné par notre travail qu'il proposa à Chris d'être fait membre honoraire de sa Grande Loge après qu'il eut donné une conférence pendant une journée entière. Cette reconnaissance nous réjouit tous les deux.

Nous accueillons avec joie toutes les questions pointues et savourons les débats entre personnes ouvertes et informées. Mais il faut admettre que, bien souvent, nos contemporains préfèrent ne pas se frotter à de nouvelles idées. Après avoir donné une conférence lors d'un séminaire maçonnique annuel en Écosse, Chris passa une bonne partie de la soirée avec un membre tout à fait charmant mais quelque peu myope de cette « maffia maçonnique ». Bien qu'il fût le Vénérable d'une Loge de recherche, il n'avait pas lu nos livres, parce qu'il avait entendu dire qu'ils ne contenaient que des absurdités fantaisistes. Toutefois il devait admettre que la rumeur lui avait rapporté que nous étions des « gars bien ». Mais au cours de notre conversation – qui fut globalement plaisante –, il se raccrocha constamment à ce qu'il croyait être une « base sérieuse », à savoir qu'il avait besoin de voir les différentes étapes menant à de nouvelles conclusions. En somme, il impliquait par là que nous lancions n'importe quelle conclusion désinvolte au gré de notre fantaisie. Il considérait comme inadmissible toute tentative d'introduction d'une idée qui ne cadrait pas avec son dogme.

Voilà un homme qui tenait pour certaines et définitives ses conceptions sur l'origine de la maçonnerie et qui pensait que toute nouvelle idée ou information complémentaire ne pouvait que partir de ces préceptes préexistants avant de pouvoir être formulées. Quand Chris lui dit que la thèse « officielle » à laquelle il adhérait – thèse qui était celle de la Grande Loge Unie d'Angleterre – risquait d'être sérieusement remise en cause, il eut l'air perplexe.

Le problème est une affaire de conflit de paradigmes. L'explication officielle de l'existence de la franc-maçonnerie est fondée sur l'idée selon laquelle les rituels étranges ne seraient que des « saynètes moralisatrices » empruntées aux rites initiatiques des guildes de maçons opératifs par des gentlemen philosophes pour leur propre profit. Selon nous, ce point de départ est ridicule en soi et tout ce qui part de là a toutes les chances d'être profondément remis en cause. Notre recherche a commencé avec des miettes et elle s'est construite lentement en s'élargissant au maximum. Les deux conceptions de l'origine de la maçonnerie ont des points en commun, mais elles doivent être évaluées indépendamment.

Mais la franc-maçonnerie est à l'écoute, même si quelques « spécialistes » auto-désignés en Angleterre préfèrent tendre une oreille sourde. Un mois plus tôt à peine, Robert avait été invité à parler de la fondation de la *Royal Society* devant une Loge de Maîtres installés (une Loge qui accorde également un grand intérêt à la recherche). Nombre de ces membres appartiennent aussi à la Loge universitaire locale et sont donc aussi des universitaires. On lui demanda s'il accepterait de revenir parler de notre travail. Donc nous sommes heureux de penser que notre recherche, nos découvertes et notre enthousiasme mis au service de la franc-maçonnerie ne sont pas entièrement vains et ignorés et que de nombreux groupes de frères à l'esprit ouvert veulent entendre nos idées sur l'histoire de leur Ordre.

Il n'existe que très peu de preuves absolues en matière historique. Et il est certain que nous avons pu commettre des erreurs. Mais quel que soit le nombre de ces dernières, le tableau que nous avons commencé de brosser nous laisse penser que nous sommes moins dans l'erreur que les autres. Comme l'a dit un professeur en prenant connaissance de notre travail : « Je ne peux pas dire avec certitude que vous avez raison, mais vous avez relié des points de l'histoire mieux que quiconque avant vous. »

Au cours de notre périple, nous avons remonté le temps de plusieurs milliers d'années en arrière. Et notre démarche nous a permis de résoudre des problèmes majeurs tels que l'énigme du yard mégalithique. Ce résultat a prouvé que le professeur Alexander Thom avait eu raison et qu'il existait bien une unité de mesure préhistorique incroyablement précise, utilisée du Nord de l'Écosse à l'Ouest de la France. Nous avons nous-mêmes pu démontrer que certaines des principales structures mégalithiques des îles Britanniques sont des dispositifs astronomiques perfectionnés pour suivre les mouvements de Vénus et nous avons montré les bénéfices économiques et sociaux phénoménaux que l'homme préhistorique aurait pu en tirer. Ces découvertes sont vérifiables et la plupart des universitaires de premier plan (mais pas la maffia maçonnique) les ont admises. Par exemple, nous fûmes ravis de recevoir un reprint d'une étude sur l'alignement des premières églises de Grande-Bretagne, publié par le département des Sciences de la Terre de l'université de Hong Kong, qui citait notre recherche de *Uriel's Machine* [1].

Nous avons démontré l'existence des motifs de manifestation récurrents de la Shékinah dans la Bible et nous avons donné la première explication plausible de l'utilisation juive répétée des nombres 40, 480 et 1 440.

Par le passé, plusieurs personnes ont essayé d'expliquer que l'étoile de Bethléem avait réellement existé en l'assimilant à différents objets brillants dans le ciel à ce moment-là. Mais nous avons pu prouver exactement ce qu'était cette étoile de Bethléem en analysant les traditions cananéennes et hébraïques et quantité de textes juifs et en les croisant avec des données astronomiques. Nous pensons avoir brossé un portrait de l'homme que l'on appelle Jésus-Christ qui aide à mieux comprendre sa mission en tant que messie juif.

L'étrange édifice de Rosslyn a été expliqué : il s'agit d'une reproduction des ruines du temple d'Hérode. En outre, le décryptage de l'une de ses sculptures a prouvé qu'il serait aberrant de ne pas admettre une connexion entre cette « chapelle » et le rituel du premier degré de la franc-maçonnerie. Nous avons démontré également que le dessin du bâtiment coïncide précisément avec la description que *Le Testament maçonnique* donne du temple de Salomon. Cependant, nous attendons toujours les fouilles promises et qui devraient être exécutées par l'équipe d'envergure internationale proposée par le professeur Charlesworth.

---

1. J. R. Ali et P. Cunih, « The Orientation of Churches : Some New Evidence ».

Nous avons rassemblé autant d'anciens rituels maçonniques que nous pouvions et nous les avons diffusés sur un énorme site Internet, hébergé par l'université de Robert, pour servir de ressources universitaires pour les chercheurs. Mais il est accessible à tous ceux qui s'intéressent à la franc-maçonnerie et à ses enseignements. Par ailleurs, nous avons reconstitué dans un ordre chronologique toutes les informations historiques fournies par la franc-maçonnerie et ses rituels et c'est ainsi qu'est né *Le Testament maçonnique.* Ce livre vient compléter les Testaments de la Bible et il constitue la seconde partie du présent ouvrage.

Pendant un moment, nous avons cru que les rituels de la franc-maçonnerie n'exprimaient en réalité qu'une science corrompue et qu'ils n'étaient rien de plus que de la superstition astrologique. Puis nous avons trouvé des éléments dans des études unanimement acceptées qui suggèrent que la franc-maçonnerie préserve la mémoire de quelque chose qui a fonctionné dans le passé et qui peut avoir une signification pour l'avenir. De son côté, Günther Sachs a montré qu'il existait une corrélation entre la date de naissance d'un individu et son comportement subséquent, même s'il n'était pas possible d'identifier le facteur motivant cette relation. Quant aux cycles socio-économiques, ils semblent montrer que les effets comportementaux à long terme ont une réelle tendance à coïncider avec des événements planétaires.

Et finalement, la franc-maçonnerie paraît conserver le souvenir d'une science très ancienne qui a poussé l'ambition et la réussite humaines. Et incontestablement, c'est ce qu'elle parvint à réaliser. Les hommes qui ont fondé la plus grande démocratie mondiale et la seule superpuissance aujourd'hui, les États-Unis d'Amérique, étaient tous soit francs-maçons, soit des sympathisants qui souscrivaient aux valeurs de l'Ordre. La grande renaissance de la science qui a engendré les Temps modernes fut animée par des francs-maçons, comme Robert Moray, Benjamin Franklin ou Sir Christopher Wren. La franc-maçonnerie était une attitude face à la vie qui attendait d'émerger, une ancienne science qui devait attendre son heure pour devenir la science moderne.

Et qu'en est-il de l'avenir ?

Nous avons commencé ce livre en disant que la franc-maçonnerie était mourante. Ce triste constat reste vrai tant que les personnes qui la dirigent continuent de l'utiliser comme un club de gentlemen. Ils changent le rituel où et quand ça leur chante et n'ont aucune idée de son origine et encore moins de son but. L'Ordre mérite de perdurer, mais jusqu'à maintenant il a toujours été entre les mains d'hommes qui cherchaient à progresser, à réaliser et à réussir, des hommes qui cherchaient la meilleure voie en croyant dans le dessein de Dieu et dans la science.

La tension moderne opposant Dieu à la science est, à notre sens, un problème éphémère. Il n'y a aucune différence entre le Tout-Puissant, Ses œuvres et la science. Il s'agit simplement d'une manière différente d'exprimer la même chose. La science n'est pas une fin en soi. C'est purement une approche de la condition humaine qui cherche à expliquer le monde en termes rationnels pouvant être testés par d'autres observations.

Pour progresser, l'humanité doit sûrement continuer à chercher et à saisir les mystères cachés de la nature et de la science. Dans cette entreprise, le monde occidental n'a jamais disposé de meilleurs moyens d'y parvenir que les vrais principes sur lesquels repose la franc-maçonnerie.

Nous espérons vraiment qu'elle puisse survivre.

Mais pour refermer notre quête, nous devons revenir à la question que nous nous sommes posé au commencement.

QU'EST-CE QUE LA FRANC-MAÇONNERIE ?

Dans le rituel maçonnique, la question «*Qu'est-ce que la Franc-maçonnerie ?*» appelle la réponse : «*Une école de sagesse et de vertu, dissimulée sous le voile de l'allégorie et illustrée par des symboles.*» C'est indubitablement exact, mais cette réponse est également inadéquate, surtout si l'on cherche à décrire les motifs pour lesquels l'organisation existe.

Après nous être plongés de nombreuses années dans une quête des origines des rituels francs-maçons, nous sommes arrivés à une nouvelle compréhension de l'Ordre. Nous comprenons maintenant beaucoup mieux ses origines et nous savons comment et pourquoi il a longtemps été une grande réussite, avant de décliner progressivement pour finir par être assez souvent aujourd'hui un sujet de moquerie.

Régulièrement, quand nous étions interrogés par la presse ou la télévision, l'interviewer s'étonnait que nous soyons prêts à révéler notre appartenance à la franc-maçonnerie et il était encore plus stupéfait quand nous ajoutions que nous en étions fiers. L'opinion publique voudrait que la franc-maçonnerie cultive le goût du secret, de l'élitisme et se rende peut-être même coupable de mauvaises actions ou pensées.

Pendant des décennies, le sommet de la franc-maçonnerie a encouragé un secret inutile et considéré de manière arrogante que le monde profane ferait mieux de s'occuper de ses affaires. C'est cette piètre attitude qui a forgé la perception éminemment négative que le grand public a de l'Ordre. Les tentatives d'ouverture sont intervenues trop tard et elles ont été trop mal mises en œuvre pour empêcher les réticences du public.

En Angleterre, les membres du gouvernement travailliste ont récemment cherché à modifier la loi pour obliger les francs-maçons travaillant dans les instances judiciaires ou d'autres corps publics à déclarer leur appartenance à l'Ordre. On n'avait jamais vu cela depuis la persécution des francs-maçons par l'Allemagne nazie.

La franc-maçonnerie s'est épanouie de la fin du XVIe siècle jusqu'au milieu du XXe. Avant son déclin, elle se trouvait au cœur de la société, comptant dans ses rangs à des degrés élevés les souverains anglais et nombre des archevêques de Canterbury. Bien que des chefs de l'Église d'Angleterre, comme le roi Georges VI, en aient été membres, certains groupes chrétiens ont maintenant coutume de prétendre que la franc-maçonnerie est incompatible avec le christianisme.

Alors, qu'est-ce que la franc-maçonnerie ?

Et pourquoi devrait-on lui faire confiance ?

En réponse, nous pouvons dire que la franc-maçonnerie était un moteur de réalisation et de réussite qui mena le monde des ténèbres vers la lumière.

Elle fut jadis l'organisation modèle de l'*Achieving Society*, décrite par David McClelland. Ses membres étaient l'élite, les meilleurs de chaque société, ceux qui dirigeaient l'Église, le pays, l'industrie, les forces armées et l'université. Ils étaient les entrepreneurs et l'intelligentsia qui firent les révolutions industrielles et qui furent des pionniers en matière de progrès social et scientifique.

L'Europe s'est développée grâce à la franc-maçonnerie et cette dernière s'est répandue grâce aux Loges militaires itinérantes qui l'ont emmenée aux quatre coins de la planète. Les plus vieilles universités, comme Oxford et Cambridge, étaient fières de leurs Loges. Les grands armateurs et les hommes qui emmenèrent le chemin de fer américain d'Est en Ouest se mêlaient aux juges et aux généraux pour créer ensemble une meilleure société. Ils avaient l'ambition aux tripes et réussir était pour eux la seule issue acceptable.

La Constitution américaine et la *Royal Society* ont vu le jour grâce à des maçons comme George Washington, Benjamin Franklin, Sir Robert Moray, Alexander Bruce et Elias Ashmole. La ville de Washington fut dessinée par des francs-maçons et Londres a pu renaître de ses cendres, après le grand incendie de 1666, grâce à l'inspiration du Grand Maître maçon, Sir Christopher Wren. Même l'Ouest sauvage, ce fameux « Far West », fut dompté par les francs-maçons Davy Crockett, Jim Bowie, Buffalo Bill et Pat Garrett, pour n'en nommer que quelques-uns.

Dans chaque ville du monde occidental, les temples maçonniques procuraient un lieu de rencontre pour les hommes qui voulaient réaliser quelque chose. Dans la ville d'Halifax (West Yorkshire), la plus grande société de crédit du monde fut créée par des francs-maçons qui se retrouvaient à la Old Cock Inn (*Auberge du vieux coq*). Aujourd'hui devenue une banque majeure, cette institution (qui a pris le nom dė sa ville de naissance) a permis à des centaines de milliers de gens ordinaires de posséder leur propre logis.

À une époque où les leaders intellectuels ou socio-économiques en Angleterre étaient soit chrétiens, soit juifs, les francs-maçons de toutes les religions se réunissaient sur un pied d'égalité dans les Loges. Là ils pouvaient partager un même enthousiasme pour l'avancement de leurs idées et de leurs actions en faveur d'une vie meilleure (tant pour eux-mêmes, que pour leur famille et la communauté au sens large). Ils œuvraient en toute adéquation avec leur église ou leur synagogue dans la mesure où toutes les différences religieuses disparaissaient dans l'atmosphère de tolérance qui était fondamentale au sein de l'Ordre.

Plus leur réussite était grande, plus leurs villes et leurs pays prospéraient. Et ainsi apparaissaient de nouvelles manières de collaborer, toujours plus spécialisées. La franc-maçonnerie s'est battue pour mettre en place dans la société un âge de raison et de liberté individuelle et elle y est parvenue. Maintenant, les individus peuvent se développer par eux-mêmes et développer leur communauté sans avoir besoin de se réunir dans des locaux sombres, de porter des tenues étranges et de réciter des rituels farfelus.

Les Loges maçonniques ne sont plus des lieux de réunion de « comédiens ».

Ceux qui, jadis, auraient été les pivots de l'Ordre, ne rêvent absolument plus d'y appartenir. Ils ont mieux à faire dans leur vie : des carrières à bâtir, des familles à élever, des activités sociales pour occuper leur temps... Tout le monde – des hommes d'affaires aux officiers de police, des élus aux universitaires – évite la maçonnerie. Aujourd'hui, appartenir à une Loge locale est soit inutile, soit carrément nuisible à la carrière d'une jeune personne.

Quand notre premier livre est paru, nous n'étions pas précisément bien vus à la Grande Loge Unie d'Angleterre. Seulement, quand un journaliste d'un magazine national est venu interviewer les principaux officiers au *Masonic Hall*, de Great Queen Street, à Londres[1], ils n'eurent d'abord aucune réponse à lui apporter, quand il leur demanda s'il pouvait rencontrer un maçon qui occupait un poste de premier plan dans l'industrie. La seule personne qu'ils connaissaient était Chris Knight, qui était le président d'une société de marketing et de relations publiques. Seulement il était l'un des deux auteurs qui venaient de commettre ce livre maçonniquement hérétique, *La Clé d'Hiram*.

L'appartenance à la maçonnerie moderne n'apporte aucun bénéfice et en conséquence la plupart des francs-maçons ne sont plus des meneurs dans la société. Les membres des Loges ne parlent plus d'ambition et de progrès

1. Le siège de la GLU d'Angleterre *(N.D.T.)*.

social. Ils font des dons à des organismes charitables, mais parlent peu de philosophie ou de physique, et passent des heures à glorifier les symboles d'un âge révolu.

La franc-maçonnerie est victime de son propre succès. Elle a réalisé le changement social et scientifique qu'elle s'était donné pour mission d'établir et maintenant, elle ressemble à un vieux soldat, une force usée incarnant un glorieux passé qui réclame le respect, non pour ce qu'elle est aujourd'hui, mais pour ce qu'elle fit jadis.

Il faut faire confiance à la franc-maçonnerie.

En dépit de rumeurs infondées tentant de faire croire le contraire, elle a toujours réclamé de ses membres les plus hautes vertus, les plus nobles degrés d'honnêteté et de morale. Aujourd'hui, il faut se rendre à la triste évidence qu'elle ne peut plus être autre chose qu'insignifiante, même si elle le voulait, parce qu'elle n'a plus de pouvoir, plus d'argent et plus d'influence.

Mais, en dernière analyse, la franc-maçonnerie a mérité sa place particulière dans l'histoire, parce qu'elle fut l'un des outils utilisés par le Grand Architecte de l'Univers pour bâtir notre monde moderne.

Deuxième partie

Le Testament maçonnique

Au lecteur

Le public n'a généralement pas une opinion positive du rituel maçonnique. Dans le *Times* anglais, un journaliste traitant du sujet des sororités et fraternités américaines écrivait :

> *Les francs-maçons ont élaboré un jargon initiatique, avec yeux bandés, bas de pantalon retroussé et pointe de compas appuyant sur la poitrine nue* [1].

Certains peuvent également parler de « rituel absurde », de « charabia déconcertant », ce qui reste une manière aimable de qualifier le rituel maçonnique quand on l'observe sans comprendre de quoi il s'agit. Mais finalement, le rituel a-t-il un sens ? Y a-t-il une signification cachée le sous-tendant ? Voilà les vraies grandes questions. Car s'il y a un sens derrière ces « bizarreries », il n'y a pas de raison de les rejeter, pas plus qu'il n'y a de raison de rejeter la Bible, sous prétexte que l'on y trouve des parties étranges. Dans la vie de tous les jours, beaucoup de choses acquièrent un « sens » parce qu'elles sont familières et non parce qu'on les comprend vraiment.

La mise en forme du rituel maçonnique ne date peut-être que de deux cents ans, mais il serait faux de croire que son contenu n'est pas plus ancien. Auparavant, la franc-maçonnerie était une tradition totalement orale. Théoriquement, elle l'est encore, la plupart des Loges exécutant leurs rituels de mémoire. L'Ancien Testament ne fut rédigé que plus d'un millénaire après l'époque supposée d'Abraham et plusieurs centaines d'années après Salomon, et pourtant on admet qu'il s'agisse simplement d'une mise en forme de traditions orales.

Le Livre d'Énoch, perdu et redécouvert, en offre un autre exemple. On pense aujourd'hui qu'il fut écrit autour de 200 AEC, mais il évoque des éléments qui, selon nous, concernent des événements qui se sont réellement déroulés trois millénaires plus tôt et dont le souvenir a été conservé dans une mémoire tribale. Quand le franc-maçon James Bruce revint d'Éthiopie à la fin

1. Philip Howard, « Ritual Ordeal is all too human », *Times* (Londres), 19 octobre 2002.

du XVIIIe siècle avec un exemplaire du Livre d'Énoch, perdu depuis plus de 1 400 ans, le monde entier pensa qu'il s'agissait d'une version terriblement corrompue, parce qu'elle semblait n'avoir aucun sens. Il fallut attendre la découverte, à Qumran, d'un certain nombre d'autres exemplaires du livre parmi les manuscrits de la mer Morte, pour qu'il soit démontré que la version de Bruce était assez exacte. Et il fallut encore attendre que des non-théologiens comme Robin Heath ou nous-mêmes l'analysent pour que fussent retrouvés les niveaux de signification perdus.

Le problème avec les traditions orales, c'est que les significations peuvent se perdre au cours du temps. Et ainsi les rituels finissent par ressembler simplement à de charmantes et vaines mises en scène vides de sens. Regardez la comptine « *Ring a ring of roses... a pocket full of posies* » (« Formez un cercle de roses... la poche pleine de petits bouquets »). Elle est gentillette, mais en apparence elle n'a aucun sens, tout simplement parce que plus personne aujourd'hui ne réalise qu'elle raconte une histoire d'épidémie. À l'origine, il s'agissait pourtant d'une mise en garde, qui se concluait par la ligne finale « *atishyoo atishyoo... we all fall down* » (Atchoum Atchoum... Nous tombons tous), évoquant la contamination, puis la mort.

Tandis que les significations des mots évoluent et que les terminologies changent, la forme demeure figée dans le passé. Une autre comptine fournit un autre exemple :

Half a pound of tuppeny rice	Une demi-livre de riz à deux sous
Half a pound of treacle	Une demi-livre de mélasse
That's the way the money goes	C'est ainsi que file l'argent
Pop ! Goes the weasel.	Au clou ! File le renard [le costard].

Originellement, il s'agissait d'une complainte sur le coût de la vie dans le Londres du début de l'ère victorienne. *Pop* [Mettre au clou] signifiait que l'on mettait quelque chose chez le prêteur sur gages et *weasel* était une corruption de *whistle*, qui lui-même désignait un costume dans l'argot cockney (*whistle and flute* = « costard »). Apparemment, il y a deux siècles, les hommes avaient coutume de mettre en gage leurs meilleurs costumes pour avoir un peu d'argent pour manger. Mais c'est évidemment quelque chose que l'on ne comprendrait pas aujourd'hui.

Le rituel maçonnique écrit noir sur blanc est peut-être relativement récent, mais son contenu ne l'est pas. Par exemple, le rituel maçonnique a toujours décrit une fenêtre percée dans la façade orientale du temple de Salomon, alors qu'il n'existe aucune mention de ce dispositif dans l'Ancien Testament. En revanche, le rituel maçonnique parle de cette lucarne sans comprendre pour autant sa fonction, bien qu'elle explique que la lumière de la Shékinah pénètre à l'intérieur du temple par celle-ci. Comme nous l'avons démontré, il s'agit incontestablement ici d'une très ancienne connaissance.

L'étroite corrélation statistique entre les apparitions de la Shékinah et les pics de réussite dans différentes sociétés – prouvée par les recherches du professeur David McClelland, de Harvard – montre que l'on peut retrouver la trace d'une connaissance fondée sur l'observation en remontant le temps d'au moins 3 000 ans. Et pour cela, il suffit de suivre les descriptions de la Shékinah et de sa signification incorporées dans le rituel. Les premiers maçons qui mirent par écrit ces mythes oraux de l'Ordre n'avaient certainement pas connaissance de ce lien, à la différence de l'architecte phénicien du temple de Salomon. Ce mythe spécifique ne survit que dans les rituels de la franc-maçonnerie.

Nous pensons que ces derniers sont une source majeure de renseignements historiques pour ceux qui ont des yeux pour les voir. Grâce à la gentillesse de l'université de Bradford, nous avons conçu le *Web of Hiram* et l'avons ouvert à tous afin d'aider les chercheurs. Et nous avons extrait de cette masse de documentation le récit chronologique logique que nous avons appelé *Le Testament maçonnique.*

Ce Testament a été consciencieusement rassemblé à partir des rituels des 160 degrés de la franc-maçonnerie qui nous sont devenus familiers depuis la parution de *La Clé d'Hiram.* La répétitivité est dans la nature même du rituel maçonnique : chaque élément est répété trois fois, généralement par trois officiers différents, en utilisant des mots très similaires. On trouve également de nombreux éléments communs dans tous les degrés et ordres ou hauts grades : procédures d'ouverture et de fermeture d'assemblées, de contrôle que tous les officiers connaissent leurs devoirs et responsabilités et que seuls des initiés aux bons degrés sont présents... Nous n'avons pas inclus ces éléments dans notre compilation. En revanche, nous nous sommes concentrés sur les histoires merveilleuses qui sont racontées aux candidats dans le cadre de leur initiation à l'un ou l'autre de ces nombreux degrés. Parfois, ces histoires sont même mises en scène, le candidat endossant le rôle de l'un des héros maçonniques. À d'autres moments, les récits sont racontés aux frères rassemblés sous la forme d'une « histoire traditionnelle » soigneusement mémorisée. Le rituel est toujours oral et inclut souvent des gestes et des pas à effectuer.

De cette manière, en racontant et en re-racontant des histoires anciennes depuis des temps immémoriaux, les francs-maçons ont préservé et nourri leurs mythes et légendes. Et ce phénomène a perduré jusqu'à une date assez récente – autrement dit, jusqu'à ce que des individus décident de leur propre initiative d'« améliorer » et de « simplifier » les histoires confiées à leur soin. Donc des serments et des châtiments politiquement incorrects furent supprimés des cérémonies ; les noms servant à désigner le « Très Haut » furent remplacés par des terminologies « plus souhaitables ». Et de nombreux degrés ne furent plus délivrés que nominalement, sans qu'une cérémonie d'initiation fût pratiquée devant une Loge ouverte. Ainsi, des bigots ignorants et incultes détruisirent un ancien héritage oral sans se soucier de son éventuelle signification.

Nous avons veillé à préserver les histoires exactement telles qu'elles sont racontées dans les plus anciens exemplaires du rituel que nous avons pu trouver. Cela signifie que le style du langage change souvent, mais nous l'avons accepté pour conserver la subtilité du texte maçonnique oral.

Certaines affirmations sont certainement contestables d'un point de vue historique. Dans le chapitre XIV, par exemple, il est dit que Constantin serait né à York, ce qui a sans doute plus à voir avec un besoin de la Grande Loge d'York de s'attribuer une glorieuse ancestralité, qu'avec une vérité historique. Mais nous avons consciencieusement reproduit tous les éléments du rituel sans y ajouter le moindre commentaire. La totalité de nos commentaires a été circonscrite à la première partie de ce livre. Dans ce *Testament maçonnique*, nous avons rassemblé le grand mythe de la franc-maçonnerie et nous l'avons présenté dans un ordre logique. Nous avons adopté l'ordre conventionnel des chapitres et des versets d'autres testaments afin de pouvoir se référer de manière très simple à un passage particulier. Maintenant, pour la première fois depuis 1813 et la tentative de destruction du rituel maçonnique par le duc de Sussex, il est possible de relire la grande histoire qui fut jadis la connaissance secrète que la franc-maçonnerie enseignait à ses adeptes.

> Pourquoi quitter l'Orient pour aller vers l'Occident ?
> *Pour se mettre en quête de ce qui fut perdu.*
> Qu'est-ce qui fut perdu ?
> *Les authentiques secrets d'un Maître maçon.*
> Comment furent-ils perdus ?
> *Par l'intervention intempestive du duc de Sussex.*
> Comment espérez-vous les trouver ?
> *En reconstruisant le Testament maçonnique.*

Poursuivez votre lecture. Et en apprenant les secrets authentiques de la franc-maçonnerie, imprégnez-vous de ce progrès permanent sur la voie de la connaissance maçonnique et de la tolérance que l'Ordre n'a en aucun cas oublié.

Chapitre I

DIEU CRÉE L'HUMANITÉ

1. Quand Dieu en Son conseil éternel conçut l'idée de la création de l'homme, il convoqua les trois ministres qui servait continuellement le trône. Leurs noms étaient Justice, Vérité et Miséricorde.

2. Et Il s'adressa à eux en disant : « Allons-nous créer l'homme ? » Justice répondit : « Ô Dieu, ne le crée pas, il piétinera Tes lois », et Vérité répondit également : « Ô Dieu, ne le crée pas, car il souillera Tes sanctuaires ». Mais Miséricorde, tombant à genoux et levant ses yeux en larmes, s'exclama : « Ô mon Dieu, crée-le et je veillerai sur lui sur les mornes chemins sombres qu'il devra parcourir. »

3. Et écoutant la supplique de Miséricorde, Dieu créa l'homme et l'appela Adam. Et il lui dit : « Ô homme, tu es le fils de Miséricorde. Va et rejoins ton frère. »

4. Quand Adam se présenta pour la première fois devant Dieu sous la voûte céleste multicolore qui est le ciel, il se présenta dans une posture humble, les paumes levées vers le ciel et les genoux pliés en signe d'humilité et de dépendance à l'endroit de l'auteur de ses jours. De nouveau, il se présenta devant son Juge offensé quand il voulut détourner Sa colère et obtenir Sa Miséricorde, et il transmit pour toujours à la postérité cette posture expressive et contrite.

5. De ce moment-là, ce signe de pénitence a traduit cet état du cœur et de l'esprit, sans lequel nos prières et nos oblations ne pourraient jamais être reçues sur le trône de Grâce, au pied duquel une créature fragile et égarée doit se présenter devant son créateur.

6. Et la place d'Adam était à l'orient, face à l'occident, revêtu d'une robe couleur safran et la tête couverte. Dans sa main droite, il tenait un sceptre à la poignée dorée et avec un globe d'or au sommet. Son bijou était un soleil

d'or, suspendu à une chaîne de même métal portée autour du cou. Au dos du bijou était gravé un hémisphère d'or, montrant la moitié nord de l'écliptique et du zodiaque, avec les signes allant du Taureau à la Balance.

7. Dans le conseil éternel de dieu, le ministre appelé Vérité résidait à l'occident. Sa robe était de couleur rose et il tenait une canne blanche, au bout de laquelle se trouvait un œil d'or.

8. Il y avait aussi sept êtres de moindre importance, les Malakoth [ce qui signifie Anges]. Au singulier, ils étaient appelés Malak [ce qui signifie Ange] et leurs noms étaient Gabriel, Uriel, Michel, Raphaël, Zarakhiel, Hamaliel et Tsaphiel. Ils portaient des robes flamboyantes et un tablier. À leur collier pendait une étoile d'or à sept branches.

9. Gabriel était placé au nord-est, avec à sa droite sa bannière carrée de soie pourpre, arborant la figure d'un aigle et le signe de la planète Jupiter.

10. Michel se trouvait au sud-est, avec à sa droite, sa bannière carrée de soie noire, arborant la figure d'un lion et le signe de la planète Saturne.

11. Uriel se tenait au sud-ouest, avec à sa droite sa bannière carrée de soie flamboyante, portant la figure d'un taureau et le signe de la planète Mars.

12. Raphaël était au nord-ouest, avec à sa droite sa bannière carrée de soie verte, montrant la figure d'un homme et le signe de la planète Mercure.

13. Zarakhiel occupait l'est, avec à sa droite sa bannière carrée de soie violette, portant le signe du Soleil.

14. Tsaphiel se tenait à l'est, devant Vérité, avec à sa droite sa bannière carrée de soie blanche, portant le signe de la Lune.

15. Enfin Hamaliel se trouvait au sud, sa bannière de soie bleue arborant le signe de la planète Vénus.

16. Gabriel portait aussi des bracelets d'étain pur ; Michel, de plomb ; Uriel, de fer ; Raphaël, de verre creux, partiellement rempli de vif-argent ; Zarakhiel, d'or ; Tsaphiel, d'argent, et Hamaliel, de cuivre poli. Les bannières de Michel, Gabriel, Uriel et Hamaliel étaient bordées d'argent ; celles des autres, d'or.

17. Les autres membres du conseil étaient nommés Aralim [pluriel d'*aral*, signifiant Lion d'Or, ou héros]. Leur bijou était une étoile à cinq branches, suspendue à un ruban flamboyant sur la poitrine gauche.

Chapitre II

ÉNOCH RENCONTRE DIEU ET GRAVE SON VRAI NOM

1. Jared, le sixième descendant d'Adam, eut un fils qu'il nomma Énoch, ce qui signifie « Cité ». Énoch était empli d'amour et de crainte à l'endroit de Dieu. Il lutta pour mener les hommes sur la voie de l'honneur et du devoir. Dans une vision, Dieu lui apparut sous une forme visible, et il lui dit : « Énoch, tu attends depuis longtemps de connaître mon vrai nom ; lève-toi, suis-moi, et tu le connaîtras. »

2. Dans cette vision, Énoch vit une montagne et un triangle d'or avec les rayons du soleil. À partir de ce moment-là, ce symbole fut connu sous le nom de Delta d'Énoch.

3. Énoch, inspiré par sa vision, se mit à voyager pour partir en quête de la montagne qu'il avait vue dans son rêve, jusqu'à ce que, las de sa quête, il s'arrêtât dans le pays de Canaan, déjà peuplé par les descendants d'Adam. Là, il employa des ouvriers. Alors, avec l'aide de son fils Mathusalem, il creusa le sol, créant neuf appartements, l'un au-dessus de l'autre, et chacun surmonté d'une arche comme il l'avait vu dans son rêve, le plus bas étant taillé directement dans la roche.

4. Au sommet de chaque arche, il laissa une étroite ouverture fermée par une pierre carrée. Et au-dessus de l'arche supérieure, au niveau du sol, il construisit un modeste temple. Formé d'énormes pierres brutes, il était à ciel ouvert afin de voir la voûte céleste qui est l'œuvre de Dieu, le Grand Architecte de l'Univers.

5. Énoch créa alors une plaque d'or triangulaire, incrustée de nombreuses gemmes précieuses, sur laquelle il grava l'ineffable NOM DE DIEU, et il scella la plaque dans le flanc d'un cube d'agate. Cet objet, le plus précieux de tous, fut placé dans les cryptes sous le temple.

6. Personne ne connaissait l'existence de ce précieux trésor. Et pour qu'il ne puisse pas être découvert et qu'il survive au Déluge, qui, Énoch le savait, submergerait bientôt le monde et le recouvrirait d'un océan de boue, il dissimula l'ouverture, la pierre qui la scellait et le grand anneau de fer servant à lever la pierre, sous le pavement de granit de son temple primitif.

7. Puis, craignant que toute connaissance des arts et des sciences soit perdue dans le déluge universel, il dressa deux grandes colonnes sur une haute colline – une de bronze, pour résister à l'eau, et une de granit, pour résister au feu. Sur la seconde fut notée en hiéroglyphes une description des appartements souterrains ; sur la première, les rudiments des arts et des sciences.

8. Et Énoch sut que le Seigneur était grand en Sion. Que toute la terre Le prie pour Son grand et terrible nom, car il est saint. Exaltez le Seigneur notre Dieu et adorez-Le sur Sa sainte colline.

9. Sa voix jaillit de la colonne de nuées et du feu ; et des profondeurs surgirent les richesses des lieux secrets. Exaltez le Seigneur notre Dieu, car Il est saint, et exaltez Son nom, car il est de toujours et à jamais.

10. Nous sommes nés hier et ne savons rien. Nos jours ne sont qu'une ombre. Ils fuient et nous ne le savons pas.

11. Ne peux-tu, en le cherchant, découvrir Dieu ? Ne peux-tu découvrir le Tout-Puissant dans sa plénitude ? Il est aussi haut que les cieux. Que ne peux-tu faire ? Il est plus profond que l'enfer. Que ne peux-tu savoir ?

12. Remarque l'homme parfait et regarde le droit : car la fin de cet homme est la paix. « Mes yeux se poseront sur l'homme parfait, dit le Seigneur. Tout ce qui est parfait sur la terre résidera avec moi : ils marcheront en mon nom et me serviront à jamais. »

13. Remercions le Seigneur, qui nous a donné les trésors des ténèbres et les richesses cachées des lieux secrets.

14. Ô toi, vrai et éternel Seigneur Dieu, source de lumière et d'amour – toi Souverain Inspecteur et Puissant architecte des merveilles de la création – qui de Ton trône au plus haut des cieux veille miséricordieusement sur les habitants de la terre – tend l'oreille, nous T'implorons, vers les prières et les suppliques de Tes serviteurs indignes maintenant assemblés en Ta présence, pour enseigner les mystères de ce sublime édifice qui est érigé et dédié à Ton Très Saint et Très Glorieux Nom.

15. Celui qui est saint et béni a arraché Énoch au monde pour Le servir, comme il est écrit, car Dieu lui montra Dieu ; il lui montra tous les dépôts des royaumes inférieur et supérieur et Il lui montra l'alphabet de l'arbre de vie, dont Adam avait reçu les fruits, ses feuilles et ses branches que nous voyons dans son Livre.

Chapitre III

NOÉ CONSTRUIT L'ARCHE POUR SURVIVRE AU DÉLUGE

1. Avant le grand Déluge, qui est communément appelé le Déluge de Noé, il existait un homme qui s'appelait Lamech. Il avait deux épouses : Ada et Zilla.

2. D'Ada, il eut deux fils, Jabal et Jubal. De Zilla, il eut un fils, Tubal, et une fille, Naamab. Ces quatre enfants découvrirent tous les arts du monde. Jabal découvrit la géométrie et il divisa les troupeaux de moutons. Il construisit d'abord une maison de pierre et de bois. Son frère Jubal découvrit l'art de la musique. Il fut le père de tous les arts musicaux, comme la pratique de la harpe et de l'orgue. Tubal-Cain fut l'instructeur de tous les arts du cuivre et du fer. Et la fille découvrit l'art du tissage. Ces enfants de Lamech savaient que Dieu punirait les péchés soit par le feu, soit par l'eau, car leur grand-père Énoch les avait mis en garde.

3. Dans son vieil âge, Lamech engendra Noé, et Dieu dit à Noé de construire une arche pour échapper au déluge qui venait.

4. Dans l'attente de ce déluge, Noé construisit donc une arche, maniant la hache pour abattre les arbres et les équarrir ; la scie, pour tailler les planches ; et une vrille pour faire des trous dans les planches. Avec la hache, il tailla encore des chevilles qu'il planta dans les planches pour les faire tenir entre elles.

5. Ces outils ont d'autres significations. La hache coupait les arbres qui, abattus, symbolisaient la chute de l'ancien monde. La scie, scindant les poutres en planches, est emblématique de la séparation par le Seigneur de Noé et de sa famille du reste du monde. La vrille qui perce des trous dans les planches nous apprend à utiliser l'affliction comme un moyen d'humilité et d'interrogation sur soi-même.

6. Comme l'arche fut construite avec ces outils, nous devons comprendre qu'en persévérant dans la foi, l'espoir et l'amour, nous pourrons nous aussi être accueillis dans une arche salvatrice, quand une chaleur ardente fondra tous les éléments et que toute la terre sera dissoute.

7. Sagesse, Force et Beauté étaient représentées dans la construction de l'arche. Par la sagesse et la maîtrise de Noé, cette merveille de beauté, l'arche, fut créée. Et par sa force, elle sauva Noé, sa famille et toutes les créatures vivantes qui s'y étaient réfugiées.

8. Les Antédiluviens, condamnés aux abysses, essayèrent d'échapper à la colère du ciel en se hissant au sommet des collines, des arbres et de tout autre endroit qui permettait d'échapper temporairement à Sa justice qui laissait pleuvoir la destruction sur leurs têtes.

9. La colonne de granit, qui avait été érigée par Énoch avant le Déluge, fut renversée et balayée par les eaux, mais celle de bronze résista fermement et fut plus tard retrouvée par son petit-fils, Noé.

10. Après le Déluge, les hommes et les animaux sortirent de l'arche sur les monts d'Arménie. Ils avaient erré sur toute la surface de la terre inondée et avaient pu s'arrêter là où la Providence de Dieu avait eu plaisir de les guider.

11. Quand il offrit son sacrifice à Dieu pour le remercier de les avoir sauvés du Déluge, Noé se tenait dans une posture droite. Alors Dieu fit apparaître Son arc-en-ciel dans le ciel et établit Son alliance avec Noé au terme de laquelle les eaux diluviennes ne détruiraient plus toute la nature vivante.

12. Écoutez la promesse donnée par Dieu comme gage de son alliance avec Noé :

13. Dans un moment de colère, je t'ai dissimulé mon visage ; mais ma bonté éternelle m'a inspiré de la miséricorde à ton endroit, dit le Seigneur ton rédempteur. Et il en va de moi comme des eaux de Noé : de même que j'ai juré qu'elles ne recouvriraient plus la terre, j'ai juré de ne plus être courroucé contre toi et que je ne te ferai plus de reproches.

14. Les montagnes se sépareront et les collines s'effaceront, mais ma bonté ne te quittera plus, et l'alliance de Ma paix t'est garantie, dit le Seigneur qui t'a accordé sa miséricorde.

15. Cette promesse de Dieu nous réconforte dans les moments de désarroi et à l'heure de notre mort. Elle nous réjouira pour l'éternité.

16. La branche d'olivier est un symbole d'espoir et elle commémore le retrait des eaux.

17. À cette époque ancienne, les survivants du Déluge fondèrent leurs lieux de culte en s'appuyant sur les mystères du porphyre. Ils utilisaient cette

pierre et non les Écritures sacrées parce qu'à cette époque, ces dernières n'existaient pas encore.

18. Les traditions liées au porphyre sont au nombre de trois. Premièrement : sur cette pierre, le patriarche Noé se reposait chaque jour quand il revenait du pieux chantier de l'arche et il la plaça au centre de celle-ci dès qu'elle fut achevée. Deuxièmement : grâce à cette pierre, Noé fixa la position de l'arche quand elle se posa sur le mont Ararat. Troisièmement : sur cette pierre, Noé fit son offrande au Seigneur pour le remercier de l'avoir sauvé et il voulut qu'elle soit installée au pied du mont Ararat jusqu'à ce que le premier de ses descendants soit appelé à son tour à voyager soit par terre, soit par mer.

19. Sur le porphyre, nos anciens frères plaçaient un triangle doré avec son sommet tourné vers l'orient.

20. Le Delta, qui se trouve sur le mystérieux porphyre, symbolise le Soleil, la Lune et les étoiles.

21. Ceux qui sont dans la plus haute sphère de la vie ont la plus large latitude pour accomplir le bien, mais ceux qui se trouvent à un degré inférieur seront eux aussi éminemment distingués s'ils progressent régulièrement et se révèlent des membres utiles de la société. La personne la plus éminente est celle qui donne le meilleur d'elle-même, pas celle qui occupe la position la plus élevée : parce que la Lune, bien que reflétant simplement la lumière du Soleil, exalte elle aussi la gloire de Dieu. Et les fleurs des champs témoignent autant de Sa puissance que les étoiles du firmament.

22. Les trois pointes du triangle sont synonymes de Sagesse, Force et Beauté.

23. Au commencement de son pèlerinage, l'homme, confiné dans son ignorance, se croit en sûreté, et, souvent il croit pouvoir se passer de l'infaillible compas, dévie de la bonne route, et, par là, il court le risque d'être submergé par les eaux.

24. Depuis que la Providence de Dieu empêcha nos anciens frères d'être submergés par les eaux, ils ont observé et obéi à la parole de Dieu en se montrant féconds et en se multipliant sur terre. Et ainsi ils ont conservé la mémoire d'un salut aussi remarquable.

25. En entrant dans l'arche, ils se sont comportés en frères vrais et fidèles et depuis cette époque, ils ont été connus sous le nom de noachites.

CHAPITRE IV

DIEU DÉTRUIT LA TOUR DE BABEL

1. Ayant encore à l'esprit la vengeance que la divinité avait récemment déchaînée sur l'humanité pour ses iniquités, sous la forme du Déluge universel, et malgré le signe de réconciliation qu'elle leur avait ensuite envoyé sous la forme de l'arc-en-ciel avec l'assurance que le monde ne serait plus détruit par les eaux, les descendants de Noé, désireux de croire en la divine prédiction mais craignant un second Déluge, dirent : « Construisons une cité dont le sommet toucherait les cieux et donnons-nous un nom unique de peur d'être dispersés sur toute la surface de la terre. »

2. Pour accomplir leurs desseins, ils commencèrent à ériger une haute tour dans la plaine de Shinéar. Mais cette entreprise déplut aux yeux de leur Créateur, car elle tendait à les détourner de Son propre dessein, à savoir que l'humanité ne devait pas rester éternellement ensemble en un même lieu. Il les obligea à interrompre leur projet en mélangeant les langages, pour qu'ils ne puissent plus se comprendre les uns les autres.

3. Dès lors, la cité prit le nom de Babel, ce qui signifie « confusion ». Et la dispersion du peuple et la création des nations s'ensuivirent. Ce fut par une nuit de pleine lune que le Seigneur accomplit ce miracle.

4. L'architecte se nommait Peleg. Il fut au moins l'inspirateur de cet édifice.

5. En punition pour sa désobéissance et l'audace de ses maçons, il fut privé de parole. Et pour éviter que ses compagnons lui fassent violence, parce qu'ils le considéraient comme la cause de l'échec de leur entreprise, il voyagea vers des pays éloignés de Shinéar, et seulement au clair de lune, car il craignait d'être massacré, s'il était reconnu.

6. Il se retira dans une sombre forêt, où, ayant construit un refuge triangulaire, il obtint, par des actes d'humiliation et de contrition pour son rôle

dans la plaine de Shinéar, la rémission de ses péchés et la restauration de sa parole. Dans le refuge de Peleg, on découvrit une pierre de marbre blanc, sur laquelle était inscrite l'épitaphe suivante : « Ici reposent les cendres du grand architecte de la tour de Babel. Le Seigneur eut pitié de lui parce qu'il devint humble. »

CHAPITRE V

MELCHISÉDECH, LE ROI DE SALEM, FAIT D'ABRAHAM UN GRAND PRÊTRE

1. Et voilà ce qui se passa au temps d'Amraphel, roi de Shinéar, Ariok, roi d'Ellasar, Kedor-Laomer, roi d'Élam, et Tidéal, roi des Goyim. Ceux-là firent la guerre contre Béra, roi de Sodome, et Birsha, roi de Gomorrhe, Shinéab, roi d'Adma, et Shémeéber, roi de Çeboyim, et Çoar, le roi de Béla.

2. Tous ceux-là se liguèrent dans la vallée de Siddim, qui est la vallée du sel.

3. Douze ans, ils avaient servi Kedor-Laomer, et le treizième, ils se rebellèrent.

4. Et alors apparurent le roi de Sodome et celui de Gomorrhe, le roi d'Adma et celui de Çeboyim, et le roi de Çoar. Et ils se joignirent à la bataille dans la vallée de Siddim.

5. Avec Kedor-Laomer, roi d'Elam, Tidal, roi des Goyim, Amraphel, roi de Shinéar et Ariok, roi d'Ellasar, quatre rois contre cinq.

6. Et la vallée de Siddim était pleine de puits de bitume. Les rois de Sodome et Gomorrhe tombèrent dans leur fuite. Et les autres s'enfuirent dans la montagne. Alors les vainqueurs s'emparèrent de tous les biens de Sodome et Gomorrhe, de toutes leurs victuailles et ils s'en allèrent.

7. Ils prirent aussi Lot, le fils du frère d'Abraham, qui vivait à Sodome ; ils prirent ses biens et s'en allèrent. Alors il y en eut un qui s'était échappé et qui alla informer Abraham l'Hébreu, qui demeurait dans la plaine de Mambré l'Amorite, frère d'Eshkol et d'Aner. Et ceux-là étaient les alliés d'Abraham.

8. Et quand Abraham entendit que son neveu était retenu captif, il arma ses partisans, nés dans sa maison, au nombre de trois cent dix-huit et il les entraîna dans la poursuite jusqu'à Dan. De nuit, lui et ses partisans les attaquèrent en ordre dispersé, il les battit et les poursuivit jusqu'à Hoba, à

gauche de Damas. Il récupéra tous les biens et aussi son parent Lot et ses biens, ainsi que les femmes et tous leurs gens.

9. Après son retour de sa victoire sur Kedor-Laomer et les rois qui l'accompagnaient, Abraham vit venir à lui le roi de Sodome, dans la vallée de Shavé, qui est la vallée du roi.

10. Et Melchisédech, le roi de Salem, apporta du pain et du vin. Il était prêtre du Dieu Très-Haut. Il prononça alors cette bénédiction : « Béni soit Abraham par le Dieu Très-Haut, Seigneur du Ciel et de la Terre ; et béni soit le Dieu Très-Haut qui a livré tes ennemis entre tes mains. » Et Abraham lui donna la dîme de tout.

11. Et le roi de Sodome dit à Abraham : « Donne-moi les personnes et prends les biens pour toi. »

12. Alors Abraham répondit au roi : « Je lève ma main vers le Dieu Très-Haut, Seigneur du Ciel et de la Terre ; je ne prendrai rien de ce qui est à toi, pas même un fil ou un lacet, et tu ne pourras pas dire : "j'ai enrichi Abraham." Je ne prendrai rien pour moi, seulement ce que mes serviteurs ont mangé et la part qui revient aux hommes qui m'accompagnaient, Aner, Eshkol et Mambré. Laisse-les prendre leur part.

13. Et Melchisédech, prince de Jérusalem et roi de Salem, était assis dans sa tente royale dans la vallée de Shavé, qui est connue comme la vallée du roi. Alors qu'Abraham s'approchait de son tabernacle, Melchisédech se tenait à l'entrée, il tira son épée, fit mine d'asséner un coup de haut en bas vers Abraham, qui para le coup et s'agenouilla devant lui.

14. Melchisédech demanda qui était l'étranger et en réponse, il lui fut répondu que la personne devant lui était son ami et son frère Abraham, qui dit : « Prends les captifs et le butin : je te donne dîme de tout. »

15. Et Melchisédech répondit : « Béni sois-tu Abraham, par le Dieu Très-Haut, Seigneur du Ciel et de la Terre ; et béni soit le Dieu Très-Haut qui a livré tes ennemis dans ta main. Lève-toi, mon frère et mon ami Abraham. Entre dans ma tente, mange mon pain et bois mon vin. »

16. Et Melchisédech se tenait avec son épée tirée dans la main au centre de son tabernacle et il donna du pain à Abraham de la pointe de son épée en disant : « Regarde comme il est bon et plaisant pour les frères de demeurer ensemble unis. Partage avec nous ce pain, que tu reçois à la pointe de mon épée, pour que tu te souviennes que tu dois toujours être prêt à partager ta dernière miche avec un compagnon grand prêtre oint, et que tu devras toujours, si son besoin le réclame, fut-il un ennemi, le nourrir à la pointe de l'épée. »

17. Tenant son épée en travers de sa poitrine, Melchisédech offrit alors à Abraham son gobelet du plat de sa lame en disant : « Prends, que le Seigneur te bénisse, qu'il vous bénisse tous, serviteurs du Seigneur, qui la nuit vous

trouvez dans la maison du Seigneur. Levez vos mains dans le sanctuaire et bénissez le Seigneur. Le Seigneur qui a créé le Ciel et la Terre te bénit depuis Sion. Bois avec nous ce vin, que tu reçois sur l'épée, pour que tu te rappelles que tu dois toujours partager les luxes comme les nécessités de la vie avec un compagnon grand prêtre oint. S'il a faim, nourris-le ; s'il a soif, donne-lui à boire ; s'il est nu, vêts-le ; s'il est malade ou affligé, rends-lui visite et soigne-le ; compatis à sa douleur et réjouis-toi avec lui dans ses joies. Agis ainsi avec lui et ne l'abandonne jamais. »

18. Melchisédech ordonna à ses compagnons de former ensemble les côtés d'un triangle équilatéral. Il plaça Abraham au centre du triangle et se plaça lui-même au sommet, à l'orient. Ils s'agenouillèrent tous tandis qu'il se mettait à prier :

19. Que le grand prêtre suprême du Ciel et de la Terre accorde Sa bénédiction à notre compagnon, pour qu'il puisse enseigner les lois et les commandements du Seigneur et exécuter les devoirs de son office avec ferveur, fidélité et zèle.

20. Et il bénit Abraham en disant : « Le Seigneur te bénit et te garde. Le Seigneur tourne son visage vers toi pour qu'il rayonne sur toi et t'inonde de sa grâce. Le Seigneur lève son regard vers toi et te donne la paix. »

21. Et Melchisédech parla à Abraham, qui demeurait à genoux au centre du triangle équilatéral en disant : « Je vais maintenant t'expliquer les secrets de cet Ordre saint. L'onction d'huile est la principale cérémonie divine pour être intronisé dans chacun des trois offices de la communauté juive : prophète, prêtre et roi. Elle est reçue comme symbole de sanctification et de consécration au service du Dieu Très-Haut.

22. Quand moi, Melchisédech, roi de Salem, j'ai fait d'Abraham un grand prêtre, je l'ai d'abord oint trois fois d'huile, puis trois fois de vin. Ces deux onctions sont une allusion au triangle, symbole de la divinité. Ainsi nous est-il rappelé que le vrai frère doit aussi se consacrer au service du Dieu Très-Haut. »

23. Comme l'intangible clergé de Melchisédech est supérieur à celui d'Aaron, qui s'est éteint, nous aspirons, après l'achèvement de cette existence terrestre, à entrer dans ce Tabernacle, « qui ne fut pas créé par des mains et éternel dans les cieux ».

24. Souvenez-vous que les responsabilités de cet Ordre saint ne reposent pas seulement sur les épaules des officiers, mais également sur tous les membres de l'Ordre, un manquement aux devoirs étant aussi condamnable et destructeur dans un cas comme dans l'autre.

25. Parce que tu accordes de la valeur à ton honneur en tant qu'homme et frère ; parce que tu attaches du prix à la pureté et à la permanence de l'Ordre ; parce que tu crains de déplaire au Tout-Puissant, dont tu as solennellement

invoqué le Nom ; alors ne trahis aucun des serments que tu as prêtés et exécute fidèlement tous les devoirs auxquels tu t'es désormais lié.

26. Laisse le Lion de la Tribu de Juda être le symbole de ta force et de ta hardiesse au service de la vérité et de la justice. Sois aussi patient que le Bœuf à l'égard des faiblesses et des erreurs de tes frères, et aussi vif que l'Aigle pour exécuter une bonne œuvre. Donne à tes compagnons de l'Art royal l'exemple lumineux d'un homme droit et parfait et, particulièrement, d'un compagnon grand prêtre oint.

27. Que la sainteté du Seigneur imprègne toutes tes pensées, tes paroles et tes actions.

28. Finalement, au terme de cette vie douloureuse, puisse le Très-Haut, qui siège entre les chérubins, t'admettre dans son sanctuaire glorieux et éternel pour que tu puisses là l'adorer à jamais.

CHAPITRE VI

LES SECRETS DE MOÏSE

1. Le vrai nom de Dieu resta ignoré jusqu'à ce qu'il parlât à Moïse et qu'Il lui ordonnât d'aller chez le Pharaon et de faire sortir d'Égypte les enfants d'Israël : « Je suis celui qui fut et sera : je suis le Dieu de tes pères ; le dieu d'Abraham, d'Isaac et de Jacob. Ainsi tu parleras aux enfants d'Israël. Celui qui est m'a envoyé à vous, je suis le Seigneur, qui est apparu à Abraham, à Isaac et à Jacob sous mon nom, AL-SHEDI, mais ce nom, je ne le leur ai pas montré. »

2. Moïse grava le nom ineffable sur une tablette d'or et la déposa dans l'Arche d'Alliance. Il révéla le nom à Aaron et Josué, et ensuite, il fut révélé aux chefs des prêtres.

3. Le mot n'étant composé que de consonnes, sa vraie prononciation fut bientôt perdue, mais le mot demeura dans l'arche. Or à l'époque d'Otniel, au cours d'une bataille contre le roi de Syrie, ceux qui portaient l'arche furent abattus et l'arche tomba dans la poussière. Après la bataille, les hommes d'Israël la recherchèrent. Ils furent guidés vers elle par le rugissement d'un lion qui, couché près d'elle, la gardait et tenait sa clé d'or dans sa bouche. À l'approche du grand prêtre et des lévites, il lâcha la clé et s'en alla. Depuis, sur la clé d'or portée par le trésorier, vous pouvez lire les initiales de ces mots : *In Ore Leonis Verbum Inveni* – « Dans la bouche du lion, j'ai trouvé le verbe. » Les Philistins s'emparèrent de cette tablette d'or au cours d'une bataille. Ils la fondirent pour modeler une image de Dagôn.

4. Après que les israélites se furent libérés de leurs chaînes égyptiennes, la Première ou Sainte Loge fut ouverte par Moïse, Oholiab et Beçaléel, sur un sol consacré au pied du mont Horeb, dans le désert du Sinaï. Là l'armée d'Israël s'était rassemblée et avait planté ses tentes, pour offrir des prières et des actions de grâce pour avoir été délivrée des mains des Égyptiens. Avant

même ce moment, c'était en ce lieu que le Tout-Puissant avait jugé bon de se manifester à son fidèle serviteur Moïse, quand il avait fait de lui le Grand Ambassadeur de Sa colère auprès du Pharaon et de son peuple et le Messager de la Liberté et du Salut pour la maison de Jacob. En ce lieu furent révélées les formes de ces objets mystérieux, le Tabernacle et l'Arche d'Alliance. Ici furent délivrées les Lois sacrées, gravées par la main même du Très-Haut et contenant les sublimes préceptes gouvernant toute l'organisation civile et religieuse. Ces Lois, en séparant Son peuple élu de toutes les autres nations, consacra Israël dans son rôle d'instrument élu, dévoué à Son service. Pour toutes ces raisons, elle est appelée la Première ou Sainte Loge.

5. Cette faveur fut signalée aux frères par l'apparition à l'orient de la divine Shékinah qui représente la Gloire de Dieu apparaissant sur le mont Sinaï lors de la délivrance de la Loi sacrée.

6. Nous utilisons des bâtons comme emblèmes de pouvoir. Toutes les nations les ont employés ainsi. Mais nous les utilisons en souvenir du bâton dont se servit Moïse pour réaliser tant de miracles en Égypte et dans le désert.

7. Beçaléel fut l'artisan inspiré du saint Tabernacle qu'il construisit pour abriter l'Arche d'Alliance et pour laisser la lumière de la divine Shékinah resplendir sur elle. Son dessin devint ensuite le modèle du temple du roi Salomon, conforme au motif délivré sur le mont Horeb par Dieu à Moïse, qui devint après cela le Grand Maître de la Loge d'Israël.

8. En des jours plus anciens, quand, au pied du mont Horeb, dans le buisson ardent, le Seigneur Dieu apparut à Moïse, celui-ci, incapable de soutenir le rayonnement aveuglant de la divinité, se protégea les yeux contre la divine splendeur, tout en plaçant simultanément sa main sur son cœur en signe de soumission et d'obéissance.

9. Ce signe pénitentiel traduit cet état du cœur et de l'âme, sans lequel nos prières et oblations ne peuvent être acceptables par le trône de grâce, devant lequel se présente une fragile créature égarée, née de la poussière, en levant les mains et en s'agenouillant en signe d'humilité et de dépendance. Dans cette humble posture, Adam le premier se présenta devant Dieu et honora l'auteur de ses jours. De nouveau, il se présenta ainsi devant son Juge offensé quand il essaya de détourner Sa colère et d'obtenir Son pardon. Et cette posture expressive et contrite s'est transmise à la postérité pour l'éternité.

10. Moïse créa les Princes du Tabernacle. Les devoirs particuliers d'un Prince du Tabernacle étaient d'œuvrer constamment à la gloire de Dieu, à l'honneur de son pays et au bonheur de ses frères, et d'offrir des actions de grâce et des prières à la divinité au lieu de sacrifices de chair et de sang.

11. La cour des Princes du Tabernacle était présidée par Moïse, le Très Puissant Chef. Ses grands prêtres étaient Eléazar et Itamar, les fils d'Aaron. Oholiab et Beçaléel assistaient Moïse quand il présidait sa cour. Élyasaph, fils

de Laël, de la maison de Gershôn, était l'orateur de la cour. Son secrétaire était Éliçaphân, le fils d'Uzziel, de la maison de Qehat, et le trésorier était Çuriel, le fils d'Abihayil, de la maison de Merari. Caleb, le fils de Yephunné, était le Maître de cérémonies et Josué, le fils de Nûn, était le capitaine de la Garde. Tous les Princes du Tabernacle sont lévites.

12. Quand le pentagramme, ou l'étoile flamboyante, était visible à l'orient, Moïse convoquait la cour pour initier de nouveaux Princes. Quand l'initié entrait, Élyasaph s'adressait à la cour en disant : « Mon frère, l'initié est celui qui possède la lampe, le manteau et le bâton. La lampe est la raison illuminée par la science ; le manteau est la liberté, ou la pleine et entière possession de soi-même, qui isole le sage des élans de l'instinct ; et le bâton est l'assistant des forces occultes et éternelles de la nature. »

13. Puis Moïse disait : « Mes frères, le pouvoir des ténèbres a prévalu sur le prince de lumière. La terre pleure et le gel la ride. Les feuilles tombent des arbres. La neige recouvre les montagnes et les vents froids balayent les cieux frémissants. Toute la nature se lamente et nous partageons la douleur collective. Laissez les prières monter dans le tabernacle pour le retour de la lumière et la remontée du soleil et de cette lumière morale et spirituelle dont Il est le modèle. »

14. Moïse disait : « Comme nos anciens maîtres, nous pleurons Osiris, notre modèle du soleil, de la lumière et de la vie. Le scorpion et le serpent gouvernent les vagues de l'hiver, sur lesquelles tangue la frêle arche qui contient son corps. Pleurez, mes frères, pour Osiris ! Pleurez pour la lumière perdue et la vie défunte et le bon et le beau opprimés par le mal ! L'homme a chu de son état originel et il est perdu, tandis que le soleil a plongé dans les bras glacés de l'hiver. Pleurez pour Osiris, modèle du bon, du vrai, du beau ! Comment son corps pourra-t-il échapper à l'étreinte de la mer affamée et comment la terre pourra-t-elle de nouveau être réchauffée par sa présence ?

15. Eléazar disait : « Frères, voici un nouveau prêtre du Tabernacle, qui doit être instruit et préparé à remplir tous ses devoirs en tant que Prince des Bienfaisants dans ce frêle Tabernacle de vie, pour qu'il puisse renaître le grand jour du Jugement, rayonnant monument à la gloire de Dieu, dans le tabernacle de l'éternité. »

16. Quand vint la nouvelle lune de l'équinoxe de printemps dans la quarantième année de l'errance des enfants d'Israël dans le désert, Aaron mourut. Moïse planta son camp à Punon, sur le flanc oriental des montagnes de Hor, Seir ou Edom, en Arabie Pétrée, sur les confins de l'Idumée, et là il tint conseil.

17. Moïse présida le conseil qui consistait en Josué, fils de Nun, et Caleb, fils de Yephunné. L'orateur du conseil était Eléazar, fils de Aaron. Son frère Ithamar était le scribe du conseil. Devant Moïse se dressaient deux courtes

colonnes, une à l'orient et l'autre à l'occident. Sur une colonne se trouvait un globe ailé ceint par un serpent et au sommet de l'autre se tenait un basilic, le corps lové en anneaux et la tête et le cou dressés. Une croix en tau était dressée à l'est avec un serpent lové l'enlaçant.

18. Moïse parla au conseil : « Une grande partie de la vérité qu'il a été donné aux mortels d'apprendre, ne se trouve qu'à portée de ceux dont l'intelligence n'est pas obscurcie par la passion ou l'excès. Pour l'atteindre, pour comprendre les distinctions délicates de la pensée dans laquelle la vérité est incorporée, l'intellect, tel un instrument affilé du meilleur acier, doit pouvoir disséquer la pensée et distinguer et séparer ses fils invisibles. Le tranchant de l'instrument est émoussé par la faiblesse des appétences sensuelles ou des passions incontrôlées de l'âme. Par conséquent, les sages ont toujours requis de ceux qui cherchaient à gravir les hauteurs de la philosophie, une discipline préparatoire réclamant mesure et retenue. Et le jeûne est réclamé comme la prière. Si ton intellect est par nature fruste et limité ou obscurci et égaré par la faiblesse, le symbolisme sacré n'aura aucun sens pour toi et tu auras l'impression que nous nous adressons à toi dans une langue étrangère. C'est ainsi que la vraie maçonnerie a toujours été et devra toujours être réservée à quelques-uns, dès lors que pour la masse, ses vérités sont des absurdités sans valeur. »

19. Eléazar répondit : « Très Puissant Chef, l'âme du peuple a été découragée à cause de la longue route depuis le mont Hor, qui lui a fait franchir la mer Rouge et contourner le pays d'Edom. Ils ont parlé contre Adonaï et contre toi en disant : "Pourquoi AL-Shadai et son serviteur Moïse nous ont-ils sortis d'Égypte pour mourir dans le désert ? Il n'y a ni pain, ni eau, et nous abhorrons cette manne inconsistante. Nous errons depuis quarante années, et comme Aaron est mort dans le désert, nous aussi allons mourir ici. N'ayons plus confiance en Adonaï, mais invoquons les grands dieux Amon et Astarté, Osiris et Isis, pour qu'ils nous délivrent de cette misère". »

20. Et comme les enfants d'Israël hurlaient, Lo Adonaï envoya de féroces serpents au milieu d'eux, qui fit mourir beaucoup d'hommes et de femmes. Et ceux qui restaient durent se repentir en disant : « Mettons des chaînes autour de notre cou en signe de pénitence et allons voir Moïse notre chef pour l'implorer de demander à Adonaï d'éloigner tous ces serpents », et Eléazar fit comme ils désiraient.

21. Lui seul est digne de l'initiation aux mystères les plus profonds qui a surmonté la crainte de la peur. Et il est prêt à mettre sa vie en jeu quand le bien-être de son pays ou les intérêts de l'humanité le requiert, et même à subir une mort atroce, si le peuple pouvait en bénéficier.

22. J'ai prié pour le peuple, et Adonaï m'a dit : « Façonne une image d'un serpent venimeux dressé et plante-la au sommet d'un pieu. Et ainsi,

quiconque aura été mordu et la regardera restera en vie. Le fléau des serpents est arrêté. Ils ont fui vers leurs cavernes, comme le serpent céleste, avec le scorpion, fuit devant les étoiles scintillantes d'Orion. La grande fête de l'équinoxe de printemps approche et il est temps de nous préparer pour la Pâque en nous purifiant. La lumière va bientôt triompher des ténèbres. Et le pouls de la vie va de nouveau battre dans le sein de la terre, longtemps refroidie par les froidures hivernales. »

23. « Que la croix de cuivre et le serpent soient portés devant la congrégation et qu'ils soient pour toujours un symbole de foi, rappelant que leur disparition dans le cœur des nations entraînera leur ruine. Mais de peur que la connaissance de sa vraie signification symbolique soit un jour perdue et que le peuple s'imagine qu'il s'agit là de quelque chose de divin et qu'il se mette à l'adorer, nous perpétuerons le souvenir des événements de ce jour. Nous perpétuerons la vraie signification de ceci et de nos autres symboles, et des fables d'Osiris et d'Ormuz, de Typhon et d'Ahriman, dernier degré de ces mystères sacrés que Joseph, le fils de Jacob, comme moi-même, avons appris des Égyptiens et que je vous ai enseignés, et que nos ancêtres ont pratiqués dans les plaines de Chaldée. »

24. « Le Père envoie des serpents féroces pour mordre et tuer ses enfants. Mais il nous ordonne de pardonner à ceux qui nous offensent. Et cette loi n'est pas l'ordre de Sa volonté, mais l'expression de Sa nature. Qui expliquera ce grand mystère ? »

25. Sur terre, le serpent est le ministre de la mort. Son image, levée vers le ciel, guérit et restaure la vie. Les premiers sages qui cherchèrent la cause des causes virent le bien et le mal dans le monde. Ils observèrent l'ombre et la lumière. Ils comparèrent l'hiver et le printemps, le grand âge et la jeunesse, la vie et la mort, et ils dirent : « La cause première est bienfaisante et cruelle ; elle donne la vie et détruit. »

26. « Existe-t-il alors deux principes contraires, un bien et un mal ? » crièrent les disciples de Manès.

27. Non ! Les deux principes de l'équilibre universel ne sont pas des opposés l'un à l'autre, même s'ils en ont l'apparence. Car c'est une sagesse unique qui les oppose l'un à l'autre. Le bien est à droite et le mal à gauche. Mais le bien suprême est au-dessus des deux et il fait en sorte que le mal favorise le triomphe du bien et que ce dernier serve à réparer le mal.

28. Pour cette raison, cette cause première s'est toujours manifestée par la croix ; la croix, ce un composé de deux, ces deux eux-mêmes divisés afin de donner quatre ; la croix, cette clé des mystères de l'Égypte, le Tau des patriarches, le symbole divin d'Osiris, la clef de voûte du temple, le symbole de la maçonnerie occulte ; la croix, ce point central de jonction des angles droits de quatre triangles infinis ; le quatre dans l'un, le divin tétragramme.

29. L'univers est le temple de la divinité que nous servons. Sagesse, Force et Beauté se tiennent autour de Son trône, comme les piliers de Ses œuvres, Sa Sagesse est infinie, Sa Force est omnipotente et la Beauté brille à travers toute la création dans la symétrie et l'ordre. Il a déployé les cieux comme un dais. Il a modelé la terre comme Son tabouret. Des étoiles il a fait un diadème pour Son tabernacle et Ses mains étendent leur puissance et leur gloire.

CHAPITRE VII

LA CONSTRUCTION DU TEMPLE DE SALOMON

1. David voulut construire un temple à Dieu, mais il légua l'entreprise à Salomon, son fils, et celui-ci choisit un emplacement près de Jérusalem. Seulement, il découvrit là les colonnes renversées du temple d'Énoch et pensant qu'il s'agissait des ruines d'un sanctuaire païen, il ne voulut pas adopter un lieu profané. Il décida alors de construire le temple du vrai Dieu sur le mont Moria.

2. Nos trois Grands Maîtres, Salomon, roi d'Israël, Hiram, roi de Tyr, et Hiram Abif, étaient en possession des écrits de Moïse et des Prophètes. Ils savaient que si les enfants d'Israël s'éloignaient des lois qui y étaient inscrites, leurs ennemis seraient lâchés sur eux, leurs cités et leur saint temple mis à sac, ruinés et détruits et tous les trésors sacrés contenus dans le saint des saints seraient perdus à jamais.

3. Afin de prévenir cette malédiction, ils acceptèrent de construire une voûte secrète souterraine, reliée aux appartements du roi Salomon les plus éloignés et s'achevant sous le *Sanctum Sanctorum* ou saint des saints.

4. Le roi Salomon construisit une crypte secrète, à laquelle on parvenait après en avoir traversé huit autres, toutes souterraines, et desquelles partait un long passage étroit qui rejoignait le palais. La neuvième arche ou crypte se trouvait directement sous le saint des saints du temple. Dans ce séjour, le roi Salomon se réunissait en privé avec le roi Hiram et Hiram Abif.

5. Cette voûte secrète fut divisée en neuf arches ou cryptes. La neuvième arche fut construite par nos trois Grands Maîtres pour qu'y soient déposés tous les récipients et les trésors sacrés qui devaient se trouver dans le *Sanctum Sanctorum* au-dessus et aussi pour qu'eux-mêmes puissent se réunir et conférer le degré de Maître Maçon quand le temple serait achevé.

6. Chaque maçon appliquera nos symboles et cérémonies selon sa foi. Autrement, la maçonnerie ne pourrait être universelle, caractère qui lui est spécifique depuis l'origine et qui a permis à deux rois, adorateurs de divinités différentes, de siéger ensemble comme Grands Maîtres tandis que s'élevaient les murs du premier temple, et aux hommes de Gébal, qui s'inclinaient devant les dieux phéniciens, de travailler aux côtés des Hébreux, qui considéraient ces dieux comme une abomination.

7. Pour travailler sur les huit autres arches, vingt-deux hommes de Gébal – une cité de Phénicie – furent employés, aux côtés d'Adoniram et d'Ahishar, tous étant experts dans les arts et les sciences en général, mais particulièrement en sculpture.

8. Ils travaillaient de neuf heures du soir jusqu'à minuit, un moment où tous les regards indiscrets étaient endormis. À l'achèvement des travaux, les vingt-quatre Menatzchim se virent donner les signes de reconnaissance d'un Maître Maçon et ils furent choisis comme Maîtres Élus [*Select Masters*]. Ensuite, la voûte sacrée fut utilisée comme cabinet de réflexion dans lequel les trois Grands Maîtres et les vingt-quatre Maîtres Élus formaient un conseil de vingt-sept pour discuter des sujets de haute politique et, quand c'était nécessaire, conférer le degré de Maître Élu. Cependant, il fut accepté que le conseil n'excéderait jamais le nombre de vingt-sept membres.

9. Alors que tous les inspecteurs étaient en possession des secrets de métier nécessaires, un mot de maçon se révéla essentiel pour permettre de négocier des contrats, d'engager des artisans et de parler sur un pied d'égalité entre Maîtres. Le Grand Maître Hiram Abif dit aux Maîtres Élus qu'ils dirigeraient les artisans à l'extérieur du site du temple dès que l'édifice serait achevé. Afin de préserver le secret de la crypte, les Maîtres Élus ne portaient aucun signe particulier indiquant leur rang, mais ils se comportaient en public comme des premiers inspecteurs ordinaires.

10. Néanmoins, en dépit du secret les entourant, une rumeur courait selon laquelle certains Menatzchim bénéficiaient d'un statut spécial. Assez naturellement, ceci engendra beaucoup de rancœur parmi ceux qui se considéraient dignes de recevoir les secrets des Maîtres Maçons, ce qui leur aurait permis de diriger des groupes d'artisans en quête de travail quand le temple serait achevé.

11. Parmi ceux-là, il y avait un dénommé Zabud. En raison de fréquents contacts avec le roi Salomon, on avait fini par l'appeler l'« ami du roi ». Un jour, encouragé par son intimité, il demanda au roi quelles étaient ses chances de recevoir le Mot. Le souverain lui dit d'être patient, l'assurant, métaphoriquement, qu'une porte s'ouvrirait bientôt devant lui. Mais Zabud prit cette assurance littéralement et, un certain jour, ayant un rapport confidentiel à faire au roi, il se rendit au palais et gagna les appartements privés de

Salomon. En entrant dans la pièce et en constatant que le roi était absent, il décida d'attendre. C'est alors qu'il remarqua une porte entrebâillée. Il conclut immédiatement qu'il devait s'agir de la porte à laquelle Salomon avait fait allusion. Franchissant la porte, il se retrouva dans un tunnel et atteignit finalement une autre porte, également entrouverte. En la passant elle aussi, il se retrouva en présence de ce qui se révéla être le conseil des vingt-sept.

12. Zabud fut immédiatement neutralisé et il fut condamné à mort comme intrus. Mais une discussion et une explication s'ensuivirent, au terme desquelles Zabud fut exonéré des accusations portées contre lui pour s'être introduit sans autorisation. En revanche, le frère négligent qui avait oublié de fermer la porte fut exécuté et Zabud fut choisi pour occuper la place vacante.

13. Quand la neuvième arche fut achevée, nos trois Grands Maîtres y déposèrent une copie parfaite de l'Arche d'Alliance, contenant un pot de manne et le bâton d'Aaron, et aussi une vraie copie du Livre de la Loi, ou tous les écrits de la Bible jusqu'à cette époque. Et pour que l'on sache qui l'avait déposée et dans quel but, ils inscrivirent sur les trois faces de l'arche les initiales de leur nom et sur la quatrième, ils indiquèrent la date, indiquant par là qu'elle avait été déposée en l'an de grâce 3000 par Salomon, roi d'Israël, Hiram, roi de Tyr, et Hiram Abif, pour le bien de l'Ordre en général, et de la nation juive en particulier.

14. Après que le dépôt eut été fait, notre Grand Maître Hiram Abif fut assassiné et l'on crut d'abord que le Mot de Maître était perdu. Mais Adoniram rapporta le vœu d'Hiram Abif qu'au cas où il viendrait à mourir, le Mot de Maître devait être déposé sous le *Sanctum Sanctorum* ou Saint des Saints du temple. Alors nos deux Grands Maîtres restants acceptèrent de le placer dans la neuvième arche de la voûte secrète, au sommet de l'Arche d'Alliance, dans une forme triangulaire et dans trois langues, syrienne, chaldéenne et égyptienne. Ainsi, si les enfants d'Israël devaient être emmenés en captivité et qu'ils y restaient si longtemps qu'ils en oubliaient leur langue maternelle, à leur retour, s'ils le découvraient, ils pourraient le reconstituer grâce aux autres langues.

15. Et pour qu'il puisse bien, quand il serait trouvé, être reconnu comme le Mot de maçon, ils placèrent au sommet de l'Arche d'Alliance, les bijoux des trois Grands Maîtres, chacun inscrit dans une langue, sachant que leurs descriptions seraient transmises à la postérité.

16. Après la mort d'Hiram Abif, les deux rois cessèrent de se rendre dans la voûte sacrée et ils décidèrent de ne plus le faire avant d'avoir pu désigner quelqu'un pour occuper la place laissée vacante par la mort d'Hiram Abif. Et en attendant ce moment, ils ne révéleraient plus à quiconque le nom sacré.

17. Salomon proposa d'ériger un temple de Justice et choisit comme site

l'endroit où s'était dressé le temple d'Énoch. À cette fin, il demanda que les colonnes effondrées et les gravats fussent enlevés. Gibulum, Joabert et Stolkin furent choisis pour inspecter l'endroit et poser les fondations.

18. En dégageant les gravats, ils découvrirent la crypte secrète aménagée par Énoch et dans laquelle avaient été déposés des trésors qu'ils amenèrent au roi Salomon. Le souverain prit les trésors d'Énoch : ils consistaient en un delta d'or, incrusté dans un cube d'agate et les fragments de pilier sur lesquels étaient inscrits les arts et la science du monde. Il les plaça dans la crypte secrète de la neuvième arche sur une colonne torsadée de marbre blanc, et, dans cette chambre, il se réunit en privé avec le roi Hiram de Tyr et Hiram Abif, eux seuls sachant comment s'y rendre.

19. Après qu'Adoniram, Joabert et Stolkin eurent découvert le cube d'agate et le nom mystérieux et qu'ils les eurent remis au roi Salomon, les deux souverains décidèrent de les déposer dans la crypte secrète, en permettant aux trois maîtres qui les avaient retrouvés d'être présents. Ils leur délivrèrent la vraie prononciation du mot ineffable, constituèrent le dernier degré de l'ancienne maçonnerie de Métier et l'appelèrent Grand Élu maçon.

20. À la construction du temple du roi Salomon et avant l'instauration du degré de Maître Maçon, il y avait 80 000 opératifs employés, dont une partie travaillait aux carrières de Zeredathah et une autre construisait le temple. À côté de ceux-là, trente mille œuvraient dans les forêts du Liban.

21. Afin que chacun de ces 110 000 ouvriers puissent être connus de leurs officiers supérieurs, tous se soumettaient à un examen minutieux et chaque travailleur fidèle recevait avec exactitude selon son application et son habileté. Cette masse considérable fut divisée en 1 100 Loges de Compagnons et d'Apprentis, ces derniers étant placés sous la supervision des premiers, qui leur enseignaient le travail.

22. Sur l'ensemble présidaient 3 300 Mentzchim, inspecteurs ou Maîtres de Marques [*Mark Master*], trois pour chaque Loge. Chaque Compagnon avait une marque particulière. Et tandis que les inspecteurs n'avaient qu'une marque en commun grâce à laquelle ils approuvaient le travail du Compagnon, ils disposaient d'autres marques grâce auxquelles ils indiquaient quelles pierres devaient être juxtaposées. Ainsi, sans difficulté, le travail de chaque individu était identifié et reconnu comme parfait et sa place correcte dans l'édifice indiquée.

23. Les Compagnons étaient autorisés à choisir n'importe quelle marque non encore choisie jusque-là par quelqu'un d'autre de leur Loge. Elle consistait en séries de trois, cinq, sept, neuf ou tout autre nombre impair de points reliés par des lignes de manière à former la figure qu'ils voulaient, sauf un triangle équilatéral. Les inspecteurs, comme il a déjà été dit, n'avaient qu'une marque en commun, le triangle équilatéral qui rappelait l'essence trine – trois

en un – de la divinité, comme il avait été révélé à Énoch. Ces 3 300 inspecteurs étaient eux-mêmes divisés en 100 Loges de 33 chaque, présidées par 300 Harodim ou Officiers. Ceux-là sont maintenant appelés respectivement Très Vénérable Maître, Premier et Deuxième Surveillants. Ils étaient désignés par Hiram Abif lui-même et il leur incombait le devoir de payer leurs gages aux autres.

24. Quand les Compagnons et les inspecteurs ou Maîtres de Marque recevaient leurs gages, ils plaçaient leurs mains d'une manière et dans des guichets différents. Ainsi, si un Compagnon présentait sa main au guichet d'un Maître de Marque, son imposture était immédiatement démasquée et le Second Harodim, ou Surveillant, se tenait à côté avec une hache, prêt à infliger le châtiment en tranchant la main du coupable. Cette peine constitue une partie du châtiment d'un Maître de Marque et il s'agissait, comme l'autre partie, d'une ancienne punition chez les Sidoniens.

25. Le degré de Maître de Marque fut constitué à Joppa par Hiram Abif avant sa venue à Jérusalem. Les poutres du temple furent amenées là par mer sur des radeaux, mais, comme nous le disent les traditions maçonniques, le rivage à cet endroit était si abrupt qu'il était impossible de sortir des embarcations sans être aidé d'en haut. Des frères restaient donc au-dessus dans ce but, afin d'aider les autres frères à se hisser en les empoignant fermement.

26. La poignée de main imitait la juxtaposition parfaite des pierres, jointure contre jointure, et reproduisait la marque particulière des Maîtres de Marque. Les anciens frères étaient connus comme Compagnons de la Marque.

27. C'était l'affaire du Maître de prouver que chaque pierre, non seulement était solide en lui assénant trois coups de maillet, qu'elle était achevée en la retournant, mais encore qu'elle correspondait exactement au plan de travail que l'on avait fourni à chaque Maître de Marque. Si elle se révélait parfaite en tout point, elle recevait la marque de Maître de Marque et on l'envoyait au Temple. Mais si elle n'était pas jugée correcte, elle était « condamnée » et envoyée au rebut. Cette opération était réalisée par deux frères ou plus qui la saisissaient et après l'avoir balancée trois fois d'avant en arrière, l'envoyaient rejoindre les rebuts.

28. Tous les six jours de travail, la coutume voulait que les inspecteurs ou Maîtres de Marque attendent le Grand Maître en exercice Hiram Abif afin de recevoir ses instructions, mais aussi les plans nécessaires pour exécuter le travail et occuper les hommes. Il apparut, un jour, qu'une partie d'un plan avait été perdue. Mais un Compagnon ingénieux et intelligent, ayant vu la portion manquante du plan imparfait de l'inspecteur avant qu'elle fût perdue ou s'étant fait une bonne idée de celle-ci d'après la nature de l'ouvrage, comprit qu'une pierre d'une forme et d'une structure très particulières était

nécessaire pour compléter le motif. Et pensant probablement s'acquérir de l'honneur en manifestant une connaissance supérieure de son travail, il commença immédiatement à ébaucher une telle pierre.

29. Après avoir passé des heures à travailler dessus, il l'acheva en y apposant sa marque. Quand le plan de travail imparfait fut examiné, on ne trouva aucune place pour cette pierre particulière et, en fait d'honneur, le Compagnon ne reçut rien d'autre que des paroles de colère et des reproches pour avoir perdu son temps. Et dans le feu de la passion, l'inspecteur demanda que l'on jette la pierre au rebut, ce qui fut accompli logiquement par deux frères, probablement très satisfaits de punir par cette humiliation ce qu'ils considéraient comme la vanité de l'ouvrier. Ce Compagnon malheureux qui avait taillé la pierre, voyant comment son travail était injustement dévalorisé, porta ses mains à sa tête, et s'allongeant, il manifesta son inconsolable désespoir.

30. La pierre reposa longtemps parmi les rebuts. Cependant, le moment vint où la clé de voûte du porche du temple du roi Salomon fut requise. Or c'était justement la partie de plan disparue qui y faisait référence. Des recherches furent faites tout autour du temple, mais on ne put trouver aucune pierre adéquate. Au terme d'une nouvelle recherche, il fut certain qu'aucune pierre de la forme requise n'avait été apportée. Les inspecteurs de cette partie de l'édifice se précipitèrent immédiatement auprès de leurs homologues des carrières pour leur demander pourquoi cette pierre n'avait pas été apportée avec les autres. Mais ces derniers n'ayant pas reçu les plans et ordres pour cette partie du travail répondirent qu'ils n'avaient aucune connaissance de ça et qu'il n'existait aucun plan pour cette pierre parmi les documents confiés à leurs soins.

31. Le travail s'arrêta. Hiram Abif s'enquit rapidement de la raison de cette interruption. Celui-ci n'avait pas seulement tracé les plans et mis par écrit les instructions pour cette pierre, mais il les avait remis à l'inspecteur de marque des tailleurs. Ce dernier se présenta et fut réprimandé pour avoir, par négligence, perdu une partie du plan. Mais en apprenant quelle était la forme de pierre requise, il lui revint soudain en mémoire qu'une pierre ayant cette description avait été taillée par un de ses ouvriers. Il en informa Hiram Abif et il lui expliqua que, n'ayant pas trouvé cette forme sur le plan en sa possession, il avait refusé d'y apposer sa marque et l'avait rejetée. Immédiatement Hiram Abif fit chercher le Compagnon qui avait taillé le bloc. Il l'interrogea à son propos et comprit bientôt, en entendant les réponses et la description de la pierre, qu'il s'agissait bien de la forme requise. Hiram ordonna qu'on aille la rechercher sur le champ et soigneusement au milieu des rebuts. Et c'est là qu'on la retrouva intacte.

32. Comme l'inspecteur de marque avait témoigné d'une telle ignorance et d'une telle incompréhension des plans qu'il n'avait pas été en mesure de

découvrir l'usage de la pierre, Hiram le démit de sa charge et lui retira ses insignes. En revanche, il les conféra à l'humble Compagnon, dont il fit un Maître de Marque pour remplacer l'inspecteur congédié.

33. Hiram ordonna au Compagnon à peine fait Maître de Marque de tracer la marque de sa nouvelle charge autour de sa propre marque d'artisan sur l'extrémité la plus petite et sur le côté de celle-ci. La pierre fut convoyée au temple en grande pompe. Et tandis qu'elle était fixée à sa place, le nouveau Maître de Marque, pris d'une joie extatique, se mit à battre des mains et, levant les yeux, il s'écria : « Gloire au Très Haut ».

34. Quand le temple fut presque achevé, le roi Salomon et les Princes de sa maison vinrent le voir. Ils furent si frappés par sa magnificence que dans un même mouvement ému, ils levèrent les bras en s'exclamant : « Ô valeureux maçons ».

35. Les ornements du temple étaient le porche, la lucarne et le pavement d'équerre. Leurs utilisations étaient les suivantes : le porche était l'entrée vers le saint des saints ; la lucarne était la fenêtre par laquelle la lumière pénétrait dans celui-ci ; et le grand prêtre pouvait se déplacer sur le pavement d'équerre.

36. Le grand prêtre avait pour charge de brûler de l'encens en l'honneur et à la gloire du Très Haut et de prier avec ferveur pour que le Tout-Puissant, dans sa sagesse et sa bonté sans limites, veuille bien assurer la paix et la tranquillité de la nation israélite pendant l'année qui venait.

37. La main-d'œuvre employée sur le chantier du temple était organisée en Loges, chacune dirigée par trois Menatzchim. Alors que l'ouvrage était sur le point de s'achever et que de plus en plus de métiers se retrouvaient sans travail, des Loges se fermaient et ses membres, en partie dirigés par un inspecteur qualifié, se mettaient en quête d'un nouvel emploi. Le terme « inspecteur qualifié » désignait un homme qui, en plus des secrets de métier de sa guilde, était en possession du Mot de maçon qui lui permettait de discuter d'égal à égal avec d'autres Maîtres, d'accepter des contrats, de fixer les conditions et, plus généralement, d'organiser le bien-être de ses hommes.

38. Les inspecteurs considérés par les Grands Maîtres comme étant des chefs idoines furent élevés au rang de Maître Royal. Et il n'est pas difficile d'imaginer dans quel état d'esprit se trouvait un inspecteur qui, ayant postulé pour diriger un groupe, n'avait pas encore reçu le Mot de maçon.

39. Adoniram était de ceux-là. Il était l'inspecteur d'un groupe d'ouvriers orfèvres qui n'avaient plus que des finitions à terminer. Sachant que lui et ses hommes seraient bientôt remerciés, il s'inquiéta de ne pas encore être devenu Maître Royal. Un matin, alors que midi approchait, il porta un bol admirablement ciselé à Hiram Abif pour obtenir son agrément. Et alors que ce dernier était en train de l'examiner, les trompettes sonnèrent la pause de midi.

40. Les ouvriers s'en allèrent et Hiram Abif se rendit au sanctuaire pour prier et déposer le bol fraîchement approuvé. Au lieu d'accompagner ses hommes, Adoniram s'attarda derrière lui. Quand le Maître ayant achevé ses dévotions se prépara à quitter le sanctuaire, il l'accosta et lui demanda quand il aurait l'honneur de recevoir le grade de Maître Royal. Hiram Abif exhorta Adoniram à la patience, sachant parfaitement que celui-ci était déjà sur la liste, et (un peu irrégulièrement), il lui laissa entendre que s'il devait mourir avant qu'Adoniram ait pu recevoir les secrets, le Mot de maçon pourrait être trouvé enfoui sous l'endroit où tous deux se tenaient, c'est-à-dire, dans la voûte sacrée, dont Adoniram ne savait rien. En partie satisfait seulement, Adoniram se retira tandis qu'Hiram rejoignait ses deux collègues. L'architecte rapporta cet incident et confessa son indiscrétion. Après discussion, le jour et l'heure de la prochaine réunion du conseil des Maîtres Royaux où serait conféré le degré à Adoniram fut fixé. Mais il n'était pas le seul à attendre anxieusement de recevoir les secrets d'un Maître maçon. Et peu après l'entretien évoqué précédemment, Hiram Abif fut assassiné. Donc le degré de Maître Royal ne pouvait plus être conféré à Adoniram que par les deux Grands Maîtres survivants.

41. Il dut y avoir de nombreux métiers employés, par exemple, des forgerons pour fabriquer les outils, des charpentiers pour dresser les échafaudages, faire des traverses et des gabarits, mais aussi des peintres, des décorateurs et de nombreux métiers subsidiaires. Néanmoins, comme le travail de la pierre était le principal, il était coutumier que le chef de tout chantier de construction soit appelé Maître maçon. Par conséquent, tout ouvrier honoré par le rang de Maître Royal recevait les signes secrets de reconnaissance d'un Maître maçon.

Chapitre VIII

L'ASSASSINAT D'HIRAM ABIF

1. Pour l'homme juste et vertueux, la mort ne fait pas aussi peur que la souillure du mensonge et du déshonneur. Les Annales de la maçonnerie offrent un glorieux exemple de cette sublime vérité à travers la fidélité inébranlable et la noble mort de notre maître Hiram Abif, qui fut tué juste avant l'achèvement du temple du roi Salomon, dont il fut le principal architecte.

2. En tant que Maîtres Maçons, nous venons de l'orient et nous nous dirigeons vers l'occident. Nous fûmes incités à quitter l'orient pour partir vers l'occident afin de chercher ce qui fut perdu et que nous espérons retrouver par notre instruction et notre application, c'est-à-dire les authentiques secrets d'un Maître maçon. Ils en vinrent à être perdus par la mort prématurée de notre maître, Hiram Abif.

3. Quinze Compagnons, appartenant à cette classe supérieure désignée pour diriger le reste, découvrant que le travail était presque achevé et qu'ils n'étaient pas en possession des secrets du Troisième Degré, conspirèrent pour les obtenir par tous les moyens, y compris par la violence. Cependant, au moment de mettre leur conspiration à exécution, douze des quinze se rétractèrent, mais trois, d'un caractère plus déterminé et plus atroce que les autres, persistèrent dans leur dessein impie. Pour le mettre à exécution, ils se positionnèrent respectivement aux entrées est, nord et sud du temple, à l'intérieur duquel notre maître s'était retiré pour rendre hommage au Très-Haut, comme il en avait l'habitude à l'heure de midi.

4. Ayant achevé ses dévotions, Hiram Abif essaya de repartir par la porte du Midi, où il rencontra le premier gredin, qui, faute d'une autre arme, s'était muni d'une lourde règle de plomb. Et d'une manière menaçante, il lui réclama les secrets d'un Maître maçon en l'avertissant que la mort sanctionnerait son refus.

5. Fidèle à son obligation, notre Maître répondit que ces secrets n'étaient connus que de trois personnes au monde et que, sans le consentement et la coopération des deux autres, il ne pourrait ni ne voudrait les divulguer. Mais il assura qu'il n'avait aucun doute que la patience et l'application permettraient à un maçon de valeur d'y avoir accès. En revanche, en ce qui le concernait, il préférerait endurer la mort plutôt que de trahir la confiance sacrée dont il était le dépositaire. Cette réponse ne se révélant pas satisfaisante, le voyou asséna un violent coup en visant la tête de notre maître. Mais, étant surpris par la fermeté de son attitude, il manqua son front et frappa la tempe droite, avec une telle force qu'il le fit vaciller et tomber sur le genou gauche. Récupérant du choc, Hiram se précipita vers la porte du Nord où il fut accosté par le deuxième gredin. Il lui fit une réponse semblable et fit preuve d'une fermeté intacte quand le scélérat, armé d'un levier, lui donna un coup violent sur la tempe gauche, qui le fit choir sur son genou droit.

6. Voyant sa retraite coupée de ces deux côtés-là, il tituba, faible et sanguinolent, jusqu'à la porte d'Orient, où le troisième gredin était posté. Celui-ci reçut une réponse semblable à sa demande insolente (car même en ce moment douloureux, notre maître demeura ferme et inébranlable), et le vilain, armé d'un lourd maillet, lui donna un coup violent sur le front, qui le laissa sans vie à ses pieds.

7. La mort de notre maître Hiram Abif fut une perte si importante, s'agissant de celle de l'architecte en chef, qu'elle ne pouvait manquer d'être rapidement et durement ressentie. Jusque-là, il avait toujours fourni régulièrement et avec une grande exactitude les plans et dessins du temple à tous les secteurs du chantier. Or, quand on ne les vit pas venir, ce fut là une première indication que quelque terrible calamité avait frappé notre Maître. Les Menatschim ou préfets, ou pour parler plus familièrement, les inspecteurs du travail, dépêchèrent quelques-uns des plus éminents d'entre eux auprès du roi Salomon. Ils l'avertirent de la très grande confusion dans laquelle les avait plongés l'absence d'Hiram et ajoutèrent qu'ils craignaient qu'une fatale catastrophe soit responsable de cette aussi soudaine que mystérieuse disparition.

8. Le même jour, les douze Compagnons qui s'étaient originellement joints à la conspiration avant de renoncer se présentèrent devant le roi et lui confessèrent volontairement tout ce qu'ils savaient jusqu'au moment où ils avaient décidé de se retirer du complot. Désormais très inquiet pour son artiste en chef, le roi choisit quinze Compagnons fidèles et leur ordonna de rechercher avec diligence la personne de notre Maître, pour s'assurer s'il était encore en vie ou s'il était mort parce qu'on avait essayé de lui extorquer les secrets de son degré éminent.

9. Par conséquent, un jour précis ayant été fixé pour leur retour à Jéru-

salem, ils se répartirent en trois Loges compagnonniques et se séparèrent en sortant par les trois différentes portes du temple. Pendant des jours, la quête fut vaine. Une première Loge revint à Jérusalem sans avoir fait la moindre découverte d'importance. Mais une deuxième Loge fut plus fortunée, car le soir d'un certain jour, après avoir enduré les plus grandes privations et fatigue, l'un des frères qui s'étaient allongés pour se reposer, voulut se relever. Pour s'aider, il s'agrippa à un arbuste qui poussait à côté de lui, et à sa surprise, celui-ci s'arracha aisément du sol.

10. En regardant plus attentivement, il découvrit que la terre avait été récemment retournée. Alors il appela ses frères et, tous ensemble, ils parvinrent à la réouvrir et ils découvrirent là le corps de notre Maître Hiram enterré de manière très indécente. Ils le recouvrirent avec tout le respect et la révérence dus. Et afin de pouvoir retrouver ultérieurement l'endroit, ils plantèrent une branche d'acacia à la tête de la tombe. Puis ils se hâtèrent de regagner Jérusalem pour informer le roi Salomon de cette effroyable nouvelle. Dès que les premières émotions de sa peine se furent apaisées, le souverain leur ordonna de retourner sur place et de ramener le corps de notre Maître pour lui donner une sépulture digne de son rang et de ses talents éminents. En même temps, il leur révéla que, du fait de sa mort prématurée, les secrets authentiques d'un Maître maçon étaient perdus. Cependant, il les chargea d'être particulièrement attentifs à tous les signes, symboles ou mots éventuels qui pourraient être vus ou entendus tandis qu'ils rendaient ce dernier hommage au défunt.

11. Ils accomplirent leur tâche avec la plus grande fidélité. En ouvrant le sol, l'un des frères regardant autour de lui vit certains de ses compagnons figés dans une posture exprimant toute l'horreur de cette vision affligeante. D'autres apercevant les blessures épouvantables encore visibles sur son front, frappèrent leur propre front pour compatir aux souffrances du défunt. Alors, deux des frères descendirent dans la tombe. L'un d'eux entreprit de relever notre Maître en utilisant la poignée du grade d'Apprenti, en vain. L'autre essaya la poignée du grade de Compagnon, tout aussi vainement. Ayant tous les deux échoué dans leurs tentatives, un frère plus zélé et plus instruit descendit. Utilisant la puissante poignée, ou griffe du lion, d'un Maître maçon, il parvint, avec leur aide, à le relever par les cinq points de la Maîtrise, tandis que d'autres, encore plus exaltés, laissaient jaillir des mots ayant une origine presque semblable. Le roi Salomon ordonna que ces signes, attouchements et paroles découverts par hasard puissent désigner désormais tous les Maîtres Maçons dans tout l'univers, jusqu'à ce que le temps ou les circonstances restaurent les authentiques.

12. Il fut ordonné que le corps de notre Maître soit réenterré aussi près du *Sanctum Sanctorum* que le permettaient les lois israélites, dans une tombe

faisant, à partir du centre, trois pieds vers l'orient, trois pieds vers l'occident, trois pieds entre le nord et le midi et cinq pieds ou plus perpendiculairement.

13. Il ne fut pas enterré dans le *Sanctum Sanctorum*, parce que rien d'ordinaire, d'impur ou de souillé ne pouvait y pénétrer, pas même le grand prêtre, sauf une fois par an et encore après de nombreuses ablutions et purifications, le grand jour des Expiations [des péchés] ; car selon la loi israélite, tous les corps morts sont réputés impurs. On ordonna aux quinze mêmes Compagnons d'assister aux funérailles, revêtus de tabliers et gants blancs, symboles de leur innocence.

14. Au moment de l'assassinat de l'architecte Hiram, le temple n'était que partiellement achevé. Le roi Salomon choisit sept des frères les plus dignes et les plus compétents. Il les éleva au rang de Maîtres maçons et les désigna comme gardiens particuliers du *Sanctum Sanctorum* et du mobilier sacré de ce saint Lieu. Ils furent appelés Maîtres Secrets.

15. Dans l'aube grise, avant même que le Soleil apparaissant au-dessus du mont des Oliviers n'ait embrasé les murs du Temple, les quelques élus, intimidés et graves, étaient assemblés. À l'orient, la lumière du chandelier à sept branches se reflétait sur le plancher d'or et l'eau de la mer de bronze, mais elle tombait sombrement sur les lourdes draperies des murs. Au milieu des prières, des exhortations et du chant solennel des lévites, les sept se retrouvèrent unis par un lien mystique et un devoir de secret et de silence s'imposa à eux.

16. Puis les portes de cèdre et d'olivier sculptées et ciselées s'ouvrirent. Les voiles bleues, pourpres, écarlates et richement brodées de lin blanc s'écartèrent et les mystères du saint des saints leur furent révélés.

17. Personne en dehors des prêtres et des lévites ne pouvait entrer dans le saint des saints depuis que l'Arche d'Alliance y avait été placée. Et maintenant, alors que les sept Sentinelles secrètes ôtaient leurs sandales, lavaient leurs pieds et s'avançaient sur le seuil d'or, ils gardaient le silence, aveuglés par la lumière éclatante qui tombait sur eux. Les ailes déployées des chérubins recouvraient l'Arche d'Alliance, mais de tous côtés, les murs resplendissaient d'or et de pierres précieuses.

18. Le roi v demanda : « Quelle heure est-il ? » Et Adoniram, fils d'Abda, répondit : « L'étoile du matin chasse les ombres de la nuit et sa lumière rosacée commence à illuminer notre Loge. »

19. Alors le roi Salomon parla de nouveau : « Comme l'étoile du matin annonce la grande lumière qui commence à briller sur notre Loge et que nous sommes tous Maîtres Secrets, il est temps de commencer nos travaux. Celui qui veut se rapprocher de la contemplation des mystères ineffables, doit s'affranchir de ses préoccupations vulgaires car le sol sur lequel il se tient est sacré. Surveille ma bouche, Ô Yahvé, et garde la porte de mes lèvres.

20. Ô Yahvé ! Notre Adonaï. Ton nom est magnifique sur toute la terre. Il exalte la gloire des Elohim. Il y a une puissance dans ton nom qui révèle les secrets.

21. Permettez-moi maintenant, mes frères, de vous recevoir en tant que Maîtres Secrets et de vous donner un rang parmi les lévites. En vertu de celui-ci, vous devenez l'un des gardiens du *Sanctum Sanctorum* et je vous place au nombre des sept.

22. Frère Adoniram, nous t'ordonnons de faire ériger une tombe ou un obélisque, de marbre noir et blanc, à l'ouest-sud-ouest du Temple, dans laquelle sera déposé le corps embaumé de notre regretté Grand Maître Hiram Abif. Le marbre blanc traduit l'innocence et la pureté de notre défunt Grand Maître et le noir sa mort prématurée que nous pleurons. Veille donc à ce que ce devoir solennel soit promptement exécuté et que les obsèques soient exécutées avec des cérémonies imposantes. »

23. Le roi Salomon ouvrit une Loge de douleur pour le valeureux frère défunt. Il ouvrit la Loge des Maîtres Parfaits dans les ténèbres de l'aube, alors que l'étoile flamboyante à l'orient, projetait sa lumière rouge sur le cercueil drapé de noir sur lequel étaient posés le bijou et le tablier de notre Grand Maître Hiram Abif.

24. Le roi Salomon se tenait devant le cercueil de notre Maître Hiram et priait le Très Haut :

25. Ô Dieu Éternel et Tout-Puissant ! Nul ne peut compter tes jours ni tes miséricordes. Tu nous as envoyés dans ce monde pour Te servir. Mais nous errons loin de Toi sur le chemin de l'erreur. Notre vie ne dure qu'un instant, mais encore, elle est triste à cause des calamités qui nous cernent de tous côtés. Les jours de notre pèlerinage sont rares et funestes. Nos corps sont frêles. Nos passions sont violentes et désordonnées. Nous comprenons mal et notre volonté est émoussée. Regarde-nous, notre Père, avec Ta miséricorde et Ta pitié. Nous adorons Ta Majesté et nous avons confiance comme des petits enfants en Ton infinie miséricorde. Donne-nous la patience pour vivre bien et la fermeté pour résister au mal, comme notre défunt frère a résisté. Donne-nous, ô Dieu très miséricordieux, foi et confiance en Toi. Et permets-nous de vivre, de manière à ce que, quand nous mourrons, nous puissions reposer dans la tombe comme un homme qui s'installe pour dormir, et que nous soyons dignes de rester dans la mémoire des hommes. Bénis-nous, ô Dieu. Bénis notre fraternité bien-aimée. Puissions-nous suivre l'exemple de notre frère défunt. Et finalement, puissions-nous atteindre dans cette vie une connaissance de Ta vérité et, dans le monde à venir, que nous soit donnée la vie éternelle. Amen.

26. Le roi Salomon établit cette cérémonie pour commémorer la mort de notre Grand Maître Hiram Abif, dont l'action dans la construction du pre-

mier temple et la mort tragique fournissent tant d'éléments de la connaissance mystique de l'ancienne maçonnerie de métier. C'est une leçon à la fois utile et instructive. Mais regardons devant nous des scènes plus lumineuses : un jour, la parole de notre Suprême Grand Maître relèvera notre frère défunt, qui a été frappé par la main irrésistible de la mort, et il aura le privilège d'être admis dans la Parfaite Loge au-dessus.

27. Heureux – triste consolation – d'avoir trouvé les précieux restes d'un homme comme Hiram Abif si grand et si bon et ayant l'opportunité de rendre un juste et respectueux hommage à sa mémoire, le roi Salomon ordonna au noble Adoniram, son Grand Inspecteur, d'organiser comme il se doit ses funérailles. On demanda aux frères d'y assister avec leurs gants et leurs tabliers blancs. Et il interdit que les traces de sang répandues dans le temple soit effacées avant que l'on ait retrouvé et châtié les traîtres.

28. Simultanément, il ordonna au noble Adoniram de fournir le plan d'une superbe tombe ou obélisque, de marbre blanc et noir. Le plan fut accepté et l'ouvrage achevé.

29. Trois jours après les funérailles, le roi Salomon se rendit au temple avec sa cour. Et tous les frères étant ordonnés comme lors de l'enterrement, il alla voir avec eux la tombe et l'obélisque et examina l'inscription gravée dessus. Frappé de stupeur et d'admiration, il leva les yeux et les mains vers le ciel en s'exclamant : « Tout est accompli. »

30. À la mort du Grand Maître Hiram, le roi Salomon jugea nécessaire de nommer plusieurs juges, afin de rendre la justice parmi les ouvriers du temple, d'entendre leurs plaintes et de trancher leurs disputes. Car les difficultés et les troubles étaient maintenant plus fréquents, pendant ce temps d'arrêt temporaire du travail et la période du deuil. Cette fonction de juge était dévolue au regretté Hiram et sa perte entraîna la désignation de Tito et de ses associés. C'est à eux que reviendrait le devoir d'écouter les plaintes et de régler les différends qui pourraient être portés à leur connaissance.

31. Le roi Salomon désigna Tito, le Prince d'Hérodim, pour être le juge-prévôt en chef, Adoniram et Abda, son père, et quatre autres qui connaissaient les Lois de Moïse complétèrent le nombre et constituèrent le tribunal. Ils donnaient leurs audiences dans la chambre du milieu du temple, où les minutes du tribunal étaient conservées dans une boîte d'ivoire, parée de pierres précieuses. Sa clé était confiée aux prévôts ou aux juges. Et là ils écoutaient et jugeaient les demandes et les conflits des ouvriers. Ils tranchaient tous les appels au jugement d'un juge ou d'un prévôt qui administrait les mêmes lois aux Phéniciens comme aux Hébreux et rendait la justice en vertu des Lois de Moïse.

32. La nécessité d'une cour de justice ne se manifesta pas avant la mort du Grand Maître Hiram, dans la mesure où les problèmes et conflits entre

ouvriers n'étaient pas nombreux. Et les décisions justes d'Hiram faisaient office de jugement que tous acceptaient tranquillement.

33. La mort d'Hiram, l'architecte en chef, jeta les ouvriers du temple de Salomon dans une grande confusion. Et pendant un moment, la construction de l'édifice marqua une pause car on était dans l'attente de plans essentiels et d'un nouveau responsable des travaux. La période de deuil ayant expiré, le roi Salomon, après un certain nombre de consultations, décida de nommer cinq surintendants – un pour chacun des cinq Départements d'Architecture – et sous leur supervision, la construction reprit.

34. Le roi Salomon fit appel à Adoniram, le fils d'Abda, dont il fit le chef des architectes ; Joabert, un Phénicien, qui devint le chef des bronziers ; Stolkin, un Hébreu, qui devint le chef des charpentiers ; Selec, un Giblemite, dont il fit le chef des tailleurs de pierre ; et Gareb, un Hébreu, qui fut le chef des orfèvres. Et le roi Salomon s'adressa à eux.

35. « Mes frères, pour devenir intendant du bâtiment, il est nécessaire que vous soyez d'habiles architectes et que vous possédiez la connaissance de l'Orient et de l'Égypte. Mais vous devez également être charitables et bienveillants, pouvoir compatir avec l'homme qui travaille, combler ses besoins, veiller à son confort et à celui de sa famille, et aplanir pour lui et ceux qui dépendent de lui les difficultés de la vie. Enfin, vous devez reconnaître tous les hommes comme vos frères et vous reconnaître comme le dispensateur de la bonté de Dieu. »

36. Après la mort du Grand Maître, les assassins s'étaient échappés. Le roi Salomon convoqua donc une assemblée pour réfléchir aux meilleurs moyens de les retrouver et de les arrêter. Leurs débats furent interrompus par l'entrée d'un berger qui voulait parler au roi. Dès qu'il fut admis auprès du souverain, il l'informa qu'il avait découvert des individus cachés dans une grotte près de la côte de Joppa qui répondaient à la description des traîtres. Il offrit de conduire sur le lieu de la cachette tous ceux que le roi choisirait. Dès que les Maîtres en furent informés, ils réclamèrent tous comme un seul homme de pouvoir participer à la chasse vengeresse des assassins. Salomon calma leur ardeur et déclara que neuf frères seulement se chargeraient de cette tâche. Et pour éviter de blesser qui que ce soit, il ordonna de tirer au sort les neuf frères qui accompagneraient l'étranger. À la première heure de la nuit, Stolkin, le favori du roi Salomon, et huit autres, suivant le berger, traversèrent un pays morne et rocailleux avant d'atteindre la côte de Joppa.

37. En chemin, Stolkin, le plus ardent des neuf, apprenant que les meurtriers étaient cachés dans une grotte non loin de l'endroit où ils étaient déjà arrivés, fila en avant, découvrit la grotte et pénétra à l'intérieur avec le berger. À la faible lueur d'une lampe, il découvrit l'un des assassins endormi, avec une dague à ses pieds. Enflammé par sa vue et incapable de contenir son

impatience, il bondit sur la dague et poignarda le scélérat, d'abord à la tête, puis au cœur. L'assassin n'eut que le temps de dire «*Necum*» [prononcer Nè-coum], c'est-à-dire «vengeance est faite», et il rendit l'âme. Le vengeur étancha alors sa soif à la fontaine.

38. Quand les huit arrivèrent sur place, ils lui demandèrent ce qu'il avait fait. Il répondit : «J'ai tué l'assassin de notre Grand Maître et j'ai accompli un acte en l'honneur et à la gloire de l'Ordre, pour lequel j'espère être récompensé.» Puis il sépara la tête du corps et, la tenant dans une main et la dague dans l'autre, il regagna Jérusalem avec ses huit frères. Impatient, il se hâta d'aller voir le roi en bousculant les gardes à l'entrée. D'abord, Salomon fut très courroucé que Stolkin ait décidé de faire vengeance sans son autorisation. Aussi en présence des autres ouvriers et en guise d'avertissement, il ordonna la mise à mort de son favori. Mais grâce à l'intercession des autres frères, son zèle fut pardonné et ils se réconcilièrent. Le roi Salomon établit le grade de Maître Élu des Neuf et le conféra aux neuf compagnons.

39. Six mois environ, dit-on, après l'exécution de l'assassin, Bengaber, un intendant de Salomon dans le pays de Gath – dont le roi était le vassal du souverain de Jérusalem – diligenta des enquêtes pour savoir si des personnes dont on pouvait penser qu'elles avaient fui Jérusalem n'avaient pas trouvé refuge récemment dans son secteur. Dans le même temps, il publia une description précise des traîtres qui s'étaient échappés. Peu après, une information lui parvint : des personnes répondant au portrait étaient récemment arrivées. Et se croyant en sûreté, elles avaient commencé à travailler dans les carrières de Ben-Dekar.

40. Dès que Salomon fut informé de ce fait, il écrivit à Maaka, le roi de Gath, pour qu'il aide à les appréhender et les livre aux personnes qu'il enverrait pour les ramener à Jérusalem où ils pourraient recevoir le juste châtiment de leurs crimes.

41. Salomon choisit alors quinze Maîtres en qui il plaçait sa plus grande confiance et au nombre desquels se trouvaient les neuf qui s'étaient rendus à la caverne. Il les envoya avec une escorte pour aller chercher les gredins. La quête dura cinq jours. Puis Zerbal, qui avait porté la lettre du roi Salomon au roi Maaka, accompagné de Stolkin et d'un autre compagnon, les découvrit taillant des pierres dans la carrière. Ils s'emparèrent immédiatement d'eux et ils les enchaînèrent pour les ramener à Jérusalem. À leur arrivée, ils furent emprisonnés dans la tour d'Achizar et le lendemain matin, ils reçurent le châtiment que leur crime méritait.

42. Après que le châtiment eut été infligé aux meurtriers, le roi Salomon instaura un nouveau degré, tant pour récompenser le zèle et la constance des Élus des Quinze, qui l'avaient aidé à retrouver les coupables, que pour permettre d'élever des frères méritants de degrés inférieurs à des degrés

supérieurs, grâce aux places rendues vacantes par la promotion des Quinze. Il voulut élire douze frères parmi ces derniers au rang de Chevaliers sublimes et procéda au choix par tirage au sort pour ne léser personne en plaçant le nom de chacun dans une urne. Les douze premiers tirés furent constitués en Chapitre et il leur donna le commandement de chacune des douze tribus. Il leur donna aussi le nom d'Emeth, un mot hébreu qui signifie « homme vrai ». Il leur montra les choses précieuses qui étaient déposées dans le tabernacle.

43. Après que les meurtriers du Maître Hiram Abif eurent été découverts, appréhendés, jugés et châtiés, son monument et mausolée achevés, et les matières qui concernaient le revenu du royaume procurées, le roi Salomon, pour assurer la continuité du travail et son exécution active et pour récompenser la haute science et le talent d'Adoniram, le fils d'Abda, le nomma architecte en chef du temple, avec le titre de Grand Maître Architecte. Il l'investit dans cette charge, comme seul successeur et représentant du Maître Hiram Abif décédé. Simultanément, il fit de lui le Grand Maître des maçons et le pair maçonnique de lui-même et du roi Hiram de Tyr. Ensuite, le titre fut conféré à d'autres Princes de la cour juive de manière honorifique, et ainsi, le titre fut établi.

CHAPITRE IX

L'ACHÈVEMENT DU PREMIER TEMPLE DE JÉRUSALEM

1. Le roi Salomon organisa la réception d'Adoniram dans la Chambre des Motifs, à l'intérieur du temple partiellement achevé, quand le Soleil venait de se coucher et que l'étoile du soir était apparue.

2. Avant de commencer la construction du temple, le roi Salomon avait construit une voûte secrète, à laquelle on accédait après avoir traversé huit autres cryptes, toutes souterraines, et auxquelles aboutissait un long et étroit passage provenant du palais. La neuvième arche ou crypte se trouvait immédiatement sous le saint des saints du temple. Dans cette chambre, le roi Salomon se réunissait en privé avec le roi Hiram de Tyr et Hiram Abif. Après la mort de ce dernier, les deux souverains cessèrent de s'y rendre, décidant de faire ainsi tant qu'ils n'auraient pas choisi quelqu'un pour occuper la place vacante. Et en attendant ce moment, ils décidèrent également de ne révéler à personne le nom sacré.

3. Gibulum, Joabert et Stolkin avaient été choisis pour inspecter le sol et poser les fondations du temple de Justice de Salomon. Et pendant leur mission, ils découvrirent les chambres secrètes sous le temple d'Énoch en ruine. Ils explorèrent les profondeurs et trouvèrent, profondément caché dans les ténèbres de la terre, le delta ou plaque d'or sur lequel Énoch avait gravé le nom ineffable de Dieu.

4. Ils apportèrent le delta au roi Salomon, qui leur dit : « Compagnons, remercions le Seigneur qui nous a donné les trésors des ténèbres et les richesses cachées des lieux secrets. » Entendant le déposer dans la voûte secrète, il permit aux trois Maîtres qui l'avait découvert d'être présents. Il leur fit connaître la vraie prononciation du mot ineffable, constitua le dernier degré de l'ancienne maçonnerie de Métier et l'appela Grand Élu Maçon. Le cube d'agate fut ainsi déposé.

5. Ensuite, les douze Princes d'Ameth, les neuf Élus et l'Architecte en chef furent admis à ce degré. Cette crypte, dès lors appelée la voûte sacrée, avait été originellement construite par Hiram Abif. Et personne sauf les Grands Élus Maçons ne connaissait son existence ou connaissait autre chose que le mot substitué.

6. Six ans et demi après la pose de la pierre de fondation, le temple du roi Salomon fut achevé et des plans furent établis pour transférer l'Arche d'Alliance du tabernacle temporaire, dans lequel elle avait été placée par le roi David, dans le saint des saints de sa nouvelle demeure, et pour consacrer le temple au Très-Haut. Pour célébrer l'occasion, le roi Salomon décida d'instaurer le degré de Très Excellent Maître et de le conférer à ces principaux Menatzchim qui méritaient une reconnaissance spéciale, particulièrement les vingt-quatre qui, à l'insu du plus grand nombre, détenaient déjà le grade de Maître Élu : un degré qui permettait au roi Salomon d'accorder une distinction publique à ces méritants sans révéler l'existence de la crypte sacrée.

7. Le mobilier du *Sanctum Sanctorum* incluait de nombreux récipients sacrés, faits d'or pur, mais l'élément le plus important était l'Arche d'Alliance, appelée la Gloire d'Israël, qui se trouvait au centre du Très Saint Lieu, sous les ailes des chérubins.

8. C'était un petit coffre, de deux coudées et demie de longueur et d'une coudée et demie de largeur et de profondeur. Il était en bois, à l'exception du trône de miséricorde, et incrusté d'or à la fois à l'intérieur et à l'extérieur. L'Arche avait une bordure d'or courant autour de son sommet comme une couronne et à l'intérieur de laquelle venait se caler le couvercle que l'on appelait le trône de miséricorde, ou propitiatoire. Celui-ci était fait d'or pur de l'épaisseur d'une largeur de main. À ses extrémités se trouvaient deux chérubins se faisant face. Leurs ailes étaient déployées et entouraient toute la circonférence du siège de miséricorde, de telle manière qu'elles se rencontraient au milieu de chaque côté. Tous les rabbins disent qu'elles n'étaient que d'un seul tenant, sans aucune soudure.

9. Là reposait la Shékinah ou Divine Présence et elle était visible sous l'apparence d'une nuée lumineuse planant au-dessus de l'arche. De là, le Bath-Kol délivrait ses réponses quand Dieu était consulté. Et on disait que Dieu demeurait entre les chérubins, c'est-à-dire sur le trône de miséricorde, parce que c'était le siège ou le trône de la présence visible de sa gloire parmi eux.

10. Cependant, avant la date fixée pour les cérémonies, Hiram Abif fut assassiné et les cérémonies durent être différées tant qu'Israël et son roi pleuraient la mort du Maître.

11. Le temple fut achevé en l'an 3000 – six ans, six mois et dix jours après la pose de la première pierre par Salomon – et son achèvement fut célébré en grande pompe avec une splendide magnificence.

12. Et les souverains des nations environnantes envoyèrent des ambassadeurs pour féliciter le roi Salomon à l'occasion de l'achèvement de ce splendide édifice, dont la splendeur royale et le lustre sans pareil dépassaient, dit-on, tout entendement. Mais une souveraine d'Orient ne voulut pas envoyer un ambassadeur comme les autres et elle vint à Jérusalem pour être reçue par le roi Salomon à l'intérieur du saint temple.

13. Pour la dédicace du temple, le roi Salomon convoqua une assemblée générale de maçons et il le consacra avec des prières solennelles et des sacrifices coûteux, tandis qu'au son de la plus admirable musique, la vaste assemblée élevait ses prières vers le Très-Haut. En plaçant l'Arche dans le Lieu le plus saint, la gloire du Seigneur emplit la maison. Et quand les chanteurs et les trompettes ne firent plus qu'un chœur pour élever leur prière et remercier le Seigneur en disant : « Prions le Seigneur, car il est bon ; sa miséricorde sera éternelle », un nuée envahit le temple et le nom fut parfaitement prononcé.

14. Ce fut pendant la cérémonie de la dédicace que la Divine Shékinah pénétra dans le temple et inonda de sa lumière le saint des saints en signe d'approbation du Très-Haut.

15. Le premier et le plus éminent honneur jamais conféré aux francs-maçons est cette descente de la Divine Shékinah depuis l'orient, d'abord lors de la consécration du saint Tabernacle, puis lors de la dédicace du temple du Seigneur par le roi Salomon. La Divine Présence vint se placer elle-même sur l'Arche ou trône de miséricorde du saint des saints, recouverte par les ailes des chérubins, et c'est là qu'elle continua à rendre ses réponses oraculaires pendant quatorze générations.

16. Le symbole de l'étoile flamboyante représente la Gloire de Dieu apparaissant sous la forme de la Divine Shékinah qui était déjà précédemment apparue sur le mont Sinaï lors de la délivrance de la Loi, reçue par Moïse.

17. Ensuite, pendant la cérémonie de dédicace du temple, le roi Salomon conféra ce degré sublime à vingt-cinq frères.

18. Le second jour, une audience fut donnée à tous les maçons, du degré de Maître à celui d'Arche royale, et toutes les vacances furent comblées. Le troisième jour, le roi Salomon consacra son temps à faire progresser et à élever les Compagnons et les Apprentis.

19. Jusque-là, le sage roi d'Israël s'était comporté dignement et il avait gagné l'admiration de l'univers. Mais au cours du temps, à mesure qu'il avançait en âge, son entendement déclina. Ses oreilles devinrent sourdes aux paroles du Seigneur et sa conduite variait étrangement. Fier d'avoir érigé un édifice à son Créateur, et ivre de son immense pouvoir, il s'enfonça dans toutes les sortes de licence et de débauche. Il profana le temple en offrant de l'encens à l'idole Moloch, alors que seul le Dieu vivant aurait dû en recevoir.

20. Les Grands Élus maçons virent cela et furent douloureusement affligés. Ils craignaient que cette apostasie entraîne des conséquences terrifiantes et fasse peut-être fondre sur eux ces ennemis que Salomon avait vainement et inutilement défiés. Le peuple, imitant les folies et les vices de son roi, devint fier et idolâtre, négligeant le vrai culte de Dieu au profit de celui des idoles.

CHAPITRE X

LE RETOUR DE LA CAPTIVITÉ À BABYLONE

1. Avec la mort du roi Salomon en 938 AEC, l'empire juif commença à se désintégrer. Israël revendiqua promptement son indépendance, laissant Juda – qui ne comprenait plus que la tribu de ce nom – seul avec sa capitale à Jérusalem.

2. La Divine Shékinah inonda de sa lumière l'Arche ou trône de miséricorde qui se trouvait dans le saint des saints, jusqu'à ce que les israélites se montrent infidèles envers le Très-Haut. Et ainsi, puisse la lumière de la maçonnerie se retirer de tous ceux qui se montrent infidèles envers leur Dieu !

3. Le conseil des vingt-sept tomba en désuétude : les vacances parmi les Maîtres Élus n'étaient plus remplacées et l'existence de la voûte sacrée ne perdura plus que sous la forme d'une légende connue seulement de quelques frères de valeur.

4. Les maçons continuèrent à tenir des réunions annuelles du conseil des Princes de Jérusalem, le 20e jour du 10e mois, Tebet. Et ils élisaient des officiers à chaque assemblée annuelle. Ils les installaient le 23e jour du 11e mois, Adar. C'était de la compétence du conseil des Princes de Jérusalem d'inspecter et de surveiller, avec soin et fidélité, les quelques Loges de Perfection restantes, et de vérifier que leur « travail » était effectué conformément aux règles (*Landmarks*) et règlements de l'Ordre.

5. Pour punir la défection du roi Salomon et se venger du royaume d'Israël, Dieu inspira le cœur de Nabuchodonosor, le roi de Babylone. Le prince envoya Nebuzaradân, le commandant de ses gardes avec une armée et ils envahirent Juda par le feu et l'épée. Ils prirent et mirent à sac la ville de Jérusalem. Ils rasèrent ses murs et détruisirent ce modèle d'excellence qu'incarnait le temple. Tout le peuple fut emmené en captivité à Babylone et les conquérants ramenèrent avec eux toutes les vaisselles d'or et d'argent.

6. Israël disparut en 734 AEC et en 597 AEC, le royaume de Juda fut lui-même sur le point de disparaître.

7. Dix ans plus tôt, Jérusalem avait été capturée par Nabuchodonosor (alors héritier du trône de Babylone). Laissant la ville et le temple intacts (à l'exception des trésors du temple), le roi avait emmené en exil à Babylone dix mille des principaux citoyens. Le prophète Ézéchiel accompagna les exilés, tandis que Jérémie demeurait à Jérusalem. Le royaume de Juda fut réduit au rang de province babylonienne, avec Sédécias sur le trône en qualité de satrape (roi vassal).

8. Après onze années de vassalité, Sédécias se rebella. C'est alors que Nabuchodonosor (devenu entre-temps roi de Babylone) envoya son général Nebuzaradân pour prendre et détruire Jérusalem et son temple et dévaster la province. Après s'être occupé d'autres places fortes, Nebuzaradân fit le siège de Jérusalem et quand Sédécias vit que la situation était désespérée, il essaya de fuir vers l'Égypte avec quelques fidèles. Il fut intercepté, ses yeux crevés (le châtiment habituel en cas de trahison à l'époque) et il fut emmené à Babylone entravé dans des chaînes de bronze.

9. C'est à ce moment que Godolias, gouverneur de Jérusalem, présida un conseil des Supers Excellents Maîtres pour étudier des plans de dernière minute. Le mot que l'on croyait perdu depuis l'assassinat d'Hiram Abif reposait en fait dans la crypte sacrée sous la Chambre du conseil que présidait Godolias. Et il resta là, perdu pour la mémoire vivante, après la destruction du temple.

10. L'assemblée fut convoquée à l'intérieur même du temple assiégé. Alors Godolias demanda au gardien du temple : « Sommes-nous en sécurité ? » Il reçut une réponse affirmative. Godolias ouvrit la réunion en offrant une prière au Très-Haut : « Compagnons, offrons nos prières ferventes au Tout-Puissant pour qu'il nous accorde Son soin protecteur et Sa faveur.

11. Ô Seigneur et Maître suprême de l'Univers, nous t'implorons humblement de bénir toutes nos entreprises. Aide-nous à te vénérer dignement. Remplis nos cœurs de la crainte de Toi et rends-nous inébranlables à Ton service pour qu'ensuite nous puissions Te prier de toute éternité. »

12. Puis il ordonna que l'Arche d'Alliance soit dévoilée au moment où un héraut cherchait à entrer dans la Loge, porteur d'un message urgent. Godolias l'invita à entrer et le héraut parla : « Compagnons, l'épée de l'ennemi l'emporte, les forces innombrables de Nabuchodonosor, roi de Babylone, avancent et envahissent la cité. Le roi a fui. L'armée des Chaldéens l'a pris en chasse et l'a capturé dans la plaine de Jéricho. »

13. Godolias se leva et pressa les maçons assemblés de rester calmes. Il leur dit : « Dans cette situation extrême, rendons-nous auprès du Saint Autel

et là prêtons serment sur notre foi, renouvelons nos vœux et exprimons les liens qui nous unissent pour toujours au Très-Haut. »

14. Godolias demanda alors aux maçons assemblés de former un carré autour de l'Arche d'Alliance. Et il leur dit : « Ce carré représente le campement des israélites, avec l'Arche d'Alliance au centre, et trois tribus de chaque côté. À l'orient, vers le soleil levant, se dressent les bannières de Juda, encadrées par celles d'Issachar et de Zabulon. Au sud, les bannières de Ruben avec celles de Siméon et Gad. À l'occident, les bannières d'Ephraïm et celles de Benjamin et Manassé. Et au nord, les bannières de Dan, entourées de celles d'Asher et de Nephtali. Enfin le tabernacle de la congrégation devrait être installé avec les lévites au centre du campement. »

15. Godolias dit alors : « Compagnons, vous allez former le triangle autour de l'Arche d'Alliance. Le triangle ou delta est l'emblème de la divinité et il représente Son omniscience, Son omniprésence et Son omnipotence. Il symbolise aussi le triple devoir que nous devons à Dieu, nos prochains et nous-mêmes. Compagnons, vous allez former un cercle autour de l'Arche d'Alliance. Le cercle est symbole d'amitié, avec au centre, l'Arche d'Alliance figurant l'étoile flamboyante. Il symbolise aussi le cercle de nos vertus morales, tel qu'il nous est enseigné au grade d'Apprenti par un point dans un cercle bordé de deux lignes parallèles. N'ayant ni commencement ni fin, il est encore un emblème d'éternité. Le premier, le symbole d'amitié, peut être rompu. Le deuxième, celui des vertus morales, peut être changé. Mais le troisième, symbole d'éternité, est intangible. Ce symbole encourage l'espoir que, par la foi dans les promesses divines, nous puissions atteindre le total accomplissement d'une glorieuse immortalité. Nous sommes les gardiens des traditions du conseil des vingt-sept. Nous promettons solennellement de ne jamais nous incliner devant d'autres dieux ou d'adorer des idoles, mais nous continuerons de vénérer fidèlement et avec zèle le seul vrai dieu vivant. Nous jurons cela sous peine de voir nos pouces tranchés, nos yeux arrachés et nos corps entravés dans des chaînes de bronze. »

16. Godolias ferma le conseil avec une dernière prière : « Dieu Éternel et Tout-Puissant, Protecteur de tous ceux qui croient en Toi, sauve-nous, nous T'implorons, face à toutes les difficultés et aux dangers. Garde-nous fidèles à nos vœux et à nos obligations afin que jamais nous ne vacillions, ni ne tombions, mais que grâce à Ta miséricorde nous puissions finalement être admis dans le Temple éternel et immortel dans les cieux. »

17. Peu après, Godolias fut assassiné par les Babyloniens et Nebuzaradân ré-envahit Juda et captura le peuple. Après avoir détruit Jérusalem, Nebuzaradân emmena ce qui restait du peuple à Babylone, ne laissant que quelques agriculteurs et viticulteurs pour travailler la terre.

18. Quand les juifs revinrent d'exil, ils constatèrent que ce qui avait été

jadis une terre fertile était devenu un désert d'environ deux mille kilomètres carrés.

19. Par sa prise de Babylone en 538 AEC, Cyrus, le roi de Perse, devint le maître d'un empire s'étendant de la mer Caspienne à la mer Méditerranée. Envisageant de conquérir à son tour l'Égypte, il estima qu'un pouvoir allié, à Jérusalem, représenterait un avantage stratégique considérable. Il pouvait concrétiser cet objectif en rapatriant les juifs qui avaient été déportés à Babylone sous le précédent régime.

20. Le roi Cyrus présidait un conseil dans sa Tour des Audiences, quand un étranger s'approcha. Le garde à l'entrée demanda : « Qui va là ? » Et il se vit répondre : « Un étranger, le Premier parmi les égaux, un maçon de rang et captif par infortune. »

21. L'étranger demanda à se faire admettre devant le grand roi, mais avant de l'y autoriser, Cyrus s'adressa à son conseil : « Généraux et chevaliers, ce Sheshbazzar est le Prince de Juda, connu chez les juifs captifs sous le nom de Zorobabel (signifiant l'Exilé ou l'Étranger à Babylone), mais, avant de l'admettre, je veux vous confier les détails d'un rêve que j'ai fait la nuit dernière. »

22. « Tandis que je dormais, j'eus l'impression de voir un lion m'attaquer et me dévorer, et à distance, j'apercevais mes prédécesseurs Nabuchodonosor et Belshazzar enchaînés. Ils contemplaient une Gloire, que les maçons interprètent comme le signe du Grand Architecte de l'Univers. Dans les nuages apparut un aigle, dont le bec laissa tomber un ordre : « Rendez leur liberté aux captifs, autrement ma couronne passerait en des mains étrangères. Je fus étonné et confondu. Le rêve s'évanouit, mais ma tranquillité était perturbée. Cela faisait longtemps que je désirais rendre leur liberté aux juifs, car je suis fatigué de les entendre gémir après leur patrie perdue. Ce rêve m'a convaincu. Donc, vous ne serez pas surpris par l'audience que j'entends donner à ce prince juif. Acceptez-vous qu'il soit admis ? »

23. Les chevaliers du conseil se levèrent, ils avancèrent le pied droit, tirèrent leur épée, et indiquèrent leur consentement. Cyrus ordonna alors : « Introduisez le captif, pour que nous puissions l'interroger. »

24. Cyrus parla : « Étranger, comme tu te surnommes toi-même, pourquoi te présentes-tu devant nous ? » L'étranger répondit : « J'implore ta bonne volonté et ta justice. »

25. Cyrus demanda au nom de qui il faisait appel à sa bonne volonté et à sa justice, et l'étranger répondit que c'était en son nom propre et au nom de ses compagnons qui étaient enchaînés depuis soixante-dix ans.

26. Le roi demanda alors quelle faveur il requérait. Et l'homme répondit qu'il demandait la liberté pour son peuple et qu'il soit autorisé à retourner en Juda pour reconstruire le temple du Très-Haut.

27. Cyrus parla : « Dès lors que des motifs si justes et honorables t'ont amené ici, nous t'accueillons avec plaisir. Lève-toi, digne Prince, j'ai observé depuis longtemps le poids de ta captivité et je suis prêt à accéder à ta requête séance tenante, si tu veux bien me communiquer les mystères de ton Ordre de maçonnerie, un Ordre pour lequel j'ai toujours éprouvé la plus grande vénération. »

28. L'étranger murmura au garde, qui, à son tour, dit au roi : « Très puissant sire, le prince désire que je te dise que ta situation empêche qu'il te les confie. Car Salomon, quand il a établi les principes de l'Ordre a enseigné que Égalité, Fidélité et Amour fraternel étaient les critères permanents chez les maçons. Ton rang, tes titres et ta cour sont incompatibles avec les humbles demeures où les mystères sacrés de l'Ordre ont cours. Ses engagements vis-à-vis de ses frères sont inviolables. Et il ne peut te révéler leurs secrets. Si c'est là la condition de sa liberté, il préfère la captivité. »

29. Cyrus répondit : « J'admire ton zèle et ton courage. Généraux et chevaliers, ce valeureux prince mérite la liberté pour sa fidélité à ses engagements. Zorobabel, j'accède à ta requête et j'accepte que tu sois remis en liberté. Tu es libre. »

30. Le roi ordonna que ses gardes rompent les chaînes qui entravaient l'étranger et il dit : « Que ces symboles d'esclavage ne puissent plus jamais déshonorer les mains d'un maçon, et encore moins d'un Prince de la maison de Juda. »

31. Puis Cyrus s'adressa à Zorobabel en disant : « Zorobabel, retourne dans ton pays de Juda. Je te permets de reconstruire le Temple de Jérusalem détruit par mes prédécesseurs. Et tes trésors te seront rendus avant le coucher du Soleil. Je te nomme chef de tes frères pour que tu puisses gouverner tes égaux et j'ordonne qu'il t'honore et t'obéisse comme ils m'ont honoré et obéi jusqu'à maintenant. Le tribut que je vais réclamer ne sera pas lourd, mais il prouvera à tes voisins que tu es toujours sous ma protection. Il s'agira de trois agneaux, cinq moutons et sept béliers. À partir de maintenant, tu seras un ami pour moi, comme j'en serai un pour toi. Et en signe de cette amitié, approche et agenouille-toi. »

32. « Je te fais chevalier de l'Épée. Lève-toi, Zorobabel, chevalier de l'Épée. Je t'arme maintenant de cette Épée, qui sera une marque de distinction parmi tes compagnons. Considère-la comme la même épée que Nabuchodonosor reçut de ton roi Joiaqim quand celui-ci était captif. Je suis certain que tu ne l'utiliseras que pour te défendre ou défendre ton pays, ta religion, tes lois ou la cause de la justice. Prends-la et laisse-la rouiller dans son fourreau plutôt que de la tirer au nom de l'injustice ou de l'oppression. Je te décore également de ce ruban. Bien qu'il ne soit pas accompagné de mystères comme ceux de ton Ordre, je l'accorde comme une marque

d'honneur aux princes de ma cour. Dès maintenant, tu jouiras des mêmes privilèges et distinctions. Rentre dans ton pays. Tu vas récupérer dans mon trésor les récipients sacrés et les reliques appartenant à ton ancien temple. Prends cette branche d'olivier qui symbolise la paix entre nous. Je vais donner des instructions à mes gardes pour qu'ils te laissent traverser mes domaines avec tes compagnons. »

33. En se retournant vers le conseil, il ajouta : « Généraux, l'audience est terminée. La captivité a cessé à partir de cette heure. »

34. Alors qu'il rentrait en Juda, Zorobabel prononça les paroles suivantes : « Frères, nous quittons maintenant Babylone où nous sommes restés en captivité pendant des années pour retourner à Jérusalem. Remercions le roi Cyrus, qui nous a libérés par sa décision et qui a permis que nous rentrions dans notre patrie pour aider à reconstruire la cité et le temple. Nous avons laissé les coupoles et les flèches de Babylone derrière nous. Et nous ne pouvons plus maintenant qu'entrevoir leur scintillement au-dessus des collines et des plaines de Chaldée. Nous avons confiance dans le grand JE SUIS. Et si le périple s'annonce long, morne et lugubre et le chemin rude, rocailleux et dangereux, nous surmonterons tous les obstacles, endurerons toutes les difficultés et braverons tous les dangers, pour promouvoir la grande et glorieuse œuvre dans laquelle nous sommes engagés. »

35. Zorobabel expliqua à ses frères qu'il y avait des routes différentes pour rentrer. L'une conduisait en ligne droite à travers les déserts d'Arabie, l'autre remontait les rives de l'Euphrate et faisait le tour par Tadmor [Palmyre] et Damas. La route du désert était moins fréquentée par les voyageurs, à cause de ses immenses plaines de sable, sa chaleur intense et la rareté de l'approvisionnement et de l'eau. L'autre route était plus plaisante, mais plus longue et plus montagneuse. Sur cette route, il y avait aussi beaucoup d'eau et de fruits.

36. Ils choisirent la route la plus agréable, mais avant d'atteindre les rives de l'Euphrate, ils durent franchir un lieu rude et dangereux. Avant d'aborder ce passage, ils firent comme fait tout homme de bien avant une entreprise importante : ils s'agenouillèrent pour invoquer la bénédiction de la divinité.

37. Ils franchirent les rives vertes de l'intarissable fleuve Euphrate et s'avancèrent en Syrie en direction de Damas. Ils passèrent près de l'ancienne ville de Tadmor, c'est-à-dire Palmyre, et traversèrent quantité de magnifiques bosquets et vignes. Avant d'atteindre Damas, ils durent franchir un pont au-dessus d'un profond ravin qu'ils examinèrent. Ils considérèrent qu'il s'agissait d'un endroit très difficile et dangereux. Ainsi, avant de s'avancer, ils s'agenouillèrent pour prier.

38. Les voyageurs parvinrent à tous franchir le pont juste avant que sa structure pourrie ne s'effondre. Et ainsi, ils purent continuer jusqu'à Damas.

C'était un célèbre lieu de repos. Ici ils purent s'asseoir pour se rafraîchir au milieu des vignes et des fontaines fraîches. « Debout, frères ! dit Zorobabel. Continuons. Nous ne devons pas nous arrêter longtemps, car nous avons encore deux cents kilomètres à parcourir avant d'atteindre Jérusalem. »

39. Finalement, ils traversèrent les forêts du Liban, où leurs pères abattirent et préparèrent les poutres pour le temple du roi Salomon. Mais alors, ils arrivèrent à un autre lieu très délicat, plus dangereux encore que les autres. De nouveau, ils s'agenouillèrent avant de poursuivre leur voyage vers les plaines du Jourdain, pour passer entre Sukkot et Çartân, où notre ancien Grand Maître Hiram Abif fondit si fidèlement les vaisselles sacrées pour le temple de Salomon. C'est là qu'avaient été coulées les deux fameuses colonnes de bronze, Jakin et Boaz.

40. Zorobabel demanda à ses fidèles de se réjouir parce que leur voyage était sur le point de s'achever. On pouvait déjà apercevoir les ruines de Jérusalem au loin et les tentes scintillantes de leurs frères. La route avait été dure et rocailleuse ; leur marche longue et monotone. Mais soutenus par une confiance inébranlable dans le grand JE SUIS, ils parvenaient au terme de leur périple.

41. Et alors Zorobabel dit : « Je peux voir le tabernacle juste devant nous. Regardez, hâtons-nous. Regardez, mes frères, Regardez. »

42. Au printemps de 517 AEC, la soixante-dixième année de la première déportation, une caravane de 42 000 juifs – hommes, femmes, enfants, avec les troupeaux et les trésors du temple – se mit en route vers Jérusalem, sous la conduite de Zorobabel, prince de Juda, et Josué, le grand prêtre. Ils suivirent les rives de l'Euphrate vers l'ancienne ville de Mari, et de là, ils traversèrent le désert de Damas et prirent la route du sud vers la mer de Galilée. Le voyage leur prit deux années et à leur arrivée, les rapatriés ne trouvèrent rien d'autre qu'un désert lugubre et inhabité, à l'exception de tentes de tribus nomades avec leurs boucs et leurs chameaux.

43. Il n'y avait aucune maison, mais il fut décidé que la priorité était la reconstruction du temple. En attendant, le peuple se contenterait de logis temporaires. Des tabernacles au moins furent dressés, conformes à celui qu'utilisa le roi David quand il ramena l'Arche de Qyriat-Yéarim. Un tabernacle servait de trésor et d'entrepôt, un autre de bureau pour le quartier général, hébergeant le grand Sanhédrin, présidé par les trois Principaux [le président et ses deux vice-présidents]. Cet auguste organe, également connu sous le nom de Grande et Royale Loge, dirigeait le travail et conférait le degré d'Excellent Maître.

CHAPITRE XI

LES SECRETS DU TEMPLE DE SALOMON REDÉCOUVERT

1. Un petit groupe de trois maçons encore captifs à Babylone désirait rentrer à Jérusalem pour aider à reconstruire le temple. Mais ils devaient d'abord obtenir la permission de la Grande Loge de Babylone, qui leur conféra le grade d'Excellent Maître. Ils durent approcher le Très Puissant et Excellent Maître et chacun lui fit la demande suivante :

2. « Je veux maintenant me prévaloir du décret de Cyrus et retourner à Jérusalem pour aider à reconstruire la maison du Seigneur Dieu d'Israël, aussi je me présente devant la Grande Loge de Babylone pour obtenir la permission et les symboles qui pourront être utiles pour mes frères qui sont déjà partis d'ici et sont arrivés à Jérusalem. Je fais cette demande au nom du pentagramme ou Étoile flamboyante. »

3. Le Très Puissant et Excellent Maître adressa une prière au Très-Haut : « Ô Toi Dieu Éternel et Omnipotent, qui apparut jadis à Ton serviteur Moïse dans une flamme jaillie d'un buisson ; nous t'implorons d'allumer dans nos cœurs la dévotion à Ton endroit, l'amour de nos frères, et la charité pour toute l'humanité. Réconforte-nous et réconforte tout Ton peuple par Ta grâce divine, guide-nous et aide-nous à reconstruire un second temple à Ton Saint Service, et assure-nous que quand les rideaux de ce tabernacle terrestre seront écartés nous pourrons être reçus dans ce saint Sanctuaire où tu règnes pour les siècles des siècles. Amen. »

4. Il continua alors : « Au cours des 470 ans qui se sont écoulés depuis la construction du temple du roi Salomon, nous nous sommes largement répandus et le décret de Cyrus n'affecte que les descendants de ceux qui furent emmenés en captivité à Babylone. Afin d'empêcher des tiers de participer à la grande et glorieuse œuvre qui commence maintenant, nous avons, avant le départ de Zorobabel et de nos frères, instauré un nouveau degré.

5. Pour y procéder, nous avions l'exemple de nos ancêtres, qui, pour tout édifice d'importance, adoptaient des marques de reconnaissance particulières

seulement connues de ceux qui y travaillaient. Nous ne communiquons ce degré qu'à ceux qui ont été jugés qualifiés pour présider des Loges compagnonniques ou opératives. »

6. Pour la construction du temple du roi Salomon, les ouvriers étaient divisés en Loges selon leur métier. Cependant, pour le second temple, où le plan est d'une moindre échelle, l'organisation en Loge n'était pas nécessaire. Tous les hommes doués étaient membres d'une même profession du bâtiment et, par précaution contre les malhabiles, il fut décidé que seuls ceux qui avaient le grade d'Excellent Maître pouvaient devenir membres de l'« Union », mais pour obtenir ce grade ils devaient prouver qu'ils étaient maîtres dans leur art.

7. Quand les trois voyageurs arrivèrent à Jérusalem, ils découvrirent que Zorobabel avait convoqué une assemblée du Sanhédrin. Ils se présentèrent devant la Chambre du conseil et s'identifièrent comme il leur avait été enseigné. Ainsi ils obtinrent la permission d'entrer dans la Chambre où Zorobabel, Aggée et Josué étaient les trois Principaux du Sanhédrin. Alors qu'ils entraient, Zorobabel leur demanda d'où ils venaient.

8. Ils répondirent qu'ils arrivaient de Babylone, la terre de captivité, et Zorobabel leur demanda pourquoi ils avaient quitté Babylone, la terre de captivité, pour venir à Jérusalem, la cité promise. Ils répondirent : « pour aider à la reconstruction du temple du Seigneur. Ayant entendu dire que vous alliez le reconstruire, nous sommes venus dans l'espoir de pouvoir séjourner parmi vous et d'offrir nos services pour réaliser cette grande et glorieuse œuvre. »

9. Zorobabel leur demanda comment ils espéraient obtenir leur admission. Ils répondirent : « en vertu de certains signes, symboles et paroles reçus à Babylone » et alors ils fournirent les preuves requises et furent admis au centre de la chambre.

10. Josué pria : « Que la splendeur de Ta Majesté, ô Seigneur notre Dieu, resplendisse sur nous. Que prospère l'œuvre de nos mains. Oui, que prospère notre travail manuel et que tout ce que nous faisons soit accompli en l'honneur et à la gloire de Ton Très Saint Nom. Amen. »

11. Zorobabel parla : « Nous louons éminemment votre dessein, mais nous désirons savoir plus particulièrement qui vous êtes. »

12. Ils répondirent : « Nous appartenons à votre nation et à votre peuple. Nous sommes issus des mêmes tribus et des branches d'une même lignée originelle, puisque nous sommes tous, comme vous-mêmes, les descendants des patriarches Abraham, Isaac et Jacob. Mais les transgressions de nos ancêtres ayant appelé sur eux la colère du Très Haut, notre peuple (comme nous l'avons appris de la bouche du prophète Jérémie) a été projeté entre les mains du roi de Babylone qui les a fait prisonniers, pendant soixante-

dix ans, un événement qui survint dans la quatrième année du règne du roi Joiaqim. Mais les années de captivité étant achevées et la colère du Seigneur apaisée, Il a fait chavirer le cœur de Cyrus, roi de Perse et de Babylone, pour qu'il accorde notre libération et nous permette de retourner dans notre terre natale pour reconstruire le temple de notre Seigneur. »

13. Zorobabel parla : « Notre propre connaissance de ces faits et la candeur avec laquelle vous les relatez, ne laissent aucun doute sur votre sincérité, mais nous voulons savoir qui étaient vos ancêtres immédiats. »

14. Ils répondirent que leurs ancêtres immédiats étaient princes et gouverneurs d'Israël, et c'est en raison de leur fidélité à leur roi et à leur pays que le roi de Babylone, pour les punir, les emmena en captivité.

15. Zorobabel leur demanda : « Dans quelle branche du travail voulez-vous vous engager ? »

16. Ils répondirent qu'ils estimaient que le plus humble travail au service du Seigneur serait un honneur, et donc qu'ils demandaient simplement un emploi, quel qu'il soit.

17. Zorobabel parla : « Votre humilité témoigne de votre mérite, et nous ne doutons pas que vous soyez qualifiés pour les plus hautes charges, mais celles-là sont déjà occupées. Vous irez vous présenter au superintendant des travaux. Il vous fournira des outils et vous dira quoi faire. Mais nous avons une recommandation à vous faire : si vous trouvez quoi que ce soit ayant appartenu à l'ancien temple, venez immédiatement nous en faire part. Allez maintenant et que le Dieu de nos Pères vous accompagne et fasse prospérer votre travail. »

18. Le lendemain, les trois voyageurs se représentèrent devant Zorobabel et le Sanhédrin, et on les interrogea sur une découverte qu'ils avaient faites.

19. Ils répondirent qu'ils avaient effectivement fait une découverte, quatre cent soixante-dix ans, six mois et dix jours après la consécration du temple. Suivant les instructions de Zorobabel, ils s'étaient présentés au superintendant des travaux. Celui-ci leur avait demandé d'aller nettoyer le terrain avant de poser les fondations du temple. Pendant qu'ils travaillaient, alors que la matinée n'était pas encore très avancée, l'un d'eux, en creusant le sol avec sa pioche, frappa quelque chose qui, au son qu'il produisait, devait être creux. Il appela un autre compagnon pour dégager la terre remuée avec sa pelle. Ils trouvèrent un gros anneau de bronze fixé sur une large pierre plate où étaient inscrits les mots « AL – B » – « TSAPN ».

20. C'était dans la langue des ouvriers et dans celle d'une des provinces de Babylone, où les compagnons avaient séjourné. Les mots signifiaient « Le chemin vers les trésors cachés », sous-entendant manifestement qu'ils devaient chercher là ou aux alentours immédiats. La pierre fut soulevée et on trouva en dessous la clef d'une arche parfaite. Mais aucun moyen d'aller

plus loin. L'ouvrier souleva la clef de voûte avec son levier et l'ayant extraite, il découvrit une cavité en dessous.

21. Cette découverte leur donna envie de savoir ce qu'elle renfermait. Et ils décidèrent de l'explorer. Mais ayant peur du danger dû à l'air fétide ou à une autre cause inconnue, ils tirèrent au sort entre eux lequel descendrait. Ils s'accordèrent sur des signaux pour communiquer et l'un d'eux fut descendu par ses compagnons à l'aide d'une corde passée autour de sa taille. Et il s'assurait lui-même en s'accrochant à la corde avec la main gauche tendue au-dessus de sa tête. Le fond fut atteint sans problème.

22. Cependant, le Soleil, à cette heure très matinale, ne faisait que pointer timidement entre les portiques à l'orient et ses rayons étaient parallèles avec le plan de l'horizon. Comme l'ouverture de la cavité était extrêmement étroite, l'ouvrier se retrouva plongé dans des ténèbres presque totales. Il commença à souffrir de la fétidité de l'air. Il fit le signal convenu – trois petits coups sur la corde – et fut remonté. En examinant la clef de voûte, ils furent surpris de trouver sur celle-ci des caractères qui laissaient entendre, d'après la connaissance qui était la leur, que la crypte en dessous était la voûte sacrée de Salomon.

23. Alors ils se remirent au travail et enlevèrent une autre pierre pour laisser entrer davantage de lumière et d'air. Et un autre compagnon fut descendu. En tâtonnant, il posa la main sur quelque chose qui semblait avoir une forme régulière et au sommet de laquelle il y avait un rouleau. Voulant savoir de quoi il s'agissait, il fit le signal et fut remonté. En examinant le rouleau, ils constatèrent qu'il s'agissait du Livre de la Sainte Loi, ce qui les emplit d'une joie immense. Et ils décidèrent d'étendre leur recherche.

24. Ayant élargi l'ouverture en enlevant une autre pierre (c'est-à-dire une troisième) et le Soleil ayant, à cet instant, atteint son zénith, un autre compagnon descendit à son tour. En inspectant l'endroit, il constata qu'il s'agissait d'une chambre splendide appuyée sur sept piliers. Autour des architraves, on voyait les signes du zodiaque et les noms des douze tribus d'Israël. Et ce qui avait été touché par le précédent compagnon qui l'avait jugé de forme régulière se révéla être un autel de pur marbre blanc en forme de double cube et richement décoré de sculptures. Il avait été érigé à la gloire du Seigneur Dieu. À cet instant, les rayons du Soleil de midi passant par l'ouverture tombaient au sommet de l'autel et illuminaient brillamment un cercle d'or sur lequel était inscrit le grand nom mystérieux de la divinité. Et sur un triangle du même métal à l'intérieur du cercle étaient inscrits d'autres caractères dont il ne pouvait comprendre le sens, bien qu'il ne doutât pas qu'ils fussent liés à la Parole sacrée elle-même.

25. Ils racontèrent ensuite à Zorobabel que sur le flanc de l'autel, les initiales des trois Grands Maîtres qui avaient présidé à la construction du

glorieux temple de Salomon étaient inscrites. Considérant qu'ils avaient fait une découverte d'une extrême importance et ayant refermé l'ouverture avec soin, les ouvriers vinrent, comme le devoir leur imposait, rendre compte des circonstances au roi.

26. Le premier ouvrier s'avança en disant à Zorobabel : « Voici le Rouleau que je te présente maintenant. Et voici un dessin de la Chambre telle qu'elle apparut dans la lumière de midi. »

27. Les voyageurs tendirent le rouleau et un dessin à Zorobabel, qui leur dit que la découverte qu'ils avaient faite était de la plus grande importance. Il leur dit : « Ce n'est rien moins que le Livre de la Loi Sacrée, perdu depuis longtemps et désormais retrouvé. Saint est le Seigneur ! »

28. Au cas où quelque chose aurait été mal compris ou négligé, Zorobabel leur demanda de retourner à la crypte avec Ezra le scribe, qui était un expert en linguistique et qui pourrait précisément rapporter tout ce qu'il verrait. Après un nouvel examen de la voûte, les voyageurs et Ezra revinrent devant le Sanhédrin.

29. Ezra parla : « Tout a été correctement rapporté par les voyageurs. Mais en outre, j'ai trouvé au pied de l'autel ce bijou. La marque d'Hiram Abif est gravée dessus et manifestement il a appartenu à cette éminente personne. »

30. Alors, Zorobabel demanda aux voyageurs comment ils s'étaient occupés pendant leur captivité. Ils répondirent qu'ils avaient été très employés en maçonnerie. Aussi le roi voulut savoir ce qu'ils entendaient par maçonnerie.

31. Ils répondirent qu'ils entendaient par là la grande science universelle qui inclut presque toutes les autres. Ils s'étaient intéressés à ses différents domaines, mais ils avaient plus particulièrement étudié cette partie qui leur enseigne quels sont leurs devoirs envers Dieu et envers leurs prochains et qui leur apprend à se connaître soi-même. Grâce à la connaissance qu'ils avaient acquise des traditions de leur peuple, ils pensaient qu'ils étaient les humbles instruments entre les mains du Très-Haut, en vue de restaurer la lumière de ce qui avait été perdu par la mort prématuré d'Hiram Abif, le fils de la Veuve.

32. Alors Zorobabel dit : « Il nous reviendra de récompenser vos découvertes et aussi de montrer leur importance. Nous vous donnons ces écharpes, comme signes de votre honneur et de votre distinction, et ces bijoux, en récompense de vos éminents services. Nous plaçons également ces bâtons dans vos mains, comme emblèmes du pouvoir et de l'autorité. Et nous vous nommons Princes et Officiers d'Israël. Pour vous ennoblir encore davantage, nous vous revêtons de ces tabliers et vous recevons parmi nous comme frères et Compagnons. Et si vous continuez fidèlement et agissez avec honneur, il nous appartient de vous instruire dans toutes les branches de notre connaissance mystique. »

33. Alors il commença à les instruire comme suit : « Compagnons, la découverte que vous avez faite est de la plus grande importance. Et vous voyez que le monde a une dette envers la maçonnerie pour avoir préservé le Livre de la Loi sacrée. Si notre premier Grand Maître n'avait pas eu la sagesse et la précaution de construire une voûte sacrée sous le temple, qui se révéla à l'épreuve des flammes dévastatrices et de la furie des ennemis, cette unique copie survivante de la Loi aurait été perdue au moment de la destruction du saint Sanctuaire. Les caractères dans le triangle – que les voyageurs n'ont pas su déchiffrer – représentent, comme nous l'a suggéré l'érudit Sanhédrin, le nom de Dieu dans trois langues différentes. Et toutes indiquent, selon nous, la vraie façon – perdue depuis longtemps – de prononcer le Mot sacré inscrit sur le cercle. Car il est essentiel que la sagesse humaine puisse le comprendre, que tout individu puisse le prononcer. Enfin, la tradition maçonnique nous apprend que l'ancien Mot de Maître maçon, perdu lors de la construction du temple du roi Salomon, doit un jour être retrouvé. Or, comme le bijou que le scribe découvrit porte la marque d'Hiram Abif, il ne peut y avoir aucun doute que les caractères sur le triangle désignent le mot perdu et la manière de le prononcer, car nous savons qu'il ne pouvait être délivré qu'en présence des trois Grands Maîtres et quand ils décidaient de le donner. »

34. « Jamais nous ne pouvons effectuer de services bons ou convenables, si ce n'est par le pouvoir fortifiant et la miséricorde du Très Haut, sans la faveur duquel nous ne serions pour Lui que des serviteurs inutiles. Par conséquent, comme l'ont fait nos saints ancêtres et les prêtres expiant, nous avons adopté la même attitude, cette forme externe de contrition et d'humilité, au point, s'il le fallait, de pouvoir incliner nos visages jusqu'au sol. Et nous nous sommes abandonnés à la miséricorde du Dieu vivant, attendant avec une confiance renouvelée que s'accomplissent Ses bénédictions promises grâce auxquelles, il nous sera possible de franchir l'arche de notre rédemption pour pénétrer dans les demeures de béatitude et de gloire et nous retrouver en Sa présence, lui qui est le Grand Je Suis, l'Alpha et l'Oméga, le Premier et le Dernier.

35. La construction du second temple commença en 535 AEC et se poursuivit au milieu de nombreuses difficultés. Les Samaritains, successeurs des dix tribus qui avaient fait sécession après la mort du roi Salomon, demandèrent à participer à l'ouvrage, mais cette autorisation leur fut refusée, non seulement parce qu'ils n'étaient pas de vrais juifs, mais parce qu'une fois admis, ils auraient installé des autels païens dans le temple. En conséquence de ce refus, les juifs se retrouvèrent confrontés à un harcèlement permanent et ils jugèrent nécessaires d'avoir toujours des armes à portée de main tandis qu'ils travaillaient. En outre, les Samaritains, grâce à leurs représentants à Babylone, parvinrent à persuader le monarque régnant – Cyrus étant mort – de faire stopper l'ouvrage.

CHAPITRE XII

L'HONNEUR DE ZOROBABEL

1. Pendant sept ans, le site du temple resta à l'abandon. Puis, en 521 AEC, le prince Darius monta sur le trône de Perse. Par un heureux concours de circonstances, Darius et Zorobabel avaient été compagnons d'armes dans leur jeunesse. Et il se fait que le premier avait prêté serment, s'il montait sur le trône de Perse, de tout faire pour aider son ami.

2. Un conseil fut convoqué au temple, dans la deuxième année du règne de Darius de Perse, pour discuter de l'état de désarroi du pays sous les règnes d'Artaxerxès et Ahasuerus, et pour réfléchir à des moyens d'obtenir les faveurs du nouveau souverain pour qu'il les aide à reconstruire le temple. Zorobabel, Aggée et Josué étaient toujours les trois Principaux. Ezra et Néhémias étaient officiers du Sanhédrin et le total des présents s'élevait au nombre de soixante-douze. Il fut décidé d'approcher le roi Darius.

3. Zorobabel se rendit une fois de plus à la Salle des Audiences de Babylone. Le roi Darius était assis sur un divan à l'orient de la salle, quand Zorobabel fut annoncé. Il se présenta comme le Prince de la maison de Juda, qui seize ans plus tôt, avait obtenu la faveur de son prédécesseur et son autorisation de reconstruire le temple du Très-Haut à Jérusalem. Il expliqua également que Cyrus l'avait honoré en l'acceptant au sein de la chevalerie de l'Épée. Et il venait maintenant solliciter la justice du roi.

4. Darius lui demanda pourquoi il ne revêtait pas les emblèmes de cet Ordre pour pouvoir prendre sa place de droit en vertu de ceux-ci parmi la cour ? Zorobabel répondit au roi que lors du retour en Judée, il avait été attaqué par les ennemis de sa nation, délesté de ses insignes, et qu'il n'avait conquis le droit de traverser le pont qui enjambe la rivière aux confins de Babylone, qu'au moyen de l'épée que Cyrus lui avait donnée.

5. Alors Darius lui demanda pourquoi il revenait à Babylone. Et il se vit répondre qu'étant retourné à Jérusalem, lui, Zorobabel et ses compatriotes

avaient été régulièrement interrompus dans leur travail par la malice de leurs ennemis et qu'au bout du compte, les anciens de leur peuple avaient décidé de porter l'affaire devant le grand roi. Et pour corroborer ses dires, deux gouverneurs de Darius, Tattenai et Shetharbozenai, avaient envoyé des lettres qui furent alors lues à haute voix.

6. À Darius le roi. Toute paix... Que le roi sache, que nous nous sommes rendus dans la province de Judée, à la maison du Grand Dieu, qui est construite de grandes pierres, avec des poutres de bois qui soutiennent les murs, et que ce travail avance vite et bien sous leur conduite. Alors nous avons demandé aux anciens : « Qui vous a donné l'autorisation de construire cette maison et d'achever ces murs ? » Nous leur avons aussi demandé leurs noms afin que nous puissions te donner les noms de ceux qui étaient à leur tête. Et ils nous répondirent : « Nous sommes les serviteurs du Dieu du Ciel et de la Terre, et nous reconstruisons cette maison qui fut bâtie il y a des années par un Grand roi d'Israël. Mais après que nos pères eurent provoqué la colère de Dieu, Il nous a fait tomber entre les mains de Nabuchodonosor, le roi de Babylone, le Chaldéen, qui a détruit cette maison et emmené notre peuple à Babylone. Mais dans la première année du règne de Cyrus, le roi de Babylone, celui-ci délivra l'autorisation de reconstruire cette maison de Dieu. Quant aux vaisselles d'or et d'argent de la maison de Dieu, Nabuchodonosor les avaient prises dans le temple de Jérusalem pour les ramener dans celui de Babylone. Alors le roi Cyrus les fit sortir du temple de Babylone et il les remit à un homme, Sheshbazzar, dont il avait fait un gouverneur : "Prends ces vaisselles, va, emporte-les au temple qui se trouve à Jérusalem. Et que la maison de Dieu soit construite sur son emplacement."

7. Puis ce même Sheshbazzar arriva à Jérusalem et il posa les fondations de la maison de Dieu. Et depuis lors et jusqu'à maintenant, elle est en construction, mais n'est pas achevée. Donc, aujourd'hui, s'il sied au roi, qu'il ordonne que des recherches soient effectuées dans le trésor royal, à Babylone, pour vérifier que s'y trouve bien un décret du roi Cyrus ordonnant que soit construite cette maison de Dieu à Jérusalem et qu'ensuite le roi nous fasse part de son sentiment en cette affaire. »

8. Darius donna l'ordre à ses généraux et à ses conseillers pour que des recherches soient entreprises dans les archives de ses prédécesseurs à propos de cette affaire. La quête fut fructueuse et le chancelier présenta le rouleau à Darius en lui disant : « Ce rouleau fut copié à partir d'un autre qui se trouve dans les archives à Ecbatana, dans le palais de la province Média. Il prouve que Cyrus a accordé la permission de reconstruire le temple de Jérusalem, comme l'a déclaré cet Étranger. »

9. Darius invita Zorobabel à se retirer, tandis qu'il préparait une réponse à la lettre des gouverneurs. Alors Darius dicta au chancelier qui reporta les

paroles du roi sur des feuilles de papier ou de parchemin. Darius demanda ensuite à Zorobabel de s'approcher de nouveau. Il lui dit qu'il admirait le zèle et la persévérance dont il avait témoignés pour défendre l'œuvre entreprise. Il ajouta qu'il avait écrit les lettres suivantes à ses gouverneurs.

10. Alors le chancelier du roi lut à haute voix : « Darius, le roi – à Tattenai, gouverneur au-delà de la rivière, et Shethar-Bozenai, Salut. Je vous adresse ici une copie du décret qui a été trouvé dans les archives de Cyrus. Laissez la maison se construire. Que les dépenses soient prélevées sur le trésor royal, y compris les impôts levés de l'autre côté de la rivière et les dons faits aux prêtres pour qu'ils offrent des sacrifices au Dieu du ciel afin qu'il veille sur la vie du roi et de ses fils. Quiconque déformera cette parole verra sa maison démolie et transformée en tas de fumier et lui-même sera pendu. Et ce Dieu qui a voulu que Son nom réside là, détruit tous les rois et les peuples qui essayent de s'en prendre à Sa maison qui est à Jérusalem, voire de la détruire. J'ai prononcé ce décret. Qu'il soit exécuté avec célérité. »

11. Darius dit alors à Zorobabel que les lettres étaient expédiées immédiatement et qu'elles allaient assurer la protection du peuple de Zorobabel tandis qu'il reconstruirait le temple. Et en marque de son estime et de sa faveur, il fit de Zorobabel un chevalier d'Orient.

12. Zorobabel s'approcha et mit un genou à terre. Darius plaça son épée sur l'épaule de Zorobabel et dit : « Lève-toi, chevalier d'Orient. Quand tu retourneras à Jérusalem, tu traverseras en sûreté mes domaines, mais je te demande de demeurer quelque temps dans mon pays. Dans l'intervalle, je ferai de toi l'un de mes gardes du corps, et en marque supplémentaire de mon accord, je t'investis de cette écharpe (Darius plaça autour de la taille de Zorobabel une écharpe vert clair de soie bordée de fils d'or, l'extrémité tombant du côté gauche). Porte celle-ci en symbole de ta victoire remportée sur tes ennemis lors du passage de la rivière. »

13. Zorobabel prit sa place près du trône, avec les deux autres gardes.

14. L'un des gardes s'adressa à Zorobabel en disant : « Le grand roi fait connaître son plaisir par ma bouche. Il voudrait que nous trois puissions donner notre opinion sur cette question : qu'est-ce qui est le plus fort, du vin, du roi ou des femmes ? Et celui qui l'emportera, celui dont la réponse semblera la plus sage des trois, à celui-là Darius fera de grands présents et lui donnera de grandes choses en symbole de sa victoire : il le revêtira de violet, il boira dans de l'or, il dormira sur de l'or et il lui donnera un chariot aux brides d'or, une coiffe de lin fin et une chaîne autour de son cou. En outre, il s'assiéra près de Darius en vertu de sa sagesse et il sera appelé le cousin du roi. »

15. « Chacun de nous trois a écrit sa réponse sur un morceau de papier, fermé de son sceau privé, puis plié et déposé sous la tête de Darius. » Alors

ils se retirèrent à l'extrémité de la salle. Plus tard, Darius se réveilla. Il se leva et prit les feuilles sous son coussin. Il demanda que les jeunes gardes soient appelés pour que chacun puisse exprimer lui-même sa propre réponse. « Le roi nous demanda alors de lui livrer notre pensée concernant ce qui est le plus fort, du vin, du roi ou des femmes. »

16. Le garde dit alors à Zorobabel que chacune des trois réponses devaient être lues sur un rouleau tour à tour.

17. Le premier garde parla et dit : « Ô hommes, le vin est excessivement fort car il contraint ceux qui le boivent à errer ; il met sur un pied d'égalité le roi et l'orphelin, l'esclave et l'homme libre, le pauvre et le riche. Il fait oublier les tristesses et les dettes en soufflant gaieté et hilarité dans l'esprit de l'homme. Et il enrichit tous les cœurs, au point que l'homme ne se souvient plus ni du roi, ni du gouverneur. Et grâce à lui, l'homme parle de tous les sujets avec talent. Quand le vin est dans les coupes, les hommes oublient leur amour pour leurs amis ou leurs frères. Et peu après, ils sortent les épées. Mais quand les effets du vin se sont dissipés, ils ne savent plus ce qu'ils ont fait. Ô, hommes, n'est-ce pas le vin le plus fort, parce qu'il nous force à agir ainsi ? »

18. Le deuxième garde donna sa réponse à l'énigme : « Ô, hommes, n'excellez-vous pas par la force, qui vous permet de régner sur terre et sur mer et sur toutes les choses qui s'y trouvent ? Mais c'est le roi qui est encore le plus puissant, car il est le seigneur de toute chose et toutes sont sous sa domination. Et quoi qu'il puisse demander, on lui obéit. S'il demande de faire la guerre, l'un contre l'autre, ils la font. S'il les envoie contre des ennemis, ils y vont. Ils abattent des montagnes, des murs et des tours. Ils tuent et sont tués. Mais jamais ils ne transgressent les commandements du roi. S'ils obtiennent la victoire, ils ramènent tout au roi, que ce soit le butin ou toute autre chose. Et il en va de même de ceux qui ne sont pas soldats et ne partent pas au combat, mais cultivent leur terre. Quand ils ont récolté ce qu'ils ont semé, ils amènent tout au roi. Mais il n'est qu'un homme et si le roi ordonne de tuer, il tue ; s'il demande d'épargner, il épargne ; s'il demande de punir, il punit ; s'il ordonne de dévaster, il dévaste ; s'il ordonne de construire, il construit ; d'abattre, il abat ; de planter, il plante. Donc tout son peuple et ses armées lui obéissent. En outre, il se couche, il mange et boit, il se repose. Et tous veillent sur lui. Personne ne peut le quitter ou mener ses propres affaires, ni lui désobéir en quoi que ce soit. Ô, hommes, comment le roi pourrait-il ne pas être le plus puissant, quand en toutes circonstances on lui obéit ? »

19. Enfin Zorobabel parla. « Ô, hommes, ce n'est ni le roi, ni la multitude des hommes, ni le vin qui domine. Mais alors qui les gouverne ? Qui a de l'autorité sur eux ? N'est-ce pas les femmes ? Les femmes portent dans leurs ventres les rois et tous les hommes qui règnent sur la terre et la mer. Elles viennent même d'elles-mêmes. Et elles nourrissent ceux qui ont planté la

vigne d'où provient le vin. Elles font aussi des vêtements pour les hommes. Et ces habits amènent la gloire sur les hommes. Sans femmes, pas d'hommes. Et si les hommes amassent de l'or et de l'argent ou toute autre chose de valeur, n'aiment-ils pas une belle femme ? Par cela aussi les femmes ont un pouvoir sur vous : ne donnez-vous pas aux femmes tout le fruit de votre travail, aussi dur soit-il ? Un homme prend son épée. Il part à l'aventure pour voler et rapiner en chemin. Il vogue sur la mer et les rivières. Il affronte des lions, il affronte les ténèbres. Et quand il a bien volé, bien amassé du butin, il ramène tout à son amour. Un homme aime son épouse davantage que son père et sa mère. Beaucoup ont perdu la tête ou sont devenus des esclaves par amour d'une femme. Beaucoup aussi ont péri, se sont égarés, ont péché pour des femmes. Et maintenant, vous ne me croyez pas ? Est-ce le roi qui détient le plus grand pouvoir ? Tous n'ont-ils pas peur de l'approcher ? Mais je l'ai vu et j'ai vu Apame, la concubine du roi, fille de l'admirable Bartacus, assis à sa droite. Je l'ai vue prendre la couronne sur la tête du roi et la poser sur sa propre tête. Elle a aussi giflé le roi de la main gauche. Et malgré tout ça, le roi la regarde avec délice. Si elle rit de lui, il rit aussi. Mais si elle est en colère contre lui, le roi a la faiblesse de la flatter pour qu'elle se réconcilie avec lui. Ô, hommes, qui d'autres que les femmes peuvent être considérées comme les plus fortes, quand on voit ce qu'elles font ? »

20. « Ô hommes, les femmes ne sont-elles pas fortes ? La terre est grande, le ciel est haut, la course du Soleil est rapide, car il traverse les cieux et revient à son point de départ en un jour. »

21. « N'est-Il pas grand celui qui accomplit ces choses ? Alors la vérité est grande et plus forte que toute chose. Toute la terre invoque la vérité et le ciel la bénit. Toutes les œuvres tremblent devant elle et à côté d'elle, il n'est pas plus juste chose. Le vin est mauvais. Le roi est mauvais. Les femmes sont mauvaises. Tous les enfants des hommes sont mauvais et toutes leurs œuvres le sont aussi. Et il n'y a aucune vérité en eux. Par leur perversité aussi, ils périront. Mais la vérité perdure et elle est toujours forte. Elle existera et vaincra éternellement. Elle ne réclame pas de récompense ou de condition. Mais elle fait les choses qui sont justes et s'écarte de tout ce qui est injuste ou mauvais. Et tous les hommes aiment ses œuvres. Il n'y a aucune perversité dans ses jugements. Elle est la force, le royaume, le pouvoir et la majesté de tous les âges. Béni soit le Dieu de Vérité. »

22. Darius posa alors sa main gauche sur l'épaule droite de Zorobabel et celui-ci fit de même. Et les deux dirent : « Grande est la Vérité. Elle est plus puissante que toute chose. »

23. Darius dit alors : « Demande ce que tu veux. Demande plus encore que ce qui a été écrit. Nous te le donnerons, parce que tu es le plus sage. Tu t'assoiras près de moi. Tu seras appelé mon cousin. »

24. Zorobabel répondit : « Souviens-toi de ton vœu, ta promesse de construire Jérusalem, le jour où tu es monté sur le trône de ton royaume. Et la promesse de renvoyer toutes les vaisselles qui avaient été prises à Jérusalem et que Cyrus avait gardées à part, quand il fit le vœu de détruire Babylone et de les renvoyer aussi. Tu as aussi fait vœu de construire le temple, que les Édomites ont brûlé quand la Judée fut dévastée par les Chaldéens. Et maintenant, ô Seigneur roi, c'est cela que je requiers et que je désire de ta part. Voilà la générosité princière que tu peux dispenser. Je désire simplement que tu accomplisses le vœu que tu as fait, de ta propre bouche, devant le roi du Ciel. »

25. Darius répondit : « Zorobabel, tout te sera accordé selon ton désir. »

26. Zorobabel retourna à Jérusalem où il se présenta devant le conseil du Sanhédrin. Le Très Excellent Chef siégeait à l'orient et deux Surveillants à l'occident. Les frères appelés Chevaliers maçons de Jérusalem se trouvaient dans la salle du conseil, qui était tendue de rouge.

27. Le Très Excellent Chef demanda : « Quelle heure est-il ? » Et les Chevaliers répondirent : « L'étoile du matin a chassé les ombres de la nuit. Et sa grande lumière commence à illuminer notre Loge. Il est l'heure de reconstruire le temple. »

28. Alors que Zorobabel s'approchait, le garde demanda : « Qui va là ? »

29. Zorobabel répondit : « Un frère qui a obtenu la permission de Cyrus de reconstruire le temple. Un frère qui reçut ensuite de Darius la confirmation de cette même autorisation. Il revient maintenant résider avec ses frères maçons en Judée. »

30. Le garde demanda : « Quel est ton nom ? » Et il lui fut répondu qu'il s'appelait Zorobabel.

31. Le garde annonça au Sanhédrin qu'il s'agissait de Zorobabel, qui avait obtenu de Cyrus la permission de reconstruire le temple et de Darius la confirmation de cette autorisation, qui revenait à Jérusalem pour résider avec ses frères maçons en Judée et qui attendait d'être accueilli par le Sanhédrin.

32. Le Très Excellent Chef dit : « Frères et Chevaliers. C'est notre Prince. Que les portes s'ouvrent devant lui. C'est notre valeureux Prince qui, au terme de nos années de captivité, s'est présenté devant le trône de Cyrus. Et le roi, admettant la justesse de notre demande, nous a accordé la liberté. Il a armé notre Prince de l'épée qu'il porte encore et lui a donné l'insigne de chevalier de l'Épée. Dans la bataille qui nous opposa ensuite à nos ennemis lorsque nous traversâmes le pont sur l'Euphrate, il perdit son ruban. Mais avec son épée, il nous fraya un passage. En arrivant à Jérusalem, les préparatifs furent entrepris pour reconstruire le temple. Vous savez qu'en dégageant le sol pour sa fondation, trois valeureux frères qui nous avaient suivis depuis Babylone firent une découverte d'une telle importance qu'elle

amena le Sanhédrin à la commémorer en créant un degré supérieur de la maçonnerie, celui de Très Sainte Arche Royale, dont le Prince Zorobabel est reconnu comme le Premier Principal. Notre ouvrage ayant ensuite été interrompu, le Sanhédrin a demandé à Zorobabel de se rendre auprès de Darius. Celui-ci le reçut volontiers et le fit chevalier d'Orient, dont l'écharpe qu'il porte maintenant est l'emblème. Ayant convaincu ce monarque d'envoyer des lettres à ses gouverneurs pour qu'ils cessent de nous tourmenter, il resta encore un moment avec le roi à la demande de ce dernier, espérant peut-être par là pouvoir être encore utile à ses compatriotes. Ayant eu la bonne fortune ensuite de résoudre une question qui lui avait été posée, comme à d'autres, par Darius, le roi l'a renvoyé à Jérusalem avec quantité de trésors qui appartenaient au temple et qui ne nous avaient pas été rendus au moment de notre libération par Cyrus. Ayant appris qu'il existait un Ordre de Chevalerie qui avait été occasionnellement conféré au maçon de l'Arche Royale, il se présente maintenant devant les Chevaliers maçons de Jérusalem et il demande à être admis parmi eux. »

33. « Le zèle et la persévérance dont tu as témoigné pour la bonne cause te donnent le droit de revendiquer les plus hauts honneurs. Ton intégrité et ta grandeur d'âme ont été éprouvées. En te donnant le ruban, Cyrus fut poussé par un noble esprit, mais pas celui de l'égalité, qui invariablement nous anime. La perte du ruban sur le pont doit nous convaincre que la pompe et la grandeur ne sont pas aussi permanentes que les honneurs de la maçonnerie. Tu as aussi mérité l'écharpe que tu portes maintenant et l'amitié dont t'a honoré Darius, mais sans la sagesse maçonnique dont tu as fait preuve pour résoudre sa question, les services rendus à ton pays n'auraient pas été autant couronnés de succès. »

34. Les Chevaliers maçons de Jérusalem, dirigés par Zorobabel, Aggée et Josué, reconstruisirent le temple et devinrent les Princes et les Officiers de Jérusalem.

35. Le grand jour de fête des Princes de Jérusalem était célébré le 23e jour du 11e mois, Adar. C'était l'anniversaire du jour où des Actions de Grâce avaient été offertes au Tout-Puissant pour la reconstruction du Temple. Les autres jours de fête sont comme suit :

36. Le 20e jour du 10e mois, Tebet, quand « les ambassadeurs firent une entrée triomphale dans Jérusalem, à leur retour de Babylone ».

37. Les jours d'équinoxe, en mars et en septembre, pour rappeler que le Temple a été deux fois construit.

38. Cinq membres constituent un quorum : un conseil ne peut être ouvert avec un nombre inférieur.

39. Si un Prince menace un autre Prince, il devrait être exclu pour toujours.

40. Les Princes doivent strictement observer la règle garantissant la justice et le bon ordre. Et leur conduite dans la vie doit être irréprochable.

41. Si un membre d'un conseil ou d'une Loge est présent, voire aide, ou assiste lors de la délivrance ou de la réception clandestine ou irrégulière d'un degré sublime ou symbolique, contraire aux véritables buts et significations des statuts et règlements du Suprême conseil ou des constitutions et lois de la franc-maçonnerie Ancienne et Acceptée, il s'expose à être expulsé.

42. Un Prince de Jérusalem qui visite un conseil ou une Loge inférieur doit être présent revêtu des vêtements et ornements d'un Prince. Et quand son approche est annoncée, l'officier présidant envoie un Prince de Jérusalem l'examiner. Et si son rapport est favorable, il doit être reçu sous l'arche d'acier et être escorté par quatre frères. Il siègera à droite de l'officier présidant. Son nom et son rang seront gravés sur les tablettes, pour qu'il puisse ultérieurement recevoir les honneurs qui lui sont dus sans nouvel examen. Les mêmes cérémonies devront être observées à son entrée comme à sa sortie.

43. Les Princes ont le droit d'être couvert dans toutes les Loges, Chapitres ou conseils subordonnés et de parler de la Chaire sans avoir besoin au préalable de réclamer la permission. Si lors de n'importe quelle élection d'officiers, un Prince de Jérusalem sollicite des votes pour lui-même ou une autre personne, il doit être à jamais exclu.

CHAPITRE XIII

LE GRAND ARCHITECTE DE L'ÉGLISE

1. Après l'édification du second Temple, les maçons négligèrent leurs travaux et abandonnèrent les édifices glorieux qu'ils avaient construits avec tant de peine aux ravages du temps. Ainsi la sagesse de leur art, la force de leurs matériaux et la beauté de leur architecture furent exposées à la confusion, à la destruction et à la déchéance.

2. Mais l'Éternel Dieu Très-Haut décida de manifester Sa Gloire et de remplacer les structures matérielles effondrées par cette géométrie sublime et spirituelle dont le pouvoir humain ne devrait pas pouvoir affecter l'existence et dont la durée devrait être éternelle.

3. Et l'Éternel Dieu Très-Haut nous donna la pierre angulaire pour représenter le Fils de l'homme, né quand la Divine Shékinah apparut aux mages orientaux. Ainsi la pierre angulaire symbolise le grand Architecte de l'Église qui s'est lui-même donné le nom de Rose de Sharon et de Lys de la vallée.

4. En notre qualité de franc-maçons, il nous est demandé de commémorer la rédemption de l'Homme, de montrer la Gloire de Dieu. À qui doivent être accordés Honneur, Gloire et Louanges, maintenant, ici et à jamais.

5. Et il nous a été demandé de parcourir le monde entier en quête du saint Roc ou mont de Diamant.

6. Après avoir franchi sommets de montagnes, vastes déserts et grands périls, nous vîmes le saint Roc de notre Salut et du flanc du rocher, une fontaine jaillissait et la voix de l'Agneau disait : « Viens et bois. »

7. Et sur ce Roc était construit une grande Église dans une grande Cité. Et la Cité n'avait été fondée ni dans le sang, ni dans l'iniquité, mais dans la rectitude et la vérité. Parce qu'il est dit : « La pierre jaillira du mur et la poutre jaillissant du tronc lui répondra. Honte à celui qui a construit une ville par le sang et établit une cité par l'iniquité. La rectitude et la vérité sont stables comme un Roc. »

8. La Cité était habitée par des parentèles, des langues et des nations et elle était gardée par une compagnie d'anges avec des épées flamboyantes et la Cité était appelée « Le Seigneur est là », *Jehovah Shammah*.

9. En son centre, une grande église avait la forme d'une croix. Elle était alignée est-ouest dans sa longueur, parce que la Gloire de Dieu apparaît à l'orient et disparaît à l'occident, et de ce fait, toutes les églises, les chapelles et les lieux de culte religieux sont, ou doivent être, ainsi disposés. En largeur elle allait du nord au sud et n'était pas mesurable en hauteur. Sa profondeur était insondable.

10. Et nous entendîmes la voix du Grand Architecte disant : « Venez vers moi, vous tous qui travaillez et êtes lourdement chargés, je vous accorderai le repos. » Et nous travaillâmes à la construction de l'église et nos gages étaient les espoirs d'un royaume qui n'est pas de ce monde.

11. Que tout frère puisse ainsi travailler, pour que nous puissions tous monter sur le mont Sion et dans la cité du Dieu vivant, la Jérusalem céleste, et rejoindre une compagnie innombrable d'anges, l'assemblée et l'église des premiers nés, qui sont inscrits dans le Ciel, et rejoindre Dieu, le Juge de Tout, et tous les esprits des hommes justes ayant atteint l'état de perfection, et Jésus, le médiateur de la nouvelle Alliance : là ni le Soleil ni la Lune ne disparaîtront plus, car le Seigneur est notre lumière éternelle et les jours des lamentations seront terminés.

12. Et comme nous approchions du clocher de la grande église, nous fûmes appelés dans la Chambre du Milieu par trois sages qui nous guidèrent vers le Cabinet de Sagesse en suivant une étoile flamboyante apparaissant à l'Orient.

13. Et nous vîmes que le Cabinet de Sagesse était une étable et là nous rencontrâmes un Très Glorieux Frère, sa Très Sainte Épouse et le Verbe toujours béni ; Et leurs noms étaient Joseph, Marie et Jésus.

14. Et peu après, saint Jean-Baptiste apparut dans le désert, près des rivages de la mer Morte, pour distinguer la maçonnerie de tous les vieux systèmes philosophiques et religieux qui se ressemblaient tous plus ou moins.

15. Le Verbe vécut quarante ans et demi sur terre. Il nous laissa un lumineux exemple à suivre et endura une mort pénible et ignominieuse pour notre salut.

16. Puis il y eut la pierre, l'angle de l'édifice, arrachée au temple par les ouvriers et jetée dans les ruines.

17. Père Éternel et Tout-Puissant, nous Te remercions parce que Tu as envoyé dans le monde Ton Fils bien-aimé, et parce que, après nous avoir donné un lumineux et glorieux exemple à suivre, il a souffert pour nos transgressions sur la croix.

18. Comme la rose mystique, le Verbe fut sacrifié sur une croix plantée au

sommet d'une montagne, qui s'élève au-dessus de la surface et se dirige vers les sphères célestes de trois carrés, trois cercles et trois triangles. À l'instant où le voile du temple fut déchiré, la terre fut recouverte de ténèbres, l'étoile diurne de miséricorde fut obscurcie et le Verbe fut perdu.

19. Quand le Verbe fut perdu, on peut aisément imaginer dans quelle profondeur de misère tout vrai maçon fut plongé. Les étoiles disparurent, la lumière de la Lune et du Soleil fut obscurcie et les ténèbres s'étendirent sur la surface de la Terre.

20. La neuvième heure arriva et la maçonnerie fut terrassée par le chagrin. Et une tristesse intense et la consternation vinrent barrer son front.

21. La terre trembla, les roches se brisèrent, le voile du temple se déchira, les ténèbres recouvrirent la Terre et la vraie Lumière s'éloigna de nous. Nos autels furent renversés, la pierre cubique aspergée de sang et d'eau, l'étoile flamboyante fut éclipsée, notre Pasteur fut condamné et puni, la Parole fut perdue, et le désespoir et le tourment devinrent notre lot.

22. Certains frères, qui possédaient des reliques de l'ancien temple, erraient dans les bois et les montagnes dans la plus profonde obscurité. D'autres cherchaient la tombe sacrée dans laquelle le Verbe était caché et ils attendirent en silence pendant trois jours. Jamais auparavant le cœur humain n'avait enduré un tel trouble.

23. Avec la première heure du troisième jour, qui était aussi le premier jour de la semaine, arriva l'heure du Parfait maçon.

24. À l'heure du Parfait maçon, le Verbe fut retrouvé et la pierre cubique métamorphosée en rose mystique. L'étoile flamboyante réapparut dans toute sa splendeur, nos autels furent restaurés, la vraie Lumière rétablie devant nos yeux, les nuages de ténèbres se dispersèrent. Et nous reçûmes le nouveau Commandement : « Tu aimeras ton prochain comme toi-même. »

25. L'étoile et la Gloire tournoyante annoncent la Shékinah, quel que soit l'endroit où elle apparaît, que ce soit sur le Sinaï, à Salem, ou dans le lieu où les mages orientaux virent le Verbe béni.

26. Et le Verbe monta dans la Loge du Ciel, où il continue avec le Saint-Esprit à intercéder pour nous auprès du Père, trois personnes en un seul Dieu.

27. Mais beaucoup soutenaient que les écrits des Apôtres étaient incomplets, qu'ils ne contenaient que les germes d'une autre doctrine, les mystères transmis de génération en génération dans notre tradition maçonnique et proclamés dans le désert par saint Jean le Baptiste.

28. Par la naissance du Verbe, nous avons appris que le Grand Capitaine de notre Salut était né pour racheter l'humanité déchue.

29. Par la vie du Verbe, nous avons appris que nous devions suivre la voie de la Vérité.

30. Par la mort du Verbe, nous avons appris que notre dette naturelle était payée et que la rigueur de la loi était satisfaite.

31. Par la résurrection du Verbe, nous avons appris que l'étoile diurne de miséricorde se lèvera pour guider nos pas sur les chemins de la vérité et de la paix.

32. Nous ne devons pas sous-évaluer l'importance de toute vérité. Nous ne prononçons aucune parole qui puisse être jugée irrévérencieuse par le fidèle d'une quelconque religion. Nous ne disons pas au musulman qu'il n'est important que pour lui de croire qu'il n'y a qu'un seul dieu et que le fait de savoir si Mahomet est ou non son prophète n'a que peu d'intérêt. Nous ne disons pas aux Hébreux que le Messie – qu'ils attendent – est né à Bethléem il y a plus de 2 000 ans. Et nous n'insistons pas vraiment auprès des chrétiens sur le fait que Jésus le Nazaréen n'était qu'un homme et que son histoire n'est que la mise en scène d'une vieille légende. Toutes ces démarches sont bien au-delà de nos propos. La maçonnerie n'appartient pas à un âge spécifique, mais elle est de tous les temps. N'appartenant pas à une religion en particulier, elle trouve ses grandes vérités dans toutes.

CHAPITRE XIV

DEGRÉS CHRÉTIENS PRIMITIFS

1. Caius Flavius Valerius Aurelius Claudius Constantin (v. 274-337 EC) était le fils de Flavius Valerius Constantinus Chlore et d'Hélène, une princesse brittonique et une fille de Caylus. Constantin naquit dans la cité anglaise d'York. Il succéda à son père en qualité de gouverneur d'Espagne, de Gaule et de Grande-Bretagne, et fut proclamé empereur d'Occident par les légions romaines à York à la suite de la défaite de Maxence.

2. Constantin fut le premier empereur romain à encourager ouvertement le christianisme. Et nous célébrons sa conversion dans la fondation de l'Ordre de la Croix rouge.

3. Les candidats qui entrent dans cet Ordre illustre sont régulièrement admis sur le triangle équilatéral et ils doivent obéir à la nouvelle Loi, relever la Croix et suivre les pas de l'Agneau, par le moyen desquels ils peuvent espérer reconstruire dans leur cœur le temple du Dieu Très-Haut.

4. Ils cherchent Emmanuel. Ils sont guidés par Hiram, le fils de la Veuve. Ils espèrent se reposer dans Shiloh, la Cité de Dieu. Et ils descendent d'Ozias, roi de Juda, réputé pour ses succès militaires.

5. L'inscription de l'Ordre est *In Hoc Signo Vinces*, « Par ce signe, tu vaincras. »

6. Cet Ordre illustre et chevaleresque fut fondé par Constantin après la bataille de Saxa-Rubra, en 312 EC, au cours de laquelle il défit son rival, le co-empereur Maxence. Il le fonda en mémoire du divin miracle qui avait conduit à sa conversion à la foi chrétienne et pour récompenser la valeur et la constance de certains de ses soldats.

7. L'Ordre de la Croix rouge est donc non seulement une très ancienne, mais également une très honorable institution de la chevalerie maçonnique. Et il appartient aux chevaliers de l'Ordre de chérir les privilèges venant de

ces valeureux frères et de se rappeler à jamais les mots de passe de l'Ordre, qui sont Foi, Unité et Zèle.

8. Avant sa conversion au christianisme, Constantin avait été initié aux Mystères du *Collegium Artificium* ou Collège des Maîtres dans l'Art, à Rome, et il avait atteint le grade de *Magister* ou Maître. Cette formation avait sans aucun doute illuminé son esprit et l'avait prédisposé à désirer une connaissance plus complète du Dieu Très Haut, dont le culte formait le cœur d'un des Anciens Mystères. Donc, quand il revêtit la pourpre impériale, ni les problèmes de l'Empire, ni les responsabilités du commandement, ne purent éradiquer ses premières impulsions ou restreindre sa recherche profonde de vérité et de sagesse.

9. Les circonstances de sa conversion sont ainsi rapportées : un soir, pendant la marche de son armée sur Rome, Constantin méditait sur le destin de choses terrestres et sur les dangers de son expédition, et, conscient de son incapacité à l'emporter sans aide divine, il supplia le Ciel de lui donner inspiration et sagesse pour choisir la bonne voie. Le Grand Architecte de l'Univers entendit sa prière car, alors que le Soleil se couchait, une colonne de lumière lui apparut soudain dans le ciel, épousant la forme d'une croix avec l'inscription *In Hoc Signo Vinces*.

10. Un phénomène si extraordinaire frappa l'empereur et son armée de stupéfaction et les païens le considérèrent comme un très mauvais présage : mais le lendemain, Constantin, rassuré par les visions de la nuit, fit fabriquer un étendard royal portant comme motif une croix semblable à celle qu'il avait vue dan le ciel. Et il ordonna qu'elle soit toujours brandie devant lui au combat en signe de victoire et de protection céleste.

11. La tradition relate alors que plusieurs maçons chrétiens parmi ses soldats s'avancèrent et avouèrent ouvertement leur foi et que l'empereur, pour commémorer l'événement, leur dit d'arborer sur leur armure une Croix rouge avec seize étoiles représentant les seize lettres des mots mystiques.

12. En atteignant la capitale, on raconte que Constantin, avec l'aide de frère Eusèbe, aurait ouvert un Conclave de Chevaliers de l'Ordre, et qu'ensuite, ces hommes vaillants et illustres formèrent la Garde du Corps personnelle de leur souverain.

13. La Rose et le Lys furent adoptés par notre fondateur royal comme emblème de l'Être Divin qu'il avait appris à vénérer. Mystiquement, ils représentent la Rose de Sharon et le Lys de la vallée.

14. Parmi les autres actes de Constantin, on sait qu'il encouragea ostensiblement l'instruction. Il ordonna aussi que les saintes Écritures soient précautionneusement conservées et fréquemment lues dans toutes les églises. Et il consacra un quart de ses revenus à soulager les pauvres et à d'autres fins

pieuses. En vertu de cela, son souvenir restera présent dans les esprits des hommes de bien et des maçons jusqu'à la fin des temps.

15. En 329, sainte Hélène, la fille de Caylus, roi de Grande-Bretagne, épouse de Constance et mère de Constantin le Grand, fit un voyage en Terre sainte en quête de la Croix du Rédempteur.

16. Après avoir nivelé la butte du mont du Calvaire et détruit le temple de Vénus qui s'y dressait, trois croix furent découvertes. Mais il fut difficile de déterminer laquelle des trois avait porté la forme divine de l'Agneau de Dieu.

17. Le pontife Marcellin consulté leur recommanda de les transporter au chevet d'une femme qui était malade depuis longtemps et qui se trouvait à l'article de la mort. Elle imposerait ses mains sur chacune des croix pour évaluer leur efficacité et leur vertu. Les ordres du pontife furent exécutés. Deux des croix n'eurent aucun effet sur la femme. Mais quand ses mains se posèrent sur la troisième, elle recouvra miraculeusement la santé et se leva instantanément en rendant gloire à Dieu en disant : « Il fut martyrisé pour nos transgressions. Il fut meurtri pour nos iniquités, il subit le châtiment pour notre propre tranquillité, et par les coups de fouet qu'il reçut, il nous a guéris. »

18. À l'endroit où les croix avaient été trouvées, sainte Hélène et Constantin érigèrent une église majestueuse, de cent pieds de long et soixante de large, dont une partie couvrait le site de la crucifixion. Et en ayant nivelé le sol du mont, le Sépulcre se retrouvait au-dessus du sol de l'église, comme une grotte, de vingt pieds de haut. Une superbe coupole surplombe le Sépulcre et dans l'aile sont placées les tombes de Godefroy, le défenseur du saint Sépulcre, et de Baudouin, le premier roi chrétien de Jérusalem.

19. Alors, sainte Hélène, avec l'accord de Constantin, instaura l'Ordre des Chevaliers du Saint Sépulcre. L'Ordre fut entériné par le pontife Marcellin et le patriarche de la Cité sainte fut désigné comme Chef des Chevaliers, qui étaient choisis parmi les frères de la Fraternité de la Croix rouge. Et, en s'agenouillant sur la tombe sacrée, ils se liaient par un vœu solennel, jurant de garder le saint Sépulcre, de protéger les pèlerins et de repousser les attaques des infidèles et des ennemis de la Croix du Christ.

20. D'après notre tradition maçonnique, le degré de Chevalier de Constantinople fut aussi fondé par l'empereur Constantin le Grand, afin de remédier à certains fléaux qui menaçaient sa souveraineté. L'orgueil et l'arrogance de la noblesse et leur pouvoir s'étaient largement accrus sous le règne de plusieurs de ses faibles prédécesseurs : il eut la vision que son trône serait en danger s'il ne les soumettait pas.

21. Ainsi, afin de réfréner la noblesse et de les ramener à un niveau correct par rapport à ses sujets plus humbles, il instaura un nouvel ordre de chevalerie, qu'il conféra à certains représentants de son peuple, les artisans

et les laboureurs. L'empereur prêta ensuite un serment solennel de ne jamais plus conférer personnellement cette chevalerie à qui que ce soit : ceux qui désiraient l'intégrer devaient se la voir octroyée par les hommes ordinaires qui avaient déjà été faits Chevaliers de cet Ordre.

22. Il accepta aussi de ne plus favoriser d'autres Ordres que les Chevaliers de Constantinople. Il leur donna l'ordre de mettre instantanément à mort quiconque recevrait ce degré et ne reconnaîtrait pas que tous les hommes sont égaux devant Dieu.

23. Les nobles disaient des maçons : « Ce sont des gens ordinaires. Ils ne valent pas la peine qu'on s'intéresse à eux. Il serait dégradant pour nous, la noblesse, de leur parler. »

24. Pourtant ils vinrent trouver Constantin et lui dirent : « Votre Majesté pourrait-elle nous conférer le degré de Chevalier de Constantinople à nous ses humbles serviteurs ? » Et Constantin répondit : « Je ne le confère à personne. »

25. Les nobles demandèrent : « De qui pouvons-nous alors le recevoir ? » Constantin répondit : « De ces maçons bâtisseurs et laboureurs que vous considérez comme vos inférieurs, les Chevaliers de Constantinople. »

26. Les nobles comprirent rapidement qu'ils avaient perdu la confiance de leur souverain. Une délégation fut informée qu'il ne favoriserait plus que les Chevaliers de Constantinople.

27. Réalisant qu'ils ne pourraient survivre sans la faveur et l'amitié de leur empereur, ils cherchèrent activement à obtenir cet honneur. Bon nombre de membres de la noblesse, s'étant conformés aux préceptes du degré, reçurent cet Ordre de Chevalerie des autorités maçonniques dûment constituées. Donc Constantin réussit tant à rabaisser l'orgueil de ses sujets hautains qu'à préserver l'autorité de son trône.

28. Ce degré nous apprend la vertu de l'humilité. Il nous enseigne à haïr l'arrogance et la fierté, à se rappeler que ceux qui occupent une position inférieure dans la vie peuvent avoir plus de mérites intrinsèques que nous-mêmes, et, par-dessus tout, il nous enseigne à ne jamais oublier que celui qui se glorifie sera rabaissé, alors que celui qui se fait humble sera glorifié.

29. Constantin et Hélène insistèrent sur le fait que notre Ordre devait éternellement reconnaître que tous les hommes sont égaux devant le Dieu Très-Haut.

30. Pendant les nuits sans sommeil et les durs labeurs du jour, puisse le Souverain éternellement béni de l'Univers prendre les membres de ce conseil en Sa sainte garde, afin qu'ils se préparent à la venue de cette nuit où plus personne ne travaillera.

31. Après la mort de Constantin, on envoya un frère Chevalier visiter les

ruines de l'ancien temple. Il en revint après avoir trouvé les Écritures de notre saint Patron. Voici en quelles circonstances :

32. S'étant rendu aux ruines du temple d'Hérode, il découvrit que l'empereur Julien avait commencé l'érection d'un autre édifice sur cet ancien site. Il fut contraint d'aider les ouvriers qui travaillaient sur les fondations et, en déplaçant une des pierres, ils découvrirent une crypte.

33. Comme la grande profondeur du caveau ne permettait pas de voir clairement à l'intérieur, on lui ordonna de descendre et de déterminer son contenu. Les ouvriers le descendirent à l'aide d'une corde. Il découvrit qu'une énorme quantité d'eau s'était accumulée au fond de la crypte. Au milieu de la voûte et affleurant à peine au-dessus de la surface de l'eau, une colonne se dressait. Au sommet de celle-ci se trouvait un livre enveloppé dans un tissu de lin délicat.

34. Il ne fit pas d'autre découverte. Ayant récupéré le livre, il se fit hisser à la lumière. Il n'avait pas plus tôt ouvert le volume qu'une grande peur s'empara de tous les présents, tant juifs que grecs, car au début même de l'ouvrage, écrits en gros caractères, ils lurent les mots : « Au commencement était le Verbe et le Verbe était Dieu, et le Verbe était avec Dieu. » Il s'agissait en réalité d'un exemplaire manuscrit de nos saintes Écritures.

35. Maintenant, parallèlement à d'autres miracles envoyés du ciel dans le même temps, cet épisode rendait évident que la prophétie de la dévastation du temple était caduque, car le livre déclarait que c'était le Très-Haut lui-même, le Créateur de toute chose, qui avait ordonné cette catastrophe. En outre, il montrait que les ouvriers s'activaient en vain autour des vestiges du temple, car c'était une sentence divine immuable qui avait décrété sa destruction totale. Et par conséquent, cette découverte et d'autres circonstances similaires laissaient penser que le Très-Haut ne souhaitait pas voir le temple restauré.

36. La tradition qui vient de vous être dévoilée devrait imprimer à jamais dans vos esprits que les décrets du Dieu Très-Haut ne peuvent pas être inversés par la main de l'homme. Julien l'Apostat essaya de reconstruire le temple juif, mais il ne parvint pas à accomplir son dessein. Et en châtiment de son péché, il connut une fin misérable et blasphématoire.

37. On raconte que, blessé par une flèche perse, il tenta de remonter sur son cheval pour repartir au combat. Mais il tomba en arrière épuisé dans les bras de ses lieutenants. Recueillant dans ses mains le sang qui jaillissait de sa blessure, il le projeta en l'air et mourut en s'exclamant amèrement : « Tu as vaincu, Galiléen. »

38. Après la mort de Julien, la religion chrétienne se répandit rapidement, sauf en Orient.

Chapitre XV

LES CHEVALIERS TEMPLIERS ET LES CHEVALIERS DE SAINT JEAN DE JÉRUSALEM

1. La ville de Jérusalem fut reconstruite et décorée au cours du IIe siècle EC, par Hadrien (Publius Aelius Hadrianus), et donnée aux chrétiens au Ve siècle. Les Perses la leur prirent en 614 et quelques années plus tard, elle tomba entre les mains des musulmans. La cité sainte souffrit longtemps sous leur joug oppressif, jusqu'à ce que Pierre l'Ermite incitât les princes occidentaux et les Chevaliers maçons à venir libérer l'Église en détresse.

2. La Parole avait été de nouveau perdue et le troisième temple, dans le cœur de l'homme, devait être construit et consacré au Dieu de Vérité Très-Haut.

3. Quand les Chevaliers et les Princes de Jérusalem s'unirent pour aller conquérir la Terre sainte, ils jurèrent de verser, s'il le fallait, jusqu'à la dernière goutte de leur sang pour établir la vraie religion du Dieu Très-Haut.

4. Finalement, quand les Princes chrétiens formèrent une ligue pour libérer la Terre sainte de l'oppression des infidèles, les bons et vertueux maçons, impatients de participer à une si pieuse entreprise, offrirent leurs services aux confédérés, à la seule condition qu'ils puissent se donner un chef qu'ils aient choisi et dont le nom ne serait connu qu'à l'heure du combat. Ce fut accordé et alors ils acceptèrent leur bannière et partirent.

5. Comme ils se trouvaient incapables de chasser les sarrasins de Terre sainte, on dit que les Chevaliers et les Princes de Jérusalem décidèrent, avec Godefroy de Bouillon, de voiler les mystères de notre religion sous des emblèmes. Ainsi ils pourraient continuer de pratiquer leur culte en secret et se protéger contre l'intrusion de traîtres ou de prétendus amis.

6. La valeur et le courage de ces Chevaliers Élus étaient tels qu'ils étaient

admirés par tous les Princes de Jérusalem dont ils prirent la tête. Croyant que ces Chevaliers devaient à leurs mystères cette bravoure et cette fidélité à la cause de la vertu et de la religion, les Princes voulurent se faire initier. Jugés dignes de cet honneur, leurs désirs furent exaucés. De cette manière, en attirant de grands et louables personnages, l'Ordre acquit popularité et honorabilité. Il fut conféré à ceux qui en étaient dignes et ainsi il a pu continuer à se répandre sur toute la surface de la terre jusqu'à aujourd'hui.

7. De là, il s'ensuit que les mystères de l'Ordre sont en réalité les mystères de la religion. Cependant, les Chevaliers veillaient à ne pas confier cet important secret à ceux dont la fidélité et la discrétion n'avaient pas été parfaitement prouvées. Pour cette raison, ils inventèrent différents degrés pour éprouver les candidats et ne leur transmettre que des secrets symboliques sans fournir les explications, afin d'éviter les traîtrises et simplement permettre à ces nouveaux frères de se faire reconnaître. À cette fin, il fut décidé d'utiliser des signes, des paroles et des symboles différents pour chaque degré. Ainsi ils se protégeraient contre les sarrasins, les faibles et les intrus.

8. Godefroy de Bouillon déploya la bannière de la Croix. Et en 1099, il chassa les envahisseurs. Ses compagnons l'élirent roi de Jérusalem. Mais comme il refusait de porter une couronne royale dans les lieux mêmes où son saint Sauveur avait porté une couronne d'épines, il consentit simplement, pour le bien commun, d'être appelé « Avoué et Baron du Saint Sépulcre », titre qu'il conserva jusqu'à sa mort l'année suivante.

9. Depuis leur toute première installation, ils n'ont jamais cessé d'adhérer à leurs coutumes et formes de réception. En 1118, les premiers Chevaliers de l'Ordre, au nombre de onze, prirent leurs vœux des mains de Armelfo Guavi Mundos, Prince et Patriarche de Jérusalem, qui était originaire d'Amiens, en France.

10. La paix ayant été instaurée, ils ne pouvaient en pratique accomplir leurs vœux. Par conséquent, en retournant dans leurs pays respectifs, ils décidèrent de faire en théorie ce qu'ils ne pouvaient faire en pratique. Ils prirent le nom de Princes de Jérusalem et Chevaliers d'Orient et d'Occident, en mémoire de l'endroit où l'Ordre avait été instauré, et parce que leurs doctrines venaient d'Orient et d'Occident.

11. Ne désespérez pas parce que vous avez souvent semblé sur le point d'atteindre la lumière intérieure, mais que chaque fois vous avez été déçu. De tout temps, la vérité a été cachée sous des symboles et souvent sous une série d'allégories : il faut soulever un voile après l'autre avant de pouvoir atteindre la vraie lumière et de se voir révélée la vérité essentielle.

12. Pendant la période des croisades, notre Ordre du saint Sépulcre s'épanouit. Et depuis la perte de la Terre sainte, il a continué d'exister dans

de nombreux pays d'Europe. Il n'y a plus aucun temple, parce que la lumière du Seigneur est universellement diffusée et que le monde est devenu une sainte maison de sagesse. L'heure vient, et elle est arrivée, où les vrais fidèles vénéreront le Père en esprit et en vérité.

13. Une effroyable catastrophe frappa notre Ordre environ deux cents ans après sa formation en Palestine. Pendant cette période, l'Ordre s'était largement développé et il était devenu une structure essentielle pour la cause de la religion. Pourtant, aussi étrange que cela puisse paraître, les hommes qui furent cause de sa perte professaient la même foi, seulement, ils étaient animés par de vils motifs et voulaient s'approprier les trésors et les terres de l'Ordre.

14. Pour y parvenir, le roi de France Philippe IV le félon et le pape Clément V, en 1307, formèrent une ligue impie et s'allièrent pour détruire l'Ordre illustre. La nuit du 10 octobre de cette année-là, alors que le Grand Maître et les Chevaliers se reposaient en toute confiance dans Paris, la capitale chrétienne de la France, le roi Philippe, avec ses milices armées, s'empara d'eux dans leur maison du Temple. Au lever du jour, tous les Chevaliers avaient été arrêtés sur tout le territoire de France et jetés en prison.

15. Un acte d'accusation leur fut bientôt présenté, dans lequel ils étaient traités de loups, de parjures, d'idolâtres, et, plus généralement, on disait d'eux qu'ils étaient les plus vils des hommes. Les frères Chevaliers étonnés, mais courtois, protestèrent de leur innocence. Ils réclamèrent des preuves à leurs ennemis et jurèrent de l'intégrité de l'Ordre. Mais leur fin était planifiée.

16. Beaucoup furent torturés pour les forcer à confesser des crimes dont ils étaient innocents. Et ceux qui survécurent à la torture furent condamnés à croupir en prison pendant des années, sans recevoir le moindre soutien et avec à peine de quoi se nourrir pour vivre. Et puis on finit par les faire sortir de prison par groupes – jusqu'à cinquante Chevaliers simultanément une fois – pour aller les brûler sur des bûchers.

17. Jacques de Molay, notre illustre Grand Maître, avec trois de ses prieurs, furent les dernières victimes de cette persécution impitoyable. Après être demeurés près de sept ans en prison, ces valeureux frères Chevaliers furent, le 11 mars 1314, menés sur le lieu de leur exécution devant la cathédrale de Paris[1]. Après lecture de l'ordonnance et de la sentence du sanguinaire Philippe, les glorieux martyrs de notre glorieux Ordre furent brûlés vifs devant la foule des citoyens assemblés.

18. Voici la prière de Jacques de Molay, juste avant son exécution :

19. Pardonne, ô Dieu, à ces faux accusateurs qui sont responsables de la

1. En réalité sur un îlot à l'extrémité occidentale de l'île de la Cité, à l'emplacement de l'actuel square du Vert Galant *(N.D.T.)*.

destruction totale de l'Ordre à la tête duquel ta Providence m'a placé. Et s'il te plaît d'accepter la prière que nous t'offrons maintenant, assure-nous qu'un jour, le monde aujourd'hui abusé, connaîtra mieux ceux qui ont cherché à vivre à ton service. Nous avons confiance en ta bonté et en ta miséricorde pour nous épargner les souffrances des tortures et de la mort que nous allons maintenant endurer. Et qu'il nous soit donné un jour de jouir de Ta Divine Présence dans les maisons du bonheur. Qu'il en soit ainsi.

20. Les mêmes persécutions intervinrent dans toute l'Europe avec plus ou moins de barbarie. Et bien que le roi d'Angleterre Edouard II, qui possédait alors une partie de l'Écosse, n'essaya pas de perpétrer de semblables cruautés dans ce pays, du fait de la progression de Bruce et de son armée, que les Templiers protégeaient, même ici, notre Ordre finit par être dépouillé de ses privilèges et possessions.

21. Les tourments physiques que subit notre Ordre furent suffisamment terribles pour ébranler même le cœur le plus vaillant. La pauvreté, la chasteté et l'obéissance étaient les trois grandes règles qui gouvernaient sans compromis ni relâche toute l'existence de nos prédécesseurs de noble mémoire.

22. L'histoire des Chevaliers Templiers doit nous demeurer familière. L'histoire de leur naissance et de leur ascension, l'histoire de leurs grands et glorieux exploits, de leur nombre, de leur richesse et de leur statut éminent dans tous les royaumes d'Europe, mais aussi l'histoire de leur persécution et de leur chute, des souffrances du Grand Maître Jacques de Molay et de ses courageux Chevaliers, sur ordre du pape Clément V, de la cruauté et de la barbarie du roi Philippe IV le félon et des souverains et des gouvernements d'Europe, enfin nous devons nous souvenir de l'histoire de notre Ordre des Chevaliers de Malte.

23. En l'an de grâce 1048, certains pieux maçons d'Amalfi, dans le royaume de Naples, bâtirent un monastère et un hôpital à Jérusalem, dédiés à saint Jean[1]. Ces maçons furent connus sous le nom de frères de saint Jean de Jérusalem, ou Hospitaliers. Ils avaient pour devoir d'aider les malades et les pèlerins nécessiteux qui avaient été poussés vers la Terre sainte par leur esprit de piété.

24. Leur nombre et leur richesse s'étant rapidement accrus, en 1118, ils devinrent un Ordre militaire sous la Grande Maîtrise de Raymond du Puy, qui ajouta à leurs vœux de chasteté, d'obéissance et de pauvreté, l'obligation de défendre l'Église contre les infidèles.

25. Après que Saladin se fut emparé de Jérusalem, ils quittèrent la Terre

1. Établissements créés avant même la première croisade avec l'autorisation du calife d'Égypte *(N.D.T.)*.

sainte en 1191 pour devenir un Ordre souverain ayant son quartier général à Saint-Jean-d'Acre.

26. En 1290, il ne restait plus que Saint-Jean-d'Acre de toutes les anciennes conquêtes de Godefroy de Bouillon. Des appels furent lancés en direction des rois chrétiens pour qu'ils défendent et gardent au moins cette unique ville à la chrétienté sur le sol de Terre sainte. Mais les monarques étaient trop occupés par leurs propres querelles et jalousies pour prêter une oreille attentive à cette requête.

27. En 1291, Saint-Jean-d'Acre fut prise par les sarrasins de Mélik de Serif, qui détruisit presque totalement la ville et passa 60 000 de ses habitants par le fil de l'épée. La poignée de Chevaliers ayant pu s'échapper trouva d'abord refuge à Chypre, avant de décider de s'établir à Rhodes.

28. Le Grand Maître de l'Ordre, Foulques de Villaret, débarqua sur l'île, mais il rencontra une féroce résistance et au terme d'un combat de quatre années, il s'empara de la ville principale en 1310.

29. L'Ordre demeura à Rhodes pendant plus de 200 ans, en dépit des tentatives répétées des Turcs pour en chasser nos frères.

30. En 1522, l'île fut assiégée par Soliman le Magnifique à la tête d'une immense armée. Malgré l'héroïsme et les qualités combattantes des Chevaliers commandés par leur Grand Maître Philippe de Villiers de l'Isle Adam, ils furent finalement contraints de se rendre aux termes d'une capitulation honorable.

31. Pendant sept années, nos frères Chevaliers errèrent sans trouver de retraite assurée, passant de Casto en Candie [Crète], à Messine en Sicile, puis Viterbe, près de Rome.

32. En 1530, l'empereur Charles Quint donna à l'Ordre l'île de Malte, pour que les Chevaliers puissent la défendre et fassent de leur mieux pour éradiquer la piraterie mauresque qui, à cette époque, infestait le sud de la Méditerranée.

33. Par conséquent, nos frères partirent pour Malte à bord de leurs galères et gagnèrent la côte à la force de leurs rames, deux Chevaliers face à face par rame, une épée dans la main droite et la rame dans la main gauche. En approchant du rivage, ils entonnèrent un hymne qui reprenait le seizième verset du dix-neuvième chapitre de l'Apocalypse, dont le refrain dit : *Rex Regum et Dominus Dominorum* [« Roi des rois et Seigneur des seigneurs »].

34. Les habitants de l'île, les voyant approcher en tenue de combat, les saluèrent en arabe, en disant : « Venez-vous en paix ? » Les Chevaliers répondirent dans la même langue en disant : « Nous venons en paix. » Ce sur quoi, les insulaires répliquèrent : « Alors venez en paix. »

35. Maintenant installé à Malte, l'Ordre redevint une puissance militaire souveraine. De nouveau, il amassa une grande richesse et établit des prieurés

dans toute l'Europe, tandis que ses membres maintenaient les traditions de courage et de valeur qu'ils avaient héritées de nos anciens frères.

36. Jusqu'en 1723, ils menèrent une guerre quasi permanente contre les Turcs, qui, vainement, dépensèrent des quantités énormes de sang et de trésors pour tenter de soumettre l'héroïsme magnanime et indomptable de nos frères Chevaliers.

37. Mais un nouvel ordre allait bientôt naître. Les armées de Napoléon submergeaient l'Europe qui voyait tous ses trônes vaciller. Le petit domaine des Chevaliers de saint Jean ne fut pas épargné.

38. Le 9 juin 1798, la flotte française apparut devant Malte avec Napoléon lui-même à bord, et notre Grand Maître, Ferdinand von Hompesch, fut contraint de capituler. Ainsi, l'existence de l'Ordre en tant que pouvoir souverain arriva à son terme, et il n'existe plus que sous la forme de notre paisible société maçonnique.

CHAPITRE XVI

FRANC-MAÇONNERIE ÉVOLUÉE

1. La maçonnerie vous aidera à approcher ces anciennes religions qui jadis gouvernaient les esprits des hommes et dont les ruines peuplent encore les plaines du grand passé, comme les colonnes brisées de Palmyre et de Tadmor qui blanchissent au milieu des sables du désert. Ils se dressent devant vous, ces anciens cultes et croyances étranges et mystérieux, drapés dans les brumes de l'Antiquité, et errent confusément et indistinctement le long de la ligne qui sépare le temps de l'éternité. Vous les voyez ces formes d'une beauté étrange, sauvage et saisissante qui se mêlent dans l'immense multitude de figures aux formes monstrueuses, grotesques et hideuses.

2. La religion enseignée par Moïse, qui, comme les lois d'Égypte, énonçait le principe d'exclusion et d'interdit, a emprunté, tout au long de son existence, des éléments de toutes les croyances avec lesquelles elle est entrée en contact. Tandis que, grâce à l'étude des érudits et des sages, elle s'enrichissait des principes les plus admirables des religions d'Égypte et d'Asie, tout ce qu'il y avait d'impur et de séduisant dans les manières et les superstitions païennes la transforma au cours des migrations du peuple. Elle fut une chose à l'époque d'Aaron et Moïse, une autre à l'époque de David et Salomon, et encore une autre du temps de Daniel et Philon.

3. À l'époque où Jean le Baptiste prêchait dans le désert, près des rives de la mer Morte, tous les vieux systèmes religieux et philosophiques se rapprochaient les uns des autres. Les juifs et les Égyptiens, auparavant les plus fermés et exclusifs de tous les peuples, se fondirent dans cet éclectisme qui prévalait chez leurs maîtres, les Grecs et les Romains. Même à l'époque où Paul prêchait, beaucoup considéraient déjà que les écrits des Apôtres étaient incomplets, qu'ils ne contenaient que les germes d'une autre doctrine, qui devait hériter de la philosophie non seulement sa structure, mais tous

les secrets qui s'y dissimulaient, les mystères transmis de génération en génération dans notre tradition maçonnique.

4. Si des frères d'une croyance religieuse particulière ont pu être exclus, où que ce soit, de notre Ordre, cela montre seulement à quel point les principes et objectifs de la maçonnerie peuvent être très mal compris. Car quand la porte d'un degré quelconque se ferme à celui qui croit en un Dieu unique et en l'immortalité de l'âme, à cause d'autres principes de sa foi, ce degré n'est plus de la maçonnerie, mais quelque chose d'autre, qui est exclusif et, par conséquent, intolérant.

5. Chaque degré constitue une plate-forme sur laquelle l'israélite, le musulman et le chrétien peuvent se tenir côte à côte et main dans la main, comme des frères. Quel que soient votre religion, votre lieu de naissance ou votre langue, vous êtes parmi des frères. Une langue est parlée en commun, la langue de la maçonnerie, qui s'adresse directement au cœur.

6. La maçonnerie est la servante des religions. Le brahmane, le juif, le musulman, le catholique, le protestant, chacun professant sa religion particulière, sanctionnée par les lois, par le temps et par l'environnement peuvent conserver leur foi tout en étant maçons. La maçonnerie enseigne – et a préservé dans leur pureté – les principes cardinaux de l'ancienne foi primitive, qui sous-tendent et sont les fondements de toutes les religions.

7. La forme naturelle de la maçonnerie reprend les motifs d'un homme de bien : la perfection, la moralité, une vie vraie, juste, affectionnée et fidèle. Elle est une obéissance loyale à la loi de Dieu.

8. Le bon maçon accomplit ce qui est bien, d'abord en vertu d'un amour du devoir, et pas simplement parce qu'une loi promulguée par l'homme ou même Dieu lui ordonne de le faire. Ce n'est pas en vain que le pauvre ou l'opprimé lève les yeux vers lui.

9. Vous trouvez de tels hommes dans toutes les sectes chrétiennes, le protestantisme comme le catholicisme, dans tous les grands groupes religieux du monde civilisé, chez les bouddhistes, les musulmans et les juifs. Ce sont de gentils pères, de généreux citoyens et des professionnels irréprochables. Vous voyez leur maçonnerie dans leurs œuvres et dans leurs manières d'être.

10. Le vrai maçon n'aime pas seulement les siens et son pays, mais toute l'humanité ; pas seulement les bons parmi ses frères, mais aussi les mauvais. Si les anciens et les éminences de ce monde demandent que l'on s'incline devant eux, son genou n'accepte de se plier que sur la requête de son âme. Sa maçonnerie est sa liberté devant Dieu, pas un lien vis-à-vis des hommes.

11. Les vieilles théologies, les philosophies des religions des anciens temps ne sont plus satisfaisantes aujourd'hui. Elles contiennent des erreurs qui doivent être remplacées par de nouvelles vérités, rayonnant sous l'effet des

gloires du ciel. L'Église et l'État, la vie domestique, sociale et publique, renferment de grandes erreurs et de grands maux à corriger et supprimer.

12. La maçonnerie ne peut pas à notre époque quitter la grande route de la vie. Elle doit se montrer en plein air, apparaître sur les places pleines de monde et instruire les hommes par ses actes et sa vie, plus éloquents que tout discours.

13. La maçonnerie se consacre à la tolérance et elle prône de la plus vigoureuse manière, cette grande idée motrice de l'ancien Art, selon laquelle la croyance dans le seul vrai Dieu et une vie morale et vertueuse, constituent les seuls préceptes religieux exigés pour devenir maçon.

14. Elle conserve toujours le souvenir le plus vivace des terribles supplices utilisés pour réprimer les nouvelles formes de religion ou éradiquer les anciennes. Elle voit avec les yeux de la mémoire l'extermination impitoyable des peuples, de tous âges et sexes – parce qu'ils avaient eu l'infortune de ne pas connaître le dieu des Hébreux ou qu'ils vénéraient sous le faux nom –, par les troupes sauvages de Moïse et de Josué.

15. Elle revoit les instruments de torture, le chevalet et le fouet, le gibet et le pilori ; les victimes de Dioclétien et de Claverhouse [1] ; les misérables covenantaires ; les non-conformistes ; Michel Servet [2] enchaîné et les inoffensifs quakers pendus. Elle revoit Cranmer [3] tenant son bras, qui n'était maintenant plus dans l'erreur mais dans les flammes, jusqu'à ce que la main tombe dans le brasier incandescent.

16. Elle revoit les persécutions de Pierre et Paul, le martyre d'Étienne, les procès d'Ignace, de Polycarpe, de Justin et d'Irénée ; puis, à leur tour, les souffrances des malheureux païens sous les empereurs chrétiens, et tous ceux qui, à toutes les époques, ont souffert de faim et de nudité, de péril et de prison, ont péri par le chevalet, la potence ou l'épée. Elle les revoit tous et frémit en déroulant la longue liste des atrocités humaines.

17. L'homme n'a jamais eu le droit d'usurper la prérogative de Dieu – dont lui-même ne s'est jamais servi – et de condamner et de punir un autre pour sa croyance.

18. Né dans un pays protestant, nous appartenons à cette foi. Si nous avions ouvert nos yeux à la lumière à l'ombre de saint Pierre de Rome, nous aurions été de fervents catholiques romains ; nés dans les quartiers juifs

---

1. John Graham of Claverhouse, vicomte Dundee (1649-1689) qui s'est rendu célèbre par la cruauté de sa répression contre les covenantaires (presbytériens) d'Écosse. Il est l'un des héros des *Puritains d'Écosse*, de Walter Scott *(N.D.T.)*.

2. Théologien espagnol condamné à mort par Calvin *(N.D.T.)*.

3. Thomas Cranmer, premier archevêque anglican de Canterbury, qui avait annulé le mariage d'Henry VIII et Catherine d'Aragon, avant d'être condamné à mort pour hérésie lorsque Marie Tudor (la fille d'Henry VIII et Catherine d'Aragon) monta sur le trône en ramenant momentanément le catholicisme en Angleterre *(N.D.T.)*.

d'Alep, nous aurions condamné le Christ comme imposteur ; à Constantinople, nous aurions crié « *Allah il Allah* – Dieu est Grand et Mahomet son Prophète. » Le lieu de naissance et l'éducation nous donnent notre foi.

19. Peu croient en une religion parce qu'ils ont examiné les preuves de son authenticité et se sont forgés un jugement formel en pesant les témoignages. Pas un sur dix mille ne sait quelque chose des preuves de sa foi. Nous croyons ce qui nous est enseigné. Et les plus fanatiques sont ceux qui en savent le moins des preuves sur lesquelles leur croyance est fondée.

20. Ce qui est la vérité pour moi n'est pas la vérité pour un autre. Les mêmes arguments et les mêmes preuves qui nous convainquent ne font aucune impression sur un autre : les hommes sont de ce point de vue différents par leur naissance. Aucun homme n'a le droit de prétendre qu'il a seul raison quand d'autres hommes, tout aussi intelligents et informés, soutiennent l'opinion inverse. Chacun pense que l'autre ne peut être sincère et chacun est dans l'erreur. « Qu'est-ce que la vérité ? » était une question profonde, la plus sensible même jamais posée à l'homme.

21. De nombreuses croyances des temps passés ou présents paraissent incompréhensibles. Elles nous donnent un nouvel aperçu stupéfiant de l'âme humaine, cette chose mystérieuse, plus mystérieuse encore à chaque fois que nous entrapercevons son fonctionnement.

22. Voici un homme, supérieur à moi-même en intelligence et en connaissance, et pourtant il croit sincèrement en des choses qui me semblent trop absurdes pour mériter une réfutation. Et je ne peux concevoir – et foncièrement je ne peux croire – qu'il est à la fois sain d'esprit et honnête. Pourtant, il est les deux. Sa raison est aussi parfaite que la mienne et il est aussi honnête que moi. Les fantaisies d'un fou sont ses réalités. Nos rêves sont des réalités tant qu'ils durent. Et nos rêves passés ne sont pas plus irréels aujourd'hui que ce que nous avons fait jadis dans nos heures de veille. Aucun homme ne peut dire avec certitude qu'il détient la vérité comme il détiendrait un meuble.

23. Quand des hommes expriment des opinions diamétralement opposées et que tous sont honnêtes, qui dira lequel détient la vérité. Et qui pourra dire avec certitude qu'il la possède ? Nous ne savons pas ce qu'est la vérité.

24. Que nous pensions et même que nous soyons absolument certains que ce que nous croyons est vrai n'est en rien une preuve de véracité, même si le fait semble absolument incontestable.

25. Par conséquent, aucun homme n'a – et n'a jamais eu – le droit d'en persécuter un autre pour ses croyances, parce qu'il ne peut y avoir deux droits antagonistes. Et si quelqu'un croit pouvoir persécuter un tiers parce qu'il pense que ses croyances sont dans l'erreur, cet autre a, pour la même raison, le droit de le persécuter.

26. La vérité vient à nous comme l'image d'un bâton nous apparaît sous

l'eau : tordue et déformée. Un argument plonge dans l'esprit de l'homme et le convainc, alors que sur l'esprit de l'autre, il ricoche sans le pénétrer. Un homme n'a aucun mérite d'avoir une foi particulière, aussi excellente, saine et philosophique qu'elle puisse être. Elle n'est pas plus un mérite que ses préjugés et ses passions.

27. Le musulman sincère a autant de droit de nous persécuter que nous de le persécuter. C'est pourquoi la maçonnerie ne requiert rien d'autre qu'une croyance en un grand Dieu unique et tout-puissant, Père et Protecteur de l'Univers. C'est pourquoi aussi elle enseigne à tous ses adeptes que la tolérance est un des premiers devoirs de tout bon maçon.

28. La philosophie maçonnique considèrent tous les représentants de la race humaine comme les membres d'une grande famille, ayant la même origine et la même destination. Toute distinction fondée sur le rang social, le lignage, la naissance, est donc inconnue.

29. Mais la maçonnerie veille constamment à ce qu'aucun athée ou libertin ne vienne souiller de ses pieds impies le sol du saint des saints de notre temple. Donc ceux-là ne peuvent jamais y être admis sans la plus extrême violation de nos vœux les plus sacrés et les plus solennels. Car nos vœux requièrent en effet : la reconnaissance de l'existence du Grand Maître de l'Univers, la révérence de Son grand et sacré nom, indépendamment de toute confession ; en un mot, de pratiquer toutes les vertus qui ennoblissent le caractère humain et de chasser tous les vices qui le dégradent. Cela implique un amour généreux pour toute l'humanité, quelle que soit la religion.

30. Aucun fléau n'a autant affligé le monde que l'intolérance en matière d'opinion religieuse. Les hommes et les femmes que cette intolérance a tués, s'ils pouvaient renaître à la vie, doubleraient la population du monde civilisé ; monde « civilisé » dans lequel la majeure partie de ces guerres religieuses ont fait rage.

31. Aucun homme n'obéit vraiment à la loi maçonnique qui se contente de tolérer ceux qui ont une opinion religieuse opposée à la sienne. L'opinion d'un homme est sa propriété. Et tout homme a un droit égal à la posséder et à la défendre. Se contenter de tolérer, supporter une opinion contraire, c'est présumer que l'autre est hérétique, c'est admettre le droit, au besoin, de le persécuter, et c'est en attendant considérer notre tolérance comme un mérite.

32. La croyance maçonnique va plus loin que ça. Aucun homme, soutient-elle, n'a le droit, en aucune manière, d'interférer dans les croyances religieuses d'un autre. Elle affirme que tout homme est absolument souverain en ce qui concerne ses propres convictions religieuses et que la croyance est un sujet absolument étranger à tous ceux qui ne partagent pas la même. Et elle considère que s'il devait exister un droit à persécuter l'autre au regard de sa foi, ce droit devrait être réciproque, parce que tout le monde a le même

droit de défendre sa cause, et Dieu est le seul magistrat suprême habilité à trancher entre eux.

33. La maçonnerie laisse cette matière à ce Grand Juge. Et ouvrant grand ses portes, elle invite à entrer – et à vivre là en paix et en harmonie – le protestant, le catholique, le juif, le musulman, l'hindou, tous ceux qui mènent une existence véritablement vertueuse et morale, qui aiment leurs prochains, qui aident les malades et les désespérés, et croient en un Dieu Architecte Unique, omniscient, omnipotent, omniprésent, créateur et protecteur de toute chose, dont le nom ineffable est révéré par tous les vrais maçons, et par la Loi universelle d'Harmonie duquel cet univers tourne : le grand cercle infini des morts et des vies successives. Pour les milliers de bienfaits qu'il a répandu sur nous, manifestons-lui la plus sincère gratitude, ici, maintenant et à jamais.

34. En tant que maçon en quête de lumière et de vérité, nombre des périples accomplis dans les différents degrés sont symboliques. Mais la quête n'est pas celle de la vérité d'une croyance ou d'une religion en particulier. Cette quête serait vaine, car ce qui est la vérité pour l'un n'est pas la vérité de l'autre. Notre croyance religieuse est parfois formée par la réflexion et la recherche de preuves, mais presque toujours par l'accident de la naissance, de l'éducation et des circonstances. Et quand ils touchent à la foi et à la croyance religieuse, la réflexion et les témoignages ne font que ricocher sans laisser d'empreintes.

35. Les symboles et les cérémonies de la maçonnerie enveloppent les grandes vérités primitives connues des premiers hommes : la maçonnerie ne se préoccupe pas des significations spécifiques – ou supposées au demeurant spécifiques – à chaque croyance particulière.

36. À travers certaines formes et cérémonies, la maçonnerie montre aux initiés à contempler différents symboles et emblèmes. Elle ne fournit pas par avance leur interprétation, mais indique simplement leur orientation générale. Elle place le fil dans la main qui guidera le maçon à travers le labyrinthe. Il revient à chaque individu d'utiliser et d'interpréter les symboles et les cérémonies du degré de la manière qui lui semblera la plus vraie et la plus appropriée.

37. Une multitude d'hommes croient que le Rédempteur de l'homme est déjà venu sur terre. Beaucoup croient qu'il était un homme. Beaucoup croient qu'il était Fils de Dieu. Et beaucoup qu'il était le Dieu incarné. Mais un plus grand nombre encore attend toujours la venue du Rédempteur. Les uns comme les autres utiliseront nos symboles et cérémonies en fonction de leur foi.

38. Il en va ainsi de l'histoire de notre Grand Maître Hiram, dans laquelle

certains voient une allégorie de la condamnation et des souffrances du Christ ; d'autres, de l'infortuné Grand Maître des Templiers Jacques de Molay ; d'autres encore, de Charles Ier d'Angleterre ; et certains voient la descente annuelle du Soleil au solstice d'hiver dans les royaumes des ténèbres. S'il en était autrement, la maçonnerie ne pourrait revendiquer son universalité, caractère qui lui a toujours été propre depuis son origine, et qui a permis à deux rois, adorateurs d'une divinité différente, de siéger ensemble comme Grands Maîtres, alors que les murs du premier temple étaient en construction, et aux hommes de Gebal – qui s'inclinaient devant les dieux phéniciens – de travailler côte à côte avec les Hébreux – qui considéraient ces dieux comme des abominations.

39. Pythagore dit : « Dieu n'est ni sens, ni passion, mais il est invisible, seulement intelligible, et suprêmement intelligent. Dans Son corps, Il est comme la lumière et dans Son âme, Il ressemble à la Vérité. Il est l'Esprit universel qui se répand et se diffuse dans toute la nature. Tous les êtres reçoivent leur vie de Lui. »

40. Il n'existe qu'un seul Dieu. Mais il n'est pas – comme certains veulent l'imaginer – assis au-dessus du monde, au-delà de l'orbite de l'univers. Il est tout dans tout ; il voit tous les êtres qui occupent son immensité. Il est le seul Principe, la Lumière du ciel, le Père de Tout.

41. Il produit tout. Il ordonne et dispose tout. Il est la Raison, la Vie et le Mouvement de tout être.

42. Chacun de nous applique les symboles et cérémonies de chaque degré, comme il lui semble juste, en fonction de sa propre foi ou de sa croyance.

43. Mais la volonté de Celui qui gouverne tous les éléments a fait resplendir de nouveau la lumière. Elle a fait apparaître l'étoile diurne de miséricorde avec une plus grande intensité et elle a permis de redécouvrir le Mot de Dieu.

44. Les frères élus, qui ont suivi les pas bénis du Rédempteur, enseignèrent alors à d'autres qu'il était nécessaire de pratiquer la foi, l'espoir et la charité et d'obéir à la nouvelle loi avant de pouvoir reprendre les travaux mystiques de l'Ordre.

45. C'est grâce à ces sublimes principes – et à ces sublimes principes seulement – que la maçonnerie put réapparaître aux yeux réjouis de l'homme. À partir de ce moment-là, les maçons n'ont plus construit d'édifices matériels, mais ils se sont occupés de constructions spirituelles. Leurs œuvres furent soutenues par la tempérance, la prudence, la justice et la force. Et ils ne craignirent plus les vicissitudes de la vie ou les terreurs spectrales de la tombe.

Repères chronologiques

Avant l'ère commune (AEC)

4600 Les mythes astronomiques commencent à apparaître.
4500 Établissement d'un clergé professionnel dans la Grande-Bretagne néolithique.
Premier petit village établi sur le site de Byblos.
4000 Plate-forme d'observation installée à Maes Howe.
Fossé et pierre gravée installés à Bryn Celli Ddu.
3500 Début de la construction du complexe de la vallée de la Boyne en Irlande.
3300 Établissement d'Uruk, la première cité sumérienne, sous la forme d'un petit village.
3200 Achèvement de Newgrange.
Construction de la chambre de Bryn Celli Ddu.
3150 Des bâtisseurs experts appelés « Seigneurs de Lumière » arrivent en Égypte en provenance d'une île inconnue.
Unification de la Haute- et de la Basse-Égypte en un seul royaume.
3000 Première référence à la cité de Jérusalem.
2900 Byblos s'étend et devient une ville.
2800 Abandon de nombreux sites du peuple des poteries cannelées orcadiennes en Grande-Bretagne.
2750 Rédaction des plus anciennes versions de l'épopée de Gilgamesh.
2700 Construction de la première ziggourat à Sumer.
Fin de l'ancien royaume d'Égypte.
Objets en bronze dans le Wiltshire (Sud de l'Angleterre), mais pas en Écosse.
2655 Abandon de Skara Brae.
2650 Construction de la première pyramide à Saqqarah.
2600 Construction du premier grand tertre temple au Pérou.
2528 Enterrement de bateaux phéniciens dans la pyramide de Chéops ou Choufou.
2500 Arrêt de la construction d'édifices mégalithiques aux Orcades.
Installation des pierres d'Avebury.
2407 Déluge biblique (datation traditionnelle juive).
2300 Byblos incendiée par des envahisseurs.

2100 La stèle de Naram Sin (Sumer) montre le roi avec Vénus, la Lune et le Soleil ensemble à l'horizon.
2000 Apparition en Écosse d'objets en bronze.
1900 Plus ancienne date probable de la rencontre entre Abraham et Melchisédech à Jérusalem.
1800 Les Égyptiens prennent le contrôle de la Phénicie.
1500 Tablettes sumériennes de Vénus attestées.
1447 Moïse mène les Hébreux hors d'Égypte (datation traditionnelle juive).
1350 Le commerce maritime phénicien bien établi en Méditerranée.
1300 Période de sécheresse au Moyen-Orient (durera 300 ans).
1100 Les Phéniciens reconquièrent leur indépendance.
1020 Saül devient le premier roi d'Israël.
1002 David, roi d'Israël.
1000 Les Phéniciens ouvrent des mines de cuivre à Chypre.
Reconstruction de Tyr sous la forme d'un port défensif artificiel gagné sur la mer.
Tablettes sumériennes mentionnant des levers hélicoïdaux de trois étoiles attestées.
980 À Tyr, Hiram détruit ses temples de l'ancienne ville sur la terre ferme et les reconstruit sur son île forteresse artificielle.
967 Salomon construit son temple.
740 Isaïe voit le retour de la Shékinah et prophétise un futur Messie.
630 Liste babylonnienne de présages astraux attestée.
622 Découverte de documents sous le Temple de Jérusalem.
609 Le roi Néchos II d'Égypte/Phénicie soutient l'idée d'un voyage phénicien autour de l'Afrique.
600 Vénus est encore vénérée par les juifs comme Reine du Ciel.
Les Phéniciens font le tour de l'Afrique par la mer.
586 Destruction du temple de Salomon.
539 Début de la construction du temple de Zorobabel.
460 Hérodote parle du temple de Vénus à Tyr et de la prostitution qui s'y pratique.
400 Début de l'astrologie individuelle en Chaldée.
250 Manéthon compile les listes royales d'Égypte.
166 Fondation de Qumran par des prêtres de Jérusalem.
150 Eupolème prétend qu'Abraham a inventé l'astrologie.
120 Lucien parle de la prostitution au temple de Byblos.
66 Les juifs commencent leur guerre contre les Romains.
19 Début de la construction du temple d'Hérode.

DE L'ÈRE COMMUNE (EC)

7 Le 25 décembre, Jésus naît sous la lumière de la Shékinah qui se lève.
34 Début de la mission messianique de Jésus, alors qu'il atteint l'âge de quarante ans.
36 Ultime date possible pour la crucifixion de Jésus.
68 Enfouissement des manuscrits de la mer Morte à Qumran et sous le Temple de Jérusalem.

70 Destruction de Jérusalem et de son Temple par l'armée romaine sous Titus.
1099 Les croisés prennent Jérusalem.
1118 Les premiers Chevaliers Templiers commencent à fouiller sous les ruines du temple d'Hérode.
1128 Fin des fouilles templières sous le temple.
1140 Les documents trouvés sous le Temple de Jérusalem sont emmenés en Écosse.
1307 Arrestation des Chevaliers Templiers sous l'accusation d'hérésie.
1441 Début de la construction de la chapelle de Rosslyn.
1598 Premières minutes d'une réunion d'une Loge maçonnique.
1714 Premières minutes documentées d'une réunion de la Grande Loge d'York.
1717 Établissement d'une Grande Loge à Londres.
1725 Formation de la Grande Loge d'Irlande.
1736 Formation de la Grande Loge d'Écosse.
1813 Formation de la Grande Loge Unie d'Angleterre.

APPENDICE I

Le mystère du yard mégalithique révélé

Dans ces jours, je vis deux anges qui tenaient de longues cordes... « Pourquoi ont-ils pris ces cordes et se sont-ils envolés ? » Et il me répondit : « Ils sont allés mesurer. »

Le Livre d'Énoch, 60, 1-2.

LA DÉCOUVERTE DU YARD MÉGALITHIQUE

Quand le regretté professeur Alexander Thom étudia plus de mille structures mégalithiques de l'Écosse du Nord à l'Ouest de la France en passant par toute l'Angleterre et le pays de Galles, il fut fasciné de découvrir qu'elles avaient toutes été construites en utilisant la même unité de mesure. Thom baptisa cette unité le yard mégalithique (*megalithic yard*, MY), parce que sa longueur était très proche de celle du yard impérial, qui fait exactement 2 pieds 8,64 pouces (0,82966 m) [1]. En sa qualité d'ingénieur, il pouvait apprécier l'extraordinaire précision inhérente du MY. Mais il se demanda comment un peuple aussi primitif avait pu efficacement et systématiquement reproduire une telle unité sur une zone s'étendant sur plusieurs centaines, voire milliers, de kilomètres.

La réponse que le défunt professeur ne trouva jamais ne reposait pas dans les pierres, mais dans les étoiles. Et de fait, il est apparu que le MY était beaucoup plus qu'une unité abstraite comme le mètre moderne. C'est une mesure éminemment scientifique reproduite à l'infini grâce à des moyens empiriques. Elle est fondée sur l'observation de trois facteurs fondamentaux :

1. Le yard commun faisant 0,914383 m de long *(N.D.T.)*.

1. L'orbite, ou la révolution, de la Terre autour du Soleil.
2. La rotation de la Terre sur son axe.
3. La masse de la Terre.

CRÉER SON PROPRE YARD MÉGALITHIQUE

Ces anciens bâtisseurs rythmaient l'année en identifiant les deux jours où les ombres projetées par le Soleil levant et le Soleil couchant étaient parfaitement alignées l'une par rapport à l'autre. Nous appelons ces deux journées les équinoxes, l'équinoxe de printemps et l'équinoxe d'automne. Ils tombent respectivement autour des 21 mars et 21 septembre. Mais ils savaient aussi que l'on pouvait compter 366 levers de Soleil d'un équinoxe de printemps à l'autre. Il ont ostensiblement considéré ce chiffre comme un nombre sacré.

Alors, ils ont tracé sur le sol un grand cercle qu'ils ont divisé en 366 sections. Tout ce que vous avez donc à faire, c'est d'imiter leur processus comme suit :

Étape 1 – Trouver un lieu idoine

Trouvez un espace raisonnablement plat qui a une vue dégagée sur tout l'horizon, particulièrement à l'ouest et à l'est. Vous avez quand même besoin d'un espace d'environ douze mètres sur douze, avec une surface lisse d'herbe, de sol nivelé ou de sable.

Étape 2 – Préparer votre matériel

Vous aurez besoin des éléments suivants :

1. Deux robustes perches lisses, d'approximativement 2 mètres de long et de quelques centimètres de diamètre. Une extrémité devra être taillée en pointe.

2. Un grand maillet ou une lourde pierre.

3. Une courte baguette d'environ 25 centimètres avec une extrémité soigneusement coupée. Pour se faciliter la vie, on pratiquera des entailles dans la baguette de manière à la diviser en 5 parts égales.

4. Une corde (une corde à linge fera l'affaire) d'approximativement 12 mètres de long.

5. Une ficelle d'environ un mètre cinquante de long.

6. Un petit poids symétrique avec un trou en son centre (par exemple, un joint ou un écrou lourd).

7. Une baguette droite d'environ un mètre de long.

8. Une lame tranchante.

Étape 3 – Construire un degré mégalithique

Un cercle mégalithique était divisé en 366 sections égales. C'est presque certainement l'origine de notre cercle moderne de 360 degrés. Il est probable que lorsque le Moyen-Orient commença à utiliser les mathématiques, ils enlevèrent 6 degrés pour que le cercle devienne divisible par le maximum de nombres possibles. Le degré mégalithique correspond à 98,36 % de notre degré moderne.

Pour créer un yard mégalithique, vous avez simplement besoin de prendre le sixième de ce cercle, qui contiendra donc 61 degrés mégalithiques. C'est facile à faire parce que le rayon d'un cercle segmente toujours la circonférence exactement six fois.

Donc, allez dans un coin de l'espace que vous avez choisi. Là, plantez un des pieux verticalement dans le sol. Puis, prenez votre corde et faites une boucle que vous pourrez glisser ultérieurement sur le pieu.

Originellement, les constructeurs de mégalithes ont dû diviser le sixième d'un cercle en 61 parts avec des bâtonnets après divers tâtonnements. Il est probable qu'ils finirent par réaliser qu'un ratio de 175 : 3 donnait le 366e d'un cercle sans avoir besoin de calibrer tout le cercle.

Donc l'étape suivante consistera à vous assurer que votre corde fait 175 unités de long du centre de la première boucle jusqu'au centre d'une seconde boucle que vous allez faire. La longueur des unités n'a aucune importance. Mais ici, pour une question de commodité, on utilisera la baguette d'environ 25 cm de long. Et pour éviter de créer un cercle trop grand, on divisera la baguette en cinq sections égales (si vous voulez, pour que ce soit encore plus facile, vous n'avez qu'à tricher et utiliser une règle graduée). Ensuite, vous utilisez la baguette ou la règle pour mesurer trente-cinq longueurs (soit 35 x 5 = 175 unités) d'une boucle à l'autre. Cela devrait vous donner approximativement une longueur d'un peu moins de 9 mètres (30 pieds).

Maintenant, vous allez pouvoir glisser la première boucle sur le pieu fiché dans le sol et tendre la corde de toute sa longueur, soit vers l'ouest, soit vers l'est. Et là, vous faites passer le second pieu dans la seconde boucle. Vous pouvez alors tracer un arc de cercle sur le sol. Comme vous utilisez la méthode du ratio 175 : 3, vous n'avez pas besoin de tracer toute la circonférence du cercle. Une cinquantaine de centimètres suffiront.

Ensuite, prenez votre ficelle et accrochez-la bien au poids ou à l'écrou pour former un fil à plomb.

Vous pouvez maintenant planter le second pieu dans le sol n'importe où sur cet arc de cercle que vous avez tracé. Et utilisez le fil à plomb pour vérifier qu'il est bien vertical. Ensuite, reprenez votre baguette de mesure et marquez un point sur l'arc de cercle qui se trouve à trois unités du pieu (vous avez donc votre ratio de 175 sur 3).

Revenez au centre et enlevez le premier pieu. Vous marquez le trou laissé avec une pierre ou n'importe quel autre objet disponible. Ce pieu va maintenant être placé sur le point de l'arc de cercle que vous venez de marquer. Assurez-vous encore une fois que la perche est bien verticale et qu'elle se trouve, bord à bord, à trois unités de l'autre pieu.

Retournez au centre du cercle et regardez les deux pieux. À travers eux, vous contemplez un 366ᵉ de l'horizon.

Étape 4 – Mesurer le temps

Vous avez donc maintenant divisé l'horizon en autant de parts qu'il y a de levers de Soleil au cours d'une révolution de la Terre autour de celui-ci. Étape suivante : vous devez mesurer la rotation de la Terre sur son axe.

Pour cela, il va vous falloir attendre une nuit claire où les étoiles seront parfaitement visibles.

À ce moment-là, tenez-vous derrière le point central et attendez qu'une étoile particulièrement brillante passe entre les deux pieux. Il y a vingt étoiles qui ont une magnitude astronomique de 1,5 et sont connues comme des étoiles de première magnitude.

Le mouvement apparent des étoiles sur l'horizon est dû à la rotation de la Terre. Il s'ensuit que le temps qu'il faut à une étoile pour aller du bord du premier pieu au bord du second est une période qui est exactement égale au 366ᵉ d'une rotation (un jour).

Il y a 86 400 secondes dans une journée. Donc, le 366ᵉ du jour fait 236 secondes ou 3 minutes et 56 secondes. De ce fait, vos deux pieux vous ont procuré une horloge extrêmement précise qui fonctionnera tout le temps.

Quand vous voyez une étoile de première magnitude s'approcher du premier pieu, prenez votre fil à plomb et tenez la ficelle à environ 40 centimètres du poids. Puis faites osciller ce poids comme un balancier. Quand l'étoile surgit de derrière le premier pieu, comptez les mouvements du fil à plomb.

Il n'y a que deux facteurs qui affectent le mouvement d'un balancier : la longueur de la corde et la gravité (qui est déterminée par la masse de la Terre). Si vous accélérez le balancier, le poids ira plus loin, mais le nombre de mouvements ne changera pas.

Vous devez maintenant compter le nombre de mouvements de votre pendule pendant que l'étoile va d'un pieu à l'autre. Et vous aurez besoin d'ajuster exactement la longueur de la cordelette pour obtenir 366 battements pendant cette période de 3 minutes 56 secondes. Il est probable qu'il vous faudra plusieurs tentatives pour obtenir la bonne longueur. Donc préparez-vous à rester un moment la tête dans les étoiles.

Étape 5 – Trouver votre mesure du yard mégalithique

Quand vous avez la bonne longueur de balancier, marquez le fil à l'endroit exact où vos doigts le tenaient. Puis prenez la baguette droite d'environ un mètre de long. Placez le repère de votre fil à plomb que vous venez de marquer approximativement au centre de la baguette. Tenez-le bien à cet endroit et laissez pendre le fil le long de la tige de bois. Marquez le bâton à l'endroit où le centre du poids le touche. Maintenant, renversez le bâton en vous assurant de bien garder en place le repère du fil à plomb. Marquez de nouveau la baguette en repérant l'endroit où le centre du plomb la touche.

Vous pouvez désormais mettre de côté le fil à plomb et vous allez couper la baguette exactement aux deux repères que vous avez tracés.

Félicitations. Vous disposez maintenant d'un bâton qui fait exactement un yard mégalithique de long.

Il est intéressant de noter que la curieuse unité de mesure britannique que l'on appelle un *rod* (en français, « une verge ») ou un *pole* (en français, « une perche [1] ») est égal à six yards mégalithiques à un pour cent près. On compte quatre *rods* pour faire une *chain* (en français, « chaînée ») et quatre-vingts *chains* pour faire un *mile*. Se pourrait-il que le mile moderne anglais de 1 760 yards (1 609 mètres) soit réellement fondé sur la mesure préhistorique du yard mégalithique ?

1. Mais les mesures françaises de la verge ou de la perche ne sont pas égales à celles des *rod* ou *pole* anglais (toutes ayant en outre varié au cours du temps, comme les différentes mesures du pied) *(N.D.T.)*.

APPENDICE II

L'évaluation statistique des losanges de Rosslyn

Le but de notre test était de chercher une hypothèse zéro, selon laquelle les losanges de Rosslyn n'auraient pas eu pour fonction d'indiquer les latitudes de Jérusalem, de Rosslyn, des Orcades et de Trondheim. Nous avons attribué un taux de probabilité aux sept critères identifiés pour qu'ils ne soient que le fruit d'une coïncidence. C'est une technique ordinaire utilisée pour chercher la probabilité qu'une séquence d'occurrences puisse n'être due qu'au hasard [1].

Nous pensons qu'il est universellement admis que tout ce qui est gravé sur les murs de Rosslyn l'a été pour un motif spécifique et que ces images ne sont pas gratuites. Mais au regard de l'objectif de cette analyse, nous avons fait comme s'il y avait une chance égale pour qu'elles puissent n'être que de pures décorations sans signification. Donc, nous attribuerons une probabilité de 50-50 à toutes les circonstances suivantes.

Autrement dit, il y avait 50 % de chances pour que :

1. Les losanges ne soient qu'un griffonnage sans signification.
2. L'angle du losange inférieur corresponde aux levers de Soleil solsticiaux à Jérusalem.
3. L'angle du deuxième losange corresponde aux levers de Soleil solsticiaux à Rosslyn.
4. L'angle du troisième losange corresponde aux levers de Soleil solsticiaux aux Orcades.
5. L'angle du quatrième losange corresponde aux levers de Soleil solsticiaux à Trondheim.

---

1. R. Lomas et G. Lancaster, *Forecasting for Sales and Material Management*, McMillan, 1985.

6. Les quatre losanges forment une séquence nord-sud de lieux ayant une importance primordiale notoire pour la famille Saint-Clair.

7. Le diagramme soit conforme aux règles du symbolisme du peuple des poteries cannelées orcadiennes.

Dire qu'il y avait 50 % de chances pour que ces sept points soient une pure coïncidence était vraiment très complaisant à l'endroit de l'hypothèse zéro. Pourtant, même dans ce cas, le résultat obtenu est de 1 chance sur 128 (pour que ces losanges n'aient pas été volontairement tracés pour indiquer les latitudes de Jérusalem, Rosslyn, les Orcades et Trondheim), ce qui signifie que l'hypothèse zéro est bien en dessous de 1 pour cent, le seuil de plausibilité minimal usuel. Donc, nous pouvons rejeter cette hypothèse et considérer que ces quatre losanges ont bien été tracés pour indiquer dans l'ordre les quatre lieux majeurs de la famille Saint-Clair.

Appendice III.

Les noms de Vénus dans les différentes traditions

Anat	Hébraïque
Asherah	Cananéenne
Asherat	Cananéenne
Ashtar	Cananéenne
Asthroreth	Phénicienne
Astart	Hébraïque
Astarté	Cananéenne
Baalat	Phénicienne
Baalat-Gebal	Phénicienne
Brillante étoile du matin	maçonnique
Freya	Norroise
Frigg	Norroise
Hamaliel	maçonnique
Hathor	Égyptienne
Inanna	Sumérienne
Ishtar	Sumérienne
Matrona	Hébraïque
Étoile du matin	maçonnique
Nut ou Nout	Égyptienne
Ouatchet ou Uatchet	Égyptienne
Salem	Cananéenne
Sekhmet	Égyptienne
Shachar	Cananéenne
Shalem	Cananéenne

Bibliographie

A Companion to the Bible, publié par T. & T. Clark, Édimbourg, 1939.

Ackerman, Susan : « Sacred Sex, Sacrifice and Death », *Bible Review*, vol. VI, n° 1, février 1990.

Albright, W. F., *From the Stone Age to Christianity*, Johns Hopkins Press, 1940.

Ali, J. R. et Cunih, P., « The Orientation of Churches : Some New Evidence », *The Antiquaries Journal*, 81, p. 155-193, 2001.

Allegro, John Marco, *Lost Gods*, Londres, Michael Joseph, 1977.

– *The Treasure of the Copper Scroll*, Londres, Routledge et Kegan Paul, 1960.

Anderson, James, *The Book of Constitutions of the Grand Lodge of London*, 1738.

Anderton, Bill, *Life Cycles*, Quantum, 1990.

Baramki, D., *Phoenicia and the Phoenicians*, Beyrouth, American College Press, 1961.

Bellesort, Marie-Noëlle, « Le Jeu de Serpent : jeux et jouets dans l'Antiquité et le Moyen Âge », *Dossiers d'Archéologie*, 1992.

Black, M., *The Book of Enoch or I Enoch, A New English Edition*, Leyde, EJ Brill, 1985.

– « The Development of Judaism in the Greek and Roman Periods », *Peake's Commentary on the Bible*.

Boccaccini, G., *Beyond the Essenes*, Eerdmans (Grand Rapids), 1998.

Bonner, H., « Skarabaeus », in *Reallexikon der ägyptischen Religionsgeschichte*, Berlin, DeGruyter, 1952.

Brandon, S.G.F., *The Fall of Jerusalem and the Christian Church*, Londres, SPCK, 1951.

Brown, R.E., *The Semitic Background of the Term Mystery in the New Testament*, Philadelphie, 1968.

Butler, A. : *The Bronze Age Computer Disc*, W. Fulsham & co, 1999.

Cassell's concise Bible Dictionary, Cassell, 1998.

Charles, R.H., *The Book of Jubilees*, OUP, 1902.
– *The Book of Enoch*, OUP, 1912.
Cohn, Norman, *Cosmos, Chaos and the World to Come*, Yale University Press, 1993.
Cross, F.M., « King Hezekiah's Seal Bears Phoenician Imagery », *Biblical Archaeology Review*, mars-avril, 1999.
Crossan, J.D., *The Essential Jesus – Original Sayings and Earliest Images*, Castle Books, 1998.
– & Watts, Richard G., *Who is Jesus ?*, New York, HarperCollins, 1996.
Crossley-Holland, K., *The Norse Myths, a Retelling*, André Deutsch, 1980.
Dawkins, R., *Unweaving the Rainbow*, Penguin, 1998.
De Saint-Clair, L., *Histoire généalogique de la famille de Saint-Clair*, Paris, 1905.
Deutsch, R., « First impression – What We Learn from King Ahaz's Seal », *Biblical Archaeology Review*, mai-juin 1998.
Dictionary of National Biography, Sidney Lee (éd.), Londres, Smith, Elder & Co, 1903.
Dinely, M., *The First Orkney Brewery*, Orkney Science Festival, 2001
Dunand, M., *De l'Amanus and Sinai*, Beyrouth, 1953.
Dyer, J., *Ancient Britain*, Routledge, 1997.
Eisenman, R., *James the Brother of Jesus*, Faber and Faber, 1997.
– *The Dead Sea Scrolls and the First Christians*, Element, 1996.
– et Wise, M., *The Dead Sea Scrolls Uncovered*, Element, 1992.
Ellis Davidson, H. F., *The Lost Beliefs of Northern Europe*, Routledge, 1993.
Eogan, George, *Knowth and the Passage Tombs of Ireland*, Thames and Hudson, 1986.
Evans-Pritchard, E. E., *Theories of Primitive Religion*, Oxford University Press, 1965.
Eysenck, H. J. and Nias, D. K., *Astrology, Science or Superstition*, Maurice Temple Smith, 1982.
Fohrer, G., *History of Israelite Religion*, Londres, SPCK, 1973.
Frankfort, Henri, *Kingship anal the Gods*, University of Chicago Press, 1978.
Furneaux, R., *The Other Side of the Story*, Cassell, 1973.
Gauquelin, M., *Cosmic Influences on Human Behaviour*, Aurora Press, 1994 (*Le Dossier des influences cosmiques*, Denoël, 1973).
Golb, Norman : *Who Wrote the Dead Sea Scrolls ?* BCA, 1995.
Gould's History of Freemasonry, Caxton, 1902.
Graves, R., *The White Goddess*, Faber and Faber, 1948 (*Les Mythes celtes : la Déesse blanche*, Le Rocher, 1995).

Grimal, N., *History of Ancient Egypt*, Cambridge, Blackwell, 1992.
Hackwell, W. John, *Signs, Letters, Words. Archaeology Discovers Writing*, New York, Charles Scribner's Sons, 1987.
Hawking, Stephen, *The Universe in a Nutshell*, Transworld, London, 2001 (*L'Univers dans une coquille de noix*, Paris, Odile Jacob, 2001).
Heath, Robin, *Sun, Moon and Stonehenge. Proof of High Culture in Ancient Britain*, Bluestone Press, 1998.
Hedges, John, *The Tomb of the Eagles*, Tempus Reparatum, 1992.
Henshall, A. S., « The Chambered Cairns », in *The Prehistory of Orkney*, Edinburgh University Press, 1993.
Herm, Gerhard, *The Phoenicians*, Victor Gollancz, 1975.
Hertzberg, Arthur, *Judaism*, New York, George Braziller, 1962.
Heyerdahl, Thor ; *The Ra Expeditions*, George Allen & Unwin, 1971.
Historisk Tidsskrift ; Universities Forlaget, Bind 79, number 2, 2000.
Hoffman, Michael A ; *Egypt before the Pharaohs*, Michael O'Mara Books, 1991.
Hunter, R.H., *Cassell's Concise Bible Dictionary*, Cassell, 1996.
Hyde, D., *A Literary History of Ireland*, T Fisher Unwin, 1899.
Jagersma, H., *A History of Israel to Bar Kochba*, SCM Press, 1985.
Johnson, A. R., *Myth, Ritual and Kingship*, Clarendon Press, 1988.
Kitson, A (éd)., *History and Astrology*, Mandala, 1989.
Knight, C. et Lomas, R., *Uriel's Machine, The Ancient Origins of Science*, Arrow, 1999.
– *The Second Messiah*, Arrow, 1997 (*Le Second Messie*, Dervy, 2000).
– *The Hiram Key*, Arrow, 1997 (*La Clé d'Hiram*, Dervy, 1997).
Layish, Dov Ben, *A Survey of Sundials in Israel*, 1969.
Lehner, Mark, *The Complete Pyramids*, Thames and Hudson, 1997.
Levy, A, « Bad Timing », *Biblical Archaeological Review*, juillet-août 1998.
Liden, K., « From Pagan Sanctuary to Christian Church : the Excavation of Maere Church, Trondelag », *Norwegian Archeological Review*, 2, 23-32, Oslo, 1969.
Lockyer, N., « Some Questions for Archaeologists', *Nature*, vol. LXXIII, 1906, p. 280.
– *Stonehenge and other British Stone Monuments Astronomically considered*, Macmillan, 1909.
Lomas, R., http : //www.bradford.ac.uk/acad/mancen/lomas Ref : Seminar Number 9.
– *The Invisible College*, Headline, 2002.
– et Lancaster, G., *Forecasting for Sales and Material Management*, Macmillan, 1985.

Mackenzie, D., *Pre-Columbian America*, Gresham Publishing Company, 1922.

Mackie, E., *The Megalithic Builders*, Phaidon Press, 1977.

Man, John., *Alpha Beta, How our Alphabet Shaped the Western World*, Headline, 2000.

McClelland, David C., *The Achieving Society*, New York, The Free Press, 1961.

McFadyen, J. H., *Introduction to the Old Testament*, Hodder and Stoughton, 1905.

Milman, H. *History of the Jews*, Londres, Everyman, 1909.

Montet, P., *Byblos et l'Égypte*, Paris, 1928.

Oesterley, W. O. E. et Robinson, T. H., *Hebrew Religion, Its Origin and Development*, SPCK, 1952.

O'Brien, T., *Bronze Age copper Mining in Britain and Ireland*, Shire Archaeology, 1996.

O'Kelly, Michael J., *Newgrange : Archaeology, Art and Legend*, Thames and Hudson, 1982.

Palsson, H. et Edwards, P. (éd.), *The Orkneyinga Saga*, Penguin Classics, 1981.

Parry, Robert, *Astrology's Complete Book of Self-Defence*, Quantum, 1990.

Peake's Commentary on the Bible, Thomas Nelson and Sons, 1962.

Pixner, Bargil, « Jerusalem's Essene Gateway », *Biblical Archaeology Review*, vol. XXIII, n° 3, mai-juin 1997.

Polano, H. (éd.), *The Talmud*, Frederick Warne, 1916.

Rappoport, A. S., *Myths and Legends of Ancient Israel*, Senate, 1995 (3 vol.).

Ray, T. P., *Nature*, vol. 337, n° 26, 345-346, janvier 1989.

Raymond, E. A. E., *The Mythical Origin of the Egyptian Temple*, Manchester Univ. Press, 1969.

Renan, E., *Mission de Phénicie*, Paris, 1864.

Renfrew, C., *Before Civilisation*, Jonathan Cape, 1973.

– *Archaeology, Theories, Methods and Practice*, Thames and Hudson, 1996.

Robinson, H. W., *The History of Israel, Its Facts and Factors*, Duckworth, 1938.

Robinson, J., *Born in the Blood, The Lost Secrets of Freemasonry*, Guild Publishing, Londres, 1989.

Robinson, T. H., *The History of Israel* (*A Companion to the Bible*), T & T Clark, 1939.

Russell, D. S., *The Method and Message of Jewish Apocalyptic 200 BC – AD 100*, Londres, SCM Press.

Sachs, Gunter, *The Astrology File*, Orion, 1997.
Schonfield, Hugh, *The Passover Plot*, Element, 1965 (*Le Mystère Jésus*, Pygmalion, 1989).
Schultz, J., *Movements and Rhythms of the Stars*, Floris Books, 1987.
Schwarez, H. P., « ESR Dates for the Hominid Burial site of Qafzeh in Israel », *Journal of Human Evolution*, 17, 1988.
Sinclair, A., *The Sword and the Grail*, Century, 1993.
Steiner, R., *The Festivals and Their Meaning*, Rudolf Steiner Press, 1981.
Stevenson, David, *The Origins of Freemasonry*, Cambridge University Press, 1988.
Stiebling, W. H., « Did the Weather Make Israel's Emergence Possible ? », *Biblical Review*, vol. X, n° 4, août 1994.
Sykes, B., *The Seven Daughters of Eve*, Corgi, 2001 ; trad. fr. *Les Sept filles d'Ève*, Paris, Albin Michel, 2001.
Szekely, E. B. (trad. et éd.), *The Essene Gospel of Peace*, Book One, International Biogenic Society, 1931.
Temple, R., *He Who Saw Everything : a Verse Translation of the Epic of Gilgamesh*, Century, 1991.
Thom, A. et A. S., *Megalithic Rings*, BAR British Series 81, 1980.
Thom, Alexander, *Megalithic Sites in Britain*, Oxford University Press, 1967.
Thom, A. S., *Walking in All the Squares*, Argyll Publishing, 1995.
Thompson, W. P. L., *History of Orkney*, The Mercat Press, 1987.
Thouless, R. H., *An Introduction to the Psychology of Religion*, Cambridge Univ. Press, 1971.
Turville-Petre, E. O. G., *Scaldic Poetry*, Oxford University Press, 1976.
Twohig, E. S., *Irish Megalithic Tombs*, Shire Archaeology, 1990.
Vermes, G., *Scripture and Tradition in Judaism*, Penguin, 1973.
– *The Dead Sea Scrolls in English*, Penguin, 1995.
Wallace-Murphy, T. et Hopkins, M., *Rosslyn, Guardian of the Secrets of the Holy Grail*, Element, 1999 (*Rosslyn, Gardien des Secrets du Graal*, Trédaniel, 1999).
Ward, J. S. M., *Freemasonry and the Ancient Gods*, Cassell, 1928.
Whiston, W. (éd. et trad.), *The Works of Flavius Josephus*, William F *Nimmo*, 1890.
Whitfield, P., *Astrology, A History*, The British Library, 2001.
Wickham-Jones, C. R., *Scotland's First Settlers*, Historic Scotland, 1994.
Wilson, A. N., *Paul, The Mind of the Apostle*, Sinclair-Stevenson, 1997.
Wilson, Colin, « Why I Now Believe Astrology is a Science », *Daily Mail*, mardi 22 mars 2001.
Wilson, I., *Jesus, The Evidence*, Weidenfeld and Nicolson, 1984.

Wise, M., Abegg, M. et Cook E., *The Dead Sea Scrolls, a New Translation*, Harper San Francisco, 1996.
Wolters, A. I., *The Copper Scroll, Overview, Text and translation*, Sheffield Academic Press, Sheffield, 1996.
Woolley, Sir Leonard, *Ur of the Chaldees*, Pelican, 1929.
Zertal, A., « Israel Enters Canaan », *Biblical Archaeology Review*, vol. XVII, n[c] 5, septembre-octobre 1991.

Index

Achevé d'imprimer en mars 2005
sur les presses de la Nouvelle Imprimerie Laballery
58500 Clamecy
Dépôt légal : mars 2005
Numéro d'impression : 503142

Imprimé en France